U1019127

# 全景"营改增"

本书编写组　编

中国财经出版传媒集团
中国财政经济出版社

**图书在版编目（CIP）数据**

全景“营改增”/《全景“营改增”》编写组编．—北京：中国财政经济出版社，2017.7
ISBN 978 -7 -5095 -7588 -8

Ⅰ.①全…　Ⅱ.①全…　Ⅲ.①增值税 - 税收改革 - 研究 - 中国　Ⅳ.①F812.424

中国版本图书馆 CIP 数据核字（2017）第 170777 号

责任编辑：赵　力　吕小军　　　　责任校对：李　丽
封面设计：思梵星尚

中国财政经济出版社 出版
**URL**：http：//www.cfeph.cn
E - mail：cfeph @ cfeph.cn

社址：北京市海淀区阜成路甲 28 号　邮政编码：100142
营销中心电话：88190406　北京财经书店电话：64033436　84041336
北京财经印刷厂印刷　各地新华书店经销
787×1092 毫米　16 开　34.5 印张　849 000 字
2017 年 7 月第 1 版　2017 年 7 月北京第 1 次印刷
定价：96.00 元
ISBN 978 -7 -5095 -7588 -8
（图书出现印装问题，本社负责调换）
本社质量投诉电话：010 -88190744
**打击盗版举报热线：010 -88190414　QQ：447268889**

# 前　言

“营改增”试点改革是我国税收制度的一次重大变革，也是助力供给侧结构性改革的重要举措，将引领新一轮财税改革向纵深迈进。自2012年1月1日开始，到2016年5月1日全面推开至今，“营改增”试点改革历时5年。在国务院的英明决策和财税部门精心部署下，试点改革有序推进。“营改增”试点倾注着百万税务干部的心血，牵动着万千纳税人的利益，引发了社会各界的广泛关注。《全景“营改增”》汇集整理了试点改革启动至今，国务院及财政税务部门作出的重大决策、制定出台的政策法规，专家的多视角解读、媒体的全方位报道，以及各地推动“营改增”过程中的改革实践。本书梳理的文献资料具有公开性、实录性，多视角展示“营改增”试点改革的全貌，力求向读者呈现“营改增”全景。本书共分为决策引领、政策法规、专家视角、媒体聚焦、决战“营改增”五个部分：

1. 决策引领是聚势谋远的战略部署。“高唱改革主旋律，奏响时代最强音”。“营改增”是一场自1994年分税制改革以来意义最深远的税制改革，又是深化财税体制改革、推进经济结构调整和产业转型的“重头戏”。用政府短期税收收入的“减”，换取全社会持续发展势能的“增”。这一部分整理出国务院领导及财政税务部门领导关于“营改增”试点的重要指示和推进要求，展现出改革顶层设计的壮美图景。

2. 政策法规是坚强有力的制度支撑。作为深化财税体制改革的重头戏和供给侧结构性改革的重要举措，“营改增”牵一发而动全身。在各项政策法规的规范和引领下，改革的步伐也在不断加快，扩围试点已逐渐被认同。“3+7”行业前期试点取得了积极成效，建筑业、房地产业、金融业和生活服务业四大行业的试点改革已渐入佳境。这一部分对“营改增”试点以来国务院及其财政税务部门等发布的政策文件进行梳理，从中可以看出试点改革一路走来的前行脉络。

3. 专家视角是财税学者的深度解读。“营改增”对促进现代服务业发展作用如何？对行业和企业的税负有着怎样的影响？对供给侧改革有什么促进作用？“营改增”减税效应是否实现？伴随着“营改增”试点改革的推进，这些问题不断地被提出、被讨论，众说纷纭中财税专家给出了他们的答案。

4. 媒体聚焦是汇集时代的实录集锦。以主流媒体和专业媒体为主的宣传报道格局，加深了社会各界对“营改增”的理解。自“营改增”试点改革推行以来，媒体广泛关注，《人民日报》、新华社等媒体频频报道，不断形成舆论高潮。“营改增”试点在激发企业活力、改善经济结构、保障就业民生中发挥的积极作用，引起国内外媒体广泛关注。

5. 决战“营改增”是敢闯勇攻的税改实践。全面“营改增”试点工作意义重大，时间紧迫，开局就是决战，起步就是冲刺，紧盯时点目标，凝心聚力，决战决胜，集中力量打赢“营改增”攻坚战。全面推开“营改增”试点改革，基层税务部门承担着改革落地“最后一公里”的重任。国税、地税深化合作，众志成城，一鼓作气，连续奋战无数个日日夜夜，不辞辛劳地艰苦付出，无怨无悔地敬业奉献，用税务人敢于担当、敢打硬战的勇气和魄力，凝炼出新时期的“‘营改增’精神”，保证了“营改增”各项工作的顺利完成。

“法者，天下之公器也；变者，天下之公理也”。“营改增”试点改革历时弥久，影响深远。《全景“营改增”》只是记录了已然发生的事件、事实和观点，并梳理出“营改增”改革进程中的重要史料。“营改增”试点改革仍在路上，其产生的作用和影响值得持续关注和期待。

李万甫

2017 年 4 月 30 日

# 目　录

# 第一部分　决策引领

# 一、国务院领导关于“营改增”的重要指示

## （一）2016 年 3 月 18 日之前国务院领导关于“营改增”的重要指示

### 1. 温家宝关于“营改增”的重要指示

#### 完善结构性减税政策　扩大“营改增”试点

（来源：中国新闻网　2013 年 3 月 5 日）［内容有删节］

中新网 3 月 5 日电　第十二届全国人民代表大会第一次会议开幕，国务院总理温家宝介绍今年财政政策时表示，要继续实施积极的财政政策，完善结构性减税政策，适时扩大“营改增”试点地区和行业范围，加强地方政府性债务管理，妥善处理债务偿还和在建项目后续融资问题。

温家宝强调，今年要继续实施积极的财政政策，更好地发挥积极财政政策在稳增长、调结构、促改革、惠民生中的作用。一是适当增加财政赤字和国债规模。考虑到结构性减税的滞后效应，今年财政收入增长不会太快，但财政刚性支出增加，特别是要增加保障改善民生支出，保持对经济增长和结构调整的支持力度，适当扩大财政赤字和国债规模是必要的。二是结合税制改革完善结构性减税政策。重点是加快推进营业税改征增值税试点工作，完善试点办法，适时扩大试点地区和行业范围。三是着力优化财政支出结构。继续向教育、医药卫生、社会保障等民生领域和薄弱环节倾斜，严格控制行政经费等一般性支出，勤俭办一切事业。四是继续加强地方政府性债务管理。妥善处理债务偿还和在建项目后续融资问题，积极推进地方政府性债务管理制度建设，合理控制地方政府性债务水平。

### 2. 李克强关于“营改增”的重要指示

#### 以改革创新推动结构调整和经济转型

（来源：人民网——《人民日报》　2012 年 10 月 22 日）［内容有删节］

新华社北京 10 月 21 日电　10 月 18 日，中共中央政治局常委、国务院副总理李克强主持召开扩大营业税改征增值税试点工作座谈会。李克强充分肯定有关地方、部门和企业所做

的努力和“营改增”试点取得的成效。他说，推进“营改增”，是深化财税体制改革的“重头戏”，是以结构性减税促进稳增长、调结构的“关键点”，既是重大的改革举措，也是有效的发展措施。要不断完善并加快推进试点，使更多企业受益。

部分试点企业在座谈会上谈了“营改增”促进自身发展的亲身体验，李克强十分关注并深入了解改革对企业创新转型等的作用和企业对改革的建议。他说，实施“营改增”，是推进制造业升级、解决服务业发展滞后问题的重要措施。通过打通二、三产业增值税抵扣链条，能够促进工业领域专业化分工，做大做强研发和营销，使企业结构从“橄榄型”真正转变为“哑铃型”，产业层次从低端走向中高端，而且会促进一些研发、设计、营销等内部服务环节从主业剥离出来，成为效率更高的创新主体，实现主业更聚焦、辅业更专业。同时，对服务业实行与工业同样的增值税，是国际通行做法，可以为服务业发展创造更好的环境，特别是对分工细、链条长的现代服务业，减税效果会更明显。就业的最大容纳器是服务业，领域宽、覆盖广的服务业发展了，就业也就会随之扩大，这是最突出的改革效应，对城镇化发展也是有力的促进和支撑。

李克强强调，推进“营改增”是从大局着眼、细处入手，牵一发而动全身的举措，这不是营业税和增值税的简单转换，而是重大制度创新。通过将营业税逐步改为增值税，基本消除这方面重复征税并实现公平税负，做到对货物和服务统一征税，有利于防止出现重产品、轻服务的问题。这达到了简化和规范税制的要求，体现了税改的方向。改革采取深入论证、积极试点、从点到面、稳步推开的做法，积极平稳有序，前行一步，夯实一步，这将为深化财税体制改革、推进正税清费提供有益借鉴。

近期，“营改增”试点将扩大到9个省（直辖市）和3个计划单列市，这些地区经济总量、服务业增加值和税收收入超出全国的“半壁江山”。在听取财政部、税务总局负责人下一步打算的汇报后，李克强指出，要认真总结试点经验，跟踪评估遇到的新情况，研究探索相关重大问题，抓紧制定扩大改革试点的具体方案，有序扩大试点范围，适时将邮电通信、铁路运输、建筑安装等行业纳入改革试点。根据国家和地方财力可能，逐步将“营改增”扩大到全国。研究理顺中央和地方的财政分配关系，确保企业受惠、地方得益、国家税制得到完善，形成多方共赢的局面。

李克强最后说，改革是我国发展的强劲动力。目前，改革已进入攻坚阶段和深水区，涉及更深层次利益格局调整，实施难度也更大。必须以更大决心和勇气推进重点领域和关键环节改革，进一步深化财税、企业、金融、价格、收入分配等项改革，以制度创新焕发发展动力。

## 李克强定调“营改增五步曲”

（来源：《第一财经日报》　作者：张静　2014年5月5日）［内容有删节］

《求是》杂志日前刊登李克强总理文章《关于深化经济体制改革的若干问题》。李克强指出，今后要继续推进税制改革，并明确“营改增”还有“五步曲”。

李克强称，当前税改的重点是扩大“营改增”。这项改革不只是简单的税制转换，更重要的是有利于消除重复征税，减轻企业负担，促进工业转型、服务业发展和商业模式创新。

他表示，系统考虑，“营改增”还有“五步曲”：第一步，2014 年继续实行“营改增”扩大范围；第二步，2015 年基本实现“营改增”全覆盖；第三步，进一步完善增值税税制；第四步，完善增值税中央和地方分配体制；第五步，实行增值税立法。

“今年要走好第一步，除已经确定的铁路运输和邮政业实行‘营改增’外，还要将电信业等纳入进来。”李克强称。

对于“营改增”的重要性，李克强曾表示，推进“营改增”是深化财税体制改革的“重头戏”，也是以结构性减税促进稳增长、调结构的“关键点”。

对于增值税立法，李克强将此放在了第五步。学界普遍认为此届政府对“税收法定”原则更为重视。

## 以“营改增”作为加快财税体制改革重头戏<br>激发市场活力　调动两个积极性

（来源：《人民日报》　2016 年 1 月 26 日第 1 版）［内容有删节］

1 月 22 日，中共中央政治局常委、国务院总理李克强主持召开座谈会，研究全面推开“营改增”、加快财税体制改革、进一步显著减轻企业税负，调动各方发展积极性。

会上，财政部做了汇报，北京、辽宁、上海、江苏、浙江、安徽、河南、湖南、广西、云南、陕西 11 个省（区、市）政府主要负责同志先后发言。李克强说，财税体制改革牵涉面广、关注度高，对经济社会发展全局具有深刻影响。“营改增”作为深化财税体制改革的重头戏，前期试点已取得积极成效，2016 年要全面推开，进一步较大幅度减轻企业税负，这将对发展服务业尤其是科技等高端服务业、促进产业和消费升级、培育新动能、深化供给侧结构性改革发挥重要作用。要充分听取各方面意见，统筹兼顾各方利益，按照新发展理念的要求，改革和完善财税体制与运行格局，推动发展转型升级，促进成果共享。

李克强强调，全面推开“营改增”、加快财税体制改革要着眼调动市场主体发展积极性。顶住当前经济下行压力，推动稳增长调结构，要用好财税体制改革这一利器，更大激发市场主体活力。把握好改革的政策取向，通过全面推开“营改增”等改革举措为企业减负松绑，放水养鱼，为鼓励社会投资和促进大众创业、万众创新营造更宽松环境，推动产业转型、结构优化，在培育发展新动能中涵养宝贵税源，用短期财政收入的“减”换取持续发展势能的“增”，为经济保持中高速增长、迈向中高端水平打下坚实基础。

李克强说，全面推开“营改增”、加快财税体制改革要有利于发挥中央和地方两个积极性。通过完善中央与地方事权和财力相适应的体制机制，形成整体利益和局部利益在发展中相互融合、相互促进的良好格局。增值税分享比例在全面推开“营改增”后要做合理适度调整，引导各地因地制宜发展优势产业，增强地方财政“造血”功能，营造主动有为、竞相发展、实干兴业的氛围。

李克强指出，全面推开“营改增”、加快财税体制改革必须周全考虑、精心设计。2016 年全面推开“营改增”并加大部分税目进项税抵扣力度，将带来大规模减税，中央和地方都要采取措施落实到位。要把握节奏、稳妥推进，采取增量式、渐进式方法推进改革，避免财力分配格局变化对经济平稳运行造成影响，确保相关改革措施尽早见效。

## （二）2016 年 3 月 18 日之后国务院领导关于“营改增”的重要指示

### 国务院总理李克强 3 月 18 日主持召开国务院常务会议

（来源：中国政府网　2016 年 3 月 18 日）［内容有删节］

国务院总理李克强 3 月 18 日主持召开国务院常务会议，部署落实《政府工作报告》责任分工。

为落实《政府工作报告》关于全面实施“营改增”的要求，进一步减轻企业负担，促进经济结构转型升级，会议进行了部署。从今年 5 月 1 日起，一是将“营改增”试点范围扩大到建筑业、房地产业、金融业和生活服务业，实现货物和服务行业全覆盖，打通税收抵扣链条，支持现代服务业发展和制造业升级。二是在之前已将企业购进机器设备所含增值税纳入抵扣范围的基础上，允许将新增不动产纳入抵扣范围，增加进项抵扣，加大企业减负力度，促进扩大有效投资。同时，新增试点行业的原有营业税优惠政策原则上延续，对特定行业采取过渡性措施，对服务出口实行零税率或免税政策，确保所有行业税负只减不增。预计今年“营改增”将减轻企业税负 5 000 多亿元。

### 李克强拍板“营改增”：必须确保所有行业税负只减不增

（来源：中国政府网　作者：付聪　2016 年 3 月 19 日）［内容有删节］

李克强总理 3 月 18 日主持召开国务院常务会议，部署全面推开“营改增”试点工作，进一步减轻企业税负。

李克强说，全面实施“营改增”，是深化财税体制改革、推进经济结构调整和产业转型的“重头戏”。他在此前多个场合表示，“营改增”不只是简单的税制转换，它有利于消除重复征税，减轻企业负担，促进工业转型、服务业发展和商业模式创新，是一项“牵一发而动全身”的改革。

李克强强调，“实施‘营改增’后，要确保所有行业税负只减不增”。

“全面推开‘营改增’试点，不仅有利于国家税制统一，也有助于减轻企业税负、抵御经济下行压力”，李克强说。他强调，减税也相当于“放水养鱼”，让大多数企业受惠，最后实现“爆发式”增长。“营改增”后政策的取向，一定是有利于发展服务业、有利于科技研发。“‘营改增’不仅能为企业减负，更有利于我国经济的转型升级”，总理说。“上世纪中叶，很多国家引入增值税，推动了工业化的进程和服务业发展，带动了大量就业。”李克强说，“‘营改增’是我们今年的一步‘先手棋’，这步棋下‘活’了，那我们的结构调整就能顺利推进。只有企业‘活’了，经济才真正‘活’了。”

# 扎实做好全面实施“营改增”各项工作 在深化改革中促进稳增长调结构增动能

（来源：中国政府网 2016 年 4 月 4 日）［内容有删节］

4 月 1 日，中共中央政治局常委、国务院总理李克强就全面实施“营改增”到国家税务总局、财政部考察并主持召开座谈会。

李克强指出，全面实施“营改增”是结构性改革和财税体制改革牵一发而动全身的重大举措，具有一举多得的政策效应。一是可以大幅度减轻企业税负。二是能够发挥对经济转型升级的强大“助推器”作用。三是有利于营造公平竞争的市场环境。李克强指出，当前，发展新经济、培育新动能、改造提升传统动能，催生了大量新技术、新产业、新业态、新商业模式发展。全面实施“营改增”，有利于降低企业创新成本，促进设备更新，打造众创、众包、众扶、众筹平台，为实施创新驱动发展战略，推动大众创业、万众创新拓展更广阔空间，可为民营经济和小微企业营造更为宽松的发展环境，能够有力带动就业，特别是 1 000 多万高校和中职毕业生就业，从而加快我国新旧动能接续转换，促进经济保持中高速增长、迈向中高端水平。

李克强说，现在距全面实施“营改增”仅有一个月时间，财税系统处在一线，是政策实施的“最后一公里”，要全力奋进，用工匠精神把准备和实施工作做得更细更精更实。要加强部门间协调配合，形成合力，在推进改革的同时，做好政策解读，及时回应社会关切，稳定市场预期。要加强对纳税人的培训和服务，帮助企业完善财务管理，引导纳税人吃透吃准用好政策。要加强调查研究，跟踪分析试点运行情况，对遇到的典型问题做深入剖析，及时提出应对之策，为保证行业税负只减不增可实施过渡性措施。同时，要进一步完善制度，加强引导，防止出现搞地方保护、市场分割等情况，依法严厉打击偷逃骗税等行为。

# 李克强总理就全面实施“营改增”到 国家税务总局、财政部考察并主持召开座谈会

（来源：人民网——《人民日报》 2016 年 4 月 5 日）

4 月 1 日下午，改革“倒计时”一个月之际，李克强总理就全面实施“营改增”到国家税务总局、财政部考察并主持召开座谈会。

1. 从当前看，“营改增”会为更多企业减轻税负；从长远看，这项改革将利国利民

“营改增”的意义，首先是有利于拉动经济。本次“营改增”试点全面推开，也是本届政府成立以来规模最大的一次减税，2016 年减税的金额将超过 5 000 亿元。此次“营改增”全面实施，实行行业范围和抵扣范围“双扩”，涉及新增建筑、房地产、金融、生活服务 4 个行业约 1 000 多万户纳税人。因为这两年新增注册企业的“井喷式”增长，这一数字超过我们事先测算，这也意味着将有更多企业会在改革中受惠。

其次，“营改增”更有利于促进经济的转型升级。过去几年的改革试点中，首当其冲税负减轻的就是服务业。我们这次全面推开“营改增”的政策取向，突出了推动服务业特别是研发等生产性服务业发展，这可以有力促进产业分工优化，拉长产业链，带动制造业升级。可以说，“营改增”是创新驱动的“信号源”，也是经济转型升级的强大“助推器”。

同时，“营改增”通过统一税制，贯通服务业内部和二、三产业之间抵扣链条，从制度上消除重复征税，使税收的中性作用得以充分发挥。这有利于营造公平竞争的市场环境，对完善我国财税体制有长远意义。

“营改增”全面推开试点后，增值税作为我国第一大税种，所占税收比例将进一步提高到42%。上世纪中叶，很多国家引入增值税，推动了这些国家的工业化进程和服务业发展，同时也带动了大量就业。我们要做好推进“营改增”的各项工作。从当前看，这会为更多企业减轻税负；从长远看，这项改革将利国利民。

2. “所有行业税负只减不增”不是一句空话，不能“囫囵吞枣”

李克强总理在今年《政府工作报告》中向人民代表承诺，“营改增”后要“确保所有行业税负只减不增”。李克强总理称，这一承诺一定要切实兑现。当然，改革有一个过程。一旦出现某些行业性税负增加问题，要立即采取过渡性措施，确保所有行业税负只减不增。特别是几个重要的行业，建筑业是拉动经济的关键，金融业是稳定经济的支柱，一定要有“量体裁衣”的政策安排，让各行各业都收到减轻税负的“利好”，通过“放水养鱼”增强经济发展的动力和后劲。

“所有行业税负只减不增”不是一句空话，不能“囫囵吞枣”，要精心操作。各部门都要加强监控、沟通，形成推进改革的合力。要精心组织实施，把结构性减税措施落到实处，把改革“红包”实实在在发到企业手中，让所有行业都享受到改革红利。

3. 用“工匠精神”做好“营改增”准备实施工作，确保改革成效

李克强总理在今年《政府工作报告》里提出，要“培育精益求精的工匠精神”，做好“营改增”的准备实施工作。我们也要以“工匠精神”精心准备，打好改革的这一仗，让企业切切实实感受到税负“只减不增”。要实现这一目标，就要做大量扎实细致的工作。财政税务和其他部门要加强沟通，发挥好国税和地税两个积极性，还需要做好培训，让工作人员也用“工匠精神”把工作做扎实、做精细，确保改革成效。

## 同心协力打赢全面实施“营改增”改革攻坚战<br>发挥结构性减税促发展调结构的关键作用

（来源：中国政府网　2016年4月12日）［内容有删节］

4月11日，中共中央政治局常委、国务院总理李克强主持召开国务院专题座谈会，研究全面实施“营改增”相关问题，听取部分省份意见，部署下一步工作。

李克强说，全面实施“营改增”是推动结构性改革尤其是供给侧结构性改革的重要内容，是近年来最大的减税举措，能够大大减轻企业负担，而且这项改革契合建设创新型国家和优化经济结构的要求，可以促进企业加大研发投入、拉长产业链带动需求扩大、创造现代服务业和小微企业发展的良好环境、增加就业岗位，还可以通过规范和统一税制，解决重复

征税的多年痼疾，具有一举多得、牵一发而动全身的显著作用，既可以为当前经济运行提供有力支撑，还能为未来发展增添持续动能。

李克强说，全面实施“营改增”是中央和地方共同的责任，要从长远和大局出发，兼顾各方利益，调动各方积极性，合理解决中央和地方增值税收入分成比例等问题，齐心协力，克服困难，实现改革顺利落地。改革时间紧、任务重，各地政府主要负责同志要亲自抓，财政和税务等部门要紧密配合，认真细致做好各项准备工作，进一步完善具体操作事宜，积极解决改革推进中遇到的问题，确保各行业税负只减不增，保障财税平稳运行和各级政府更好履职。同时，要加强宣传解释，及时回应社会关切，为改革营造良好氛围。

## 李克强：明年继续大力实施减税降费政策

（来源：中国政府网　2016 年 11 月 30 日）

国务院总理李克强 11 月 29 日主持召开国务院常务会议，听取全面推开“营改增”试点减轻税负情况汇报，决定实行增值税定额返还以保障地方既有财力；听取中央企业监督检查情况汇报，强化外部监督促进国资经营提质增效。

会议指出，全面推开“营改增”试点，对企业实施大规模结构性减税是 2016 年确保积极财政政策更加有效、着力推进供给侧结构性改革的重头戏，对稳增长、调结构、扩就业发挥了重要作用，具有完善税制、促进现代服务业等新动能成长、推动经济转型升级等一举多得的积极效应。下一步，要密切跟踪试点情况，对运行效果开展第三方评估，针对金融、建筑等试点行业企业反映的问题，及时研究明确相关领域纳税政策口径，在风险可控、制度公平前提下进一步完善相关措施，扩大减税效应。要深入重点行业开展政策辅导，帮助企业用好用足增值税抵扣机制。改进和优化纳税服务，提高办税便利程度。2017 年要按照政府过紧日子、更多为企业发展减负的要求，继续大力实施减税降费政策，激发活力、培育税基，为促发展、保民生提供支撑。

为进一步完善分税制财政体制，会议决定，从 2016 年起，中央对地方实施增值税定额返还，对增值税增长或下降地区不再增量返还或扣减。在下一步安排对地方均衡性转移支付和其他各类财力补助时，将统筹兼顾东中西部实际情况，妥善解决困难地区财力缺口，逐步提高地方财力保障水平。

## 李克强：推进财税改革　落实和完善全面推开“营改增”试点政策

（来源：中国网财经　2017 年 3 月 5 日）

第十二届全国人民代表大会第五次会议 3 月 5 日在人民大会堂举行开幕会，李克强总理做政府工作报告时指出，深化重要领域和关键环节改革。继续推进财税体制改革，落实和完善全面推开“营改增”试点政策。

李克强表示，简化增值税税率结构，今年由四档税率简并至三档，营造简洁透明、更加公平的税收环境，进一步减轻企业税收负担。推进中央与地方财政事权和支出责任划分改革，加快制订收入划分总体方案，健全地方税体系，规范地方政府举债行为。深入推进政府预决算公开，倒逼沉淀资金盘活，提高资金使用效率，每一笔钱都要花在明处、用出实效。

## 深化2017年经济体制改革，总理为你“划重点”

（来源：中国政府网 2017年4月5日）［内容有删节］

“改革的核心是解放和发展生产力。实现今年经济社会发展主要目标任务，必须紧紧依靠改革。”李克强总理在4月5日国务院常务会议上强调，“要向改革要动力，向改革要红利!”

当天会议部署落实2017年经济体制改革重点任务，依靠改革破难题促发展惠民生。李克强说，市场经济预期管理非常重要。而改革是引导市场预期的一个重要途径。

“改革必然会涉及利益格局调整。各部门一定着眼于国家发展全局，齐心协力推动改革，保持今年经济持续稳定向好。”总理说。

按照党中央关于今年深化经济体制改革要点和《政府工作报告》要求，会议明确了经济体制改革重点任务和分工。李克强特别强调，深化经济体制改革要“突出重点”。

李克强强调，全面推开“营改增”改革，本身就是一项牵一发而动全身的改革。他说，“营改增”既能减轻企业税负，又有利于扩大税基、拉长产业链，同时，它也有利于企业逐步完善建立起信用体系。

“今年深化财税体制改革，要重点落实和完善全面推开‘营改增’改革。”总理明确表示，“要进一步简化增值税税率结构，由四档税率简并至三档。还要继续深入探索，如何让税制更加简洁透明，进一步压缩自由裁量权，在减轻企业税收负担的同时，给市场释放更加稳定的预期。”

## 李克强主持召开国务院常务会议<br>决定推出进一步减税措施，持续推动实体经济降成本增后劲

（来源：人民网——《人民日报》 2017年4月20日）［内容有删节］

新华社北京4月19日电 国务院总理李克强4月19日主持召开国务院常务会议，决定推出进一步减税措施，持续推动实体经济降成本增后劲。

会议指出，按照《政府工作报告》部署，深化税制改革、加大减税力度，不断为市场主体减负增力，是深入推进供给侧结构性改革的重要举措，有利于在当前国内外环境错综复杂、不稳定不确定因素仍然较多的形势下，通过优化营商环境，增强企业活力和创新动力，巩固经济稳中向好势头、促进结构升级。

会议决定，在一季度已出台降费2 000亿元措施的基础上，进一步推出以下减税举措：

一是继续推进“营改增”，简化增值税税率结构。从今年7月1日起，将增值税税率由四档减至17%、11%和6%三档，取消13%这一档税率；将农产品、天然气等增值税税率从13%降至11%。同时，对农产品深加工企业购入农产品维持原扣除力度不变，避免因进项

抵扣减少而增加税负。

二是扩大享受企业所得税优惠的小型微利企业范围。自 2017 年 1 月 1 日至 2019 年 12 月 31 日，将小型微利企业年应纳税所得额上限由 30 万元提高到 50 万元，符合这一条件的小型微利企业所得减半计算应纳税所得额并按 20% 优惠税率缴纳企业所得税。

三是提高科技型中小企业研发费用税前加计扣除比例。自 2017 年 1 月 1 日到 2019 年 12 月 31 日，将科技型中小企业开发新技术、新产品、新工艺实际发生的研发费用在企业所得税税前加计扣除的比例，由 50% 提高至 75%。

四是在京津冀、上海、广东、安徽、四川、武汉、西安、沈阳 8 个全面创新改革试验地区和苏州工业园区开展试点，从今年 1 月 1 日起，对创投企业投资种子期、初创期科技型企业的，可享受按投资额 70% 抵扣应纳税所得额的优惠政策；自今年 7 月 1 日起，将享受这一优惠政策的投资主体由公司制和合伙制创投企业的法人合伙人扩大到个人投资者。政策生效前 2 年内发生的投资也可享受前述优惠。

五是从今年 7 月 1 日起，将商业健康保险个人所得税税前扣除试点政策推至全国，对个人购买符合条件的商业健康保险产品的支出，允许按每年最高 2 400 元的限额予以税前扣除。

六是将 2016 年底到期的部分税收优惠政策延长至 2019 年底，包括：对物流企业自有的大宗商品仓储设施用地减半计征城镇土地使用税；对金融机构农户小额贷款利息收入免征增值税，并将这一优惠政策范围扩大到所有合法合规经营的小额贷款公司；对高校毕业生、就业困难人员、退役士兵等重点群体创业就业，按规定扣减增值税、城市维护建设税、教育费附加和个人（企业）所得税等。

上述六方面措施全部到位后，加上全面推开“营改增”试点今年前 4 个月翘尾减收，预计全年将再减轻各类市场主体税负 3 800 多亿元。会议要求，有关方面要尽快把上述减税措施落实到位，需要向全国人大常委会备案的要抓紧备案，并论证推出进一步减费措施。

# 二、财政部领导关于“营改增”的主要论述

## （一）2016 年 3 月 18 日之前财政部领导关于“营改增”的主要论述

### 1. 谢旭人关于“营改增”的主要论述

#### 财政部领导来京调研“营改增”试点

（来源：《北京日报》　作者：徐飞鹏　2012 年 10 月 28 日）［内容有删节］

在北京市营业税改征增值税试点改革顺利完成首月申报工作之际，2012 年 10 月 27 日

下午，财政部领导来京就改革试点工作开展情况进行调查研究。北京市委书记郭金龙，市委副书记、代市长王安顺与财政部部长谢旭人座谈。

北京市财政局在座谈会上汇报了本市“营改增”改革试点工作。在财政部的大力支持下，北京市于9月开始试点，将交通运输、研发服务、信息服务、文化创意等产业纳入“营改增”范围。

谢旭人感谢北京市多年来对财政部工作的大力支持。他说，北京市委市政府高度重视财政工作。作为“营改增”试点改革扩大范围的首个地区，北京市委市政府对做好这项工作高度重视，认真贯彻落实国务院有关政策要求，制定出台了促进改革试点的配套措施，市财政和国税、地税部门相互密切配合，广大纳税人做了大量准备工作。从试点纳税人申报情况来看，试点行业总体税负下降，实现了税制的顺利转换和纳税申报的平稳过渡，社会反响积极，成效显著。

谢旭人说，“营改增”改革既是结构性减税政策的重要组成部分，转变发展方式、调整经济结构的重要举措，有利于促进服务业发展；也是税收制度本身的完善，能够打通二、三产业增值税抵扣链条，相应减轻现有增值税纳税人的税负。北京作为“营改增”试点城市，肩负的使命光荣、任务艰巨。北京在试点中取得的成果，将会对在全国实施“营改增”起到重要作用。希望北京市进一步提高对试点改革重大意义的认识，认真贯彻扩大营业税改征增值税试点工作座谈会要求，努力做好各项试点工作。继续做好服务，指导和帮助试点纳税人按照增值税征管要求做好申报、内部财务会计和营销管理等工作。深入分析“营改增”试点纳税人税负变化情况，对改革中出现的问题采取有针对性的措施加以解决，推动改革更加顺利、顺畅。

## 谢旭人在天津考察调研“营改增”试点等工作

（来源：《中国财经报》 2012年12月13日）［内容有删节］

本报讯 12月8日至9日，财政部部长谢旭人在天津考察调研营业税改征增值税试点、预算执行管理等工作。其间，谢旭人深入天津市建筑设计院、交通集团等企业和基层财税部门，实地了解天津开展“营改增”试点工作和加强预算执行管理工作情况，并召开工作座谈会，听取部分企业的情况介绍和天津市财税部门的工作汇报。

谢旭人强调，推进“营改增”既是加快财税体制改革的重大举措，也是落实结构性减税政策的重要内容。实施“营改增”有利于加快推进工业转型升级，有利于促进服务业加快发展，有利于推动中小企业尤其是小微企业发展。当前“营改增”试点正稳步有力推进，各试点地区财政部门要深入贯彻落实党的十八大精神和国务院召开的扩大“营改增”试点工作座谈会精神，做好政策宣传和相关人员的业务培训、帮助企业全面准确理解“营改增”政策内容和具体抵扣办法、认真落实和不断完善过渡期扶持政策、加强试点情况分析评估和舆论引导，同时要强化税收风险防范工作，确保扩大试点顺利运行并取得预期成效。

## 抓紧研究“营改增”全国试点方案

（来源：《证券时报》　作者：郑晓波　2013 年 2 月 7 日）［内容有删节］

“营改增”试点扩围和资源税改革扩围将成为 2013 年税制改革两大重点。

财政部部长谢旭人日前撰文阐述了 2013 年财政工作目标和重点。他指出，2013 年，财政部将扩大营业税改征增值税试点地区和行业范围，抓紧研究全国试点的方案，同时推进资源税改革，扩大资源税从价计征范围。

谈到 2013 年财政工作的主要任务，谢旭人表示，要加快推进营业税改征增值税试点工作，适时扩大试点地区和行业范围。落实好支持小微型企业发展的各项财税政策。完善稳定出口政策，降低能源、资源、原材料等产品的进口关税，对先进技术设备和关键零部件实施较低的进口暂定关税。

### 2. 楼继伟关于“营改增”的主要论述

## 通信和铁路“营改增”方案争取年内出炉

（来源：《证券日报》　记者：徐科　2013 年 4 月 18 日）［内容有删节］

2013 年 4 月 16 日，财政部部长楼继伟与国税总局局长王军在财政部就行将扩围的营业税改增值税相关事宜接受中央媒体集体采访，针对“营改增”过程中遇到的相关热点问题解疑释惑。楼继伟透露，铁路运输和邮电通信等行业的“营改增”方案有关方面正在抓紧制订，争取年内出炉。

国务院常务会议明确，自 2013 年 8 月 1 日起，将交通运输业和部分现代服务业“营改增”试点在全国范围内推开，并择机将铁路运输和邮电通信等行业纳入“营改增”试点。

针对运输和邮电通信两个行业为何没被纳入前期试点的问题，楼继伟解释称，铁路运输和邮电通信行业的特点都是分支机构比较多，系统比较复杂，经营范围覆盖全国，因而在部分地区试点有难度。随着 2013 年 8 月 1 日起“营改增”试点在全国范围内推开，上述问题将得以解决，给铁路运输和邮电通信两个行业纳入试点创造了必要条件。

楼继伟称，邮电通信业在全社会的使用量很大，如果在全国范围内推行，不仅有利于行业间公平发展，更重要的是将使增值税抵扣链条趋于完整。

谈及铁路运输业，楼继伟表示，税制改革只能优化企业运行，而不是干扰。铁路运输是非常重要的交通运输方式，如果将其置于抵扣链条之外，对铁路本身发展是不公平的，更何况，制造业的发展在很大程度上依赖于铁路。

# “营改增”将倒逼财政体制改革

（来源：《中国经济导报》 作者：楼继伟 2013 年 4 月 20 日）［内容有删节］

增值税改革的逐步完善，先是从生产型的增值税向消费型增值税的转型，现在将征税范围扩大到营业税征税行业，随着行业的不断扩大，最终覆盖生产和服务的全部环节，重复征税的税制安排将成为历史，所以说“营改增”是财税改革的重要一步。

增值税自身特点决定了“营改增”改革最好一次性在全国、全部行业推开，那样税率设置比较简单，抵扣链条更完整。但一下子全推开风险很大，为稳妥起见先选择部分行业在部分地区试点。

总体来说，“营改增”局部地区试点这一步还是成功的，企业对改革的呼声很高，地方政府也积极主动，已具备全面实施扩大试点的条件。

个人认为，“营改增”覆盖全部地区全部行业后，必然会倒逼财政体制改革。财政部正在研究如何深化财税体制改革，主要内容：一是要积极稳妥推进“营改增”在全国范围全部行业推开；二是要认真研究如何构建地方税体系；三是进一步压缩合并专项转移支付，增加一般性转移支付。

# 扎实推进“营改增” 不断释放改革红利

（来源：《人民日报》 作者：楼继伟 2013 年 8 月 1 日）［内容有删节］

**解决服务业和制造业税制不统一问题，消除重复征税，促进社会分工和协作**

“营改增”，是推进我国财税体制改革的“重头戏”。改革的目的，就是要解决服务业和制造业税制不统一问题，打通增值税抵扣链条，消除重复征税，促进社会分工和协作，使我国的财税制度更加符合市场经济的发展要求，提高市场效率。

“营改增”有利于税制的完善。此次“营改增”，实际上是1994 年财税体制改革进入扫尾阶段的一次重要改革。“营改增”完成后，增值税将覆盖所有货物和服务的全部环节，重复征税的税制安排将成为历史，税收中性原则得以更好体现，从而使我国整个税制更趋完善。

“营改增”有利于经济发展方式的转变。“营改增”不仅是完善税制的重要措施，从经济社会发展角度看，还有利于促进经济结构调整和发展方式的转变，有利于促进服务业特别是现代服务业的发展，有利于促进制造业主辅分离和转型升级，从而推动经济结构的调整和优化。从企业层面看，“营改增”强调和体现了税收中性原则，从而可以更好发挥市场对配置资源的基础性作用，增强企业发展活力，促进企业改进经营方式、提高管理水平，这将有利于企业的长远发展，提高经济增长的质量和效益。

“营改增”有利于财政体制的建设。按照试点方案，在试点期间，“营改增”后的收入仍然归属地方，暂不涉及财政体制的调整。随着“营改增”的全面完成，作为地方主体税种的营业税最终将被完全取代，这就要求我们必须加快地方税体系建设的步伐，按照中央和地方财力与事权相匹配的原则，推进财政体制改革，使之更加适应市场经济的要求。

**扩大"营改增"试点的必要性和紧迫性更加凸显，各项条件也已具备**

2012年"营改增"试点以来，运行平稳，成效显著，得到了社会各界的理解和支持，试点方案和工作机制已经成熟。

针对试点中发现的问题，财政部、国家税务总局已经出台了4个税收政策补充通知，及时解决了试点过程中出现的个别具体应税服务范围不够明确、总分机构缴税办法、船舶代理服务税务处理等问题，还发文明确了出口退税财政负担机制和会计处理办法，为进一步扩大试点创造了有利条件。

**从地区试点转向分行业在全国推开，增值税政策更公平，征管更严密**

根据国务院常务会议精神，今年扩大"营改增"试点的主要任务，包括扩大试点地区和扩大试点行业两个方面。

一方面是扩大试点地区。自今年8月1日起，将交通运输业和部分现代服务业"营改增"试点在全国范围内推开，适当扩大部分现代服务业的范围，重点将广播影视服务，也就是广播、电影、电视等相关节目（作品）的制作、发行、放映、播映活动纳入试点。

另一方面是扩大试点行业。择机将铁路运输和邮电通信等行业纳入"营改增"试点范围，力争"十二五"期间全面完成"营改增"改革。财政部正会同国家税务总局抓紧完善这两个行业试点方案，争取今年年底或明年年初实施。

改革模式从地区试点转向分行业在全国推开，成熟一个行业推进一个行业，增值税政策更公平，征管更严密，试点效果会更好。

扩大试点行业之所以选择铁路运输和邮电通信业，主要是考虑这两个行业均属于典型的生产性服务行业，与第二产业的关联度较高。从行业特点看，这两个行业均具有财务核算复杂、分支机构层次多且分布广的特点，不适合在部分地区先试点，只能全国同步推行。特别是铁路运输作为交通运输的重要组成部分，制造业对铁路运输依赖较大，在陆路运输、水路运输等其他交通运输业先期纳入"营改增"后，铁路运输由于没纳入试点，客观上会影响企业对不同运输方式的选择。所以，在加快扩大"营改增"试点之际，将铁路运输纳入"营改增"范围顺理成章。这也体现了改革不干扰市场选择，而是立足于优化市场配置资源作用的原则。因此，在这两个行业实施"营改增"试点，有利于扩大企业进项税抵扣范围，增强增值税"中性"特点，进一步消除重复征税因素。

**精心组织，周密安排，确保改革的平稳、有序、顺利进行**

"营改增"是一项复杂的系统性工程，这次将交通运输业和部分现代服务业试点扩大到其他22个省（区、市），时间紧、任务重、影响大。

各地要建立健全政府主导、财税部门协作、相关部门支持配合的工作机制，加强对试点的组织领导，及时掌握试点运行中出现的新情况、新问题，并认真研究解决。要建立完善信息通报、月度动态分析评估等工作制度，并切实抓好落实。

要加强对试点企业的培训和辅导，帮助企业熟悉新税制的各项要求，做好改革的各项准备工作，引导企业准确把握税制改革带来的发展机遇，优化经营模式，提高内部管理水平，充分享受改革红利，避免不适应增值税管理要求而产生的税负增加，提升企业长远的竞争力。同时，要引导企业更加全面、理性地看待"营改增"对企业自身和整个产业带来的影响，不要仅仅局限于税负水平的短期变化，而应更加注重"营改增"对企业市场扩大、业务增长、利润增加等方面带来的积极变化。

要拟定试点工作应急预案，针对试点过程中可能出现的各种风险进行梳理排查，并制定相应的应对措施。需要强调的是，对于地方出台的过渡性财政扶持政策，既要充分发挥其稳定预期、平稳过渡的积极作用，又要努力避免企业因此产生政策依赖、不愿调整经营模式甚至骗取财政补贴的问题和风险。

## “营改增”扩围后可抵扣不动产进项税

（来源：《证券日报》　记者：包兴安　2015 年 5 月 13 日）［内容有删节］

昨日，《证券日报》记者从财政部获悉，财政部部长楼继伟在厦门考察时表示，今后有望解决不动产进项税不能抵扣问题。

楼继伟与厦门市部分企业代表进行了座谈，并了解了企业对经济形势的看法及涉企财税优惠政策的落实情况。针对企业反映的希望能扩大增值税进项税抵扣范围，楼继伟解释说，不动产进项税不能抵扣的问题，随着下一步“营改增”改革推向建筑业、房地产业，就能得到解决。

针对小微企业反映的融资难、融资贵，互联网企业在创业初期得不到投资支持等问题，楼继伟说，政府可以拿出一部分钱来做种子基金，鼓励引导民间资本加入，政府只求本金安全而不求高回报，多承担部分风险，让利民间资本，更好地引导民间资本向前投。

就部分企业家提出的增值税免税问题，楼继伟指出，只有当企业面向不需要进项税发票的最终消费者和小企业时，对企业免税才不会形成经济活动的扭曲，否则将造成下游环节无法获得增值税进项抵扣，对企业经营不利，因此绝大多数处于产业链中间环节的企业并不需要也不希望免征增值税，这是由增值税的性质和特点决定的。

## 今年完成“营改增”税制改革

（来源：《证券时报》　2016 年 3 月 8 日）［内容有删节］

昨日上午，十二届全国人大四次会议举行记者会，财政部部长楼继伟、部长助理许宏才就财税改革、提高赤字率、防范债务风险、“营改增”等系列财税热点话题进行了回应。

在“营改增”方面，楼继伟透露 2015 年李克强总理给的任务是“力争完成”，2016 年则是“立军令状要完成”。楼继伟认为，“营改增”情况复杂，剩下的建筑业、房地产业、金融业和生活服务业一揽子纳入改革是最大的难点。“营改增”可以做到行业不增负，但是不能保证每一个企业在实行“营改增”最后一个环节的时候不增负。

如何解决“营改增”后地方收入减少的问题呢？楼继伟表示，“营改增”以后，中央和地方收入都要减少，并不只是地方收入减少，这是中央和地方两级政府向企业降税。“总的考虑是维持目前中央和地方总的财力分配格局不变的情况之下，安排一个过渡性的中央地方收入划分办法，来解决地方收入减少的问题。”

## （二）2016年3月18日之后财政部领导关于“营改增”的主要论述

### 1. 楼继伟关于“营改增”的主要论述

# 《人民日报》专访：全面实施“营改增”利国利民

（来源：《人民日报》　作者：李丽辉　吴秋余　2016年4月26日第14版）［内容有删节］

1. 全面实施“营改增”，既为当前经济运行提供有力支撑，又为未来发展增添持续动能

“全面实施‘营改增’，是落实党的十八届三中全会决定的一项重要举措，也是推动供给侧结构性改革的一项重要举措。”楼继伟表示，当前我国经济下行压力仍然较大，经济回升势头尚待稳固完善，加之世界经济深度调整、复苏乏力，长期积累的结构性问题凸显。在此背景下，全面实施“营改增”具有一举多得、牵一发而动全身的显著作用，既可以为当前经济运行提供有力支撑，也能为未来发展增添持续动能。

2. 坚持改革和稳增长两兼顾、两促进，确保所有行业税负只减不增

“今年《政府工作报告》明确要求，全面实施‘营改增’，要确保所有行业税负只减不增。这既是改革的目标之一，也是一项重大的政治任务。”楼继伟介绍，为落实这一要求，财税部门在方案设计上做了充分准备。

财政部、税务总局在设计试点方案时，坚持改革和稳增长两兼顾、两促进的原则，既以改革推动体制机制创新，又兼顾稳增长的要求，调整了改革的力度和节奏，按照营业税税负平移的方法测算确定了各试点行业的适用税率。

3. “营改增”中央和地方都是减税的，增值税收入划分调整后中央将多负担减收

楼继伟表示，全面推开“营改增”试点后，增值税中央与地方分享比例要做合理适度调整。“总的考虑是，在保持现有中央和地方财力格局总体稳定的情况下，制定增值税中央与地方分享的过渡办法，引导各地因地制宜发展优势产业，增强地方财政造血能力。”楼继伟解释说，鉴于税制改革未完全到位，中央与地方事权和支出责任划分还有一个过程，全面推开“营改增”试点后，对中央与地方增值税收入划分需要有一个过渡方案，推动理顺中央和地方分配关系。

“特别需要说明的是，‘营改增’中央和地方都是减税的，增值税收入划分调整后中央将多负担减收”，楼继伟强调。

按照“存量不动，增量调整”的原则，中央上划收入通过税收返还方式给地方，确保中央与地方既得利益不变。

# “营改增”迈出中国结构性改革重要一步

（来源：新华社　记者：韩洁　申铖　2016年4月26日）［内容有删节］

2016年4月25日，财政部部长楼继伟接受记者采访时表示，此次全面推开“营改增”

试点是本届政府成立以来规模最大的一次减税，其影响可谓“牵一发而动全身”。

1.“营改增”当前为企业减负　长远将利国利民

“营改增”全面推开迈出我国结构性改革的重要一步。对于我国选择在现阶段全面推开“营改增”，楼继伟表示，全面实施“营改增”是推动供给侧结构性改革的一项重要举措，具有一举多得、牵一发而动全身的显著作用，既可以为当前经济运行提供有力支撑，还能为未来发展增添持续动能。

2.“顶层设计 + 政策执行”确保所有行业税负只减不增

“要确保所有行业税负只减不增，这既是改革的目标之一，也是一项重大的政治任务。”楼继伟说，财税部门通过加强顶层设计和政策执行保障这一目标的实现。

他介绍，财政部、税务总局在设计试点方案时就坚持改革和稳增长两兼顾、两促进的原则，调整了改革的力度和节奏，按照营业税税负平移的方法测算确定了各试点行业的适用税率。同时，对 4 个行业原税收优惠政策原则上予以延续，如对养老、医疗、教育、金融机构同业往来、彩票发行等继续实施免税，延续个人转让住房的征免税政策等；对老合同和老项目实行政策平转，如允许建筑工程老合同、房地产老项目选择适用简易计税方法计税等；对特定行业制定了过渡性优惠措施，如允许新开工的甲供材建筑工程选择简易计税、允许房地产开发企业扣除土地购置成本、对金融机构尚未收到的逾期贷款利息在实际收到时征税、对原适用 3% 税率的文化体育服务允许选择简易计税等。

“通过上述安排，总体可实现所有行业全面减税、绝大部分企业税负有不同程度降低”，楼继伟说。

3. 增值税中央与地方分成将“保持现有财力格局总体稳定”

全面推开“营改增”试点后，中央与地方增值税收入划分问题提上日程。

楼继伟说，全面推开“营改增”试点后，增值税中央与地方分享比例要做合理适度调整。总的考虑是在保持现有中央和地方财力格局总体稳定的情况下，制定增值税中央与地方分享的过渡办法，引导各地因地制宜发展优势产业，增强地方财政“造血”能力。

鉴于税制改革未完全到位，他表示，中央与地方事权和支出责任划分还有一个过程，全面推开“营改增”试点后，对中央与地方增值税收入划分需要有一个过渡方案，推动理顺中央和地方分配关系。目前，过渡方案研究制定过程中。

楼继伟强调，“营改增”中央和地方都是减税的，增值税收入划分调整后中央将多负担减收。同时，按照“存量不动，增量调整”的原则，中央上划收入通过税收返还方式给地方，确保中央与地方既得利益不变。

对于在全国全面推开后“营改增”为何还叫试点，楼继伟表示，全面推开“营改增”试点是增值税改革取得的阶段性成果，目前仍叫“试点”，就是因为改革仍在路上，任务没有完成。

“现行增值税制度还存在税率档次多、抵扣项目不完整、大量临时过渡措施等问题，与规范的消费型增值税制度相比还存在一些差距，还没有全面完成党的十八届三中全会规定的相关任务。”他说。

楼继伟表示，根据全国人大税收法规的要求，下一步相关部门将启动增值税立法，并在这一过程中继续完善增值税制度，最终通过立法巩固改革成果，确立比较规范的消费型增值税制度。

## 2. 肖捷关于“营改增”的主要论述

# 为企业减负 为经济蓄能

——财政部部长肖捷回应“营改增”热点问题

（来源：新华社 记者：韩洁 2016 年 12 月 29 日）

即将告别2016 年，今年 5 月 1 日起全面实施的“营改增”试点是否兑现年初减税承诺？改革呈现出哪些积极效应？如何看待企业税负变化？未来如何深化改革？时逢全国财政工作会议召开，财政部部长肖捷 29 日接受记者专访，回应了关于“营改增”的诸多热点问题。

**兑现减税承诺 数据“不是拍脑袋估算的”**

问：国务院宣布今年 5 月 1 日起全面实施“营改增”试点，并要求所有行业税负只减不增。现在已到年底，您认为是否已经实现了这一目标？

肖捷：“营改增”试点全面实施以来，为确保所有行业税负只减不增，财税部门实时跟踪试点情况，针对试点中有的行业和企业反映的问题，及时进行调研分析，完善试点办法，确保这一目标的实现。对于财税部门来讲，宁可收入减少，也要把减税政策兑现到位。

我们查看了全面推开“营改增”试点后分月的数据，试点首月减税 355 亿元。随着全面试点时间的推移，减税规模持续增大，截至 11 月底累计减税 3 387 亿元，主要分布在三个板块：

第一个板块，新增试点的建筑、房地产、金融和生活服务四大行业实现减税 1 105 亿元。5—11 月份四大行业累计实现增值税应纳税额 6 409 亿元，如果按照原营业税征收，应纳税额 7 514 亿元，这两个数据相比较，按增值税纳税的数额比按营业税纳税的数额少了 1 105亿元，税负下降 14. 7% 。

第二个板块，2016 年 5 月 1 日以前已进行“营改增”试点的交通运输业、电信业，以及研发和技术服务、信息技术服务等部分现代服务业，由于将不动产纳入了进项税抵扣范围，以及新增的四大行业进行试点后增加了可以抵扣的进项税额，企业税收负担进一步减轻，5—11 月份累计实现减税 1 102 亿元。

第三个板块，1994 年已经实行增值税的行业，主要是制造业。随着 2012 年进行试点行业范围逐步扩大和今年 5 月 1 日起全面推开“营改增”试点，可抵扣的进项税不断增多，制造业等行业减税的效果更加明显，今年 5—11 月份累计减税 1 180 亿元。

上面讲的这些数据，都是根据纳税人自主申报的基础数据汇总出来的，不是拍脑袋估算的。如果加上 1—4 月的减税数额，以及个人二手房、随增值税附征的城建税及教育费附加减税，1—11 月份“营改增”带来的减税已达到 4 699 亿元。

**“营改增”助力“培育经济发展新动能”**

问：全面推开“营改增”试点，除了为企业减负，您认为改革还有哪些重要作用？

肖捷：在我的印象中，目前世界上已经有 160 多个国家和地区实行了增值税制度，为什么这么多国家都实行这一税制，这是由增值税的特点决定的。

增值税以增值额为税基，其链条抵扣机制避免了重复征税，有利于社会分工协作，不会对经济行为产生扭曲。正因为如此，增值税除了筹集财政收入外，还有一些其他流转税不具备的独特功能，就我国当前情况而言，尤其是对培育经济发展新动能具有重要作用。

首先是由于消除了重复征税，有效降低了分工细化过程中的税收成本，促进专业化分工、拉长产业链，催生新技术、新产业、新业态、新商业模式，孕育了新动能、涵养了新税源。今年5—11月份，仅新增试点的四大行业新办企业户数就累计增加58万户，每个月平均有8万多户。

其次，由于打通了二、三产业的抵扣链条，制造业企业外购服务、不动产等支付的增值税都可以抵扣，在拉动服务业发展的同时，也促进了制造业转型升级，实现了服务业与制造业互促共进，推动了新旧动能接续转换。根据国家统计局公布的数据，今年5—11月份，全国规模以上工业企业利润总额同比增幅由6.4%上升到9.4%。

最后，增值税替代营业税后，消除了以往企业因增值税和营业税并存导致的经营行为扭曲问题，为公平竞争创造了良好的税制环境。在增值税抵扣机制的作用下，企业为了实现充分抵扣和充分利用税制安排的有利条件，会更加注重经营管理规范，减少暗箱操作，积聚发展的内生动力。

随着改革不断深化，我相信，“营改增”对培育经济发展新动能会起到更加有力的推动作用。

**个别税负增加问题将会逐步缓解**

问：全面推开“营改增”试点后，也有企业反映税负没降反增了，您如何看待这个问题？

肖捷：全面推开“营改增”试点的首要目标是确保所有行业税负只减不增，这个目标是可以实现的。在试点过程中，财税部门也确实听到有企业反映税负上升问题。从目前掌握的税收征管数据分析，约有1.5%的纳税人出现了税负不同程度上升的情况。其原因是多方面的。

比如，增值税对新试点的纳税人来讲是一个全新的税种，财税部门虽然前期做了大量宣传解读和培训工作，但是由于纳税人数量众多、业务类型丰富，也存在工作没有完全到位、政策细节不明确的问题；再如，有的企业对试点政策的理解不深入，对制度规定可以抵扣、免税的政策没有用足，还有的企业是受经营周期影响，进项税额在某个时段偏少或没有，导致税收负担增加；另外，也有的企业由于市场不景气，销售价格低迷，税负不能顺价转出，出现阶段性税负上升。

对此问题，财税部门高度重视，将继续加大政策宣传和辅导力度，进一步优化纳税服务，帮助企业将政策用好用足，使更多的企业在改革中受益，享受改革红利。企业也要创新完善自身经营管理模式，主动适应税制转换的新要求。随着整个经济形势缓中趋稳、稳中向好，积极因素的不断积累，税负增加问题将会逐步缓解。

**将完善税制为启动增值税立法创造条件**

问：“营改增”试点什么时候结束，下一步有何考虑？

肖捷：全面推开“营改增”试点，是增值税改革取得的重要阶段性成果，也是规范我国流转税制走出的关键一步。增值税改革的最终目标是要建立现代增值税制。

全面推开“营改增”试点虽然实现了对货物和劳务征税范围的全覆盖，结束了在我国已经具有66年历史的营业税，但就增值税本身而言，还有很多需要完善的方面。比如，与世界其他实行增值税的国家相比，我国的标准税率虽然不算高，但税率档次过多，也存在税收优惠政策碎片化等问题。

下一步，我们将在全面总结评估试点工作的基础上，对增值税制度作进一步完善，更好地发挥增值税的独特功能，为下一步试点结束后贯彻税收法定原则，启动增值税立法创造有利条件。

## 财政部部长肖捷等就“财政工作和财税改革”答记者问

（来源：中国网　2017年3月7日）［内容有删节］

十二届全国人大五次会议新闻中心于3月7日9时在梅地亚中心多功能厅举行记者会，财政部部长肖捷、部长助理戴柏华就“财政工作和财税改革”的相关问题回答中外记者的提问。

曲卫国：各位记者朋友，大家上午好。欢迎参加十二届全国人大五次会议记者会。本场记者会的主题是“财政工作和财税改革”。今天我们很高兴邀请到财政部部长肖捷先生，部长助理戴柏华先生，围绕这一主题回答大家的提问。现在开始提问。

中国网记者：我们在政府报告里看到，去年“营改增”给企业减税近6 000亿元，同时也实现了所有行业税负只减不增的目标。请您给大家介绍一下，除了给企业减负降税以外，“营改增”还取得了哪些积极成效？

肖捷：全面推开“营改增”试点是一项非常正确的抉择。全面试点屈指算来已经有10个月的时间。从试点的实施情况看，已经做到了所有行业的税负只减不增。去年全年由于实行全面“营改增”试点，减轻企业负担5 700多亿元，超出了在设计试点方案时的减负预期。无论是新增试点的行业，还是前期已经开展试点的行业，甚至是原来已经实行增值税的加工制造业等行业，都全面实现了减税。

正像你刚才提到的，全面推开“营改增”试点，除了减轻企业税收负担外，在优化税制、促进产业升级和结构优化等方面也取得了积极成效。

作为税制本身，由于“营改增”的实施，增值税全面替代了营业税，税制得到了简化，解决了过去多年来存在的货物和服务税制不统一的问题，消除了增值税和营业税并行所造成的重复征税问题。解决了这个问题，我认为有利于促进服务业的发展和社会分工的细化。关于这一点，“营改增”试点以来，从我国经济发展出现的一些新变化也可以得到印证。

在促进产业升级方面，“营改增”的实施可以激励企业内部研发、设计、营销等环节从原有的企业分离出来，成为独立的市场主体，这样就可以使专业化分工更加凸显，使各类市场主体都有希望成为效率更高、专业性更强的创新主体，由此也可以促进专业化分工的协作发展。由于全面推开“营改增”试点之后，增值税的抵扣链条拉长，相应地也就拉长了产业链，这样可以进一步催生新业态和新的商业模式不断出现。

在促进产业结构优化方面，“营改增”消除了过去存在的增值税和营业税并行对企业经营行为带来的扭曲问题，制造业企业对外购买服务支付的增值税可以抵扣了，从而可以激发制造业外购服务的积极性，促进制造业和服务业协同发展。另外，我想告诉大家的是，实行“营改增”之后，在开放发展方面，将服务纳入出口退税的范围，可以增加出口服务的国际竞争力，这也有利于优化我们国家的贸易结构，促进外贸转型升级。我相信，随着“营改增”的深入推进，其积极效应还会进一步显现。

### 3. 史耀斌关于“营改增”的主要论述

## 确保“营改增”后所有行业税负只减不增

（来源：中国新闻网　记者：李晓喻　2016 年 4 月 12 日）［内容有删节］

中新社北京 4 月 12 日电　中国财政部副部长史耀斌 12 日在北京表示，将从两大方面确保所有行业税负在全面推开“营改增”试点后只减不增。史耀斌在当天国新办举行的新闻发布会上表示，一方面在制度设计上体现“只减不增”的内涵。例如，新纳入“营改增”试点的四个行业原来的税收优惠政策予以延续，如对养老、医疗、教育、金融机构同业往来、彩票发行等继续免税，延续个人转让住房的征免税政策等；对老合同、老项目继续实行政策平转，对特定行业制定过渡性优惠措施等，这些“完全可以保证税负只减不增”。

另一方面，在政策执行上，要求不折不扣全面落实到位，避免出现误解、误判或者人为制造税负增加问题。

“我们既设计了很好的制度，又保证这些制度能很好地落实。”史耀斌说，中国“能够也有信心保证所有的行业税负只减不增”。

## 财政部副部长史耀斌：全面推开“营改增”试点一举多得

（来源：央视网　记者：郭城　2016 年 12 月 2 日）［内容有删节］

央视网消息　2016 年 12 月 2 日上午，国务院新闻办举行发布会，财政部副部长史耀斌介绍我国全面推开“营改增”试点运行有关情况，并答记者问。

史耀斌说，国务院决定自 2012 年 1 月 1 日起率先在上海实施交通运输业和部分现代服务业“营改增”试点。此后，试点地区和行业范围逐步扩大，2016 年 5 月 1 日全面推开“营改增”，将建筑业、房地产业、金融业和生活服务业四大行业纳入试点范围。自此，所有营业税纳税人都改为缴纳增值税，标志着“营改增”试点税制转换阶段工作已经完成，试点实现了良好开局。目前，全面推开“营改增”试点运行已超过半年，总的看，“营改增”作为最有力的降成本举措，减税降负效果正在显现。

史耀斌认为，全面推开“营改增”试点意义重大。全面推开“营改增”试点，就是用政府收入的“减法”，换取企业效益的“加法”，和市场活力的“乘法”，是一举多得的重大举措。

一是供给侧结构性改革的重头戏。通过促进专业化分工协作，拉长产业链，一些研发、设计、营销等内部服务环节从企业主业剥离出来后，更加专注于提供某类型服务，成为效率更高、专业更强的创新主体，催生了新技术、新产业、新业态、新商业模式，为实施创新驱动发展战略和推动大众创业、万众创新拓展更为广阔的空间，也为民营经济和小微企业营造更为宽松的发展环境。

二是财税体制改革的重大举措。全面推开“营改增”试点，建立比较完整的消费型增值税制度，构建全国统一规范的增值税管理体系，是财税体制改革取得的又一重大成果。打通二、三产业增值税抵扣链条，制造业企业外购服务支付的增值税可以抵扣，激发了制造业采购服务的积极性，实现了制造业和服务业的融合发展、互促共进，带动了就业创业，加快了新旧动能接续转换。同时，税收制度和管理方式的进一步成熟完善有助于优化资源配置、维护市场统一、促进社会公平，推进国家治理体系和治理能力现代化。

三是“放管服”改革的重要内容。增值税全面代替营业税，简化了税制，降低了制度性交易成本，企业由管理两个税种变为管理一个税种，遵从成本降低，管理的难度和风险相应减小；消除了增值税营业税并存对企业经营的扭曲，由营业税道道全额征收到增值税环环抵扣，进一步理清了政府与市场关系，使税制更加中性；同时释放了巨大的减税空间，增强了企业自觉适应市场环境、自主经营、自主创业的活力。在增值税纳税征管中，税务部门进一步优化纳税服务，先后 4 次出台各 20 条优化服务和改进管理的措施，有针对性地解决“营改增”试点及纳税服务过程中存在的问题，简化办税流程、提高办税效率，让纳税人享有更快捷、更经济、更规范的优质服务。

## 三、税务总局领导关于“营改增”推进的重点要求

### （一）2016 年 3 月 18 日之前税务总局领导关于“营改增”推进的重点要求

#### 1. 肖捷关于“营改增”推进的重点要求

##### “营改增”试点方案需从五方面做统一部署

（来源：中国经济网　2012 年 4 月 7 日）［内容有删节］

推进营业税改征增值税，需要“整体规划、统筹协调、平稳过渡”，既要统一设计税制改革方案和相关配套改革措施，又要通盘考虑改革的具体事项，还要充分兼顾改革前后税制和征管变迁，实现税制转换的平稳过渡。

营业税改征增值税是一项重要的税制改革，涉及税种结构、财政体制、税收征管等一系列制度性安排。

改革试点方案需要从试点范围、税制安排、过渡政策、收入归属、征收管理等方面，对整个试点工作做出统一部署。试点方案总体上应具有扩大试点和全面实施的可操作性，而非仅适应单个地区的量身制作。

在试点范围上，综合考虑服务业发展状况、财政承受能力、征管基础条件等因素，先行选择经济辐射效应明显、改革示范作用较强的地区，将与生产流通联系紧密的交通运输业和部分现代服务业纳入试点范围。

在税制安排上，除合理设定计税方式、计税依据、纳税地点外，关键是科学设置税率。按照将原营业税税负平移的方法，采用全国税收调查和北京、上海、湖南 3 个地区典型调查的数据，相互验证测算出交通运输等行业的适用税率在 11% ~15% 之间，现代服务业的适用税率在 6% ~10% 之间。根据改革后试点行业总体税负不增加或略有下降的原则，改革试点方案从低确定了 11% 和 6% 两档税率，并对出口劳务实行零税率或免税。

在政策衔接上，针对增值税与营业税的税制差异和改革试点在部分地区部分行业开展的实际情况，对试点地区与非试点地区、试点行业与非试点行业、试点纳税人与非试点纳税人之间的税制衔接，以及原营业税优惠政策延续等问题，均进行了妥善处理。

在收入归属上，维持现行财政体制基本稳定，按照保持中央和试点地区税收分配关系不变的原则，对原归属试点地区的营业税，改征增值税后收入仍归属试点地区。

在征收管理上，营业税改征增值税后，由现行负责征收增值税的国税机关统一征收。

## 扎实做好营业税改征增值税试点工作

（来源：国家税务总局　2012 年 10 月 15 日）［内容有删节］

9 月 20 日，国家税务总局党组书记、局长肖捷带领税务总局机关有关司局负责同志到北京市调研营业税改征增值税试点工作情况。

肖捷指出，北京是继上海之后全国第二个实施营业税改征增值税试点的地区，也是第一次在国税和地税机构分设地区开展的试点，具有特殊意义。他希望北京市税务部门认真总结试点工作经验，及时发现和解决遇到的新情况、新问题，为其他省市开展试点工作提供有益借鉴。税务总局有关司局要加强指导，对基层反映的问题要抓紧研究解决，确保改革顺利实施。

肖捷对北京市税务部门推进营业税改征增值税试点工作提出 5 点要求：一是继续做好试点纳税人的确认和培训工作。国税和地税部门要一如既往地加强协调配合，及时将应进行试点的企业纳入试点范围，防止出现增值税和营业税征收“两不管”的情况。要加强业务辅导，使纳税人尽快熟悉新税制，及时准确履行申报纳税义务，保证第二阶段工作顺利进行。二是不断改进和优化纳税服务。要及时了解纳税人的需求，进一步优化办税程序，完善服务措施，主动帮助纳税人排忧解难。三是认真测算分析纳税人税负变化情况。要进行动态跟踪分析，按行业和企业类别测算相关纳税人税负变化情况，尤其对少数税负可能上升的纳税人要予以重点关注。四是深入开展调查研究。随着改革试点的深入推进，要全面分析营业税改征增值税对地方稳增长、调结构的积极效应和相关影响，为进一步完善试点方案建言献策。

五是切实防范可能出现的各类风险。特别是要高度重视在试点过程中可能出现的虚开增值税专用发票、虚增虚抵进项税额、隐瞒销售收入等逃骗税行为。要与公安等部门加强协作，共同防范和打击涉税违法犯罪行为。

## 全力确保营业税改征增值税试点取得成功

（来源：《中国税务报》　记者：综和　2012年12月10日）[内容有删节]

近日，国家税务总局党组书记、局长肖捷，党组副书记、副局长解学智带领税务总局机关有关司局负责同志到广东、福建调研营业税改征增值税试点工作准备情况。

肖捷指出，广东和深圳经济发达，税收总量大，做好营业税改征增值税试点工作具有特殊意义，希望广东和深圳税务部门抓紧抓好抓实各项试点准备工作。要积极探索，大胆实践，及时发现和解决遇到的新情况、新问题，为其他省市开展试点工作提供有益借鉴。

肖捷对广东和深圳税务部门推进营业税改征增值税试点工作提出明确要求：一是继续做好试点纳税人的确认工作。国税和地税部门要一如既往地加强协调配合，认真梳理分析，准确界定范围和户数，及时办理交接手续，将应进行试点的企业全部纳入试点范围，防止出现两不管或重复管的现象。二是高度重视纳税服务工作。要切实抓好对纳税人的宣传培训工作，主动为纳税人排忧解难，回应纳税人的关切。在正式试点之前，要确保培训覆盖面达到100%；试点开始后要继续跟踪服务，及时了解纳税人的需求，针对纳税人类型及行业特点做好后续政策辅导和培训，帮助企业运用好试点政策。三是全力确保试点纳税人顺利开具发票。要认真做好税控器具的发放、调试以及发票领购、技术保障等前期准备工作，有效应对可能出现的购票高峰、企业大量申请代开发票等情况。四是努力实现首个申报期顺利申报。要扎实做好首个申报期的各项准备工作，确保综合征管和电子申报软件、税库银系统等全部安装调试到位，加强对纳税人填写申报表和应用申报软件的培训辅导，根据需要增设专门服务窗口，确保纳税人顺利申报纳税。五是严密防范虚开增值税专用发票等骗税风险。要与公安等部门密切协作，认真查找征管薄弱环节和风险隐患，切实加大稽查工作力度，为改革顺利实施营造良好环境。六是注意对改革试点进行评估分析。要按时间进度对改革试点总体运行情况进行评估，跟踪分析试点纳税人税负变化情况，深入研究营业税改征增值税对稳增长、调结构的作用效应和相关影响，为进一步完善税制改革方案建言献策。

## 推进“营改增”需先完善增值税制度

（来源：《中国经济导报》　2013年1月12日）[内容有删节]

营业税改征增值税后，按照增值税立法的要求，借鉴国际经验，我国增值税制度仍待进一步完善，主要有以下几个方面的问题需要重点关注：

规范税收优惠问题。我国现行增值税制度存在先征后返、即征即退、免税抵扣等多种形式的减免税优惠。这些政策虽然对减轻部分纳税人负担起到一定作用，但也带来了增值税链条机制的中断，对税制规范运行形成较大影响。建议在对其进行清理的同时，通过建立进项税额调节机制等办法，保障增值税运行更加合理规范，作用得到更好发挥。

规范税收制度问题。与世界多数实行增值税的国家相比，我国增值税制度主要有3个方面需进一步完善：

首先是简化税率档次。按照原营业税税负平移的原则，当前的改革试点新增了6%和11%两档税率，加上原13%和17%的税率，累计达到4档，在一定程度上增加了税制的复杂性，也加大了多档税率运行的风险。建议结合税负水平的合理调整，适度简并税率档次。

其次是拓宽抵扣范围。从国际上看，我国增值税税率水平较低，但抵扣范围较窄，税基相对较大。在2009年增值税转型和此次“营改增”试点中，虽然抵扣范围得到了拓展，但考虑财政减收压力，都没将不动产纳入抵扣范围，现行增值税还属于不完全的消费型增值税。为较彻底地消除重复征税，建议综合考虑国家宏观调控、财政承受能力等因素，对不动产抵扣问题予以认真研究和妥善处理。

此外，进一步深化增值税改革，还需继续完善出口退税机制、建立进项税额留抵退税制度等，实现我国增值税与国际通行惯例更加接轨，为经济转型发展创造更加有利的税制环境。

（摘编自肖捷在国务院扩大“营改增”试点工作座谈会上的讲话。）

### 2. 王军关于“营改增”推进的重点要求

## 保障“营改增”“双扩围”顺利实施

——国家税务总局局长王军接受中央媒体联合采访

（来源：《中国财经报》　记者：刘国旺　2013年4月18日）［内容有删节］

就今年扩大“营改增”试点的新特点，如何保障试点地区、行业“双扩围”的顺利实施等问题，国家税务总局局长王军4月16日接受了中央媒体的联合采访。

王军表示，与去年相比，今年的“营改增”呈现出新的特点：交通运输业和部分现代服务业由地区试点向全国推开；推出1+6的“升级版”；试点方法上由“雁阵排列”变为“一字推开”。总体上可以概括为，今年的“营改增”实现了试点行业和试点地区“双扩围”，由去年的试点探索转向了今年的力推稳进。

王军解释说，“力推”主要表现为，自8月1日起，在全国推开交通运输业和部分现代服务业试点，同时将广播影视作品的制作、播映、发行等纳入试点，并将择机推开铁路运输和邮电通信试点。“稳进”主要表现为，这次“双扩围”是在去年试点取得超过预期效果的基础上进行的，同时鉴于开展试点的22个省（区、市）均位于中西部，选择从8月份起试点，一方面为试点地区留出了充裕的准备时间，确保万无一失，另一方面也有利于其全年的财政收支安排。没有将铁路运输和邮电通信两个行业纳入8月份的试点，是为了进行更翔实的论证和更充分的准备。力推稳进，既表现出新一届中央政府坚持改革的坚强决心，又表现出稳妥推进的底线思维。

到今年2月底，全国试点地区纳入“营改增”的试点企业已达到112万多户。今年实行“双扩围”后，工作难度和复杂性将进一步增加，如何保障扩大试点工作的顺利实施？王军表示，国家税务总局为此提出了3项要求，制定了3条措施。3项要求包括：作为一项政治任务高度重视，进一步提高责任感和使命感；作为一项重要的制度改革加以对待，增强操作的精细化程度；作为一项社会工程认真构建，最大限度减少试点工作为纳税人带来的负担，提高为纳税人服务的意识和质量。3项措施包括：由先行试点地区对口帮助即将试点的地区；联合公安部门和财政部门，加大对虚开虚抵增值税发票、骗取劳务及服务业出口退税等违法犯罪的防范和打击力度，确保改革顺利推进；始终做好宣传工作，增强宣传的主动性、针对性、及时性和准确性。

## 新一轮“营改增”印证“改革红利”

（来源：《中国经济导报》　作者：王军　2013年4月20日）［内容有删节］

一年多来“营改增”的试点情况可以概括为一句话：运行平稳、好于预期、渐行渐好。

新一轮“营改增”改革呈现四个方面的特点：一是去年按地区试点，今年按行业推开，标志着改革路径的优化；二是去年为“雁阵排列”，今年“一字推开”，表明改革方法的改变；三是去年仅在“1+6”行业试点，今年增加试点行业，这是打造“营改增”的“1+6升级版”；四是由探索试点向力推、稳健转变，这是改革力度的加强。

当然，“营改增”试点向全国推开，对各级税务部门是一个严峻的挑战。目前，国家税务总局已制定初步工作规划方案，从事前、事中和事后梳理出35项任务，层层分解，强化措施，确保把工作做细做周密做完备。此外，各地税务部门还将提高服务意识和质量，最大限度减少“营改增”给相关企业纳税人带来的不必要负担。下一步将主要采取三项措施：

一是先行试点的9省市将对口支援22个即将推开的省（区、市）。

二是加大防范和打击违法犯罪活动力度。由于分地区试点，有些地区改为增值税，有些地区仍是营业税，存在低征高扣空间。下半年将连同公安部、财政部一起开展专项打击虚开增值税发票和骗取劳务出口、服务产业出口税收专项活动，确保改革顺利推进。

三是要加强宣传，增强宣传主动性、及时性和准确性。

## “营改增”：打造中国经济升级版的一项重要战略举措

（来源：《求是》　作者：王军　2013年7月16日）［内容有删节］

从2012年1月1日起，我国在上海市的交通运输业和部分现代服务业实施营业税改征增值税试点，并渐次扩大到北京、江苏、安徽、福建（含厦门）、广东（含深圳）、天津、湖北、浙江（含宁波）9个省（直辖市）。今年4月，国务院立足当前、着眼长远、审时度势，决定从8月1日起在其余22个省（自治区、直辖市）全面推行“营改增”试点。

经过一年多的探索实践，“营改增”试点运行平稳，好于预期，渐行渐好，改革成效越来越充分显现出来。解决了重复征税，完善了税制。优化了产业结构，推动了发展。促进了劳动就业，稳定了物价。

“营改增”升级版的推出，是国务院在打造中国经济升级版的关键时刻，从深化改革的总体部署出发作出的重要决策，是一项一举多得的重大战略举措。

缜密细致完成试点前各项准备。要做到政策制度准备到位。在进一步完善已有的交通运输业和现代服务业试点政策的同时，针对新纳入试点的广播影视作品制作、播映和发行等行业，修改完善应税服务范围注释。同时，根据扩大试点的实际需要，调整制定一般纳税人认定、纳税申报、发票领用、税款入库等征管制度和办法。要做到基础工作准备到位。逐户核实纳税人经营情况，确定试点纳税人名单，完成地税局向国税局的管户交接，并认真做好试点纳税人税务登记和一般纳税人认定工作。开展试点纳税人发票种类核定和用量测算，加快发票印制和供应，确保7月31日前自开票纳税人所需发票领购到位。要做到技术保障准备到位。逐项对软件系统和硬件设施进行评估分析，抓紧做好综合征管、电子申报与缴税、防伪税控与稽核、出口退税与协查等相关系统的修改、调试与升级，加强和改进对纳税人端涉税系统的技术管理与服务。及时弥补小型机、服务器、存储器等硬件设备缺口，确保软硬件配置到位、保障有力。要做到业务力量准备到位。一方面，层层加强“营改增”业务培训，集中精兵强将承担“营改增”各项工作，依靠高素质业务队伍，确保高质量完成改革任务；另一方面，建立对口支持机制，由已开展试点的税务部门分别与2013年新试点的地区结成对子、传送经验、对口帮促。要做到应急预案准备到位。对试点后可能面临的纳税申报、发票领用、系统运行、政策适用、税负变动、骗税风险等方面的问题进行充分考虑，并一一准备应对预案，切实增强试点工作的预见性和主动性。

缜密细致确保试点中运行顺畅。确保试点当日系统顺利上线。从8月1日零时起，各试点地区所有“营改增”相关业务系统全部开启，并组织部分纳税人进行系统功能验证，确保各功能启用正常、运行平稳。确保试点当月发票顺利开具。一方面，保证所有自开票纳税人增值税专用发票和普通发票都能顺利开出；另一方面，妥善应对试点初期代开票申请可能较为集中的问题，切实满足纳税人代开票需要。同时，国税局、地税局要继续加强配合，积极处理好部分试点纳税人新旧普通发票的衔接与过渡问题。确保试点次月申报顺利进行。加强财税库银系统衔接，增设办税通道和咨询辅导窗口，确保试点纳税人如期、有序申报。

缜密细致做好试点后动态监控。切实加强税负变动分析与应对。区分不同行业、不同规模的纳税人，分时段、全方位掌握其税负变动情况。对税负上升的纳税人：一方面，认真落实好已有的过渡性政策安排；另一方面，积极引导其充分把握增值税制度特征，调整和改进经营管理，增加进项税额抵扣，减轻税收负担。扎实做好骗税风险分析与查处。针对少数纳税人可能发生的虚开发票等骗税风险，从加强纳税评估、强化税源监控、加大稽查力度等方面严防严控，健全风险管理指标体系和风险应对处理机制，加大对骗税行为的打击力度，切实维护良好的改革运行秩序。深入开展试点效应分析与评估。全面做好与改革相关的经济数据和税收数据采集工作，从税收与经济、税收与民生的角度，准确掌握试点运行态势，深入开展改革效应评估，务求评价成效客观全面，分析问题深入透彻，提出建议合理可行。

# 实实在在推进“营改增”试点改革

（来源：《经济日报》　记者：崔文苑　2013 年 9 月 27 日）［内容有删节］

从今年 8 月 1 日，国务院决定将交通运输业和部分现代服务业“营改增”试点扩大到全国，至 9 月中旬，首个申报期结束。对于社会普遍关注的“营改增”试点运行情况，以及下一步持续深化改革的着力点等热点问题，《经济日报》记者对国家税务总局局长王军进行了采访。

“营改增”释放的效应，对第三产业，尤其是对推动现代服务业发展的积极效应显得尤为突出。王军认为主要从三个方面可以看出。

第一，税负减轻带来的积极效应。实施“营改增”，第三产业纳税人税收负担总体上将会明显减轻。据初步测算，“营改增”后，全国年减税约 1 200 亿元，扩大试点纳税人首个申报期共减税 100 多亿元。这在提高上述行业纳税人自身发展能力的同时，还将在一定程度上引导其他社会资金加大对这些领域的投入，从而促进其加快发展。

第二，需求扩大带来的积极效应。从国内需求看，第三产业税收负担的降低，在市场机制的传导下，将带来其价格水平一定程度的下降和市场需求的扩大，从而拉动第三产业发展。从外部需求看，增值税扩围后，服务贸易出口可以与货物出口一样，纳入退（免）税范围，从而推动服务类产品以不含税价格参与国际市场竞争，促进服务贸易比重提升。

第三，产业分工深化带来的积极效应。一方面，增值税扩围后，现行营业税制度存在的营业环节越多、产业链条越长，则税收负担越重的弊端，将在增值税规范的进销项税款抵扣机制下从根本上得到校正，促进第三产业效率的提高。另一方面，现行第一、二产业增值税纳税人外购劳务所负担的营业税税款不能抵扣的问题也将得到解决，从而有利于第一、二产业内部生产性劳务更多地向外剥离。由此释放出来的服务外包市场需求，在促进第三产业市场规模扩大的同时，将推动三次产业之间更为广泛的分工协作与融合发展。

“深入推进‘营改增’扩大试点工作，要实字当头。”王军表示，首先要做到实实在在地为纳税人搞好服务，根据让纳税人满意缴税、明白缴税、公平缴税、便捷缴税的原则，为税户提供咨询、解决难题，帮其改进管理以增强发展后劲。

“还要实实在在地搜集、整理、研究、解决一批‘营改增’试点中存在的共性问题。属于政策层面的，税务总局将商财政部抓紧研究解决；属于服务与管理层面的，税务总局和各地税务部门将及时研究解决。”王军强调，要实实在在地做好试点情况的分析工作并加强宣传。

## （二）2016年3月18日之后税务总局领导关于“营改增”推进的重点要求

### 1. 王军关于“营改增”推进的重点要求

#### 深入学习贯彻李克强总理重要讲话精神 打赢全面推开“营改增”试点战略攻坚战

（来源：《中国税务报》　记者：史晓龙　2016年4月18日）[内容有删节]

4月14日，国家税务总局在北京召开各省国税、地税局长全面推开“营改增”试点工作座谈会，进一步传达学习和贯彻落实李克强总理重要讲话精神，对全面推开“营改增”试点工作进行再动员、再部署。

王军要求，税务机关作为全面推开“营改增”试点的改革“尖兵”和“主攻部队”，一定要用工匠精神把改革各项准备和实施工作做扎实、做精细。

一是大局为重，同心推进。各级国税、地税机关都要从讲政治、顾大局的高度，精诚团结，齐心协力，把这项改革抓紧抓好抓出成效。要把这项改革作为检验深化国税地税合作成效的“试金石”，继续做好管户交接，密切加强征管协同，共享征管经验。

二是稳便为先，顺利推进。“稳”是在做好各项工作基础上，守住不发生重大问题的底线，平稳实现税制转换。“便”是要将优化服务贯穿于“营改增”全过程，确保纳税人便利办税。

三是统筹为要，协调推进。一方面要统筹做好“营改增”相关工作的协调推进，一项一项抓落实；另一方面要统筹做好“营改增”与其他改革工作的协调推进。

四是严细为本，扎实推进。一方面要倒排工期、加快进度；另一方面越是紧要关头，越要坚持严细二字，标准要从严，工作要从细。

五是尽责为基，全力推进。各单位主要负责人都要切实担当起改革的主体责任，层层传导压力，层层落实责任。国家税务总局和各地税务机关都要实现对“营改增”工作专项督查的全覆盖，对于工作不负责任并造成严重后果的，要对相关责任人严肃追究问责。

#### 以“两学一做”学习教育推进“营改增”落实 以全面落实“营改增”检验“两学一做”成效

（来源：《中国税务报》　记者：李长江　2016年4月22日第1版）[内容有删节]

4月20—21日，国家税务总局党组书记、局长王军到河北省望都县就“营改增”准备情况进行督导调研。王军先后前往建筑施工企业、酒店、银行等试点纳税人和办税服务厅实地了解情况，分别召开“营改增”试点企业代表、五省市部分县区国税局和地税局负责人、办税服务厅和基层征收分局负责人座谈会，听取各方面意见。

在望都县国税局，王军与来自天津、河北、河南、山东、山西5省市12个区县国地税局负责同志座谈。王军对基层税务机关提出3点要求。一是当好改革的推进者，确保所有改革举措全部落地。要聚焦5月1日顺利开票这一目标，做好纳税人分类别分行业多层次培训、加快税控器具发行安装进度、二手房交易和个人出租不动产委托代征准备等工作，确保税制顺利转换。在此基础上，要围绕确保6月1日顺利申报、确保所有行业税负只减不增，不折不扣地落实好各项政策，并深入细致做好行业税负分析，让纳税人充分享受改革红利。二是当好改革的建言人，促进税制和税收政策不断完善。要增强责任感和使命感，做有心人，发现问题要积极主动反映，并提出建议，使政策更加完善，征管措施更加符合实际，纳税服务更有针对性。三是当好改革的护航员，确保改革如期平稳有序实施。全面推开“营改增”试点，要在坚决杜绝发生严重负面影响的群体性事件，坚决杜绝出现重大负面舆情，坚决杜绝向纳税人强制摊派购买税控设备、乱收费的基础上，坚决杜绝发生系统性风险，严防任何影响改革大局的情况发生。

王军指出，全国税务系统正在扎实开展“两学一做”学习教育。深入开展“两学一做”学习教育是推进“营改增”落实的重要保证，全面落实“营改增”各项任务是检验“两学一做”成效的重要体现。各级税务机关，特别是基层党组织、党员干部，要把打赢全面推开“营改增”试点这场战略攻坚战作为发挥党员先锋模范作用，作为争做合格党员最好的战场、最好的平台和最好的机遇，用税务人敢于担当、敢打硬仗的坚强党性，让党中央、国务院放心，让纳税人满意。

## 坚决打赢全面推开“营改增”试点第一场战役

### ——王军局长2016年4月28日在全国税务系统“营改增”工作视频会议上的讲话整理稿

（来源：《中国税务报》　2016年4月29日）［内容有删节］

今天距离5月1日全面推开“营改增”试点只有两天时间了，我们召开视频会议，实际上就是一场誓师大会，是向大家吹响决战的集结号，发出总攻的冲锋令。

在昨天上午的国务院常务会议上，从四川考察回京的李克强总理表扬了我们税务系统。他说，通过在四川雅安政务服务中心的办税服务窗口与纳税人和税务干部交谈，感到税务部门“营改增”准备工作是充分的。听到总理的表扬，我第一反应是要借今天这个机会告诉大家并感谢大家！

近两个月以来，全国税务系统无论是总局，或是省局、市局、县局、分局、办税服务厅，无论是国税干部，或是地税干部，无论是青年人，或是老同志，无论是男同志，或是女同志，无论是业务技术人员，或是后勤服务人员，都是“五加二”“白加黑”，夜以继日、连续加班，充分体现了讲政治、顾大局、尽职守、勇担当的奉献精神，充分展示了我们这支队伍敢打硬仗、善打硬仗、能打硬仗的顽强作风，涌现出很多可歌可泣的感人事迹和先进人物，有老人病重顾不上照料的，有婚礼在即来不及准备的，有晕倒了爬起来继续干的，有躺下休息时心里甚至梦里还想着干的，有身体病痛中还咬牙坚持干的，有退休了主动请缨参与干的，等等。这些不胜枚举的鲜活事例，让我听着为之动容，看着为之动情。我多次讲过，我一直为能有这样一支可亲可爱可信可敬的干部队伍而感到骄傲、感到自豪，在这次“营改增”的大考中，我更加坚定了这份骄傲，更加坚定了这份自豪！在此，我代表总局党组向大家特别是基层的同志们真诚地、深情地道一声：感谢同志们！大家辛苦了！你们是好样的！

党中央、国务院对“营改增”工作高度重视，国务院近日部署建立全面推开“营改增”试点部际联席会议制度，还拟专门下发通知要求各级政府全力抓好“营改增”工作。各地税务机关是“营改增”主攻部队、是尖兵，一定要主动向地方党委政府多请示、多汇报，与相关部门多沟通、多协调，积极争取多方支持，确保“营改增”各项工作顺利开展，确保“营改增”第一场战役全面胜利。下面，我对做好最近一段时间的工作提几点要求：

**一、要以百分之百的雄心闯关拔寨**

5 月 1 日，全面推开“营改增”试点的第一场战役就要打响。在这场战役中，至少有 3 座重要“城池”需要我们聚智奋勇，全力拿下，坚决拿下。

第一，要坚决闯过 5 月 1 日首日开票“大关”。确保 5 月 1 日顺利开票，是本次“营改增”第一场战役的第一个目标，是第一道大关。与以往“营改增”最大的不同就是，这次把与民生密切相关的生活服务业纳入进来，且正值“五一”小长假，从 5 月 1 日零点开始，餐饮业、娱乐业、酒店业等开票业务就会大量发生，首战就要全面打响，战线就要全面铺开。因此，税务部门各级党组、各单位一把手务必利用好接下来两天的时间，亲自对开票准备工作像用小篦子而不是用五指梳梳头一样，进行全面认真的地毯式再梳理、再排查，不放过任何一个环节，不忽视任何一个细节。从 4 月 30 日晚开始，所有与开票保障相关的岗位包括服务提供商都要实行 24 小时轮流值守，确保出现问题第一时间响应、第一时间解决，不隔天不过夜。5 月 1 日一早，各地要对开票情况进行了解、统计和监测，对开票量较大的场所，要派人专门协助、钉守，坚决杜绝开不出票的现象。5 月 1 日上午 10：00，总局将通过视频连线进行巡查，各地一把手要向总局报告第一关闯得怎么样，第一战打得怎么样，开票运行得怎么样。

第二，要坚决夺下 5 月 3 日集中开票“高地”。5 月 3 日是节后上班第一天，很可能或一定将迎来集中开票的高峰期。5 月 3 日也是 5 月份申报期第一天，试点纳税人与原有纳税人办税叠加，对我们的开票系统运行、办税大厅承载能力都是一次大的考验。对此，总局已推出了多项保障措施，各地必须严加落实，确保纳税人来之能办、办之能快、快而又好。

第三，要坚决攻克二手房交易申报开票“重镇”。二手房交易涉及大量自然人，且天天都是开票日、天天都是申报期，开票的时候就要办理申报、缴纳税款。这是本次“营改增”与以往相比的一个突出不同点，也是我们面临的一个突出难点和需要重点防范的系统性风险点。据住建部重点监测的 90 个城市二手房交易情况大体估算，全年仅这些城市发生的二手房交易就在 1 000 万套以上，意味着也就有 1 000 万纳税人次，相当于本次“营改增”全国已移交确认的全部试点纳税人数量。特别是“五一”期间历来是楼市的黄金期，4 月 30 日 ~5 月 2 日甚至前一段时间积攒的二手房交易，有很多可能都会在节后几天集中前来办理开票申报，工作量之大、压力之大可想而知。总局已对二手房交易征管作了统筹安排。各地要根据各自实际情况，深入扎实细致地做好各项工作。地税部门要不讲条件、不讲价钱地切实承担好征收及日后管理任务，国税部门要不遗余力、不加保留地切实帮助地税部门做好相关工作。在5月10日前，国税局必须每天都要派业务骨干和技术人员前往地税征收点驻点协助，对由房管部门代为征收的，国税局、地税局都要派人与之共同做好工作。各地国地税局领导要加强现场督导，第一时间处理解决紧急情况和紧急问题，尤其要严密防范排队拥挤可能导致的突发性、群体性事件，确保办税秩序井然，确保攻克这座“重镇”。

拿下以上3座“城池”是全面推开“营改增”试点第一阶段战役取得胜利的重要标志，需要我们凝神聚力、增岗加哨，朝着这些目标步步为营、细细为功，确保实现胜利会师！各级税务机关领导干部和相关职能部门同志“五一”期间都要坚守岗位，以后再分期分批调休。各单位主要负责同志、分管领导、相关局领导都要带班带岗带联系点，带头冲在改革第一线。

**二、要以百分之百的匠心精耕细作**

李克强总理要求我们以工匠精神扎实做好全面推开“营改增”试点的准备和实施工作，我们要坚决落实好。我觉得，这次“营改增”是一项高难度系数的艰巨工程、重点改革、光荣任务，不是点对点、线对线地对接就了事了，也不是像换个旧轮胎，安个新轮胎，车子就能跑那么简单。它是一个系统与系统的对接，是循环系统的再造，一定意义上讲，就像人体器官移植一样复杂，不仅主动脉血管要对接好，而且毛细血管也要对接好，才能保证新器官正常运转，才能保证不与其他器官和机体发生排异，才能保证整个机体的健康正常运转。完成这样复杂高难度的改革，无疑需要我们以百分之百的匠心去精耕细作。

第一，要精准回应好每一位纳税人的诉求。一是要在全系统实行全员首问责任制。无论是国税干部还是地税干部，无论是前台人员还是后台人员，只要纳税人前来咨询就要负责到底，不能以不清楚、不了解等任何理由敷衍，不能以不属于自己的职责范围而推脱，能解答的要热情认真地解答，不能解答的也要全力做好引导和服务工作，帮助纳税人找到能解答的下一家。前一阶段总局在督查中发现，纳税人意见比较大的一个突出问题就是，到税务机关咨询时，有些税务人员说不知道，有些说不归我管，造成了不良影响和纳税人误解。因此，请同志们切实负起责来，只要是穿税服、干税务的，在这个事情上都责无旁贷。二是要确保纳税人问题反映的渠道和反馈机制畅通。办税服务厅、网络平台、“12366”热线、来信来访等反映问题的渠道要向纳税人全面开放，能立即解决的决不拖延解决，不能立即解决的，一方面要耐心细致做好解释工作，另一方面要及时向上级报告，上级接到报告后要及时研究回应，确保无论是什么问题，都做到个个有回音，件件有着落。三是要持续深入开展好纳税人针对性培训。要在前期培训的基础上，重点加强对纳税人分行业、分类别、分级别的持续培训。在培训范围上，不仅要面向财务人员、办税人员，还要面向企业财务高管甚至是董事长、总经理；在培训内容上，不仅要讲政策、讲操作、讲税制本身，还要讲增值税的制度机理，讲“营改增”给企业带来的减负红利、带来的发展潜力、带来的转型升级激励及其对企业财务管理、经营管理、投资管理甚至是战略管理的积极影响，让纳税人更好地借助“营改增”为长远向好发展打下基础；在培训时间上，既要在6月申报期之前和申报期间，再集中开展几轮大规模的培训，确保纳税人能顺利申报，又要做好持续性培训安排，要月月讲、月月抓，步步深入，一直到2016年底乃至2017年第一季度；在培训级次上，不仅总局、省局要搞，而且市局、县局、分局都要搞，做到上下联动，使纳税人学会、弄懂。在培训的同时，还要深入做好宣传，积极消除误解、化解矛盾，因为随着申报期的到来，新的问题、新的困难、新的挑战又会出现，但只要一个阶段解决一个阶段的问题，就能兵来将挡，水来土掩。

第二，要精诚实施好每一级国地税合作。“兄弟同心，其利断金”在这次“营改增”中得到了很好体现。各级地税局和国税局精诚合作，确保前期纳税人交接、二手房交易“营改增”征收准备工作进展顺利。在这些工作中，地税部门的同志们所表现出来的大局观念、协作意识和改革情怀令我十分感动、十分欣慰。在下一步工作中，至少还要在以下几方面继续深化国地税间的各层级合作：一是深化二手房交易征管合作。从整体上讲，各地“营改增”工作的落实，由国税牵头，地税配合。但是，从二手房交易“营改增”工作来讲，是由地税牵头，国税配合，各地地税部门是主管税务机关，国税部门要随时为地税部门提供政策、业务和技术等方面的协助，特别是在初期，还要派人到征收点与地税协同为纳税人办税。国地税局之间要相互配合、相互支持，并通过定期召开联席会议等方式，共同做好工作。二是深化经验交流合作。我以前说过，这次“营改增”四大行业中很多单位以前与国税没有接触或接触很少，国税部门对其征管经验相对有限，地税部门则对这些行业较为了解，但没有接触过增值税，因此两家要加强协作、相互为师，共同改进征管工作。三是深化信息管税合作。随着“营改增”试点全面推开，需要国税部门及时将相关涉税信息向地税传递，甚至是规范条件下的共享共用，共同做好由“以票控税”向“信息管税”的转变。

第三，要精确防范好每一处系统性风险。在4月14日各省国地税局长座谈会上，我提出要做到三个“坚决杜绝”，即：坚决杜绝发生严重负面影响的群体性事件，坚决杜绝出现重大负面舆情，坚决杜绝向纳税人强制摊派购买税控设备、乱收费。前一段在河北调研时，我又加了一个“坚决杜绝”，即：坚决杜绝发生发票管理系统性风险。我认为，出现个别小的问题、局部问题不可怕，但坚决不能让小问题演变为大问题，让局部的问题蔓延成全局的问题，更不能容忍一上来就出系统性风险。这四个“坚决杜绝”核心就是要求对可能存在的系统性风险隐患，要重点研判、重点预防，确保将其消灭在萌芽状态。从全国来讲，要重点防范在300多个地级以上城市发生系统性风险。这个问题，前天在天津调研时我已专门讲过，请各省局重点抓好。另外，对舆情应对处置，事先要精心准备预案，加强监测，提前预判，反应要迅速，处置要果断，发声要洪亮，方法要科学。上海市税务部门前一段对有些大酒店借“营改增”涨价问题的处理就非常到位，效果非常好，不仅让那些借机涨价者认了理亏，而且让蠢蠢欲动者望而生畏。同志们，“营改增”舆情应对工作还只是刚刚开始，后面的形势更复杂，难题会更多，任务更艰巨，所以我们一定要有充分的思想准备，举一反三，防范于未然，并紧紧依靠地方党委政府，依靠当地宣传、网监、工商、物价等部门，打好舆情应对主动仗。对重大舆情问题，要及时上报。

总之，上述三点需要我们100%地用心去做。我不要求大家保证100%不出错，但我要明确要求谁都不能因此只使99%的劲，而是必须要以100%的努力去争取不出错，特别是不能出系统性的错。一旦出了小错就要用100%的努力去及时纠正它、化解它、改进它。只有这样，我们才能在这场大战中所向披靡，无坚不摧，求得全胜。

**三、要以百分之百的决心肃纪振威**

大战之前，严明军纪尤为重要。这里我强调三点：

第一，纪律要挺在前面。习近平总书记一再强调，要建设“四铁”干部队伍，其中一条就是铁一般的纪律。在全面推开“营改增”试点的攻坚战面前，纪律更加重要。总局对此已提了很多要求，我基本上也是逢会必讲。总的原则是：要严格按照党中央、国务院的决策部署办，严格按照总局党组的要求办，严格按照既定的时间节点和质量要求办。对有令不行、有禁不止，“慢作为、乱作为、不作为”的，该批评的要批评，该问责的要问责。最近，总局对去年督查中发现问题的单位，拟一次性处理5个省局93名干部，正在走驻总局纪检组程序。今天我在前面提出的四个“坚决杜绝”基础上，再强调两条纪律：第一条，凡是总局有明确要求不落实、督察发现问题整改处理不到位的，一律问责；第二条，凡是推诿扯皮、敷衍塞责、拖沓应付的，一律问责。行军作战，军令如山。这些都是铁的纪律，总局党组决不会有半点含糊。

第二，领导要挺在前面。前期工作中，各级领导干部总体上是好的，但也有个别单位一把手，仍用老思维、老办法来对待这次改革，还存在简单开会布置，不密切跟踪过问，不亲自指挥协调等现象，一些单位分管领导之间存在着遇事相互推诿扯皮等情况。对在推进“营改增”过程中，督促落实领导小组如果发现总局机关各司局和各省局领导尤其是一把手不身先士卒、以身作则，不听指挥、讲条件、乱扯皮的，只要提出来，党组马上开会研究调整其职务。各级税务机关党组和党组书记也要如此，如果发现大战前“掉链子”“尥蹶子”的干部，也要直接研究调整或建议上级局党组调整。下一步，总局还将不间断地开展明察暗访，对发现存在责任不清、疏于管理的问题，要约谈省局主要负责人并处理相关责任人。

第三，党员要挺在前面。在全面推开“营改增”试点这一关键时刻，税务系统“两学一做”学习教育也在扎实开展。中央提出，“两学一做”关键在做。做合格党员的标准是原则性要求，也是具体性要求。中央印发的学习教育方案提出了“四讲四有”的要求，其中有一条就是“讲奉献、有作为”。对税务系统的党员干部而言，当前最大的奉献就是全身心投入“营改增”，最大的作为就是在“营改增”中勇立战功。各地要充分发动各级党组织，号召全体党员和共青团员在急难险重任务面前比着干、抢着干，不叫苦、不怕累，不讲困难、不讲条件，冲锋在前、担当在前，充分发挥党组织的战斗堡垒作用和共产党员的先锋模范作用，以实际行动引领广大干部奋勇争先，齐心协力做好各项“营改增”工作，齐心协力把“两学一做”学习教育开展得扎扎实实、轰轰烈烈。

## 依靠政府给力　内部合力　外部协力　打赢“营改增”攻坚战

（来源：《中国税务报》　记者：孙文胜　2016年4月29日）［内容有删节］

4月26日，距离5月1日全面推开“营改增”试点还有4天时间，国家税务总局党组书记、局长王军继4月21日赴河北保定基层税务机关开展督导调研之后，又赴天津邀请当地“营改增”试点纳税人代表和部分省会城市与大中城市国税局、地税局局长就“营改增”工作进行座谈，听取全面推开“营改增”试点的进展情况及意见。座谈会上，王军提出三点要求：

一要紧紧依靠政府给力。各级税务机关要积极主动向地方党委、政府多汇报，积极争取支持，在地方党委、政府的正确领导下，研究化解改革中的难题和矛盾，促进改革工作顺利开展。

二要紧紧依靠内部合力。要把全面推开“营改增”试点作为开展“两学一做”学习教育的生动实践和检验标准，充分发挥好党员领导干部的表率带头作用和先锋模范作用。要充分调动每一名税务党员干部的积极性、主动性，领导干部尤其是各单位“一把手”更要冲锋在前、吃苦在前、担当在前。同时，要加强纵向上下联动，横向密切协作，特别是继续深化国税、地税合作，充分发挥兄弟同心、其利断金的战斗力。

三要紧紧依靠外部协力。税务部门要与其他相关部门多沟通、多协调，遇事早研究、早商量，努力把工作做在前，把服务做到位，最大程度为“营改增”顺利实施凝聚合力，更好地服务供给侧结构性改革，推动经济转型升级，增强经济发展新动能。

## 顺利闯过三关，全面推开“营改增”试点才算首战告捷

（来源：新华社　作者：韩洁　何雨欣　2016年5月1日）［内容有删节］

1. 全面推开首场战役就要闯“三关”

王军说，全面推开“营改增”试点涉及面太广、情况太复杂、难度非同以往，仅“确保顺利开票”这第一场战役就有三个重要关口。闯过“第一时点顺利开票”的第一道大关后，马上就要面临“5月3日二手房交易‘营改增’开票缴税”的第二道难关，和“5月3日起四大行业开票业务全面展开”的第三道险关。

2. 纳税服务之“加”换纳税人办税之“减”

“50多天来，各级税务部门和广大税务干部加班加点，苦干实干，各项改革准备工作进展顺利，平稳有序。”王军局长说。此外，税务总局还及时制定出台了6大类15项纳税服务措施，各地结合本地实际细化推出近1 000条具体措施，用纳税服务的“加”，换来纳税人办税的“减”，持续增加“营改增”纳税人的获得感和满意度。

3. 国地税合作规范将推3.0版

“全面推开‘营改增’试点是检验国税、地税合作成效的‘试金石’”，王军说，国地税之间建立了畅通的对接、沟通、反馈机制，目前全国已有5 492个办税服务厅通过互设窗口、共建、共驻政务服务中心等方式，实现纳税人“进一家门、办两家事”，大大方便了纳税人。

此外，在纳税人数据顺利交接、二手房交易委托代征等方面，国地税也实现了良好的合作。

## 用工匠精神落实好“营改增”

（来源：《人民日报》　记者：李丽辉　吴秋余　2016年5月3日第15版）［内容有删节］

“5月1日实现顺利开票，是全面推开‘营改增’试点的第一步。”国家税务总局局长王军表示，从各地反馈的情况看，全面推开“营改增”试点首日，全国各地开票情况正常，税制转换运行平稳。

王军介绍，为确保5月1日税制平稳转换，税务总局专门成立督促落实领导小组部署具体落实措施，梳理出总局机关49项、税务系统63项、合计112项改革准备工作，并明确了

时间表、路线图和责任人。截至 4 月 30 日，国税部门审核确认并办理税务登记的“营改增”试点纳税人共计 1 011 万户。

“全面推开‘营改增’试点涉及面广、情况复杂、难度非同以往。第一时点顺利开票的关口已经顺利通过，但接下来还要面临难关、险关，丝毫不能掉以轻心。”王军表示，“营改增”全面推开正值“五一”放假期间，纳税人开票量不是很大，但 5 月 3 日正常上班后将会出现办税高峰期，这对税务部门来说是一次全面考验。

5 月 3 日起，二手房交易“营改增”开票缴税是一道难关。之所以难度大，是因为二手房交易涉及大量自然人，且天天都是开票日、天天都是申报期，开票的时候就要办理申报、缴纳税款。这是本次“营改增”与以往相比的一个突出难点。无论是税务机关还是纳税人，都需要有一个相互熟悉、相互衔接的过程。还有，此次四大行业纳入“营改增”，新增1 000多万户试点纳税人，开票业务将大幅增加，是税务部门面临的一道险关。

“后面两道关口的难度更大、风险更多、挑战性更强，更需要我们以锲而不舍、精益求精的工匠精神去闯关拔寨。”王军说，针对二手房交易代开发票环节，国税、地税部门加强合作，调试改进软件系统，并新开设二手房交易和个人出租不动产办税窗口 3 615 个，新增工作人员 3 790 人，尽量缩短纳税人等待时间。

## 从严从实从细　聚心聚力聚勇　认真做好“营改增”后续各项工作

（来源：《中国税务报》　记者：史晓龙　2016 年 5 月 4 日）［内容有删节］

5 月 3 日，继 5 月 1 日通过视频连线检查各地国税、地税机关“营改增”工作进展及首日开票情况后，国家税务总局再次召开全国税务系统“营改增”工作视频会议，检查指导各地二手房交易集中开票和四大试点行业全面开票等“营改增”运行情况。

王军指出，要进一步统一思想，提高认识，坚决按照中央决策部署的要求做好全面推开“营改增”试点工作。要进一步聚焦问题，持续改进，坚决按照从严从实从细的要求做好全面推开“营改增”试点工作。要进一步坚定信心，再接再厉，坚决按照聚心聚力聚勇的要求做好全面推开“营改增”试点工作。如果说“开好票”是第一场战役的话，接踵而来的还有“报好税”第二场战役，还有“分析好”“改进好”“总结好”第三场、第四场、第五场战役。各级税务机关和广大税务干部要更好地凝心聚力、奋勇争先，打好后续的每一场战役。要发扬连续作战精神，抓住重点行业、重点环节、重点问题，全面开展跟踪分析，全程优化纳税服务，全力以赴确保改革万无一失，让税务铁军的旗帜在中国经济改革和发展的前沿阵地上高高飘扬。

## 再接再厉打好全面推开“营改增”试点第二阶段战役

（来源：《中国税务报》　记者：郭瑞轩　2016 年 5 月 23 日第 1 版）［内容有删节］

5 月 19 日，国家税务总局党组书记、局长王军主持召开江苏、山东、湖北、陕西四省国税局局长及部分税务干部参加的“营改增”工作座谈会，就全面推开“营改增”试点运行情况、存在问题和做好下一阶段工作听取意见。

王军强调，5月1日以来“营改增”税制转换运行平稳，6月1日“营改增”后首个纳税申报期即将来临，各级税务机关要进一步发扬精益求精、锲而不舍的工匠精神，再接再厉打好全面推开“营改增”试点第二阶段战役。

王军指出，面对全面推开“营改增”试点第二阶段战役，各级税务机关既要坚定必胜的信心和决心，又要充分认识到下一步工作面临的难度更大、要求更高、任务更为艰巨。为此，王军提出三点要求：

一是要精准聚焦目标。紧紧围绕下一阶段“报好税”和“分析好”两个目标，扎扎实实做好各项工作，在确保纳税人顺利申报的同时，逐户逐行业进行税负分析，为确保所有行业税负只减不增奠定良好的基础。

二是要精细排查问题。牢固树立问题意识、坚持问题导向，进一步完善问题顺畅反馈和快速反应机制。对发现的问题，凡属各地税务机关能够解决的，都要秉持“马上就办”的精神，第一时间采取针对性措施解决；凡需要上级税务机关解决或会同相关部门研究解决的，要认真分析原因，及时反映报告并提出有建设性的意见。

三是要精心做好准备。要从征管保障、服务保障、培训保障和技术保障等方面，全面细致梳理纳税申报和税负分析需要做好的各项准备工作，决不放过每一个环节、决不遗漏每一个细节，并且要从纳税人端“需求侧”倒查税务端“供给侧”是否准备到位、是否保障有力，促进每一项工作实之又实、细之又细，最大限度方便纳税人。

## 严之又严　实之又实　细之又细<br>努力夺取全面推开“营改增”试点第二阶段战役胜利

（来源：《中国税务报》　记者：郭瑞轩　2016年5月25日第1版）［内容有删节］

5月24日，国家税务总局党组书记、局长王军在武汉市分别召开全面推开“营改增”试点行业纳税人和部分省、市、县税务局局长座谈会，与4个试点行业的8户纳税人和来自10个省的7个省会城市、4个县的税务局局长深入交谈，了解试点运行情况，就存在的问题和下一阶段工作听取意见。王军强调，各级税务机关一定要严之又严、实之又实、细之又细，尽责、尽力、尽心而为，做好全面推开“营改增”试点各项工作，确保在即将开始的第二阶段战役中取得胜利。

在纳税人座谈会上，当听到部分纳税人谈到企业从高管到财务人员，从总部到分支机构都对“营改增”高度重视时，王军强调，“营改增”带给纳税人的不仅是税制上的转换，企业的采购安排、投资策略甚至经营战略都有必要做出相应的调整，从而带动企业经营管理的规范，带动经济运行秩序的规范，是推进供给侧结构性改革的重大举措。

在与部分省、市、县税务局局长座谈时，王军强调了三点要求：

一是严之又严尽责而为。要以更加严密的组织、更加严格的标准和更加严明的纪律，拧紧每一个责任螺丝，把牢每一处责任关卡，尽好每一份责任职守，努力抢占战略制高点，充分展示税务铁军的风采。

二是实之又实尽力而为。要进一步做实分类培训保障，确保纳税人能填报，会填报；进一步做实信息系统保障，确保能用好用；进一步做实办税服务保障，确保服务供给到位；进一步做实发票管理保障，确保既能开好票，又能管好票；进一步做实税负分析保障，为确保所有行业税负只减不增奠定基础。

三是细之又细尽心而为。要像扫描仪、探测器一样，细致对各项工作查漏补缺，细致挖掘纳税人需求侧的需求，不断优化税务人供给侧的供给，切实做好二者对接，用税务人更多的细心和用心，换取纳税人更大的满意度和更多的获得感。

## 再接再厉 乘胜前进 坚决打赢全面推开"营改增"试点第二场战役

——国家税务总局局长王军5月26日在全国税务系统"营改增"工作视频会议上的讲话

（来源：《中国税务报》 2016年6月1日）［内容有删节］

全面推开"营改增"试点已平稳运行26天了。今天，距离6月1日第一个纳税申报期只有5天时间了。这次视频会议主要是总结前一阶段的工作，部署下一阶段的任务，吹响奋勇前进打赢第二场战役的战斗号角。

5月23日，李克强总理在湖北考察期间，专门到十堰市农村商业银行北京路支行、十堰市市民服务中心国税、地税联合办税窗口调研"营改增"工作。我在陪同总理考察时当面听取了总理的重要指示精神，深切感受到总理对"营改增"进展情况时刻牵挂，对确保所有行业税负只减不增非常关心，对深化国税、地税合作深情关注，对通过"营改增"培育经济发展新动能寄予厚望。在调研考察中，李克强总理对前期"营改增"进展表示满意，对税务部门的工作给予肯定，并叮嘱我一定要落实好各项"营改增"政策，特别是减税政策，深入做好税负分析，为纳税人服好务，为经济转型发展服好务。这是在不到两个月的时间里，李克强总理第三次亲临税务部门考察调研"营改增"工作，充分表明了"营改增"在党中央、国务院领导心目中的分量。这对我们是莫大的鼓励，也是莫大的责任。各级税务机关务必深入学习好、深刻领会好总理重要指示精神，更加努力地做好后续各项工作，更加出色地完成整个改革任务。

下面，围绕学习贯彻李克强总理的重要指示精神，坚决打赢全面推开"营改增"试点第二场战役，我讲三点意见：

**一、充分肯定成绩，以越战越勇的干劲再赴戎机**

近两个多月以来，对我们所有奋战在"营改增"战役中的税务人而言，是一段感慨万千、终生难忘的时光。3月5日以来，全面推开"营改增"试点各项工作陆续展开，大家制发文件、编写需求、升级系统、优化服务、组织培训、开展宣传，经历了不少加班加点的日日夜夜，涌现出不少公而忘私的感人事迹。从5月1日至今，全面推开"营改增"试点首场战役打响推进，全体税务干部闯"大关"、度"难关"、夺"险关"，实现了良好开局，成绩来之不易，过程筚路蓝缕。我们出台的相关文件多达十余万字，我们开发的软件代码高达几十万行，我们提供的"12366"热线咨询服务上百万通，我们承接的窗口办税业务日均近200万笔，我们办理的试点纳税人交接超过1 000万户，我们组织的纳税人培训2 000多万户次，我们保障的纳税人发票顺利开具累计几千万份。数字是枯燥的，数字背后的人和事却是鲜活的，更是感人的，凝聚着地税人和国税人的拼搏和奉献。说句心里话，近段时间以来，我一直都有这样一种感受，那就是过去的两个多月，我和大家一起不仅是在战斗中度过的，更是在感动中度过的，而且是方方面面汇集起来的前所未有的感动。

这是一种在备受鼓舞中前所未有的感动。党中央、国务院对全面推开“营改增”试点工作给予了高度重视和亲切关怀。习近平总书记主持会议听取“营改增”汇报并做出重要指示，李克强总理先后三次亲临税务部门考察指导“营改增”工作并提出殷切希望，张高丽副总理多次召开专题会议研究并于“五一节”后上班第一天到总局考察“营改增”运行情况。这些都让我们一次次备受鼓舞、备受鞭策，也一次次带给并增强着我们必胜的信心和决心。

这是一种在协同共治中前所未有的感动。这次“营改增”社会关注度、期待度之高是空前的，各级党委政府和相关部门的支持力度之大也是空前的。各级地方党政主要领导同志专题调研听取汇报、做出批示指导推进“营改增”；试点行业各级主管部门积极协助组织实施“营改增”，各级新闻宣传部门密切配合广泛宣传“营改增”，各级发改、物价、旅游等部门严令禁止借机涨价避免误读曲解“营改增”，各级财政部门更是与我们一起及时研究问题、积极解决难题，等等。这些都为我们营造了一个前所未有的税收协同共治局面。

这是一种在征纳互助中前所未有的感动。在前几天与部分省税务局长座谈时，有位局长深有感触地说，这次“营改增”他真切地体会到了“纳税人真好”。虽然增值税与营业税制度上的差异给征纳双方办理涉税业务都提出了许多新的更高的要求，但纳税人基本都能无怨地理解、积极地配合。一次涉及上千万户法人纳税人和上千万户自然人纳税人的重大税制调整能够平稳运行，如果没有纳税人的理解、支持、配合，是万万不敢想象的。“纳税人真好”这句平实的话语，透露出的是我们税务人不同寻常的共同感动。

这是一种在众志成城中前所未有的感动。全体税务干部特别是地税干部讲政治、顾大局，大力弘扬工匠精神，自觉将全面推开“营改增”试点作为助推供给侧结构性改革的应尽之责，作为“两学一做”学习教育的生动实践，所表现出来的担当意识、奉献情怀、顽强作风可圈可点、可歌可泣、可亲可敬。各级税务机关上下同欲，国税、地税部门兄弟同心，党员领导干部处处当先，全体税务将士人人尽力所谱写的众志成城、感人至深场景，一定将印刻在“营改增”的历史丰碑上，一定将印刻在税收事业改革发展的壮丽丰碑上。

同志们，感动是有力量的。这种力量既壮怀往昔，更激励前行。我们即将打响全面推开“营改增”试点的第二场战役。我相信，这些前所未有的感动所迸发出来的力量，一定会为我们增添再赴戎机的果敢与底气，一定会为我们激扬再立新功的斗志与士气！

**二、充分认清形势，以越战越勇的拼劲再克难关**

首战初捷固然可喜，但成绩永远是写在过去的历史，只有拼搏才能开创一个接一个的胜利。在整装待发迎接第二场战役之时，我们既要携首战之勇昂首前行，更要续首战之拼砥砺奋进，因为接下来将是比首战难度更大、要求更高、任务更为艰巨的战役。概括起来，至少将面临“五大考验”。

第一，两场战役交叉的考验。6月1日，在打响“报好税”第二场战役的同时，作为第三场战役“分析好”的准备工作也将相继展开。这两场战役都是比“开好票”更为艰巨的“硬战”。“报好税”虽然集中体现在申报表的填报上，其背后却是对政策适用性、征管高效性、服务便利性、技术可靠性的综合反映和综合测试；“分析好”则从统计口径、核算方法、软件系统方面都提出了全新的要求，是对传统税收分析“根”上的改变和改善，关系到改革成果能否客观充分地反映出来，关系到我们能否发出有数据、有分量的声音来展现改革成效、回应社会关切。因此，如果说“开好票”是必须闯过的战略关口，那么“报好税”就是必须挺进的战略腹地，“分析好”则是必须攻克的战略堡垒。

第二，信息系统运行的考验。从信息系统的保障方面看，5 月份确保顺利开票，主要考验的是增值税发票管理新系统，而从 6 月份申报期开始，则是对金税三期系统、综合征管系统、电子申报系统等信息系统全方位的考验和测试，既涉及总局层面与省局层面、税务端与纳税人端系统对接是否顺畅，又涉及在负荷高峰期各个系统的运行能否保证稳定可靠，等等。可以说是到了信息系统运行的高压期，每一个系统、每一个环节都必须全力保障到位、顺畅运行到位。

第三，办税服务承载的考验。5 月，我们通过增加岗位和人员充实了办税服务的力量，但仍有不少地区反映压力还较大，在明察暗访中也发现了一些等待时间较长等薄弱环节。6 月，这方面的压力将进一步增大，不仅发票领购和开具的服务压力会不断加大，而且申报服务压力将随之而来。各地税务机关必须充分估计首个征期可能出现纳税申报、政策咨询、购票开票同时叠加的局面，来不得半点马虎和大意。

第四，发票风险防范的考验。我多次讲到，发票是需要防范出现系统性风险的重要领域之一。前一段时间，已有不少地方反映发票代开的数量比以往明显增大。随着纳税申报开始，增值税发票管理的要求将更高，需要进一步加大风险防控的力度。

第五，舆情宣传工作的考验。前期舆情宣传工作总体平稳，富有成效。随着 6 月申报期来临，舆情宣传工作要求会更高。要充分认识舆情宣传工作的长期性、艰巨性，进一步有针对性地做好政策宣传解读工作。

面对下步工作的压力和考验，我们绝不能因前期工作进展顺利而有任何麻痹大意，绝不能因前期已做部署安排而有差不多的思想，也绝不能因前期连续辛苦多日而有松口气的心态，必须进一步振奋精神、提升士气，以越战越勇的劲头去拼搏，在积极应对、从容应对、沉着应对中，继续攻城拔寨、攻坚克难，不断向最终胜利迈进。

**三、充分凝聚力量，以越战越勇的韧劲再创佳绩**

应对“五大考验”的挑战，需要我们进一步弘扬精益求精的工匠精神，发扬连续作战的顽强作风、保持咬定青山不放松的韧劲，全力以赴再创佳绩，再传捷报。

第一，要确保申报“顺”的目标。总局已下发了优化纳税服务、确保顺利申报的 20 条新措施，各地务必认真落实好。在纳税申报前，重点要抓紧完成分行业的纳税申报专题培训和办税咨询服务人员专项业务培训，逐项、逐栏讲解申报表填写及相关政策，确保纳税人能填报、会填报，确保税务人善辅导、快答疑；细致开展对所有软硬件系统的再测试和对所有办税人员及设施的再调配，确保征管服务资源安排妥当就绪。在纳税申报中，重点要深入落实好各项办税服务制度，继续执行基层税务机关局领导带班、业务骨干坐班和办税服务厅人员兜底等制度，确保纳税申报井然有序。在纳税申报后，重点要做到持续改进到位。从 6 月 1 日起，各级税务机关建立纳税申报日报制度，并每天对运行情况进行小结，及时查缺补漏、改进完善。6 月申报期结束后，各地要进行系统总结，为下一个申报期到来做好更充分的准备。

第二，要营造舆情“稳”的氛围。周密细致做好舆情应对是非常重要且艰巨的工作，一靠宣传、二靠引导、三靠化解。一是要宣传好。宣传工作一定要接地气、有生气、入人脑、扣人心。前段时间，很多地方推出了一些“营改增”动漫、视频等既生动诠释改革，又令人喜闻乐见的宣传作品，取得了较好效果，要更多地采用这种方式提高宣传效果。二是要引导好。针对纳税人关注的难点、重点、热点问题，深入做好解读工作，增进社会对改革的理解和认同。三是要化解好。对纳税人诉求和舆情反映的问题，该解释清楚的及时解释，该改进工作的及时改进，积极主动赢得纳税人和社会各界的理解和支持。

第三，要发挥合作“紧”的优势。国地税精诚合作为此次“营改增”发挥了显著的乘法效应。安徽地税提出的“三要三给”、广东地税提出的“三个只要”，充分体现了地税与国税不分彼此、无缝对接、合作共赢的大局意识、改革情怀，请大家认真学习借鉴。下一阶段，要继续加紧加深加强，如：在办税资源整合方面，请地税部门进一步加大对国税部门的支持力度，采取在地税办税厅增设国税窗口等方式，缓解国税办税资源不足的压力。在信息资源整合方面，对开展税负分析所需的试点纳税人原营业税信息，请地税部门积极协助提供；对地税部门征管所需的纳税人发票信息，国税部门要及时传递共享，帮助地税部门实现由“以票控税”向“信息管税”“合作管税”延伸发展。在执法资源整合方面，地税部门对试点行业丰富的管理经验，国税部门要认真学习，地税部门要大力支持，并更好地利用到国地税联合稽查中来，提高稽查的精准性和有效性。此外，地税部门要对一个月来“双代”工作情况进行评估，总结成绩、查找不足、聚焦短板、及时完善，并提出好的意见建议，把下一步工作做得更好。

第四，要夯实分析“准”的基础。目前，各级税务部门要按照总局前段部署有序开展税负分析准备工作。由于它和申报工作内容上相关联、时间上有交叉，因此要认真做好税负分析准备工作。一是试点纳税人身份界定务求精准。对通过计算机批量处理方式标识所属细分行业的一般纳税人，要尽量组织人工复核，确保身份界定结果准确。二是一般纳税人数据采集务求精准。要组织好专题培训，为纳税人讲清楚每一个数据口径和表间逻辑关系，确保数据填报的准确性、全面性。三是代表性样本企业选取务求精准。各地样本企业的选取一定要在兼顾行业代表性、本地特色性和统计科学性的同时，注重社会关切度较高的行业，同时确保对样本企业经营情况说得清、税负增减算得明、变化原因摸得透、应对建议提得准。

第五，务求保障“强”的支撑。在更难、更硬的第二场战役面前，一定要强化各方面的保障。一是要强化机制建设。国务院已建立了全面推开“营改增”试点部际联席会议制度，各地乃至各级也都有类似的机制。税务部门遇事要多请示、多汇报，多与其他部门商量，多争取支持，多凝聚合力。在税务部门特别是国税部门内部，要继续实行集中办公制度，各级指挥部从明天起到 6 月 17 日，要进入战斗状态，一把手更要靠前指挥。同时，要关心干部的身心健康，以后合理安排好轮休调休。二是要强化经验互鉴。各地要主动取长补短、相互借鉴、共同提高。总局“营改增”督促落实领导小组办公室要加大对各地经验的提炼和推介力度，能上升为制度安排的要尽快形成制度加以推广。三是要强化风险防范。要有效防范和查处“营改增”中虚开增值税专用发票行为，确保既要开好票，又要管好票。四是要强化纪律约束。在 4 月 28 日的视频会上，我强调了四个“坚决杜绝”和两条“一律问责”的纪律，今天我再次重申这几条铁律，绝不能有任何触犯，否则一律从严问责。

我要特别强调的是，这次“营改增”正值税务系统“两学一做”学习教育扎实深入开展阶段。前期各地税务部门充分发挥党员干部的先锋模范作用，冲锋在前、担当在前、攻坚在前，带着广大干部一起干，引领广大干部一起上，取得了“两促进”的良好效果并得到了张高丽副总理的表扬和肯定。下一步要更好地把二者统筹结合起来，让“营改增”为“两学一做”学得更深、做得更实提供实干的阵地、实战的舞台，让“两学一做”为“营改增”更顺利推进提供更强有力的根本保障、思想保障、组织保障，让党旗在“营改增”的战场上熠熠生辉。

同志们，从前期各地涌现的“营改增”感人事例中，我深刻感受到，这些事例既是具体的，又是抽象的，既是有形的，又是无形的。这种抽象与无形实质上就是一种精神的写照，就是我们正在形成和发展的“营改增”精神。我想，这种精神如果能很好地提炼、坚持和弘扬下去，并根植于我们的内心，那么就一定能成为我们税务文化的重要内容。我相信，有了这种文化的感召，无论肩上的担子有多重，我们都能把它扛起来；无论前方的道路有多远，我们都能义无反顾、勇往直前，去夺取一个接一个的胜利！祝愿同志们在这场战役中打得更漂亮，我期待与大家一起努力，共迎再传捷报的时刻！

## 顺势而进 砥砺而为<br>坚决打赢全面推开“营改增”试点第三场战役

### ——王军局长6月28日在全国税务系统“营改增”工作视频会议上的讲话

（来源：《中国税务报》 2016年7月4日）［内容有删节］

全面推开“营改增”试点又到了一个非常重要的时间节点。我们在经历了“开好票”第一场战役和“报好税”第二场战役后，又进入了全面打响“分析好”第三场战役的关键阶段。今天，让我们一起回顾前两场战役的艰辛，一起共赴第三场战役的征程。

**一、以坚韧不拔的意志巩固成果**

在前两场战役中，我们闯关拔寨，“开好了票”“报好了税”，取得了重要成果，但还远未到可以庆功的时候，因为我们仅仅是初尝胜果，前两场战役还在延续，又将迎来更艰难的时候和更严峻的挑战，需要我们以坚韧不拔的意志进一步去巩固和扩大胜果。

（一）进一步巩固工作上的成果。在6月份这个历时最长、最为特殊的申报期中，全体税务将士携手共进、齐心协力，试点纳税人积极配合、征纳同行，取得了来之不易的成绩。为打赢“报好税”这场战役，我们通过推出20项创新服务举措，确保了各地办税服务基本上井然有序；通过不失时机升级加固几十个系统模块，确保了各个信息系统基本上运行正常；通过不留遗漏反复培训几百万户试点纳税人，确保了整个纳税申报基本上平稳推进；通过不畏艰辛连续作战几十个日日夜夜，确保了各项工作任务基本上圆满完成。可以说，我们在第二场战役中，面对更加艰巨的任务再一次经受住了考验，面对纳税人更多更高的期待再一次赢得了赞誉。国家发展改革委互联网大数据分析中心监测显示，在首个申报期，80.17%的网民对我们在第二场战役中的表现给予了积极肯定，特别是高度认可办税服务厅、“12366”热线等服务周到，咨询答复及时有效，多元化办税方式提高了申报效率。这些来自纳税人的认可让我由衷地欣慰和感佩。欣慰于我们税务人辛勤的努力得到了纳税人的点赞，虽然这些点赞可能是无声无言的，却是暖人暖心的；感佩于纳税人点赞的背后凝聚了我们税务人为之付出的汗水、心血甚至牺牲，虽然这些付出大多来自最平凡的岗位，有很多还来自不为纳税人所见所知的系统开发运维等后台岗位，却一定会绽放在亮丽的枝头，闪耀出长远的光彩。为了这些欣慰和感佩，我要在这里再次向我们纳税人和税务人道一声深深的感谢！感谢一路走来你们为“营改增”所做的一切和所付出的一切！同时也希望大家乘胜而进、再接再厉，进一步巩固已有的成绩，确保后续工作更顺利开展。

（二）进一步扩大机制上的成果。前期我们之所以能不断取得胜利，一个很重要的因素就是我们在整个“营改增”工作推进过程中建立了一整套科学、有效、管用的机制。在试点正式实施前，国务院批准建立了由财政部牵头，14 个部门组成的全面推开“营改增”试点部际联席会议制度，很多省市也有类似做法，较好地凝聚了推进改革的部门合力，税务部门在这个机制中发挥了积极作用。在税务系统内部，总局从 4 月 18 日起实施“营改增”集中办公制度，建立了碰头会、视频通报会、协调会和简报、通报、专报的“三会三报”制度，有效发挥了统一指挥、快速响应、集中调度的作用。同时，将“营改增”与“两学一做”学习教育、落实《深化国税、地税征管体制改革方案》有机结合起来，形成了上下齐心、统筹共抓的运行机制，收到了相互促进、相得益彰的效果。下一步，要继续巩固好、完善好这些机制性成果，更好地用机制深化改革、推进改革，用机制扩大胜果。

（三）进一步弘扬精神上的成果。在第一场、第二场战役中，我们正在形成和发展一种“营改增”精神。正是这种精神的力量，引领着广大税务干部在改革的征程上披荆斩棘、破浪前行。前段时间，浙江省国税局开展了提炼“营改增”精神的活动，将它归纳为知难而进的改革精神、精益求精的工匠精神、敢为人先的创新精神、舍我其谁的担当精神、亲密无间的合作精神和勇于牺牲的奉献精神。我觉得归纳得非常好、非常必要，也非常振奋人心，因为深化对“营改增”精神的认识和提炼，既是对我们前期努力付出的总结和升华，也是对后续改革征程的激励和指引。希望我们每一个单位都能在推进改革的同时，组织对“营改增”精神的大讨论、再提炼，让每一名干部都能在改革的实践中用心去品味、感悟这种“营改增”精神，并将它厚植于我们的内心，深播于我们的每一项工作之中。总局也将适时组织开展“营改增”专项表彰活动，进一步弘扬“营改增”精神，让它成为我们税务文化的夺目之彩，成为我们走向一个又一个胜利的力量之源。

**二、以坚韧不拔的斗志击水中流**

7 月份，对我们来说可能是最艰难、最关键、最较劲的时候。我们首先要面临“三报叠加”和“双峰叠至”挑战。所谓“三报叠加”，就是 7 月份所有按月申报的纳税人要办理申报、按季申报的小规模纳税人和金融企业要办理申报、按季预缴企业所得税要办理申报，纳税人数量大、情况很复杂，将成为国税部门成立以来申报压力最大的一个月。所谓“双峰叠至”，就是随着原营业税发票过渡期于 6 月 30 日结束，7 月份试点纳税人对增值税发票需求大量增加，将成为增值税发票自推行以来领用压力和管理压力最大的一个月，这种发票领用管理高峰与纳税申报高峰同期而至，我们将要面临的压力可想而知。

如果说“三报叠加”和“双峰叠至”是前两场战役的延续和扩展，那么 7 月份我们还将打好“分析好”这一场新的战役。三场战事的重合，可以说整个“营改增”试点到了中流击水的关键阶段，并且“分析好”并不是简单的分析，也不仅指税负分析，而是包括对前期开票、申报运行情况的分析，对“营改增”实施带来的收入效应、经济效应分析。也就是讲，“分析好”是由运行分析、税负分析、效应分析组成的“三位一体”大分析，在整个“营改增”战略攻坚战中起着承上启下的重要作用。

（一）这是一场夯基垒台之战。一方面，“分析好”将为前两场战役进一步夯实基础。前期的开票和申报工作虽然进展顺利，但仍存在有待改进的问题，需要深入分析原因，促进问题解决，使改革运行的基础更加扎实。另一方面，“分析好”将为实现改革目标进一步筑牢台柱。“开好票”“报好税”带给纳税人的是办税便利的获得感，而确保所有行业税负只减不增，更是让纳税人享受改革红利获得感的核心支柱。作为“分析好”战役重中之重的税负分析，就是确保这根支柱能否立得住、立得稳的关键环节。只有把纳税人的税负变化分析好了，才能客观反映改革红利实现程度、分布广度，才能精准把握下一步充分释放改革红利的主攻点、着力点。

（二）这是一场行稳致远之战。首先，只有“分析好”，我们才能掌握税负变化的“话语权”。社会上对“营改增”税负变化比较关注。这就需要我们通过分析掌握一本明细账、过硬账，及时发出有数有据、数据确凿的声音来回应社会关切、展现改革成效。其次，只有“分析好”，我们才能增强完善改革的“主动权”。分析的目的不仅要把情况说清楚，更要通过分析促进改革更加完善。“营改增”全面推开之所以还称为试点，其中就意味着这还需要一个试错容过、边试边改的过程。对试点中遇到的局部问题、具体问题，我们通过“分析好”就能精准地提出切实可行、有针对性的改进意见建议，促进改革愈行愈稳、愈行愈坚。最后，只有“分析好”，我们才能提升税收领域的“制数权”。这次税负分析是对传统税收统计在核算方法、技术路径、数据基础、软件支撑等方面的重构，是在实现数据需求侧与供给侧深度融合方面的一次重大突破甚至变革。这一战打好了，我们就可以先从增值税增量纳税人开始，再到存量纳税人，先从国税部门开始，再到地税部门，全面提升对税收数据的治理能力，为我们在更广范围、更深程度利用税收大数据资源，服务各级党委政府决策、服务经济社会发展、提升税收工作站位，发挥基础性推动作用。这种作用始于当下而必定影响久远。

（三）这是一场玉汝于成之战。“分析好”这场战役之所以重要，因为我们的目标高。正因为目标高，所以难度也大。主要体现为三个之“最”：一是分析覆盖广度最宽。不仅涉及四大行业上千万户试点纳税人，还涉及“3+7”行业和原增值税纳税人，可以说分析范围基本覆盖了所有纳税人。二是分析技术难度最大。这次开展的分析是对传统分析“根”上的改变和改善，涉及大量数据在不同系统之间的迁移同步，数据统计生成的过程相当复杂，技术实现的难度也相当之大。三是分析精细程度最高。分析覆盖范围宽、技术难度大本身就体现了精细度高的要求，同时要实现“分析好”的目标，还不能仅限于局部和短期的分析，既要分析点上的结果，又要分析面上的情况，既要分析静态的结果，又要分析动态的变化，从而多维度、高精度地反映“营改增”运行状况。同时，增值税发票记录了货物和服务交易最小颗粒度的流量、流向、流速和价值信息，可以说遍地是数据的黄金和宝玉，但需要我们通过分析好才能深度挖掘、精细打磨。因此，这三个之“最”，足以体现接下来的将是一场唯其磨砺、始得玉成的战役。这对我们是挑战，更是希望。如果我们做到了、做好了，就能趟出一片新天地，干成一件大好事。

**三、以坚韧不拔的壮志再传捷报**

为打好“分析好”这场战役，总局又专门制定了20条措施，包括升级实施国地税合作规范3.0版、延长7月份增值税申报期至20日等。各单位务必狠抓落实，同时也要坚定信心，虽然“分析好”战役是一场难打的“硬战”，但越是险远之地、越见奇伟之观，越是沧海横流、越显英雄本色。我们全体税务将士越是在这种关键时候越要以中流击水、浪遏飞舟的果敢与壮志，披坚执锐，再传捷报。

（一）在强化目标导向中再传捷报。在“分析好”第三场战役中，我们需要兼顾“营改增”平稳运行和有效运行两方面目标，着眼于为推进三个层次的善治而聚力为功。一是通过“分析好”助推税收善治。要在分析中找准管理上的薄弱之处、服务上的欠缺之处、政策上的不足之处，促进尽快改进、精准改进、有效改进，使“营改增”带来的办税便利更充分、政策红利更彰显。二是通过“分析好”助推企业善治。同一个行业哪怕是细分的小行业，不同企业“营改增”后的税负变化都是会有差异的。对此，各地税务部门要积极帮助企业分析查找原因，积极引导纳税人利用增值税机制，完善财务会计核算、调整投资经营策略，健全采购供应、内部管理、市场营销全链条管理，助推企业通过提升治理水平更好地享受改革红利，更好地发展壮大。三是通过“分析好”助推经济善治。在前期调研座谈中，很多纳税人反映，“营改增”后由于发票需求刚性增强，一些不规范经济行为正渐渐走向规范，一些大而全的经营组织方式正逐步向专业化分工转变，这些都是“营改增”更深层次改革红利的体现。各级税务部门要通过深入分析，用翔实的数据、典型的案例，更好地宣传“营改增”有利于优化经济运行秩序和营商环境、有利于经济长远持续健康发展方面的效应，积极为企业转型发展、经济转型升级建言献策，助推经济治理能力和水平提升。

（二）在强化问题导向中再传捷报。通过分析反映成效固然重要，通过分析反映问题同样重要。强化问题意识、坚持问题导向，有利于在解决问题中更好地推进改革。一要有闻过则喜的态度看待问题。要想解决问题，首先不能回避问题。在“分析好”的阶段更要树立问题发现得越早越好的观念，能够精准及时地分析发现问题本身就是这一阶段工作成效的体现。总局最近通过内网进一步拓宽了问题收集解决渠道，各地也要进一步健全问题反映和响应机制，促进问题尽早发现、尽快解决。二要有分类而治的方法应对问题。一方面要区分好问题的不同类型，对政策类、管理类、服务类问题，对税务人执行操作不到位、纳税人理解掌握不到位问题等，都要有所区分地加以系统分析；另一方面要区分好问题的不同阶段，不同阶段有不同的问题，同类问题在不同阶段还有不同的表现。要认真分析和把握哪些是纳税人当前最需要解决的问题，哪些是税务人当前最需要解决的问题，只有把问题弄明理清，才能把对策找准做细。三要有多方协同的合力处置问题。前期来自各级党委政府、相关部门、行业协会、新闻单位以及社会各界的支持协作为我们工作顺利开展提供了强有力保障。在“分析好”这场战役中，面对“三报叠加”“双峰叠至”的挑战和社会上对税负高度关注可能带来的舆情压力，各级国税、地税部门更需要上下协力、兄弟同心，积极争取方方面面的支持配合，推动改革更好地开展。四要有开拓创新的思维解决问题。前期，各地推进“营改增”总体上都不错，但相互之间也存在差异，其中一个重要因素就是创新的意识、创新的程度不一样，带来了工作效果的不一样。比如：一些地方纳税人反映申报表填列比较复杂，但武汉市国税局等单位推出“轻松填”之类的软件，大大帮助纳税人提高了填报的便利度；一些地方反映纳税申报压力较大，但广东省国税局事先做了较充分的信息化准备，提前完成了所有纳税人的月度申报工作；一些国税部门反映对试点行业不熟悉、不了解，管理中存在较大困难，河南国税邀请地税部门、地税部门也主动为国税干部举办试点行业管理培训班，较好地缓解了这一问题，等等。这些创新性经验需要各地相互学习借鉴，总局也会加大这方面的推介力度。

（三）在强化责任导向中再传捷报。聚焦目标、查改问题，关键在于发扬好“工匠精神”，从严从实从细地将责任体现在瞄准目标锲而不舍地去努力，把准问题精益求精地去解决。一是要在重基础之功中强化责任。前段时间，为准备“分析好”这场战役，我们花了很大功夫，总体上值得肯定。但同时也存在一些基础工作不到位的问题，影响申报数据质量，必须认真纠正、严防再有发生。二是要在求精准之效中强化责任。精准是“分析好”这场战役中最核心的要求，务必孜孜以求。一方面要务求初始环节的精准，进一步加固数据采集生成的软硬件系统，切实把好数据质量入口关；另一方面要务求动态维护的精准，对纳税人经营范围变化等信息要及时进行动态更新，确保前后分析口径一致。各级税务机关都要建立工作责任制，层层压实确保数据质量的责任。三是要在谋未时之需中强化责任。凡事早预见、早谋划既是工作方法，也是工作责任。从目前看，未来一段时间至少要在办税服务、发票管理和税负舆情方面继续做好压力和风险应对准备。如：针对办税高峰，要做好增设临时办税场所预案；针对发票虚开行为，要系统防控、定向监测、露头就打；针对纳税申报期后可能出现的新情况、新动向，要深入做好与纳税人、行业协会、主管部门、新闻媒体等相关方面的沟通，把工作想在前，把理解做到位。四是要在严纪律之威中强化责任。越是改革攻坚，越需要严明纪律。纪律意识任何时候都不能有半点松懈。在7月份申报期和各项分析工作中，仍然要严格按照有关纪律要求，一旦发现工作落实不力、敷衍塞责的，将从严从快处理。

**四、统筹抓好当前几项重点工作**

（一）深入抓好“两学一做”学习教育。6月17日，总局召开了“两学一做”学习教育推进会。再过两天就是建党95周年了，各单位要紧紧抓住这一重要时机，进一步深化“两学一做”学习教育。要认真落实“七一”期间党组（支部）书记讲党课的要求，推动在“学”上进一步求深求透；要紧密结合正在开展的“营改增”试点、落实《深化国税、地税征管体制改革方案》、组织收入和即将开展的资源税改革等工作，推动在“做”上进一步求实求效；要在配合中央巡视组开展专项巡视中，推动“两学一做”的自觉性、主动性、深入性进一步增强，切实做到以学促做、以做践学。近日，总局就深入开展“两学一做”学习教育还将专门下发通知进行部署。各单位务必认真贯彻好、落实好，通过真学真做、深学深做、常学常做，让“两学一做”成为强化税务系统党的建设、引领税收改革发展的强大精神支撑和动力源泉。

（二）扎实开展资源税改革全面实施工作。从7月1日开始，资源税改革将全面实施。这是一项有利于规范税费关系、有利于促进资源高效利用、有利于调动地方积极性、有利于减轻企业负担和推动经济转型升级的重大改革。各级地税部门要认真按照党中央、国务院部署和总局安排，扎实做好各项工作，深入推进改革落实。各级国税部门在前期“营改增”工作中得到了地税部门的大力支持，这次资源税改革中，要更加积极主动地协助地税部门开展好相关工作，特别是要按照国地税合作规范3.0版的要求，加强信息共享，帮助地税部门做好资源税与增值税计税销售额比对，以兄弟同心的合力，促进资源税改革成功实施。

（三）依法做好组织税收收入工作。今年以来，各项工作异常繁重，收入形势也较为复杂，各级税务部门群策群力、扎实开展组织收入工作，税收增长总体平稳。组织收入始终是我们的中心工作，对上半年收入情况要深入分析，并科学预估下半年收入变化形势。特别是随着“营改增”减税效应逐步显现以及经济增长中一些情况变化，对下半年组织收入工作切不能掉以轻心。各地税务部门既要在改革中不折不扣落实好“营改增”各项政策，又要根据收入变化情况，全面细致做好分析，并及时主动向总局和地方政府做好汇报，积极争取对税务部门依法组织收入、依法堵漏增收的支持。在坚决不收过头税、坚决不搞“回溯性”清税的同时，要坚决打击包括虚开发票、骗取出口退税在内的各种偷漏税违法行为，确保不出系统性风险，确保税收收入没有水分，平稳良性增长。

此外，时至年中，落实《深化国税、地税征管体制改革方案》、干部队伍建设、信息化建设等工作都需要大家统筹兼顾好、逐项落实好、务求完成好。

同志们，在庆祝建党95周年前夕，我们踏上全面推开“营改增”试点第三场战役的征程，让我们牢记使命、不忘初心，以更加精益求精的工匠精神和从严从实从细的工作作风，砥砺奋进，聚力前行，尽展能征善战的风采，为税务铁军再铸骄人的成绩，为鲜艳党旗再添夺目的光彩！

## 王军在全国税务系统“营改增”工作视频会议上强调<br>坚持问题导向　推动持续改进　打好全面推开“营改增”试点第四场战役

（来源：《中国税务报》　记者：郭瑞轩　2016年9月20日）［内容有删节］

9月18日，国家税务总局在北京召开全国税务系统“营改增”工作视频会议，回顾总结前一阶段“营改增”推进情况，部署做好下一步“营改增”工作。税务总局党组书记、局长王军出席会议并强调，全面推开“营改增”试点以来，我们一关接着一关闯，一战接着一战打，取得了捷报频传的不俗战绩。在下一阶段“营改增”“改进好”工作中，要深入查找和整改存在的问题，持续不断、全面系统地加以改进，坚决打赢全面推开“营改增”试点第四场战役。

王军要求，打好全面推开“营改增”试点第四场战役，总的思路是，总局要着力解决基层反映的问题、基层要着力解决纳税人反映的问题、上级要着力解决下级反映的问题、一把手要着力解决主管副职反映的问题，既改进我们自身的工作，又帮助纳税人更好地适应新税制，还要完善政策措施，通过上下联动、内外并促，使改革试点在不断解决问题中逐步趋于完善。一要持续不断地改。从现在开始一直到明年初，将“改进好”这场战役分为三个阶段来打，持续不断地加以推进。从现在动员部署到10月20日为第一阶段，主要是查找、改进面上的问题。10月21日到12月下旬为第二阶段，主要是结合前几个申报期的税负分析，研究提出并落实改进完善政策措施的建议。12月底到2017年1月底为第三阶段，结合“总结好”第五场战役，对“营改增”整体运行情况进行总结、评估、改进、提高。二要全面系统地改。对查找出来的问题，要分门别类，逐一改进。对制度规定问题，对滞后于形势发展要求制度缺失的，要抓紧制定；对制度操作性不强难以落实的，要抓紧完善；对一些确需调整的政策，要积极提出建议，并加强与财政部沟通。对政策辅导问题，针对纳税人反映的热点问题，9—10月有重点地再组织一次专题培训。对纳税服务问题，要进一步优化办税流程，不折不扣落实相关制度，调整办税服务厅资源配置，特别是要继续深化国税、地税合作，便利纳税人。对技术保障问题，要结合全面推广应用金税三期工程，进一步优化网上办税系统功能，规范和加快电子税务局建设。对发票管理问题，要扎实开展发票使用管理专项检查，在提供优质服务的同时，进一步帮助纳税人规范发票使用和管理。各地税务机关要认真落实总局要求，有效打击虚假注册、套票虚开等违法违规行为。合理调整人力资源配置，腾出更多的人力加强税收风险防控。三要进一步改进税负分析工作。在全面推开“营改增”试点进入“改进好”阶段时，“分析好”的工作不仅不能松劲，反而要进一步加力和改进。特别是要开展立体化、持续性的分析，建立大分析格局。

## 释放税收改革红利　推动经济转型升级

（来源：国家税务总局网站　2016 年 11 月 21 日）［内容有删节］

11 月 18 日，国家税务总局党组书记、局长王军到上海调研全面推开“营改增”试点工作和金税三期工程运行情况，并与试点行业企业代表进行座谈，慰问基层税务干部。

王军指出，为贯彻落实国务院的决策部署，税务总局及各级税务机关将进一步完善“营改增”的征管制度和服务措施，让改革红利惠及更多市场主体，大力助推经济转型升级。在持续改进和完善纳税服务举措方面，税务部门在先期围绕“开好票”“报好税”“分析好”三场战役分三批推出共计 60 条优化服务措施基础上，近日又出台第四批 20 条措施，有针对性地解决“营改增”试点及纳税服务过程中存在的问题，让纳税人办税更加便利。同时，税务部门还将持续开展“便民办税春风行动”，通过推进税收规范化管理、办税便利化改革、加强国地税合作等举措，使办税过程更简、方式更多、成本更低、体验更好，进一步增强纳税人的获得感。

## 明年“营改增”减税规模会进一步扩大

（来源：新华社　记者：韩洁　郁琼源　2016 年 12 月 27 日）［内容有删节］

在今年“营改增”减税约 5 000 亿元基础上，明年企业有望得到更大力度减税。国家税务总局局长王军 12 月 27 日说，三大客观因素决定 2017 年“营改增”减税规模会进一步扩大。

财政部和国家税务总局 12 月 27 日在北京联合举行“营改增”媒体吹风会。据介绍，最新数据显示，2016 年 1—11 月，“营改增”已整体减税 4 699 亿元，从全年看减税约 5 000 亿元目标能够完成。

“‘营改增’减税是实实在在的真金白银。”王军说，今年 5 月 1 日全面推开“营改增”试点之后，5—11 月全国税务部门组织的税收收入平均增长 3%，与去年同期同口径税收增长 8.3% 相比，增幅下降 5.3 个百分点。

王军指出，与之相对应，今年 5—11 月，全国规模以上工业企业利润同比增长 10.1%，而去年同期同口径同比下降 1.4%。同时，工业生产者出厂价格指数（PPI）也从 9 月起结束连续 54 个月下跌，由负转正。尽管多种因素推动工业效益好转，但全面“营改增”试点推开后企业减税明显无疑在其中发挥了重要作用，体现出用政府收入的“减法”换企业效益的“加法”、市场活力的“乘法”。

展望2017年，王军说，“营改增”的减税规模会进一步扩大，主要由三个客观因素决定：一是明年有4个月的四大行业减税翘尾因素；二是按照“营改增”政策规定，纳税人2016年购入的不动产当年可抵扣60%，剩余的40%将在2017年连同新一年购入的不动产60%可抵扣的部分一起进行抵扣，所以减税规模会更大些；三是随着政策和征管的不断完善，特别是企业对税制适应性的不断增强、内部管理的不断改进，明年企业抵扣的数额会明显增大。

王军表示，明年不管组织收入形势多困难，各级税务部门都将严格恪守“坚决不收过头税、坚决落实减免税”的税收工作原则，更好地助力企业和我国经济稳中有进、稳中向好地发展。“收过头税‘害人害己害长远’，是一条不能逾越的红线；落实减免税、依法减免税‘利人利己利国家’。”

## 税务总局局长王军表示：将对重点行业企业加强辅导

（来源：《经济日报》　记者：曾金华　2017年1月13日）

国家税务总局局长王军今天（1月12日）接受《经济日报》记者采访时表示，税务部门一直密切关注少数企业“营改增”后税负有不同程度增加的问题。“营改增”作为一项税制改革措施，与直接减免税不完全一样，一方面需要企业根据变化了的制度要求，相应着力改进和加强内部管理，另一方面税务部门将持续优化服务，对重点行业和短期税负上升明显的企业开展有针对性的辅导，帮助企业改进内部管理，尽可能多地享受政策红利。

2016年5月份全面推开“营改增”试点当月，四大行业中税负上升的纳税人比例是3.9%。经过税企双方共同努力，到7月份就降到了2%左右。“到去年11月份，四大行业的1 069万户试点纳税人中，就只有1.5%的纳税人也就是16万户左右的企业存在不同程度的税负上升问题。”王军介绍。

“企业出现税负波动的原因是多方面的，投资周期、资本构成、管理情况、政策熟悉程度等多种因素都会产生影响。尽管企业情况千差万别，在统一的税收政策下确实难以做到所有企业以及企业在所有时段的税负都是降低的，尽管变化的趋势是好的，但是我们仍将一如既往高度重视这个问题，并会同有关部门认真研究解决相关问题。”王军表示。

2016年12月份的“营改增”数据将在今年1月份申报期结束后统计出来，国家税务总局将在全面总结评估“营改增”情况的同时，组织力量专题对1.5%左右的税负上升企业开展分析研判。“对企业共性合理诉求，我们将积极配合财政部研究完善‘营改增’政策，及时发文解决有关政策及征管问题。”王军说。

## 释放税改红利　增添经济活力
### ——国家税务总局局长王军回应税收热点问题

（来源：新华社　记者：韩洁　郁琼源　申铖　2017年1月13日）

税收是经济运行的“晴雨表”。经济转型升级的大变革时代，如何进一步释放税制改革红利为经济发展增活力？牵一发而动全身的“营改增”如何更好促进企业减负增效？如何落实好每项税收优惠政策助力实体经济起飞？

1月12日，恰逢一年一度的全国税务工作会议召开，国家税务总局局长王军接受新华社记者采访，回应诸多社会关切的税收热点问题。

**以税收之减助经济转型升级**

扣减出口退税后收入115 878亿元，增幅4.8%，这是全国税务工作会议最新公布的2016年税收成绩单。

随着我国经济发展进入新常态，2012年至2016年我国GDP增幅从7.8%逐步放缓至6.7%左右，税收增幅则从2012年的11.3%降至2016年的4.8%，6.5个百分点的降幅明显超过同期GDP增速下降幅度。

“2016年税收收入增幅下降较多，实施减税政策是其中一个重要原因。”王军说。

“营改增”试点全面推开、小型微利企业减半征收企业所得税政策适用范围放宽至年应纳税所得额30万元；小微企业免征增值税营业税条件从月销售额5 000元提至3万元；两次扩大研发费用加计扣除政策范围；将更优惠的固定资产加速折旧政策范围扩至10个行业；有序扩大高新技术企业认定范围及简化认定手续……

王军说，近年来，一系列税制改革和减税政策直接降低了企业税收负担，助推供给侧结构性改革和企业转型升级，鼓励了大众创业、万众创新，对稳定经济增长和增加市场活力起到了重要促进作用。

对于社会关注的小微企业是否受益“营改增”，王军说，去年全面推开“营改增”试点的1 069万户纳税人中，小规模纳税人934万户，占全部试点纳税人的87%。“营改增”政策规定，对小企业按3%的征收率实行简易征收。如果原来缴纳5%的营业税，“营改增”后征收率降为3%，负担水平直降40%；如果原来缴纳3%营业税，表面上是税负平移，但因计税依据发生变化，换算后税负下降。去年5—11月934万户小企业税负平均下降了26.7%。

**“营改增”为实体经济“实实在在”减税**

从2012年1月1日“营改增”试点在上海交通运输业和部分现代服务业率先启动，到2016年5月1日扩至最后的金融业等四大行业，“营改增”试点已走过5年历程。

“目前，改革总体运行平稳、渐行渐好，成效好于预期。”王军说，改革直接效应明显，全年累计减税将超过5 000亿元，确保实现所有行业税负只减不增的改革目标。同时，改革外溢效应和长远效应渐显，为推动我国治理体系和治理能力现代化提供有力支撑。

作为供给侧结构性改革的重要举措，“营改增”如何惠及实体经济？王军说，工业企业是原增值税纳税人，但也是“营改增”扩围的“净受益者”。2012年至2015年，以工业企业为主的原增值税纳税人从“3+7”行业增加抵扣减税分别为237亿元、802亿元、1 020亿元、1 220亿元，呈逐步增加趋势。

“特别是2016年减税规模继续扩大，1—4月原增值税纳税人从‘3+7’行业增加抵扣减税406亿元，5月份全面推开“营改增”试点后可抵扣进项进一步增加。”王军给记者算了笔账，2016年1—11月，原增值税纳税人累计减税1 586亿元，约占全部“营改增”减税额的1/3。

他援引国家统计局调查数据说，2012年至2015年，规模以上工业企业税金（包括应交增值税、企业所得税、营业税金及附加、管理费用下税金等）与营业收入的比值分别是5.8%、5.77%、5.6%、5.36%。这一比值从2012年开始逐年下降，与“营改增”的扩围时间一致。

“这些都说明，‘营改增’及各项税收优惠政策给实体经济、给工业企业、给制造业的减税效果是实实在在的，对这些企业应对经济下行压力、加快发展起到了积极促进作用。”

**针对部分企业税负不降反升将“对症出招”**

“营改增”试点全面推开后，兑现承诺实现相关行业税负只减不增，这并不意味着所有行业的每个企业税负都是下降的。

王军说，全面推开“营改增”试点以来，财税部门不断完善政策并实施了一系列优化服务措施，所有行业均实现税负下降，部分企业“营改增”后税负上升状况也在逐步发生积极变化。

时间见证变化。数据显示，2016年5月四大行业中税负上升的纳税人比例是3.9%，到7月降到2%左右。到2016年11月，1 069万户试点纳税人中仅有1.5%的纳税人，即16万户左右企业存在不同程度税负上升。

王军说，受企业投资周期、资本构成、管理情况、政策熟悉程度等多因素影响，企业税负波动表现复杂，税负上升企业分布呈现结构性变动：在四大行业26个小行业中，有的小行业税负上升企业占比相对多一些，有的少一些；有的企业这个月税负上升，下个月税负就下降了；同一小行业内，有时这家企业税负上升，有时那家企业税负上升。目前情况仍在变化中，但税负上升程度大多呈下降趋势。

“尽管企业情况千差万别，统一的税收政策确实难以做到所有企业以及企业在所有时段的税负都是降低的；尽管变化的趋势是好的，但是我们仍将一如既往高度重视这个问题。”王军说，2017年1月16日结束2016年度税收征期后，税务部门将专题对1.5%左右的税负上升企业开展分析研判。

王军强调，企业改善管理对“营改增”减税至关重要。“营改增”作为一项税制改革措施，与直接减免税不完全一样，更需要企业根据变化了的制度要求，着力改进和加强内部管理。

他表示，对企业共性的合理诉求，税务部门将全力配合财政部研究完善“营改增”政策，及时发文解决有关政策及征管问题。同时将持续优化服务，对重点行业和短期税负上升明显的企业开展入户辅导，帮助企业改进内部管理，有针对性地帮助纳税人用好抵扣政策，让纳税人更好熟悉改革和政策规定及操作办法，获得更多红利。

## 国家税务总局局长王军：下月公布权责清单　请社会监督

（来源：新华社　记者：郁琼源　韩洁　2017年3月12日）

“下个月，税务总局将公布自己的权责清单，请社会监督，请媒体的朋友们加强监督。”国家税务总局局长王军3月12日在人民大会堂“两会部长通道”上说。

王军说，深化“放管服”是推进供给侧结构性改革的重要做法之一，2017年将继续加大力度。要在简政放权上做好“减法”。

此外，要在后续管理上做“加法”。“加大涉税信息共享共用力度，加大税收社会共治力度，加大纳税诚信体系建设力度，让诚信者一路绿灯、让失信者步步难行。”王军说。

“加快电子税务局建设步伐，让纳税人多跑‘网路’，少跑‘马路’。”王军说，在优化服务上要做“乘法”，加快纳税人实名办税推进步伐，信息一次录入，时时处处方便。加快发票申领和代开线上办理步伐，方便纳税人抵扣，节省办税人时间。

## “营改增”只是减税吗？国家税务总局局长如何说

（来源：新华网 2017年3月10日）

新华网、政府网：去年“营改增”试点全面推开，我们也注意到财税部门做了非常多的努力，付出了很大的精力推这项改革，这个改革到底给我们经济发展带来了什么？

国家税务总局党组书记、局长王军：全面推开“营改增”试点，套用网友的一句话，我们也有几个小目标。最重要的有3个：第一，制度的转换和运行要平稳。第二，新增的四大行业及其所属的26个小行业的税负只减不增。第三，全面的“营改增”要减税5 000亿元，这3个目标我们都圆满地达到了。

这些小目标的达到对于推动经济发展的大目标的实现起到了积极的推动作用。比如，就促进经济稳增长而言，去年“营改增”减税5 736亿元，这当中相当一部分减税，是企业因抵扣政策鼓励其增加投资而实现的，如果倒算过来，这部分扩大或者是提前的投资，数额是十分巨大的，它对推动我国经济稳增长发挥了重要和积极的作用。又如，促进产业结构的优化调整，“营改增”消除了重复征税，对生活性服务业税收也格外优惠，这就有力地促进了第三产业的加快发展。2016年我国GDP增长6.8%，但是第三产业GDP增长是7.9%，高出1.1%。再如，就促进企业增效而言，全面推开“营改增”试点不仅为新增的试点行业减了税负，而且增加了以工业企业为主的原增值税纳税人的抵扣。所以他们也减了税负，而且他们是净受益者。2016年原增值税纳税人减负占整个减负额的1/3还要多，但与此同时，他们的企业利润增速同比提高了10.8个百分点，这其中“营改增”的作用是至关重要的。

我也要坦诚地说明一下，这么一项重大的改革，我们税务部门在实际操作当中可能会有这样那样的问题，我们会自觉地、持续地加以改进。

## 国家税务总局局长王军：今年“营改增”将有4个“增效剂”

（来源：新华社 记者：郁琼源 韩洁 2017年3月12日）

2017年，政府承诺全年再减少企业税负3 500亿元左右，继续落实完善“营改增”试点。国家税务总局局长王军3月12日表示，今年“营改增”将有4个“增效剂”，让企业对减税更“有感”，包括适时完善社会关注的建筑业“营改增”政策。

“‘营改增’推进时间愈长，效应就会愈加显现，企业的获得感就会更加明显。”王军在人民大会堂“两会部长通道”回答记者提问时说。他指出，2017 年，“营改增”试点将在时间上增效，四大行业改革实施时间比去年要多 4 个月；在税制上增效，增值税税率将由四档变为三档；在抵扣上增效，2016 年新增不动产剩余 40% 的抵扣要结转到今年。

“第四个，政策上也会增效，针对建筑业老项目渐少、新项目增多等情况，国家税务总局正在会同财政部适时适当完善相应的政策措施。”王军说。他表示，随着“营改增”深入推进，企业在政策把握、投资决策、营销议价、财务管理、合同谈签等方面都会不断改进，以更好适应新税制。“只要税企双方撸起袖子加油干，‘营改增’这一重大供给侧结构性改革的多重效应在今年一定会进一步显现。”王军说。

## 税务总局王军：今年“营改增”将让企业更有获得感

（来源：《证券时报》 作者：《证券时报》两会报道组 2017 年 3 月 13 日）

3 月 12 日上午，国家税务总局局长王军在人民大会堂“部长通道”答记者问时表示，“放管服”（简政放权、放管结合、优化服务）是供给侧改革的重要内容之一，2017 年将进一步加大工作力度，在简政放权上做好减法，在后续管理上做好加法，在优化服务上做乘法。

王军说：“下个月将公布税务总局的权力和责任清单，晒出权责范围，请社会监督。另外，在后续管理上，我们将加大涉税信息共享公用力度，加大税收社会共治力度，加大纳税诚信体系建设力度，让诚信者一路绿灯，失信者步步难行。”

在优化服务层面，王军指出，去年 10 月，新的税收信息系统已在全国各级国税、地税上线，运转平稳。未来将加快电子税务局建设步伐，让纳税人多跑网路，少跑马路，加快纳税人实名办税的步伐。信息一次录入多次使用，加快发票申理和线上办理的步伐，方便抵扣，方便办理。

除了税务总局的工作规划安排，王军还回应了市场较为关切的“营改增”话题。

今年的政府工作报告提出，全年要再减少企业税负 3 500 亿元左右、涉企收费约 2 000 亿元，一定要让市场主体有切身的感受。

如何让市场主体对减税降费更有切身感受，也是国家税务总局的重要关切。

王军指出，“营改增”推进时间越长，效益越显现，企业获得感更加明显。今年“营改增”至少有 4 个“增效剂”在发挥作用，让企业更有获得感：第一，时间上增效。四大行业推进“营改增”的时间比去年多 4 个月。第二，抵扣上的增效。去年新增不动产的抵扣按规定抵扣 60%，今年将剩余的 40% 结转过来。第三，税制上增效。增值税的税率将由四档减为三档。第四，政策上的增效。税务总局将会同财政部，适时适当完善“营改增”的相关政策，如建筑业，针对老项目变少、新项目增多，会完善“营改增”相关政策。

王军称，随着“营改增”深入推进，企业在政策把握、投资决策、营销议价、财务管理、合同洽谈等方面会不断改进和加强，以更好地适应新税制。“只要税企双方‘撸起袖子加油干’，这项政策的多重效应一定会进一步显现。”

# 王军：完善现代增值税制度 助推经济全球化发展

（来源：中国经济网 2017 年 4 月 14 日）

4 月 12 日至 14 日，经济合作与发展组织（OECD）第四届增值税全球论坛在法国巴黎举行，中国国家税务总局局长王军应邀出席并代表中国税务部门作主旨发言，介绍中国推行“营改增”的做法和经验。王军表示，作为世界第二大经济体，中国全面推开“营改增”试点既是当前大力推进供给侧结构性改革的战略举措，又是立足长远打造增长友好型税收体系的重大实践，彰显了中国推进国家治理体系和治理能力现代化的决心和成效。

王军指出，中国增值税的改革历程始终与中国改革开放的关键节点紧密契合，可谓“好雨知时节，当春乃发生”。特别是 2012 年以来，在中国加快转变经济发展方式、促进产业结构转型升级的关键时刻，中国决策层从战略高度作出了实施营业税改征增值税的重大部署，按照试点先行、循序渐进的改革原则，以强有力的组织领导和决策执行，以精细化的政策操作和管理服务，在 2016 年 5 月实现“营改增”试点的全面推开，基本建成了在世界范围内具有先导意义的现代增值税制度。

王军在大会发言中分享了对中国推行“营改增”的深切感受，从覆盖范围全、实施时间紧、复杂程度高、制度设计稳、组织实施细、信息管税严、减税力度大、多重效应显八个方面做了阐述。其中，在“覆盖范围全”方面，“营改增”涉及将原征收营业税的近 1 600 万户企业纳税人、1 000 万自然人纳税人和超过 2 万亿元的营业税改征增值税，实现了增值税制度对国民经济三次产业的全覆盖。尤其是将银行、保险、证券等金融业务全面纳入征收增值税范围，在国际上具有开创性意义。在“复杂程度高”方面，“营改增”不仅涉及纳税人众多，而且业态十分复杂；不仅同行业企业间情况相差悬殊，而且各行业间差异更大；既要保证所有行业税负只减不增，又要保证税制相对规范统一，对政策设计、征收管理、纳税服务等都提出了很高的要求，使改革面临着许多意想不到的挑战和考验。在“信息管税严”方面，近年来中国税务部门大力推进“金税三期”工程建设，于 2016 年 10 月在各级税务机关全面上线并平稳运行，首次实现了征管平台、应用软件、业务标准等方面的统一，使税收征管的软件基础、数据资源、技术条件发生了跨越式提升，为包括“营改增”在内的各项税制改革提供了强大的技术支撑。与此同时，研发成功并顺利推行了增值税发票管理新系统，实现了对发票全要素信息自动实时采集、监控和比对，精准打击和有效遏制了发票违法犯罪行为，并对深化税制改革、优化纳税服务、辅助宏观决策起到了极大的推动作用。在“多重效应显”方面，除直接减税效应之外，中国“营改增”还带来了促进经济结构调整、激发创新创业活力、规范市场运行秩序等多重积极效应。2016 年，在经济增速整体放缓的情况下，中国第三产业 GDP 增长了 7.8%，占 GDP 的比重为 51.6%，同比提高 1.4 个百分点；高技术制造业增加值同比增长 10.8%，比规模以上工业高 4.8 个百分点；各类新登记市场主体同比增长 11.6%，而服务业新登记市场主体同比增长 24.7%，其中新纳入试点的四大行业新办企业户数月均增加 8 万多户。这些都与“营改增”发挥推进产业分工和服务业发展的积极作用密不可分。中国“营改增”的直接效应愈来愈明显、外溢效应愈来愈增大、长远效应愈来愈清晰。全面推开“营改增”试点后，中国还将进一步改革完善增值税制度，做好税率简并以及增值税立法等有关工作，适应国家治理体系和治理能力现代化要求的财税体制改革也将驶入快车道。

王军围绕2016年G20杭州峰会在“深化国际税收合作，通过税收促进全球投资和增长”方面所达成的共识，就发挥税收对世界经济发展的推动作用提出三点倡议：一是完善现代增值税制度，促进生产要素在各国低障碍或无障碍流动，提高要素生产率，促进经济全球化发展和共同繁荣。二是深化国际税收改革，加快G20税改成果落实，维护税收公平，防止出现新的有害税收竞争。三是加强国际税收合作，建立并完善多边税收合作法律框架，深化高效务实合作，促进经济包容性增长。

王军的主旨发言引发了各国税务部门代表和国际税务界专家学者的热烈反响。OECD副秘书长玉木林太郎在主持论坛时指出，王军的主旨发言是此次论坛的特设环节，主要是让各国分享和借鉴中国税制改革经验，推动各国加快现代税收制度建设。英国、挪威、荷兰等参会代表认为，任何一个国家的税制改革都不是一件容易的事，何况中国这次改革涉及千万户纳税人，改革的难度和工作量可想而知。在坚持正确改革方向的前提下，中国财税部门高效的执行力令人印象深刻。维也纳经济大学全球税收政策研究中心主任欧文斯等认为，中国能够在如此短的时间内推行这项重大改革，应归功于中国政府的战略决策能力，以及中国财税系统的高效执行力。中国的增值税改革不仅涉及面最广，而且积极平稳，改革效率令人惊叹。与会各国代表认为，“营改增”的成功实施，展示了中国深化经济改革的战略力、执行力，不仅对中国经济增长有促进作用，而且有利于为全球经济增长注入活力，是近年来国际税制改革的一个成功典范。

OECD主办的增值税全球论坛是国际上参与国家最多、合作范围最广的税收专题论坛，是各国税务官员和专业人士就增值税问题加强交流、分享经验、促成共识的重要平台。此次论坛共有来自世界各国（地区）税务部门及国际机构的100多个代表团出席。2016年，OECD专门对中国实施“营改增”效应开展了第三方评估，高度评价中国的增值税改革，充分肯定中国在深化税制改革及为各国提供参考中的努力和实践。此次又专门邀请王军出席第四届增值税全球论坛并作主旨发言，有助于各国了解中国实施“营改增”的积极成效，展示中国积极推进改革发展的良好形象，提升中国在国际税收领域的话语权和影响力。

在巴黎期间，中国税务代表团还召开了驻法中资企业税收问题座谈会，就增值税改革对海外企业的影响、中资企业海外办税体验、“走出去”企业涉税政策等问题进行了交流研讨，并征求了驻外中资企业对做好税收工作的意见建议。

## 国税总局局长王军：“营改增”减税规模越来越大　带来多重积极效应

（来源：每日经济新闻　2017年4月23日）

国家税务总局局长王军在经济合作与发展组织（OECD）第四届增值税全球论坛上发表主旨演讲时表示，除直接减税效应之外，中国“营改增”带来了多重积极效应，如促进经济结构调整、激发创新创业活力、推动财税体制改革、规范市场运行秩序等。

王军介绍，“营改增”实施以来，98%左右的试点纳税人实现了税负下降或持平，越来越多的纳税人享受到改革带来的减税红利，总体减税规模越来越大。

数据显示，2012年1月—2017年2月，中国“营改增”带来的减税总规模累计已超过1.2万亿元。其中，仅全面推开“营改增”试点以来的2016年5月—2017年2月这10个月内，减税规模就达到5 661亿元，预计到2017年4月30日，全面推开“营改增”试点一周年将实现减税6 800亿元左右。

“这是近年来中国最大规模的减税措施。”王军表示。

“营改增”的推开，除了减税规模引起广泛关注以外，对于我国宏观经济的积极效应也正在日益显现。王军指出，中国“营改增”带来了多重积极效应。

“营改增”促进了经济结构调整。“营改增”实施以来，在中国经济增速整体放缓的情况下，我国第三产业保持了相对较快的增长，2016年第三产业GDP增长7.8%，高出GDP平均增速1.1个百分点，占GDP的比重为51.6%，同比提高1.4个百分点。

“营改增”激发了创新创业活力。“营改增”后，技术研发的中间投入均能纳入增值税抵扣范围，有利于增强企业创新的内生动力。2016年，中国高技术制造业增加值同比增长10.8%，比规模以上工业快4.8个百分点。同时，“营改增”减税激发了市场主体创业热情。2016年，中国新登记市场主体同比增长11.6%，而服务业同比增长24.7%，其中新纳入试点的四大行业新办企业户数月均增加8万多户，第三产业就业占全部就业人数比重由2012年的36.1%升至43.5%。

从财税体制改革的角度来看，“营改增”作为具有重大牵引作用的改革举措，对中国整个财税体制改革都形成了强有力的推动。随着“营改增”深入实施，中国直接税体系改革提速，地方税体系构建加快，税收征管体制改革稳步推进，预算管理体制也相应做出重大调整，与推进国家治理体系和治理能力现代化相匹配的财税体制改革驶入快车道。

“营改增”规范了市场运行秩序。“营改增”后，增值税抵扣机制覆盖面更广，出于抵扣的需要，下游企业纷纷向上游企业索取发票，既促进了市场运行机制和秩序的规范，又进一步营造了“‘褒扬诚信、惩戒失信’的社会诚信环境”。

国家税务总局税收科学研究所所长李万甫在中国财政学会2017年年会上表示，“营改增”对于经济运行机制所带来的良好推动作用体现出改革更大的成效。“社会上对‘营改增’的评价总体上是非常良好的，可以说近一年来的‘营改增’实践达到了预期目的和效果。”

### 2. 汪康关于“营改增”推进的重点要求

## 汪康：确保“营改增”只减不增　需要企业的协同努力

（来源：人民网——财经频道　记者：杨迪　2016年4月12日）

12日，国务院新闻办公室举行吹风会，国家税务总局副局长汪康在介绍全面推开“营改增”试点有关情况时表示，要把“营改增”政策落实好，确保只减不增，还需要广大的企业和财税部门来协同努力。

汪康指出，企业要学习好“营改增”的政策，领会精神，要运用好政策来调整管理、决策的思路，还要执行好增值税的政策，因为增值税除了特殊规定以外，一般是凭发票抵扣税款的，如果企业决策不好、操作不好，也有税收风险。本应该是减税，由于你没有取得增值税专用发票，或者你没有很好地适应税制改革的要求调整经营模式，你也可能税负没减甚至增了。

汪康称，有几个老总，同样是搞建筑业的，有一个老总“营改增”以后税负下降了，另外一个税负有所上升。问题在什么地方？增值税对核算的要求很高，如果操作得规范，运用得好，税负下降。如果是粗放式管理，不规范运作，税负就不能保证一定下降了，因为该抵扣不能享受抵扣。建筑业很多是企业可以选择的政策，比如清包工的、甲供材的简易征收，反过来你不是搞甲供材，你是包工包料的，哪一种方法合算？企业要经过认真测算来判断，最后做出正确的决策。

## 盯紧抓牢　继续做好“营改增”各项工作

（来源：《中国税务报》　记者：史晓龙　2016 年 6 月 17 日）［内容有删节］

6 月 16 日，国家税务总局党组成员、副局长、“营改增”督促落实领导小组组长汪康在北京主持召开部分省市税务部门“营改增”座谈会，进一步掌握全面推开“营改增”试点工作运行情况，并就下一阶段工作听取意见建议。汪康强调，现在到了全面推开“营改增”试点承上启下的关键时刻，各级税务机关和广大税务干部要在关键之时再加劲，重任当前再添力，凝神鼓劲，盯紧抓牢，扎扎实实做好“营改增”各项工作。

座谈会上，广东、宁波、上海、河南、陕西、北京、湖北、江苏、四川 9 省市国税部门有关负责同志汇报了前一阶段“营改增”工作特别是 6 月 1 日以来“营改增”试点纳税人的纳税申报和税负分析准备情况，对下一步工作提出意见建议。

汪康指出，当前全面推开“营改增”试点到了承上启下的关键时刻，是确保第二场战役顺利成功、第三场战役顺利打响、上半年各项工作圆满完成的重要时间节点。全体税务干部越是在关键时刻越要凝神鼓劲、盯紧抓牢，对前期工作再回顾、再评估、再加强，对后续工作早预见、早谋划、早准备，确保全面推开“营改增”试点一环接一环环环紧扣，一步接一步步步为营。

汪康强调，下一步要重点抓好四个方面工作：一是切实抓好发票管理。要完善发票管理机制，既提高效率，又防范风险，既为基层减负，又方便纳税人。二是继续抓好纳税申报。2016 年 7 月，随着小规模纳税人、金融企业按季申报和企业所得税季度申报接踵而来，申报量将成倍增加，情况更加复杂，要提前制订应急预案，出台应对措施。三是深入抓好税负分析。税负分析意义重大，任务艰巨，要从强化软件的科学性、统计的逻辑性、数据的可靠性等方面，确保分析深入、精确。四是着力抓好评估改进。要坚持问题导向，细致梳理政策、管理、服务等方面需要进一步完善的地方，逐一加以研究和解决，确保把各项工作做得更实更细，把后续战役打得更好更漂亮。

## 深化拓展税收服务　确保“营改增”红利充分释放

（来源：《中国税务报》　记者：郭瑞轩　2016 年 6 月 27 日）[内容有删节]

2016 年 6 月 21 日至 6 月 22 日，国家税务总局党组成员、副局长汪康到广东、深圳就全面推开“营改增”试点工作开展专题调研。

调研期间，汪康先后来到深圳市福田区国税局办税服务厅、广州市海珠区国地税办税服务厅和广州市越秀区国税局驻不动产登记中心办税点，详细询问日常业务办理情况。汪康表示，广东省、深圳市税务机关落实国家税务总局部署到位，“营改增”整体平稳有序，社会反响较好。特别是运用纳税服务综合管理系统指导协调“营改增”办税服务、研发税务机器人助力“营改增”、推行 24 小时电子回单柜和在自助办税区配备税务人员辅导等做法切实为纳税人减负提效，值得肯定。

随后，汪康来到平安集团和越秀集团有限公司实地了解金融业、房地产业“营改增”试点运行情况，认真听取公司经营、纳税情况和“营改增”带来的变化，详细询问企业财务系统和增值税发票管理新系统对接等情况，并一一回应企业提出的涉及政策、管理等方面的问题和建议。

汪康要求，广东省、深圳市税务机关要在不断总结前期经验的基础上，对后续管理和服务再深化、再拓展。一是以创新驱动为导向，深化科技与税收融合。进一步完善提升税务机器人功能，加快电子税务局等平台推广运用，既为纳税人提供更便捷、智能和高效的办税体验，又有效减轻办税服务厅前台压力。二是以深化合作为保障，促进工作效率再提升。继续发挥国地税高效协作的优势，进一步打破税务机关与房产管理等相关部门的信息共享壁垒，减少人工环节，确保数据传输及时准确，提升工作效率。三是以连心惠民为目标，确保改革红利充分释放。进一步掌握纳税人诉求，认真细致开展税负分析，优化各项纳税服务和涉税事项管理，帮助纳税人尽快适应新税制，尽快迈入精细化、规范化管理轨道，让纳税人切切实实享受改革红利，助力转型升级。

# 四、国务院相关部门联合举行“营改增”答记者问

## （一）2016 年 3 月 18 日之前的“营改增”答记者问

### “营改增”提速财税改革
#### ——财政部部长楼继伟、国家税务总局局长王军答记者问

（来源：《经济日报》　记者：钱箐旎　2013 年 4 月 18 日）

**1 问　财税体制改革“重头戏”从何来？**

这次的“营改增”实际上是对 1994 年增值税改革的进一步完善，也是这一改革逐步进

入收尾阶段的重要环节。

楼继伟：我国实行的是以间接税为主的税制，最大问题就是容易重复征税。1994 年改革时将增值税变为最大税种，只对某个行业增加值部分征税，但由于当时服务业规模不大，为解决主要矛盾，就留了一个“尾巴”，即对服务业征收营业税。

这次“营改增”实际是对 1994 年增值税改革的进一步完善，也是这一改革进入收尾阶段的重要环节。增值税改革，先从生产型增值税改为消费型增值税，再到征税范围扩大到原来的营业税征税行业，逐步扩大后就可以覆盖生产和服务的所有环节，最终解决生产和流通等环节重复征税问题。所以说“营改增”是财税改革的重要一步。

从效果看，重复征税问题解决之后，可以促进企业以不同的方式选择更为合适的经营模式，比如把一些内部经营效益不是很高的部门“放出去”。由于不会造成多环节重复征税，也就表现为适度降税。

王军：“营改增”的重要意义，第一是解决了税制重复征税问题，这是最基本的一点，即完善税制。

第二是推动了经济结构调整，这是最关键的一点。服务业的发展、制造业的升级、研发机构的做大做强，以及企业内部经营管理的改善和加强，对经济结构调整起到了很好的促进作用。上海市启动“营改增”试点后，2012 年 GDP 增速为 7.5%，其中第二产业增速为 3.1%，第三产业增速 10.6%。第三产业的增加值占全市 GDP 比重提高 2 个百分点，首次超过 60%，这很好地说明了结构调整的情况。上海市去年新认定 40 余家跨国公司总部，19 家投资性企业，15 家研发机构，服务业实际利用外资逆势上扬增幅超过 20%。

第三是有助于推动经济增长，这是最重要的一点。据专家测算，去年“营改增”因素拉动上海经济增长 0.6 个百分点左右。

第四是有助于推动就业，也有助于稳定物价，这是最有意义的一点。企业减税成本降低，经济发展，就业随之扩大，居民收入也得以增加。据测算，上海去年因“营改增”增加就业 14 万人。

第五是有助于提高我国国际形象和地位，这是最具溢出效应的一点。在当前世界经济风云变幻的情况下，中国政府推进“营改增”，给外界以“坚定改革、扩大消费”的积极信号。无论是世界银行、经济合作与发展组织（OECD），还是美国财政部的官员，都对“营改增”给予了高度评价。OECD 税收研究中心主任帕斯卡表示，受中国推进“营改增”的影响和启示，OECD 计划今年专门召开一个中央和地方财税关系的研讨会。

第六是“营改增”以活生生的事例让人们更加明白了一个道理，即“改革是最大的红利，制度创新是红利的源泉”，这是最根本的一点。

**2 问　部分企业税负增加问题怎么看?**

公共政策的制定和实施需要考虑如何更多地增加正能量，减少负能量。这个目标，“营改增”达到了。

楼继伟：增值税按说应该全国全行业一次性推开，在税制上造成的问题就会最少，但一下子推开风险很大，稳妥起见，先选择部分行业在部分地区试点。少数企业税负增加，很多与抵扣不足有关，扩大试点行业和地区后，这一问题会逐步解决。

首先是经营方式变得更加现代化，如将简单的承包转为更能统一管理的方式，减少企业负担。其次是随着范围扩大，出口退税更彻底，力度会更大。再者，从企业经营周期看，如果一些企业在试点前刚刚更新设备，则试点初期抵扣会较少，但随着经营不断发展，车辆更新等带来抵扣增加，这个问题会逐步解决。长期看，这些问题都能够解决。

测算显示，预计今年8月1日起“1+6”行业试点扩至全国后，全年减收规模为1 200多亿元，全部推开“营改增”后，全年预计可减税约两三千亿元。

王军：任何一项公共政策的制定和实施都会造成原有利益关系的调整，重要的是要考虑如何更多增加正能量，减少负能量。这个目标，“营改增”达到了。

以上海市为例，因为一般纳税人在上海市的占比为35%，高出全国平均水平20个百分点，所以开始“营改增”试点时，税负增加的面就会大一些。去年试点的第一个月，11.5%左右的企业增负，但随后是税负逐月下降，到今年2月底，已降至9.2%。

随着时间的推进、范围的扩大、试点行业的增加，增负的面还会缩小。比如在上海市9.2%的企业增负面中，每个月增加1元至1 200元税负的企业占增负企业的65%左右。随着邮电通信和铁路运输两个行业全面推开，以及自身投资周期的到来，加上22个省份的推广，预计上述65%左右增负在1元到2 000元企业的情况会发生逆转，可能表现为不增负，或增负幅度减少，甚至可能出现减负。更何况我们还有“兜底”政策。按照国务院要求，各省级财政都对增负情况较多的企业给予一定的扶助政策。目前，北京市已经有206户企业在今年2月底申请获得政策扶持，通过北京市财税部门核定的有160户，拟拨付资金1 700万元来解决这些企业的增负问题。

尽管税负增加对企业本身来讲可能会带来阵痛，但从战略和发展上看，如果改革对其长远发展有利，我想企业是会接受和认可的。去年我们去浙江一家设计单位调研，这家单位当时准备以小规模纳税人身份进入“营改增”。这种选择的好处是可以实现减税。但我们帮这家企业分析，如果是小规模纳税人身份，就不能抵扣税额，下游客户就很可能不会再选择其来设计，业务可能会丢一大块，可能会丧失了“营改增”对单位发展带来的机遇。在比较利弊之后，这家企业选择了一般纳税人身份，他们认为，“增负是暂时的，发展是长远的”。现在这家企业的发展情况很好。

我们认为，给企业奠定一个很好的发展基础才是关键，这可能就是这项改革受到企业界、各部门、理论界、国内外普遍赞同和认可的一个原因。

**3问　中央地方分配关系如何调整？**

楼继伟：“营改增”是一项很重要的改革，直观的表现是一部分过去由地税局征收的营业税改为由国税局征收。在试点期间，为地方税收收入不受影响，营业税改征增值税的收入并未按照75%和25%的比例由中央和地方分享，而是全部返还给地方，但这仅是权宜之计。这一做法“不可能持久”，是试点时期的过渡性安排，以尽量避免政府对市场造成不必要的干扰。

试点总会结束，现在“1+6”行业将很快覆盖到全部地区，后面随着不动产业、金融业以及其他行业试点，财政体制就面临“怎么办”的问题。

现在地方税收入拿掉营业税后，占全国财政收入的比重将大幅下降，怎么形成地方税体系，财政体制问题将如何调整，都是需要认真思考的问题。目前财政部正在研究如何深化财税体制改革：一是要积极稳妥推进“营改增”在全国范围全部行业推开，这样才能实现增值税的好处；二是认真研究地方税体系的设置；三是减少专项转移支付。

另一个问题就是支出的调整，实际上就是中央地方的支出责任如何调整，这就不仅是财政问题或税收问题，而是各级政府间财政关系的问题，是如何治理国家的问题。税种、收入、支出责任的划分带来的是各级政府之间财政收入的分配关系和支出管理关系的问题，这是一项大任务。

## 财政部、国家税务总局联合召开“营改增”媒体吹风会

（来源：国家税务总局网站　2016 年 12 月 27 日）

2016 年 12 月 27 日上午 10 时，财政部、国家税务总局联合召开“营改增”媒体吹风会。国务院全面推开“营改增”试点部际联席会议副召集人、国家税务总局局长王军，国务院全面推开“营改增”试点部际联席会议成员兼办公室主任、财政部副部长张少春，国家税务总局总会计师王陆进，财政部税政司司长王建凡介绍了全面推开“营改增”试点的运行情况，并回答记者提问。有关文字实录如下：

主持人　张少春：各位记者朋友，大家上午好！

欢迎大家来参加财政部、税务总局联合举办的“营改增”媒体吹风会。下面，首先请国家税务总局总会计师王陆进同志通报今年 5—11 月份“营改增”的减税情况。

王陆进：各位记者朋友，大家上午好！

我向大家介绍一下有关情况。

一是户数增加情况。5 月 1 日以来，四大行业新办户数逐月稳步增加，截至 11 月 30 日，四大行业试点纳税人共计 1 069 万户，比 5 月初的 1 011 万户增加了 58 万户。

二是四大行业减税情况。5—11 月份，四大试点行业累计实现增值税应纳税额 6 409 亿元，与应缴纳营业税相比，减税 1 105 亿元，税负下降 14.7%。其中，建筑业减税 65 亿元，税负下降 3.75%；房地产业减税 111 亿元，税负下降 7.9%；金融业减税 367 亿元，税负下降 14.72%；生活服务业减税 562 亿元，税负下降 29.85%。

三是“营改增”整体减税情况。5—11 月份，除了四大试点行业减税 1 105 亿元外，前期“营改增”的“3 + 7”行业减税 1 102 亿元，原增值税行业减税 1 180 亿元，三项共计减税 3 387 亿元。加上今年 1—4 月份“营改增”847 亿元的减税，2016 年 1—11 月份“营改增”减税 4 234 亿元。考虑到城建税及教育费附加和个人二手房减税因素，2016 年 1—11 月份“营改增”带来的整体减税已达到 4 699 亿元。

需要说明的是，由于增值税特殊的抵扣机制，受投资周期、资本构成、管理情况、盈利能力等因素影响，纳税人的税负水平在不同时点存在一定波动，并非每一个纳税人在每一个时点均实现税负下降。在“营改增”整体减税的同时，目前有 1.5% 的纳税人出现税负上升，尽管在增值税税制条件下同行业不同企业税负有升有降是正常的，但对这种情况我们是高度重视的。

主持人　张少春：下面请大家提问！

新华社记者：我的问题提给张部长。“营改增”全面推开 7 个月以来，改革取得了哪些积极的效应？

张少春：“营改增”试点是财税体制改革牵一发而动全身的重大举措，党中央、国务院

高度重视。党的十八届三中全会将“推进增值税改革”作为“完善税收制度改革”的首要任务。2016 年 3 月 5 日，李克强总理在第十二届全国人大第四次会议上作《政府工作报告》时宣布：全面实施“营改增”，从 5 月 1 日起，将试点范围扩大到建筑业、房地产业、金融业和生活服务业四大行业，并将所有企业新增不动产所含增值税纳入抵扣范围，确保所有行业税负只减不增。

为了贯彻落实党中央、国务院决策部署，财政部、税务总局会同相关部门开展了一系列工作，深入调研，精心设计试点方案；加强培训和辅导，确保政策有效落地；建立部际联席会议；形成改革合力；注重舆论宣传，凝聚改革共识；密切跟踪试点运行情况，适时完善试点政策。从税制的运行实时监测情况来看，试点整体取得了良好效果，基本实现预期目的。

全面推开“营改增”试点的积极效应，总体上来说，就是用政府收入的“减法”，换取企业效益的“加法”和市场活力的“乘法”：

一是供给侧结构性改革的重头戏，有利于降低企业成本，促进服务业发展和创业创新。全面推开“营改增”试点，预计 2016 年全年减税约 5 000 亿元，其中由于可抵扣进项税增加，原增值税行业和已试点行业减税规模已超过新增试点行业减税规模。在当前经济形势下，可有效降低企业成本，激发市场活力，增加有效供给。通过促进专业化分工协作，一些研发、设计、营销等内部服务环节从企业主业剥离出来后，更加专注于提供某类型服务，成为效率更高、专业更强的创新主体，催生了新技术、新产业、新业态和新商业模式，为实施创新驱动发展战略和推动大众创业、万众创新拓展更为广阔的空间，也为民营经济和小微企业营造更为宽松的发展环境。

二是财税体制改革的重大举措，有利于进一步消除重复征税因素，促进服务业和制造业融合发展。全面推开“营改增”试点，建立了比较完整的消费型增值税制度，构建全国统一规范的增值税管理体系，是财税体制改革取得的又一重大成果。打通第二、第三产业增值税抵扣链条，制造业企业外购服务支付的增值税可以抵扣，激发了制造业采购服务的积极性，实现了制造业和服务业的融合发展、互促共进，加快了新旧动能接续转换。同时，税收制度和管理方式的进一步成熟完善有助于优化资源配置、维护市场统一、促进社会公平，推进国家治理体系和治理能力现代化。

三是“营改增”是“放管服”改革的重要内容，有利于降低制度性交易成本，增强企业经营自主性。增值税全面代替营业税，简化了税制，降低了制度性交易成本；消除了增值税、营业税并存对企业经营的扭曲，进一步理清了政府与市场关系。同时，税务部门进一步优化了纳税服务、简化办税流程、提高办税效率，让纳税人享有更快捷、更经济、更规范的优质服务。

《人民日报》记者：我有一个问题问王总。刚才您介绍了“营改增”减税的情况，有很多数据，我们听了以后觉得很振奋，特别是金融业减负 14.72%。请问税负分析具体是怎么开展的？具体情况怎样？

王陆进：为全面准确地反映改革成效，前期税务总局与财政部一起，根据国民经济行业分类，将建筑、房地产、金融和生活服务四大行业进一步细分为 26 个小行业，确定了税负分析的口径。税务总局高度重视税负分析工作，从总局到区县级层层成立了专门的工作团队，认真扎实地做好税负分析工作。

一是准确界定每一个试点纳税人的行业归属。由主管税务机关对 1 000 余万户试点纳税人逐一核实其经营业务，按照26个小行业的划分口径确定每一户纳税人的行业归属，并在信息系统中打上标签，确保试点纳税人行业定位准确、身份唯一。

二是设计专门表格通过纳税人自主申报采集基础数据。我们在原来增值税纳税申报表的基础上增加了一张税负变化表，由纳税人自行填报。每个申报期，纳税人既按照现行“营改增”政策规定计算当期应缴纳的增值税，又假设仍然适用营业税制，模拟计算应缴纳多少营业税，形成一整套基础数据。

三是开发税负分析平台自动汇总、直接生成税负变化结果。每个月申报期结束后，计算机自动提取每一个纳税人的申报数据，用纳税人申报的增值税应纳税额减去按原营业税制度模拟计算的营业税应纳税额，结果是正数就表示税负增加，负数就表示税负下降。这样得出每一个纳税人的税负变化数据。以此汇总形成每一个行业的税负变化情况。

总的说来，税务总局对外公布的“营改增”税负变化数据，就是通过上述方法由纳税人自主申报、计算机自动汇总形成的，这套数据涵盖了每一个试点纳税人，是全样本数据，而且细分到每一个试点行业，我们认为客观反映了全面推开“营改增”试点的全貌。

借这个机会，我还想给大家介绍一下税务部门在“营改增”中所做的其他工作。主要是报几组数字。

一是明确政策规定方面，财政部和税务总局一起先后下发了9个政策性文件，就在几天前，12月21日还发了一个文件，明确了17个政策问题。税务总局先后下发了27个有关征管操作的公告。

二是优化服务措施方面，根据各阶段不同特点，税务总局先后4次分别出台了各20条共计80项纳税服务措施。

三是加强培训辅导方面，税务总局编写了近60万字的培训教材，整个税务系统采取点、线、面相结合的方法，加强对纳税人的培训，一共培训纳税人2 130余万户次，组建“营改增”申报辅导队6 599个，发放宣传资料4 000多万份，发送“营改增”手机短信7 000多万条，制作“营改增”二维码1万多个。

四是增配办税力量方面，增加办税窗口17 386个，增加一线办税人员2万多人，增加自助办税终端2万台。

五是强化督导落实方面，税务总局先后8次组织49个督查组，实现了对所有省（区、市）税务部门督查工作的全覆盖。

各位媒体朋友，这些数字是比较枯燥的，但这些数字确实反映了广大税务干部特别是基层干部在“营改增”中付出的大量艰辛努力。

《经济日报》记者：我有一个问题想问王建凡司长。对于进一步做好全面推开“营改增”试点工作，财政部、税务总局有什么打算？

王建凡：目前来看，全面推开“营改增”试点取得了各大行业整体减税的积极效应，基本实现预期目标。“营改增”仍处于试点阶段，我们要通过试点发现问题、解决问题、积累经验。下一步，财政部、税务总局将会同有关部门，从以下几方面开展工作：

一是继续密切跟踪试点情况，确保所有行业税负只减不增。一方面，继续对行业税负进行监测；另一方面，通过我们已建立的多种渠道直接沟通机制，对各方反映的问题进行解剖分析，对于行业性、整体性的问题，积极研究妥善的解决措施。同时，进一步加强对企业的辅导，帮助企业尽快适应新税制。

二是全面系统评估“营改增”试点情况，进一步完善试点政策。依托部际联席会议机制，与相关行业主管部门建立信息共享的平台，广泛搜集各方面对“营改增”试点的意见和建议，适时开展第三方评估工作，全面梳理和评估“营改增”试点运行效果，不断完善试点制度安排。

三是结合增值税改革和立法进程，进一步优化税制。我们将按照税收法定的要求，结合增值税改革进展，配合有关方面适时启动增值税立法。在推进改革和立法过程中，将统筹研究适当简并税率等问题。根据有关方面的材料，2015 年各国增值税标准税率基本处于 1.5% 和 27% 之间，欧盟国家的增值税标准税率平均数约为 21.6%，我国 17% 的标准税率在世界上总体属于中间水平，但目前的四档税率与其他国家相比属于偏多的。

全面推开“营改增”试点，是供给侧结构性改革的重头戏，也是完善增值税制度的关键一步。财政部、税务总局将会同有关部门，继续发扬精益求精的“工匠精神”，进一步把试点各项工作做实做细。

中央电视台记者：我的问题是提给王军局长的。我们知道，今年以来，为组织实施好“营改增”，税务部门做了很多工作。请王军局长介绍一下税务部门推进“营改增”的具体实施情况、取得的效果以及下一步落实方面的措施。

王军：我想从以下 4 个方面扼要作一介绍：

第一，“营改增”落实工作扎实有序。在党中央、国务院的坚强领导下，为了确保全面推开“营改增”试点顺利落地、平稳实施，全国各省、自治区、直辖市、计划单列市的党政主要负责同志以及相关负责同志都通过专题研究、听取汇报、现场调研、批示指示等多种形式重视、支持、指导“营改增”试点的推开和平稳运行，各级政府的“营改增”部门联席会议成员单位通力合作，四大试点行业的主管部门、财经界的理论工作者以及媒体界的朋友们也都给予了高度关注和热情支持。特别是广大纳税人对“营改增”试点给予了充分的理解和支持。借这个机会，我想对大家真诚地道一声感谢，谢谢大家！当然，正如您刚才所问的那样，税务部门在其中也做了大量扎扎实实让政策落地的工作，陆进同志已经做了一些介绍。既然你问到了，我再举两个小例子，加以补充说明。第一个例子，从 5 月 1 日“营改增”试点至 12 月 25 日，除纳税服务大厅的现场咨询、税务人员的上门辅导以外，仅从税务机关设置的 12366 纳税服务政策咨询热线的咨询量来看，就达到了 2 123 万通，平均每个工作日受理近 13 万通，同比增加了 40%。第二个例子，在“营改增”全面推开之前和之后，为了保证政策的平稳有序落地，税务总局两位副局长、两位总师带领 60 多位同志组成了临时指挥部，集中办公，快速反应，有 110 天都是在夜以继日的状态下度过，他们每天早晚各开一次会议，进行协调、协商、沟通、部署，县级税务局乃至服务大厅如果有问题，都可以同总局直接沟通，有效地确保了“营改增”试点各项政策的及时出台，各项工作的及时落地。我还想补充一点，在整个“营改增”推进过程中，税务部门可能会有做得不到、不够、不好乃至不对的地方，我的态度是，诚恳接受批评，虚心采纳一切合理化建议，认真和持续地改进我们的各项工作。

第二，“营改增”减税效果实实在在。刚才，陆进同志向大家通报了“营改增”减税的数据和相关数据来源的一些情况，1—11 月份，“营改增”整体减税 4 699 亿元。我想换一个角度，用两组数据来印证一下“营改增”减税的数据及其力度。第一组数据，今年 5 月 1 日全面推开“营改增”试点之后，5—11 月份全国税务部门组织的税收收入，按照我们通常公布的扣除了出口退税之后的口径，平均增幅是3%，而去年同期同口径的税收平均增幅是8.3%。大家都知道，今年GDP的增幅比去年GDP的增幅有降低，但是差异很小，而且今年下半年以来，还有两个拉动税收增长的特殊因素，一是一度出现的部分城市房地产市场过热，二是PPI从9月起结束了连续54个月的下跌，实现了由负转正。在这种情况下，今年税收收入增幅与去年同期相比有5.3个百分点的下降，尽管有不少因素影响，但无疑全面推开“营改增”试点企业税负明显下降是最主要的一个原因。第二组数据，国家统计局公布的信息显示，今年5—11月份，全国规模以上工业企业的利润同比增长10.1%，而去年同期同口径同比下降1.4%。规模以上工业企业利润同期同比大幅上升，尽管也有多种因素的影响，但无疑全面“营改增”试点后企业减税明显在其中发挥了重要的作用。总之，“营改增”确实如少春同志刚才所说的那样，是用政府收入的“减法”换来了企业效益的“加法”、市场活力的“乘法”。“营改增”减税是实实在在的“真金白银”。

第三，“营改增”试点效应好于预期。作为今年推进供给侧结构性改革的重大举措之一，5月1日“营改增”试点全面推开后总体运行平稳，并且呈现渐行渐好的态势，国内外反映都是好的，改革的效应应当说比我们的预期还要好一些。刚才，少春部长、陆进、建凡同志都介绍了一些情况，我想改革的效应可以概括为三个方面。一是直接效应，助企业增效，添市场活力，减税降负。二是外溢效应，少春部长已经作了介绍，我就不重复了。三是长远效应，我觉得一定会愈行愈好。因为“营改增”不仅是一项重大税收制度改革，而且是一项重大财税体制改革，还是一项重大管理机制的改革。随着时间的推移，政府与企业、中央与地方的分配关系将会进一步改善，市场秩序和运行机制将会进一步规范，企业治理、税收治理、财政治理、经济社会治理等水平将会进一步提升，“营改增”将会为中国经济社会发展、为实体企业和服务业的发展增添更多的活力和更大的动能，为实现我国治理体系和治理能力的现代化打下扎实的基础。

第四，更加扎实认真地做好下一步工作。我们深知，只有切实关心企业、帮助企业、助力企业，才能够不断拓展、巩固、壮大国家的税源和财源。所以，下一步我们将继续做好以下工作：一是做好2016年度“营改增”试点的全面总结工作。今年12月税款的申报期将于2017年1月16日结束。我们将深入做好全面、系统、深入、透彻地分析，也就是我们讲的总结好这一“第五场战役”。其中包括解决好两个问题：第一，如果26个小行业的某一个行业真的出现了税负增加，我们将配合财政部及时出台相应的解决办法，确保每一个小行业税负真真正正做到只减不增。第二，对“营改增”后税负增加，特别是增加比较明显的企业，我们将给予高度关注，设身处地为企业的发展着想，从政策完善、服务优化，以及帮助企业完善内部管理上多下功夫。二是全力抓好2017年“营改增”工作。2017年“营改增”的减税规模会进一步扩大，这主要是由以下三个客观因素决定的：第一，明年有4个月的四大行业减税的翘尾因素。第二，按照“营改增”政策规定，纳税人2016年购入的不动产当年可以抵扣60%，剩余的40%将在2017年同2017年购入的不动产60%可抵扣的部分一起进行抵扣，所以减税规模会更大一些。第三，随着政策和征管的不断完善，特别是企业对税制适应性的不断增强、内部管理的不断改进，抵扣的数额也会明显增大一些。为此，我们将进一步加大政策的宣传、辅导和落实力度，加大执行情况的跟踪分析力度，并严格恪守“坚决不收过头税、坚决落实减免税”的税收工作原则。收过头税“害人害己害长远”，是一条不能逾越的红线；落实减免税、依法减免税“利人利己利国家”，不管组织收入形势多困难，各级税务部门都将坚定不移地落实好“营改增”和其他的减免税政策，更好地助力企业和我国经济稳中有进、稳中向好地发展。三是配合做好增值税立法的有关准备工作。刚才，建凡同志介绍了下一步工作打算，我就不详细说了。

最后，新年就要到了，借此机会，我和少春同志代表“营改增”部际联席会议各成员单位，也代表今天在座的财政部、税务总局的同志们，向你们并通过你们向广大纳税人，向所有的新闻媒体的朋友们，向关心、支持、理解“营改增”和财政税收工作的各行各业的领导和同志们致以新年的祝福，祝大家万事如意！

## （二）2016年3月18日之后的“营改增”答记者问

# 国新办举行全面推开“营改增”试点有关情况吹风会

（来源：国务院新闻办公室网站 2016年4月12日）［内容有删节］

主持人 袭艳春：女士们，先生们，上午好，欢迎大家出席国务院新闻办的吹风会。今年的政府工作报告提出要全面实施“营改增”，今年5月1日起，我国将全面推开实施“营改增”的试点。大家对此都非常关注，特别是非常关注“营改增”对中国经济到底会产生什么作用，对企业和纳税人会产生哪些影响，所以今天我们非常高兴地邀请到了财政部副部长史耀斌先生、国家税务总局副局长汪康先生，请他们向大家介绍有关情况，并回答大家的提问。

下面先请史部长介绍情况。

史耀斌：谢谢主持人。各位媒体的朋友们大家早上好。从2016年5月1日起，我们国家将要全面推开“营改增”试点，主要内容是“双扩”：一是将试点范围扩到建筑业、房地产业、金融业和生活服务业，实现增值税对货物和服务的全覆盖，试点完成后营业税将退出历史舞台。二是将所有企业新增不动产所含增值税纳入抵扣范围，比较完整地实现规范的消费型增值税制度。全面推开“营改增”改革是本届政府成立以来规模最大的一次减税，按照测算，2016年减税金额将超过5 000亿元。全面推进这项改革有利于拉动经济，特别是在当前许多行业、企业出现经营困难的情况下，有利于给企业增加活力，给经济增加动力。我们把它称为用政府收入的“减法”换取企业效益的“加法”和市场活力的“乘法”。

史耀斌：“营改增”更有利于促进经济的转型升级。这次全面推开“营改增”的政策取向突出了推动服务业特别是研发等生产性服务业发展，可以有力促进产业分工优化，拉长产业链，带动制造业升级。也可以说，“营改增”是创新驱动的“信号源”，也是经济转型升级的强大“助推器”。同时，“营改增”通过统一税制，贯通服务业内部和第二、三产业之间抵扣链条，从制度上消除重复征税，使税收的中性作用得以充分发挥。这有利于营造公平竞争的市场环境，对完善我国财税体制有长远意义。从当前看，这会为更多企业减轻税负；从长远看，必将会利国利民。

史耀斌：今年《政府工作报告》明确要求，全面实施“营改增”，要确保所有行业税负只减不增。这是改革的目标之一，也是一项重大的政治任务。为落实这一要求，财政部和国家税务总局在设计试点方案时就坚持改革和稳增长两兼顾、两促进的原则，以改革推动体制机制创新，同时兼顾稳增长的要求，调整了改革的力度和节奏。按照营业税税负平移的方法测算确定了各试点行业的适用税率，对4个行业原税收优惠政策原则上予以延续，对老合同和老项目实行政策平转，对特定行业制定了过渡性优惠措施等。做上述安排，总体上可实现所有行业全面减税、绝大部分企业税负都有不同程度的降低。

史耀斌：此次新增试点的建筑业、房地产业、金融业和生活服务业等四大行业涉及纳税人1 100户左右，比前期试点的590多万户增加近一倍，实现的营业税占原营业税总收入的比例约80%，改革涉及面更广。同时，这四个业态更复杂、社会关注度高，是增值税改革的难点。因此，这次全面推开试点是啃“硬骨头”，实施难度也更大。我们将和有关部门一起，用“工匠精神”做好全面推开“营改增”各项试点的准备和实施工作，密切跟踪“营改增”准备及运行过程中出现的问题，做好应对预案，确保“营改增”取得理想和大家期望的效果。同时，不断总结经验、完善试点办法，为今后增值税制度改革和立法奠定坚实基础。我们有信心也有决心打好这场改革的攻坚战。谢谢大家。

主持人　袭艳春：谢谢史部长的介绍，下面请汪康先生做介绍。

汪康：女士们，先生们，大家上午好。非常高兴参加今天上午举行的新闻吹风会。借此机会，我谨代表国家税务总局向一直关心支持我们工作的新闻界朋友表示衷心感谢。“营改增”自2012年先后在交通运输和部分现代服务业开展试点以来，4年累计减免增值税6 000多亿元，有力地促进了经济的转型升级，特别是大力推进了现代服务业的快速发展。据税务部门统计，2013年底现代服务业试点企业217万户，到2015年底试点企业增加到510万户，两年增长了1.35倍，可以说改革的成效好于预期。

这次“营改增”与以往相比，涉及到的试点企业有1 100多万户，是原试点企业户数的7倍还多，试点企业的税收规模超过19 000亿元，是原试点企业的4倍多，减税规模5 000多亿元，减税的力度也是空前的。国家税务总局深知这次改革责任重大，任务繁重，社会各方面给予了很高的期待，国内外广泛关注。李克强总理3月5日在政府工作报告中宣布从5月1日全面推行“营改增”以后，国家税务总局立即召开党组会，全面动员部署，进行组织安排，及时梳理分解了税务系统推进“营改增”112项工作任务，并明确了时间表、路线图和责任人，还制定了督察落实和绩效考评办法。目前，各项准备工作进展顺利，已完成了准备工作量的80%。改革的配套文件已经出齐，税务总局会同财政部就“营改增”政策征管文件已经出台了16份，10万字，征管的移交工作已基本结束，国税、地税1 100万户征管资料移交工作已结束，70%的纳税人已经在国税办理了税务登记。税收征管信息系统涉及的12个软件、106个模块的改造升级工作已基本完成，并进入了联调联试，纳税人所需要的5月份发票量4亿多份也如期发放各地。纳税服务工作已妥为安排，因为这次涉及国税部门的户管量大幅度增加，大体增加到30%～40%。

为了给纳税人提供优化的办税服务环境，便捷的办税方式，国家税务总局采取了6个方面15项措施，比如：为了保障纳税申报工作的顺利进行，我们把6月份的纳税申报期由15号延迟到25号；A级纳税人、B级纳税人从5月1日开始取消增值税专用发票的认证，对本次纳入试点的这批纳税人在3个月内取消专用发票的认证，这就减轻了办税服务厅的压力；在办税服务厅增设了窗口，开辟了“营改增”的专项通道，领导带班制度，保证整个服务工作有序进行。

宣传培训工作正在进行，税务系统40多万税务干部的培训已基本结束，对企业的培训正在进行当中。我们要确保所有的企业都懂政策，会开票，能申报。从今天算起到5月1日全面推行“营改增”还有18天时间，我们要做的工作还很多。我们全体税务干部将以4月1日李克强总理在国家税务总局视察“营改增”时的指示要求，以精益求精的工匠精神扎实细致地抓好各项准备工作，确保所有企业5月1日能顺利开票，6月1日能顺利申报，也确保行业税负只减不增，请广大纳税人放心，请社会各界放心。

主持人　袭艳春：谢谢汪康先生。下面进入提问环节。

中国新闻社记者：请问史部长一个问题，您如何评价全面推开“营改增”试点对于推进结构性改革和稳增长的作用。

史耀斌：如果要分析一下全面推开“营改增”对结构性改革和稳增长的作用到底有什么影响，我觉得，第一，要从这次全面推进增值税改革，实行“营改增”能发挥什么样的经济效果的角度谈起。实际上我刚刚在给大家通报情况时也提到了这一点，我再把它归纳一下。全面实施“营改增”，也就是实行“双扩”：第一个“扩”是把所有的行业，比如房地产业、建筑业、金融业、生活服务业，全部纳入“营改增”的范围。第二个“扩”是把企业新增不动产所含的增值税纳入抵扣范围。这样“两个扩大”就使增值税变成了一个全链条，5月1日实施之后，中国所有的行业、所有的企业都统一实行增值税的税收制度和运行机制。这样做首先贯通了所有行业和企业之间增值税抵扣的链条，过去是割裂的，实行营业税的企业不能按照增值税的原理进行抵扣，因此存在重复征税。这次所有的行业全部进入增值税的范畴之内，所以再没有重复征税的因素存在了，这是第一个效用。

汪康：第二，所有的企业和行业全部实行了增值税，而增值税是对增值的部分进行征税，不仅消除了重复征税，充分体现了增值税税收中性的原则，还有助于市场配置资源决定性作用充分发挥，避免企业因为税收扭曲自己的经济行为，有助于经济结构的优化。

第三，这次全面实行“营改增”是一次减税的行为，实际上是对所有企业和行业都实行减税。为什么这样讲？企业新增的不动产所含的增值税纳入抵扣范围。也就是说，缩小了税基。大家都清楚，只要税基缩小了，即使税率不变，企业的实际税负都会降低的。同时，把现在还没有纳入增值税运行机制里面的四大行业也都纳入增值税机制，这四个行业提供的增值税专用发票也可以作为进项税抵扣，所以是一次全面性的减税，如同李克强总理在政府工作报告中提到的，是本届政府实施的一次最大规模的减税。刚才我提到了，预计全年要减税5 000多亿元，这对企业来讲是一个非常利好的消息，有助于经济稳增长。

第四，实行全链条的增值税制度，对于增值税的政策制定，对于增值税征收管理都有非常积极的作用。增值税环环抵扣，税收管理可以通过交叉稽核来保证税务机关能够征到税，而且也保证避免重复征税，这样使我们在制定税收政策和实施税收征管时，不需要考虑增值税与营业税的匹配和平衡，有助于简化增值税税收政策和征收管理的相关安排。

从这四个作用可以看出：从稳增长来讲，实行减税促进了企业发展。从避免重复征税来讲，充分发挥税收的中性作用，发挥市场配置资源的决定性作用，可以推进结构优化。通过避免扭曲企业经营行为，可以促进社会专业化分工的不断深化、不断推进，同时使整个国家在税收政策设计和税收征收管理方面的效率不断提升。对于推进供给侧结构性改革，对于稳增长，这次全面推进“营改增”试点，积极意义是非常强的。这一点通过2012年以来“营改增”的效果，也可以充分显现出来。

史耀斌：刚才汪康副局长已经提到了，2012—2015 年底，“营改增”试点企业实现的税收只占原来营业税税收规模的 20%，户数是 590 多万户，远少于马上接着要试点的 1 100 万户纳税人 1.9 万亿元的营业税，即使这样，我们在 2012 年到现在为止的试点过程中也充分体现了减税，累计减了 6 000 多亿元，促使社会分工不断深化，也促使企业的税负不断降低。因此，这次全面推开“营改增”，对经济改革、稳增长和结构调整的积极效果必将显现。

北京电视台记者：这次首次把自然人纳入了增值税的范畴，想问一下这有什么特殊的意义？个人在二手房交易过程中是否也能收到税负只减不增的效果？谢谢。

汪康：个人二手房的税收问题涉及千家万户，大家都非常关注。我们配合财政部在研究个人住房征税问题时，也是非常审慎的。归纳起来是两个字：稳定。有两层意思：一是个人二手房的交易在税收负担上要保持基本稳定。过去二手房营业税的征税政策和免税政策这次都平移过来了，过去征营业税 5%，现在改为增值税还是 5%。过去的 5% 时，如果房价是 100 万元的话，100 万乘 5%，交 5 万元的营业税；现在如果房价还是 100 万元的话，是 100 ÷（1 +5%）×5% =4.76 万元，少交税 2 400 元。相当于原来营业税负担是 5%，“营改增”以后的税收负担是 4.76%。过去 100 万元是含税价，现在增值税按照不含税价来征税，税基不一样，所以个人“营改增”以后交易二手房税负没有增加，还略有降低。二是这次“营改增”以后，个人在交易二手房，包括在办理二手房产权证的过程中，涉及到的相关税收问题及办税的流程、办税的场所，都保持不变。国家税务总局经过认真研究，个人的二手房交易，以及自然人二手房出租，仍然委托地税部门来代征、代开发票，原来怎么申报的还是怎么申报，原来填什么表，在哪个地方办，一切维持基本不变。

经济观察报记者：“营改增”在“五一”推开之后，媒体报道增值税将来会是五五分成，想问财政部如何考虑的？将来简并税率之后，现在进行的减税政策力度是否还会有这么大？谢谢。

史耀斌：你刚才问的这个问题很好，因为按照现在中央和地方的收入分配关系，营业税绝大部分属于地方政府的收入，增值税是中央和地方的共享收入，75% 归中央政府，25% 归地方政府。“营改增”很自然地带来一个问题，如何处理中央和地方政府“营改增”之后增值税的收入分配关系。目前财政部正在研究，根据“营改增”以后收入划分的过渡办法，你刚才提到的增值税分成问题，现在正在研究过程中，研究的总体原则是要保持中央和地方财力格局总体稳定。今后研究出来以后，再找机会向大家通报。

至于你刚才讲到的简并增值税率后的减税效果问题，现在增值税税率分 4 个档次，17%、13%、11%、6%。与世界上 100 多个实行增值税的国家相比，我们是税率档次比较多的国家之一。较多的税率档次存在一定的税收漏洞，也会带来一些税收管理上的复杂性，因为必须区分什么是低税率、什么是高税率等，因此要简并。我可以给大家通报这样一个信息，肯定是要简并的，但不是 5 月 1 日实行了增值税全面改革以后就开始简并税率。要根据增值税的运行状况，企业税负的变化程度和经济发展的要求，在增值税立法时统筹考虑。

《经济日报》、中国经济网记者：我的问题是今年政府工作报告提出全面实施“营改增”后确保所有的试点行业税负只减不增，请问如何实现这一目标？谢谢。

史耀斌：李克强总理在今年的政府工作报告中提出全面实行“营改增”，同时提出要确保所有行业税负只减不增。如何保证所有行业税负只减不增？归纳一下，我们从两大方面来落实：

第一方面，在试点方案的设计上，首先必须保证制度的设计体现只减不增的内涵。我们怎么样做到？刚才我和汪康副局长在介绍情况时提到了这一点。实行“营改增”之后，房地产业、建筑业、金融业和生活服务业，原来在营业税上的优惠政策改革以后继续延续，比如说养老、医疗、教育、金融机构的同业往来等，继续实施免税。刚刚有一位记者问到，汪康副局长已经回答了，个人转让住房的营业税政策，过去是免的，今后还继续免，过去如何征的今后还如何征。就是说过去的优惠政策把它平移到新的增值税制度里面来，保证税负不增。

对于一些老合同和老项目继续实行政策平转。所谓的老合同、老项目，主要体现在建筑业和房地产业，因为建筑业和房地产业的生产或者说开发是有周期的，是跨周期的，并不是5月1日开始全部都是新的。以前开工的项目今后还要继续进行下去，对于这些项目怎么办？我们对这些项目，允许建筑工程的老合同、房地产的老项目选择适用简易计税方法征税等，和过去计税的办法是一样的，税负也不增。

对于特定的行业制定了一些过渡性的优惠政策，比如建筑业里面的甲供材，还有清包工等这样一些项目，选择适用简易计税方法征税。同时，我们还允许房地产企业来扣除土地的购置成本。比如对金融机构尚未收到的逾期贷款利息，在实际收到时再征税，减少企业财务负担等。这样一些政策，就是说原来的优惠政策继续实施，对一些老项目、老合同实行简易征税办法，对于一些特殊的项目实行过渡性的安排，完全可以保证税负只减不增，这是制度设计方面。

第二方面，政策执行方面，我们要求包括财政部、国家税务总局在内所有财税干部，帮助培训企业的财务人员，理解好这次“营改增”的政策是怎么制定的，政策的内涵是什么，怎么样在新的增值税机制之下申报纳税，使我刚才所说的政策不折不扣地全部落实到位，以免出现误解、误判，或者人为制造出一些税负增加的情况。刚才汪康副局长已经提到了，很多征管措施目前正在实施。从这个角度上讲，我们既设计了很好的制度，又保证这些制度能很好地落实，所以我们能够也有信心保证所有的行业税负只减不增。

汪康：史耀斌副部长刚才讲了两点我非常赞成，我再补充一点。要把政策落实好，确保只减不增，还需要广大的企业和财税部门来协同努力。因为企业要学习好“营改增”的政策，领会精神，要运用好政策来调整管理、决策的思路，还要执行好增值税的政策，因为增值税除了特殊规定以外，一般是凭发票抵扣税款的，如果企业决策不好、操作不好，也有税收风险。本应该是减税，由于你没有取得增值税专用发票，或者你没有很好地适应税制改革的要求调整经营模式，你也可能税负没减甚至增了。昨天我和史耀斌副部长在住建部开了建筑业和房地产业的视频会议，遇到了几个老总，同样是搞建筑业的，有一个老总，我问他，“营改增”以后税负怎么样，他说下降了。再问另外一个，他说税负有所上升。问题在什么地方？增值税对核算的要求很高，如果你操作得规范、运用得好，税负下降。如果我们是粗放式管理，不规范运作，你的税负就不能保证一定下降了，因为该抵扣不能享受抵扣。刚才史耀斌副部长讲的建筑业的那些政策，很多是企业可以选择的政策，比如清包工的、甲供材的简易征收，反过来你不是搞甲供材，你是包工包料的，哪一种方法合算？企业要经过认真测算来判断，最后做出正确的决策。

日本NHK电视台记者：您说“营改增”有利于中国经济和国内企业的发展，另一方面财政部4月8日起调整行邮税政策，对老百姓尤其是海外购买的消费者来说增加税负，请介绍一下这次调整对中国经济国内消费和海外的购买有什么影响?

史耀斌：这个问题已经超出了今天“营改增”的提问范围，我可以简单说两句。第一，这次跨境电商的税收政策调整是一种完善，这个完善并不涉及“营改增”问题。第二，跨境电商的零售进口，主要是区分货物和物品，实际上并没有改变原有的税收政策。按照关税条例规定，对个人自用、合理数量之内，通过邮递进口的物品征收行邮税。对于货物，都要按照一般贸易进口的方式来征收关税、进口环节增值税，如果是应税消费品，还要增收消费税。行邮税和进口环节的关税、增值税、消费税，不一致在哪儿?行邮税是一个综合性的税率，包含了这三项税种的要素在里面，只不过原来实行4档税率，10%、20%、30%、50%，根据不同的物品，4月8日起调整为3档，税率为15%、30%、60%。这次调整进一步加强了对物品进口和货物进口的税收管理，这样做不仅不会影响到老百姓的利益，而且会对中国消费结构的升级，促进国内消费品不断创造品牌，便利国内消费者进行消费有积极的作用。

人民日报记者：请问史部长一个问题，您刚才提到了这次“营改增”的重要方面是将不动产纳入抵扣范围，有分析认为这可能会刺激下游企业购买商业性的房地产。财政部门的分析，这项政策的推出会对当前的房地产市场产生怎样的影响?是否会推动房地产价格，特别是商业地产价格出现上涨?另外，还想问汪康局长一个问题。我们注意到这次生活服务业“营改增”里面涉及众多的中小企业，这些中小企业可能自身的财务制度、会计制度并不是很完善，要掌握政策、学习政策也比较困难，我想知道税务部门有哪些措施保证这些中小企业除了行业税负只减不增以外，不因为税制改革而增加额外的负担?谢谢。

史耀斌：你刚才提到了不动产纳入进项税抵扣范围，可以分成两个部分。一个是对个人来讲，住房转让的政策这次没有做任何变动，我和汪康副局长都已经提到了。对于企业来讲，由于不动产纳入抵扣范围，你的问题是说会不会刺激纳税人来购买大量的不动产，因为可以增加抵扣，可以减轻税负，特别是商业地产，进而刺激或者推动房地产价格的上涨。对这个问题我是这样想的：企业作为纳税人，不管他从事的是什么样的经营行为，首先要看对他的经济效益有什么样的影响，以及他的投资目的或者能够达到什么样的投资目标。对于不动产来讲，新增的不动产可以作为进项税抵扣，但如果他的投资行为，对他目前的生产经营没有益处的话，我想他也不会为了抵扣的目的去购买或者大量购买房地产。如果他认为对他的经济行为有好处，他会投资于不动产。如果企业投资于不动产，说明他希望以后扩展经营业务，占有更大的市场，这是企业自己的投资决策问题。我认为，不动产进项税可以抵扣的政策实施后，企业不会单纯为了抵税而购进大量不动产。

汪康：刚才这个问题很好，生活服务业是这次“营改增”当中涉及户数最多的，大量的生活服务业都是中小企业，这次“营改增”受益最大的就是生活服务业，因为过去营业税是5%，现在生活服务业中的中小企业基本都属于增值税小规模纳税人，按照3%的征收率实行简易征收，由5%降到3%，税负下降了40%。应该讲是最大的受益者。

当然，由于这些中小企业的管理水平、财务核算的水平，相对来讲可能低一点，他们怎么样来适应增值税机制管理的要求，这是需要税务部门和企业一起来研究解决的。税务部门会加强对企业的培训，加强对企业的服务和辅导，甚至我们在一些机制上也做一些安排，比如发票问题，有一些小的生活服务业企业开不了增值税专用发票，可以到税务局代开；有一些政策问题他一时搞不懂，我们办税服务厅专门设置了“营改增”窗口，我们有“营改增”电话专线，随时可以提问“营改增”遇到的各种问题。

此外，生活服务业中大部分中小企业都进行简易征税，增值税的相关管理要求没有一般纳税人那么高，不需要计算销项和进项，核算简单，申报方法、管理方法和原来营业税的要求差异不是很大。当然，生活服务业规模比较大的企业，比如大酒店、大饭店、大的旅游公司就不一样了，既然是大企业，有一整套的财务管理人员，有一整套的财务管理制度，我想也没有什么大问题。你刚才提的问题我们会密切关注，把生活服务业的中小企业作为今后服务的重点，把“营改增”政策落实到位。

中央电视台记者：第一个问题提给史部长。前面讲到全面推开“营改增”试点要实现规范化消费型增值税制度，请简单介绍一下消费型增值税制度对我们体制改革的具体作用和影响。第二个问题提给汪康局长。我们看到这次建筑业“营改增”，建筑企业的纳税地点有没有变化，对地方税源税收有没有影响。另外，我们看到国地税已经完成了 1 100 多万户纳税人档案资料的移交，档案材料的移交具体采取什么样的方式？会不会对纳税人产生影响？

史耀斌：我国引进增值税的时候，实行的是生产型增值税，机器设备和不动产不可以抵扣。2009 年我国初步实施了增值税转型改革，将机器设备纳入抵扣范围，但是仍然没有把不动产纳入抵扣范围，因此我们还不能把它称为完全的消费型增值税。这次把不动产纳入抵扣范围，应该说已经基本上完成了从生产型增值税向消费型增值税的转变。

消费型增值税对经济、财税改革有什么好处呢？我觉得最大的好处是消除了重复征税，不管是动产还是不动产，不管是原材料还是半成品，都可以作为进项税抵扣，因此降低了企业的税负，促进了结构优化，有利于推进供给侧结构性改革，对于经济增长都是有好处的。对于财税改革来讲，我们完善了税制，为今后税收立法迈出了非常重要的一步。

汪康：刚才你提的这个问题有三层意思：

第一，建筑业以后纳税地点有没有什么变化，是有变化的。因为过去建筑业在营业税的时候是在项目所在地按 3% 征收，在哪儿搞项目就在哪儿交。现在增值税是在机构所在地纳税，机构在哪里就在哪里交。过去营业税是各种销售收入乘以 3%，现在销项减进项，很多进项在工程所在地是算不出来的，要在机构所在地才能算出来，所以纳税地点上是有变化的。

第二，你提出来因为地点变化了，过去是在项目所在地征税，现在在机构所在地征税，是不是涉及到税源的转移，是不是涉及到地方财政利益的转移，这个问题我们和财政部在一起反复研究，多次商量。我们在制度上、征管上也做了一些安排，尽量使税源保持稳定，不要有大的变化。我们采取的办法是在工程所在地预征，回去以后再计算应纳税额，这样就基本保障了原来工程所在地的利益，所以税源是基本稳定的。

第三，你刚才说 1 100 万户资料的移交，这么大的量，这么大的规模，是不是给企业的生产经营造成很大的影响，我的回答是不会的。税收征管资料的移交是国税局和地税局之间的移交，原来营业税是各级地税局管理的，现在增值税是国税局管理的，只要把地税局税收征管信息系统里的资料通过一定的技术手段导到国税局税收征管信息系统里即可，不影响企业正常的生产经营，也基本不增加企业的工作量。当然，也不排除各地移交过程中有一些情况不太清楚，或者有一些方面需要进一步核实，可能会打电话，或者我们会派人去问一问，这种情况个别的也有。但是，我们通过优化服务，提高效率，会把对企业的影响减少到最低限度，基本不增加企业负担。

主持人　袭艳春：今天的吹风会到此结束，谢谢两位，谢谢大家，欢迎大家继续关注“营改增”的进展。

# 第二部分　政策法规

# 一、国务院发布“营改增”试点相关文件

## （一）2016年3月18日之前“营改增”试点相关政策法规文件

（无）

## （二）2016年3月18日之后“营改增”试点相关政策法规文件

### 国务院关于做好全面推开“营改增”试点工作的通知

（2016年4月29日 国发明电〔2016〕1号）

各省、自治区、直辖市人民政府，国务院各部委、各直属机构：

全面推开“营改增”试点将于2016年5月1日实施，为切实做好试点各项工作，现就有关事项通知如下：

一、高度重视全面推开“营改增”试点工作，切实加强组织领导。全面推开“营改增”试点是当前推动结构性改革尤其是供给侧结构性改革的重要内容，是实施积极财政政策的重大减税措施，政策性强、涉及面广，时间紧、任务重。各地区、各部门要充分认识全面推开“营改增”试点的重大意义，高度重视，统一思想，进一步加强对试点工作的组织领导。全面推开“营改增”试点部际联席会议要按照国务院赋予的职责，主动做好综合协调，统筹推进相关工作。各省（自治区、直辖市）人民政府要对本行政区域全面推开“营改增”试点工作负总责，政府主要负责同志要切实担负起第一责任人的责任。要精心组织，周密部署，抓紧建立工作协同推进机制，明确任务分工，细化措施方案，层层落实责任。

二、密切跟踪试点运行情况，做好政策解读和舆论引导。各地区、各部门要密切跟踪掌握全面推开“营改增”试点工作的进展情况，充分利用互联网、大数据等技术手段，针对不同行业和企业特点，梳理试点过程中的新情况，不断总结试点经验，优化流程，改进方法，加强监测预警，完善应对预案，强化风险防控，出现问题迅速处置。要进一步加强试点工作宣传，深入进行政策解读，对不实消息和人为炒作要予以及时澄清，积极回应社会关切，避免政策误读，有效引导社会舆论，为改革营造良好氛围。

三、严肃财经纪律，强化责任追究。地方各级政府都要讲政治、顾大局，算政治账、经济账、长远账，严格遵守有关法律法规和财经纪律，绝不允许为了短期利益和局部利益，搞回溯性清税，甚至弄虚作假收过头税。此类问题一经发现要依法依规严肃处理，对不应征收

的税收必须立即退付给纳税人，超出合理增幅部分的税收要相应扣回。有关部门要强化监督约谈，禁止个别企业等假借“营改增”之名刻意曲解政策、趁机涨价谋取不当利益。同时，要确保全面推开“营改增”试点后顺利实施调整中央与地方增值税收入划分过渡方案。要坚决避免违背市场规律的不合理行政干预，不得限制企业跨区域生产经营、操纵企业增加值地区分布，严禁以各种不当手段争夺税源，防止形成地方保护和市场分割，破坏全国统一大市场建设。要确保试点工作平稳、有序进行，确保各项减税措施落到实处、见到实效，确保各行业税负只减不增，使广大企业充分享受到全面推开“营改增”试点的改革红利。重大事项要及时向国务院报告。

## 国务院关于印发全面推开“营改增”试点后调整中央与地方增值税收入划分过渡方案的通知

（2016年4月29日　国发〔2016〕26号）

各省、自治区、直辖市人民政府，国务院各部委、各直属机构：

现将《全面推开“营改增”试点后调整中央与地方增值税收入划分过渡方案》印发给你们，请认真遵照执行。

### 全面推开“营改增”试点后调整中央与地方增值税收入划分过渡方案

全面推开“营改增”试点将于2016年5月1日实施。按照党的十八届三中全会关于“保持现有中央和地方财力格局总体稳定，结合税制改革，考虑税种属性，进一步理顺中央和地方收入划分”的要求，同时考虑到税制改革未完全到位，推进中央与地方事权和支出责任划分改革还有一个过程，国务院决定，制定全面推开“营改增”试点后调整中央与地方增值税收入划分的过渡方案。

一、基本原则

（一）保持现有财力格局不变。既要保障地方既有财力，不影响地方财政平稳运行，又要保持目前中央和地方财力大体“五五”格局。

（二）注重调动地方积极性。适当提高地方按税收缴纳地分享增值税的比例，有利于调动地方发展经济和培植财源的积极性，缓解当前经济下行压力。

（三）兼顾好东中西部利益关系。以2014年为基数，将中央从地方上划收入通过税收返还方式给地方，确保既有财力不变。调整后，收入增量分配向中西部地区倾斜，重点加大对欠发达地区的支持力度，推进基本公共服务均等化。

同时，在加快地方税体系建设、推进中央与地方事权和支出责任划分改革过程中，做好过渡方案与下一步财税体制改革的衔接。

二、主要内容

（一）以2014年为基数核定中央返还和地方上缴基数。

（二）所有行业企业缴纳的增值税均纳入中央和地方共享范围。

（三）中央分享增值税的50%。

（四）地方按税收缴纳地分享增值税的50%。

（五）中央上划收入通过税收返还方式给地方，确保地方既有财力不变。

（六）中央集中的收入增量通过均衡性转移支付分配给地方，主要用于加大对中西部地区的支持力度。

三、实施时间和过渡期限

本方案与全面推开“营改增”试点同步实施，即自2016年5月1日起执行。过渡期暂定2—3年，届时根据中央与地方事权和支出责任划分、地方税体系建设等改革进展情况，研究是否适当调整。

### 国务院关于实行中央对地方增值税定额返还的通知

（2016年12月11日 国发〔2016〕71号）

各省、自治区、直辖市人民政府，国务院各部委、各直属机构：

为进一步完善分税制财政体制，落实全面推开“营改增”试点后调整中央与地方增值税收入划分过渡方案，国务院决定，从2016年起，调整中央对地方原体制增值税返还办法，由1994年实行分税制财政体制改革时确定的增值税返还，改为以2015年为基数实行定额返还，对增值税增长或下降地区不再实行增量返还或扣减。返还基数的具体数额，由财政部核定。

# 二、财政部 国家税务总局联合发布“营改增”试点相关文件

## （一）2016年3月18日之前“营改增”试点相关政策法规文件

### 财政部 国家税务总局关于印发《营业税改征增值税试点方案》的通知

（2011年11月16日 财税〔2011〕110号）

各省、自治区、直辖市、计划单列市财政厅（局）、国家税务局、地方税务局，新疆生产建设兵团财务局：

《营业税改征增值税试点方案》已经国务院同意，现印发你们，请遵照执行。

附件：营业税改征增值税试点方案（编者略）

# 财政部　国家税务总局关于在上海市开展交通运输业和部分现代服务业营业税改征增值税试点的通知

（2011 年 11 月 16 日　财税〔2011〕111 号（已废止））

各省、自治区、直辖市、计划单列市财政厅（局）、国家税务局、地方税务局，新疆生产建设兵团财务局：

经国务院批准，在上海市开展交通运输业和部分现代服务业营业税改征增值税试点。根据《营业税改征增值税试点方案》，我们制定了《交通运输业和部分现代服务业营业税改征增值税试点实施办法》、《交通运输业和部分现代服务业营业税改征增值税试点有关事项的规定》和《交通运输业和部分现代服务业营业税改征增值税试点过渡政策的规定》。现印发你们，自 2012 年 1 月 1 日起施行。

上海市各相关部门要根据试点的要求，认真组织试点工作，确保试点的顺利进行，遇到问题及时向财政部和国家税务总局报告。

附件：1. 交通运输业和部分现代服务业营业税改征增值税试点实施办法（编者略）

2. 交通运输业和部分现代服务业营业税改征增值税试点有关事项的规定（编者略）

3. 交通运输业和部分现代服务业营业税改征增值税试点过渡政策的规定（编者略）

# 财政部　国家税务总局关于交通运输业和部分现代服务业营业税改征增值税试点若干税收政策的通知

（2011 年 12 月 29 日　财税〔2011〕133 号（已废止））

各省、自治区、直辖市、计划单列市财政厅（局）、国家税务局、地方税务局，新疆生产建设兵团财务局：

现将上海市（以下称试点地区）开展交通运输业和部分现代服务业营业税改征增值税试点若干税收政策通知如下：

一、销售使用过的固定资产

按照《交通运输业和部分现代服务业营业税改征增值税试点实施办法》（财税〔2011〕111 号，以下简称《试点实施办法》）和《交通运输业和部分现代服务业营业税改征增值税试点有关事项的规定》（财税〔2011〕111 号，以下简称《试点有关事项的规定》）认定的一般纳税人，销售自己使用过的 2012 年 1 月 1 日（含）以后购进或自制的固定资产，按照适用税率征收增值税；销售自己使用过的 2011 年 12 月 31 日（含）以前购进或者自制的固定资产，按照 4% 征收率减半征收增值税。

使用过的固定资产，是指纳税人根据财务会计制度已经计提折旧的固定资产。

二、计税方法

试点地区的增值税一般纳税人兼有销售货物、提供加工修理修配劳务或者提供应税服务的，凡未规定可以选择按照简易计税方法计算缴纳增值税的，其全部销售额应一并按照一般计税方法计算缴纳增值税。

三、跨年度业务

（一）试点纳税人（指按照《试点实施办法》缴纳增值税的纳税人，下同）提供应税服务，按照国家有关营业税政策规定差额征收营业税的，因取得的全部价款和价外费用不足以抵减允许扣除项目金额，截至2011年12月31日尚未扣除的部分，不得在计算试点纳税人2012年1月1日后的销售额时予以抵减，应当向主管税务机关申请退还营业税。

试点纳税人按照《试点有关事项的规定》第一条第（六）项，继续缴纳营业税的有形动产租赁服务，不适用上述规定。

（二）试点纳税人提供应税服务在2011年底前已缴纳营业税，2012年1月1日后因发生退款减除营业额的，应当向主管税务机关申请退还已缴纳的营业税。

（三）试点纳税人2011年底前提供的应税服务，因税收检查等原因需要补缴税款的，应按照现行营业税政策规定补缴营业税。

四、船舶代理服务

船舶代理服务按照港口码头服务缴纳增值税。

船舶代理服务，是指接受船舶所有人或者船舶承租人、船舶经营人的委托，经营办理船舶进出港口手续，联系安排引航、靠泊和装卸；代签提单、运输合同，代办接受订舱业务；办理船舶、集装箱以及货物的报关手续；承揽货物、组织货载，办理货物、集装箱的托运和中转；代收运费，代办结算；组织客源，办理有关海上旅客运输业务；其他为船舶提供的相关服务。

提供船舶代理服务的单位和个人，受船舶所有人、船舶经营人或者船舶承租人委托向运输服务接受方或者运输服务接受方代理人收取的运输服务收入，应当按照水路运输服务缴纳增值税。

五、销售额

试点纳税人中的一般纳税人按《试点有关事项的规定》第一条第（三）项确定销售额时，其支付给非试点纳税人价款中，不包括已抵扣进项税额的货物、加工修理修配劳务的价款。

六、扣缴增值税适用税率

中华人民共和国境内的代理人和接受方为境外单位和个人扣缴增值税的，按照适用税率扣缴增值税。

七、航空运输企业

（一）除中国东方航空股份有限公司、上海航空有限公司、中国货运航空有限公司、春秋航空股份有限公司、上海吉祥航空股份有限公司、扬子江快运航空有限公司外，其他注册在试点地区的单位从事《试点实施办法》中《应税服务范围注释》规定的航空运输业务，不缴纳增值税，仍按照现行营业税政策规定缴纳营业税。

（二）提供的旅客利用里程积分兑换的航空运输服务，不征收增值税。

（三）根据国家指令无偿提供的航空运输服务，属于《试点实施办法》第十一条规定的以公益活动为目的的服务，不征收增值税。

（四）试点航空企业的应征增值税销售额不包括代收的机场建设费和代售其他航空运输企业客票而代收转付的价款。

（五）试点航空企业已售票但未提供航空运输服务取得的逾期票证收入，不属于增值税应税收入，不征收增值税。

## 财政部　国家税务总局关于中国东方航空公司执行总机构试点纳税人增值税计算缴纳暂行办法的通知

（2011 年 12 月 30 日　财税〔2011〕132 号（已废止））

各省、自治区、直辖市、计划单列市财政厅（局）、国家税务局、地方税务局，新疆生产建设兵团财务局：

为解决中国东方航空股份有限公司（以下简称中国东方航空公司）营业税改征增值税试点期间总机构缴纳增值税问题，根据《交通运输业和部分现代服务业营业税改征增值税试点实施办法》（财税〔2011〕111 号）和现行增值税有关规定，我们制定了《总机构试点纳税人增值税计算缴纳暂行办法》（附件 1）。自 2012 年 1 月 1 日起，中国东方航空公司及其分支机构（具体名单见附件 2）应当按照上述办法计算缴纳增值税。

附件：1. 总机构试点纳税人增值税计算缴纳暂行办法（编者略）

2. 中国东方航空公司总机构及其分支机构名单（编者略）

## 财政部　国家税务总局关于应税服务适用增值税零税率和免税政策的通知

（2011 年 12 月 29 日　财税〔2011〕131 号（已废止））

各省、自治区、直辖市、计划单列市财政厅（局）、国家税务局、地方税务局，新疆生产建设兵团财务局：

根据《财政部　国家税务总局关于印发〈营业税改征增值税试点方案〉的通知》（财税〔2011〕110 号）和《财政部　国家税务总局关于在上海市开展交通运输业和部分现代服务业营业税改征增值税试点的通知》（财税〔2011〕111 号），现将应税服务适用增值税零税率和免税政策的有关事项通知如下：

一、试点地区的单位和个人提供的国际运输服务、向境外单位提供的研发服务和设计服务适用增值税零税率。

（一）国际运输服务，是指：

1. 在境内载运旅客或者货物出境；

2. 在境外载运旅客或者货物入境；

3. 在境外载运旅客或者货物。

（二）试点地区的单位和个人适用增值税零税率，以水路运输方式提供国际运输服务的，应当取得《国际船舶运输经营许可证》；以陆路运输方式提供国际运输服务的，应当取得《道路运输经营许可证》和《国际汽车运输行车许可证》，且《道路运输经营许可证》的经营范围应当包括“国际运输”；以航空运输方式提供国际运输服务的，应当取得《公共航空运输企业经营许可证》且其经营范围应当包括“国际航空客货邮运输业务”。

（三）向境外单位提供的设计服务，不包括对境内不动产提供的设计服务。

二、试点地区的单位和个人提供适用零税率的应税服务，如果属于适用增值税一般计税方法的，实行免抵退税办法，退税率为其按照《交通运输业和部分现代服务业营业税改征增值税试点实施办法》（财税〔2011〕111号）第十二条第（一）至（三）项规定适用的增值税税率；如果属于适用简易计税方法的，实行免征增值税办法。

三、试点地区的单位和个人提供适用零税率的应税服务，按月向主管退税的税务机关申报办理增值税免抵退税或免税手续。具体管理办法由国家税务总局商财政部另行制定。

四、试点地区的单位和个人提供的下列应税服务免征增值税，但财政部和国家税务总局规定适用零税率的除外：

（一）工程、矿产资源在境外的工程勘察勘探服务。

（二）会议展览地点在境外的会议展览服务。

（三）存储地点在境外的仓储服务。

（四）标的物在境外使用的有形动产租赁服务。

（五）符合本通知第一条第（一）项规定但不符合第一条第（二）项规定条件的国际运输服务。

（六）向境外单位提供的下列应税服务：

1. 技术转让服务、技术咨询服务、合同能源管理服务、软件服务、电路设计及测试服务、信息系统服务、业务流程管理服务、商标著作权转让服务、知识产权服务、物流辅助服务（仓储服务除外）、认证服务、鉴证服务、咨询服务。但不包括：合同标的物在境内的合同能源管理服务，对境内货物或不动产的认证服务、鉴证服务和咨询服务。

2. 广告投放地在境外的广告服务。

五、本通知自2012年1月1日起执行。

## 财政部　国家税务总局关于交通运输业和部分现代服务业营业税改征增值税试点若干税收政策的补充通知

（2012年6月29日　财税〔2012〕53号（已废止））

各省、自治区、直辖市、计划单列市财政厅（局）、国家税务局、地方税务局，新疆生产建设兵团财务局：

现就试点地区开展交通运输业和部分现代服务业营业税改征增值税试点有关税收政策补充通知如下：

一、未与我国政府达成双边运输免税安排的国家和地区的单位或者个人，向境内单位或者个人提供的国际运输服务，符合《交通运输业和部分现代服务业营业税改征增值税试点实施办法》（财税〔2011〕111号，以下称《试点实施办法》）第六条规定的，试点期间扣缴义务人暂按3%的征收率代扣代缴增值税。

应扣缴税额按照下列公式计算：

应扣缴税额 = 接受方支付的价款 ÷ （1 + 征收率） × 征收率

二、被认定为动漫企业的试点纳税人中的一般纳税人，为开发动漫产品提供的动漫脚本编撰、形象设计、背景设计、动画设计、分镜、动画制作、摄制、描线、上色、画面合成、配音、配乐、音效合成、剪辑、字幕制作、压缩转码（面向网络动漫、手机动漫格式适配）服务，以及在境内转让动漫版权（包括动漫品牌、形象或者内容的授权及再授权），自试点开始实施之日至 2012 年 12 月 31 日，可以选择适用简易计税方法计算缴纳增值税，但一经选择，在此期间不得变更计税方法。

动漫企业和自主开发、生产动漫产品的认定标准和认定程序，按照《文化部 财政部 国家税务总局关于印发〈动漫企业认定管理办法（试行）〉的通知》（文市发〔2008〕51 号）的规定执行。

三、船舶代理服务统一按照港口码头服务缴纳增值税。《财政部 国家税务总局关于交通运输业和部分现代服务业营业税改征增值税试点若干税收政策的通知》（财税〔2011〕133 号）第四条中“提供船舶代理服务的单位和个人，受船舶所有人、船舶经营人或者船舶承租人委托向运输服务接收方或者运输服务接收方代理人收取的运输服务收入，应当按照水路运输服务缴纳增值税”的规定相应废止。

四、试点纳税人中的一般纳税人，以试点实施之前购进或者自制的有形动产为标的物提供的经营租赁服务，试点期间可以选择适用简易计税方法计算缴纳增值税。

五、本通知第一条、第二条、第三条自 2012 年 1 月 1 日起执行，第四条自 2012 年 7 月 1 日起执行。

## 财政部 国家税务总局关于在北京等 8 省市开展交通运输业和部分现代服务业营业税改征增值税试点的通知

（2012 年 7 月 31 日 财税〔2012〕71 号（已废止））

各省、自治区、直辖市、计划单列市财政厅（局）、国家税务局、地方税务局，新疆生产建设兵团财务局经国务院批准，将交通运输业和部分现代服务业营业税改征增值税试点范围，由上海市分批扩大至北京等 8 个省（直辖市）。现将有关事项通知如下：

一、试点地区

北京市、天津市、江苏省、安徽省、浙江省（含宁波市）、福建省（含厦门市）、湖北省、广东省（含深圳市）。

二、试点日期

试点地区应自 2012 年 8 月 1 日开始面向社会组织实施试点工作，开展试点纳税人认定和培训、征管设备和系统调试、发票税控系统发行和安装，以及发票发售等准备工作，确保试点顺利推进，按期实现新旧税制转换。

北京市应当于 2012 年 9 月 1 日完成新旧税制转换。江苏省、安徽省应当于 2012 年 10 月 1 日完成新旧税制转换。福建省、广东省应当于 2012 年 11 月 1 日完成新旧税制转换。天津市、浙江省、湖北省应当于 2012 年 12 月 1 日完成新旧税制转换。

三、试点地区自新旧税制转换之日起，适用下列试点税收政策文件：(1)《交通运输业和部分现代服务业营业税改征增值税试点实施办法》(财税〔2011〕111号)；(2)《交通运输业和部分现代服务业营业税改征增值税试点有关事项的规定》(以下称《试点有关事项的规定》，财税〔2011〕111号)；(3)《交通运输业和部分现代服务业营业税改征增值税试点过渡政策的规定》(以下称《试点过渡政策的规定》，财税〔2011〕111号)；(4)《财政部　国家税务总局关于应税服务适用增值税零税率和免税政策的通知》(财税〔2011〕131号)；(5)《总机构试点纳税人增值税计算缴纳暂行办法》(财税〔2011〕132号)；(6)《财政部　国家税务总局关于交通运输业和部分现代服务业营业税改征增值税试点若干税收政策的通知》(以下称《试点若干政策通知》，财税〔2011〕133号)；(7)《财政部　国家税务总局关于交通运输业和部分现代服务业营业税改征增值税试点若干税收政策的补充通知》(财税〔2012〕53号)。

四、上述税收政策文件的有关内容修改如下

(一)《试点有关事项的规定》

1. 第一条第（四）项中，“2012年1月1日（含）”修改为“该地区试点实施之日（含）”。

试点实施之日是指完成新旧税制转换之日，下同。

2. 第一条第（五）项中，“试点地区应税服务年销售额未超过500万元的原公路、内河货物运输业自开票纳税人，应当申请认定为一般纳税人”的规定废止。

3. 第一条第（六）项中，“2011年12月31日（含）”修改为“该地区试点实施之日”。

4. 第三条第（一）项第6点中，“2012年1月1日（含）”修改为“该地区试点实施之日（含）”。

5. 第三条第（三）项中，“2011年12月31日”修改为“该地区试点实施之日前”。

(二)《试点过渡政策的规定》

1. 第一条第（六）项中，“2012年1月1日”修改为“本地区试点实施之日”，“上海”修改为“属于试点地区的中国服务外包示范城市”。

2. 第三条中“2011年12月31日（含）”修改为“本地区试点实施之日”。

(三)《试点若干政策通知》

1. 第一条中，“2012年1月1日（含）”修改为“本地区试点实施之日（含）”；“2011年12月31日（含）”修改为“本地区试点实施之日”。

2. 第三条第（一）项中，“截至2011年12月31日尚未扣除的部分，不得在计算试点纳税人2012年1月1日后的销售额时予以抵减”，修改为“截至本地区试点实施之日前尚未扣除的部分，不得在计算试点纳税人本地区试点实施之日（含）后的销售额时予以抵减”。

3. 第三条第（二）项中，“2011年底”修改为“本地区试点实施之日”，“2012年1月1日”修改为“本地区试点实施之日（含）”。

4. 第三条第（三）项中，“2011年底”修改为“本地区试点实施之日”。

5. 第七条第（一）项规定的注册在试点地区的单位从事航空运输业务缴纳增值税和营业税的有关问题另行通知。

五、这次营业税改征增值税试点，范围广、时间紧、任务重，试点地区要高度重视，切实加强试点工作的组织领导，精心组织、周密安排、明确责任，采取各种有效措施，做好试点前的各项准备以及试点过程中的监测分析和宣传解释等工作，确保改革的平稳、有序、顺利进行。遇到问题及时向财政部和国家税务总局反映，财政部和国家税务总局将加强对试点工作的指导。

## 财政部　国家税务总局关于营业税改征增值税试点中文化事业建设费征收有关问题的通知

（2012年8月29日　财综〔2012〕68号（已废止））

各省、自治区、直辖市财政厅（局）、国家税务局、地方税务局：

为促进文化事业发展，加强实施营业税改征增值税（以下简称“营改增”）试点地区文化事业建设费的征收管理，确保“营改增”试点工作有序开展，现就有关问题通知如下：

一、原适用《财政部　国家税务总局关于印发〈文化事业建设费征收管理暂行办法〉的通知》（财税字〔1997〕95号）缴纳文化事业建设费的提供广告服务的单位和个人，以及试点地区试点后成立的提供广告服务的单位和个人，纳入“营改增”试点范围后，应按照本通知的规定缴纳文化事业建设费。

二、缴纳文化事业建设费的单位和个人（以下简称缴纳义务人）应按照提供增值税应税服务取得的销售额和3%的费率计算应缴费额，并由国家税务局在征收增值税时一并征收，计算公式如下：

应缴费额 = 销售额 ×3%

三、文化事业建设费的缴纳义务发生时间和缴纳地点，与缴纳义务人的增值税纳税义务发生时间和纳税地点相同。

四、文化事业建设费的缴纳期限与缴纳义务人的增值税纳税期限相同，或者由主管国税机关根据缴纳义务人应缴费额的大小核定。

五、根据《交通运输业和部分现代服务业营业税改征增值税试点实施办法》（财税〔2011〕111号）的有关规定负有相关增值税扣缴义务的扣缴义务人，按照本通知规定扣缴文化事业建设费。

六、文化事业建设费的其他事项，仍按照《财政部　国家税务总局关于印发〈文化事业建设费征收管理暂行办法〉的通知》（财税字〔1997〕95号）的有关规定执行。

七、本通知自2012年1月1日起施行。

## 财政部　国家税务总局关于营业税改征增值税试点中文化事业建设费征收有关问题的补充通知

（2012年12月3日　财综〔2012〕96号（已废止））

各省、自治区、直辖市、计划单列市财政厅（局）、国家税务局、地方税务局：

2012年8月29日，财政部、国家税务总局联合印发了《关于营业税改征增值税试点中文化事业建设费征收有关问题的通知》（财综〔2012〕68 号），对试点地区文化事业建设费的缴纳义务人、征收对象及征收标准、缴纳时间和地点等作了规定。为使营业税改征增值税（以下简称“营改增”）试点过程中文化事业建设费征收工作顺利实施，现就有关问题补充通知如下：

一、财综〔2012〕68 号文件第二条计算缴纳文化事业建设费的销售额，为纳税人提供广告服务取得的全部含税价款和价外费用，减除支付给试点地区或非试点地区的其他广告公司或广告发布者的含税广告发布费后的余额。

允许扣除的价款应当取得符合法律、行政法规和国家税务总局有关规定的凭证，否则不予扣除。上述凭证包括增值税发票和营业税发票。

二、按规定扣缴文化事业建设费的，扣缴义务人应按下列公式计算应扣缴费额：

应扣缴费额 = 接收方支付的含税价款 × 费率

三、提供应税服务未达到增值税起征点的个人，免征文化事业建设费。

四、“营改增”试点中文化事业建设费的预算科目、预算级次和缴库办法等，参照《财政部关于开征文化事业建设费有关预算管理问题的通知》（财预字〔1996〕469 号）的规定执行，具体如下：

中央所属企事业单位缴纳的文化事业建设费，中央所属企事业单位组成的联营企业、股份制企业缴纳的文化事业建设费，中央所属企事业单位与集体企业、私营企业组成的联营企业、股份制企业缴纳的文化事业建设费，中央所属企事业单位与港、澳、台商组成的合资经营企业（港或澳、台资）、合作经营企业（港或澳、台资）缴纳的文化事业建设费，中央所属企事业单位与外商组成的中外合资经营企业、中外合作经营企业缴纳的文化事业建设费，全部作为中央预算收入，由税务机关开具税收缴款书，以“103012601 中央文化事业建设费收入”目级科目就地缴入中央国库。

地方所属企事业单位、集体企业、私营企业、港澳台商独资经营企业、外商独资企业缴纳的文化事业建设费，地方所属企事业单位、集体企业、私营企业组成的联营企业、股份制企业缴纳的文化事业建设费，地方所属企事业单位、集体企业、私营企业与港、澳、台商组成的合资经营企业（港或澳、台资）、合作经营企业（港或澳、台资）缴纳的文化事业建设费，地方所属企事业单位、集体企业、私营企业与外商组成的中外合资经营企业、中外合作经营企业缴纳的文化事业建设费，全部作为地方预算收入，由税务机关开具税收缴款书，以“103012602 地方文化事业建设费收入”目级科目就地缴入省级国库。

中央所属企事业单位与地方所属企事业单位组成的联营企业、股份制企业缴纳的文化事业建设费，中央所属企事业单位与地方所属企事业单位联合与集体企业、私营企业、港澳台商、外商组成的联营企业、股份制企业、合资经营企业（港或澳、台资）、合作经营企业（港或澳、台资）、中外合资经营企业、中外合作经营企业缴纳的文化事业建设费，按中央、地方各自投资占中央和地方投资之和的比例，分别作为中央预算收入和地方预算收入，由税务机关开具税收缴款书就地缴入中央国库和省级国库。

# 关于交通运输业和部分现代服务业营业税改征增值税试点应税服务范围等若干税收政策的补充通知

（2012 年 12 月 4 日　财税〔2012〕86 号（已废止））

各省、自治区、直辖市、计划单列市财政厅（局）、国家税务局、地方税务局，新疆生产建设兵团财务局：

根据交通运输业和部分现代服务业营业税改征增值税（以下简称“营改增”）试点情况，经研究，现将有关税收政策通知如下：

一、建筑图纸审核服务、环境评估服务、医疗事故鉴定服务，按照“鉴证服务”征收增值税；代理记账服务按照“咨询服务”征收增值税；文印晒图服务按照“设计服务”征收增值税；组织安排会议或展览的服务按照“会议展览服务”征收增值税；港口设施经营人收取的港口设施保安费按照“港口码头服务”征收增值税；网站对非自有的网络游戏提供的网络运营服务按照“信息系统服务”征收增值税；出租车公司向出租车司机收取的管理费用，出租车属于出租车公司的，按照“陆路运输服务”征收增值税，出租车属于出租车司机的，不征收增值税。

二、对注册在天津市东疆保税港区内的试点纳税人提供的国内货物运输、仓储和装卸搬运服务，实行增值税即征即退政策。

三、自 2012 年 11 月 1 日起，对注册在平潭的试点纳税人从事离岸服务外包业务中提供的应税服务，免征增值税。

四、2013 年 12 月 31 日之前，广播电影电视行政主管部门（包括中央、省、地市及县级）按照各自职能权限批准从事电影制片、发行、放映的电影集团公司（含成员企业）、电影制片厂及其他电影企业，属于试点纳税人的，对其转让电影版权免征增值税。

五、“营改增”试点地区的试点纳税人提供的往返台湾、香港、澳门的交通运输服务以及在台湾、香港、澳门提供的交通运输服务，适用增值税零税率。

试点纳税人适用增值税零税率，以陆路运输方式提供至香港、澳门的交通运输服务的，应当取得《道路运输经营许可证》并具有持《道路运输证》的直通港澳运输车辆；以水路运输方式提供至台湾的交通运输服务的，应当取得《台湾海峡两岸间水路运输许可证》并具有持《台湾海峡两岸间船舶营运证》的船舶；以水路运输方式提供至香港、澳门的交通运输服务的，应当具有获得港澳线路运营许可的船舶；以航空运输方式提供上述交通运输服务的，应当取得《公共航空运输企业经营许可证》且其经营范围应当包括“国际、国内（含港澳）航空客货邮运输业务”。

六、长途客运、班车（指按固定路线、固定时间运营并在固定停靠站停靠的运送旅客的陆路运输服务）、地铁、城市轻轨服务属于《交通运输业和部分现代服务业营业税改征增值税试点有关事项的规定》（财税〔2011〕111 号）第一条第（五）项第 2 款规定的公共交通运输服务。试点纳税人中的一般纳税人提供上述服务，可以选择按照简易计税方法计算缴纳增值税。

七、船舶代理服务属于“货物运输代理服务”，国际船舶代理服务属于国际货物运输代理服务。

船舶代理服务，是指接受货物收货人、发货人、船舶所有人、船舶承租人或船舶经营人的委托，以委托人的名义或者自己的名义，在不直接提供货物运输劳务情况下，为委托人办理货物运输以及船舶进出港口、联系安排引航、靠泊和装卸等相关业务手续的业务活动。《财政部　国家税务总局关于交通运输业和部分现代服务业营业税改征增值税试点若干税收政策的通知》（财税〔2011〕133号）第四条和《财政部　国家税务总局关于交通运输业和部分现代服务业营业税改征增值税试点若干税收政策的补充通知》（财税〔2012〕53号）第三条相应废止。

八、《交通运输业和部分现代服务业营业税改征增值税试点过渡政策的规定》（财税〔2011〕111号）第二条第（三）项、第（四）项中增值税实际税负是指，纳税人当期实际缴纳的增值税税额占纳税人当期提供应税服务取得的全部价款和价外费用的比例。

九、本通知除第三条另有规定外，自2012年12月1日起执行。

## 关于部分航空公司执行总分机构试点纳税人增值税计算缴纳暂行办法的通知

（2013年1月14日　财税〔2013〕9号（已废止））

各省、自治区、直辖市、计划单列市财政厅（局）、国家税务局、地方税务局，新疆生产建设兵团财务局：

为确保营业税改征增值税试点（以下称“营改增”试点）顺利实施，现将部分航空公司总机构及其分支机构缴纳增值税的问题通知如下：

一、本通知列明的航空公司总分支机构（具体名单见附件），除中国东方航空股份有限公司及其分支机构外，自总机构所在地纳入“营改增”试点范围之日起，按照《总分机构试点纳税人增值税计算缴纳暂行办法》（财税〔2012〕84号）计算缴纳增值税。

二、中国东方航空股份有限公司及其分支机构，自2012年9月1日起，按《总分机构试点纳税人增值税计算缴纳暂行办法》（财税〔2012〕84号）计算缴纳增值税。

三、上述航空公司分支机构的预征率为1%。

四、本通知自2012年9月1日起执行。《财政部　国家税务总局关于中国东方航空公司执行总机构试点纳税人增值税计算缴纳暂行办法的通知》（财税〔2011〕132号）和《国家税务总局关于中国东方航空股份有限公司增值税计算缴纳有关问题的公告》（国家税务总局公告2012年第32号）同时停止执行。

附件：航空公司总机构及其分支机构名单（编者略）

## 财政部　国家税务总局关于在全国开展交通运输业和部分现代服务业营业税改征增值税试点税收政策的通知

（2013 年 5 月 24 日　财税〔2013〕37 号（已废止））

各省、自治区、直辖市、计划单列市财政厅（局）、国家税务局、地方税务局，新疆生产建设兵团财务局：

根据国务院进一步扩大交通运输业和部分现代服务业营业税改征增值税（以下称“营改增”）试点的要求，现将有关事项通知如下：

一、经国务院批准，自 2013 年 8 月 1 日起，在全国范围内开展交通运输业和部分现代服务业“营改增”试点。现将有关规定印发你们，请遵照执行。

二、在全国开展交通运输业和部分现代服务业“营改增”试点，范围广、时间紧、任务重，各地要高度重视，切实加强试点工作的组织领导，精心组织、周密安排、明确责任，采取各种有效措施，做好试点前的各项准备以及试点过程中的监测分析和宣传解释等工作，确保改革的平稳、有序、顺利进行。遇到问题请及时向财政部和国家税务总局反映。

三、《财政部　国家税务总局关于在上海市开展交通运输业和部分现代服务业营业税改征增值税试点的通知》（财税〔2011〕111 号）、《财政部　国家税务总局关于应税服务适用增值税零税率和免税政策的通知》（财税〔2011〕131 号）、《财政部　国家税务总局关于交通运输业和部分现代服务业营业税改征增值税试点若干税收政策的通知》（财税〔2011〕133 号）、《财政部　国家税务总局关于交通运输业和部分现代服务业营业税改征增值税试点若干税收政策的补充通知》（财税〔2012〕53 号）、《财政部　国家税务总局关于在北京等 8 省市开展交通运输业和部分现代服务业营业税改征增值税试点的通知》（财税〔2012〕71 号）、《财政部　国家税务总局关于交通运输业和部分现代服务业营业税改征增值税试点应税服务范围等若干税收政策的补充通知》（财税〔2012〕86 号）、《财政部　国家税务总局关于营业税若干政策问题的通知》（财税〔2003〕16 号）第三条第（十六）和第（十八）项，自 2013 年 8 月 1 日起废止。

附件：1. 交通运输业和部分现代服务业营业税改征增值税试点实施办法（编者略）

2. 交通运输业和部分现代服务业营业税改征增值税试点有关事项的规定（编者略）

3. 交通运输业和部分现代服务业营业税改征增值税试点过渡政策的规定（编者略）

4. 应税服务适用增值税零税率和免税政策的规定（编者略）

## 财政部　国家税务总局关于营业税改征增值税试点有关文化事业建设费征收管理问题的通知

（2013 年 8 月 29 日　财综〔2013〕88 号（已废止））

各省、自治区、直辖市、计划单列市财政厅（局）、国家税务局、地方税务局：

为促进文化事业发展，加强全国营业税改征增值税（以下简称“营改增”）试点中文化事业建设费的征收管理，现就有关问题通知如下：

一、按照《交通运输业和部分现代服务业营业税改征增值税试点实施办法》（财税〔2013〕37号印发，以下简称《实施办法》）规定，在中华人民共和国境内提供广告服务的单位和个人，应按照本通知的规定缴纳文化事业建设费。

二、中华人民共和国境外的单位或者个人在境内提供广告服务，在境内未设有经营机构的，以其代理人为文化事业建设费的扣缴义务人；在境内没有代理人的，以广告服务接受方为文化事业建设费的扣缴义务人。

三、缴纳文化事业建设费的单位和个人（以下简称缴纳义务人）应按照提供广告服务取得的计费销售额和3%的费率计算应缴费额，计算公式如下：

应缴费额 = 计费销售额 × 3%

计费销售额，为纳税人提供广告服务取得的全部含税价款和价外费用，减除支付给其他广告公司或广告发布者的含税广告发布费后的余额。

缴纳义务人减除价款的，应当取得增值税专用发票或国家税务总局规定的其他合法有效凭证，否则，不得减除。

四、按规定扣缴文化事业建设费的，扣缴义务人应按下列公式计算应扣缴费额：

应扣缴费额 = 支付的广告服务含税价款 × 费率

五、文化事业建设费的缴纳义务发生时间和缴纳地点，与缴纳义务人的增值税纳税义务发生时间和纳税地点相同。

文化事业建设费的扣缴义务发生时间，为缴纳义务人的增值税纳税义务发生时间。

文化事业建设费的扣缴义务人应当向其机构所在地或者居住地主管税务机关申报缴纳其扣缴的文化事业建设费。

六、文化事业建设费的缴纳期限与缴纳义务人的增值税纳税期限相同。

文化事业建设费扣缴义务人解缴税款的期限，应按照前款规定执行。

七、提供应税服务未达到增值税起征点的个人，免征文化事业建设费。

增值税小规模纳税人中月销售额不超过2万元（按季纳税6万元）的企业和非企业性单位提供的应税服务，免征文化事业建设费。

八、“营改增”后的文化事业建设费，由国家税务局征收。

九、“营改增”试点中文化事业建设费的预算科目、预算级次和缴库办法等，参照《财政部关于开征文化事业建设费有关预算管理问题的通知》（财预字〔1996〕469号）的规定执行，具体如下：

中央所属企事业单位缴纳的文化事业建设费，中央所属企事业单位组成的联营企业、股份制企业缴纳的文化事业建设费，中央所属企事业单位与集体企业、私营企业组成的联营企业、股份制企业缴纳的文化事业建设费，中央所属企事业单位与港、澳、台商组成的合资经营企业（港或澳、台资）、合作经营企业（港或澳、台资）缴纳的文化事业建设费，中央所属企事业单位与外商组成的中外合资经营企业、中外合作经营企业缴纳的文化事业建设费，全部作为中央预算收入，由税务机关开具税收缴款书，以“103012601 中央文化事业建设费收入”目级科目就地缴入中央国库。

地方所属企事业单位、集体企业、私营企业、港澳台商独资经营企业、外商独资企业缴纳的文化事业建设费，地方所属企事业单位、集体企业、私营企业组成的联营企业、股份制企业缴纳的文化事业建设费，地方所属企事业单位、集体企业、私营企业与港、澳、台商组成的合资经营企业（港或澳、台资）、合作经营企业（港或澳、台资）缴纳的文化事业建设费，地方所属企事业单位、集体企业、私营企业与外商组成的中外合资经营企业、中外合作经营企业缴纳的文化事业建设费，全部作为地方预算收入，由税务机关开具税收缴款书，以“103012602 地方文化事业建设费收入”目级科目，按各地方规定的缴库级次就地缴入地方国库。

中央所属企事业单位与地方所属企事业单位组成的联营企业、股份制企业缴纳的文化事业建设费，中央所属企事业单位与地方所属企事业单位联合与集体企业、私营企业、港澳台商、外商组成的联营企业、股份制企业、合资经营企业（港或澳、台资）、合作经营企业（港或澳、台资）、中外合资经营企业、中外合作经营企业缴纳的文化事业建设费，按中央、地方各自投资占中央和地方投资之和的比例，分别作为中央预算收入和地方预算收入，由税务机关开具税收缴款书就地缴入中央国库和地方规定的地方国库。

十、文化事业建设费纳入财政预算管理，建立专项资金，用于文化事业建设。具体管理和使用办法，另行制定。

十一、本通知自2013年8月1日起施行，《关于营业税改征增值税试点中文化事业建设费征收有关问题的通知》（财综〔2012〕68号）和《关于营业税改征增值税试点中文化事业建设费征收有关问题的补充通知》（财综〔2012〕96号）同时废止。

## 财政部　国家税务总局关于重新印发《总分机构试点纳税人增值税计算缴纳暂行办法》的通知

（2013年10月24日　财税〔2013〕74号）

各省、自治区、直辖市、计划单列市财政厅（局）、国家税务局、地方税务局，新疆生产建设兵团财务局：

根据营业税改征增值税试点政策和现行增值税有关规定，现将修订后的《总分机构试点纳税人增值税计算缴纳暂行办法》（见附件）印发你们，请遵照执行。

附件：总分机构试点纳税人增值税计算缴纳暂行办法（编者略）

## 财政部　国家税务总局关于部分航空运输企业总分机构增值税计算缴纳问题的通知

（2013年10月24日　财税〔2013〕86号）

各省、自治区、直辖市、计划单列市财政厅（局）、国家税务局、地方税务局，新疆生产建设兵团财务局：

现将部分航空运输企业总机构及其分支机构缴纳增值税有关问题通知如下：

一、本通知附件1列明的航空运输企业总分支机构，自2013年8月1日起，按《总分机构试点纳税人增值税计算缴纳暂行办法》（财税〔2013〕74号，以下称《暂行办法》）计算缴纳增值税。

二、本通知附件2列明的航空运输企业总分支机构，自2013年10月1日起，按《暂行办法》计算缴纳增值税。

三、上述航空运输企业分支机构的预征率为1%。

四、《财政部　国家税务总局关于印发〈总分机构试点纳税人增值税计算缴纳暂行办法〉的通知》（财税〔2012〕84号）和《财政部　国家税务总局关于部分航空公司执行总分机构试点纳税人增值税计算缴纳暂行办法的通知》（财税〔2013〕9号）自2013年10月1日起停止执行。

附件：1. 航空运输企业总机构及其分支机构名单（一）（编者略）

2. 航空运输企业总机构及其分支机构名单（二）（编者略）

## 财政部　国家税务总局关于将铁路运输和邮政业纳入营业税改征增值税试点的通知

（2013年12月12日　财税〔2013〕106号（条款失效））

各省、自治区、直辖市、计划单列市财政厅（局）、国家税务局、地方税务局，新疆生产建设兵团财务局：

经国务院批准，铁路运输和邮政业纳入营业税改征增值税（以下称“营改增”）试点。结合交通运输业和部分现代服务业“营改增”试点运行中反映的问题，我们对“营改增”试点政策进行了修改完善。现将有关试点政策一并印发你们，请遵照执行。

一、自2014年1月1日起，在全国范围内开展铁路运输和邮政业“营改增”试点。

二、各地要高度重视“营改增”试点工作，切实加强试点工作的组织领导，周密安排，明确责任，采取各种有效措施，做好试点前的各项准备以及试点过程中的监测分析和宣传解释等工作，确保改革的平稳、有序、顺利进行。遇到问题请及时向财政部和国家税务总局反映。

三、本通知附件规定的内容，除另有规定执行时间外，自2014年1月1日起执行。《财政部　国家税务总局关于在全国开展交通运输业和部分现代服务业营业税改征增值税试点税收政策的通知》（财税〔2013〕37号）自2014年1月1日起废止。

附件：1. 营业税改征增值税试点实施办法（编者略）

2. 营业税改征增值税试点有关事项的规定（编者略）

3. 营业税改征增值税试点过渡政策的规定（编者略）

4. 应税服务适用增值税零税率和免税政策的规定（编者略）

## 财政部　国家税务总局关于铁路运输企业汇总缴纳增值税的通知

（2013 年 12 月 30 日　财税〔2013〕111 号（条款失效））

各省、自治区、直辖市、计划单列市财政厅（局）、国家税务局、地方税务局，新疆生产建设兵团财务局：

经研究，现将铁路运输企业汇总缴纳增值税政策通知如下：

一、自 2014 年 1 月 1 日起，中国铁路总公司及其分支机构（分支机构名单见附件）提供铁路运输服务以及与铁路运输相关的物流辅助服务，按照《总分机构试点纳税人增值税计算缴纳暂行办法》（财税〔2013〕74 号）计算缴纳增值税。

二、附件 1 中分支机构的预征率为 1%，预征税款应计入预算科目 101010402 目“中国铁路总公司改征增值税待分配收入”。

三、附件 2 中分支机构的预征率为 3%，预征税款应计入预算科目 101010401 目“改征增值税”。

四、中国铁路总公司及其分支机构不适用《总分机构试点纳税人增值税计算缴纳暂行办法》第八条年度清算的规定。

附件：1. 分支机构名单（一）（编者略）

2. 分支机构名单（二）（编者略）

## 关于铁路运输和邮政业营业税改征增值税试点有关政策的补充通知

（2013 年 12 月 30 日　财税〔2013〕121 号（政策调整））

各省、自治区、直辖市、计划单列市财政厅（局）、国家税务局、地方税务局，新疆生产建设兵团财务局：

经研究，现将铁路运输和邮政业营业税改征增值税（以下称“营改增”）有关政策补充通知如下：

一、邮政企业

中国邮政速递物流股份有限公司及其子公司（含各级分支机构），不属于《财政部　国家税务总局关于将铁路运输和邮政业纳入营业税改征增值税试点的通知》（财税〔2013〕106 号）所称的中国邮政集团公司所属邮政企业。

二、航空运输企业

航空运输企业已售票但未提供航空运输服务取得的逾期票证收入，按照航空运输服务征收增值税。

三、融资租赁企业

（一）经中国人民银行、银监会或者商务部批准从事融资租赁业务的试点纳税人，在财税〔2013〕106 号文件发布前，已签订的有形动产融资性售后回租合同，在合同到期日之前，可以选择按照财税〔2013〕106号文件有关规定或者以下规定确定销售额：

试点纳税人提供有形动产融资性售后回租服务，以向承租方收取的全部价款和价外费用，扣除支付的借款利息（包括外汇借款和人民币借款利息）、发行债券利息后的余额为销售额。

（二）经商务部授权的省级商务主管部门和国家经济技术开发区批准从事融资租赁业务的试点纳税人，2014年3月31日前注册资本达到1.7亿元的，自本地区试点实施之日起，其开展的融资租赁业务按照财税〔2013〕106号文件和本通知第三条第（一）项规定执行；2014年4月1日后注册资本达到1.7亿元的，从达到标准的次月起，其开展的融资租赁业务按照财税〔2013〕106号文件和本通知第三条第（一）项规定执行。

四、计税方法

试点纳税人中的一般纳税人提供的铁路旅客运输服务，不得选择按照简易计税方法计算缴纳增值税。

五、原增值税纳税人（指按照《中华人民共和国增值税暂行条例》缴纳增值税的纳税人）有关政策

原增值税纳税人取得的2014年1月1日后开具的运输费用结算单据，不得作为增值税扣税凭证。

六、本通知第一、二、四、五条规定自2014年1月1日起执行，第三条规定自2013年8月1日起执行。

## 财政部　国家税务总局关于将电信业纳入营业税改征增值税试点的通知

（2014年4月29日　财税〔2014〕43号（政策调整））

各省、自治区、直辖市、计划单列市财政厅（局）、国家税务局、地方税务局，新疆生产建设兵团财务局：

经国务院批准，电信业纳入营业税改征增值税（以下称“营改增”）试点。现将有关事项通知如下：

一、在中华人民共和国境内（以下称境内）提供电信业服务的单位和个人，为增值税纳税人，应当按照本通知和《财政部　国家税务总局关于将铁路运输和邮政业纳入营业税改征增值税试点的通知》（财税〔2013〕106号）的规定缴纳增值税，不再缴纳营业税。

二、电信业服务纳入财税〔2013〕106号文件规定的应税服务范围。具体应税服务范围注释为：

电信业，是指利用有线、无线的电磁系统或者光电系统等各种通信网络资源，提供语音通话服务，传送、发射、接收或者应用图像、短信等电子数据和信息的业务活动。包括基础电信服务和增值电信服务。

基础电信服务，是指利用固网、移动网、卫星、互联网，提供语音通话服务的业务活动，以及出租或者出售带宽、波长等网络元素的业务活动。

增值电信服务，是指利用固网、移动网、卫星、互联网、有线电视网络，提供短信和彩

信服务、电子数据和信息的传输及应用服务、互联网接入服务等业务活动。卫星电视信号落地转接服务，按照增值电信服务计算缴纳增值税。

三、提供基础电信服务，税率为11%。提供增值电信服务，税率为6%。

四、纳税人提供电信业服务时，附带赠送用户识别卡、电信终端等货物或者电信业服务的，应将其取得的全部价款和价外费用进行分别核算，按各自适用的税率计算缴纳增值税。

五、中国移动通信集团公司、中国联合网络通信集团有限公司、中国电信集团公司及其成员单位通过手机短信公益特服号为公益性机构（名单见附件）接受捐款服务，以其取得的全部价款和价外费用，扣除支付给公益性机构捐款后的余额为销售额。

六、境内单位和个人向中华人民共和国境外单位提供电信业服务，免征增值税。

七、以积分兑换形式赠送的电信业服务，不征收增值税。

八、在2015年12月31日以前，境内单位中的一般纳税人通过卫星提供的语音通话服务、电子数据和信息的传输服务，可以选择按照简易计税方法计算缴纳增值税。

九、《国家税务总局关于印发（营业税税目注释（试行稿））的通知》（国税发〔1993〕149号）中，邮电通信业税目停止执行。

十、本通知自2014年6月1日起执行。各地要高度重视电信业“营改增”试点工作，切实加强试点工作的组织领导，周密安排，明确责任，采取各种有效措施，做好试点前的各项准备以及试点过程中的监测分析和宣传解释等工作，确保改革的平稳、有序、顺利进行。遇到问题及时向财政部和国家税务总局反映。

附件：手机短信公益特服号及公益性机构名单（编者略）

## 财政部　国家税务总局关于国际水路运输增值税零税率政策的补充通知

（2014年6月13日　财税〔2014〕50号（政策调整））

各省、自治区、直辖市、计划单列市财政厅（局）、国家税务局、地方税务局，新疆生产建设兵团财务局：

根据营业税改征增值税试点运行情况，现对《财政部　国家税务总局关于将铁路运输和邮政业纳入营业税改征增值税试点的通知》（财税〔2013〕106号）附件4中有关以水路运输方式提供国际运输服务适用的增值税零税率政策，补充明确如下：

一、境内的单位和个人取得交通部门颁发的《国际班轮运输经营资格登记证》或加注国际客货运输的《水路运输许可证》，并以水路运输方式提供国际运输服务的，适用增值税零税率政策。

二、境内的单位可持上述证书办理出口退（免）税资格认定手续。

三、本通知自2014年7月1日起执行。

## （二）2016年3月18日之后“营改增”试点相关政策法规文件

### 财政部 国家税务总局关于全面推开营业税改征增值税试点的通知

（2016年3月23日 财税〔2016〕36号）

各省、自治区、直辖市、计划单列市财政厅（局）、国家税务局、地方税务局，新疆生产建设兵团财务局：

经国务院批准，自2016年5月1日起，在全国范围内全面推开营业税改征增值税（以下称“营改增”）试点，建筑业、房地产业、金融业、生活服务业等全部营业税纳税人，纳入试点范围，由缴纳营业税改为缴纳增值税。现将《营业税改征增值税试点实施办法》、《营业税改征增值税试点有关事项的规定》、《营业税改征增值税试点过渡政策的规定》和《跨境应税行为适用增值税零税率和免税政策的规定》印发你们，请遵照执行。

本通知附件规定的内容，除另有规定执行时间外，自2016年5月1日起执行。《财政部 国家税务总局关于将铁路运输和邮政业纳入营业税改征增值税试点的通知》（财税〔2013〕106号）、《财政部 国家税务总局关于铁路运输和邮政业营业税改征增值税试点有关政策的补充通知》（财税〔2013〕121号）、《财政部 国家税务总局关于将电信业纳入营业税改征增值税试点的通知》（财税〔2014〕43号）、《财政部 国家税务总局关于国际水路运输增值税零税率政策的补充通知》（财税〔2014〕50号）和《财政部 国家税务总局关于影视等出口服务适用增值税零税率政策的通知》（财税〔2015〕118号），除另有规定的条款外，相应废止。

各地要高度重视“营改增”试点工作，切实加强试点工作的组织领导，周密安排，明确责任，采取各种有效措施，做好试点前的各项准备以及试点过程中的监测分析和宣传解释等工作，确保改革的平稳、有序、顺利进行。遇到问题请及时向财政部和国家税务总局反映。

附件：1. 营业税改征增值税试点实施办法（编者略）
2. 营业税改征增值税试点有关事项的规定（编者略）
3. 营业税改征增值税试点过渡政策的规定（编者略）
4. 跨境应税行为适用增值税零税率和免税政策的规定（编者略）

### 财政部 国家税务总局关于营业税改征增值税试点有关文化事业建设费政策及征收管理问题的通知

（2016年3月28日 财税〔2016〕25号）

各省、自治区、直辖市、计划单列市财政厅（局）、国家税务局、地方税务局：

为促进文化事业发展，现就营业税改征增值税（以下简称“营改增”）试点中文化事业建设费政策及征收管理有关问题通知如下：

一、在中华人民共和国境内提供广告服务的广告媒介单位和户外广告经营单位，应按照本通知规定缴纳文化事业建设费。

二、中华人民共和国境外的广告媒介单位和户外广告经营单位在境内提供广告服务，在境内未设有经营机构的，以广告服务接受方为文化事业建设费的扣缴义务人。

三、缴纳文化事业建设费的单位（以下简称缴纳义务人）应按照提供广告服务取得的计费销售额和3%的费率计算应缴费额，计算公式如下：

应缴费额 = 计费销售额 × 3%

计费销售额，为缴纳义务人提供广告服务取得的全部含税价款和价外费用，减除支付给其他广告公司或广告发布者的含税广告发布费后的余额。

缴纳义务人减除价款的，应当取得增值税专用发票或国家税务总局规定的其他合法有效凭证，否则，不得减除。

四、按规定扣缴文化事业建设费的，扣缴义务人应按下列公式计算应扣缴费额：

应扣缴费额 = 支付的广告服务含税价款 × 费率

五、文化事业建设费的缴纳义务发生时间和缴纳地点，与缴纳义务人的增值税纳税义务发生时间和纳税地点相同。

文化事业建设费的扣缴义务发生时间，为缴纳义务人的增值税纳税义务发生时间。

文化事业建设费的扣缴义务人应当向其机构所在地或者居住地主管税务机关申报缴纳其扣缴的文化事业建设费。

六、文化事业建设费的缴纳期限与缴纳义务人的增值税纳税期限相同。

文化事业建设费扣缴义务人解缴税款的期限，应按照前款规定执行。

七、增值税小规模纳税人中月销售额不超过2万元（按季纳税6万元）的企业和非企业性单位提供的应税服务，免征文化事业建设费。

自2015年1月1日起至2017年12月31日，对按月纳税的月销售额不超过3万元（含3万元），以及按季纳税的季度销售额不超过9万元（含9万元）的缴纳义务人，免征文化事业建设费。

八、“营改增”后的文化事业建设费，由国家税务局征收。

九、“营改增”试点中文化事业建设费的预算科目、预算级次和缴库办法等，参照《财政部关于开征文化事业建设费有关预算管理问题的通知》（财预字〔1996〕469号）的规定执行，具体如下：

中央所属企事业单位缴纳的文化事业建设费，中央所属企事业单位组成的联营企业、股份制企业缴纳的文化事业建设费，中央所属企事业单位与集体企业、私营企业组成的联营企业、股份制企业缴纳的文化事业建设费，中央所属企事业单位与港、澳、台商组成的合资经营企业（港或澳、台资）、合作经营企业（港或澳、台资）缴纳的文化事业建设费，中央所属企事业单位与外商组成的中外合资经营企业、中外合作经营企业缴纳的文化事业建设费，全部作为中央预算收入，由税务机关开具税收缴款书，以“1030217 文化事业建设费收入”项级科目就地缴入中央国库。

地方所属企事业单位、集体企业、私营企业、港澳台商独资经营企业、外商独资企业缴纳的文化事业建设费，地方所属企事业单位、集体企业、私营企业组成的联营企业、股份制企业缴纳的文化事业建设费，地方所属企事业单位、集体企业、私营企业与港、澳、台商组成的合资经营企业（港或澳、台资）、合作经营企业（港或澳、台资）缴纳的文化事业建设费，地方所属企事业单位、集体企业、私营企业与外商组成的中外合资经营企业、中外合作经营企业缴纳的文化事业建设费，全部作为地方预算收入，由税务机关开具税收缴款书，以“1030217 文化事业建设费收入”项级科目，按各地方规定的缴库级次就地缴入地方国库。

中央所属企事业单位与地方所属企事业单位组成的联营企业、股份制企业缴纳的文化事业建设费，中央所属企事业单位与地方所属企事业单位联合与集体企业、私营企业、港澳台商、外商组成的联营企业、股份制企业、合资经营企业（港或澳、台资）、合作经营企业（港或澳、台资）、中外合资经营企业、中外合作经营企业缴纳的文化事业建设费，按中央、地方各自投资占中央和地方投资之和的比例，分别作为中央预算收入和地方预算收入，由税务机关开具税收缴款书就地缴入中央国库和地方规定的地方国库。

十、文化事业建设费纳入财政预算管理，用于文化事业建设。具体管理和使用办法，另行制定。

十一、本通知所称广告服务，是指《财政部　国家税务总局关于全面推开营业税改征增值税试点的通知》（财税〔2016〕36 号）的《销售服务、无形资产、不动产注释》中“广告服务”范围内的服务。

十二、本通知所称广告媒介单位和户外广告经营单位，是指发布、播映、宣传、展示户外广告和其他广告的单位，以及从事广告代理服务的单位。

十三、本通知自 2016 年 5 月 1 日起执行。《关于营业税改征增值税试点有关文化事业建设费征收管理问题的通知》（财综〔2013〕88 号）同时废止。

## 财政部　国家税务总局关于进一步明确全面推开“营改增”试点金融业有关政策的通知

（2016 年 4 月 29 日　财税〔2016〕46 号）

各省、自治区、直辖市、计划单列市财政厅（局）、国家税务局、地方税务局，新疆生产建设兵团财务局：

经研究，现将“营改增”试点期间有关金融业政策补充通知如下：

一、金融机构开展下列业务取得的利息收入，属于《营业税改征增值税试点过渡政策的规定》（财税〔2016〕36 号，以下简称《过渡政策的规定》）第一条第（二十三）项所称的金融同业往来利息收入：

（一）质押式买入返售金融商品。

质押式买入返售金融商品，是指交易双方进行的以债券等金融商品为权利质押的一种短期资金融通业务。

（二）持有政策性金融债券。

政策性金融债券，是指开发性、政策性金融机构发行的债券。

二、《过渡政策的规定》第一条第（二十一）项中，享受免征增值税的一年期及以上返还本利的人身保险包括其他年金保险，其他年金保险是指养老年金以外的年金保险。

三、农村信用社、村镇银行、农村资金互助社、由银行业机构全资发起设立的贷款公司、法人机构在县（县级市、区、旗）及县以下地区的农村合作银行和农村商业银行提供金融服务收入，可以选择适用简易计税方法按照3%的征收率计算缴纳增值税。

村镇银行，是指经中国银行业监督管理委员会依据有关法律、法规批准，由境内外金融机构、境内非金融机构企业法人、境内自然人出资，在农村地区设立的主要为当地农民、农业和农村经济发展提供金融服务的银行业金融机构。

农村资金互助社，是指经银行业监督管理机构批准，由乡（镇）、行政村农民和农村小企业自愿入股组成，为社员提供存款、贷款、结算等业务的社区互助性银行业金融机构。

由银行业机构全资发起设立的贷款公司，是指经中国银行业监督管理委员会依据有关法律、法规批准，由境内商业银行或农村合作银行在农村地区设立的专门为县域农民、农业和农村经济发展提供贷款服务的非银行业金融机构。

县（县级市、区、旗），不包括直辖市和地级市所辖城区。

四、对中国农业银行纳入“三农金融事业部”改革试点的各省、自治区、直辖市、计划单列市分行下辖的县域支行和新疆生产建设兵团分行下辖的县域支行（也称县事业部），提供农户贷款、农村企业和农村各类组织贷款（具体贷款业务清单见附件）取得的利息收入，可以选择适用简易计税方法按照3%的征收率计算缴纳增值税。

农户贷款，是指金融机构发放给农户的贷款，但不包括按照《过渡政策的规定》第一条第（十九）项规定的免征增值税的农户小额贷款。

农户，是指《过渡政策的规定》第一条第（十九）项所称的农户。

农村企业和农村各类组织贷款，是指金融机构发放给注册在农村地区的企业及各类组织的贷款。

五、本通知自2016年5月1日起执行。

附件（编者略）

## 财政部　国家税务总局关于进一步明确全面推开“营改增”试点有关劳务派遣服务、收费公路通行费抵扣等政策的通知

（2016年4月30日　财税〔2016〕47号）

各省、自治区、直辖市、计划单列市财政厅（局）、国家税务局、地方税务局，新疆生产建设兵团财务局：

经研究，现将“营改增”试点期间劳务派遣服务等政策补充通知如下：

一、劳务派遣服务政策

一般纳税人提供劳务派遣服务，可以按照《财政部　国家税务总局关于全面推开营业税改征增值税试点的通知》（财税〔2016〕36号）的有关规定，以取得的全部价款和价外费用为销售额，按照一般计税方法计算缴纳增值税；也可以选择差额纳税，以取得的全部价款和价外费用，扣除代用工单位支付给劳务派遣员工的工资、福利和为其办理社会保险及住

房公积金后的余额为销售额，按照简易计税方法依5%的征收率计算缴纳增值税。

小规模纳税人提供劳务派遣服务，可以按照《财政部　国家税务总局关于全面推开营业税改征增值税试点的通知》（财税〔2016〕36号）的有关规定，以取得的全部价款和价外费用为销售额，按照简易计税方法依3%的征收率计算缴纳增值税；也可以选择差额纳税，以取得的全部价款和价外费用，扣除代用工单位支付给劳务派遣员工的工资、福利和为其办理社会保险及住房公积金后的余额为销售额，按照简易计税方法依5%的征收率计算缴纳增值税。

选择差额纳税的纳税人，向用工单位收取用于支付给劳务派遣员工工资、福利和为其办理社会保险及住房公积金的费用，不得开具增值税专用发票，可以开具普通发票。

劳务派遣服务，是指劳务派遣公司为了满足用工单位对于各类灵活用工的需求，将员工派遣至用工单位，接受用工单位管理并为其工作的服务。

二、收费公路通行费抵扣及征收政策

（一）2016年5月1日至7月31日，一般纳税人支付的道路、桥、闸通行费，暂凭取得的通行费发票（不含财政票据，下同）上注明的收费金额按照下列公式计算可抵扣的进项税额：

高速公路通行费可抵扣进项税额＝高速公路通行费发票上注明的金额÷（1＋3%）×3%

一级公路、二级公路、桥、闸通行费可抵扣进项税额＝一级公路、二级公路、桥、闸通行费发票上注明的金额÷（1＋5%）×5%

通行费，是指有关单位依法或者依规设立并收取的过路、过桥和过闸费用。

（二）一般纳税人收取试点前开工的一级公路、二级公路、桥、闸通行费，可以选择适用简易计税方法，按照5%的征收率计算缴纳增值税。

试点前开工，是指相关施工许可证注明的合同开工日期在2016年4月30日前。

三、其他政策

（一）纳税人提供人力资源外包服务，按照经纪代理服务缴纳增值税，其销售额不包括受客户单位委托代为向客户单位员工发放的工资和代理缴纳的社会保险、住房公积金。向委托方收取并代为发放的工资和代理缴纳的社会保险、住房公积金，不得开具增值税专用发票，可以开具普通发票。

一般纳税人提供人力资源外包服务，可以选择适用简易计税方法，按照5%的征收率计算缴纳增值税。

（二）纳税人以经营租赁方式将土地出租给他人使用，按照不动产经营租赁服务缴纳增值税。

纳税人转让2016年4月30日前取得的土地使用权，可以选择适用简易计税方法，以取得的全部价款和价外费用减去取得该土地使用权的原价后的余额为销售额，按照5%的征收率计算缴纳增值税。

（三）一般纳税人2016年4月30日前签订的不动产融资租赁合同，或以2016年4月30日前取得的不动产提供的融资租赁服务，可以选择适用简易计税方法，按照5%的征收率计算缴纳增值税。

（四）一般纳税人提供管道运输服务和有形动产融资租赁服务，按照《营业税改征增值税试点过渡政策的规定》（财税〔2013〕106号）第二条有关规定适用的增值税实际税负超过3%部分即征即退政策，在2016年1月1日至4月30日期间继续执行。

四、本通知规定的内容，除另有规定执行时间外，自2016年5月1日起执行。

## 财政部　国家税务总局关于金融机构同业往来等增值税政策的补充通知

（2016年6月30日　财税〔2016〕70号）

各省、自治区、直辖市、计划单列市财政厅（局）、国家税务局、地方税务局，新疆生产建设兵团财务局：

经研究，现将“营改增”试点期间有关金融业政策补充通知如下：

一、金融机构开展下列业务取得的利息收入，属于《营业税改征增值税试点过渡政策的规定》（财税〔2016〕36号，以下简称《过渡政策的规定》）第一条第（二十三）项所称的金融同业往来利息收入：

（一）同业存款

同业存款，是指金融机构之间开展的同业资金存入与存出业务，其中资金存入方仅为具有吸收存款资格的金融机构。

（二）同业借款

同业借款，是指法律法规赋予此项业务范围的金融机构开展的同业资金借出和借入业务。此条款所称“法律法规赋予此项业务范围的金融机构”主要是指农村信用社之间以及在金融机构营业执照列示的业务范围中有反映为“向金融机构借款”业务的金融机构。

（三）同业代付

同业代付，是指商业银行（受托方）接受金融机构（委托方）的委托向企业客户付款，委托方在约定还款日偿还代付款项本息的资金融通行为。

（四）买断式买入返售金融商品

买断式买入返售金融商品，是指金融商品持有人（正回购方）将债券等金融商品卖给债券购买方（逆回购方）的同时，交易双方约定在未来某一日期，正回购方再以约定价格从逆回购方买回相等数量同种债券等金融商品的交易行为。

（五）持有金融债券

金融债券，是指依法在中华人民共和国境内设立的金融机构法人在全国银行间和交易所债券市场发行的、按约定还本付息的有价证券。

（六）同业存单

同业存单，是指银行业存款类金融机构法人在全国银行间市场上发行的记账式定期存款凭证。

二、商业银行购买央行票据、与央行开展货币掉期和货币互存等业务属于《过渡政策的规定》第一条第（二十三）款第1项所称的金融机构与人民银行所发生的资金往来业务。

三、境内银行与其境外的总机构、母公司之间，以及境内银行与其境外的分支机构、全资子公司之间的资金往来业务属于《过渡政策的规定》第一条第（二十三）款第2项所称的银行联行往来业务。

四、人民币合格境外投资者（RQFII）委托境内公司在我国从事证券买卖业务，以及经人民银行认可的境外机构投资银行间本币市场取得的收入属于《过渡政策的规定》第一条第（二十二）款所称的金融商品转让收入。

银行间本币市场包括货币市场、债券市场以及衍生品市场。

五、本通知自2016年5月1日起执行。

## 财政部　国家税务总局关于国家大学科技园税收政策的通知

（2016年9月5日　财税〔2016〕98号）

各省、自治区、直辖市、计划单列市财政厅（局）、国家税务局、地方税务局，新疆生产建设兵团财务局：

经国务院批准，现就国家大学科技园（以下简称科技园）有关税收政策通知如下：

一、自2016年1月1日至2018年12月31日，对符合条件的科技园自用以及无偿或通过出租等方式提供给孵化企业使用的房产、土地，免征房产税和城镇土地使用税；自2016年1月1日至2016年4月30日，对其向孵化企业出租场地、房屋以及提供孵化服务的收入，免征营业税；在营业税改征增值税试点期间，对其向孵化企业出租场地、房屋以及提供孵化服务的收入，免征增值税。

二、符合非营利组织条件的科技园的收入，按照企业所得税法及其实施条例和有关税收政策规定享受企业所得税优惠政策。

三、享受本通知规定的房产税、城镇土地使用税以及营业税、增值税优惠政策的科技园，应当同时符合以下条件：

（一）科技园符合国家大学科技园条件。国务院科技和教育行政主管部门负责发布国家大学科技园名单。

（二）科技园将面向孵化企业出租场地、房屋以及提供孵化服务的业务收入在财务上单独核算。

（三）科技园提供给孵化企业使用的场地面积（含公共服务场地）占科技园可自主支配场地面积的60%以上（含60%），孵化企业数量占科技园内企业总数量的75%以上（含75%）。

公共服务场地是指科技园提供给孵化企业共享的活动场所，包括公共餐厅、接待室、会议室、展示室、活动室、技术检测室和图书馆等非营利性配套服务场地。

四、本通知所称“孵化企业”应当同时符合以下条件：

（一）企业注册地及主要研发、办公场所在科技园的工作场地内。

（二）新注册企业或申请进入科技园前企业成立时间不超过3年。

（三）企业在科技园内孵化的时间不超过48个月。海外高层次创业人才或从事生物医药、集成电路设计等特殊领域的创业企业，孵化时间不超过60个月。

（四）符合《中小企业划型标准规定》所规定的小型、微型企业划型标准。

（五）单一在孵企业使用的孵化场地面积不超过1 000平方米。从事航空航天、现代农业等特殊领域的单一在孵企业，不超过3 000平方米。

（六）企业产品（服务）属于科学技术部、财政部、国家税务总局印发的《国家重点支持的高新技术领域》规定的范围。

五、本通知所称“孵化服务”是指为孵化企业提供的属于营业税“服务业”税目中“代理业”、“租赁业”和“其他服务业”中的咨询和技术服务范围内的服务，改征增值税后是指为孵化企业提供的“经纪代理”、“经营租赁”、“研发和技术”、“信息技术”和“鉴证咨询”等服务。

六、国务院科技和教育行政主管部门负责组织对科技园是否符合本通知规定的各项条件定期进行审核确认，并向纳税人出具证明材料，列明纳税人用于孵化的房产和土地的地址、范围、面积等具体信息，并发送给国务院税务主管部门。

纳税人持相应证明材料向主管税务机关备案，主管税务机关按照《税收减免管理办法》等有关规定，以及国务院科技和教育行政主管部门发布的符合本通知规定条件的科技园名单信息，办理税收减免。

## 财政部　国家税务总局关于明确金融　房地产开发教育辅助服务等增值税政策的通知

（2016年12月21日　财税〔2016〕140号）

各省、自治区、直辖市、计划单列市财政厅（局）、国家税务局，地方税务局，新疆生产建设兵团财务局：

现将“营改增”试点期间有关金融、房地产开发、教育辅助服务等政策补充通知如下：

一、《销售服务、无形资产、不动产注释》（财税〔2016〕36号）第一条第（五）项第1点所称“保本收益、报酬、资金占用费、补偿金”，是指合同中明确承诺到期本金可全部收回的投资收益。金融商品持有期间（含到期）取得的非保本的上述收益，不属于利息或利息性质的收入，不征收增值税。

二、纳税人购入基金、信托、理财产品等各类资产管理产品持有至到期，不属于《销售服务、无形资产、不动产注释》（财税〔2016〕36号）第一条第（五）项第4点所称的金融商品转让。

三、证券公司、保险公司、金融租赁公司、证券基金管理公司、证券投资基金以及其他经人民银行、银监会、证监会、保监会批准成立且经营金融保险业务的机构发放贷款后，自结息日起90天内发生的应收未收利息按现行规定缴纳增值税，自结息日起90天后发生的应收未收利息暂不缴纳增值税，待实际收到利息时按规定缴纳增值税。

四、资管产品运营过程中发生的增值税应税行为，以资管产品管理人为增值税纳税人。

五、纳税人2016年1—4月份转让金融商品出现的负差，可结转下一纳税期，与2016年5—12月份转让金融商品销售额相抵。

六、《财政部　国家税务总局关于全面推开营业税改征增值税试点的通知》（财税〔2016〕36号）所称“人民银行、银监会或者商务部批准”、“商务部授权的省级商务主管部门和国家经济技术开发区批准”从事融资租赁业务（含融资性售后回租业务）的试点纳税人（含试点纳税人中的一般纳税人），包括经上述部门备案从事融资租赁业务的试点纳税人。

七、《营业税改征增值税试点有关事项的规定》（财税〔2016〕36号）第一条第（三）项第10点中“向政府部门支付的土地价款”，包括土地受让人向政府部门支付的征地和拆迁补偿费用、土地前期开发费用和土地出让收益等。

房地产开发企业中的一般纳税人销售其开发的房地产项目（选择简易计税方法的房地产老项目除外），在取得土地时向其他单位或个人支付的拆迁补偿费用也允许在计算销售额时扣除。纳税人按上述规定扣除拆迁补偿费用时，应提供拆迁协议、拆迁双方支付和取得拆迁补偿费用凭证等能够证明拆迁补偿费用真实性的材料。

八、房地产开发企业（包括多个房地产开发企业组成的联合体）受让土地向政府部门支付土地价款后，设立项目公司对该受让土地进行开发，同时符合下列条件的，可由项目公司按规定扣除房地产开发企业向政府部门支付的土地价款。

（一）房地产开发企业、项目公司、政府部门三方签订变更协议或补充合同，将土地受让人变更为项目公司；

（二）政府部门出让土地的用途、规划等条件不变的情况下，签署变更协议或补充合同时，土地价款总额不变；

（三）项目公司的全部股权由受让土地的房地产开发企业持有。

九、提供餐饮服务的纳税人销售的外卖食品，按照“餐饮服务”缴纳增值税。

十、宾馆、旅馆、旅社、度假村和其他经营性住宿场所提供会议场地及配套服务的活动，按照“会议展览服务”缴纳增值税。

十一、纳税人在游览场所经营索道、摆渡车、电瓶车、游船等取得的收入，按照“文化体育服务”缴纳增值税。

十二、非企业性单位中的一般纳税人提供的研发和技术服务、信息技术服务、鉴证咨询服务，以及销售技术、著作权等无形资产，可以选择简易计税方法按照3%征收率计算缴纳增值税。

非企业性单位中的一般纳税人提供《营业税改征增值税试点过渡政策的规定》（财税〔2016〕36号）第一条第（二十六）项中的“技术转让、技术开发和与之相关的技术咨询、技术服务”，可以参照上述规定，选择简易计税方法按照3%征收率计算缴纳增值税。

十三、一般纳税人提供教育辅助服务，可以选择简易计税方法按照3%征收率计算缴纳增值税。

十四、纳税人提供武装守护押运服务，按照“安全保护服务”缴纳增值税。

十五、物业服务企业为业主提供的装修服务，按照“建筑服务”缴纳增值税。

十六、纳税人将建筑施工设备出租给他人使用并配备操作人员的，按照“建筑服务”缴纳增值税。

十七、自2017年1月1日起，生产企业销售自产的海洋工程结构物，或者融资租赁企业及其设立的项目子公司、金融租赁公司及其设立的项目子公司购买并以融资租赁方式出租的国内生产企业生产的海洋工程结构物，应按规定缴纳增值税，不再适用《财政部 国家税务总局关于出口货物劳务增值税和消费税政策的通知》（财税〔2012〕39号）或者《财

政部 国家税务总局关于在全国开展融资租赁货物出口退税政策试点的通知》（财税〔2014〕62号）规定的增值税出口退税政策，但购买方或者承租方为按实物征收增值税的中外合作油（气）田开采企业的除外。

2017年1月1日前签订的海洋工程结构物销售合同或者融资租赁合同，在合同到期前，可继续按现行相关出口退税政策执行。

十八、本通知除第十七条规定的政策外，其他均自2016年5月1日起执行。此前已征的应予免征或不征的增值税，可抵减纳税人以后月份应缴纳的增值税。

## 财政部 国家税务总局关于资管产品增值税政策有关问题的补充通知

（2017年1月10日 财税〔2017〕2号）

各省、自治区、直辖市、计划单列市财政厅（局）、国家税务局，地方税务局，新疆生产建设兵团财务局：

现就《财政部 国家税务总局关于明确金融 房地产开发 教育辅助服务等增值税政策的通知》（财税〔2016〕140号）第四条规定的“资管产品运营过程中发生的增值税应税行为，以资管产品管理人为增值税纳税人”问题补充通知如下：

2017年7月1日（含）以后，资管产品运营过程中发生的增值税应税行为，以资管产品管理人为增值税纳税人，按照现行规定缴纳增值税。

对资管产品在2017年7月1日前运营过程中发生的增值税应税行为，未缴纳增值税的，不再缴纳；已缴纳增值税的，已纳税额从资管产品管理人以后月份的增值税应纳税额中抵减。

资管产品运营过程中发生增值税应税行为的具体征收管理办法，由国家税务总局另行制定。

## 财政部 税务总局关于简并增值税税率有关政策的通知

（2017年4月28日 财税〔2017〕37号）

各省、自治区、直辖市、计划单列市财政厅（局）、国家税务局、地方税务局，新疆生产建设兵团财务局：

自2017年7月1日起，简并增值税税率结构，取消13%的增值税税率。现将有关政策通知如下：

一、纳税人销售或者进口下列货物，税率为11%：

农产品（含粮食）、自来水、暖气、石油液化气、天然气、食用植物油、冷气、热水、煤气、居民用煤炭制品、食用盐、农机、饲料、农药、农膜、化肥、沼气、二甲醚、图书、报纸、杂志、音像制品、电子出版物。

上述货物的具体范围见本通知附件1。

二、纳税人购进农产品，按下列规定抵扣进项税额：

（一）除本条第（二）项规定外，纳税人购进农产品，取得一般纳税人开具的增值税专用发票或海关进口增值税专用缴款书的，以增值税专用发票或海关进口增值税专用缴款书上注明的增值税额为进项税额；从按照简易计税方法依照3%征收率计算缴纳增值税的小规模纳税人取得增值税专用发票的，以增值税专用发票上注明的金额和11%的扣除率计算进项税额；取得（开具）农产品销售发票或收购发票的，以农产品销售发票或收购发票上注明的农产品买价和11%的扣除率计算进项税额。

（二）营业税改征增值税试点期间，纳税人购进用于生产销售或委托受托加工17%税率货物的农产品维持原扣除力度不变。

（三）继续推进农产品增值税进项税额核定扣除试点，纳税人购进农产品进项税额已实行核定扣除的，仍按照《财政部 国家税务总局关于在部分行业试行农产品增值税进项税额核定扣除办法的通知》（财税〔2012〕38号）、《财政部 国家税务总局关于扩大农产品增值税进项税额核定扣除试点行业范围的通知》（财税〔2013〕57号）执行。其中，《农产品增值税进项税额核定扣除试点实施办法》（财税〔2012〕38号印发）第四条第（二）项规定的扣除率调整为11%；第（三）项规定的扣除率调整为按本条第（一）项、第（二）项规定执行。

（四）纳税人从批发、零售环节购进适用免征增值税政策的蔬菜、部分鲜活肉蛋而取得的普通发票，不得作为计算抵扣进项税额的凭证。

（五）纳税人购进农产品既用于生产销售或委托受托加工17%税率货物又用于生产销售其他货物服务的，应当分别核算用于生产销售或委托受托加工17%税率货物和其他货物服务的农产品进项税额。未分别核算的，统一以增值税专用发票或海关进口增值税专用缴款书上注明的增值税额为进项税额，或以农产品收购发票或销售发票上注明的农产品买价和11%的扣除率计算进项税额。

（六）《中华人民共和国增值税暂行条例》第八条第二款第（三）项和本通知所称销售发票，是指农业生产者销售自产农产品适用免征增值税政策而开具的普通发票。

三、本通知附件2所列货物的出口退税率调整为11%。出口货物适用的出口退税率，以出口货物报关单上注明的出口日期界定。

外贸企业2017年8月31日前出口本通知附件2所列货物，购进时已按13%税率征收增值税的，执行13%出口退税率；购进时已按11%税率征收增值税的，执行11%出口退税率。生产企业2017年8月31日前出口本通知附件2所列货物，执行13%出口退税率。出口货物的时间，按照出口货物报关单上注明的出口日期执行。

四、本通知自2017年7月1日起执行。此前有关规定与本通知规定的增值税税率、扣除率、相关货物具体范围不一致的，以本通知为准。《财政部 国家税务总局关于免征部分鲜活肉蛋产品流通环节增值税政策的通知》（财税〔2012〕75号）第三条同时废止。

五、各地要高度重视简并增值税税率工作，切实加强组织领导，周密安排，明确责任。做好实施前的各项准备以及实施过程中的监测分析、宣传解释等工作，确保简并增值税税率平稳、有序推进。遇到问题请及时向财政部和税务总局反映。

附件：1. 适用11%增值税税率货物范围注释（编者略）

2. 出口退税率调整产品清单（编者略）

# 三、财政部　国家税务总局　中国人民银行发布“营改增”试点相关文件

## （一）2016年3月18日之前“营改增”试点相关政策法规文件

### 财政部　国家税务总局　中国人民银行关于上海市开展营业税改征增值税试点有关预算管理问题的通知

（2011年11月28日　财预〔2011〕538号（已废止））

上海市财政局、上海市国家税务局、上海市地方税务局、中国人民银行上海总部、财政部驻上海市财政监察专员办事处：

根据经国务院同意的《营业税改征增值税试点方案》（财税〔2011〕110号）有关规定，为做好营业税改征增值税试点工作，加强改征后增值税（以下简称改征增值税）的预算管理，现就有关事宜通知如下：

一、关于改征增值税的收入划分。试点期间收入归属保持不变，原归属上海市的营业税收入，改征增值税后仍全部归属上海市，改征增值税税款滞纳金、罚款收入也全部归属上海市。改征增值税收入不计入中央对上海市增值税和消费税税收返还基数。因营业税改征增值税试点发生的财政收入变化，由中央和上海市按照现行财政体制相关规定分享或分担。

二、关于改征增值税的科目修订。为便于准确反映、核算改征增值税收入，从2012年起，在《政府收支分类科目》中增设1010104项“改征增值税”科目，其下设01目“改征增值税”、20目“改征增值税税款滞纳金、罚款收入”、29目“改征增值税国内退税”，增设1010105项“改征增值税出口退税”。具体修订情况及科目说明见附件。

三、关于改征增值税的收入缴库。收入上缴时，上海市各级国税部门应根据纳税人申报情况生成单独的缴款书，预算科目填列1010104项“改征增值税”下的相关目级科目，预算级次填列“地方级”。具体缴库流程按照《中华人民共和国国家金库条例实施细则》（财预字〔1989〕68号）有关规定执行，采用电子缴库方式的，按照财税库银税收收入电子缴库有关规定执行。补缴和退还本通知实施前的相关营业税，按照本通知修订后的科目和缴库办法办理。

四、关于改征增值税的收入退库。按照即征即退政策审批退库的改征增值税，全部由你市财政负担，比照现行增值税即征即退流程办理，列101010429目“改征增值税国内退

税”。改征增值税出口退税的负担比例及办理流程另行规定。

五、其他事宜。纳税人兼有适用一般计税方法计税的应税服务和销售货物或者应税劳务的，按照销项税额的比例划分应纳税额，分别作为改征增值税和现行增值税收入入库。

上海市各级财税部门、人民银行国库部门，应当认真做好改征增值税的收入收缴工作，明确区分改征增值税与现行增值税收入，防止收入混库，确保试点顺利实施。财政部驻上海市财政监察专员办事处应加强监督检查，对违反本通知规定的，依照《财政违法行为处罚处分条例》（国务院令第427号）等国家有关规定追究责任。

本通知自2012年1月1日起执行。

附件：2012年政府收支分类科目修订情况表（编者略）

## 财政部　国家税务总局　中国人民银行关于营业税改征增值税试点地区适用增值税零税率应税服务免抵退税有关预算管理问题的通知

（2012年5月15日　财预〔2012〕65号）

上海市财政局、国家税务局、地方税务局，中国人民银行上海总部，财政部驻上海市财政监察专员办事处：

根据《营业税改征增值税试点方案》（财税〔2011〕110号）和《营业税改征增值税试点地区适用增值税零税率应税服务免抵退税管理办法（暂行）》（国家税务总局公告2012年第13号），现就营业税改征增值税试点后，部分服务贸易实行零税率政策中有关预算管理问题通知如下：

一、零税率应税服务“免、抵、退”税款中退税部分由主管税务机关办理，退税资金从中央金库统一支付。

二、从2012年起，在《政府收支分类科目》1010105项“改征增值税出口退税”下增设01目“改征增值税出口退税”。具体科目及说明见附件。

三、免抵税款调库办法另行下达。

附件：2012年政府收支分类科目修订情况表（编者略）

## 财政部　中国人民银行　国家税务总局关于营业税改征增值税试点有关预算管理问题的通知

（2012年8月17日　财预〔2012〕367号（已废止））

北京、天津、江苏、浙江、安徽、福建、湖北、宁波、厦门、深圳、广东省（直辖市、计划单列市）财政厅（局）、国家税务局、地方税务局；中国人民银行营业管理部，天津、南京、武汉、广州分行，杭州、合肥、福州中心支行，宁波、厦门、深圳市中心支行；财政部驻北京、天津、江苏、浙江、安徽、福建、湖北、宁波、厦门、深圳、广东省（直辖市、计划单列市）财政监察专员办事处：

根据经国务院同意的《营业税改征增值税试点方案》（财税〔2011〕110号）有关规定，为做好营业税改征增值税扩大试点工作，现就今年扩大试点地区改征增值税（以下简称改征增值税）后有关预算管理事宜通知如下：

一、关于改征增值税的收入划分。试点期间收入归属保持不变，原归属试点地区的营业税收入，改征增值税后仍全部归属试点地区，改征增值税税款滞纳金、罚款收入也全部归属试点地区。改征增值税收入不计入中央对试点地区增值税和消费税税收返还基数。因营业税改征增值税试点发生的财政收入变化，由中央和试点地区按照现行财政体制相关规定分享或分担。

二、关于改征增值税的科目修订。为便于准确反映、核算改征增值税收入，从2012年起，在《政府收支分类科目》中增设1010104项“改征增值税”科目，其下设01目“改征增值税”、20目“改征增值税税款滞纳金、罚款收入”、29目“改征增值税国内退税”。具体修订情况及科目说明见附件。

三、关于改征增值税的收入缴库。收入上缴时，试点地区各级国税部门应根据纳税人申报情况生成单独的缴款书，预算科目填列1010104项“改征增值税”下的相关目级科目，预算级次填列“地方级”。具体缴库流程按照《中华人民共和国国家金库条例实施细则》（（89）财预字第68号）有关规定执行，采用电子缴库方式的，按照财税库银税收收入电子缴库有关规定执行。补缴和退还本通知实施前的相关营业税，按照本通知修订前的原科目和缴库办法办理。

四、关于改征增值税的收入退库。按照即征即退政策审批退库的改征增值税，全部由试点地区财政负担，比照现行增值税即征即退流程办理，列101010429目“改征增值税国内退税”。改征增值税出口退税的负担比例及办理流程另行规定。

五、其他事宜。纳税人兼有适用一般计税方法计税的应税服务和销售货物或者应税劳务的，按照销项税额的比例划分应纳税额，分别作为改征增值税和现行增值税收入入库。

扩大试点地区各级财税部门、人民银行国库部门，应当认真做好改征增值税的收入收缴工作，明确区分改征增值税与现行增值税收入，防止收入混库，确保试点顺利实施。财政部驻扩大试点地区财政监察专员办事处应加强监督检查，对违反本通知规定的，依照《财政违法行为处罚处分条例》（国务院令第427号）等国家有关规定追究责任。

本通知自试点地区扩大试点实施之日起施行。

附件：2012年政府收支分类科目修订情况表（编者略）

## 财政部　中国人民银行　国家税务总局关于营业税改征增值税试点有关预算管理问题的通知

（2013年6月28日　财预〔2013〕275号）

各省、自治区、直辖市、计划单列市财政厅（局）、国家税务局、地方税务局，新疆生产建设兵团财务局，中国人民银行上海总部、各分行、营业管理部、省会（首府）城市中心支行、大连、青岛、宁波、厦门、深圳市中心支行，财政部驻各省、直辖市、计划单列市财政监察专员办事处：

经国务院批准，自2013年8月1日起，在全国范围内开展交通运输业和部分现代服务业营业税改征增值税试点，为做好试点期间营业税改征增值税（以下简称改征增值税）的预算管理工作，现就有关事宜通知如下：

一、关于改征增值税的收入划分

试点期间收入归属保持不变，原归属地方的营业税收入，改征增值税后仍全部归属地方，改征增值税税款滞纳金、罚款收入也全部归属地方。按照即征即退政策审批退库的改征增值税，全部由地方财政负担。改征增值税收入不计入中央对地方增值税和消费税税收返还基数。试点期间因营业税改征增值税试点发生的财政收入变化，由中央和地方按照现行财政体制相关规定分享或分担。

改征增值税试点前服务贸易出口原免征营业税部分仍由地方负担，新增加的改征增值税出口退税按照现行财政体制由中央与地方按92.5:7.5的比例负担，地方应负担的部分通过年终结算据实上解中央。

二、关于改征增值税适用的科目

改征增值税的收缴、退库和调库，按照下表所列的科目执行：（编者略）

三、关于改征增值税的收入缴库

试点期间改征增值税收入上缴时，各级国税部门应根据纳税人申报情况在税收缴款书上单独填列，预算级次填列“地方级”。具体缴库流程按照《中华人民共和国国家金库条例实施细则》有关规定执行，采用电子缴库方式的，按照财税库银税收收入电子缴库有关规定执行。补缴或退还试点前实现的相关营业税，仍通过试点前的有关科目办理。

四、关于改征增值税的收入退库

按照即征即退政策审批退库的改征增值税比照现行增值税即征即退流程办理。

根据国家税务总局公告2012年第13号《营业税改征增值税试点地区适用增值税零税率应税服务免抵退税管理办法（暂行）》，营业税改征增值税试点期间，服务贸易出口适用增值税零税率的，采用“免抵退税”办法，即零税率应税服务提供者提供零税率应税服务，免征增值税，相应的进项税额抵减应纳增值税额，未抵减完的部分予以退还，退税资金由中央国库统一支付。税务部门将审核通过的上述免抵税数额，以正式文件通知同级国库办理调库。调库的具体方法是：按零税率应税服务的免抵税数额，调增由营业税改征的增值税，同时相应增加中央出口退税。各级国库依据税务部门开具的更正（调库）通知书、收入退还书等凭证和文件办理相关业务。

五、其他事宜

纳税人兼有适用一般计税方法计税的应税服务、销售货物或应税劳务的，按照销项税额的比例划分应纳税额，分别作为改征增值税和现行增值税收入入库。

各级财税部门、人民银行国库部门应当认真做好改征增值税的收入收缴工作，明确区分改征增值税与现行增值税收入，防止收入混库，确保试点顺利实施。

财政部驻各省、自治区、直辖市、计划单列市财政监察专员办事处应加强监督检查。对于检查中发现的违法行为，依照《财政违法行为处罚处分条例》（国务院令第427号）等有关规定追究责任。

本通知自2013年8月1日起执行。《财政部 中国人民银行 国家税务总局关于上海市开展营业税改征增值税试点有关预算管理问题的通知》（财预〔2011〕538 号）、《财政部 中国人民银行 国家税务总局关于营业税改征增值税试点有关预算管理问题的通知》（财预〔2012〕367 号）、《财政部关于营业税改征增值税试点期间服务贸易出口退税有关问题的通知》（财预〔2012〕372 号）同时废止。

## 财政部　国家税务总局　中国人民银行关于铁路运输和邮政业纳入营业税改征增值税试点有关预算管理问题的通知

（2013 年 12 月 25 日　财预〔2013〕442 号）

各省、自治区、直辖市、计划单列市财政厅（局）、国家税务局、地方税务局，新疆生产建设兵团财务局，中国人民银行上海总部、各分行、营业管理部、省会（首府）城市中心支行、大连、青岛、宁波、厦门、深圳市中心支行，财政部驻各省、自治区、直辖市、计划单列市财政监察专员办事处：

根据《财政部　国家税务总局关于将铁路运输和邮政业纳入营业税改征增值税试点的通知》（财税〔2013〕106 号），自 2014 年 1 月 1 日起，在全国范围内开展铁路运输和邮政业营业税改征增值税试点。为做好试点期间营业税改征增值税（以下简称改征增值税）预算管理工作，现就有关事宜通知如下：

一、关于收入划分

铁路运输和邮政业改征增值税试点期间，收入归属保持不变，原归属中央的铁路建设基金营业税收入，改征增值税后仍归属中央；原归属地方的营业税收入，改征增值税后继续归属地方。改征增值税税款滞纳金、罚款收入按照上述原则确定归属。改征增值税收入不计入中央对试点地区增值税和消费税税收返还基数。因营业税改征增值税试点发生的财政收入变化，由中央和试点地区按照现行财政体制相关规定分享或分担。

二、关于改征增值税适用科目

邮政业、铁路运输企业和铁路建设基金改征增值税收入列 101010401 目“改征增值税”，改征增值税税款滞纳金、罚款收入列 101010420 目“改征增值税税款滞纳金、罚款收入”。补缴或退还试点前实现的营业税收入，仍通过试点前的科目办理。同时对《2014 年政府收支分类科目》中的有关科目作如下调整：

将 101010401 目“改征增值税”的科目说明由“地方收入”科目调整为“中央与地方共用收入科目。反映实施营业税改征增值税试点期间由营业税改征的增值税。铁路建设基金营业税改征增值税为中央收入，其他均为地方收入。”

将 101010420 目“改征增值税税款滞纳金、罚款收入”的科目说明由“地方收入”科目调整为“中央与地方共用收入科目。反映改征增值税税款滞纳金、罚款收入。铁路建设基金营业税改征增值税税款滞纳金、罚款收入为中央收入，其他均为地方收入”。

增设 101010402 目“中国铁路总公司改征增值税待分配收入”，科目说明为“中央收入科目。反映待分配的中国铁路总公司集中缴纳的铁路运输企业营业税改征增值税。在中央和地方财政统计改征增值税收入时对本科目不作统计，以免重复计算”。

具体调整情况见附件。(编者略)

三、关于其他预算管理问题

关于铁路运输和邮政业改征增值税的出口退税、收入缴库、收入退库等其他预算管理问题，仍按照《财政部 中国人民银行 国家税务总局关于营业税改征增值税试点有关预算管理问题的通知》(财预〔2013〕275号)规定执行。

营业税改征增值税后，铁路运输企业税收收入分配办法、缴库程序、退库程序等事宜仍按照《财政部 国家税务总局 中国人民银行关于调整铁路运输企业税收收入划分办法的通知》(财预〔2012〕383号)、《国家税务总局 中国人民银行 财政部关于跨省合资铁路企业跨地区税收分享入库有关问题的通知》(国税发〔2012〕116号)有关规定执行。

本通知自2014年1月1日起执行。

附件：政府收支分类科目修订前后对照表(编者略)

### (二) 2016年3月18日之后“营改增”试点相关政策法规文件

(无)

## 四、财政部发布“营改增”试点相关文件

### (一) 2016年3月18日之前“营改增”试点相关政策法规文件

#### 财政部关于印发《营业税改征增值税试点有关企业会计处理规定》的通知

(2012年7月5日 财会〔2012〕13号(已废止))

财政部、国务院有关部委、有关直属机构，各省、自治区、直辖市、计划单列市财政厅(局)，新疆生产建设兵团财务局，财政部驻各省、自治区、直辖市、计划单列市财政监察专员办事处：

为配合营业税改征增值税试点工作，根据《财政部 国家税务总局关于印发〈营业税改征增值税试点方案〉的通知》(财税〔2011〕110号)等相关规定，我们制定了《营业税改征增值税试点有关企业会计处理规定》，请布置本地区相关企业执行。执行中有何问题，请及时反馈我部。

附件：营业税改征增值税试点有关企业会计处理规定(编者略)

## （二）2016年3月18日之后“营改增”试点相关政策法规文件

### 财政部关于印发《增值税会计处理规定》的通知

（2016年12月3日　财会〔2016〕22号）

国务院有关部委，有关中央管理企业，各省、自治区、直辖市、计划单列市财政厅（局），新疆生产建设兵团财务局，财政部驻各省、自治区、直辖市、计划单列市财政监察专员办事处：

为进一步规范增值税会计处理，促进《关于全面推开营业税改征增值税试点的通知》（财税〔2016〕36号）的贯彻落实，我们制定了《增值税会计处理规定》，现印发给你们，请遵照执行。

附件：增值税会计处理规定（编者略）

# 五、国家税务总局发布“营改增”试点相关文件

## （一）2016年3月18日之前“营改增”试点相关政策法规文件

### 国家税务总局关于调整增值税纳税申报有关事项的公告

（2011年12月2日　国家税务总局公告2011年第66号）

根据《财政部　国家税务总局关于在上海市开展交通运输业和部分现代服务业营业税改征增值税试点的通知》（财税〔2011〕111号），现就调整增值税纳税申报有关事项公告如下：

一、非试点地区有关事项（编者略）

二、试点地区增值税纳税申报由上海市国家税务局确定，报国家税务总局备案。

三、各地税务机关应做好纳税人增值税纳税申报宣传和培训辅导工作。

四、本公告自2012年1月1日起执行。

特此公告。

附件：1. 增值税纳税申报表（适用于一般纳税人）（编者略）

2.《增值税纳税申报表（适用于增值税一般纳税人）》及其附表填表说明（编者略）

3. 增值税纳税申报表（适用小规模纳税人）（编者略）

# 国家税务总局关于启用货物运输业增值税专用发票的公告

（2011 年 12 月 15 日 国家税务总局公告 2011 年第 74 号）

2012 年 1 月 1 日起，将在部分地区和行业开展深化增值税制度改革试点，逐步将营业税改征增值税。为保障改革试点的顺利实施，税务总局决定启用货物运输业增值税专用发票。现将有关事项公告如下：

一、货物运输业增值税专用发票，是增值税一般纳税人提供货物运输服务（暂不包括铁路运输服务）开具的专用发票，其法律效力、基本用途、基本使用规定及安全管理要求等与现有增值税专用发票一致。

二、货物运输业增值税专用发票的联次和用途货物运输业增值税专用发票分为三联票和六联票，第一联：记账联，承运人记账凭证；第二联：抵扣联，受票方扣税凭证；第三联：发票联，受票方记账凭证；第四联至第六联由发票使用单位自行安排使用。

三、货物运输业增值税专用发票纸张、式样、内容及防伪措施（编者略）

四、货物运输业增值税专用发票的发售价格与增值税专用发票的发售价格一致。

五、本公告自 2012 年 1 月 1 日起施行。

特此公告。

附件：货物运输业增值税专用发票票样（编者略）

# 国家税务总局关于营业税改征增值税试点有关税收征收管理问题的公告

（2011 年 12 月 26 日 国家税务总局公告 2011 年第 77 号（已废止））

经国务院批准，自 2012 年 1 月 1 日起，在部分地区部分行业开展深化增值税制度改革试点，逐步将营业税改征增值税。为保障改革试点的顺利实施，现将税收征收管理有关问题公告如下：

一、关于试点地区发票使用问题（编者略）

二、税控系统使用有关问题（编者略）

三、货运专用发票开具有关问题（编者略）

四、货运专用发票管理有关问题（编者略）

五、本公告自 2012 年 1 月 1 日起实施。

特此公告。

附件：1. 开具红字货物运输业增值税专用发票申请单（编者略）

2. 开具红字货物运输业增值税专用发票通知单（编者略）

## 国家税务总局关于发布《营业税改征增值税试点地区适用增值税零税率应税服务免抵退税管理办法（暂行）》的公告

（2012年4月5日　国家税务总局公告2012年第13号（已废止））

为确保营业税改征增值税试点工作顺利实施，根据《财政部　国家税务总局关于应税服务适用增值税零税率和免税政策的通知》（财税〔2011〕131号）等相关规定，经商财政部，国家税务总局制定了《营业税改征增值税试点地区适用增值税零税率应税服务免抵退税管理办法（暂行）》。现予以发布，自2012年1月1日起施行。

零税率应税服务提供者目前暂按出口货物退（免）税申报系统中出口货物免抵退税申报表格式报送申报表和电子申报数据，申报表填表口径和方法由上海市国税局另行明确。本办法附件1、附件2、附件3启用时间另行通知。与本办法相关的财政负担机制、免抵税款调库方式另行明确。

特此公告。

附件：1. 零税率应税服务（国际运输）免抵退税申报明细表（编者略）
　　　2. 应税服务（研发、设计服务）免抵退税申报明细表（编者略）
　　　3. 向境外单位提供研发、设计服务收讫营业款明细清单（编者略）

## 国家税务总局关于中国东方航空股份有限公司增值税计算缴纳有关问题的公告

（2012年7月3日　国家税务总局公告2012年第32号（已废止））

根据《财政部　国家税务总局关于中国东方航空公司执行总机构试点纳税人增值税计算缴纳暂行办法的通知》（财税〔2011〕132号，以下称《通知》），现将中国东方航空股份有限公司增值税计算缴纳有关问题公告如下：

一、上海航空有限公司的应征增值税销售额和进项税额，应由中国东方航空股份有限公司并入总机构汇总计算应交增值税并申报纳税。

二、“中国东方航空公司总机构及其分支机构名单”（《通知》附件2）分支机构项下增补“中国东方航空股份有限公司云南分公司”、“中国东方航空股份有限公司济南飞行运营基地”。

三、本公告自2012年1月1日起施行。

特此公告。

## 国家税务总局关于北京等8省市营业税改征增值税试点增值税一般纳税人资格认定有关事项的公告

（2012年8月10日　国家税务总局公告2012年第38号）

根据《财政部　国家税务总局关于在北京等8省市开展交通运输业和部分现代服务业营业税改征增值税试点的通知》（财税〔2012〕71号）、《财政部　国家税务总局关于在上海市开展交通运输业和部分现代服务业营业税改征增值税试点的通知》（财税〔2011〕111号）及《增值税一般纳税人资格认定管理办法》（国家税务总局令第22号），现就试点纳税人有关增值税一般纳税人资格认定事项公告如下：（编者略）

特此公告。

## 国家税务总局关于北京等8省市营业税改征增值税试点有关税收征收管理问题的公告

（2012年8月24日　国家税务总局公告2012年第42号（已废止））

为了认真贯彻落实《财政部　国家税务总局关于在北京等8省市开展交通运输业和部分现代服务业营业税改征增值税试点的通知》（财税〔2012〕71号）精神，保障改革试点的顺利实施，现将税收征收管理有关问题公告如下：

一、关于试点地区发票使用问题（编者略）

二、关于试点地区发票管理问题（编者略）

三、关于货运专用发票开具问题（编者略）

四、关于货运专用发票管理问题（编者略）

本公告所称试点实施之日是指财税〔2012〕71号文件规定的完成新旧税制转换之日。

特此公告。

附件：1. 开具红字货物运输业增值税专用发票申请单（编者略）

2. 开具红字货物运输业增值税专用发票通知单（编者略）

## 国家税务总局关于北京等8省市营业税改征增值税试点增值税纳税申报有关事项的公告

（2012年8月27日　国家税务总局公告2012年第43号）

根据《财政部　国家税务总局关于在北京等8省市开展交通运输业和部分现代服务业营业税改征增值税试点的通知》（财税〔2012〕71号），现就北京等8个省（直辖市）（以下简称试点8省市）增值税纳税人增值税纳税申报有关事项公告如下：

一、试点8省市自营业税改征增值税试点实施之日税款所属期起，其所辖全部增值税纳税人均应按照本公告的规定进行增值税纳税申报。

二、纳税申报资料（编者略）

三、主管税务机关应做好增值税纳税申报的宣传、辅导和培训工作。

特此公告。

附件：1.《增值税纳税申报表（适用于增值税一般纳税人）》及其附列资料（编者略）

2.《增值税纳税申报表（适用于增值税一般纳税人）》及其附列资料填表说明（编者略）

3.《增值税纳税申报表（适用于增值税小规模纳税人）》及其附列资料（编者略）

4.《增值税纳税申报表（适用于增值税小规模纳税人）》及其附列资料填表说明（编者略）

## 国家税务总局关于营业税改征增值税试点中非居民企业缴纳企业所得税有关问题的公告

（2013年2月19日　国家税务总局公告2013年第9号）

现将营业税改征增值税试点中非居民企业缴纳企业所得税有关问题公告如下：

营业税改征增值税试点中的非居民企业，取得《中华人民共和国企业所得税法》第三条第三款规定的所得，在计算缴纳企业所得税时，应以不含增值税的收入全额作为应纳税所得额。

本公告自发布之日起施行。

特此公告。

## 国家税务总局关于营业税改征增值税总分机构试点纳税人增值税纳税申报有关事项的公告

（2013年5月7日　国家税务总局公告2013年第22号（已废止））

根据《财政部　国家税务总局关于印发〈总分机构试点纳税人增值税计算缴纳暂行办法〉的通知》（财税〔2012〕84号）、《国家税务总局关于北京等8省市营业税改征增值税试点增值税纳税申报有关事项的公告》（国家税务总局公告2012年第43号）有关规定，现将营业税改征增值税试点期间总分机构试点纳税人增值税纳税申报有关事项公告如下：

一、经财政部和国家税务总局批准，适用财税〔2012〕84号文件，计算缴纳增值税的总机构试点纳税人（以下简称总机构）及其试点地区分支机构，应按照本公告规定进行增值税纳税申报。

二、关于总机构纳税申报事项（编者略）

三、关于试点地区分支机构纳税申报事项（编者略）

四、各地税务机关应做好总分机构试点纳税人增值税纳税申报的宣传和辅导工作。

五、本公告自2013年6月1日起施行。调整后的《增值税纳税申报表附列资料（一）》同时适用于营业税改征增值税试点地区增值税一般纳税人，国家税务总局公告2012年第43号附件1中的《增值税纳税申报表附列资料（一）》同时废止。

特此公告。

附件：增值税纳税申报表附列资料（一）（编者略）

## 国家税务总局关于交通运输业和部分现代服务业营业税改征增值税试点增值税一般纳税人资格认定有关事项的公告

（2013年5月31日　国家税务总局公告2013年第28号（已废止））

根据《财政部　国家税务总局关于在北京等8省市开展交通运输业和部分现代服务业营业税改征增值税试点的通知》（财税〔2012〕71号）、《财政部　国家税务总局关于在上海市开展交通运输业和部分现代服务业营业税改征增值税试点的通知》（财税〔2011〕111号）及《增值税一般纳税人资格认定管理办法》（国家税务总局令第22号），现就试点纳税人有关增值税一般纳税人资格认定事项公告如下：

（编者略）

特此公告。

## 国家税务总局关于调整增值税纳税申报有关事项的公告

（2013年6月19日　国家税务总局公告2013年第32号（已废止））

根据《中华人民共和国增值税暂行条例》及其实施细则、《财政部　国家税务总局关于在全国开展交通运输业和部分现代服务业营业税改征增值税试点税收政策的通知》（财税〔2013〕37号），国家税务总局对增值税纳税申报有关事项进行了调整，现公告如下：

一、中华人民共和国境内增值税纳税人均应按照本公告的规定进行增值税纳税申报。

二、纳税申报资料。（编者略）

三、主管税务机关应做好增值税纳税申报的宣传和辅导工作。

四、本公告自2013年9月1日起施行。《国家税务总局关于调整增值税纳税申报有关事项的公告》（国家税务总局公告2011年第66号）、《国家税务总局关于北京等8省市营业税改征增值税试点增值税纳税申报有关事项的公告》（国家税务总局公告2012年第43号）同时废止。

特此公告。

附件：1.《增值税纳税申报表（一般纳税人适用）》及其附列资料（编者略）

2.《增值税纳税申报表（一般纳税人适用）》及其附列资料填写说明（编者略）

3.《增值税纳税申报表（小规模纳税人适用）》及其附列资料（编者略）

4.《增值税纳税申报表（小规模纳税人适用）》及其附列资料填写说明（编者略）

## 国家税务总局关于增值税一般纳税人资格认定有关事项的公告

（2013 年 6 月 21 日　国家税务总局公告 2013 年第 33 号（已废止））

根据《中华人民共和国增值税暂行条例实施细则》（财政部　国家税务总局第 50 号令）、《财政部　国家税务总局关于在全国开展交通运输业和部分现代服务业营业税改征增值税试点税收政策的通知》（财税〔2013〕37 号），现就增值税一般纳税人资格认定有关事项公告如下：

一、销售货物或者提供加工、修理修配劳务的纳税人，进行增值税一般纳税人资格认定时，其小规模纳税人资格适用条件，按照财政部、国家税务总局第50号令第二十九条：“年应税销售额超过小规模纳税人标准的其他个人按小规模纳税人纳税；非企业性单位、不经常发生应税行为的企业可选择按小规模纳税人纳税”规定执行。

二、提供应税服务的营业税改征增值税试点纳税人，进行增值税一般纳税人资格认定时，其小规模纳税人资格适用条件，按照《交通运输业和部分现代服务业营业税改征增值税试点实施办法》（财税〔2013〕37 号附件 1）第三条第三款：“应税服务年销售额超过规定标准的其他个人不属于一般纳税人；不经常提供应税服务的非企业性单位、企业和个体工商户可选择按照小规模纳税人纳税”规定执行。

三、兼有销售货物、提供加工修理修配劳务以及应税服务的纳税人，应税货物及劳务销售额与应税服务销售额分别计算，分别适用增值税一般纳税人资格认定标准。

兼有销售货物、提供加工修理修配劳务以及应税服务，且不经常发生应税行为的非企业性单位、企业和个体工商户可选择按照小规模纳税人纳税。

四、除国家税务总局另有规定外，增值税一般纳税人资格认定具体程序，按照《增值税一般纳税人资格认定管理办法》（国家税务总局令第 22 号）相关规定执行。

五、本公告自 2013 年 8 月 1 日起施行。

特此公告。

## 国家税务总局关于营业税改征增值税试点中文化事业建设费征收有关事项的公告

（2013 年 6 月 28 日　国家税务总局公告 2013 年第 35 号（已废止））

根据《财政部　国家税务总局关于在全国开展交通运输业和部分现代服务业营业税改征增值税试点税收政策的通知》（财税〔2013〕37 号）、《财政部　国家税务总局关于营业税改征增值税试点中文化事业建设费征收有关问题的通知》（财综〔2012〕68 号）、《财政部　国家税务总局关于营业税改征增值税试点中文化事业建设费征收有关问题的补充通知》

（财综〔2012〕96 号）的规定，现将营业税改征增值税（以下简称“营改增”）试点中文化事业建设费征收有关事项公告如下：

一、按照财税〔2013〕37 号文件规定，纳入“营改增”试点范围，适用财综〔2012〕68 号通知，缴纳和扣缴文化事业建设费的单位和个人，应按照《国家税务总局关于营业税改征增值税试点文化事业建设费缴费信息登记有关事项的公告》（国家税务总局公告 2012 年第 50 号）、《国家税务总局关于营业税改征增值税试点文化事业建设费申报有关事项的公告》（国家税务总局公告 2012 年第 51 号）的规定，向主管税务机关申报办理文化事业建设费缴费信息登记和申报缴纳文化事业建设费。

二、“营改增”试点期间，适用财综〔2012〕96 号文件第三条规定，免征文化事业建设费的个人（包括个体工商户和其他个人），可以不进行文化事业建设费申报。

三、主管税务机关应做好文化事业建设费政策宣传工作。

四、本公告自 2013 年 8 月 1 日起施行。

特此公告。

# 国家税务总局关于在全国开展营业税改征增值税试点有关征收管理问题的公告

（2013 年 7 月 10 日　国家税务总局公告 2013 年第 39 号（条款失效））

为了贯彻落实《财政部　国家税务总局关于在全国开展交通运输业和部分现代服务业营业税改征增值税试点税收政策的通知》（财税〔2013〕37 号）精神，保障营业税改征增值税（以下简称“营改增”）改革试点的顺利实施，现将征收管理有关问题公告如下：

一、关于纳税人发票使用问题（编者略）

二、关于税控系统使用问题（编者略）

三、关于增值税专用发票（增值税税控系统）最高开票限额审批问题（编者略）

四、关于货运专票开具问题（编者略）

五、关于货运专票管理问题（编者略）

六、本公告自 2013 年 8 月 1 日起实施，《国家税务总局关于修订〈增值税专用发票使用规定〉的通知》（国税发〔2006〕156 号）第五条、《国家税务总局关于营业税改征增值税试点有关税收征收管理问题的公告》（国家税务总局公告 2011 年第 77 号）、《国家税务总局关于北京等 8 省市营业税改征增值税试点有关税收征收管理问题的公告》（国家税务总局公告 2012 年第 42 号）同时废止。

特此公告。

附件：1. 代开货物运输业增值税专用发票缴纳税款申报单（编者略）

2. 增值税专用发票最高开票限额申请表（编者略）

3. 开具红字货物运输业增值税专用发票申请单（编者略）

4. 开具红字货物运输业增值税专用发票通知单（编者略）

5. 丢失货物运输业增值税专用发票已报税证明单（编者略）

# 国家税务总局关于发布《适用增值税零税率应税服务退（免）税管理办法（暂行）》的公告

（2013 年 8 月 7 日 国家税务总局公告 2013 年第 47 号（已废止））

为确保营业税改征增值税扩大试点工作顺利实施，根据《财政部 国家税务总局关于在全国开展交通运输业和部分现代服务业营业税改征增值税试点税收政策的通知》（财税〔2013〕37 号）等相关规定，制定了《适用增值税零税率应税服务退（免）税管理办法（暂行）》。现予以发布，自 2013 年 8 月 1 日起施行。《国家税务总局关于发布〈营业税改征增值税试点地区适用增值税零税率应税服务免抵退税管理办法（暂行）〉的公告》（国家税务总局公告 2012 年第 13 号）同时废止。

特此公告。

附件：1. 零税率应税服务（国际运输/港澳台运输）免抵退税申报明细表（编者略）

2. 零税率应税服务（研发服务/设计服务）免抵退税申报明细表（编者略）

3. 向境外单位提供研发服务/设计服务收讫营业款明细清单（编者略）

4. 外贸企业兼营零税率应税服务明细申报表（编者略）

5. 提供零税率应税服务放弃适用增值税零税率声明（编者略）

适用增值税零税率应税服务退（免）税管理办法（暂行）（编者略）

# 国家税务总局关于暂免征收部分小微企业增值税和营业税政策有关问题的公告

（2013 年 8 月 21 日 国家税务总局公告 2013 年第 49 号（已废止））

为进一步支持小微企业发展，现将《财政部 国家税务总局关于暂免征收部分小微企业增值税和营业税的通知》（财税〔2013〕52 号，以下简称《通知》）有关问题公告如下：

一、《通知》中“月销售额不超过 2 万元”、“月营业额不超过 2 万元”，是指月销售额或营业额在 2 万元以下（含 2 万元，下同）。月销售额或营业额超过 2 万元的，应全额计算缴纳增值税或营业税。

二、以 1 个季度为纳税期限的增值税小规模纳税人和营业税纳税人中，季度销售额或营业额不超过 6 万元（含 6 万元，下同）的企业或非企业性单位，可按照《通知》规定，暂免征收增值税或营业税。

三、增值税小规模纳税人中的企业或非企业性单位，兼营营业税应税项目的，应当分别核算增值税应税项目的销售额和营业税应税项目的营业额，月销售额不超过 2 万元（按季纳税 6 万元）的暂免征收增值税，月营业额不超过 2 万元（按季纳税 6 万元）的，暂免征收营业税。

四、增值税小规模纳税人中的企业或非企业性单位，月销售额不超过 2 万元（按季纳税

6 万元）的，当期因代开增值税专用发票（含货物运输业增值税专用发票）和普通发票已经缴纳的税款，在发票全部联次追回后可以向主管税务机关申请退还。

五、本公告自 2013 年 8 月 1 日起执行。

特此公告。

## 关于发布《营业税改征增值税跨境应税服务增值税免税管理办法（试行）》的公告

（2013 年 9 月 13 日　国家税务总局公告 2013 年第 52 号）

为规范跨境应税服务的税收管理，根据增值税现行有关规定，国家税务总局制定了《营业税改征增值税跨境应税服务增值税免税管理办法（试行）》，现予以发布。

特此公告。

营业税改征增值税跨境应税服务增值税免税管理办法（试行）（编者略）

## 国家税务总局关于铁路货运组织改革后两端物流服务有关营业税和增值税问题的公告

（2013 年 9 月 24 日　国家税务总局公告 2013 年第 55 号）

现将铁路货运组织改革后两端物流服务有关营业税和增值税问题公告如下：

铁路货运组织改革后，铁路局所属运输站段提供的装卸业务、煤炭抑尘业务、门到站和站到门的短途运输业务（主要包括公路短途运输、内河短途运输）、装载加固业务、铁路货场内的仓储业务等两端物流服务，不属于《国家税务总局关于中央铁路征收营业税问题的通知》（国税发〔2002〕44 号）规定的集中缴纳营业税的中央铁路客货运服务范围，应按照现行营业税和增值税政策规定，由提供服务的纳税人向其机构所在地主管税务机关申报缴纳营业税或增值税。

## 国家税务总局关于营业税改征增值税试点有关文化事业建设费登记与申报事项的公告

（2013 年 11 月 11 日　国家税务总局公告 2013 年第 64 号）

根据《财政部　国家税务总局关于营业税改征增值税试点有关文化事业建设费征收管理问题的通知》（财综〔2013〕88 号），现将文化事业建设费登记与申报有关事项公告如下：

一、登记事项

凡应缴纳和扣缴文化事业建设费的单位和个人（以下简称缴纳人、扣缴人），须按以下规定填写《文化事业建设费登记表》（附件1），向主管税务机关申报办理文化事业建设费登记事项。

（一）缴纳人、扣缴人在办理税务登记或扣缴税款登记的同时，办理文化事业建设费登记。

（二）本公告发布之日前已经办理税务登记或扣缴税款登记，但未办理文化事业建设费登记的缴纳人、扣缴人，应在本公告发布后，首次申报缴纳文化事业建设费前，补办登记事项。

（三）不经常发生文化事业建设费应缴纳行为或按规定不需要办理税务登记、扣缴税款登记的缴纳人、扣缴人，可以在首次文化事业建设费应缴纳行为发生后，办理登记事项。

二、申报事项

（一）缴纳人、扣缴人应在申报期内分别向主管税务机关报送《文化事业建设费申报表》（附件2）、《文化事业建设费代扣代缴报告表》（附件3，以下简称申报表）。申报数据实行电子信息采集的缴纳人、扣缴人，其纸质申报表按照各省税务机关的要求报送。

（二）缴纳人计算缴纳文化事业建设费时，允许从提供相关应税服务所取得的全部含税价款和价外费用中减除有关价款的，应根据取得的合法有效凭证逐一填列《应税服务扣除项目清单》（附件4），作为申报表附列资料，向主管税务机关同时报送。

缴纳人应将合法有效凭证的复印件加盖财务印章后编号并装订成册，作为备查资料并妥善保管，以备税务机关检查审核。

（三）文化事业建设费的申报期限与缴纳人、扣缴人的增值税申报期限相同。

三、本公告自2014年1月1日起施行。《国家税务总局关于营业税改征增值税试点文化事业建设费缴费信息登记有关事项的公告》（国家税务总局公告2012年第50号）、《国家税务总局关于营业税改征增值税试点文化事业建设费申报有关事项的公告》（国家税务总局公告2012年第51号）、《国家税务总局关于营业税改征增值税试点中文化事业建设费征收有关事项的公告》（国家税务总局公告2013年第35号）同时废止。

特此公告。

附件：1.《文化事业建设费登记表》及填表说明（编者略）

2.《文化事业建设费申报表》及填表说明（编者略）

3.《文化事业建设费代扣代缴报告表》及填表说明（编者略）

4.《应税服务减除项目清单》及填表说明（编者略）

## 国家税务总局关于发布《航空运输企业增值税征收管理暂行办法》的公告

（2013年11月28日 国家税务总局公告2013年第68号）

为解决营业税改征增值税试点期间航空运输企业总分机构缴纳增值税问题，国家税务总局制定了《航空运输企业增值税征收管理暂行办法》，现予以发布。

《财政部 国家税务总局关于部分航空运输企业总分机构增值税计算缴纳问题的通知》（财税〔2013〕86号）附件1列明的航空运输企业总分机构，自2013年8月1日起按本办法计算缴纳增值税；附件 2 列明的航空运输企业总分机构，自 2013 年 10 月 1 日起按本办法计算缴纳增值税。

《国家税务总局关于发布〈营业税改征增值税试点期间航空运输企业增值税征收管理暂行办法〉的公告》（2013 年第 7 号）自 2013 年 10 月 1 日起废止。

特此公告。

附件：航空运输企业增值税征收管理暂行办法（编者略）

## 国家税务总局关于营业税改征增值税试点增值税一般纳税人资格认定有关事项的公告

（2013 年 12 月 16 日　国家税务总局公告 2013 年第 75 号（已废止））

为了保障营业税改征增值税（以下简称“营改增”）试点工作的顺利实施，现将纳入“营改增”试点范围的纳税人（以下简称试点纳税人）办理增值税一般纳税人资格认定有关事项公告如下：

一、试点纳税人应按照本公告规定办理增值税一般纳税人资格认定。

二、除本公告第三条规定的情形外，“营改增”试点实施前（以下简称试点实施前）应税服务年销售额超过 500 万元的试点纳税人，应向国税主管税务机关（以下简称主管税务机关）申请办理增值税一般纳税人资格认定手续。

试点纳税人试点实施前的应税服务年销售额按以下公式换算：应税服务年销售额 = 连续不超过 12 个月应税服务营业额合计 ÷（1 + 3%）

按照现行营业税规定差额征收营业税的试点纳税人，其应税服务营业额按未扣除之前的营业额计算。

三、试点实施前已取得增值税一般纳税人资格并兼有应税服务的试点纳税人，不需要重新申请认定，由主管税务机关制作、送达《税务事项通知书》，告知纳税人。

四、试点实施前应税服务年销售额未超过 500 万元的试点纳税人，如符合相关规定条件，也可以向主管税务机关申请增值税一般纳税人资格认定。

五、试点实施前，试点纳税人增值税一般纳税人资格认定可由省国税局按照本公告及相关规定制定预认定措施。

六、试点实施后，符合条件的试点纳税人应按照《增值税一般纳税人资格认定管理办法》（国家税务总局令第 22 号）及相关规定，办理增值税一般纳税人资格认定。按照“营改增”有关规定，在确定销售额时可以差额扣除的试点纳税人，其应税服务年销售额按未扣除之前的销售额计算。

七、试点纳税人兼有销售货物、提供加工修理修配劳务以及应税服务的，应税货物及劳务销售额与应税服务销售额分别计算，分别适用增值税一般纳税人资格认定标准。

兼有销售货物、提供加工修理修配劳务以及应税服务，且不经常发生应税行为的单位和个体工商户可选择按照小规模纳税人纳税。

八、试点纳税人取得增值税一般纳税人资格后，发生增值税偷税、骗取出口退税和虚开增值税扣税凭证等行为的，主管税务机关可以对其实行不少于6个月的纳税辅导期管理。

九、本公告自2014年1月1日起施行。《国家税务总局关于上海市营业税改征增值税试点增值税一般纳税人资格认定有关事项的公告》（国家税务总局公告2011年第65号）、《国家税务总局关于交通运输业和部分现代服务业营业税改征增值税试点增值税一般纳税人资格认定有关事项的公告》（国家税务总局公告2013年第28号）、《国家税务总局关于增值税一般纳税人资格认定有关事项的公告》（国家税务总局公告2013年第33号）同时废止。

特此公告。

## 国家税务总局关于铁路运输和邮政业营业税改征增值税发票及税控系统使用问题的公告

（2013年12月18日　国家税务总局公告2013年第76号（条款失效））

为了保障铁路运输和邮政业营业税改征增值税（以下简称“营改增”）试点工作顺利实施，现将铁路运输和邮政业“营改增”后发票及税控系统使用问题公告如下：

一、发票使用问题（编者略）

二、税控系统使用问题（编者略）

三、货运专票开具问题（编者略）

四、本公告自2014年1月1日起施行。

特此公告。

## 国家税务总局关于发布《邮政企业增值税征收管理暂行办法》的公告

（2014年1月20日　国家税务总局公告2014年第5号）

为明确营业税改征增值税后邮政企业总分机构缴纳增值税问题，国家税务总局制定了《邮政企业增值税征收管理暂行办法》，现予以发布，自2014年1月1日起施行。

特此公告。

附件：1. 邮政企业分支机构增值税汇总纳税信息传递单（编者略）

2. 邮政企业增值税征收管理暂行办法（编者略）

## 国家税务总局关于发布《铁路运输企业增值税征收管理暂行办法》的公告

（2014年1月20日　国家税务总局公告2014年第6号）

为明确营业税改征增值税后铁路运输企业总分机构缴纳增值税问题，国家税务总局制定了《铁路运输企业增值税征收管理暂行办法》，现予以发布，自2014年1月1日起施行。

特此公告。

附件：1. 铁路运输企业分支机构增值税汇总纳税信息传递单（编者略）

2. 铁路运输企业增值税征收管理暂行办法（编者略）

## 国家税务总局关于铁路运输和邮政业营业税改征增值税后纳税申报有关事项的公告

（2014年1月21日　国家税务总局公告2014年第7号（已废止））

现将铁路运输和邮政业营业税改征增值税（以下简称“营改增”）后纳税申报有关事项公告如下：

一、纳入“营改增”试点的铁路运输和邮政业纳税人应按照《国家税务总局关于调整增值税纳税申报有关事项的公告》（国家税务总局公告2013年第32号）的规定进行增值税纳税申报。

二、国家税务总局公告2013年第32号第二条第（二）款第3项“符合抵扣条件且在本期申报抵扣的海关进口增值税专用缴款书、购进农产品取得的普通发票、铁路运输费用结算单据的复印件”，修改为“符合抵扣条件且在本期申报抵扣的海关进口增值税专用缴款书、购进农产品取得的普通发票的复印件”。

三、增值税一般纳税人按规定仍可以继续抵扣的铁路运输费用结算单据，其复印件可以继续作为纳税申报其他资料报送。

四、本公告自2014年2月1日起施行。

特此公告。

## 国家税务总局关于发布《适用增值税零税率应税服务退（免）税管理办法》的公告

（2014年2月8日　国家税务总局公告2014年第11号（条款失效））

为落实营业税改征增值税有关应税服务适用增值税零税率的政策规定，经商财政部同意，国家税务总局制定了《适用增值税零税率应税服务退（免）税管理办法》。现予以发布，自2014年1月1日起施行。《国家税务总局关于发布〈适用增值税零税率应税服务退（免）税管理办法（暂行）〉的公告》（国家税务总局公告2013年第47号）同时废止。

特此公告。

附件：1. 增值税零税率应税服务（国际运输/港澳台运输）免抵退税申报明细表（编者略）

2. 航空国际运输收入清算账单申报明细表（编者略）

3. 铁路国际客运收入清算函件申报明细表（编者略）

4. 增值税零税率应税服务（航天运输）免抵退税申报明细表（编者略）

5. 提供航天运输服务收讫营业款明细清单（编者略）
6. 增值税零税率应税服务（研发服务/设计服务）免抵退税申报明细表（编者略）
7. 向境外单位提供研发服务/设计服务收讫营业款明细清单（编者略）
8. 外贸企业外购应税服务（研发服务/设计服务）出口明细申报表（编者略）
9. 放弃适用增值税零税率声明（编者略）
10. 适用增值税零税率应税服务退（免）税管理办法（编者略）

# 国家税务总局关于发布《电信企业增值税征收管理暂行办法》的公告

（2014 年 5 月 14 日　国家税务总局公告 2014 年第 26 号）

为明确营业税改征增值税后电信企业总分机构缴纳增值税问题，国家税务总局制定了《电信企业增值税征收管理暂行办法》，现予以发布，自 2014 年 6 月 1 日起施行。

本办法所称的电信企业总机构 2014 年 6 月所属期的增值税应纳税额，与 2014 年第三季度合并为一个申报期汇总申报。

特此公告。

附件：1. 各省、自治区、直辖市和计划单列市电信企业名单（编者略）
2. 电信企业分支机构增值税汇总纳税信息传递单（编者略）
3. 电信企业增值税征收管理暂行办法（编者略）

# 国家税务总局关于国际货物运输代理服务有关增值税问题的公告

（2014 年 7 月 4 日　国家税务总局公告 2014 年第 42 号）

经商财政部同意，现将试点纳税人间接提供国际货物运输代理服务有关增值税问题公告如下：

一、试点纳税人通过其他代理人，间接为委托人办理货物的国际运输、从事国际运输的运输工具进出港口、联系安排引航、靠泊、装卸等货物和船舶代理相关业务手续，可按照《财政部　国家税务总局关于将铁路运输和邮政业纳入营业税改征增值税试点的通知》（财税〔2013〕106 号）附件 3 第一条第（十四）项免征增值税。

二、试点纳税人提供上述国际货物运输代理服务，向委托人收取的全部代理服务收入，以及向其他代理人支付的全部代理费用，必须通过金融机构进行结算。

三、试点纳税人为大陆与香港、澳门、台湾地区之间的货物运输间接提供的货物运输代理服务，参照上述规定执行。

本公告自 2014 年 9 月 1 日起施行。

特此公告。

# 国家税务总局关于明确部分增值税优惠政策审批事项取消后有关管理事项的公告

（2015 年 5 月 19 日　国家税务总局公告 2015 年第 38 号）

根据《国务院关于取消和调整一批行政审批项目等事项的决定》（国发〔2015〕11 号），拍卖行拍卖免税货物免征增值税等 5 项增值税优惠政策执行中涉及的审核、审批工作程序已取消，现就其后续管理事项公告如下：

一、纳税人享受下列增值税优惠政策，其涉及的税收审核、审批工作程序取消，改为备案管理。（编者略）

二、纳税人享受上述增值税优惠政策，按以下规定办理备案手续。（编者略）

三、纳税人对备案资料的真实性和合法性承担责任。

四、纳税人提交备案资料包括以下内容：（编者略）

五、主管税务机关对纳税人提供的备案材料的完整性进行审核，不改变纳税人真实申报的责任。

六、本公告施行前，纳税人享受上述增值税优惠政策已经履行了相关审核、审批程序的，可不再办理资料备案。但本公告施行后，纳税人减免税条件、内容发生改变的，则应按本公告规定，向主管税务机关提交备案资料，办理享受优惠政策备案手续。

七、各省、自治区、直辖市和计划单列市国家税务局，可按本公告规定，补充制定本地区上述增值税优惠政策涉及的税收审核、审批工作程序取消后的后续管理措施。

八、本公告自公布之日起施行。《财政部　国家税务总局关于粮食企业增值税征免问题的通知》（财税字〔1999〕198 号）第五条中“承担粮食收储任务的国有粮食购销企业和经营本通知所列免税项目的其他粮食经营企业，以及有政府储备食用植物油销售业务的企业，均需经主管税务机关审核认定免税资格，未报经主管税务机关审核认定，不得免税”及“经国家税务局审核无误后予以免税”内容同时废止。

《国家税务总局关于拍卖行取得的拍卖收入征收增值税、营业税有关问题的通知》（国税发〔1999〕40 号）第一条中“经拍卖行所在地县级主管税务机关批准”内容同时废止。

《财政部　国家税务总局关于将铁路运输和邮政业纳入营业税改征增值税试点的通知》（财税〔2013〕106 号）附件 3 第一条第（十）款中“但税务部门应当进行相应的审查认定”、第（十一）款中“经主管税务机关批准”和第（十二）款中“税务机关审核”内容同时废止。

特此公告。

# 国家税务总局关于营业税改征增值税试点期间有关增值税问题的公告

（2015 年 12 月 22 日　国家税务总局公告 2015 年第 90 号）

为统一政策执行口径，现将营业税改征增值税试点期间有关增值税问题公告如下：

一、蜂窝数字移动通信用塔（杆），属于《固定资产分类与代码》（GB/T 14885—1994）中的“其他通讯设备”（代码699），其增值税进项税额可以按照现行规定从销项税额中抵扣。

二、纳税人销售自己使用过的固定资产，适用简易办法依照3%征收率减按2%征收增值税政策的，可以放弃减税，按照简易办法依照3%征收率缴纳增值税，并可以开具增值税专用发票。

三、纳税人提供有形动产融资性售后回租服务，计算当期销售额时可以扣除的有形动产价款本金，为书面合同约定的当期应当收取的本金。无书面合同或者书面合同没有约定的，为当期实际收取的本金。

四、提供有形动产融资租赁服务的纳税人，以保理方式将融资租赁合同项下未到期应收租金的债权转让给银行等金融机构，不改变其与承租方之间的融资租赁关系，应继续按照现行规定缴纳增值税，并向承租方开具发票。

五、纳税人通过蜂窝数字移动通信用塔（杆）及配套设施，为电信企业提供的基站天线、馈线及设备环境控制、动环监控、防雷消防、运行维护等塔类站址管理业务，按照“信息技术基础设施管理服务”缴纳增值税。

纳税人通过楼宇、隧道等室内通信分布系统，为电信企业提供的语音通话和移动互联网等无线信号室分系统传输服务，分别按照基础电信服务和增值电信服务缴纳增值税。

本公告自2016年2月1日起施行，此前未处理的事项，按本公告规定执行。

特此公告。

## （二）2016年3月18日之后“营改增”试点相关政策法规文件

# 国家税务总局关于全面推开营业税改征增值税试点后增值税纳税申报有关事项的公告

（2016年3月31日　国家税务总局公告2016年第13号（附件修改））

为保障全面推开营业税改征增值税改革试点工作顺利实施，现将增值税纳税申报有关事项公告如下：

一、中华人民共和国境内增值税纳税人均应按照本公告的规定进行增值税纳税申报。

二、纳税申报资料纳税申报资料包括纳税申报表及其附列资料和纳税申报其他资料。

（一）纳税申报表及其附列资料

1. 增值税一般纳税人（以下简称一般纳税人）纳税申报表及其附列资料包括：（编者略）

2. 增值税小规模纳税人（以下简称小规模纳税人）纳税申报表及其附列资料包括：（编者略）

3. 上述纳税申报表及其附列资料表样和填写说明详见附件1至附件4。

（二）纳税申报其他资料（编者略）

（三）纳税申报表及其附列资料为必报资料。纳税申报其他资料的报备要求由各省、自治区、直辖市和计划单列市国家税务局确定。

三、纳税人跨县（市）提供建筑服务、房地产开发企业预售自行开发的房地产项目、纳税人出租与机构所在地不在同一县（市）的不动产，按规定需要在项目所在地或不动产所在地主管国税机关预缴税款的，需填写《增值税预缴税款表》，表样及填写说明详见附件5至附件6。

四、主管税务机关应做好增值税纳税申报的宣传和辅导工作。

五、本公告自2016年6月1日起施行。《国家税务总局关于调整增值税纳税申报有关事项的公告》（国家税务总局公告2012年第31号）、《国家税务总局关于营业税改征增值税总分机构试点纳税人增值税纳税申报有关事项的公告》（国家税务总局公告2013年第22号）、《国家税务总局关于调整增值税纳税申报有关事项的公告》（国家税务总局公告2013年第32号）、《国家税务总局关于铁路运输和邮政业营业税改征增值税后纳税申报有关事项的公告》（国家税务总局公告2014年第7号）、《国家税务总局关于调整增值税纳税申报有关事项的公告》（国家税务总局公告2014年第45号）、《国家税务总局关于调整增值税纳税申报有关事项的公告》（国家税务总局公告2014年第58号）、《国家税务总局关于调整增值税纳税申报有关事项的公告》（国家税务总局公告2014年第69号）、《国家税务总局关于调整增值税纳税申报有关事项的公告》（国家税务总局公告2015年第23号）同时废止。

特此公告。

附件：1.《增值税纳税申报表（一般纳税人适用）》及其附列资料（编者略）

2.《增值税纳税申报表（一般纳税人适用）》及其附列资料填写说明（编者略）

3.《增值税纳税申报表（小规模纳税人适用）》及其附列资料（编者略）

4.《增值税纳税申报表（小规模纳税人适用）》及其附列资料填写说明（编者略）

5.《增值税预缴税款表》（编者略）

6.《增值税预缴税款表》填写说明（编者略）

## 国家税务总局关于发布《纳税人转让不动产增值税征收管理暂行办法》的公告

（2016年3月31日 国家税务总局公告2016年第14号）

国家税务总局制定了《纳税人转让不动产增值税征收管理暂行办法》，现予以公布，自2016年5月1日起施行。

特此公告。

纳税人转让不动产增值税征收管理暂行办法（编者略）

## 国家税务总局关于发布《不动产进项税额分期抵扣暂行办法》的公告

（2016 年 3 月 31 日 国家税务总局公告 2016 年第 15 号）

国家税务总局制定了《不动产进项税额分期抵扣暂行办法》，现予以公布，自 2016 年 5 月 1 日起施行。

特此公告。

不动产进项税额分期抵扣暂行办法（编者略）

## 国家税务总局关于发布《纳税人提供不动产经营租赁服务增值税征收管理暂行办法》的公告

（2016 年 3 月 31 日 国家税务总局公告 2016 年第 16 号）

国家税务总局制定了《纳税人提供不动产经营租赁服务增值税征收管理暂行办法》，现予以公布，自 2016 年 5 月 1 日起施行。

特此公告。

纳税人提供不动产经营租赁服务增值税征收管理暂行办法（编者略）

## 国家税务总局关于发布《纳税人跨县（市、区）提供建筑服务增值税征收管理暂行办法》的公告

（2016 年 3 月 31 日 国家税务总局公告 2016 年第 17 号（条款调整））

国家税务总局制定了《跨县（市、区）提供建筑服务增值税征收管理暂行办法》，现予以公布，自 2016 年 5 月 1 日起施行。

特此公告。

纳税人跨县（市、区）提供建筑服务增值税征收管理暂行办法（编者略）

## 国家税务总局关于发布《房地产开发企业销售自行开发的房地产项目增值税征收管理暂行办法》的公告

（2016 年 3 月 31 日 国家税务总局公告 2016 年第 18 号）

国家税务总局制定了《房地产开发企业销售自行开发的房地产项目增值税征收管理暂行办法》，现予以公布，自 2016 年 5 月 1 日起施行。

特此公告。

附件：房地产开发企业销售自行开发的房地产项目增值税征收管理暂行办法（编者略）

## 国家税务总局关于营业税改征增值税委托地税机关代征税款和代开增值税发票的公告

（2016年3月31日　国家税务总局公告2016年第19号）

根据《中华人民共和国税收征收管理法》、《财政部　国家税务总局关于全面推开营业税改征增值税试点的通知》（财税〔2016〕36号）和《国家税务总局关于加强国家税务局、地方税务局互相委托代征税收的通知》（税总发〔2015〕155号）等有关规定，税务总局决定，营业税改征增值税后由地税机关继续受理纳税人销售其取得的不动产和其他个人出租不动产的申报缴税和代开增值税发票业务，以方便纳税人办税。

本公告自2016年5月1日起施行。

特此公告。

## 国家税务总局关于全面推开营业税改征增值税试点有关税收征收管理事项的公告

（2016年4月19日　国家税务总局公告2016年第23号）

为保障全面推开营业税改征增值税（以下简称"营改增"）试点工作顺利实施，现将有关税收征收管理事项公告如下：

一、纳税申报期

（一）2016年5月1日新纳入"营改增"试点范围的纳税人（以下简称试点纳税人），2016年6月份增值税纳税申报期延长至2016年6月27日。

（二）根据工作实际情况，省、自治区、直辖市和计划单列市国家税务局（以下简称省国税局）可以适当延长2015年度企业所得税汇算清缴时间，但最长不得超过2016年6月30日。

（三）实行按季申报的原营业税纳税人，2016年5月申报期内，向主管地税机关申报税款所属期为4月份的营业税；2016年7月申报期内，向主管国税机关申报税款所属期为5、6月份的增值税。

二、增值税一般纳税人资格登记

（一）试点纳税人应按照本公告规定办理增值税一般纳税人资格登记。

（二）除本公告第二条第（三）项规定的情形外，"营改增"试点实施前（以下简称试点实施前）销售服务、无形资产或者不动产（以下简称应税行为）的年应税销售额超过500万元的试点纳税人，应向主管国税机关办理增值税一般纳税人资格登记手续。

试点纳税人试点实施前的应税行为年应税销售额按以下公式换算：

应税行为年应税销售额 = 连续不超过 12 个月应税行为营业额合计 ÷ （1 + 3%）

按照现行营业税规定差额征收营业税的试点纳税人，其应税行为营业额按未扣除之前的营业额计算。

试点实施前，试点纳税人偶然发生的转让不动产的营业额，不计入应税行为年应税销售额。

（三）试点实施前已取得增值税一般纳税人资格并兼有应税行为的试点纳税人，不需要重新办理增值税一般纳税人资格登记手续，由主管国税机关制作、送达《税务事项通知书》，告知纳税人。

（四）试点实施前应税行为年应税销售额未超过 500 万元的试点纳税人，会计核算健全，能够提供准确税务资料的，也可以向主管国税机关办理增值税一般纳税人资格登记。

（五）试点实施前，试点纳税人增值税一般纳税人资格登记可由省国税局按照本公告及相关规定采取预登记措施。

（六）试点实施后，符合条件的试点纳税人应当按照《增值税一般纳税人资格认定管理办法》（国家税务总局令第 22 号）、《国家税务总局关于调整增值税一般纳税人管理有关事项的公告》（国家税务总局公告 2015 年第 18 号）及相关规定，办理增值税一般纳税人资格登记。按照“营改增”有关规定，应税行为有扣除项目的试点纳税人，其应税行为年应税销售额按未扣除之前的销售额计算。

增值税小规模纳税人偶然发生的转让不动产的销售额，不计入应税行为年应税销售额。

（七）试点纳税人兼有销售货物、提供加工修理修配劳务和应税行为的，应税货物及劳务销售额与应税行为销售额分别计算，分别适用增值税一般纳税人资格登记标准。

兼有销售货物、提供加工修理修配劳务和应税行为，年应税销售额超过财政部、国家税务总局规定标准且不经常发生销售货物、提供加工修理修配劳务和应税行为的单位和个体工商户可选择按照小规模纳税人纳税。

（八）试点纳税人在办理增值税一般纳税人资格登记后，发生增值税偷税、骗取出口退税和虚开增值税扣税凭证等行为的，主管国税机关可以对其实行 6 个月的纳税辅导期管理。

三、发票使用

（一）增值税一般纳税人销售货物、提供加工修理修配劳务和应税行为，使用增值税发票管理新系统（以下简称新系统）开具增值税专用发票、增值税普通发票、机动车销售统一发票、增值税电子普通发票。

（二）增值税小规模纳税人销售货物、提供加工修理修配劳务月销售额超过 3 万元（按季纳税 9 万元），或者销售服务、无形资产月销售额超过 3 万元（按季纳税 9 万元），使用新系统开具增值税普通发票、机动车销售统一发票、增值税电子普通发票。

（三）增值税普通发票（卷式）启用前，纳税人可通过新系统使用国税机关发放的现有卷式发票。

（四）门票、过路（过桥）费发票、定额发票、客运发票和二手车销售统一发票继续使用。

（五）采取汇总纳税的金融机构，省、自治区所辖地市以下分支机构可以使用地市级机构统一领取的增值税专用发票、增值税普通发票、增值税电子普通发票；直辖市、计划单列市所辖区县及以下分支机构可以使用直辖市、计划单列市机构统一领取的增值税专用发票、增值税普通发票、增值税电子普通发票。

（六）国税机关、地税机关使用新系统代开增值税专用发票和增值税普通发票。代开增值税专用发票使用六联票，代开增值税普通发票使用五联票。

（七）自2016年5月1日起，地税机关不再向试点纳税人发放发票。试点纳税人已领取地税机关印制的发票以及印有本单位名称的发票，可继续使用至2016年6月30日，特殊情况经省国税局确定，可适当延长使用期限，最迟不超过2016年8月31日。

纳税人在地税机关已申报营业税未开具发票，2016年5月1日以后需要补开发票的，可于2016年12月31日前开具增值税普通发票（税务总局另有规定的除外）。

四、增值税发票开具

（一）税务总局编写了《商品和服务税收分类与编码（试行）》（以下简称编码，见附件），并在新系统中增加了编码相关功能。自2016年5月1日起，纳入新系统推行范围的试点纳税人及新办增值税纳税人，应使用新系统选择相应的编码开具增值税发票。北京市、上海市、江苏省和广东省已使用编码的纳税人，应于5月1日前完成开票软件升级。5月1日前已使用新系统的纳税人，应于8月1日前完成开票软件升级。

（二）按照现行政策规定适用差额征税办法缴纳增值税，且不得全额开具增值税发票的（财政部、税务总局另有规定的除外），纳税人自行开具或者税务机关代开增值税发票时，通过新系统中差额征税开票功能，录入含税销售额（或含税评估额）和扣除额，系统自动计算税额和不含税金额，备注栏自动打印“差额征税”字样，发票开具不应与其他应税行为混开。

（三）提供建筑服务，纳税人自行开具或者税务机关代开增值税发票时，应在发票的备注栏注明建筑服务发生地县（市、区）名称及项目名称。

（四）销售不动产，纳税人自行开具或者税务机关代开增值税发票时，应在发票“货物或应税劳务、服务名称”栏填写不动产名称及房屋产权证书号码（无房屋产权证书的可不填写），“单位栏”填写面积单位，备注栏注明不动产的详细地址。

（五）出租不动产，纳税人自行开具或者税务机关代开增值税发票时，应在备注栏注明不动产的详细地址。

（六）个人出租住房适用优惠政策减按1.5%征收，纳税人自行开具或者税务机关代开增值税发票时，通过新系统中征收率减按1.5%征收开票功能，录入含税销售额，系统自动计算税额和不含税金额，发票开具不应与其他应税行为混开。

（七）税务机关代开增值税发票时，“销售方开户行及账号”栏填写税收完税凭证字轨及号码或系统税票号码（免税代开增值税普通发票可不填写）。

（八）国税机关为跨县（市、区）提供不动产经营租赁服务、建筑服务的小规模纳税人（不包括其他个人），代开增值税发票时，在发票备注栏中自动打印“YD”字样。

五、扩大取消增值税发票认证的纳税人范围

（一）纳税信用B级增值税一般纳税人取得销售方使用新系统开具的增值税发票（包括增值税专用发票、货物运输业增值税专用发票、机动车销售统一发票，下同），可以不再进行扫描认证，登录本省增值税发票查询平台，查询、选择用于申报抵扣或者出口退税的增值税发票信息，未查询到对应发票信息的，仍可进行扫描认证。

（二）2016年5月1日新纳入“营改增”试点的增值税一般纳税人，2016年5月至7月期间不需进行增值税发票认证，登录本省增值税发票查询平台，查询、选择用于申报抵扣或者出口退税的增值税发票信息，未查询到对应发票信息的，可进行扫描认证。2016 年 8 月起按照纳税信用级别分别适用发票认证的有关规定。

六、其他纳税事项

（一）原以地市一级机构汇总缴纳营业税的金融机构，“营改增”后继续以地市一级机构汇总缴纳增值税。

同一省（自治区、直辖市、计划单列市）范围内的金融机构，经省（自治区、直辖市、计划单列市）国家税务局和财政厅（局）批准，可以由总机构汇总向总机构所在地的主管国税机关申报缴纳增值税。

（二）增值税小规模纳税人应分别核算销售货物，提供加工、修理修配劳务的销售额和销售服务、无形资产的销售额。增值税小规模纳税人销售货物，提供加工、修理修配劳务月销售额不超过 3 万元（按季纳税 9 万元），销售服务、无形资产月销售额不超过 3 万元（按季纳税 9 万元）的，自 2016 年 5 月 1 日起至 2017 年 12 月 31 日，可分别享受小微企业暂免征收增值税优惠政策。

（三）按季纳税申报的增值税小规模纳税人，实际经营期不足一个季度的，以实际经营月份计算当期可享受小微企业免征增值税政策的销售额度。

按照本公告第一条第（三）项规定，按季纳税的试点增值税小规模纳税人，2016 年 7 月纳税申报时，申报的 2016 年 5 月、6 月增值税应税销售额中，销售货物，提供加工、修理修配劳务的销售额不超过 6 万元，销售服务、无形资产的销售额不超过 6 万元的，可分别享受小微企业暂免征收增值税优惠政策。

（四）其他个人采取预收款形式出租不动产，取得的预收租金收入，可在预收款对应的租赁期内平均分摊，分摊后的月租金收入不超过 3 万元的，可享受小微企业免征增值税优惠政策。

七、本公告自 2016 年 5 月 1 日起施行，《国家税务总局关于使用新版不动产销售统一发票和新版建筑业统一发票有关问题的通知》（国税发〔2006〕173 号）、《国家税务总局关于营业税改征增值税试点增值税一般纳税人资格认定有关事项的公告》（国家税务总局公告 2013 年第 75 号）、《国家税务总局关于开展商品和服务税收分类与编码试点工作的通知》（税总函〔2016〕56 号）同时废止。

特此公告。

附件：商品和服务税收分类与编码（试行）（编者略）

## 国家税务总局关于明确“营改增”试点若干征管问题的公告

（2016 年 4 月 26 日　国家税务总局公告 2016 年第 26 号）

为确保全面推开“营改增”试点顺利实施，现将若干税收征管问题公告如下：

一、餐饮行业增值税一般纳税人购进农业生产者自产农产品，可以使用国税机关监制的农产品收购发票，按照现行规定计算抵扣进项税额。

有条件的地区，应积极在餐饮行业推行农产品进项税额核定扣除办法，按照《财政部 国家税务总局关于在部分行业试行农产品增值税进项税额核定扣除办法的通知》（财税

〔2012〕38号）有关规定计算抵扣进项税额。

二、个人转让住房，在2016年4月30日前已签订转让合同，2016年5月1日以后办理产权变更事项的，应缴纳增值税，不缴纳营业税。

三、按照现行规定，适用增值税差额征收政策的增值税小规模纳税人，以差额前的销售额确定是否可以享受3万元（按季纳税9万元）以下免征增值税政策。

四、“营改增”后，门票、过路（过桥）费发票属于予以保留的票种，自2016年5月1日起，由国税机关监制管理。原地税机关监制的上述两类发票，可以延用至2016年6月30日。

本公告自2016年5月1日起施行。

特此公告。

## 国家税务总局关于做好营业税改征增值税纳税服务工作的通知

（2016年3月28日 税总发〔2016〕43号）

各省、自治区、直辖市和计划单列市国家税务局、地方税务局，局内各单位：

按照国务院部署，2016年5月1日起，营业税改征增值税（以下简称“营改增”）将全面覆盖建筑业、房地产业、金融业和生活服务业。此次改革涉及的纳税人数量众多，业务量较大，为有效应对“营改增”给纳税服务工作带来的挑战，确保“营改增”顺利推进，现就有关事项通知如下：

一、充分认识做好“营改增”纳税服务工作的重要性（编者略）

二、全面落实“营改增”纳税服务各项工作措施（编者略）

三、切实加强“营改增”纳税服务工作的组织领导（编者略）

## 国家税务总局关于营业税改征增值税委托地税局代征税款和代开增值税发票的通知

（2016年3月31日 税总函〔2016〕145号）

各省、自治区、直辖市和计划单列市国家税务局、地方税务局：

为平稳推进“营改增”后国税、地税有关工作的顺利衔接，方便纳税人办税，根据《中华人民共和国税收征收管理法》、《财政部 国家税务总局关于全面推开营业税改征增值税试点的通知》（财税〔2016〕36号）和《国家税务总局关于加强国家税务局、地方税务局互相委托代征税收的通知》（税总发〔2015〕155号）等有关规定，现就“营改增”后纳税人销售其取得的不动产和其他个人出租不动产有关代征税款和代开增值税发票工作通知如下：

一、分工安排（编者略）

二、代开发票流程（编者略）

三、发票管理（编者略）

四、信息系统升级改造（编者略）

五、税控专用设备配备和维护（编者略）

## 国家税务总局关于进一步做好"营改增"税控装置安装服务和监督管理工作有关问题的通知

（2016年4月19日 税总函〔2016〕170号）

各省、自治区、直辖市和计划单列市国家税务局：

为加强营业税改征增值税（以下简称"营改增"）纳税人税控装置安装服务的管理，确保2016年5月1日如期顺利开出增值税发票，现将有关问题进一步通知如下：

一、各地国税机关应严格按照税务总局对"营改增"纳税人税控装置安装服务提出的工作要求，既要结合本地实际情况，周密组织，科学安排，履行好统一组织协调职责，也要维护纳税人权益，尊重纳税人的意见，确保工作积极稳妥，扎实有序。要督导服务单位认真做好"营改增"纳税人税控装置安装培训等工作，确保按期完成任务。要加强对服务单位的监督管理，督促其提高服务水平和服务质量，及时处理回应纳税人投诉，对存在问题的服务单位责令其立即纠正，并限期整改。税务机关及税务干部要严格执行廉政规定，不得违反纪律参与、干预、引导纳税人选择服务单位，不得以权谋私，更不能从中牟利，否则将依法依规从严处理。

二、各服务单位要规范内部管理，调配资源，加强力量，提升服务水平和服务效率，做到人员责任到位、保障措施到位、技术支持到位，全力以赴做好系统操作培训、税控装置及开票软件的安装、调试及维护等服务工作。工作中不能出现"抢户"、"漏户"现象，不得强迫纳税人接受服务。对服务单位采取过激行为，造成不良社会影响以及恶意竞争、服务不到位、违规搭售设备或软件、乱收费的，国税机关将依法依规严肃处理。

三、对纳税人通过总部招标方式确定服务单位的，原则上分支机构可依据总部选择的结果确定相关服务单位，分支机构所在地区服务单位被暂停服务资格的，可暂由其上一级服务单位提供服务。

四、国税机关与服务单位要加强协同配合，建立沟通联系机制，定期召开会议，及时发现问题并妥善解决，难以解决的应立即逐级向上报告。在"营改增"实施过程中，如发生突发事件，国税机关要采取坚决措施，迅速处置，并及时向当地党委、政府报告，争取支持，坚决杜绝群体性负面影响事件和重大负面舆情发生，确保"营改增"顺利实施。

## 国家税务总局关于发布《营业税改征增值税跨境应税行为增值税免税管理办法（试行）》的公告

（2016年5月6日 国家税务总局公告2016年第29号）

国家税务总局制定了《营业税改征增值税跨境应税行为增值税免税管理办法（试行）》，

现予以公布，自2016年5月1日起施行。《国家税务总局关于重新发布〈营业税改征增值税跨境应税服务增值税免税管理办法（试行）〉的公告》（国家税务总局公告2014年第49号）同时废止。

特此公告。

附件：1. 跨境应税行为免税备案表（编者略）

2. 放弃适用增值税零税率声明（编者略）

3. 营业税改征增值税跨境应税行为增值税免税管理办法（试行）（编者略）

## 国家税务总局关于营业税改征增值税部分试点纳税人增值税纳税申报有关事项调整的公告

（2016年5月10日 国家税务总局公告2016年第30号）

为配合全面推开营业税改征增值税试点工作，国家税务总局对增值税纳税申报有关事项进行了调整，现公告如下：

一、在增值税纳税申报其他资料中增加《“营改增”税负分析测算明细表》（表式见附件1），由从事建筑、房地产、金融或生活服务等经营业务的增值税一般纳税人在办理增值税纳税申报时填报，具体名单由主管税务机关确定。

二、本公告自2016年6月1日起施行。

特此公告。

附件：1. “营改增”税负分析测算明细表（编者略）

2. 《“营改增”税负分析测算明细表》填写说明（编者略）

3. “营改增”试点应税项目明细表（编者略）

## 国家税务总局关于全面推进“营改增”试点分析工作优化纳税服务的通知

（2016年6月20日 税总发〔2016〕95号）

各省、自治区、直辖市和计划单列市国家税务局、地方税务局

全面推开“营改增”试点即将进入全面分析阶段，为更好地推进各项试点工作，确保所有行业税负只减不增，各级税务机关要立足于“聚焦分析，精准服务”，继续弘扬精益求精的工匠精神，以从严从实从细的工作态度，再接再厉打赢“分析好”这场战役，现就全面推进试点分析优化纳税服务工作通知如下：

一、全面推进试点分析工作（编者略）

二、积极运用分析结果服务纳税人（编者略）

三、积极运用分析结果服务经济发展（编者略）

四、积极运用分析结果服务税收工作改进（编者略）

## 国家税务总局关于开展增值税发票使用管理情况专项检查的通知

（2016 年 9 月 6 日　税总函〔2016〕455 号）

各省、自治区、直辖市和计划单列市国家税务局：

全面推开“营改增”试点以来，一些纳税人以各种理由拒绝开具发票、向受票方额外索要各种证件或证明材料、开具发票内容与实际经营业务情况不符等问题时有发生，影响了购买方及时取得合法有效的发票，损害了其合法权益。同时，个别税务机关还存在税收监管和服务不到位，影响了纳税人取得发票和正常使用发票等问题。为了保障“营改增”试点工作顺利实施，进一步规范增值税发票使用管理，优化纳税服务，税务总局决定组织开展增值税发票使用管理情况专项检查，现将有关问题通知如下：（编者略）

附件：1. 发票使用管理专项检查基本情况统计表（编者略）
　　　2. 发票使用管理专项检查违法违规情况统计表（编者略）
　　　3. 发票使用管理专项检查税务机关规范管理情况统计表（编者略）
　　　4. 温馨提示模板（编者略）

## 国家税务总局关于在境外提供建筑服务等有关问题的公告

（2016 年 11 月 4 日　国家税务总局公告 2016 年第 69 号）

为进一步推进全面“营改增”试点平稳运行，现将在境外提供建筑服务等有关征管问题公告如下：

一、境内的单位和个人为施工地点在境外的工程项目提供建筑服务，按照《国家税务总局关于发布〈营业税改征增值税跨境应税行为增值税免税管理办法（试行）〉的公告》（国家税务总局公告 2016 年第 29 号）第八条规定办理免税备案手续时，凡与发包方签订的建筑合同注明施工地点在境外的，可不再提供工程项目在境外的其他证明材料。

二、境内的单位和个人在境外提供旅游服务，按照国家税务总局公告 2016 年第 29 号第八条规定办理免税备案手续时，以下列材料之一作为服务地点在境外的证明材料：

（一）旅游服务提供方派业务人员随同出境的，出境业务人员的出境证件首页及出境记录页复印件。

出境业务人员超过 2 人的，只需提供其中 2 人的出境证件复印件。

（二）旅游服务购买方的出境证件首页及出境记录页复印件。

旅游服务购买方超过 2 人的，只需提供其中 2 人的出境证件复印件。

三、享受国际运输服务免征增值税政策的境外单位和个人，到主管税务机关办理免税备案时，提交的备案资料包括：

（一）关于纳税人基本情况和业务介绍的说明；

（二）依据的税收协定或国际运输协定复印件。

四、纳税人提供建筑服务，被工程发包方从应支付的工程款中扣押的质押金、保证金，未开具发票的，以纳税人实际收到质押金、保证金的当天为纳税义务发生时间。

五、纳税人以长（短）租形式出租酒店式公寓并提供配套服务的，按照住宿服务缴纳增值税。

六、境外单位通过教育部考试中心及其直属单位在境内开展考试，教育部考试中心及其直属单位应以取得的考试费收入扣除支付给境外单位考试费后的余额为销售额，按提供“教育辅助服务”缴纳增值税；就代为收取并支付给境外单位的考试费统一扣缴增值税。教育部考试中心及其直属单位代为收取并支付给境外单位的考试费，不得开具增值税专用发票，可以开具增值税普通发票。

七、纳税人提供签证代理服务，以取得的全部价款和价外费用，扣除向服务接受方收取并代为支付给外交部和外国驻华使（领）馆的签证费、认证费后的余额为销售额。向服务接受方收取并代为支付的签证费、认证费，不得开具增值税专用发票，可以开具增值税普通发票。

八、纳税人代理进口按规定免征进口增值税的货物，其销售额不包括向委托方收取并代为支付的货款。向委托方收取并代为支付的款项，不得开具增值税专用发票，可以开具增值税普通发票。

九、纳税人提供旅游服务，将火车票、飞机票等交通费发票原件交付给旅游服务购买方而无法收回的，以交通费发票复印件作为差额扣除凭证。

十、全面开展住宿业小规模纳税人自行开具增值税专用发票试点。月销售额超过3万元（或季销售额超过9万元）的住宿业小规模纳税人提供住宿服务、销售货物或发生其他应税行为，需要开具增值税专用发票的，可以通过增值税发票管理新系统自行开具，主管国税机关不再为其代开。

住宿业小规模纳税人销售其取得的不动产，需要开具增值税专用发票的，仍须向地税机关申请代开。

住宿业小规模纳税人自行开具增值税专用发票应缴纳的税款，应在规定的纳税申报期内，向主管税务机关申报纳税。在填写增值税纳税申报表时，应将当期开具专用发票的销售额，按照3%和5%的征收率，分别填写在《增值税纳税申报表》（小规模纳税人适用）第2栏和第5栏“税务机关代开的增值税专用发票不含税销售额”的“本期数”相应栏次中。

十一、本公告自发布之日起施行，此前已发生未处理的事项，按照本公告规定执行。《国家税务总局关于部分地区开展住宿业增值税小规模纳税人自开增值税专用发票试点工作有关事项的公告》（国家税务总局公告2016年第44号）同时废止。

特此公告。

## 国家税务总局关于“营改增”后土地增值税若干征管规定的公告

（2016年11月10日 国家税务总局公告2016年第70号）

为进一步做好“营改增”后土地增值税征收管理工作，根据《中华人民共和国土地增值税暂行条例》及其实施细则、《财政部 国家税务总局关于“营改增”后契税 房产税 土

地增值税 个人所得税计税依据问题的通知》（财税〔2016〕43 号）等规定，现就土地增值税若干征管问题明确如下：

一、关于“营改增”后土地增值税应税收入确认问题

“营改增”后，纳税人转让房地产的土地增值税应税收入不含增值税。适用增值税一般计税方法的纳税人，其转让房地产的土地增值税应税收入不含增值税销项税额；适用简易计税方法的纳税人，其转让房地产的土地增值税应税收入不含增值税应纳税额。

为方便纳税人，简化土地增值税预征税款计算，房地产开发企业采取预收款方式销售自行开发的房地产项目的，可按照以下方法计算土地增值税预征计征依据：

土地增值税预征的计征依据 = 预收款 – 应预缴增值税税款

二、关于“营改增”后视同销售房地产的土地增值税应税收入确认问题

纳税人将开发产品用于职工福利、奖励、对外投资、分配给股东或投资人、抵偿债务、换取其他单位和个人的非货币性资产等，发生所有权转移时应视同销售房地产，其收入应按照《国家税务总局关于房地产开发企业土地增值税清算管理有关问题的通知》（国税发〔2006〕187 号）第三条规定执行。纳税人安置回迁户，其拆迁安置用房应税收入和扣除项目的确认，应按照《国家税务总局关于土地增值税清算有关问题的通知》（国税函〔2010〕220 号）第六条规定执行。

三、关于与转让房地产有关的税金扣除问题

（一）“营改增”后，计算土地增值税增值额的扣除项目中“与转让房地产有关的税金”不包括增值税。

（二）“营改增”后，房地产开发企业实际缴纳的城市维护建设税（以下简称“城建税”）、教育费附加，凡能够按清算项目准确计算的，允许据实扣除。凡不能按清算项目准确计算的，则按该清算项目预缴增值税时实际缴纳的城建税、教育费附加扣除。

其他转让房地产行为的城建税、教育费附加扣除比照上述规定执行。

四、关于“营改增”前后土地增值税清算的计算问题

房地产开发企业在“营改增”后进行房地产开发项目土地增值税清算时，按以下方法确定相关金额：

（一）土地增值税应税收入 = “营改增”前转让房地产取得的收入 + “营改增”后转让房地产取得的不含增值税收入

（二）与转让房地产有关的税金 = “营改增”前实际缴纳的营业税、城建税、教育费附加 + “营改增”后允许扣除的城建税、教育费附加

五、关于“营改增”后建筑安装工程费支出的发票确认问题

“营改增”后，土地增值税纳税人接受建筑安装服务取得的增值税发票，应按照《国家税务总局关于全面推开营业税改征增值税试点有关税收征收管理事项的公告》（国家税务总局公告 2016 年第 23 号）规定，在发票的备注栏注明建筑服务发生地县（市、区）名称及项目名称，否则不得计入土地增值税扣除项目金额。

六、关于旧房转让时的扣除计算问题

“营改增”后，纳税人转让旧房及建筑物，凡不能取得评估价格，但能提供购房发票的，《中华人民共和国土地增值税暂行条例》第六条第一、三项规定的扣除项目的金额按照下列方法计算：

（一）提供的购房凭据为“营改增”前取得的营业税发票的，按照发票所载金额（不扣

减营业税）并从购买年度起至转让年度止每年加计5%计算。

（二）提供的购房凭据为“营改增”后取得的增值税普通发票的，按照发票所载价税合计金额从购买年度起至转让年度止每年加计5%计算。

（三）提供的购房发票为“营改增”后取得的增值税专用发票的，按照发票所载不含增值税金额加上不允许抵扣的增值税进项税额之和，并从购买年度起至转让年度止每年加计5%计算。

本公告自公布之日起施行。

特此公告。

## 国家税务总局关于启用全国增值税发票查验平台的公告

（2016年12月23日 国家税务总局公告2016年第87号）

为进一步优化纳税服务，加强发票管理，税务总局依托增值税发票管理新系统（以下简称“新系统”）开发了增值税发票查验平台。经过前期试点，系统运行平稳，税务总局决定启用全国增值税发票查验平台。现将有关事项公告如下：

取得增值税发票的单位和个人可登陆全国增值税发票查验平台（https：//inv - veri. chinatax. gov. cn），对新系统开具的增值税专用发票、增值税普通发票、机动车销售统一发票和增值税电子普通发票的发票信息进行查验。单位和个人通过网页浏览器首次登录平台时，应下载安装根证书文件，查看平台提供的发票查验操作说明。

各级税务机关要通过多种渠道做好增值税发票查验工作的宣传辅导，采取有效措施，保证增值税发票查验工作的顺利实施。

本公告自2017年1月1日起实施。

特此公告。

## 国家税务总局关于土地价款扣除时间等增值税征管问题的公告

（2016年12月24日 国家税务总局公告2016年第86号）

为细化落实《财政部 国家税务总局关于明确金融 房地产开发 教育辅助服务等增值税政策的通知》（财税〔2016〕140号）和进一步明确“营改增”试点运行中反映的操作问题，现将有关事项公告如下：

一、房地产开发企业向政府部门支付的土地价款，以及向其他单位或个人支付的拆迁补偿费用，按照财税〔2016〕140号文件第七、八条规定，允许在计算销售额时扣除但未扣除的，从2016年12月份（税款所属期）起按照现行规定计算扣除。

二、财税〔2016〕140号文件第九、十、十一、十四、十五、十六条明确的税目适用问题，按以下方式处理：

（一）不涉及税率适用问题的不调整申报；

（二）纳税人原适用的税率高于财税〔2016〕140号文件所明确税目对应税率的，多申报的销项税额可以抵减以后月份的销项税额；

（三）纳税人原适用的税率低于财税〔2016〕140号文件所明确税目对应税率的，不调整申报，并从2016年12月份（税款所属期）起按照财税〔2016〕140号文件执行。

纳税人已就相关业务向购买方开具增值税专用发票的，应将增值税专用发票收回并重新开具；无法收回的不再调整。

三、财税〔2016〕140号文件第十八条规定的“此前已征的应予免征或不征的增值税，可抵减纳税人以后月份应缴纳的增值税”，按以下方式处理：

（一）应予免征或不征增值税业务已按照一般计税方法缴纳增值税的，以该业务对应的销项税额抵减以后月份的销项税额，同时按照现行规定计算不得从销项税额中抵扣的进项税额；

（二）应予免征或不征增值税业务已按照简易计税方法缴纳增值税的，以该业务对应的增值税应纳税额抵减以后月份的增值税应纳税额。

纳税人已就应予免征或不征增值税业务向购买方开具增值税专用发票的，应将增值税专用发票收回后方可享受免征或不征增值税政策。

四、保险公司开展共保业务时，按照以下规定开具增值税发票：

（一）主承保人与投保人签订保险合同并全额收取保费，然后再与其他共保人签订共保协议并支付共保保费的，由主承保人向投保人全额开具发票，其他共保人向主承保人开具发票；

（二）主承保人和其他共保人共同与投保人签订保险合同并分别收取保费的，由主承保人和其他共保人分别就各自获得的保费收入向投保人开具发票。

五、《国家税务总局关于发布〈房地产开发企业销售自行开发的房地产项目增值税征收管理暂行办法〉的公告》（国家税务总局公告2016年第18号）第五条中，“当期销售房地产项目建筑面积”“房地产项目可供销售建筑面积”，是指计容积率地上建筑面积，不包括地下车位建筑面积。

六、纳税人办理无偿赠与或受赠不动产免征增值税的手续，按照《国家税务总局关于进一步简化和规范个人无偿赠与或受赠不动产免征营业税、个人所得税所需证明资料的公告》（国家税务总局公告2015年第75号，以下称《公告》）的规定执行。《公告》第一条第（四）项第2目“经公证的能够证明有权继承或接受遗赠的证明资料原件及复印件”，修改为“有权继承或接受遗赠的证明资料原件及复印件”。

七、纳税人出租不动产，租赁合同中约定免租期的，不属于《营业税改征增值税试点实施办法》（财税〔2016〕36号文件印发）第十四条规定的视同销售服务。

本公告自发布之日起施行。

特此公告。

## 国家税务总局关于加强海关进口增值税抵扣管理的公告

（2017年2月13日　国家税务总局公告2017年第3号）

为保护纳税人合法权益，进一步加强增值税管理，打击利用海关进口增值税专用缴款书

（以下简称“海关缴款书”）骗抵税款犯罪活动，税务总局决定全面提升海关缴款书稽核比对级别，强化对海关进口增值税的抵扣管理。现将有关事项公告如下：

增值税一般纳税人进口货物时应准确填报企业名称，确保海关缴款书上的企业名称与税务登记的企业名称一致。税务机关将进口货物取得的属于增值税抵扣范围的海关缴款书信息与海关采集的缴款信息进行稽核比对。经稽核比对相符后，海关缴款书上注明的增值税额可作为进项税额在销项税额中抵扣。稽核比对不相符，所列税额暂不得抵扣，待核查确认海关缴款书票面信息与纳税人实际进口业务一致后，海关缴款书上注明的增值税额可作为进项税额在销项税额中抵扣。

税务部门应加强对纳税人的辅导，充分利用多种渠道向全社会广泛宣传，赢得纳税人的理解和支持。

本公告自发布之日起实施。

特此公告。

## 国家税务总局关于开展鉴证咨询业增值税小规模纳税人自开增值税专用发票试点工作有关事项的公告

（2017年2月22日 国家税务总局公告2017年第4号）

为保障全面推开“营改增”试点工作顺利实施，方便纳税人发票使用，税务总局决定，将鉴证咨询业纳入增值税小规模纳税人自行开具增值税专用发票（以下简称“专用发票”）试点范围。现将有关事项公告如下：

一、试点内容

（一）全国范围内月销售额超过3万元（或季销售额超过9万元）的鉴证咨询业增值税小规模纳税人（以下简称“试点纳税人”）提供认证服务、鉴证服务、咨询服务、销售货物或发生其他增值税应税行为，需要开具专用发票的，可以通过增值税发票管理新系统自行开具，主管国税机关不再为其代开。

试点纳税人销售其取得的不动产，需要开具专用发票的，仍须向地税机关申请代开。

（二）试点纳税人所开具的专用发票应缴纳的税款，应在规定的纳税申报期内，向主管税务机关申报纳税。在填写增值税纳税申报表时，应将当期开具专用发票的销售额，按照3%和5%的征收率，分别填写在《增值税纳税申报表》（小规模纳税人适用）第2栏和第5栏“税务机关代开的增值税专用发票不含税销售额”的“本期数”相应栏次中。

二、有关要求

（一）主管税务机关要加强对试点纳税人的培训辅导，保障纳税人正确开具专用发票，同时要强化风险防控，加强数据分析比对，认真总结试点经验。

（二）试点纳税人应严格按照专用发票管理有关规定领用、保管、开具专用发票。

本公告自2017年3月1日起施行。

特此公告。

# 国家税务总局关于进一步做好增值税电子普通发票推行工作的指导意见

（2017年3月21日　税总发〔2017〕31号）

各省、自治区、直辖市和计划单列市国家税务局：

为适应经济社会发展和税收现代化建设需要，满足纳税人使用增值税电子普通发票的需求，自2015年12月1日起税务总局推行了通过增值税发票管理新系统（以下简称“新系统”）开具的增值税电子普通发票。为进一步做好增值税电子普通发票推行工作，现提出以下意见：

一、高度重视电子发票推行工作

推行通过新系统开具的增值税电子普通发票，对降低纳税人经营成本，节约社会资源，方便纳税人发票使用，营造健康公平的税收环境起到了重要作用。各地国税机关要高度重视电子发票推行工作，精心组织，扎实推进，满足纳税人开具使用电子发票的合理需求。

二、坚持问题导向，重点行业重点推行

各地国税机关要认真总结前期推行增值税电子普通发票的情况，做好分析评估工作，坚持问题导向原则，重点在电商、电信、金融、快递、公用事业等有特殊需求的纳税人中推行使用电子发票。

三、规范电子发票服务平台建设

电子发票服务平台以纳税人自建为主，也可由第三方建设提供服务平台。电子发票服务平台应免费提供电子发票版式文件的生成、打印、查询和交付等基础服务。

税务总局负责统一制定电子发票服务平台的技术标准和管理制度，建设对服务平台进行监督管理的税务监管平台。电子发票服务平台必须遵循统一的技术标准和管理制度。平台建设的技术方案和管理方案应报国税机关备案。

四、做好纳税人的宣传辅导工作

各地国税机关要利用多种渠道，切实做好纳税人的宣传辅导工作。增值税电子普通发票的开票方和受票方需要纸质发票的，可以自行打印增值税电子普通发票的版式文件，其法律效力、基本用途、基本使用规定等与税务机关监制的增值税普通发票相同。购买方向开具增值税电子普通发票的纳税人当场索取纸质普通发票的，纳税人应当免费提供电子发票版式文件打印服务。对于拒绝提供免费打印服务或者纸质发票的，主管国税务机关应当及时予以纠正。

五、规范电子发票编码规则及发票赋码流程

各地国税机关应严格按照《国家税务总局关于推行通过增值税电子发票系统开具的增值税电子普通发票有关问题的公告》（国家税务总局公告2015年第84号）规定的发票编码规则编制增值税电子普通发票的发票代码，通过“金税”三期核心征管系统将电子发票的号段同步至新系统，通过新系统最终赋予纳税人。

六、简化税控专用设备发行流程

各地国税机关要进一步简化税控专用设备发行流程，及时为使用电子发票的纳税人或其书面委托的单位办理税控专用设备发行，提高办税效率。

七、加强对服务单位的监督管理

各地国税机关应严格按照税务总局对纳税人税控装置安装服务提出的工作要求，加强对服务单位的监督管理，督促其提高服务水平和服务质量。税务机关及税务干部要严格执行廉政规定，不得违反纪律参与、干预、引导纳税人选择服务单位。税务机关要及时处理回应纳税人投诉，对存在问题的服务单位责令其立即纠正，并限期整改。

税控专用设备销售单位应保障税控专用设备的及时供应，不得以任何理由推诿、拖延或者拒绝使用电子发票的纳税人购买税控专用设备的要求。

八、落实主体责任，加强部门协作配合

各地国税机关要将推行工作做实做细，加强部门协作配合，形成工作合力。按照新系统推行到哪里、主体责任就要落实到哪里的原则，货物劳务税部门要落实好发票管理、系统推行中的主体责任，实行专人专岗、责任到人。征管科技、电子税务等部门要加强协作配合，共同保障推行工作平稳顺利。

## 国家税务总局关于使用印有本单位名称的增值税普通发票（卷票）有关问题的公告

（2017 年 4 月 14 日　国家税务总局公告 2017 年第 9 号）

为进一步规范增值税发票管理，优化纳税服务，保障全面推开营业税改征增值税试点工作顺利实施，现将使用印有本单位名称的增值税普通发票（卷票）有关问题公告如下：

一、纳税人可按照《中华人民共和国发票管理办法》及其实施细则要求，书面向国税机关要求使用印有本单位名称的增值税普通发票（卷票），国税机关按规定确认印有该单位名称发票的种类和数量。纳税人通过增值税发票管理新系统开具印有本单位名称的增值税普通发票（卷票）。

二、印有本单位名称的增值税普通发票（卷票），由税务总局统一招标采购的增值税普通发票（卷票）中标厂商印制，其式样、规格、联次和防伪措施等与原有增值税普通发票（卷票）一致，并加印企业发票专用章。

三、印有本单位名称的增值税普通发票（卷票）发票代码及号码按照《国家税务总局关于启用增值税普通发票（卷票）有关事项的公告》（国家税务总局公告 2016 年第 82 号）规定的编码规则编制。发票代码的第 8—10 位代表批次，由省国税机关在 501—999 范围内统一编制。

四、使用印有本单位名称的增值税普通发票（卷票）的企业，按照《国家税务总局 财政部关于冠名发票印制费结算问题的通知》（税总发〔2013〕53 号）规定，与发票印制企业直接结算印制费用。

本公告自 2017 年 7 月 1 日起施行。

特此公告。

# 国家税务总局关于进一步明确“营改增”有关征管问题的公告

（2017 年 4 月 20 日　国家税务总局公告 2017 年第 11 号）

为进一步明确“营改增”试点运行中反映的有关征管问题，现将有关事项公告如下：

一、纳税人销售活动板房、机器设备、钢结构件等自产货物的同时提供建筑、安装服务，不属于《营业税改征增值税试点实施办法》（财税〔2016〕36 号文件印发）第四十条规定的混合销售，应分别核算货物和建筑服务的销售额，分别适用不同的税率或者征收率。

二、建筑企业与发包方签订建筑合同后，以内部授权或者三方协议等方式，授权集团内其他纳税人（以下称“第三方”）为发包方提供建筑服务，并由第三方直接与发包方结算工程款的，由第三方缴纳增值税并向发包方开具增值税发票，与发包方签订建筑合同的建筑企业不缴纳增值税。发包方可凭实际提供建筑服务的纳税人开具的增值税专用发票抵扣进项税额。

三、纳税人在同一地级行政区范围内跨县（市、区）提供建筑服务，不适用《纳税人跨县（市、区）提供建筑服务增值税征收管理暂行办法》（国家税务总局公告 2016 年第 17 号印发）。

四、一般纳税人销售电梯的同时提供安装服务，其安装服务可以按照甲供工程选择适用简易计税方法计税。

纳税人对安装运行后的电梯提供的维护保养服务，按照“其他现代服务”缴纳增值税。

五、纳税人提供植物养护服务，按照“其他生活服务”缴纳增值税。

六、发卡机构、清算机构和收单机构提供银行卡跨机构资金清算服务，按照以下规定执行：

（一）发卡机构以其向收单机构收取的发卡行服务费为销售额，并按照此销售额向清算机构开具增值税发票。

（二）清算机构以其向发卡机构、收单机构收取的网络服务费为销售额，并按照发卡机构支付的网络服务费向发卡机构开具增值税发票，按照收单机构支付的网络服务费向收单机构开具增值税发票。

清算机构从发卡机构取得的增值税发票上记载的发卡行服务费，一并计入清算机构的销售额，并由清算机构按照此销售额向收单机构开具增值税发票。

（三）收单机构以其向商户收取的收单服务费为销售额，并按照此销售额向商户开具增值税发票。

七、纳税人 2016 年 5 月 1 日前发生的营业税涉税业务，需要补开发票的，可于 2017 年 12 月 31 日前开具增值税普通发票（税务总局另有规定的除外）。

八、实行实名办税的地区，已由税务机关现场采集法定代表人（业主、负责人）实名信息的纳税人，申请增值税专用发票最高开票限额不超过十万元的，主管国税机关应自受理申请之日起 2 个工作日内办结，有条件的主管国税机关即时办结。即时办结的，直接出具和送达《准予税务行政许可决定书》，不再出具《税务行政许可受理通知书》。

九、自2017年6月1日起，将建筑业纳入增值税小规模纳税人自行开具增值税专用发票试点范围。月销售额超过3万元（或季销售额超过9万元）的建筑业增值税小规模纳税人（以下称“自开发票试点纳税人”）提供建筑服务、销售货物或发生其他增值税应税行为，需要开具增值税专用发票的，通过增值税发票管理新系统自行开具。

自开发票试点纳税人销售其取得的不动产，需要开具增值税专用发票的，仍须向地税机关申请代开。

自开发票试点纳税人所开具的增值税专用发票应缴纳的税款，应在规定的纳税申报期内，向主管国税机关申报纳税。在填写增值税纳税申报表时，应将当期开具增值税专用发票的销售额，按照3%和5%的征收率，分别填写在《增值税纳税申报表》（小规模纳税人适用）第2栏和第5栏“税务机关代开的增值税专用发票不含税销售额”的“本期数”相应栏次中。

十、自2017年7月1日起，增值税一般纳税人取得的2017年7月1日及以后开具的增值税专用发票和机动车销售统一发票，应自开具之日起360日内认证或登录增值税发票选择确认平台进行确认，并在规定的纳税申报期内，向主管国税机关申报抵扣进项税额。

增值税一般纳税人取得的2017年7月1日及以后开具的海关进口增值税专用缴款书，应自开具之日起360日内向主管国税机关报送《海关完税凭证抵扣清单》，申请稽核比对。

纳税人取得的2017年6月30日前开具的增值税扣税凭证，仍按《国家税务总局关于调整增值税扣税凭证抵扣期限有关问题的通知》（国税函〔2009〕617号）执行。

除本公告第九条和第十条以外，其他条款自2017年5月1日起施行。此前已发生未处理的事项，按照本公告规定执行。

特此公告。

# 第三部分　专家视角

# 一、李万甫[①]："营改增"：掀开税改新篇

## "营改增"：掀开税改新篇

（来源：《光明日报》　2016 年 10 月 20 日）

全面实施"营改增"试点改革，意味着实行 30 余载的营业税和增值税并行征收的格局宣告结束，流转税制重大结构转换基本完成，开启了税收发展新阶段，在中国税收改革和发展的历史上具有里程碑意义。

自 1994 年以来，增值税制改革的路径一直围绕着"转型"与"扩围"展开。先前增值税制改革在这两方面都取得了一定的进展，但仍没有彻底完成。"营改增"本质上是增值税对营业税的替代，是税制的结构转换，这是由营业税与增值税不同的运行机理和税制建设内在规律所决定的，是历史必然的过程，标志着流转税制结构格局的重塑。摒弃营业税，既是增值税改革发展的内在要求，也是营业税重复征收内在特质的必然结果。此次推开的"营改增"扩大试点改革，既包括扩大行业试点范围，也包括将不动产纳入抵扣范围，是"扩围"与"转型"的同时推进，实现了增值税对货物和服务的全覆盖，所有外购项目进项税准予抵扣。当前"营改增"扩大试点改革的稳步运行意味着税制转换全面到位，标志着中国增值税制真正与国际上通行的增值税制接轨，为构建走向规范化的增值税制和最终实现增值税立法奠定了基础。

"营改增"的实质是税制转换，也是税收制度创新的集大成者，符合现代税收制度"税种科学、结构优化"的价值追求，具有鲜明的时代特征和前瞻性的前行脉络。与国际接轨的规范化增值税制的建立，将助推现代税收制度体系的改革和完善，开启了税收治理体系现代化的新征程。同时，税制转换必然带来税务管理方式的变革，推动税收治理能力现代化。营业税征收给征纳双方带来程度不同的管理盲点或管理上的自由裁量空间，对征税人来说，存在收入确认、入库时间等的随意性，也存在空转、虚增收入的可能性；对纳税人而言，由于交易各方不存在内在的关联关系，易于形成对内对外"两本账"的问题，导致偷漏税款行为的发生，造成税收流失。在增值税征收环境下，由于环环抵扣，上下游企业交易存在关联关系，征纳双方通过链条机制联结起来，交叉比对认证交易行为，从而减少了税务征纳双方的涉税风险，并通过信息化手段，将交易各方串联起来，实现管理上的创新。不仅如此，以增值税发票管理系统为基础的税收征管信息系统集中了大量的经营交易数据资源，挖掘、分析和利用税收大数据，也会助力税收治理能力的提升。

按照现行财税体制，营业税是地方财力的支柱税源，增值税的分享体制对中央和地方财

---

① 李万甫：国家税务总局税收科学研究所所长，教授。

力的保障具有举足轻重的作用。全面实施“营改增”，直接动摇了以税种划分收入的分税制财政体制基础。营业税取消，地方主体税源也就丧失了，地方财力保证问题凸显出来，增值税作为共享税的75:25分成，也要随之发生变化。虽然在“营改增”试点改革方案的顶层设计上，一直坚持确保地方财力不受影响的改革思路，但适时调整改革财税体制已迫在眉睫。可喜的是，在“营改增”扩大试点改革即将实施的前夕，及时出台了“调整中央与地方增值税收入划分过渡方案”，实行增值税中央与地方“五五”分成，并通过税收返还方式将上划收入返给地方。这种具有过渡性的财税体制改革的制度安排，不仅解决了“营改增”试点改革下增值税的分成比例，也使困扰地方政府悬而未决的地方财力保障问题终于有了制度性解决方案，对确保“营改增”顺利推行奠定了良好的制度环境。与全面实施“营改增”同步推出的央地收入划分的过渡方案不仅明确了2～3年的过渡时限，也昭示着全面财税体制改革的大幕即将拉开。

供给侧结构性改革是我国当前重大的经济治理方略，“营改增”作为助力供给侧结构性改革的重要举措，担负着企业“降成本”改革的任务。此次“营改增”的推出，遵循着“确保所有行业税负只减不增”的原则，“营改增”实施所释放的减税红利，减轻企业的税费负担，增强企业的盈利能力，增添企业的活力，契合了供给侧改革的内在要求。“营改增”释放的税制转换红利，降低企业边际成本，提升劳动和资本报酬，提高要素供给的效率，将助力发挥市场机制在资源配置中的决定性作用。“营改增”的推行将改变在生产流通领域不同行业面临着两套税制而带来的税负不公平状况，促进市场主体规范化管理，推动形成公平竞争的市场环境。实施“营改增”，将优化税制结构，促进产业结构转型升级，助力消化存量，引导增量，调整结构，加快形成以科技创新为引领的新经济增长极。“营改增”的实施，是助力供给侧结构性改革的减税策略选择，也是税制改革助力经济持续稳定发展的重要体现。

## 供给侧改革背景下要精准施税

（来源：《中国税务报》　2016年3月2日）

合理负担、公平税负应成为减税策略实施的目标取向。应围绕五大重点任务的落实，实施有针对性、操作性强、见效快的减税策略。

2015年底召开的中央经济工作会议，强调要着力推进供给侧结构性改革。如何围绕这条改革主线进一步深化税制改革，完善税收政策，充分发挥税收在国家治理中的基础性、支柱性和保障性作用是一项重大课题。

着重点：施策方略供给侧改革是从提高供给质量出发，用改革的办法推动结构调整，矫正要素配置扭曲，扩大有效供给。对供给侧改革命题的内涵要形成广泛的共识，这是推进改革有序展开的逻辑起点。

推进供给侧改革的实质和战略目标是充分发挥市场在资源配置中的决定性作用，正确处理好政府与市场的关系，通过完善市场机制，激发市场主体活力，形成尊重市场价值规律和有序公平的市场竞争环境。

长期以来，经济发展的治理生态一直偏重于需求侧管理。基于总需求低迷和产能过剩的结构性矛盾并存状况的科学研判，中央及时调整深化经济改革的视角，适时定位在供给侧进行结构性改革和调整，是一项明智的政策抉择，是经济治理方式的转变。

着力点：精准施税加强供给侧改革是税收政策选择的根本立足点，是精准实施税收调控政策的基本前提。减税已成为推进供给侧改革的重要政策举措。如何实施精准减税策略，是各界广泛关注的话题。

减税是短期的政策考量还是长期的制度安排？从完成好去产能、去库存、去杠杆、降成本、补短板五大重点任务的内在要求看，减税具有阶段性特征，应着力实施有针对性的减税策略，立足消化、调整存量。但从完善市场机制、激发市场主体活力的角度，减税应当作为实现公平税负、促进市场公平竞争的重要途径。

是普适性减税还是特定性减税？适当降低企业的总体税负水平，在财政承受的范围内，是应当予以充分考量的，但企业税负不合理、负担不公平的问题应当给予更多关注，普遍性的减税取向应当结合税负结构优化一并推进。就推进供给侧改革五大重点任务而言，实行特定性的税收减免、税收豁免、欠税免除，对特别性的交易行为如重组、兼并等，予以必要的税收扶持，是当前实施精准减税策略的首要任务。围绕五大重点任务的落实，应实施有针对性、操作性强、见效快的减税策略。

是减商品劳务税还是减所得税，抑或减财产行为税？不同类型的税系功能定位存在差别，实施减税策略，其作用效果也会存在差异。以增值税为代表的商品劳务税，具有中性特征和"链条"机理，税负具有转嫁性，受供求等价格机制影响，是由生产者还是由消费者负担税负具有不确定性，其特定减税的空间非常有限。即使全面实施"营改增"，释放"减税红利"，也要注重保持增值税内在机理的完整性，使其中性作用充分显现。所得税通常被认为是实施特定减税的重要手段，也是促进经济结构转换的重要政策工具，其灵活性的特点和针对不同类型、不同行为方式的相机抉择，成为促进供给侧改革的首选调控措施。财产行为税是对特定行为对象课征的税种，在化解过剩产能、调整存量结构、介入特定交易等方面具有一定的作为空间。

是减税还是清费？企业税负重，往往也蕴含着收费因素在内。清费立税应成为推进供给侧改革的一项重要任务，以有效缓解减税的压力和风险，必要的、确需保留的收费项目，可逐步考虑改立新税种，改变课征税收形式来规范。大力清理消减收费项目，倒逼行政体制改革，为市场创造稳定的营商环境，也便于形成统一规范的政府收入形成机制。

是减中央税还是减地方税？目前纳入减税范畴的税种，要么是共享税，要么是地方税，特别是"营改增"的全面推开，必然会对按税种比例分享的中央与地方财政分配关系形成一定的冲击，势必引发中央与地方税源划分的重新调整，或倒逼重塑新型财税体制。目前的财政状况是：税收增速回落，增长乏力，地方财政更加困难。当前应着力考量大量减税和清费状况下地方政府财力缺口弥补，及其参与和推动供给侧改革的积极性。

着眼点：施税路径基于对推进供给侧改革的理解和研判，基于对精准实施减税策略基本取向的分析，现实可行的施税策略的实现路径如下：

完善促进企业兼并重组的税收政策。扩大优惠政策的覆盖面。对促进企业兼并重组过程中涉及的城镇土地使用税、契税、印花税等税种，实施必要的减免税措施。这是盘活存量的最佳选择，也是精准施税策略的最佳途径。同时将现有兼并重组企业所得税优惠政策的适用面扩大到个人投资者，在个人所得税计税政策上予以一定的倾斜。

加大对特定行业、特殊企业的税收扶持力度。突出化解钢铁、煤炭行业产能过剩，实行更加优惠的税收扶持政策，推动这两个行业率先走出低谷。对无市场发展前景的所谓“僵尸”企业，要尽快推动市场出清，资不抵税的，实行一定条件下的欠税豁免。

借“营改增”全面推行之机，释放全面减税的政策红利。不仅如此，“营改增”实施方案应打上供给侧改革的印记，体现这一改革主线的调控要求，对不动产、建筑业和金融业等行业，实施精准施税，有效激活这些行业发展的内生动力。

加大对创新发展的税收激励力度，把创新发展作为推动供给侧改革的重要内容去落实。

## “营改增”助力供给侧结构性改革

（来源：《经济日报》　2016 年 3 月 25 日）

今年 5 月 1 日将全面推开的“营改增”，通过惠及几乎所有的生产经营单位，为供给者提供较大的发展空间。与此同时，正在全面推进的供给侧结构性改革，重在用改革解决深层次矛盾，推进市场机制的重塑和调控政策的转型。在同一时期和阶段，寻找契合点、协同推进“营改增”和供给侧结构性改革两大改革举措，将有助于进一步发挥改革效力，释放政策红利。

全面实施“营改增”，顺应供给侧结构性改革的减税需求。目前，减税已成为推进供给侧结构性改革凝聚的共识，而“营改增”所释放的减税红利契合了供给侧结构性改革的紧迫要求，为供给者提供了较大的发展空间，也对刺激消费、促进消费升级产生积极影响。减税需求与减税取向、减税安排与减税策略的一致性，彰显出供给侧结构性改革战略与“营改增”改革举措的协同特征。值得注意的是，供给侧改革注重解决供给的激励机制问题，而增值税公平合理的税负特点，可为推进供给侧改革营造公平、统一的竞争环境，在顺应供给侧改革方面可以大有作为。

全面实施“营改增”，助力发挥市场在资源配置中的决定性作用。供给侧改革的更深层次目标追求，是让市场在资源配置中发挥决定性作用，及时调整各类扭曲的政策和制度安排，矫正以往政府主导资源配置带来的结构性失衡问题。因而，回归市场主体理性预期，尊重市场价值规律基础上的政府有效调控，是破解长期累积的结构性、体制性突出矛盾和问题，推进供给侧结构性改革的战略选择。全面实施“营改增”，进一步降低企业边际成本、提高要素供给效率、增强企业供给能力，同时大幅度减税必然会减少政府对资源的直接占用和使用，有利于减轻对市场资源配置干预的程度。由于增值税具有“中性”特征，相对于营业税而言，对市场主体的行为扭曲较低、效率损失小，对价格信号的扭曲效应不甚明显；同时，增值税具有“税价分离”的形式特征，可使价格真正反映市场供求状况，引导资源配置方向。因而，价、税有效联动机制的形成，是“营改增”在供给侧改革中精准施策的重要着力点。

全面实施“营改增”，推动形成公平竞争的市场环境。基于总需求低迷和产能过剩结构性并存状况的科学研判，需及时调整深化经济改革的视角，通过供给侧方面的结构性改革和经济结构的优化，形成有序公平的竞争机制，从而实现经济的可持续增长。实施“营改增”，将改变流转税领域两套税制造成的税负不公平状况，促进各行业间税负均衡，因此也要注重保持增值税中性特征，应结合税负结构优化一并推进。从以往“营改增”实施后的实际效果看，全面推行增值税制，对于规范市场主体的经营，加强成本效益核算，促进企业的科学化、制度化管理都具有重要作用。

全面实施“营改增”，促进经济结构进一步优化。经济及产业结构性失衡是困扰经济持续发展的“瓶颈”因素，是推进供给层面改革的核心内容。一般来说，经济结构性问题与税制结构具有较强的相关性，全面实施“营改增”通过优化税制结构进一步促进产业结构转型升级，加快形成以科技创新引领的新经济增长极。同时，“营改增”本身也属于结构性调整政策，有利于破解由于营业税与增值税并存所带来的经济结构失衡问题，有效解决营业税重复征收以及增值税抵扣机制不完整导致的税负偏重问题。

“营改增”全面推开是税收改革主动适应国家发展战略大局的重大举措，也是税收政策助力经济新常态和供给侧结构性改革的重要措施，在这场关乎国家发展全局的供给侧改革中，必将发挥更大的作用。

## “营改增”：落实税收法定的“先手棋”

### ——访国家税务总局税收科学研究所所长李万甫

（来源：《法制日报》　记者：万静　2016 年 4 月 1 日）

2016 年 3 月 18 日，国务院常务会议审议通过了全面推行“营改增”试点方案，明确自 2016 年 5 月 1 日起，全面实施“营改增”试点，将建筑业、房地产业、金融业、生活服务业纳入试点范围，实现增值税对货物和服务的全覆盖，不动产纳入抵扣范围。这标志着现代消费型增值税制度转型的序幕已经拉开。

全面推行“营改增”，对落实税收法定原则有何意义？“营改增”之后的税收立法将呈现怎样的走势？记者采访了国家税务总局税收科学研究所所长李万甫。

记者：2015 年修改的立法法当中已经明确提出，所有税种的设立、税率的确定、税收征收管理等基本的内容都由法律规定。目前，增值税法已经列入立法规划。“营改增”对增值税立法将产生怎样的影响？

李万甫：全面实施“营改增”是落实税收法定的关键。增值税立法路线图俗称“五步曲”——“营改增”、优化税率、完善税制、调整体制、立法，全面实施“营改增”是首要任务。

此次“营改增”的实施方案设计充分考虑了未来增值税立法的相关问题，延续营业税原有优惠政策，对特定行业采取过渡性措施，既是当前确保“营改增”试点改革顺利推进的需要，也为进一步完善增值税制，适时推进增值税立法预留了时间，赢得了改革的空间。

增值税的立法是构建税收法律制度体系的重中之重。至 2020 年，增值税能否实现法律化直接关乎落实税收法定原则的任务能否如期完成。

记者：为什么地方政府特别关注“营改增”？

李万甫：增值税和营业税在现有的税收制度体系中具有举足轻重的地位，两个税种筹集的收入占税收收入总额的40%左右。增值税作为共享税，营业税作为地方主体税种，对中央与地方税收收入划分影响较大，地方政府尤为关注。

目前，四大行业推行的“营改增”试点，又是增值税内在运行机制中最为复杂、最为棘手的领域，是最难啃的“硬骨头”。

记者：推进增值税立法，难在哪里？

李万甫：此次扩大“营改增”试点范围直接涉及流转税制结构的转换，而确保税制转换的平稳运行所出台的一系列过渡性措施，并没有直接触及两大税种既存的深层次问题，在诸如简并增值税率和优化税负结构等方面，并没有提出具体化的改革措施，无疑为将来完成增值税立法增加了难度。后“营改增”时代，增值税制改革的任务依然很重，涉及诸多层面利益关系的调整和重塑，难度确实不小。此次“营改增”的全面实施仅是增值税改革与立法进程中“五步曲”的第一步，但确使推进增值税立法有了良好的开端，迈出了坚实一步。

记者：“营改增”从试点到全面推行的过程反映了改革和法治的怎样的关系？

李万甫：“营改增”实质上涉及税制改革与税收立法的关系问题。增值税立法路径是先试点改革，再完成立法，这与我国改革开放以来的思维定势和改革路径是一致的。

“营改增”作为增值税改革的一项重要内容，一直备受关注。“增值税等单行税种”立法问题早已纳入十一届、十二届全国人大的立法规划，由于增值税的改革，特别是“营改增”一直没有到位，增值税的立法工作迟迟没有纳入日程。

自2012年启动“营改增”试点，到2016年5月1日“营改增”的全面实施，困扰增值税立法的首要问题即将解决，在试点基本平稳之后，结合其他方面的增值税改革推进，可适当考虑着手增值税的立法工作。

记者：对增值税的立法工作，你有何建议？

李万甫：随着“营改增”的全面推开，待平稳运行一段时期后，可首先考虑经必要的法定程序，修订增值税暂行条例，并同时宣布停止营业税暂行条例执行，完成在现有法治框架下税收行政法规的具体适用问题，充分体现改革进程中对法治的遵循和尊重。

“营改增”试点工作不宜持续过长，自5月1日起推行的全面“营改增”已打破了既定增值税暂行条例的体系框架，远远超越了原增值税暂行条例的内容，长期维系增值税暂行条例与“营改增”试点方案并存的格局，是不符合法治精神和要求的，因而及时将“营改增”试点改革成果法制化是推进增值税立法进程，确保增值税法规体系完整性的迫切需要。

## “营改增”的基本价值取向

（来源：《紫光阁》 2016年5月1日）

“营改增”是指将征收营业税的行业改为征收增值税。“营改增”作为深化财税体制改革的重头戏和供给侧结构性改革的重要举措，前期试点已经取得了积极成效，此次全面推开“营改增‘双扩’”试点，覆盖面更广，意义更大，影响更加深远。

**增值税与营业税的运行机理**

1. 增值税的运行原理。增值税是对货物和服务流转过程中实现的增值额征收的税种，其基本特征为：通过逐环节征收机制让供给链条上的每个经营者均参与增值税的征收过程，将其从顾客处收取的税款与付给供应商的税款的差额缴纳本环节应负担的税款，环环抵扣，逐环节征收，税负通过增值税链条不断向下游转移，最终由消费者负担。

2. 增值税的基本特点。自1954年法国正式开征增值税以来，全世界已有超过160个国家和地区开征增值税，增值税已成为世界上发展最快的对货物服务流转行为征收的一种间接税。增值税之所以在国际上受到广泛欢迎，在于其具有独特的优越性：一是聚集收入能力强，增值税以增值额为税基，受企业经营业绩和经济波动影响较小，收入较为稳定，已成为各国税收收入的主干税种。二是具有中性特征，避免了重复征税，税基公平，负担合理，并不会引起商品相对价格发生变化从而不改变纳税人行为的选择，是公认的"良税"。三是征管效率较高，增值税的征抵机制，环环相扣，上下游企业相互制约，可以有效控制偷漏税行为。

3. 增值税和营业税的主要区别。增值税为价外税，税价分离，不计入企业收入和成本；以货物和服务的增值额为税基，应纳税款为销项税额抵减进项税额的余额；由企业代税务机关向下一个环节收取，并通过抵扣链条层层转嫁，最终由消费者负担。营业税为价内税，计入企业收入和成本；以提供服务的营业额为税基，应纳税额为营业额与适用税率的乘积；采取环环征收、不得抵扣的征收方式，具有典型的重复征税特征。国外一般在实行增值税制下，基本上不再另行征收营业税。

4. 我国增值税制的建立和发展。我国自1979年即开始试点引入增值税制度。1984年，国务院发布《中华人民共和国增值税条例（草案)》，标志着增值税作为一个法定的独立税种正式建立，当时与增值税并行征收的还有产品税和营业税。1994年建立覆盖所有货物的增值税制度，而对部分劳务、不动产和无形资产征收营业税，从而形成了增值税和营业税并存的税制结构格局。

5. "营改增"势在必行。增值税与营业税长期并行，是1994年税制改革留下的尾巴，也是货物劳务税制建设中的一大缺憾。后来对增值税的抵扣链条断裂采取了一定的弥补办法，虽然当时营业税重复征税问题还不太突出，并采取了对部分服务业差额征税的措施，降低了重复征税的程度，但在中国经济运行进入新常态发展阶段以后，营业税重复征税的弊端日渐凸显，阻碍了服务业等第三产业的发展，不利于制造业转型升级，削弱了增值税环环相扣的制度优势，"营改增"改革势在必行。

**前期"营改增"试点效应**

为了进一步完善增值税制，消除重复征税，促进经济结构优化，国务院决定自2012年1月1日起，率先在上海实施交通运输业和部分现代服务业"营改增"试点，拉开了"营改增"改革的序幕。此后，试点地区和行业范围逐步扩大。截至2015年底，"营改增"已覆盖"3+7"个行业，即交通运输、邮政、电信3个大类行业和研发技术、文化创意等7个现代服务业，并在全国范围内普遍推开。4年来，"营改增"试点运行工作平稳有序推进，基本实现了规范税制、减轻税负、促进发展、带动改革的预期目标。

1. 减税规模逐年递增。2012—2015年，全国累计实现减税6 412亿元，其中：试点纳税人因税制转换减税3 133亿元，占49%，非试点纳税人因增加抵扣减税3 279亿元，占51%。两类纳税人的减税规模呈现逐年递增的趋势，表明"营改增"的制度设计体现了总体减税的要求。

2. 试点行业税负下降明显。与缴纳营业税相比，试点行业税负下降32%，交通运输、邮政、电信、现代服务四大行业分别下降10%、58%、26%、39%。其中航空运输、信息技术、文化创意、快递、广播影视等行业的税负下降超过4成，表明“营改增”试点改革的红利在大量释放。

3. 试点行业新办纳税人户数大幅增长。截至2015年底，全国“营改增”试点纳税人已达592万户，是试点初期的3.8倍。从增幅来看，2014年同比增长55.5%，2015年同比增长近40%，均高于全国税务登记户数12.8%、4.2%的增幅；从行业看，呈现出减税幅度越大、户数增长越快的态势。表明微观经济主体市场活力显著增强。

4. 推动了第三产业的发展。“营改增”打通了第二、第三产业抵扣链条，有利于服务业与工业深度融合发展。自“营改增”试点以来，第三产业投资规模明显扩大，占全社会固定资产投资比重由2012年的52.6%提高到2015年的56.6%，第三产业增加值占GDP的比重由45.5%提高到50.5%。以上海为例，2015年第三产业占GDP的比重为60%，2013年占62.2%，2014年占64.8%，2012年占67.8%。表明“营改增”对第三产业的推动作用逐步显现。

前期“营改增”试点改革初步解决了货物和服务税制不统一及重复征税问题；减轻了企业税负，激发了企业活力，拓展了企业发展空间，促进了大众创业、万众创新；促进了服务业的发展，优化了产业结构，推动了工业转型升级，顺应了经济新常态下供给侧结构性改革的内在诉求。

**全面实施“营改增”的内在特征**

3月18日，经国务院批准，财政部和国家税务总局正式发布了全面实施“营改增”的试点方案（以下简称“试点方案”），明确自2016年5月1日起，全面推开“营改增”试点，将建筑业、房地产业、金融业、生活服务业4个行业纳入“营改增”试点范围，自此，现行营业税全部改征增值税；将不动产纳入抵扣范围，无论是制造业、商业等原增值税纳税人，还是“营改增”试点纳税人，都可抵扣新增不动产所含增值税，为全面推行“营改增”扩大试点提供了政策依据和操作办法。“试点方案”具有以下几点特征：

1. 既属于增值税的扩围改革，又属于增值税的转型改革，开启了构建现代型增值税的新纪元。1994年建立增值税制时留下的“两个尾巴”已接近完成，困扰增值税内在功能作用发挥的阻碍基本消除。此次“试点方案”的核心是扩大试点行业范围，并将不动产纳入抵扣范围。“试点方案”的推行实现了增值税对货物和服务的全覆盖，所有外购项目进项税准予抵扣，意味着税制转换全部到位。“试点方案”实行之日，就是营业税终结之时，标志着中国增值税制真正与国际上通行的增值税制接轨，为构建走向规范化的增值税制奠定了基础，也为全面深化税制改革，建立现代税收制度，推动税收治理现代化开篇谋局。

2. 既涉及试点行业，又涉及非试点行业，体现了全面普惠性减税的政策诉求。“试点方案”不仅仅涉及建筑业、房地产业、金融业、生活服务业四大行业，又将不动产纳入抵扣范围，无论是制造业、商业等原增值税纳税人，还是本次“营改增”试点纳税人，都可抵扣新增不动产所含增值税，而且新的试点行业还会带来税制转换所带来的“减税”红利，总体上会实现所有行业全面减税。这种大规模减税背景下的“试点方案”出台带有鲜明的“花钱买机制”特征，将惠及几乎所有的纳税人，尤其对资本密集型企业、现代高端服务业以及制造业等，也将会释放出更加强劲的减税信号，推动形成以科技创新引领的新经济增长极。

3. 既保持了原有的优惠政策，又制定出可行的过渡措施，体现出“试点方案”所有行业税负只减不增顶层设计的良苦用心。现行的“试点方案”承袭了原有税制要素中优惠政策项目的规定，没有触及原有的企业税收利益，维持了既有的税负分布格局，使每个试点企业都不会因“试点方案”的推行，而使税负有所变化，并可享受净减税负的“试点红利”，同时也规定了确保试点改革平稳运行的几十项过渡性办法，有效实现了两种税制的转换和对接。做足了“减法”，将换取企业效益的“加法”，带动市场活力的“乘法”，确保试点改革平稳运行，确保所有行业税负只减不增的决策理念和务实、可靠的实施路径。

4. 既总结了前期试点的经验，又预估了此次扩大试点的难度，体现出“营改增”试点由易到难的改革路径。自 2012 年以来相继实施的“3 + 7”改革试点，积累了许多宝贵经验，无论最初“营改增”的方案设计，还是具体实施过程中存在的问题，都为此次“试点方案”的制定提供了有价值的借鉴。同时，新纳入试点范围的四大行业，是增值税制运行中公认的复杂、棘手的领域，世界各国对不动产（含建筑业）、金融业等的增值税处理方式差别很大，缺少可供借鉴的成熟一致的做法，是最难啃的“硬骨头”。带着“营改增”前期试点的成功经验，必将攻坚克难，使此次“营改增”试点顺畅实施。

5. 既体现宏观层面的减税诉求，又为微观主体释放“改革红利”，助力推进供给侧结构性改革。减轻企业的税费负担，已成为推进供给侧结构性改革的共识，“试点方案”所释放的减税红利，将会降低企业边际成本，提高要素供给效率，增强企业有效供给能力，契合了供给侧结构性改革的迫切要求。减税需求与减税取向、减税策略与减税安排的一致性，彰显出供给侧结构性改革战略与“营改增”改革举措的协同特征。“营改增”本身也属于结构性调整政策，与当前注重解决经济结构性失衡问题具有显著的关联度，营业税与增值税最大的差别体现在经济结构优化配置层面，增值税将会在促进市场导向的资源配置方面发挥更加积极有效的作用，助力消化存量、引导增量，有助于培育经济增长新动能。

全面实施“营改增”，是我国税制改革进程中的一件大事，可谓“牵一发而动全身”，对助力供给侧结构性改革、顺应国家经济治理方式转变、深化财税体制改革、推动现代税收制度建设都具有重大的现实意义，必将在税收改革发展史上留下深深的印记。

## “营改增”岂能成为涨价借口

（来源：《人民日报》 2016 年 5 月 9 日）

一些不法商家借“营改增”之名，集体串通涨价，或刻意曲解“营改增”而价外加税，已经突破了相关法律法规的底线，属于价格欺诈。

全面实施“营改增”试点改革是国家推出的助力供给侧结构性改革的重大战略举措。然而，就在 5 月 1 日“营改增”全面实施前后，社会上相继出现了一波涨价风，特别是以生活服务业为代表的部分商家，助推了涨价风潮，引发了社会各界对“营改增”的一些疑问，仿佛涨价都是改革造成的。这是对“营改增”改革的重大误解，需要予以澄清。

某商家一杯咖啡售价 35 元，再附加 6% 的“增值税”，实际向消费者收取 37.1 元，还说成是“营改增”所致，显然这是对“营改增”政策和内在机理的一种曲解。实际上，售价 35 元的咖啡中已经包含税金了，再附加 2.1 元所谓的增值税金，等于是“税上加税”，背离了“营改增”的初衷，不符合增值税的计税原理。我国零售商品的价格属于“价内税”模式，其中已经内含了增值税金。因此，部分商家的“加税”是一种变相的涨价行为，并不是商家标榜的“为国家代收税费”，只是为自身经营牟取不当利益，“营改增”无形背了“黑锅”。

“营改增”是一项为企业降税减负的重大减税举措，基本遵循的是“确保所有行业税负只减不增”，最大程度释放“减税红利”。与目前的一些认识误区恰恰相反，“营改增”试点改革的最大赢家，惠及面最广、减税幅度最大的行业，正是生活服务业。

按照“营改增”试点方案的规定，生活服务业一般纳税人（年营业收入500万元以上）适用6%税率，小规模纳税人适用3%的税率；而原有的营业税制下，按收入全额的5%计征营业税。适用6%税率的增值税一般纳税人，按营业税口径返测，相当于5.66%的营业税税率，名义税率仅增加0.66个百分点。再考虑到外购项目所含税金的抵扣问题，一般而言，对于具有一定规模、构成增值税一般纳税人的企业，往往进货渠道比较规范、正规，取得外购项目可抵扣的专用发票的几率会比较高，实际税负水平肯定是下降的，这是毋庸置疑的。对于小规模纳税人而言，由原来的全额计征5%的营业税到全额征收3%（按营业税下含税价格还原后为增值税下的2.91%）的增值税，净减税幅度约在42%左右，是空前的“利好”。

就目前市场上的一些涨价行为而言，如果价格在合理区间内波动，也属正常现象，因为按照经济学的一般原理，商品的价格是由市场上的供求关系决定的，商家理性定价的策略安排纯属企业自身的经营行为。然而，如果把涨价行为与全面减税的“营改增”试点改革联系起来，把涨价的理由归咎到“营改增”头上，则是本末倒置。本来“营改增”是给企业减负，根本上是向消费者让利，个别“精明”的商家打着“营改增”的幌子，耍一些小花招，其行为是借机变相涨价，从中牟取不当利益。特别是一些不法商家，借“营改增”之名，集体串通涨价，或刻意曲解“营改增”而价外加税，已经突破了相关法律法规的底线，属于价格欺诈，是一种干扰市场秩序和损害改革稳定大局的行为，应当为其不当的发展策略付出代价。

“营改增”试点改革意义重大，影响深远，以5 000亿元减税规模支撑的“营改增”试点改革将几乎惠及所有的行业和企业，是重大的“改革红利”。在落实过程中，包括商家在内的各个方面，应该尽最大努力让改革原原本本落地，真正达到给企业减负、向消费者让利的效果，让群众有更多的获得感。

## 精准评判税负“只减不增”

（来源：《经济日报》 2016年9月19日）

随着“营改增”试点改革运行的逐步推进，社会各界广泛关注“确保所有行业税负只减不增”试点改革目标的实现问题，俨然成为谈论“营改增”最为敏感的话题，甚至将能否实现“只减不增”作为评判“营改增”效应的衡量标准。

基于“营改增”试点改革内容，应拓展审视“只减不增”的思维空间。此次“营改增”试点改革，一是将建筑业、不动产业、金融业和部分生活服务业纳入试点范围，二是将不动产纳入抵扣范围。这两部分试点改革内容既包含“扩围”的特征，也包含有“转型”的属性，共同构筑了“确保所有行业税负只减不增”的政策底线。实践中，过分关注所谓的“扩围改革”所带来的试点行业税负变动，而忽略了转型改革所具有的全面减税价值追求，导致考量“营改增”效应评价上的某些偏颇。不动产纳入抵扣范围，实际上涉及包括四个试点行业在内的所有行业和企业，是此次“营改增”全面释放改革红利的普惠式减税举措，应当将其纳入试点改革的效应评价及税负增减的整体评估分析，否则对“营改增”成效的分析就是不全面的。

“营改增”试点方案的顶层设计充分遵循了“税负只减不增”的改革原则。既承袭了原有税制要素中优惠政策的规定，又制定出可行的过渡措施，维持了税负在各个环节既有的分布格局和配置状况，税负存量格局没有打破，从而使所有企业特别是试点企业都不会因试点方案的推行而使税负有所变化，并可享受净减税负的改革红利。从“营改增”试点运行的阶段性效果来看，达到了预期目标。据统计，四大试点行业 1 040 万户纳税人中，税负下降或持平的户数达到了 98.7%，而税负增加的只占 1.3%，如果扩充到全部 6 000 万户企业去考量，税负增加方面更加显得微乎其微，这足以证明“营改增”的试点改革成效是非常明显的。

减税的政策诉求与课税机制的转换相得益彰。此次“营改增”释放的“减税红利”并非传统意义上的税收直接减免，而是通过税种替代和课税机制转换等改革举措实现的，既实现了课税机制的转换，也达到了全面减税的政策意图，并且几近所有企业均受惠于“营改增”试点改革，且改革平稳运行，是“营改增”试点改革的最大亮点和价值所在。

个别企业出现税负上升问题需认真对待。尽管面不大，增幅不高，但也应认真分析：是企业主观因素造成的，还是政策衔接配套的问题？是短期的税负增加还是具有长期性？从前期“营改增”实际运行的经验来看，企业在运行初期往往难以适应税制转换的变化，加之抵扣机制和政策把握不够到位，原营业税制下的税负不尽公正合理，税率差带来的征抵不一致等诸多因素会引起企业税负的波动，应属正常现象，随着试点改革的逐步推进必将回归常态。

## “营改增”并非银行净息差收窄的痛点

（来源：《中国税务报》 2016 年 11 月 18 日）

“营改增”与银行业净息差收窄没有必然和直接的关系。“营改增”后银行业的总体税负是降低的，银行业只有正视盈利能力下降的主因，主动适应税制转换，才能扭转盈利能力下降的局面。

近期，对于金融业“营改增”是否影响银行净息差问题，社会各界有不同的认识和看法。对此，有必要深入分析，以理清“营改增”和银行净息差之间的关系。

“营改增”不会触动银行业的奶酪。2016 年 5 月，金融业纳入“营改增”试点，银行由缴纳营业税改为缴纳增值税。从整体上看，税制转换的初衷是确保包括银行业在内的所有试点行业整体税负不上升，并实行了税制平移、保留法定优惠和采取过渡性措施等办法。尽管银行业的税率从原营业税的 5% 提升到现行增值税的 6%，换算成价税分离，实际税率为 5.66%，但增值税存在抵扣机制，外购法定扣除项目所含税金准予抵扣。因此，银行业实施“营改增”以后，实际税负应当不会上升，银行业净息差收窄，原因不在“营改增”。

“营改增”之后，由于价税分离的原因，银行利息收入比营业税时有所减少，但其在计算利润时不再扣除营业税，且银行业支出同样受价税分离的影响而变小，因此“营改增”

不会对银行盈利能力产生直接的负面影响，其对净息差指标的影响很小。因此，不宜过分夸大“营改增”对银行净息差的影响，从而忽视银行盈利能力下降的事实和导致其净息差收窄的真正原因。

其实，近年来银行净息差下降才是导致盈利能力减弱的真正原因。受2014年11月以来人民银行多次降息影响，银行业的净息差缩窄。加上受利率市场化带来的存款利率浮动区间调整政策的影响，银行间竞争加剧，导致银行业的利润空间收窄。自2014年11月以来，央行先后5次调整基准利率，一年期贷款基准利率从5.6%下降至4.35%，一年期存款基准利率从2.75%下降至1.5%，分别下降了1.25%。同时，由于央行放开存款利率浮动比例限制，银行出于吸收存款的需要，纷纷在基准存款利率的基础上将存款利率上浮，进一步缩减了存贷款的利率差。受市场监管、同业竞争及客户体验等方面的影响，银行的收入减少了，支出增加，息差肯定减少了。因此，利率调整和市场调节因素才是银行业净息差收窄的最主要原因，和“营改增”没有必然和直接的关系。

“营改增”实施已过半载，银行业的税负总体呈下降之势。“营改增”之前，银行业自身购买的固定资产、货物和服务不能作为进项税抵扣，也无法为下游实体企业提供增值税专业发票，导致金融服务与实体经济间增值链条的断裂。银行业实施“营改增”后，打通了与实体经济的抵扣链条，减少了重复征税。截至2016年8月31日，金融业试点纳税人共17万户，2016年5月~8月，实现增值税1 013.19亿元，与应缴纳营业税相比，减税108.35亿元，税负下降9.66%。按照建筑、房地产、金融和生活服务四大行业中的26个小行业划分口径，金融业4个小行业税负全部下降，其中以银行企业为主体的货币金融小行业减税90多亿元。

从税收制度设计角度来看，银行业总体税负是降低的，但不可否认，由于税制转换不到位，金融业增值税发票业务还存在政策边界问题等，个别银行企业还存在初期税负小幅上升现象。主要原因在于企业对税法的理解和落实问题，造成无法取得增值税专用发票，或者虽然取得增值税专用发票，由于后续内部处理尚不明确，进项抵扣不足，应抵未抵，形成短期税负小幅上升现象。随着“营改增”的进一步深入，财税部门对金融业“营改增”存在问题不断优化和改进，金融企业对增值税认知程度逐步加深，采取措施能够取得足够多可抵扣的进项税额，银行企业的税负将呈现出明显的下降趋势。

综上所述，“营改增”虽然影响银行净息差，但并未对银行盈利能力产生负面影响，其对净息差指标的影响有限，不应对此过分夸大。银行业应正视因降息等国家政策导致其盈利能力下降的事实，主动适应税制转换，捋顺企业运行机制，努力发掘新的税收增长点，充分享受政策红利，以扭转盈利能力下降的局面。

## 权威专家：减税降负是新一轮税制改革主基调

（来源：新华网　记者：郁琼源　韩洁　2016年11月25日）

国家税务总局税收科学研究所所长李万甫25日在接受新华社记者专访时说，近年来，我国陆续推出一系列政策性、制度性减税举措，有效降低企业税负，增强市场活力。在进一步推进供给侧结构性改革的大背景下，减税降负将成为新一轮税制改革的主基调。

加快经济转型升级，关键要减轻企业税费等成本负担，确保纳税人充分享受减税改革红利。近年来税收政策如何支持大众创业万众创新，李万甫为记者算了一笔账：

——增值税和营业税起征点不断提高，由 2010 年的每月营业收入 5 000 元提升至 2014 年的 3 万元，2016 年 1 月至 9 月，这项政策惠及近 3 000 万户纳税人；

——企业所得税减半征收覆盖面不断扩大，享受标准由年应纳税所得额 3 万元提升至 2015 年的 30 万元。2015 年这两项政策为小微企业减税近 1 000 亿元；

——重点特殊就业群体减税力度加大，2015 年我国对高校毕业生、失业人员、残疾人、军转干部、退役军人等重点特殊就业群体给予了按户限额减免、增值税即征即退、限额减免等不同类型的税收减免优惠，共减免税收 180 多亿元。

“这些政策显著降低了创业企业特别是小微企业的税收负担，助推了更多创业行为和小微企业健康发展。”李万甫说，税务登记企业户数已由 2012 年的 3 460 万户增加至 2016 年 10 月的 4 700 万户，增幅达 38.2%。

在为企业减负的同时，一系列税收优惠政策大大提升了企业的创新能力。

李万甫介绍，为促进万众创新，国家出台了扩大研发费用加计扣除范围和高新技术企业认定范围、对生物制药等领域实施更为优惠的加速折旧、对股权激励和技术入股实施递延纳税等一系列税收优惠政策，让更多的企业、研发活动、研发费用支出能够享受政策红利快速发展。

国家税务总局数据显示，2015 年，这些优惠政策共计减免税收近 2 000 亿元，其中，对 3.1 万户高新技术企业减免税收 1 500 多亿元，对软件和集成电路企业减免企业所得税 300 多亿元，加速折旧政策减税 100 多亿元，科技成果转化免征增值税 72 亿元。

李万甫表示，国家实施税收扶持政策，有效地鼓励了各类企业重视研发，提升创新能力。“十二五”以来，我国科技进步贡献率已由 50.9% 增加到 55.1%，科技对经济社会发展的支撑和引领作用日益突出。

当前，我国正在进行新一轮税制改革，在李万甫看来，这轮改革在为企业减负的同时，正从深层次激发中国经济增长的新动力，助推产业升级绿色发展。

以“营改增”为例，自 2012 年率先在上海部分行业试点，到 2016 年 5 月 1 日全面推开，仅今年前三季度就整体减税 3 267 亿元。

“2012 年‘营改增’试点以来的实践证明，随着时间的延长，改革效应会越来越大。”李万甫说，“营改增”给企业大幅减税的同时，促进了产业升级。如上海在 2012 年“营改增”试点的当年，第三产业增加值超过第二产业，成为经济增长的第一动力。

他介绍，我国大力度推进的资源税改革也助力绿色发展。2014 年 12 月 1 日，我国推行了包含清费立税在内的煤炭资源税从价计征改革，2015 年实际减轻全国煤企总体负担约 181 亿元。2016 年 7 月 1 日起，资源税全面从价计征改革在全国推开，截至 2016 年 10 月底资源税改革清费立税共减负 21.12 亿元。

针对不少企业反映的制度性交易成本较高问题，李万甫介绍，近年来一系列税制改革和税收政策也立足这一“痛点”，大力推进简政放权，确保改革红利落实落细。

积极推广实施国地税联合办税、联合稽查；制定实施税收征管规范、纳税服务规范；完善出口退税管理……李万甫说，一系列贯彻落实简政放权、“放管服”要求的政策措施，全面提升了纳税服务水平，也确保了企业税收优惠政策的应享尽享，有效降低税收遵从方面的制度性交易成本，确保纳税人充分享受减税改革红利。

## 专家：中国宏观税负水平总体较低

（来源：中国新闻网　记者：赵建华　2016 年 12 月 22 日）

中国国家税务总局税收科学研究所所长李万甫 21 日表示，中国的宏观税负水平总体上较低。由于不同税种的计税依据不一，税率设定不同，对企业而言，衡量企业税负的轻重，不能简单片面只看税率的高低，税率并不等于税负，应当从多维度综合衡量。

李万甫作出上述表示之前，有媒体报道指，税负过重严重影响企业生存空间，是导致经济下行压力的主要原因，甚至有所谓“死亡税率”、“死亡税负”之说。

李万甫介绍说，经济增速下滑的诱因是多方面的，既有体制因素，又有制度因素，也有市场环境变化的因素。中国宏观税负近些年来一直稳中有降，特别是一系列减税降负措施的陆续出台，企业税负大大减轻。宏观税负并没有统一的口径，通常结合政府收入构成状况，分为大、中、小口径。

据李万甫介绍，大口径宏观税负是指政府全部收入占 GDP 的比重，按照 IMF 统计口径测算，2012—2015 年中国宏观税负接近 30%，远低于发达国家平均水平 42.8%，也低于发展中国家平均水平 33.4%；中口径宏观税负是指税收收入和社会保障缴款之和占 GDP 比重，按照 OECD 测算口径，2012—2015 年中国宏观税负 23.4%，2014 年 OECD 国家平均水平为 35.5%；小口径宏观税负是指税收收入占 GDP 比重，2012—2015 年中国宏观税负 18.5% 左右，并逐年下降，按照 IMF 数据测算，2013 年发达国家为 25.9%，发展中国家为 20.4%。

此外，中国企业所得税税率为 25%，高新技术企业适用 15% 税率，世界上征收企业所得税的 126 个国家标准税率平均为 23.7%，欧盟国家所得税标准税率平均为 22.1%，OECD 国家平均为 24.8%；中国增值税标准税率为 17%，还有 13%、11% 和 6% 的低档税率，实行增值税国家的标准税率平均为 15.7%，欧盟国家增值税标准税率平均为 21.6%。

李万甫指出，从税负构成及承担者来看，中国企业承担了 90% 以上的各种税费，个人承担的各类税费占比不足 10%。目前，中国以流转税为主体的税制结构，使企业对税（费）负敏感，尤其是经济下行压力加大、企业盈利能力变弱时，企业自然会感觉税费负担重。相比较而言，西方国家个人所得税和社会保险税（费）占比较高，企业直接负担的税费显得并不高。

李万甫进一步分析指，从税负的转嫁性来看，收费往往与政府提供公共产品或服务有关，与企业具体的经营活动相关联，难以转嫁。占中国税收收入比重三分之二左右的流转税，由于依附于价格，受市场供求关系的影响，可以实现转嫁，纳税人与负税人分离，企业只履行缴税义务，并非负担者。流转税为主体的税制结构会导致按照世界银行公布的“总税率”指标计算的企业税负虚高。

## “死亡税率”引发的税负问题思考

（来源：《中国税务报》　2016 年 12 月 23 日）

日前，有关媒体相继报道“死亡税率”问题，有关人士认为，“死亡税率——当前经济持续低迷的真实原因"，"税率之重，接近企业的'死亡线'"，"我国长期实行重税主义的后果，就是经济动力和活力的下降"。归结起来，其核心要义就是：税负过重严重影响企业生存空间，是导致经济下行压力的主要原因。情况果真如此吗？

**一、"死亡税率"之说，严重误导了社会公众**

源自有关媒体的报道，"当前我国企业实际税费负担接近40%，对企业来说意味着死亡。"或称作"死亡税率"。这一说法的提出，足够吸引社会公众的眼球，激起了社会公众特别是企业界对经济下行压力加大的情绪宣泄，引发社会公众对税负问题的误解，带来一系列负面效应。所谓的"大部分企业利润率都不到10%"与"30%—40%的税费负担"存在怎样的内在关联？需审慎对待，尚难以简单评价！至于30%—40%的"死亡税率"是"我国当前经济持续低迷的真实原因"这一结论，严重曲解和低估了导致经济下行压力的深层次原因。实际上，形成经济增速下滑的诱因是多方面的，既有体制因素，又有制度因素，也有市场环境变化的因素。如果按照这一逻辑思维，是否可以这样递推出：只要企业税费负担降低了，经济下行压力就会得到遏制。显然，经济运行状态的转变远非这样简单。至于"中国宏观税负与经济增长之间呈负相关关系"。事实上，我国宏观税负近些年来一直稳中有降，特别是一系列减税降负措施的陆续出台，企业的税负大大减轻，但同期经济增长却出现了较大幅度的波动，由最初的两位数的高增长到目前6.7%的增长。可见，简单推论出宏观税负与经济增长之间负相关的结论，是不能成立的。

**二、正确看待宏观税负的水平**

宏观税负并没有一个统一的口径，通常结合政府收入构成状况，分为大、中、小口径：大口径宏观税负是指政府全部收入占GDP的比重，按照IMF统计口径测算，2012—2015年我国宏观税负接近30%，远低于发达国家平均水平42.8%，也低于发展中国家平均水平33.4%；中口径宏观税负是指税收收入和社会保障缴款之和占GDP比重，按照OECD测算口径，2012—2015年我国宏观税负23.4%，而2014年OECD国家平均水平为35.5%；小口径宏观税负是指税收收入占GDP比重，2012—2015年我国宏观税负18.5%左右，并逐年下降，按照IMF数据测算，2013年发达国家为25.9%，发展中国家为20.4%。

此外，我国企业所得税税率为25%，高新技术企业适用15%税率，世界上征收企业所得税的126个国家标准税率平均为23.7%，欧盟国家所得税标准税率平均为22.1%，OECD国家平均为24.8%；我国增值税标准税率为17%，还有13%、11%和6%的低档税率，实行增值税国家标准税率平均为15.7%，欧盟国家增值税标准税率平均为21.6%。

综上可以看出，我国的宏观税负水平总体上还是比较低的。当然，由于不同税种的计税依据不一，税率设定不同，对企业而言，衡量企业税负的轻或重，不能简单片面只看税率的高低，税率并不等于税负，应当从多维度综合衡量。

**三、税负的结构性分析**

从税负构成及承担者来看，我国企业承担了90%以上的各种税费，个人承担的各类税费占比不足10%。一方面是由目前我国以流转税为主体的税制结构所决定；另一方面也使企业对税（费）负敏感，尤其是经济下行压力加大、企业盈利能力变弱时，企业自然会感觉税费负担重。相比较而言，西方国家个人所得税和社会保险税（费）占比较高，企业直接负担的税费显得并不高。

从税负的转嫁性来看，收费往往与政府提供公共产品或服务有关，与企业具体的经营活动相关联，难以转嫁；占我国税收收入比重三分之二左右的流转税，由于依附于价格，受市场供求关系的影响，可以实现转嫁，纳税人与负税人分离，企业只履行缴税义务，并非负担者。流转税为主体的税制结构会导致按照世界银行公布的“总税率”指标计算的企业税负虚高。至于流转税的累退性，可以通过税制结构优化完成，但也是一个渐进的过程。

**四、完善我国宏观税负的几点思考**

一是推进清费立税进程。加大费改税力度，切实将适合税收形式征缴的收费项目、基金项目改为税收；在大力推进税制改革的进程中，适时将某些收费项目并入到税改方案中，统筹实施；在构建财税体制框架结构中，通过费改税，健全地方税体系，确保地方财源稳固。

二是加大减税降负力度。在明晰政府事权和规范政府支出的前提下，控制政府规模膨胀，减少政府对社会资源的强制占有和使用的份额，着力把握好减税降负主基调，为刺激企业投资增长、增加居民收入水平以及扩大消费能力，预留空间。妥善处理好政府与市场以及相互间资源占有和分配使用的关系，发挥市场在资源配置中的主导地位，为企业和市场松绑，为经济发展增添活力。

三是逐步提高直接税的比重。借“营改增”减税之机，进一步提高直接税比重，加快推进个人所得税综合与分类相结合的税制改革，积极研究房地产税立法，扩大企业所得税税基，规范税前扣除。通过税制改革，为政府实施精准调控预留空间。

## 全面推开“营改增”实现三大效应

（来源：《经济日报》　2016 年 12 月 27 日）

“营改增”试点自今年 5 月 1 日起全面推开后，在课税机制的转换、减税的政策诉求以及助力供给侧结构性改革三大方面，均初步实现了改革目标，产生了巨大的改革红利。

一是税制结构转换基本完成。全面实施“营改增”，意味着实行 30 余载的营业税和增值税并行征收的格局宣告结束，流转税制结构转换基本完成，并初步建立了符合国际规范的现代增值税制度，在我国税收改革和发展的历史上具有里程碑意义。

全面推开“营改增”试点是对流转税制结构格局的重塑，既包括扩大行业试点范围，也包括将新增不动产纳入抵扣范围，是“扩围”与“转型”的同时推进。营业税正式退出税制舞台，财税体制改革又一次取得重大突破。

二是“只减不增”的税改目标基本实现。目前，所有行业的减税规模逐月扩大，税负“只减不增”的税改目标基本实现。

基于“营改增”试点改革内容，应拓展审视“只减不增”的思维空间。此次全面推开“营改增”试点，一是将建筑业、不动产业、金融业和部分生活服务业纳入试点范围；二是将不动产纳入抵扣范围。这两部分试点改革内容既包含有“扩围”的特征，也包含有“转型”的属性，共同构筑了“确保所有行业税负只减不增”的政策底线。

全面推开“营改增”所释放的“减税红利”，并非传统意义上的税收直接减免，而是通过税种替代和课税机制转换等改革举措来实现的。既实现了课税机制的转换，也达到了全面减税的政策意图。几近所有企业均受惠于“营改增”试点改革，且改革平稳运行，是“营改增”试点改革的最大亮点和价值所在。

三是助力供给侧结构性改革基本到位。“营改增”全面推开，是税收改革主动适应国家发展战略大局的重大举措，是税收政策助力经济新常态和供给侧结构性改革的重要措施，是助力供给侧结构性改革的减税策略选择，也是税制改革助力经济持续稳定发展的重要体现。

全面推开“营改增”有利于促进经济结构进一步优化。“营改增”通过优化税制结构进一步促进产业结构转型升级，加快形成以科技创新引领的新经济增长极。同时，“营改增”本身也属于结构性调整政策，有利于破解由于营业税与增值税并存所带来的经济结构失衡问题，有效解决营业税重复征收以及增值税抵扣机制不完整导致的税负偏重问题。

全面推开“营改增”有利于降成本、强结构、强动能。“营改增”所释放的减税红利，契合了供给侧结构性改革的紧迫要求，为供给者提供了较大的发展空间，也为刺激消费、促进消费升级产生积极影响。2016 年全面推开“营改增”预计减税超过 5 000 亿元，可有效降低企业成本，激发市场活力，增加有效供给。“营改增”消除了服务业发展的税收制度障碍，为服务业的发展创造了更好的环境，对于形成以服务经济为主体的产业结构起到了重要作用。虽然“营改增”会减少财政收入，但是在给企业减负之后，市场活力进一步激发，将给未来经济培育新的动能，带来新的增长点。

全面实施“营改增”有利于营造公平竞争的市场环境。由于增值税具有“中性”特征，相对于营业税而言，对市场主体的行为扭曲较低、效率损失小，对价格信号的扭曲效应不甚明显；同时，增值税具有“税价分离”的形式特征，从而可使价格真正反映市场供求状况，引导资源配置方向。“营改增”的推行，将改变在生产流通领域不同行业面临着两套税制而带来的税负不公平状况，促进市场主体规范化管理，推动形成公平竞争的市场环境。

目前，全面推开“营改增”已超过半载，试点改革整体进展顺利，试点效应明显，试点取得了阶段性成果，但是增值税改革仍然任重道远。增值税的多档税率问题，有碍公平竞争，不利于其中性作用的发挥。过多的营业税优惠政策平移问题，一定程度上截断了增值税的抵扣链条，影响了税制的完整性和公平性。今后，应进一步规范和完善增值税制度，适当简化税率，逐步清理与规范增值税优惠政策，妥善处理好改革与立法的关系，等条件成熟即进行增值税立法。

## 精准研判“营改增”效应的三个维度

（来源：《税务研究》 2017 年 1 月 1 日）

2016 年 3 月 5 日，在第十二届全国人民代表大会第四次会议上，国务院总理李克强作政府工作报告时提出，从 2016 年 5 月 1 日起，全面实施“营改增”，将试点范围扩大到建筑业、房地产业、金融业和生活服务业四大行业，并将所有企业新增不动产所含增值税纳入抵扣范围。全面“营改增”试点，是在当前供给侧结构性改革的大背景下推出的，是税制建设内在规律所决定的，并恪守“只减不增”的税改原则。为此，考量“营改增”试点效应，应从税制结构转换、税负只减不增的政策诉求以及供给侧结构性改革三个维度展开。

### 一、税制结构转换顺利完成

增值税与营业税的不同运行机理和税制建设的内在规律，以及增值税具有天然替代营业税的内在功效，决定了“营改增”在本质上是增值税对营业税的替代，是税制结构的转换，是历史必然的过程。全面“营改增”意味着对流转税税制结构格局的重构，既包括扩大行业试点范围，也包括将新增不动产纳入抵扣范围，是“转型”与“扩围”的同步推进。全面“营改增”的实施，意味着三十余载营业税和增值税并行征收的格局正式宣告结束，流转税税制结构转换顺利完成。

（一）建立了符合国际规范的现代增值税制度

自1994年以来，增值税税制改革的路径一直围绕着“转型”与“扩围”展开。“营改增”之前的增值税税制改革，虽然在这两方面取得了一定的进展，但仍没有彻底完成。2012年1月1日，酝酿已久的“营改增”试点正式实施，从“3+7”行业到2016年5月1日开始的四大行业，全面“营改增”试点实现了对货物和服务的全覆盖，并在棘手的房地产和金融领域全面铺开。特别是金融业“营改增”，由于金融行业的特殊性，国际上很多国家对金融业不征或少量征收增值税。而我国从2016年5月1日开始对金融业施行全面的“营改增”，并设计出对金融业普遍征收增值税的系列方案，标志着我国从制度上突破世界增值税禁区，解决了国际上对金融业征收增值税的难题。这得到了国际社会的广泛关注和积极评价。

当前，全面“营改增”稳步推行，增值税开票和申报工作有序运行，税制结构转换基本完成。从2016年月1日至今，全国各级税务机关办理的试点纳税人交接超过1 000万户，基本上实现了增值税对货物和服务的全覆盖，包括新增不动产在内的所有外购项目的进项税额均准予抵扣。[①] 我国已在全国建立了统一规范的增值税管理和运行体系，增值税在覆盖范围和运行机制上将更好地与国际惯例接轨。

（二）抵扣机制贯穿所有行业

抵扣机制是增值税的灵魂。“营改增”之前，施行营业税的行业，无法纳入到增值税的抵扣链条之中，而增值税纳税人也不能将购入劳务所获取的进项税额进行抵扣，存在着抵扣链中断和重复征税等问题。虽然2009年的增值税转型试点改革，将机器设备纳入了抵扣范围，但是，不动产方面的抵扣仍然没有被纳入，增值税改革仍然没有彻底到位。2016年5月1日，“营改增”的全面施行，将应税服务和新增不动产纳入抵扣范围，使得增值税的抵扣链条在三次产业间打通，并将抵扣机制贯穿全行业，营业税重复征税的弊端也从制度上得以消除。制造业企业外购服务的进项可以抵扣，激发了制造业购买服务的热情，实现了制造业和服务业的融合发展、互促提高，有力推动了现代服务业与制造业等实体经济的对接，使增值税的中性作用得以充分发挥，为培育经济发展新动能提供了税制保障。“营改增”不仅契合增值税的特征和内在发展规律，而且还非常有利于发挥增值税的制度优势。我国增值税对营业税的全面替代，简化了税制，降低了制度性交易成本，由营业税道道征收到增值税环环抵扣，由过去企业管理两个税种到现在只管理一个税种，税收遵从成本降低，管理的风险和难度也相应减小。另外，全面“营改增”之后，通过以票管税，将征纳双方以及交易各方通过税控机制有机串联起来，交叉比对认证交易行为，减少了征纳双方的涉税风险。

---

① 国家税务总局．按下纳税服务“快进键”增强便民办税获得感［EB/OL］．（2016－08－22）［2016－12－20］．http：//www.chinatax.gov.cn/n810219/n810724/n1275550/c2249553/content.html.

（三）“营改增”税制转换平稳有序

在全面“营改增”试点过程中，增值税发票管理、纳税申报和纳税服务等工作进展平稳有序。试点之初，四大行业企业均进行了财务系统改造和内部相关流程梳理，以适应增值税“以票管税”运行机制。为了顺利推进全面“营改增”试点工作，各地税务机关还围绕“开好票”、“报好税”、“分析好”和“改进好”四个阶段的工作，有针对性地制定了80条征管服务措施。一是加强宣传，强化辅导，确保纳税人“能开票、会申报”。各地税务机关组建“营改增”申报辅导队6 599个，发放各类宣传资料4 000余万份，发送手机短信7 100余万条，制作“营改增”二维码10 577个，累计培训纳税人2 130万次。二是运用信息技术，创新办税手段，确保办税提速增效。各地税务机关积极拓展网上办税、自助办税、智能办税等多元化办税渠道，方便纳税人办税。至2016年10月31日，全国通过各种途径共办理涉税业务11.52亿笔，其中，实体办税厅、网上办税系统和自助终端办税系统的业务量分别占办理总量的27.2%、65.7%和7.1%，网上办税已成为纳税人办税的主渠道。三是简并手续，优化流程，确保纳税人方便办税。各地税务机关打破办税区域限制，全面推行同城通办。通过国税、地税互设窗口，共建办税服务厅，共驻政务服务厅等方式，加强联合办税。至2016年10月31日，全国已有办税服务厅8 568个，共有3.5万多个窗口开展了国税、地税合作办税，让纳税人“进一家门，办两家事”，切实减轻其办税负担。[①]

（四）“营改增”助推财税体制重构

增值税和营业税是中央和地方的主要税种，二者加总占我国全部税收收入的40%以上。全面“营改增”动摇了以税种划分收入的分税制财政体制。目前，地方税已无主体税种，增值税一税独大，现行中央与地方的分税格局难以为继，必将引发新的财税体制调整。如何重构地方税体系，培育新的地方税主体税种，应成为当前最紧迫之事。作为短期内的应对之道，与全面实施“营改增”同步推出的中央、地方收入划分过渡方案，将增值税作为共享税的75:25分成，调整为50:50分成，并将中央从地方上划收入通过税收返还方式给地方，以确保地方既有财力不变。中央集中的收入增量通过均衡性转移支付分配给地方，主要用于加大对中西部地区的支持力度。[②] 这种具有过渡性的制度安排，不仅解决了“营改增”试点下增值税的分成比例问题，也使困扰地方政府的财力保障问题终于有了暂时性的解决方案，为确保“营改增”的顺利推行奠定了制度基础。

## 二、“只减不增”的税改目标得以实现

李克强总理提出，全面实施“营改增”是深化财税体制改革、推进经济结构调整和产业转型的“重头戏”，是一项“牵一发而动全身”的改革，要确保所有行业税负只减不增。目前，全国四大行业的减税规模逐月扩大，所有行业税负“只减不增”的税改目标得以实现。

（一）精准研判“只减不增”

2016年5月1日开始的“营改增”全面实施，将最后四大行业纳入试点范围，并允许新增不动产所含增值税进行抵扣。这两部分改革的内容既包括“扩围”的特征，也包含

---

① 国家税务总局．国新办举行全面推开“营改增”试点运行情况政策吹风会［EB/OL］．(2016－12－02)［2016－12－20］．http：//www. scio. gov. cn/32344/32345/33969/35566/index. htm.

② 引自《国务院关于印发全面推开“营改增”试点后调整中央与地方增值税收入划分过渡方案的通知》（国发〔2016〕26号）．

“转型”的属性，二者共同构筑了“确保所有行业税负只减不增”的政策底线。① 然而，在实践中如果过分关注“扩围”改革所带来的行业税负变化，而忽略了增值税“转型”改革所具有的全面减税价值追求，必然导致在“营改增”效应评价的考量上出现部分偏颇。为此，我们应辩证地审视和拓展“只减不增”的思维空间。从某种意义上讲，任何改革都不足以保证每个企业均能够实现减税，况且减税机制不是直接性地减除，而是通过税制转换所带来的。全面“营改增”试点改革所释放出来的“减税红利”，并非我们传统意义上所描述的税收直接减免，而是通过流转税税种的替代以及课税机制的转换等重大改革举措来逐步实现。试点改革既实现了营业税向增值税课税机制的有效转换，又达到了“只减不增”的政策目标，使几近所有企业均受惠。

（二）全面“营改增”阶段性减税效果显著

为了达到“税负只减不增”的改革目标，试点方案从顶层设计上，既承袭了原营业税税制要素中较好的优惠政策和措施，又制定出切实可行的过渡措施，税负存量格局没有被打破，基本上维持了税负在各个环节既有的分配格局。所有行业特别是“营改增”试点行业的税负，均不会因试点改革的施行而有所增加，并可以享受改革所带来净减税负的红利。目前，全面“营改增”试点阶段性减税效果明显。据统计，2016 年 5 月份至 11 月份，新纳入试点范围的 4 个行业共有 1 069 万户纳税人完成税制转换，比 5 月初的 1 011 万户增加了 58 万户。累计实现增值税应纳税额 6 409 亿元，与应缴纳营业税相比，累计减税 1 105 亿元，26 个细分行业全部实现了总体税负只减不增的预定目标，税负下降 14. 7%。其中，建筑业、房地产业、金融业、生活服务业四大行业分别减税 65 亿元、111 亿元、367 亿元、562 亿元，税负分别下降 3. 75%、7. 9%、14. 72%、29. 85%。据统计，2016 年 5 月份至 11 月份，四大行业税负降低的户数在 98. 5%。除四大行业本身减税亿元外，受益于可抵扣进项税增加，前期已试点的“3 + 7”行业减税 1 102 亿元，原增值税行业减税 1 180 亿元，三项共计减税 3 387 亿元。加上 2016 年 1 月份至 4 月份“营改增”减税 847 亿元，2016 年 1 月份至 11 月份，“营改增”试点累计减税 4 234 亿元。考虑到城市维护建设税及教育费附加和个人二手房减税因素，整体减税规模已达到 4 699 亿元。随着时间的推移，“营改增”减税效应会越来越大。②

（三）应正确对待个别企业税负上升

全面“营改增”之后，税负总体下降，所有行业“税负只减不增”，但并不意味着每个企业都必然减税，这样既不现实，也不科学。其实改革本身就是利益的调整，就有可能存在个体利益受损的情况。虽然在顶层设计上一直遵循只减不增的原则，但是在实际操作过程中，由于个体情况的差异性，出现暂时性的税负上升也在所难免，不能因此就否定“营改增”试点的成效。对于个别企业出现的税负上升问题，尽管范围不大，税负上升幅度不高，但也要认真进行分析和研究。从前期试点的经验看，个别企业在“营改增”试点初期，往往是难以适应税制转换所带来的诸多变化，加之对增值税抵扣政策的了解和把握不够到位，以及多档税率差所带来的征抵不一致等因素，引起企业税负的短期上升，应属于正常现象。随着“营改增”试点的深入推进，企业对增值税的认知程度不断增加，并逐步适应税制转

---

① 李万甫：“精准评判税负‘只减不增’”，《经济日报》2016 年 9 月 19 日第 5 版。

② 国家税务总局：财政部、国家税务总局联合召开“营改增”媒体吹风会［EB/OL］.（2016 - 12 - 27）［2016 - 12 - 29］. http：//www. chinatax. gov. cn/n810219/n810724/c2423943/content. html.

换所带来的新变化，个别企业的税负波动现象必将回归常态。另外，“营改增”之后，增值税的抵扣链条机制以及税控管理机制，使得买卖双方互相监督、相互约束，提高了征收效率，一些企业适用营业税时应缴未缴问题也可能逐渐浮出水面，此类企业的税负增加，实际上是纳税的真实归位，并不是真正的税负增加。

**三、助力供给侧结构性改革基本到位**

全面“营改增”试点，不仅是税制改革主动适应国家发展战略的重大举措，也是税收政策助力供给侧结构性改革的重要策略选择。试点改革的实施有利于促进经济结构进一步优化，有利于减税降成本、优化结构、增强动能，有利于形成公平竞争的市场环境。

（一）全面实施“营改增”，有利于促进经济结构进一步优化

经济及产业结构性失衡，是目前困扰经济持续发展的“瓶颈”，也是当前推进供给层面改革的重要缘由。[①] 经济结构性问题与税制结构性问题通常具有较强的关联性。当前推进“三去一降一补”五大任务具体体现在税制改革上，就是2016年5月1日开始施行的全面“营改增”试点，就是通过税制结构优化促进产业结构转型升级，培育以科技创新为引领的新经济增长极。同时，“营改增”试点改革本身也属于结构性调整范畴，有利于破解营业税和增值税并行征收所带来的经济结构失衡问题，并有效解决营业税重复征税以及增值税抵扣链条断裂所导致的税负加重问题。全面“营改增”后的流转税收入总规模减少，即纳税人在商品和服务的流转环节所缴纳的税金减少，流转税额减少，流转税收入占全部税收收入的比重也减少。与此相对应，纳税人获取的经营成果——“所得”就会相应地有所增加，所得税额增加，所得税收入占全部税收收入的比重也增加，这“一减一增”的变化也是助推供给侧结构性改革的重要体现。另外，从发展的角度看，我国经济发展方式由粗放型逐渐向集约型转变，由此也会带来整个社会投资报酬率的提高和企业所得占比的相对增加，从而所得税在整个税收收入中所占的比重也会提升。

（二）全面实施“营改增”，有利于降成本、优化结构、增强动能

当前，减税已成为推进供给侧结构性改革所凝聚的共识。一是有利于减负降成本。全面“营改增”试点的实施，顺应了供给侧结构性改革的减税需求。而“营改增”试点改革所释放出的减税红利，正好契合了当前推动供给侧结构性改革的氛围和需求，为供给者提供了广阔的发展空间，也为刺激消费和促进投资升级产生积极的影响。全面“营改增”试点预计2016年全年减税超过5 000亿元，在当前经济形势下，可有效降低企业成本，激发市场活力，增加有效供给。2016年前三个季度，规模以上工业企业每百元主营业务收入中的成本为85.87元，同比减少0.17元。[②] 二是促进产业结构进一步优化。“营改增”消除了制约服务业发展的税收制度障碍，为服务业的加速发展创造了良性的税收环境，对于形成以服务经济为主体的产业结构新模式起到了重要推动作用。在信息服务、物流辅助服务和文化创意服务等领域，企业将一些辅助性、非核心业务外包已经成为潮流。一些研发、设计、营销和鉴证等内部服务环节从企业主体业务分离出来后，成为独立的专注于提供某类型服务的创新主体。通过促进专业化分工与协作，不断拉长产业链，实现主业更聚集、辅业更专业。三是培育经济

---

① 李万甫：“‘营改增’助力供给侧结构性改革”，《经济日报》2016年3月25日第5版。

② 国务院新闻办公室：全面推开“营改增”试点工作政策解读．http：//www.scio.gov.cn/34473/34515/Document/1534449/1534449.htm.

发展新动能，带来新的增长点。“营改增”试点改革催生了新技术、新产业、新业态和新商业模式等，为实施创新驱动发展战略以及推动大众创业、万众创新拓展了广阔的空间，也为民营经济和小微企业的发展营造了更加宽松的外部环境。2016 年前三季度，战略性新兴产业同比增长 10.8%，增速比规模以上工业高 4.8 个百分点。2016 年 5 月份至 10 月份，四大行业“营改增”新办户数逐月增加，累计增加了 53 万户，大大带动了就业和创业。①

（三）全面实施“营改增”，有利于形成公平竞争的市场环境

供给侧结构性改革的深层次目标是引导市场在资源配置中发挥决定性作用，矫正过去由政府主导资源配置所带来的结构性失衡问题，并及时匡扶各类被扭曲的政策和制度。因而，在回归市场主体的理性预期之下，尊重市场价值规律的政府有效调控，才是对长期累积的结构性、体制性问题和矛盾的破解之道。全面“营改增”试点的实施，有利于市场在资源配置中发挥主导作用，将进一步降低企业边际成本，提高要素供给效率，并增强企业供给能力。② 与此同时，通过大幅度地减税也势必减少政府对市场和资源的支配和使用，有利于减轻其对市场资源配置的干预程度。另外，由于增值税的中性作用，和营业税相比，“营改增”后的增值税对市场主体的扭曲行为以及效率损失都有所减少，对市场价格的扰动影响也明显减弱。同时，由于增值税是价外税，其价税分离的本质特征，可使价格能够真正地反映市场供求现状，正确引导资源配置。从增值税的作用机理上讲，价、税有效联动机制的形成，恰恰是“营改增”试点在供给侧结构性改革中精准施策的重要着力点。总之，“营改增”释放税制转换红利，降低企业边际成本，增加劳动和资本报酬，提高要素供给效率，将进一步助力和发挥市场机制在资源配置中的决定性作用。全面“营改增”试点的推行，改变了生产和流通领域适用两套不同的税制所带来的税负不公现状，有效促进了市场主体进行规范化管理，有利于形成公平竞争的市场环境。

目前，全面“营改增”试点改革整体进展顺利，减税的政策诉求与课税机制的转换相得益彰，试点改革已达到了预期效果。即“营改增”税制结构转换顺利完成，“只减不增”的税改目标得以实现，助力供给侧结构性改革基本到位。“营改增”试点的全面实施，虽然取得了阶段性进展，但是增值税改革仍在路上。“营改增”后增值税多档次税率所引发的税负转嫁、过多的税收优惠政策影响增值税中性作用的发挥等问题，均需要进行改革和完善。今后，应适当简并多档税率，逐步清理增值税优惠政策，妥善处理好改革与立法的关系，为增值税立法不断创造有利条件。

## “营改增”带来多重利好
### ——访国家税务总局税收科学研究所所长李万甫

（来源：《光明日报》　记者：杨亮　2017 年 1 月 6 日 7 版）

最新数据显示，2016 年前 11 个月“营改增”带来整体减税已达 4 699 亿元。“营改增”

---

① 国务院新闻办公室：全面推开“营改增”试点工作政策解读．http：//www.scio.gov.cn/34473/34515/Document/1534449/1534449.htm.

② 李万甫：“‘营改增’助力供给侧结构性改革”，《经济日报》2016 年 3 月 25 日，第 5 版。

试点自2016年5月1日起全面推开后，产生了巨大的改革红利。就此，记者采访了国家税务总局税收科学研究所所长李万甫。

记者：从试点到现在，“营改增”改革从整体看取得了哪些进展？

李万甫：“营改增”目前在课税机制的转换、减税的政策诉求以及助力供给侧结构性改革等三大方面，均初步实现了改革目标。

一是税制结构转换基本完成。全面实施“营改增”，意味着实行30余载的营业税和增值税并行征收的格局宣告结束，流转税制结构转换基本完成，并初步建立了符合国际规范的现代增值税制度。这在我国税收改革和发展的历史上具有里程碑意义，也是我国财税体制改革的一次重大突破。

二是“只减不增”的税改目标基本实现。目前，所有行业的减税规模逐月扩大，税负“只减不增”的税改目标基本实现。此次全面推开“营改增”试点，一是将建筑业、不动产业、金融业和部分生活服务业纳入试点范围；二是将不动产纳入抵扣范围。这两部分试点改革内容既包含有“扩围”的特征，也包含有“转型”的属性，共同构筑了“确保所有行业税负只减不增”的政策底线。

三是助力供给侧结构性改革基本到位。“营改增”全面推开，是税收政策助力经济新常态和供给侧结构性改革的重要措施。“营改增”所释放的减税红利，契合了供给侧结构性改革的紧迫要求，为供给者提供了较大的发展空间，也对刺激消费、促进消费升级产生积极影响。2016年全面推开“营改增”预计减税超过5 000亿元，可有效降低企业成本，激发市场活力，增加有效供给。

记者：如何正确评价“营改增”改革的价值和意义？

李万甫：“营改增”所释放的减税红利，并非传统意义上的税收直接减免，而是通过税种替代和课税机制转换等改革举措来实现的。这样，既实现了课税机制的转换，也达到了全面减税的政策意图。几近所有企业均受惠于“营改增”试点改革，且改革平稳运行，这是“营改增”试点改革的最大亮点和价值所在。

同时，增值税具有“税价分离”的形式特征，从而可使价格真正反映市场供求状况，引导资源配置方向。“营改增”的推行，将改变在生产流通领域不同行业面临着两套税制而带来的税负不公平状况，促进市场主体规范化管理，推动形成公平竞争的市场环境。

对“营改增”的评价，我们既要看到当前，又要着眼长远；既要看到近期实实在在减了多少税，更要看为企业和长远经济发展所带来的益处，这样才能够整体上把“营改增”效应凸显出来。全面推开“营改增”有利于降成本、强结构、强动能。企业家搞经营需要战略眼光，应该高度重视“营改增”对促进企业生产经营管理的积极作用。“营改增”试点的效果会在更长的周期内充分显现。

## 税负只减不增该怎么看

（来源：《光明日报》 2017年1月24日14版）

近期，随着“营改增”试点改革运行的逐步推进，社会各界广泛关注“确保所有行业税负只减不增”试点改革目标的实现问题，俨然成为时下谈论“营改增”最为敏感的话题，甚至将能否实现“只减不增”作为评判“营改增”效应的衡量标准。

基于“营改增”试点改革内容，应拓展审视“只减不增”的思维空间。此次“营改增”试点改革，一是将建筑业、不动产业、金融业和部分生活服务业纳入试点范围；二是将不动产纳入抵扣范围。这两部分试点改革内容既包含有“扩围”的特征，也包含有“转型”的属性，共同构筑了“确保所有行业税负只减不增”的政策底线。实践中，过分关注所谓的“扩围改革”所带来的试点行业税负变动，而忽略了转型改革所具有的全面减税的价值追求，导致考量“营改增”效应评价上的某些偏颇。不动产纳入抵扣范围，实际上涉及包括四个试点行业在内的所有行业和企业，是此次“营改增”全面释放改革红利的普惠式减税举措，应当将其纳入试点改革的效应评价及税负增减的整体评估分析中，否则对“营改增”成效的分析就是不全面的。

“营改增”试点方案的顶层设计，充分遵循了“税负只减不增”的改革原则。既承袭了原有税制要素中优惠政策的规定，又制定出可行的过渡措施，维持了税负在各个环节既有的分布格局和配置状况，税负存量格局没有打破，从而使所有企业特别是试点企业都不会因试点方案的推行而使税负有所变化，并可享受净减税负的改革红利。从“营改增”试点运行的阶段性效果来看，达到了预期目标。据统计，四大试点行业 1 040 万户纳税人中，税负下降或持平的户数达到了 98.7%，而税负增加的只占 1.3%，如果扩充到全部 6 000 万户企业去考量，税负增加方面更加显得微乎其微，这足以证明“营改增”的试点改革成效是非常明显的。

此次“营改增”释放的“减税红利”，并非传统意义上的税收直接减免，而是通过税种替代和课税机制转换等改革举措实现的。既实现了课税机制的转换，也达到了全面减税的政策意图，并且几近所有企业均受惠于“营改增”试点改革，且改革平稳运行，是“营改增”试点改革的最大亮点和价值所在。

个别企业出现税负上升问题需认真对待，认真分析：是企业主观因素造成的，还是政策衔接配套的问题？是短期的税负增加，还是具有长期性？从前期“营改增”实际运行的经验来看，企业在运行初期往往难以适应税制转换的变化，加之抵扣机制和政策把握不够到位，原营业税制下的税负不尽公正合理，税率差带来的征抵不一致等诸多因素会引起企业税负的波动，应属正常现象，随着试点改革的逐步推进，必将回归常态。

## 中国财税专家：“营改增”红利正在释放

（来源：中国新闻网　记者：赵建华　2017 年 2 月 20 日）

中国国家税务总局税收科学研究所所长李万甫 2 月 20 日接受采访时表示，自去年 5 月全面推开“营改增”（营业税改征增值税）至今，所有行业的减税规模逐月扩大，税负“只减不增”的税改目标基本实现。

李万甫分析说，“营改增”释放的减税红利，契合了供给侧结构性改革的要求，为供给者提供了较大的发展空间，也为刺激消费、促进消费升级产生积极影响。2016 年全面推开

“营改增”预计减税超过5 000亿元（人民币，下同），可有效降低企业成本，激发市场活力，增加有效供给。

李万甫的观点在中国企业身上得到了证实。中国知名实体零售企业苏宁控股集团董事长张近东表示，去年5月全面推开“营改增”后，苏宁旗下所有的企业购进机器设备、购建不动产都可以抵扣进项税，极大减轻了企业负担。2016年苏宁集团因为“营改增”减税2.3亿元，其中增加进项抵扣直接少缴税金1.5亿元，节约超过10%的投资成本。

降低企业税负的同时，“营改增”还消除了服务业发展的税收制度障碍，为服务业的发展创造了更好环境，李万甫表示，这对形成以服务经济为主体的产业结构起到了重要作用。

中国移动重庆公司董事长郭永宏接受媒体采访时表示，“营改增”给通讯行业带来了好处：降低了企业综合税负，2016年自己所在公司综合税率已经下降到1.12%，大大低于营业税3%的税率；倒逼企业转型升级，自己所在的公司大力发展流量业务，2016年流量业务收入增长超55%，弥补了传统业务的下滑；推动供给侧改革，因为“营改增”有进项抵扣，2016年自己所在公司建了2万多个4G基站。

因为税改转型升级的，并非只有中国移动重庆公司一家。中国国家税务总局公布的消息说，“营改增”后，建筑业积极探索装配式、工厂化模式发展，不少房地产企业将施工、园林、物业等配套服务剥离实行专业化、产业化，进一步加快了房地产市场去库存的速度。金融行业向资产管理、金融产品等现代金融服务发展速度加快。餐饮业专业外包迅速发展，创新意愿强烈。

李万甫分析说，“营改增”会减少财政收入，但是企业减负之后，市场活力进一步激发，将给未来经济培育新的动能，带来新的增长点。

## 四个“营改增”“增效剂”都有哪些“含金量”?

（来源：中国经济网 2017年3月13日）

2017年“营改增”继续推进，税务部门如何让企业和个人更有获得感？民有所盼，我有所为。在今年全国两会部长通道上，税务总局王军局长列举出2017年的四个“营改增”“增效剂”，剂剂起效，招招管用，深接地气，道出了全力用税务人“辛苦指数”换纳税人“幸福指数”的实心实意。那么，这四个“增效剂”到底有哪些“含金量”?

时间上的增效。从去年5月1日起，建筑、房地产、金融和生活服务四大行业全部纳入“营改增”试点，在5—12月短短8个月的时间里，各项改革措施陆续到位，所有试点行业税负只减不增的目标得以实现。

“营改增”是一个功在当前利在长远的制度改革，也是一个谋一域而促全局的重大改革，我们要从一个更长的时间轴来审视其效应。2017年，四大行业推进“营改增”的时间比去年要多4个月，“营改增”的直接效应、外溢效应和长远效应将会进一步显现，企业会更加充分适应新税制，减税红利会更加释放。正如王军局长在部长通道所说：“无论是理论还是实践都证明，“营改增”推进的时间越长，效应就会越加显现，企业的获得感也会更加明显。”

抵扣上的增效。全面实施“营改增”后，增值税一般纳税人2016年5月1日后取得并在会计制度上按固定资产核算的不动产，以及 2016 年 5 月 1 日后发生的不动产在建工程，其进项税额可按照有关规定分 2 年从销项税额中抵扣，第一年抵扣比例为 60%，第二年抵扣比例为 40%。

这也就意味着，企业 2016 年新增不动产的抵扣，按规定已经抵扣了 60%，2017 年将要把剩余的 40% 结转过来继续抵扣。与此同时，企业 2017 年新增的不动产依然可以抵扣 60%，企业的抵扣额将出现“二合一”的效果，税负水平将持续降低。

税制上的增效。我国现行增值税税率有 17%、13%、11% 和 6% 四档，档次较多，税制较复杂，纳税人的遵从成本相对较高。随着全面“营改增”试点的顺利推开，简并增值税税率也被正式提上日程。

3 月 5 日，李克强总理在 2017 年政府工作报告中提出，进一步简化增值税税率结构，由四档税率简并至三档，营造简洁透明、更加公平的税收环境。财税部门将按照税收法定原则，结合增值税改革进程，统筹研究适当简并税率等问题，通过税率结构的调整，进一步释放“营改增”的改革红利。

政策上的增效。全面推开“营改增”仍处于试点阶段，2017 年，税务总局将会同财政部等有关部门，继续密切跟踪试点情况，广泛搜集各方面对“营改增”试点的意见建议，对于行业性、整体性的问题，比如随着老项目日益减少和新项目不断增加而出现不利于建筑业减负的情况，不断完善相关政策，让企业充分享受改革红利。

同时，“营改增”作为一项税制改革措施，与通常意义上的直接减免税不完全一样，企业的适应程度对于“营改增”能否充分发挥优势，有很重要的影响。随着“营改增”深入推进，企业会持续加强内部管理，在政策把握、投资决策、营销议价、财务管理、合同谈签等方面不断改进，以更加适应新税制，更加释放“营改增”的实效。

面对媒体采访，王军局长坦诚、平实的表述背后，全部是怎样将改革落到实处的具体安排。目标实实在在，达成目标的措施同样实实在在。“只要税企双方撸起袖子加油干，‘营改增’这一重大供给侧结构性改革的多重效应在 2017 年一定会进一步显现。”王军局长铿锵有力的话语道出了税务人完成目标任务的信心和决心。

## “营改增”的发展推进了供给侧结构性改革的发展

（来源：中国网/中国发展门户网　作者：黄陈　2017 年 4 月 25 日）

如何面对供给侧结构性改革下的税收问题，国家税务总局李万甫所长在近日举办的中国财政学会 2017 年年会暨第 21 次全国财政理论研讨会总论坛上指出，“营改增”的发展会推进供给侧结构改革下的财税改革。

他说“对于“营改增”效应的评价，我们说要注重关注在它的税负的只减不增这一方面，但是更主要的，要立足于对于即期，特别是长远的一种无形的影响”。

他认为，目前社会上对“营改增”的评价应该说总体上是非常良好的，可以说通过近一年来“营改增”改革实践的推出，应该说是取得了预期的目的，达到了预期的效果。“营改增”试点改革方案的这种顶层设计也是充分遵循了税负只减不增的改革原则。这项改革方案是承袭了原有税制当中诸多的优惠政策的规定，就是把原有的营业税的优惠政策平移到现行的增值税的体系当中。同时又制定出可行的过渡措施，实行大部分的简易课税，对于老项目，在课税方式的选择上，给予企业一定的控制，维持了税负在各个环节既有的状况，维持既有的格局。存量不动，在增量上给你减轻，或者在保持既得存量的基础上，能够让你有所减轻，是从这样一个角度来设计这样一个制度运行的。

他认为，这次的“营改增”并不是传统意义上的税制的直接减免，而是通过税种的替代和课税机制的转换等改革措施来实现的。它既实现了课税机制的转换，也达到了全面减税的政策意图，同时也助推了供给侧结构性改革。

从经济运行的效应层面，他认为，应从宏观效应、微观效应和结构性的效应来看。

从宏观效应来看，一个最大的“营改增”的益处，体现在就是通过增值税这个机制对所有生产流通企业的全覆盖，使我们经济的主要活动体，或者经济的主体，主要的交易行为在增值税这张发票里面、链条里面充分地展现出来。

从结构层面，应该说第三产业我们现在全面实行了增值税，和第二产业有了一个很好的沟通。我们这次改革涉及的领域，两个最棘手的、最难的，一个是房地产，一个是金融，就是虚拟经济的代表。虚拟经济也纳入了增值税的范畴，它和整个实体经济就形成了有效的循环。在这里鉴定了虚拟经济和实体经济之间的关联，下一步我们在金融的贷款领域，如果能够打通，可以说虚拟经济和实体经济之间的这种资金的关联度就有了很强的运行机制和保障。

从微观经济来看，我们这次“营改增”可以这么讲，对企业自身的经营管理，对企业自身的发展产生了良好的推动作用，由于增值税这样一个大家都非常敏感的，或者非常聚焦的这样一个极易引发问题的法律风险的这样一个增值税发票，大家都非常关注。所以很多建筑业，很多房地产业、金融保险业都进行自身的财务核算的这种操作。这样企业的经营更加透明了，原来为什么在营业税的制度下，应该说它的征收，或者它的认定，收入的确认随意性还是比较大的，这就是对企业，对整个经济发展一个非常长远的效应。

据悉，本次中国财政学会 2017 年年会暨第 21 次全国财政理论研讨会总论坛在北京国家会计学院召开，主题为“供给侧结构性改革下的财税改革与财政政策”。

# 二、高培勇①：“营改增”将引领税制三大变革

## 财税改革需重视结构性问题

（来源：《人民日报》　2016 年 4 月 13 日）

我国的税收中，能够融入价格的份额较大，目前大部分都属于流转税。减少流转税，有

① 高培勇：中国社会科学院财经战略研究院院长，教授，博士生导师。

助于减少税收对价格的干扰。

当前，减税是政府进行供给侧结构性改革的着力点之一。我以为，既然把财政政策的重点放在减税上，必须明确当下的减税政策和以往的思想、思路、站位是有所不同的，不能放在和以往同样的平台上去评估。

比如，税价关系。供给侧结构性改革的最深层次目标，无疑是让市场在资源配置中发挥决定性作用。不过，这里所说的市场当然不是交易场所，而是引导资源配置的价格。换言之，让市场在资源配置中发挥决定性作用，实际是让反映市场供求关系状况的价格在资源配置中发挥决定性作用。因而，价格信号是否真正能反映市场供求关系是关键。

我国的价格形成机制与其他国家和地区历来不同。在其他国家和地区，价格的构成要素往往是两个：价格 = 成本 + 利润。在我国，价格构成要素则是三个：价格 = 成本 + 利润 + 流转税金。税收同价格混在一起，人们所面对的价格从来都是含税价格，再加上我国现行税制体系下的流转性税收体量大、份额高，占各种商品和服务价格的比重甚大，由此形成的价格一旦与引导资源配置方向的要求对接，有失真之嫌。故而，遵从国际通行做法，通过税制改革实行税价分离，从而让价格真正起到反映市场供求状况、引导资源配置方向的作用，是税收政策在供给侧结构性改革中的一个重要着力点。

再如，减税操作。观察时下有关税收在供给侧结构性改革中作用的讨论，就会发现，减税成为唯一的操作指向。但是，与以往主要聚焦于需求侧总量调节的减税操作有所不同，这一次立足于供给侧且落脚于结构性调整的减税操作，必须要从总量进入到结构。也就是说，减税操作应有明确的指向，实现精准调控——究竟要给谁减税？减什么税？减多少税？

这就意味着，基于需求侧的调控也好，立足于供给侧的调控也罢，这一次的减税操作都需从结构着眼，往细节处使劲，与税制体系的结构性优化调整结合起来。相对而言，减税的初衷固然重要，但减税的最终归宿才是基于供给侧结构性改革而实行的减税操作的根本目的。无论是可产生大规模减税效应的“营改增”，还是属于边边角角意义的小微企业减税，都应当循着如此的线索来操作。

诸如此类的例子还有很多。可以预期，在供给侧结构性改革的棋局上，税收政策的操作要循着与以往大不相同的理念、思想和战略来进行，以税制的结构性改革推进并实现供给侧的结构性改革。(记者 李丽辉整理)

## 结构性减税貌似常规但实质意义颇大

(来源:《经济》 2012 年 8 月 15 日)

上海进行的“营改增”改革试点，应算是迄今最大的一个结构性减税措施。但在上海的地域内，其所涉及的减税规模，大约在 100 亿元。如果下半年试点范围能够如所预期的那样扩大，减税规模便会随之增加。但是，即便说得极端一些，能够一次性推广至全国范围，根据国家税务总局的估算，减税规模也就是 1 000 亿元左右。

严格地讲，始自去年 10 月份的提高个人所得税工薪所得减除费用标准和调整税率结构的措施，不应算作今年的结构性减税项目。或者，有关它的谋划和实施行动，发生在去年年末举行的中央经济工作会议之前。退一步讲，即便考虑到它的所谓“翘尾效应”并在去年的基数上“往宽里”估算，今年所能涉及的个人所得税减税规模，可能不会超越1 000亿元。

将上述这些项目所涉及的减税规模加总计算，其结果显然同结构性减税的政策目标，特别是同其在今年积极财政政策中所应担负的角色，并不那么相称。与此同时，预示着完全可能带来增税效应的各种信息，好像排队挂号似的，倒是一个个接踵而来。

比如，到7月，在不少地方，税务机关正在“时间过半，完成任务过半”的口号下，掀起一场加强税收征管、确保税收增长的行动。以突击性行动的方式确保任务的完成，也似可接受。但是，一旦脱出表象而深入到其所瞄准的“任务”的具体内涵，则不能不令人忧心起来。基于各种难以言表的因素考虑，不少地方所锁定的税收收入任务，并非是全国人大或各级人大通过的2012年财政预算收入指标，而是将本来具有法律意义的预算指标抛在一边，由党委或政府出面，根据自身需要另外搞了一套。虽然各地规定的具体任务数值并不统一，但基本的特征都是脱离经济发展实情，层层加码。不少地方规定的今年税收收入增长率都在15%以上，个别地方甚至摸高至25%。在有些地方，表面上虽未直接规定具体任务数值，但附加了更为可怕的抽象原则：或不低于全省或全国平均增长率，或者高于全省或全国平均增长率若干个百分点。

又如，从今年起，在持续多年征收全国性教育费附加的基础上，全国统一开征了地方教育费附加。开征地方教育费附加，固然是实现财政性教育经费支出占GDP 4%目标的需要，但无论如何，它都属于增税措施而非减税措施。而且，由于它是按照各类企业实际缴纳的增值税、消费税和营业税税额的2%征收，这三个税种又系我国现实税收体系的主体税种，基数颇大，故而，无论做何种测算，今年的地方教育费附加征收规模，起码在1 000亿元上下。即使考虑到部分省市在今年之前已经征收地方教育费附加的事实并将其因素相应扣除，全国统一开征地方教育费附加所涉及的增税规模，至少也有数百亿元之多。

照目前这样的势头走下去，增税和减税的效应互抵之后，人们所强烈期待中的结构性减税极有可能演化为事实上的结构性增税。同时，我们不能不正视如下事实：国民经济运行的大势是增速放缓，积极财政政策的大势是不能再以牺牲调结构为代价而盲目扩大政府投资，稳健货币政策的大势是不宜再以推高物价、房价为代价而硬性实施天量货币驱动。相对于以往，留给我们的实现稳增长的政策空间已经变窄。可以说，结构性减税能否落到实处，在很大程度上，关系着这一轮宏观经济调控的成败。

## “营改增”将引领税制三大变革

（来源：《时事报告》 2012年9月6日）

作为“十二五”期间的一个重要税改项目——上海正在进行且范围呈扩大之势的营业税改征增值税（亦称“增值税扩围”）试点，不仅在我国，而且在全球都引起了广泛关注。

所谓“营改增”，在“十二五”规划纲要中的表述是，“扩大增值税征收范围，相应调减营业税等税收”。说到底，它是一项以减税为基本取向的改革。国际金融危机的大背景下，这项改革对于我国经济率先回升势头的形成，显然发挥了积极的作用。

在我国现行的税制体系中，增值税主要适用于第二产业，其中又以制造业为主。营业税主要适用于第三产业，其中又以服务业为主。于是，随着增值税税负的相对减轻和营业税税负的相对加重，也由此出现了——相对于制造业税负水平的下降，服务业税负水平趋向于上升的局面。这件事情，显然非同小可。因为，在整个社会都致力于转变经济发展方式，通过发展服务业来改变产业结构、实现向以服务经济为主转变的大目标下，因税负失衡而阻碍产业结构的调整，无论从哪个角度看，都属于不可容忍的问题之列。

作为当前中国的第一大税种，增值税的变动牵一发而动全身。伴随着“营改增”试点的进程，可以越来越清晰地看到，一场深刻而意义重大的财税改革已经呼之欲出。

营业税是地方政府的主体税种，而且，几乎是唯一的主体税种。所以，将营业税并入增值税的前提条件之一，就是要为地方政府寻找并设计好新的主体税种。几乎唯一的可行方案，就是按照既有的税制改革方案，开征以房地产税为代表的财产税并以此作为地方政府的主体税种。所以，可以预期，以房地产税为代表的地方主体税种的建设已经进入快车道。此其一。

在2011年全国税收收入总额中，增值税的份额为41.10%，若将份额为15.25%的营业税并入增值税，那么，“营改增”后的增值税份额，便会一下子跃升至56.35%。增值税的块头儿过大，肯定会对税收收入和财政收入的安全构成挑战。因此，实施“营改增”，必须辅之以其他方面的配套动作。如相应调减增值税税率、调增其他税种税负以及开征新的税种等。这又涉及现行税制体系框架以及既有税制改革方案的一系列变动。所以，可以预期，以个人所得税和房地产税为代表的直接税的建设将提上议事日程。此其二。

现行的财政体制以“分税制”冠名。所谓分税制，其实主要分的是两种（类）共享税。其中，增值税75%归中央，25%归地方；所得税60%归中央，40%归地方。之所以是这样的分成比例，一个十分重要的基础条件，便是营业税作为地方税，除了少许的例外，其收入完全划归地方。当营业税并入增值税之后，原来的地方税便成了共享税。随着营业税归属关系的变动，上述分成比例的基础条件便不复存在。基础不再，分成比例自然要重新谈判，随之调整。一旦分成比例发生了变化，便意味着，实施了18年之久的现行分税制财政体制要推倒重来、重新构建。所以，也可以预期，继1994年之后，我国的财税体制又将迎来一场新的重大变革。此其三。

看起来，“营改增”的启动和实施，并非简单之事。立足于现实的税情和国情，通过全面评估并确立“渐进”的税收改革整体方案，一个一个地破解诸方面的难题，从而在审慎和务实中求得此项改革的成功，可能是我们当前的适当选择。

## 以“营改增”深化财税体制改革

（来源：《人民日报》 2013年9月2日第7版）

“营改增”，通俗的解释就是把现行的营业税改变为增值税。在经历了一年零七个月的局部试点之后，这项改革于今年8月扩展至全国范围。从表面上看，它只是一个税种或者一个税种中的税制构成要素的变化调整，但深入一层看，它实际上具有牵动财税体制改革的特殊威力。

如果不出大的意外，到2015年，全部营业税都将改为增值税。随着作为地方政府主体税种的营业税的消失，地方财政收支体系将面临极大的冲击。虽然目前拿出了配套性的办法，也就是将改征为增值税转由国家税务局征收的那一块营业税收入如数返还给地方政府，但它本质上属于一种变相的中央财政转移支付。作为一级政府财政的基本内涵，就在于它必须具有相对独立的收支管理权和收支平衡权。这两个要素缺少任何一个，都不能构成一级政府财政。所以，从表面上看问题解决了，似乎并未影响地方财政的正常运转，但是倘若此种安排长期化甚至于体制化，地方财政就有可能出现"花多少钱、给多少钱"的局面。所以，我国的地方财政体系必须重构，其中最基本的就是重构地方的主体税种。

当营业税全部改为增值税以后，营业税和增值税两个税便合并为一个税种了。目前，增值税收入占全部税收收入的40%左右，营业税收入占全部税收收入的15%上下，它们分别属于我国现行税制体系中的第一和第三大税种。二者合并之后，增值税的比重将超过55%。为防范可能出现的财政收入体系风险，作为一个补充措施，有必要调整增值税的税率，使增值税和营业税合并之后增值税所占的份额不至于急剧增加。财政收入一方出现如此的变化，财政支出一方则不会相向而行。因为，除非受战争和特大自然灾害影响，正常年间的财政支出规模往往是扩张的。能够有所控制的，主要限于它的增量或增幅。财政收支之间的差额用什么办法加以填充呢？通过现行税制的结构性调整，增加直接税是一个可取的办法。而由此带来的直接税建设的提速和直接税在全部税收收入中比重的提升，对经济社会运行将具有深远的影响。

随着营业税和增值税收入归属及其征管格局的打破，现行分税制财政体制的基础也会动摇。与之相对应，所谓"财权与事权相匹配"或"财力与事权相匹配"的分税制原则，也就有了重新审视并布局的前提和必要；以中央转移支付为主要平衡器的现行分税制财政体制，也就有了在制度上和操作上重新讨论并设计的前提和必要；以国、地税分设为主要特点的现行税收征管格局，也就有了重新考量并调整的前提和必要。由此，整个中央和地方之间的财政关系以及整个中央和地方之间的行政关系，也就有了重新界定并规范的前提和必要。

财税体制具有综合性，它既是政府活动的基础，又是连接政府和家庭、企业的纽带。故而，发生在这一领域的任何改革事项都会影响整个经济领域。

## 增加财政赤字率支持全面"营改增"是次优选择

（来源：凤凰财经　记者：李晓芳　2016年5月19日）

"在直接税没能如期推进的前提下，我们做了一个次优选择，用增加财政赤字率支持全面'营改增'的实施。这个次优选择是具有一定的财政风险的。因此，我们绝对不能忘了推动直接税的改革。"5月17日，中国社科院财经战略研究院院长高培勇出席中国经济50人论坛和清华大学主办的长安讲坛。

高培勇表示，中国现代税制改革要在稳定税负的大前提下，通过调整税制结构，也就是降低间接税比重，增加直接税比重来实现。而在经济下行压力持续增加的条件下，直接税的改革遇到了阻碍，"十八届三中全会所确定的直接税的税改有点生不逢时"。

但是，鉴于中国宏观调控的需要，中央还是把税改往前推进了一步，就是坚决实施全面

“营改增”。在以“稳定税负”为约束条件的大环境下，全面“营改增”作为减少间接税比重的一大举措，其腾挪出的税收空间在理想状态中应靠增加直接税比重达到平衡。然而，直接税改革在当下却迟迟裹足不前，政府只能通过提高财政赤字率弥补其中空缺。

2016年政府工作报告中明确指出，今年拟安排财政赤字2.18万亿元，比去年增加5 600亿元，赤字率提高到3%。其中，中央财政赤字1.4万亿元，地方财政赤字7 800亿元。

中央政府计划通过全面“营改增”给企业减少5 000多亿元的税负，这5 000多亿元的税在不能通过增加直接税比重的情况下，就要靠财政赤字来支撑。这是一个次优选择，具备一定的财政风险。中国存在各种各样的经济风险，而所有风险的最后一道防线是财政风险，“财政上的风险是一定要防住的，这也就是说，在全面‘营改增’正式启动的当下，千万不要忘了直接税的改革，要通过逐步增加直接税的比重来推动本轮税收制度的实现。”高培勇强调。

中国现行税制格局中，从税收收入结构来看，2013年，来自国内增值税、国内消费税、营业税、进口货物增值税和消费税等间接税收入的占比达到64.2%，若再加上间接税特征浓厚的地方其他税种，整个间接税收入在全部税收收入中的占比超过70%。而来自企业所得税、个人所得税等直接税收入的占比，仅为26.2%。因此，间接税收入与直接税收入的比例大致为70:30。

从税源结构看，2013年，企业缴纳的税收收入占比达到90%，非企业来源即自然人缴纳的税收收入占比不足10%。企业来源收入与自然人来源收入之比大致为90:10。

高培勇指出，从上述的两个结构，可以看出中国现行税制格局的三个基本特征：第一，70%以上的税收来源于间接税，也就是大部分税收需通过价格渠道转嫁。第二，90%以上的税收收入来源于企业，意味着中国税收负担首先是落在企业身上。第三，仅有6%左右的税收直接来自居民个人，广大的自然人基本不直接负有纳税义务。

这种间接税比例过大，企业独挑税收负担，而难触“个人”税的状态，与大多数国家的通行税制结构迥异，也不符合现代税收制度的作用定位。

因此，高培勇表示，税制结构调整应逐步降低间接税比重，相应增加直接税比重，达到两者相兼容的状态。其中，减少间接税比重中，以全面“营改增”为主要渠道。在全面“营改增”完成之后，还需进一步优化增值税税率。高培勇测算，完成这最后一步时，整个“营改增”进程将会减少9 000亿到1万亿元之间的税负。

大规模的间接税收入比例减少，为直接税收入比重的增加腾挪了空间。在提高直接税上，则主要通过开征房地产税、建立综合个人所得税制实现。在当前的中国，房地产税的开征是一种增税而非减税措施。超额累进税率的框架下，实行综合个人所得税制也是一种增税效应，而非减税行为。

## 高培勇谈“税改”

（来源：《中国城市报》 2016年5月31日）

### “间”减“直”增是正道

到目前为止，中国正式立项的税种有18个。如果我们把财政收入总额作为一个总量，然后把这 18 个税种的贡献度做成一个饼形图，会得出以下数据：70% 的税收来源于间接税；90% 以上的税收来源于企业；6% 左右的税收直接来自居民个人。这组数据说明，我国的税收来源结构严重失衡，我国的税收制度真的需要进入到一个大规模的调整阶段。

基于这样的判断，特别是瞄准国家治理能力现代化这样一个方向，新一轮税收制度改革所涉及的税种一共有六个：个人所得税、房地产税、增值税、消费税、资源税、环境保护税。其中，个人所得税、房地产税是直接税——这两种税种都涉及到税收征管机制的重大调整，所以作为配套改革，又加了一个税收征管法；增值税、消费税是间接税。这样一来，整个税制改革的版图就被描述为“六税一法”。

那么，这“六税一法”是怎样一种改革呢？推进路线是什么？在我国现行的税制结构中，间接税占 70%，直接税占 30%，这样的税制结构在很大程度上制约了经济的运行发展。由此，所提出的税制改革的推进路线是直接税的比重要增加，而间接税的比重要减少——这里所指的直接税更多地是指自然人税，间接税更多地是指企业税。

然而，从 2013 年 11 月至今，我们回想一下，我国的税收制度改革有哪些动向？哪些已经行动了？哪些还没有行动？哪些还在在研究当中？其中，最抢眼的一个税改项目恐怕是从 2016 年 5 月 1 日开始试点的全面“营改增”——全面“营改增”要减少 5 000 亿元的税收。然而，通过这次税改项目，关键是大家记住了什么？记住为什么要进行“营改增”了吗？恐怕大家记住的仅仅是所有企业的税负只减不增。

其实全面“营改增”所减的这 5 000 亿元是有一个过程的，而且还不止于这 5 000 亿元。“营改增”是于 2012 年开始试点实行的，至 2014 年，减税 1 918 亿元。2016 年，实行全面“营改增”，并在 1 918 亿元的基础上，将减税额增至 5 000 亿元，即增加 3 000 多亿元。还不止如此，在 2016 年全面实行“营改增”之后，还会对现行的增值税税率做进一步的简并调整，进而进一步地减税。据保守估计，如果增值税的现行税率下调两个百分点，还会减少 4 000 多亿元的增值税税收。这样算下来，整个“营改增”的进程中，会减税9 000 亿元。

大家要清楚，这样的减税是有大前提的，即稳定税负，政府支出规模不减。那么，问题来了，间接税减下去的空间谁来填补？那显然要寄希望于直接税的增加。如果直接税不增加，就变成单纯意义上的减税了，我们所看到的税制结构就不是一个优化的结构了。

那么，直接税应该如何增加呢？目前列入税制改革规划的两个税种是个人所得税和房地产税，其目标指向都是加税。个人所得税要向综合个人所得税发展，这就意味着纳税内容不仅包含个人工资，还包括其他所有的收入。这样累计纳税，税率肯定会高，进而达到增税效果。目前，除了上海和重庆，我国其他地方的房地产税负是零。今后，不管房地产税采取什么样的税制安排，只要房地产税一开征，房地产的税负就要增长。除了综合个人所得税和房地产税，还有遗产和赠与税。在日本，很少出现连续三代的财团，就是因为有遗产税存在。这样一个税种，尽管对于税收的贡献比例不是特别大，但是对于一个趋于公平、正义的税收制度而言，是不可或缺的。所以，不能将这样一个税种放到抽屉当中，迟早也要将其放到改革序列中。

因此，此次的全面“营改增”背后是直接税税负水平的提升，即表面上是间接税的减少，实际上所蕴含的是直接税的全面增加，这也是税改改革的一个本来意义。

**直接税才是主角**

尽管新一轮税收制度改革列了六个税种，尽管大家对目前的“营改增”关注度很高，但是本轮税改的看点、难点和重点都在直接税上，而不是间接税，不是“营改增”。

不过，话又说回来，为何目前我们只谈“营改增”？因为在历史上它是一个比较常见的税种，而且早在1994年就纳入规划之中，况且，在技术操作上，也没有太大难度，所以推行起来比较容易。而对于综合个人所得税，在技术操作层面，还存在障碍；房地产税的征收，也要看税务局的准备程度，目前来看，还需要一段时间。

因此，本轮税制改革的看点、难点、重点其实一直锁定在直接税上，不要让全面“营改增”的推进遮盖了本轮税制改革的主题。只有直接税取得了进展，才可能算本轮税制改革的主题开始产生效应。

令人遗憾的是，迄今，还没有看到直接税改革的效应。房地产税原来是要排在个人所得税前面率先启动的，当时预计在2017年形成基本框架，2018年或者2019年启动征收，但是现在看来，是裹足不前。个人所得税在这样的一个背景条件下就走到了房地产税的前面，两者的排序有了变化：个人所得税实行综合制在前，房地产税开征在后。不管怎样，它们都处于方案的设计阶段或者立法阶段，还没有进入到我们的日常生活当中。

为何“营改增”说改就改，而直接税动作很慢？对于直接税的改革，与其说雷声大雨点小，倒不如说连雷声都在减弱。这究竟是为何？我们不妨分析一下中国的“税情”。

在中国，人们对于税收存在几个盲区，其中，最重要的是认识盲区。大多数人只知有直接税，而不知有间接税，这里特指精英阶层。因此，他们眼中只有直接税，没有间接税。2016年的“两会”上，不少代表和政协委员都将目光聚焦到个人所得税上，而且瞄准个人所得税的一个构成要素，即个人所得税的起征点。

在我国的税制结构中，间接税占70%，直接税占30%。7比3的比例，人们为何只聚焦比较小的部分呢？大多数人无非把税收当作一种宏观调控的要素来认识，而很少有人把税收当作生活当中一个重要的因素来认识。这与长久以来我们没有将税收的本来面目向大家全面地展示有很大关系。大家看不到直接税和间接税的互补关系，即使直接税增加一块钱，也会心疼。所以，从现在开始，我们要还所有纳税人一个真实的、全面的税收制度全景，让大家了解税收，关注税收。

除了认识盲区，还有其他的“税情”限制，比如，在中国政府的内部，很多人把“隐形税”比重高误作中国税收制度的优越性；税躲价后，税价混同一起；征管格局“间接+截留”的模式多年未变；当前经济下行与社会稳定并行，导致税改生不逢时。

尽管直接税遇到“卡脖子”工程，但是考虑到宏观调控的需要，我国还是将税改向前推进了一步，即在财政支出规模不减的前提下，间接税方面，全面“营改增”，直接税方面，裹足不前，而这两者之间的连带物就是财政赤字。如此说来，我们其实是在做次优选择，用财政赤字全面支持“营改增”。但我们要清楚，这样的次优选择是有一定的财政风险的，在全面“营改增”启动的情况下，不要忘了直接税。

# 专访高培勇："营改增"开启本轮税改进程

（来源：《中国税务报》 记者：单晓宇 2016 年 9 月 14 日 B1 版）

- 现代税收制度更多反映的是人类社会对税制本身应具有的公平正义的要求。
- "营改增"对推动财税体制改革意义重大，但本轮改革更大的难点在直接税上。
- 减税不是总量性减就可以，一定要落实在结构性上，落实在税制改革上。

西子湖畔，G20 杭州峰会圆满落幕；神州大地，"营改增"试点如火如荼。近日，本报记者专访中国社会科学院学部委员、财经战略研究院院长高培勇，请他就时下的税收热点问题做了解读。

Q：G20 杭州峰会隆重举行，中国为全球治理交出了出色的答卷。G20 杭州峰会传递的消息，使您对税收发展产生了哪些感想？

高培勇：G20 杭州峰会将是一个重要的里程碑，其中蕴含着对税收制度从理念、思想到战略上的重大调整。

现在，中国已经成为世界第二大经济体，中国经济是世界经济的一个重要组成部分。G20 杭州峰会上，习近平总书记提出了"中国方案"和"中国主张"，为推动世界经济强劲、可持续、平衡、包容增长开出"中国药方"。这也体现了在"人类命运共同体"这个大家庭中，中国的大国责任担当和引领作用。

观察 G20 杭州峰会对中国税收的影响，就要看到，中国是如何介入到全球治理中，如何在全球治理中发挥自己的作用，特别需要看到中国税收和世界税收之间的联系和交融，看到中国税收和中国经济在世界税收和世界经济中日渐增长的影响。

在"人类命运共同体"的时代，世界税收是"你中有我，我中有你"，彼此紧密联系在一起。因此，我认为，中国税收制度的发展方向、发展格局，不能仅仅考虑中国自身的需要，自身的国情，还要考虑到"人类命运共同体"的需要，考虑到经济全球化过程中，中国的责任担当，考虑到中国税收对世界税收的巨大影响。所以，走现代税收制度道路是一个义无反顾的选择，不能有丝毫的犹豫和彷徨。说得抽象一点，税务系统需要摒弃老套路，用新思维解决新问题，要调整习以为常的理念、思想和战略，转而走向党的十八大以来的一系列治国理政新思想、新观念、新战略。

Q：您所说的"走现代税收制度之路""用新思维解决新问题"与传统税收制度有什么不同？

高培勇：传统的税收制度有三性：强制性、无偿性、相对固定性。税收制度都是在围绕税收收入及时、足额、可持续入库这个大前提进行的。当前税收制度改革，提出要建立现代税收制度，而现代税收制度，更多地反映的是人类社会对税收制度本身应当具有的公平正义的要求，体现了现代税收文明。

Q：建立现代税收制度需要进行哪些改革？

高培勇：税收制度的改革，真正能解决也最需要解决的是税收负担分配调整的问题。瞄准国家治理现代化大方向，新一轮税制改革涉及的税种主要有六个：增值税、消费税、环境保护税、资源税、个人所得税和房地产税。六个税种当中个人所得税和房产税属于直接税，消费税和增值税等属于间接税。要改革的直接税两大税种是对现行税收征管机制的重大挑战，所以作为配套改革又增加了修订税收征管法，因而整个税制改革的版图可被描述为“六税一法”的改革。

Q：如何调整直接税和间接税，才能达到优化税制、使税收负担更加公平的目的？

高培勇：十八届三中全会通过的《中共中央关于全面深化改革若干重大问题的决定》要求逐步提高直接税比重。目前正在进行的“营改增”显然处在减间接税的操作路线上。通过“营改增”，实现间接税大幅度的削减，减少间接税占税收收入的比重。间接税的减少，所腾挪出来的税收收入空间就可以通过增加直接税来填补。直接税增上去，间接税减下来，从而达到税收制度的优化，使税收负担分配结构更加公正、更加公平。

Q：下一步改革的重点和难点是什么？

高培勇：从以上分析角度看，“营改增”是本轮税收制度改革的一个突破口。自十八届三中全会召开以来，我们所看到的税制改革的重头戏，其实就发生在“营改增”上。因此，说“营改增”开启了本轮税收制度改革的进程也不为过。然而本轮税收制度改革任重而道远，今后的路还很长。我们要看到，“营改增”本身对推动本轮税收制度改革、本轮财税体制改革的重要意义，但也必须说，更艰巨的工作，重要的、具有深远意义的改革还在后面，即这一轮税收制度改革的难点和重点还在直接税上。

Q：有观点说国家要做新的转型，从高速到高效转变，税制改革应向哪个方向发力？

高培勇：这实际上牵扯到现在所说的一个重要关键词，供给侧结构性改革。目前，中国经济发展步入新常态。经济发展新常态标志性的变化，就是经济增速放缓。放弃追求高速，而转向以质量、经济增长质量为核心的经济发展轨道上来，并非仅仅是主观上的一种选择，而是客观规律的作用使然。

实现由高速到高效率转变，中央作出的一个具体的决策就是实行供给侧结构性改革。所谓供给侧结构性改革，就是用改革的方法推进经济结构调整。这种经济结构不仅仅是实体经济的产业结构，也包括制度结构，其中就包括税收制度改革。

税收制度和整个经济结构之间关联度颇高。比如说供给侧，一般人理解供给侧，首先是企业，而企业和政府之间的关系，其中一个最重要的、也是一个最牵动人心的纽带，就是税收制度，就是税收负担水平的高低。7月26日，中共中央政治局会议指出，“三去一降一补”五大重点任务，“降成本”的重点之一在于降低宏观税负。

降低宏观税负，怎么降？减税不是总量性减就可以，一定要落实在结构性上。结构性调整一定要落实在税收改革上，减少间接税、流转税，减少税收对价格的影响。比如正在进行的“营改增”试点就是贯彻减税的过程。

必须注意的是，减税的同时，一定要减支。这是实行供给侧结构性改革必须做的一件事。降低宏观税负水平的同时，必须要降低政府的支出水平，否则以赤字支撑减税的道路，不仅仅隐含财政风险，事实上也与降低企业负担的初衷风马牛不相及。

# 三、刘尚希[①]："营改增"对财税体制的影响及其对策建议

## "营改增"对财税体制的影响及其对策建议

（来源：《中国财经报》 2013 年 6 月 18 日）

"营改增"看似仅仅涉及两个税种，即增值税扩大范围和营业税退出，实际上牵动了整个财税体制。

从推动科学发展，加快打造中国经济升级版的要求来看，最好是把属于全民所有的公共资源、资产也纳入中央与地方之间的财权划分范围，把税权、费权、产权作为完整财权综合考虑，彻底调整中央与地方的财权划分范围、划分方式。这种设想尽管难度大，但改革的红利也最大。

**"营改增"既是转变发展方式的重大举措，也是拉开财税改革序幕的抓手**

增值税和营业税覆盖了我国除农业生产以外的所有行业和企业，营业税改征增值税，其产生的影响不只是缴纳营业税的行业和企业，而且包括了缴纳增值税的行业和企业，因为其外购服务也会由于有了增值税发票而纳入进项税的抵扣范围。从产业、企业来看，"营改增"的影响是全局性的也是长期性的，其产生的"连环减税效应"和"创新激励效应"，有利于二三产业融合与创新，是促进结构调整和加快发展方式转变的重大举措。随着今年 8 月 1 日之后按行业逐步在全国推开，"营改增"的影响会随之扩大。

"营改增"看似仅仅涉及两个税种，即增值税扩大范围和营业税退出，实际上牵动了整个财税体制。从改革的角度观察，"营改增"是拉开整个财税改革大幕的抓手，将带动整个财税体制改革。

一是推动税制改革。我国现有 19 个税种，如果营业税彻底退出，那意味着我国的税种减为 18 个，增值税将覆盖所有的行业和企业。增值税取代营业税，将使整个税制更加适应发展的要求。这体现在：第一，进一步简化了税制。2003 年，党的十六届三中全会通过的《关于完善社会主义市场经济体制若干问题的决定》针对税制改革明确提出了"简税制、宽税基、低税率、严征管"的原则，这些年来的税制改革一直都是依照这个原则展开。"营改增"显然是进一步简化了我国的现行税制，终结了货物与服务实行不同税收制度的历史。第二，进一步强化了税制中性。税制中性原则是 1994 年税制改革时就提出并坚守的一条重要原则。所谓税制中性，就是让税制对市场产生的扭曲性影响尽可能降到最低，为市场平等竞争创造条件。例如，2008 年实现内外资企业所得税合并，使我国税制的中性化迈进了一步，促进了内外资企业的平等竞争。增值税较之于营业税，是一个具有明显中性特征的税

---

① 刘尚希：中国财政科学研究院党委书记、院长，研究员，博士生导师。

种，目前在150多个国家实行。扩大增值税的范围，也就扩大了税制中性的领域，增强了整个税制的中性化，减少了对市场造成的扭曲。第三，有利于税收征管。一方面是税种减少，增值税与营业税并存导致的征管复杂性程度降低。一般而言，税种越多，征管就越是复杂。这对降低征管成本也有明显的作用。另一方面是增值税的内在抵扣链条更加完整，减少了增值税的漏洞，使销项税的抵扣变得更简单明了，在一定程度上可强化征管，减少税收流失。

二是带动财政体制改革。增值税和营业税都是中央地方共享税，只不过共享分税方式不同。国内增值税是按照比例分税，75%归中央，25%属地方，进口货物的增值税全部归中央；而营业税则是按照税目分税，铁道、中央金融保险企业的营业税归中央，其他的营业税全部归地方，成为地方的重要财权和财力来源。从当前的税收收入结构来看，增值税是我国的第一大税种，营业税是仅次于企业所得税的第三大税种。营业税在地方收入（不含地方土地出让、两权价款等没有纳入现行分税制体制的收入，以及中央转移支付收入）中的比重一般占到40%，是地方一般预算收入的重要来源。为了不影响地方利益，在没有调整体制的条件下，当前“营改增”试点过程中采取的解决办法是原来归地方的营业税改征增值税之后依然入地方库，中央不参与因试点所带来的增值税增量的分成。不言而喻，随着营业税的全面退出，中央与地方之间财权的重新划分就将浮出水面。这意味着1994年财税改革打造的中央地方分税框架必须作出重大调整。财政体制是事权、财权与财力三要素组合构成的一种基础性制度安排，“营改增”引发的改革效应，恐怕不只是财权，而将涉及财政体制三要素的重新匹配组合。

**借“营改增”之机，拓展中央与地方财政关系改革**

如果“营改增”在全国全面推行，那么，中央与地方财政关系应当如何改革？是就税论税，打造一个地方主体税种来解决地方“营改增”之后主体税种缺位的问题，还是把分税纳入整个中央与地方财政关系框架来设计？不同的设想，有不同的路径，其难易程度与改革效果也是各不相同的。大致可以有五种设想来化解“营改增”引发的财政体制问题。

一是继续沿用试点时采用的办法，原来征收营业税范围内产生的增值税继续缴入地方库，归地方收入。其优点是现行的分税格局可以基本不动，省去了中央地方利益调整导致的诸多麻烦。但具体操作上会相当繁琐，容易混库，更重要的是将会对地方政府行为产生不确定性影响。显然，这种办法的负面作用很大，进一步扭曲中央与地方财政关系。

二是对增值税的分享比例进行调整，中央的增值税分享比例下调，地方的分享比例上调，具体比例依据测算数据来确定，以不影响地方既得利益为基本原则。其优点是影响面小，仅仅涉及一个税种的分享比例调整。增值税主要来自生产环节，扩大地方分享比例，无疑将会强化地方政府的投资动机。在投资与消费严重失衡的条件下，这种制度安排会产生火上浇油的效果。这与调整经济结构和转变发展方式的要求是相悖的。

三是增值税的分享比例保持不变，或在调整的同时，对其他共享税种同时进行调整，例如在企业所得税、个人所得税中扩大地方的分享比例。也可以统筹考虑各个税种，重新划分中央与地方的财权，重新设定中央税与地方税。这需要评价各个税种对地方行为动机、对中央收入以及对当前调结构、转方式的影响来综合权衡。涉及面广，改革难度较大。其优点是在保持中央与地方财政关系基本框架稳定的条件下，可以一并解决老体制的一些遗留问题，例如税收返还一并取消。这是在其他税种不进行改革条件下作出的一种选择，意味着税制结构的缺陷难以利用这个机会矫正。

四是实行“营改增”的同时，对其他税种一并改革，据此再考虑财权划分。如消费税、资源税、环境税、房产税等都有改革的空间和增收的潜力。进一步完善整个税制，调整中央与地方之间的财权划分才有扎实的基础。税制改革与财权划分改革同时进行，用一揽子方案解决税制和财政体制中不适应经济社会发展新阶段的比较突出的矛盾和问题。其优点是避免了改革的碎片化，减少改革的阵痛时间。但需要精心设计，并有决心和信心承受改革的风险压力。

五是把属于全民所有的公共资源、资产也纳入中央与地方之间的财权划分范围，把税权、费权、产权作为完整财权综合考虑，彻底调整中央与地方的财权划分范围、划分方式。同时，对中央与地方事权划分也进行调整，使广义财权、事权的划分改革同步推进。这涉及行政体制改革、公有制下的产权制度改革等重大问题，涉及面更宽、难度更大。其优点是改革的系统性、协调性、可持续性更强，可以化解诸多深层次的矛盾和问题，放大改革的红利。

上述五个方面的设想，其难度、复杂性是逐步递增的，如何抉择，取决于改革的胆识与决心。从推动科学发展，加快打造中国经济升级版的要求来看，最好是采取第五个设想，尽管难度大，但改革的红利也最大。而且，包括“营改增”在内的税制改革、事权划分改革、公共产权收益制度改革已经迫在眉睫，已经难以拖延。不如利用“营改增”这个机会，实行一揽子改革，使财税改革全面推进，这样也避免了改革碎片化的风险。

## 扩大“营改增”对全面深化改革的“棘轮效应”

（来源：《中国财经报》 2014 年 7 月 1 日）

我国的发展已经进入一个结构性风险叠加期，各种结构性问题引发的风险在相互传递并叠加在一起。经济结构、社会结构、权力（权利）结构、利益结构、区域结构以及全球结构都面临着严重的脆弱性风险，并彼此影响，相互叠加，唯有进行全面的深度的结构性改革，才能化解风险，在全球竞争中赢得发展的先机，实现伟大复兴的中国梦。

跳出税收本身，把当前正在推进的“营改增”置入结构性改革的这个大背景来观察，“营改增”的使命就不应仅仅是两个税种之间的转换，而应撬动我国的结构性改革，并顺势全面推进结构性改革的深化。站在这样的视角来看“营改增”，其改革的价值已经远远超出财政改革本身。作出这样的判断，并非是人为地夸大“营改增”的意义和作用，而是要重新评估“营改增”给我国全面深化结构性改革所带来的策略性机遇。越是复杂的改革，就越是需要良好的改革策略。“营改增”作为结构性改革的一个有效切入点，具有争议少、阻力小、关联面大的特点，具有产生改革“棘轮效应”的条件。推进“营改增”，更高层次的目标是要不断扩大其改革的“棘轮效应”，对全面结构性改革形成一种不可逆的推动机制。

### 一、“营改增”改革“棘轮效应”已经显现

“营改增”两年多来，共有约 373 万户企业实现税制转换，减税规模超过 1 800 亿元。更重要的是，“营改增”撬动了我国的结构性改革，并形成了不可逆的改革效应。

（一）推动税制改革，并对财政体制改革带来了不可逆的影响

“营改增”遵循了“简税制、宽税基、低税率、严征管”的税制改革原则，其税制改革的成效已经显现。营业税彻底退出，我国现有 18 个税种减为 17 个，且增值税将覆盖所有的行业

和企业，简化了税制；“营改增”解决了重复征税的问题，提供产品和服务的纳税抵扣链条完整连接，服务业内部的抵扣链条也更完整，拓宽了税基；根据行业承受能力增设低税率，17%的基本税率将可能不再是“标准”；对混合提供货物和服务的企业分别征税带来的征管成本在“营改增”后可以解决，并减少征管漏洞。显而易见，“营改增”推动了税制的完善。

营业税在地方收入中的比重一般占到40%，是地方财政的重要收入来源。“营改增”给中央地方财政关系带来了不可逆的影响，分税制的再一次改革不可避免。“营改增”过程中采取了一种过渡办法——“营改增”收入入地方库，中央不参与改革带来的增值税增量分成。这种做法显然是权宜之计，地方税体系的重构、事权和财权的重新划分，建立中央、地方事权与支出责任相适应的制度，将是“营改增”产生的“棘轮效应”。如果没有“营改增”，在现有中央地方既得利益格局下，财政体制改革很难正面启动。“营改增”“无痛苦”地打破了既得利益格局，也就顺势启动了中央与地方之间的财政关系改革。

（二）推动市场与政府关系改革，为二者作用的归位提供了无阻力路径

十八届三中全会指出，经济体制改革的核心问题是处理好政府和市场的关系，使市场在资源配置中起决定性作用和更好地发挥政府作用。“营改增”是实现两者作用归位的一个无阻力路径。增值税替代营业税，税制的中性化特征增强，进一步降低了税制对市场产生的扭曲性。尤其是随着第二、第三产业税制的统一，消除了给第二、第三产业带来的税制歧视，有利于要素在第二、第三产业之间的自由流动与重组，市场在产业分工与协作中的作用由此增强，促进制造业与服务业的融合发展。制造业购买服务，可以获得增值税发票作为进项税额抵扣，与不能抵扣的情形相比，减轻了制造业的税负。“营改增”鼓励制造业购买服务，尤其是生产性服务，如技术研发、技术转让和咨询服务等，服务业的市场也相应扩大。二元税制导致的税收障碍被消除，推动了市场、政府在结构调整、产业升级中的作用归位。

（三）促进了经济的结构性改革和创新

加快传统产业转型升级，推动服务业特别是现代生产性服务业发展壮大，实现经济结构的高级化，是我国当前防范发展风险的关键。这需要微观与宏观两个层面的结构性改革和创新。从微观层面观察，“营改增”消除营业税重复征税和不能抵扣的弊端后，会激励企业经营模式创新。即企业会放弃自我提供服务的“全能模式”，转向更多选择外购服务的专业化经营模式，从而提高企业竞争力。企业经营模式创新在全球创新体系中占据越来越重要的地位，面向全球化的竞争，技术和产品的创新对企业来说只是要素的创新，而事关企业生死存亡的是经营模式的创新。“营改增”对此具有激励的作用。从宏观层面来看，对经济结构也具有改革效应。2013年，第二产业增加值比重为43.9%，第三产业增加值比重为46.1%，第三产业增加值占比首次超过第二产业。“营改增”对这种结构性变化无疑地产生了积极的影响。无论是在微观，还是在宏观，“营改增”引发的这种结构性变化和创新一旦产生将不会逆转，产生连锁反应。

**二、积极创造条件，扩大“营改增”改革“棘轮效应”**

如果说过去的改革主要是为经济增长扫清道路，那么，当前及今后的改革主要为经济、社会结构和政治结构的调整优化创造条件。全面深化改革的深层内涵，是利益结构的全面调整，实现国家、企业和个人之间的利益均衡。这是一个充满阻力和不确定性的艰巨过程，“营改增”是这个复杂过程中启动无阻力的重要的一步棋。这一步棋走好了，可为全面深化结构性改革提供不可逆的动力。

(一) 按照税收中性原则，完善“营改增”

一是完善税基确认。理论上，税基就是增值额，容易确认，但一旦涉及具体的行业，问题就会变复杂，如金融服务业。从事存贷款金融业务，其增值额就是利差，但服务对象是存款人和贷款人，无法针对利差来征收增值税并给服务对象开增值税发票。现在还未实现“营改增”的行业，如建筑业、金融业、不动产交易，都是难度大的行业，其增值额的确认和抵扣认定都需要大数据的支持。二是统一税率。“营改增”试点阶段，共有原17%、13%两档税率和新增11%和6%两档税率，以及出口零税率和优惠税率。税率档次增多，表明不同行业的税负水平不同，而行业间存在的交叉和融合，会让不同税率产生类似于税制分设的负面效果，即从原来两种税的非中性到一种税多税率的非中性，扭曲市场作用。因此，尽快统一税率，是完善“营改增”的重要内容。三是化解征管风险。增值税和营业税以前分别由国税和地税系统征管，“营改增”打破了两部门既定的分工，存在由于征管部门转换而造成征管漏洞扩大的风险。同时，对货物征收增值税已有成熟做法，对服务征税尚在探索阶段，而且服务业增值额的确定和抵扣的确认难度高于制造业，也容易产生税收漏洞。这些风险和漏洞难免被某些企业利用。2013年，税务部门开展“营改增”试点行业专项整治，检查“营改增”试点企业6 958户，查补税款3.9亿元。这说明征管漏洞依然存在，不可小视。

(二) 平衡好财政的短期风险与长期风险

结构性减税和周期性减税叠加在一起，加大了财政的短期风险。减税有利于短期稳增长，扩大一点财政的短期风险是值得的，但能否避免财政的长期风险，取决于短期稳增长能否与结构性改革形成有效关联，为长期增长提供动力。

“营改增”为企业减负的同时也造成了财政收入的减少。据静态估算，“营改增”到位的减税规模约9 000亿元，大规模减税有利于增强经济增长后劲，但会扩大财政的短期风险。2012年新一轮经济下滑以来，GDP增长率和财政收入增长率都出现了大幅滑落，经济放缓形成了日益确定的减收预期。同时，为了解决“营改增”试点过程中部分企业税负增加的问题，地方财政设立专项资金给予财政补贴。暂且不论补贴的公平性和合理性，其增加的支出也会进一步加大财政的压力。

化解财政风险的路径依赖于通过减税，促进结构性改革，激活经济社会活力，培育新的经济增长点，从而扩大税源，为税收收入稳定增长奠定基础。当前的改革需要对短期风险和长期风险做出权衡，在财政风险和结构性改革之间寻求平衡。

(三) 以“营改增”为契机，推进中央与地方政府职能转变

若“营改增”之后，只是简单的改变增值税的分享比例，亦或根据保持现有中央和地方财力格局总体稳定的要求，重新划分中央税和地方税，那么“营改增”也会沦为一个“权宜之计”的改革，全面深化结构性改革的策略机遇将会丧失。

以“营改增”为契机，重构中央与地方财政关系、重建地方税体系，以此带动中央与地方政府的职能转变。中央与地方财政关系不仅涉及财权，对构成财政体制的三要素——事权、财权和财力——都要重新匹配组合。财权划分上要综合考虑税权、费权、产权等，彻底调整中央和地方财权划分范围和方式。对中央和地方事权划分进行调整，使广义财权、事权划分同步推进。事权调整，实际上就是中央与地方政府职能的调整，借此机会，可促进政府职能转变。同时，地方税体系的构建，对地方政府行为方式有重大影响。如何把地方政府的积极性引导到转变经济发展方式这个战略方向上来，是地方税体系构建的重要目标。构建主

要以消费为税基的地方税体系，有利于淡化地方政府的“生产职能”，以避免地方区域间“恶性竞争”对市场决定性作用的妨碍，更好地发挥地方政府在经济社会发展中的作用。

推动中央与地方政府职能转变，提高政府治理的有效性，全面深化结构性改革，应当是“营改增”的更高目标指向。

## 结构性改革视角下的“营改增”

（来源：《中国财经报》　2016 年 4 月 12 日）

2016 年《政府工作报告》中提出，从 5 月 1 日起全面实施“营改增”，引起社会各界高度关注。政商学各界从各自不同的角度，对“营改增”给产业分工、行业发展、税制结构等不同方面带来的影响做了较为深入的分析，从不同的侧面可以了解观察“营改增”带来的巨大效应。其实，“营改增”作为牵一发而动全身的改革，其对改革的影响不是局部性的，而是整体性的。从全局性、前瞻性的视角来观察，即把“营改增”放在政府与市场关系、政府与社会关系、中央与地方关系这三个维度来考察，其产生的效应是牵引性的，也是辐射性的，可以有效推动国家治理结构的重塑。

在政府与市场关系维度，“营改增”提升市场在资源配置中的决定性作用随着“营改增”试点的全面实施，增值税取代营业税，将两者并行存在于二产业和三产业的流转税二元税制模式转换为一元税制模式，增值税覆盖所有货物、服务的生产、流通和消费。这使税制中性化的程度得以提高，为市场在资源配置中决定性作用的发挥创造了更优的税制环境。

“营改增”有利于产业分工细化。营业税以营业额为税基，按固定比例征收，重复征税特征明显。“营改增”从制度上消除了重复征税，使我国流转税的税收中性特征进一步强化，降低了税制对市场产生的扭曲性影响，企业不再有为避税而选择“大而全”“小而全”的组织结构，也不再有购买服务不能抵扣的后顾之忧，从而促进服务业特别是研发等生产性服务业发展。这一方面细化了产业分工，拉长了产业链，另一方面，也解除了因重复征税而对服务业带来的税收抑制，同时，也扩大了服务业的市场，可促进服务业的生产和消费。

“营改增”有利于产业之间的融合发展，促进工业服务化。产业分工细化与产业相互融合发展是当前产业结构演变的基本趋势，并不断向工业服务化方向发展，推动产业结构高级化，提高全要素生产率。贯通服务业内部和二、三产业之间抵扣链条，与当前从产品为中心转向以服务为中心的二、三产业相互渗透的发展趋势相适应，能够为制造业、服务业融合提供良好税制环境。制造业购买服务，可以获得增值税发票作为进项税额抵扣，与不能抵扣的情形相比，相当于给制造业提供了税收激励。“营改增”鼓励制造业购买服务，尤其是生产性服务，如技术研发、技术转让和咨询服务等，也有利于推动传统工业向服务型工业转变，促进工业服务化。

“营改增”有利于激化微观主体活力，推动大众创业和万众创新，给经济发展注入新动能。“营改增”使得国民经济生产、流通、服务的各环节税收抵扣链条完整，从制度设计上彻底消除重复征税。在“营改增”试点全覆盖的同时，彻底向消费型增值税转型，新增不动产所含税收可以抵扣。增值税扩围和转型，产生了叠加的减税效应。截至 2015 年年底，累计实现减税6 412亿元，预计2016年的减税金额将超过5 000亿元，而且在“营改增”后“确保所有行业税负只减不增”。从降成本来看，“营改增”是典型的通过改革降成本，具有长效性，这与通过优惠政策短期降成本结合起来，可以实现改革效应与政策效应的叠加放大。

税制统一、税收中性、税负减轻，促进制造业、现代服务业的分工细化和相互融合发展，激化市场主体活力，为产业结构转型升级提供了新动能。归结起来，就是促进市场在资源配置中起决定性作用。“营改增”试点的全面实施，使十八届三中全会提出的政府和市场关系改革得到实实在在的深化，更好地发挥政府作用，使政府有为。同时，促进市场发挥资源配置的决定性作用，使市场有效。

在政府与社会关系维度，“营改增”能够激化社会主体的活力，“营改增”看似税制改革，属于经济层面的改革，其实，也可以牵引社会改革，从促进社会建设和改善民生，激化社会主体活力。

“营改增”能够有效促进就业。“营改增”的减税效应，不只是在经济降速条件下稳住存量岗位，也有利于新增就业岗位。服务业是中小微企业生存发展的主要领域，随着服务业整体税收环境的不断改善，中小微企业的发展将会迎来新的春天。中小微企业蓬勃发展，不仅能够提供更多就业岗位，而且也能提升就业质量，扩大正规就业。同时，企业成本降低，创业空间变大，通过创业带动就业。有了更多的就业，老百姓就能有更多收入，从而有利于改进民生。就业扩大，收入增多，社会预期稳定，消费与投资也能跟进，就可形成经济与社会的良性循环。

“营改增”能够促进产学研的结合。二元税制的消除，促使研发部门从“大而全”“小而全”的组织形态中独立出来，使分工进一步细化。研发机构的发展也使“营改增”改革从经济层面走向社会层面。众所周知，科研院所具有研发优势，而很多科研院所是事业单位，不是经济组织，属于社会主体。科研院所为企业提供服务，走向产业化、市场化，涉及政府与社会的关系，而与企业的这种融合又涉及社会与市场的关系。“营改增”对研发服务的税收激励，可促进科研院所的社会化和市场化，为其提供了更大的发展空间，从而推动产学研的融合。如果有事业单位体制改革的配合，产学研结合将会迎来新的发展阶段。

“营改增”有利于推进创新驱动战略实施。创新是社会活力的体现，也是引领发展的第一动力。创新主体，既有经济主体，也包括社会主体。思想家、理论家和科学家都是重要的创新主体，他们的成果有更广阔的应用舞台，能够通过间接的市场化和产业化造福社会，将能大大激化社会主体的创新活力。这是经济主体创新的源头活水，创新驱动就有了根基。比减税更重要的是，“营改增”对服务业的改革效应是扩大了各行各业对创新服务的需求。产品、工艺、管理和商业模式的创新体现在经济领域，其需求会扩大到对社会领域、科研院所、教科文卫提出新的需求，从而牵引其发展。就此而论，“营改增”有利于培养大众创业、万众创新的热情，释放全社会创业创新潜能，以社会活力的提高推进创新驱动，从而为创新驱动战略的实施注入社会动力。

在中央与地方关系维度，“营改增”牵引财政体制改革“营改增”后，地方主体税种缺失，倒逼财政体制（中央与地方财政关系）的改革。如何重构地方税体系，就成为首要问题。有观点认为，“营改增”使中央从地方拿走了更多，可以通过增值税分享比例的调整来弥补地方财力的“损失”。但税制改革不仅是对中央地方财政收入分配关系数量上的调整，而且对中央地方税源结构、税收质量等都会产生重大影响。中央地方财权划分，对地方政府行为将会产生重大影响。如果地方增值税比例提高，从眼前看，可解决地方因“营改增”造成的短收问题，但从长期看，可能出现激励不相容的后果。地方为了获得更多财政收入，将会追求更大的投资额、上更多的项目，也就是可能走“招商引资”的老路，对经济的整体转型升级和结构调整带来不利影响。“营改增”，把财政体制改革带到了一个十字路口。

中央与地方财政关系的重构，不仅涉及中央地方财力的分配，而且要对包含财权、事权和财力的财政体制三要素进行重新匹配组合。财权划分上要综合考虑税权、费权、产权等，彻底调整中央和地方财权划分范围和方式。对中央和地方事权划分进行调整，使广义财权、事权划分同步推进。

“营改增”为国家纵向治理结构改革提供了契机。“营改增”对中央与地方财政体制改革提出了迫切要求，而这恰恰是纵向国家治理结构的核心内容。与形成相对独立的地方治理体系相适应，“营改增”之后的首要任务是形成相对独立的地方税体系，让地方有一定的预算平衡能力。地方税体系的完善既要发挥地方政府的积极性，又要体现转变经济发展方式、扩大内生增长动力的战略方向，即在保持现有中央和地方财力格局总体稳定的框架下，应构建主要以收入—消费为税基的地方税体系。这需要打破教科书上的教条，从现阶段的我国现实出发配置中央地方税种。

总体看，当前的结构性改革实质上是国家治理结构改革。财税改革作为全面深化改革，也就是国家治理结构改革的突破口，是与财政作为国家治理基础和支柱的定位分不开的。“营改增”作为财税改革的重要内容，放到国家治理结构这个大框架下来看，其牵引性、推动性、辐射性等是相当显著的，说“营改增”牵一发而动全身并非虚言。所以，我们对“营改增”的认识也应跳出行业、产业等经济视角，而是基于国家治理结构重塑来看待，即从国家治理结构的高度来认识、完善“营改增”。

## “营改增”不仅促就业，还有利创业

（来源：第一财经　2016 年 4 月 14 日）

中国财政科学研究院院长刘尚希日前撰文表示，“营改增”是属于经济层面的税制改革，也可以牵引社会改革。“营改增”能够有效促进就业，促进社会建设和改善民生，激发社会主体活力。

刘尚希指出，“营改增”的减税效应，不只是在经济降速条件下稳住存量岗位，也有利于新增就业岗位。服务业是中小微企业生存发展的主要领域，随着服务业整体税收环境的不断改善，中小微企业的发展将会迎来新的春天。中小微企业蓬勃发展，不仅能够提供更多就业岗位，而且也能提升就业质量，扩大正规就业。

刘尚希认为，企业成本降低，创业空间变大，通过创业带动就业。有了更多的就业，老百姓就能有更多收入，从而有利于改进民生。就业扩大，收入增多，社会预期稳定，消费与投资也能跟进，就可形成经济与社会的良性循环。

# “营改增”后首要任务是形成相对独立的地方税体系

（来源：新华网 2016年5月10日）

2016年《政府工作报告》中提出，从5月1日起全面实施“营改增”，引起社会各界高度关注。政商学各界从各自不同的角度，对“营改增”给产业分工、行业发展、税制结构等不同方面带来的影响做了较为深入的分析，从不同的侧面可以了解观察“营改增”带来的巨大效应。其实，“营改增”作为牵一发而动全身的改革，其对改革的影响不是局部性的，而是整体性的。从全局性、前瞻性的视角来观察，即把“营改增”放在政府与市场关系、政府与社会关系、中央与地方关系这三个维度来考察，其产生的效应是牵引性的，也是辐射性的，可以有效推动国家治理结构的重塑。

**一、在政府与市场关系维度，“营改增”提升市场在资源配置中的决定性作用**

随着“营改增”试点的全面实施，增值税取代营业税，将两者并行存在于第二产业和第三产业的流转税二元税制模式转换为一元税制模式，增值税覆盖所有货物、服务的生产、流通和消费。这使税制中性化的程度由此得以提高，为市场在资源配置中决定性作用的发挥创造了更优的税制环境。

“营改增”有利于产业分工细化。营业税以营业额为税基，按固定比例征收，重复征税特征明显。“营改增”从制度上消除了重复征税，使我国流转税的税收中性特征进一步强化，降低了税制对市场产生的扭曲性影响，企业不再有为避税而选择“大而全”、“小而全”的组织结构，也不再有购买服务不能抵扣的后顾之忧，从而促进服务业特别是研发等生产性服务业发展。这一方面细化了产业分工，拉长了产业链，另一方面，也解除了因重复征税而对服务业带来的税收抑制，同时，也扩大了服务业的市场，可促进服务业的生产和消费。

“营改增”有利于产业之间的融合发展，促进工业服务化。产业分工细化与产业相互融合发展是当前产业结构演变的基本趋势，并不断向工业服务化方向发展，推动产业结构高级化，提高全要素生产率。贯通服务业内部和二、三产业之间抵扣链条，与当前从以产品为中心转向以服务为中心的二、三产业相互渗透的发展趋势相适应，能够为制造业、服务业融合提供良好税制环境。制造业购买服务，可以获得增值税发票作为进项税额抵扣，与不能抵扣的情形相比，相当于给制造业提供了税收激励。“营改增”鼓励制造业购买服务，尤其是生产性服务，如技术研发、技术转让和咨询服务等，也有利于推动传统工业向服务型工业转变，促进工业服务化。

“营改增”有利于激化微观主体活力，推动大众创业和万众创新，给经济发展注入新动能。“营改增”使得国民经济生产、流通、服务的各环节税收抵扣链条完整，从制度设计上彻底消除重复征税。在“营改增”试点全覆盖的同时，彻底向消费型增值税转型，新增不动产所含税收可以抵扣。增值税扩围和转型，产生了叠加的减税效应。截至2015年年底，累计实现减税6 412亿元，预计2016年的减税金额将超过5 000亿元，而且在“营改增”后“确保所有行业税负只减不增”。从降成本来看，“营改增”是典型的通过改革降成本，具有长效性，这与通过优惠政策短期降成本结合起来，可以实现改革效应与政策效应的叠加放大。

税制统一、税收中性、税负减轻，促进制造业、现代服务业的分工细化和相互融合发展，激化市场主体活力，为产业结构转型升级提供了新动能。归结起来，就是促进市场在资源配置中起决定性作用。“营改增”试点的全面实施，使十八届三中全会提出的政府和市场关系改革得到实实在在的深化，更好地发挥政府作用，使政府有为；同时，促进市场发挥资源配置的决定性作用，使市场有效。

**二、在政府与社会关系维度，“营改增”能够激化社会主体的活力**

“营改增”看似是税制改革，属于经济层面的改革，其实，也可以牵引社会改革，从而促进社会建设和改善民生，激化社会主体活力。

“营改增”能够有效促进就业。“营改增”的减税效应，不只是在经济降速条件下稳住存量岗位，也有利于新增就业岗位。服务业是中小微企业生存发展的主要领域，随着服务业整体税收环境的不断改善，中小微企业的发展将会迎来新的春天。中小微企业蓬勃发展，不仅能够提供更多就业岗位，而且也能提升就业质量，扩大正规就业。同时，企业成本降低，创业空间变大，通过创业带动就业。有了更多的就业，老百姓就能有更多收入，从而有利于改进民生。就业扩大，收入增多，社会预期稳定，消费与投资也能跟进，就可形成经济与社会的良性循环。

“营改增”能够促进产学研的结合。二元税制的消除，促使研发部门从“大而全”“小而全”的组织形态中独立出来，使分工进一步细化。研发机构的发展也使“营改增”改革从经济层面走向社会层面。众所周知，科研院所具有研发优势，而很多科研院所是事业单位，不是经济组织，属于社会主体。科研院所为企业提供服务，走向产业化、市场化，涉及政府与社会的关系，而与企业的这种融合又涉及社会与市场的关系。“营改增”对研发服务的税收激励，可促进科研院所的社会化和市场化，为其提供了更大的发展空间，从而推动产学研的融合。如果有事业单位体制改革的配合，产学研结合将会迎来新的发展阶段。

“营改增”有利于推进创新驱动战略实施。创新是社会活力的体现，也是引领发展的第一动力。创新主体，既有经济主体，也包括社会主体。思想家、理论家和科学家都是重要的创新主体，他们的成果有更广阔的应用舞台，能够通过间接的市场化和产业化造福社会，将能大大激化社会主体的创新活力。这是经济主体创新的源头活水，创新驱动就有了根基。“营改增”是对服务业的改革效应，比减税更重要的是扩大了各行各业对创新服务的需求。产品、工艺、管理和商业模式的创新体现在经济领域，其需求会扩大到对社会领域，对科研院所，教科文卫提出新的需求，从而牵引其发展。就此而论，“营改增”有利于培养大众创业、万众创新的热情，释放全社会创业创新潜能，以社会活力的提高推进创新驱动，从而为创新驱动战略的实施注入社会动力。

**三、在中央与地方关系维度，“营改增”牵引财政体制改革**

“营改增”后，地方主体税种缺失，倒逼财政体制（中央与地方财政关系）的改革。如何重构地方税体系，就成为首要问题。有观点认为，“营改增”使中央从地方拿走了更多，可以通过增值税分享比例的调整来弥补地方财力的“损失”。但税制改革不仅是对中央地方财政收入分配关系数量上的调整，而且对中央地方税源结构、税收质量等都会产生重大影响。中央地方财权划分，对地方政府行为将会产生重大影响。如果地方增值税比例提高，从眼前看，可解决地方因“营改增”造成的短收问题，但从长期看，可能出现激励不相容的后果。地方为了获得更多财政收入，将会追求更大的投资额、更多的上项目，也就是可能走“招商引资”的老路，对经济的整体转型升级和结构调整带来不利影响。“营改增”，把财政体制改革带到了一个十字路口。

中央与地方财政关系的重构，不仅涉及中央地方财力的分配，而是要对包含财权、事权和财力的财政体制三要素进行重新匹配组合。财权划分上要综合考虑税权、费权、产权等，彻底调整中央和地方财权划分范围和方式。对中央和地方事权划分进行调整，使广义财权、事权划分同步推进。

“营改增”为国家纵向治理结构改革提供了契机。“营改增”对中央与地方财政体制改革提出了迫切要求，而这恰恰是纵向国家治理结构的核心内容。与形成相对独立的地方治理体系相适应，“营改增”之后的首要任务是形成相对独立的地方税体系，让地方有一定的预算平衡能力。地方税体系的完善既要发挥地方政府的积极性，又要体现转变经济发展方式、扩大内生增长动力的战略方向，即在保持现有中央和地方财力格局总体稳定的框架下，应构建主要以收入—消费为税基的地方税体系。这需要打破教科书上的教条，从现阶段的我国现实出发配置中央地方税种。

总体看，当前的结构性改革实质上是国家治理结构改革。财税改革作为全面深化改革，也就是国家治理结构改革的突破口，是与财政作为国家治理基础和支柱的定位是分不开的。“营改增”作为财税改革的重要内容，放到国家治理结构这个大框架下来看，“营改增”的牵引性、推动性、辐射性等是相当显著的，说“营改增”牵一发而动全身并非虚言。所以，我们对“营改增”的认识也应跳出行业、产业等经济视角，而是基于国家治理结构重塑来看待，即从国家治理结构的高度来认识、完善“营改增”。

## 四、胡怡建[①]：优税制　稳增长　调结构　谋发展

### 优税制　稳增长　调结构　谋发展
### ——从上海试点看“营改增”效果

（来源：《中国税务报》　2012 年 10 月 10 日）

2012 年 9 月 1 日起，我国“营改增”试点由上海扩至北京，并将在今年完成 8 个省市试点基础上，明年进一步向全国推进。这意味着上海“营改增”试点取得了预期效果，“营改增”优税制、稳增长、调结构、谋发展的功能和效果正在逐步显现，并将随着试点范围扩大得到进一步体现。

**一、改革优税制**

上海“营改增”试点，根本原因是由于现行营业税存在税法不统一、税制不合理的重大制度缺陷，通过“营改增”可以实现统一税法制度、消除重复征税、调整税收结构、改

① 胡怡建：上海财经大学公共经济与管理学院，教授，博士生导师。

变增长方式的税制改革目标。

1. 统一税法制度。上海“营改增”试点，在由工商业征收增值税而服务业征收营业税的二元税制向工商业和服务业统一征收增值税的一元税制的转变上，迈出了实质性一步。税法的统一，有利于服务业和工商业之间公平税负、平等竞争。

2. 消除重复征税。长期以来，我国按全额征收的服务业营业税存在着严重的重复征税：一是服务业与服务业之间发生的服务费由于各自按全额缴纳，营业税不能抵扣，从而形成服务与服务之间的重复征税；二是服务业与工商业之间发生的产品与服务费分别缴纳，由于增值税和营业税不能抵扣，从而形成产品与服务之间的重复征税。通过“营改增”不但消除了服务与服务之间重复征税，也消除了产品与服务之间重复征税。

3. 调整税收结构。我国税制结构与世界上绝大多数国家比较存在较为明显反差，主要是流转税比重过高、所得税比重偏低。过高的流转税使企业间接承担的商品劳务税较多，隐含在商品和劳务价格中的间接税负偏重，不但使商品和服务价格扭曲，也导致税收对收入分配的逆向调节，不利于税收公平目标实现。“营改增”后不但减轻了服务业增值税负担，而且通过抵扣传导机制减轻了工商业增值税负担，同时提高了企业所得税负担，从而达到了降低流转税比重、提高所得税比重、调整税收结构的目的。

4. 改变增长方式。我国自1994年实行分税制以来，税收收入增长较快。一是增长率高，税收收入由1995年的6 038亿元增加到2011年的89 720亿元，年均增长18.37%；二是持续时间长，已长达16年之久；三是呈加速增长态势，“九五”时期年均增长15.84%，“十五”时期年均增长18.04%，“十一五”时期年均增长20.73%。这种长期持续的税收收入增长不利于经济可持续发展和国民收入分配格局的改变。“营改增”通过降低税率、消除重复征税所形成的结构性减税，有利于促进税收向稳健可持续增长转变。

**二、减税稳增长**

“营改增”的出发点是避免重复征税，由于消除了重复征税，同时实现了国家减税、企业减负，成为我国众多结构性减税项目中最为重要的实质性减税措施，这对于应对当前严峻金融危机冲击、促进经济稳定增长，意义重大。

1. “营改增”实现结构性减税。实施“营改增”，不但避免了重复征税，而且将税率主要定在6%，低于工商业的基本税率17%以及低税率13%。今年1—6月，上海试点企业累计缴纳增值税104.9亿元。其中：一般纳税人95.9亿元，占91.4%；小规模纳税人9.0亿元，占8.6%。与缴纳营业税比较，试点企业合计减税12.4亿元，减税幅度为10.57%[12.4/(104.9+12.4)]。其中：一般纳税人减税6.3亿元，减税幅度为6.16%[6.3/(95.9+6.3)]；小规模纳税人减税6.1亿元，减税幅度为40.4%[6.1/(9.0+6.1)]。“营改增”实现了国家结构性减税和企业结构性减负。

2. 产业减税效果明显。如果单从试点企业看，“营改增”仅仅是结构性减税，因为“营改增”后占试点企业近三分之一的一般纳税人的税负不减反增。但如果从产业链税负变化看，“营改增”不仅实现了全面性减税，且减税效果明显。今年1—6月，上海试点企业开具的增值税专用发票，可用于新增抵扣进项税额70.9亿元。试点服务企业与下游企业合计减税83.3亿元（70.9+12.4），减税幅度高达71.01%[83.3/(104.9+12.4)]。“营改增”不但避免了服务企业与上游企业间重复征税，减轻了服务企业税收负担；也避免了服务企业与下游企业间重复征税，减轻了产业链税收负担。

3. 减税稳定经济增长。当前，中国正面临着新一轮经济危机冲击，上半年经济增长指标同以前年度比较出现了较大幅度下滑。企业普遍经营困难，小规模纳税人生存更为艰难。而通过“营改增”为企业减税减负，尤其是小规模试点服务企业高达40%，成为“营改增”的最直接受益者，发挥“营改增”结构性减税作用以稳定经济增长正当其时。

**三、改制调结构**

当前，中国经济不但要保持稳增长，更需要调结构。通过“营改增”消除服务业发展的税收制度性障碍，有助于加快服务产业发展，提升服务产业层次，拓展服务贸易规模，实现经济发展方式转变。

1. 促进服务产业发展。“营改增”促进服务业发展主要体现在以下三个方面：一是消除了营业税制下重复征税，减轻了服务企业税收负担，使服务业与工商业同等纳税，从而有利于服务业发展；二是消除了营业税制下服务业内部服务不征税、外包服务征税的弊端，实现了内部服务和外部服务同等纳税，有利于促进生产制造与服务的专业分工和协作，促进外包服务发展；三是“营改增”后，生产企业服务部门选择在企业内部提供服务和独立出来提供服务，不改变企业税收负担，有利于服务部门从企业分离发展。

2. 提升服务产业层次。由于现代信息、网络、技术、工艺渗透溶合进入服务领域，出现了服务业态新型化趋势，新兴服务产业、新兴服务产品和新兴服务企业层出不穷。虽然，“营改增”对新兴业态和传统业态影响性质相同，但由于新兴业态服务经营规模大、所需设备投资多，大都又处于设备投入和更新阶段，形成规模效益特征，“营改增”所形成的服务企业进项设备抵扣和下游增值税进项抵扣的双重抵扣效应，对于处于成长期的新兴业态发展具有明显的促进作用。

3. 拓展服务贸易规模。“营改增”把境内企业向境外提供技术转让服务、技术咨询服务、合同能源管理服务、软件服务、电路设计及测试服务、信息系统服务、业务流程管理服务、商标著作权转让服务、知识产权服务、物流辅助服务（仓储服务除外）、认证服务、鉴证服务、咨询服务，由普遍征税个别免税改为免税或实行零税率，对于加快服务贸易发展、拓展服务贸易规模起到了减税激励作用。同时，为产品提供服务由营业税改为增值税，也使产品出口退税更加彻底。

从上海今年产业发展态势看，上半年实现生产总值比上年同期增长7.2%。其中，第一产业下降3.2%；第二产业增长3%；第三产业增长10.3%，占全市生产总值的60.4%，同比提高2.6个百分点。第三产业中的信息传输、计算机服务和软件业同比增长18%。虽然产业结构调整有其内在运行规律，但“营改增”有利于促进产业结构优化调整却是不争的事实。

**四、推进谋发展**

9月1日起，北京开始“营改增”试点，说明“营改增”试点通过结构性减税来实现优化税制、稳定经济、调整结构的作用已经初见端倪，达到了预期效果，需要加快推进“营改增”来谋求新的发展。

1. 深化改革。“营改增”由试点转入深化改革，需要从四方面并举推进。一是扩大面。在上海试点基础上，通过总结经验，完善制度，加快地区延伸拓展，以促进区域间公平税负、平等竞争。二是深化点。对于已纳入试点行业，要拓展试点范围，完善税收政策制度，激励更多企业纳入试点，尽早分享改革收益。三是延伸链。在现行1+6行业试点基础上，进一步拓展到建筑施工、邮政电信、金融保险、文化消费等领域，以扩大服务业营业税改征增值税受益面。四是改进制。有必要将我国服务业按其服务性质和对象，分为生产性服务业、消费性服务业和社会性服务业三类，对三类服务业应采取差异化政策。

2. 破解难题。“营改增”是一项牵一发而动全身的系统性工程，不但事关国家与企业，同时涉及中央与地方、税收与价格、改革与立法等诸多利益关系，需要破解诸多难题。一是国家与企业关系。“营改增”是结构性减税，大致有三分之一试点企业会增加税负，为减少税改对企业造成的负面影响，需要对增加税负企业实行财政补贴。但由于出现了上游企业增税而下游企业减税，个别企业增税而集团公司减税的现象，使补贴缺乏依据。二是中央与地方关系。为减少“营改增”对地方财政的负面影响，“营改增”后服务业增值税仍归地方，但工商业增值税由中央与地方共享，“一税两制”无法理顺税收分配关系。三是国税部门与地税部门关系。“营改增”后服务业增值税由国税部门征收，但收入归地方，出现了税收征收和归属不匹配。四是税收与价格关系。目前“营改增”试点主要是针对生产性服务业，中间环节征税可在下游环节抵扣，改革不影响最终价格。进一步推进改革所涉及的主要是消费性服务业，最终环节征税将影响消费服务价格，改革难度加大。五是改革与立法关系。对于消费性服务业如果按一般纳税人方式征税，随着税负转嫁会助推价格上涨，但如果采取简易征税办法，会使“营改增”名不符实。

3. 应对挑战。“营改增”最大的风险和挑战是征收管理，“营改增”需要应对财政减收、税务管理和企业避税三大挑战。一是财政减收风险。“营改增”作为结构性减税，虽然有增有减，但总体上是减税，而且实际减税幅度会远大于预期。当“营改增”的政策性减税、经济下行的经济性减税和税收波动大于经济波动的制度性减税三大因素交汇时，容易引发系统性减税风险，将考验财政承受力。二是税务管理风险。“营改增”不但使增值税户数大幅度增加，而且由于服务业企业规模小、行业差异大、特殊情况多，使征税范围确定、纳税人区分、差额征税办法、减免税规定、即征即退处理、发票管理、征管系统调整难度加大，征管成本上升。三是企业避税风险。由于“营改增”处于试点阶段，一些政策具有不确定性，加上差异化的制度设计，使一些企业利用政策漏洞，通过适用税率、转移业务、不合理定价减少销项税额、增加抵扣税额来实施避税。需要我们重视改革风险，积极应对挑战。

## 全面实施“营改增”　吹响改革攻坚“集结号”

（来源：《中国税务报》　2016 年 3 月 14 日）

3 月 5 日，李克强总理在《政府工作报告》中提出，房地产、建筑、金融保险与生活服务业“营改增”将于 5 月 1 日起全面实施。这标志着“营改增”由试点转向全面推进的“集结号”已经吹响，“营改增”进入攻坚阶段。

这次由国务院部署、在四大行业全面实施的“营改增”，具有任务重、时间紧和难度大的特点。任务重，指这次在四大行业实施的“营改增”涉及近 1 000 万户纳税人，数量规模空前。2015 年，这些行业所缴纳营业税高达 19 313 亿元，占我国税收收入的 15.5%。时间紧，指从现在到“营改增”5 月 1 日全面推开，仅剩不到 2 个月时间准备。难度大，指这次全面实施“营改增”的四大行业，类型多、差异大、关联性强和情况复杂，涉及诸多利益关系调整，改革难度更大。

尽管在如此短的时间内完成如此复杂的改革，任务艰巨，但同时也具有众多支持改革的积极因素。一是尽管四大行业“营改增”政策出台时间晚，但实施方案经过长期准备，在听取各方意见的基础上，充分酝酿，比较成熟，利于实施；二是自2012年以来在部分行业实施“营改增”试点，各级税务机关在改革实施管理中已积累了丰富经验，相当于为全面实施“营改增”做了事先准备；三是这次“营改增”是对各个相关行业全面减税，社会对改革期望高，意愿强，动力足，阻力少。这些积极因素都为全面实施“营改增”创造了十分有利的时机和条件。

全面深化“营改增”是我国税收制度的一项重大变革，也是我国在新常态下实施结构性减税的重要举措，将对我国财政收入、税负、经济发展和产业转型产生深远影响。作为承担和实施“营改增”主要职责和任务的税务机关，任务艰巨，责任重大，需以高度责任心和使命感，全面规划，精心组织，稳步推进改革。

这次四大行业将通过“营改增”获得全面减税，但具体到每个企业可能会苦乐不均，增值税在征税依据、税率结构、税额计算、价税关系、纳税负担、会计核算和发票要求上与这些实施企业原先缴纳的营业税存在较大差异，企业面临“营改增”后的纳税申报、会计核算和软件程序调整等挑战，这都需要税务机关开展广泛宣传和纳税辅导，尽心尽力帮助企业做好应对改革进程中可能出现的各种复杂情况的准备，以利改革顺利落地。

## “营改增”正上升为国家战略

（来源：《东方早报》 2016年4月23日）

4月10日，国务院总理李克强主持召开国务院常务会议。会议决定，自今年8月1日起，将交通运输业和部分现代服务业的“营改增”试点在全国范围内推开，并将广播影视作品的制作、播映、发行等纳入试点。会议还提出，要择机将铁路运输和邮电通信等行业纳入“营改增”试点，力争“十二五”期间全面完成“营改增”改革。随着试点范围扩大，还要研究合理调整增值税分成比例，理顺中央与地方分配关系。

上述信息反映出，“营改增”已由地区试点上升为国家战略，呈现出以下特征：

**一、试点进程超出预期**

从2012年1月1日上海试点，同年9月1日起11个省市分步进入“扩围”，到2013年8月1日全国推行，透过这样的“营改增”进程表，我们不难发现，“营改增”改革推进速度之快已远超预期。“营改增”推进之所以超预期，首先在于试点取得了超预期效果，体现在如下几个方面：

一是使得从长久以来实行的对工商业征收增值税、对服务业征收营业税的“二元税制”，向对二者统一征收增值税的“一元税制”的转变，迈出了实质性的一步，实现了统一税法、合理制度，促进了服务业和工商业之间的公平税负、平等竞争。

二是实现了国家减税，企业减负。2012年，全国试点地区中，超过90%的试点企业税负明显减轻，税负有所增加的企业不到10%。12个试点地区全年减税426.3亿元。2013年，随着12个先行试点地区全年实施“营改增”，全年企业将减轻税负约1 200亿元。

三是不但消除了营业税制下重复征税的弊病，减轻了试点服务企业的税收负担，使服务业与工商业同等纳税，从而将促进服务业发展；更重要的是，通过服务业对下游企业开具增值税发票由下游企业抵扣，可减轻下游工商企业税负，拉动服务业发展以及试点服务企业与工商业的协同发展。

四是企业内部服务部门独立分离，为原企业提供服务，要比留在企业内部提供服务多缴一道营业税的制度性缺陷，在试点后得以消除。这不但有利于推进生产企业服务外包，促进外包服务发展，也有利于产业分离，促进企业转型发展。

五是支持服务业、劳动密集型企业、小微企业和创新型科技企业发展，将创造更多就业岗位。另外，“营改增”在保障低收入者利益上也有作为，因为试点企业间接税税负的减轻可通过价格传导机制使减税部分反映在消费价格上。

“营改增”推进速度之所以超预期，更为重要的是，试点倒逼了更深层次的改革。

其一，由于“营改增”试点选择部分地区的交通运输业和部分现代服务业，而区域试点模式容易产生政策洼地效应，试点地区企业税负下降，将导致资本向政策洼地聚集，造成区域间发展不平衡。这样，“营改增”由地区试点及时向全国扩围，可以避免洼地效应，有利于不同区域间企业公平税负、平等竞争，促进区域间资源的合理配置。

其二，“营改增”通过环环相扣形成抵扣链条，能消除重复征税，但仅选择部分行业和部分地区试点，会使抵扣链不完整，试点企业抵扣不充分，减税效果将大打折扣。未来将交通运输业和部分现代服务业的“营改增”试点覆盖到全国，不但可让更多企业受益，也有利于增值税这一主体税种的稳定性，降低因不同地区间政策差异导致的税收征管风险。

其三，受国内和国际经济继续疲软的影响，税收增长率由2011年的22.6%、2012年的12.1%，降为今年一季度的6%。面对税收增速下滑态势，放缓“营改增”推进虽可保税收增长，但不利于企业生存发展。如果继续加快推进，会引发税收增速继续下滑，但有助于企业渡过难关。这次国务院常务会议传递出的继续加快推进改革的信息，反映出“营改增”以牺牲短期财政利益换取长期经济和财政的可持续增长的改革导向。

**二、行业推进势在必行**

按照国务院规划，在8月1日“1+6”行业（交通运输业及现代服务业的6个行业）的“营改增”向全国推行完成后，将适当扩大部分现代服务业范围，将广播影视作品的制作、播映、发行等纳入试点，并择机将铁路运输和邮电通信等行业纳入“营改增”试点。这样的路径是势在必然的。

首先，将广播影视作品的制作、播映、发行等纳入试点，表明我国“营改增”进一步加大了对文化产业发展的政策支持力度。从现行“1+6”行业的“营改增”试点看，纳入“营改增”试点的文化创意产业包括设计服务、商标著作权转让服务、知识产权服务、广告服务、会议展览服务等。总体看，不但涉及行业面小，且并未涉及国民经济行业分类表中真正意义上的文化产业，而主要是与文化产业关联性相对较强的一些商务服务业。这次，借助“营改增”全国扩围，将广播影视业纳入改革范围，不但有利于减轻广播影视业税负，还将为文化创意行业和其他行业的“营改增”试点延伸提供示范。

其次，在完成“1+6”行业“营改增”试点全国扩围后，将铁路运输和邮电通信两个行业择机纳入“营改增”试点势在必行。理由在于：一是这两大行业既是国民经济支柱产业，又是服务业中的关键行业，规模庞大，地位重要，产业链长，改革能带来的效应大；二是这两大行业集中度较高，涉及的企业较少，又基本上是中央企业，管理条件好，但重复征税矛盾比较突出，故不但有改革必要性，更具改革可行性；三是作为服务业中的重点行业，这两大行业自然早就进入“营改增”试点视野，只是由于其管理高度集中、跨地区经营，不宜地区试点，需要全国同时推进，因此，在上海地区试点时没有纳入，“1+6”行业全国扩围完成后，二者作为全国行业推进首选，也就顺理成章。

那么，铁路运输和邮电通信两个行业纳入“营改增”试点后，预期效果如何呢？由于“营改增”试点时已将交通运输业税率定在11%，铁路运输作为运输五大行业之一，理应适用11%税率。问题是，电信“营改增”税率该如何确定。通过对中国移动、中国联通和中国电信三家电信公司财务数据测算分析，可得出结论，按11%税率进行改革，税负能基本保持平衡。故预期改革方案将邮电通信税率定在11%，也是有据可依。但从三大电信企业自行测算结果看，按11%税率改革，电信企业税负会有一定幅度上升。原因是理论抵扣和实际抵扣存在一定差异，实际抵扣中，并非所有属于抵扣范围的进项都能取得增值税发票。

另外，有些电信设备在设备和不动产之间难以区分。以基站为例，如果算作不动产，无法抵扣会导致企业税负增加，而纳入设备允许抵扣，则企业税负可能会减轻。如果进一步深入分析，电信业还可以分为电话、网络等基础电信，以及手机捆绑销售、数据服务、互联网服务等增值电信。基础电信由于设备占成本比重大，按11%税率征税，税负可能平衡。而增值电信由于进项税可抵扣项目少，并与信息技术服务关联度大，按11%征税，税负会有一定提高。是对电信业统一设置税率，还是分为基础电信和增值电信分别设置税率，有待研究。

**三、改革已入深水区，面临艰难抉择**

“营改增”作为一项制度性变革，牵一发而动全身。不但涉及国家与企业，而且涉及中央与地方；不但要考虑减轻企业税负，也要考虑财政承受力。从“营改增”的综合配套方面分析，改革进入深水区，面临艰难抉择。

从国家与企业的关系考虑，由于服务业营业税改增值税是结构性减税，虽然有增有减，但总体是减税。对此决策者在改革前已有充分估计和考虑。但由于“营改增”实际减税已远大于预期，而且经济性减税、制度性减税、政策性减税等因素同时存在，从而形成三大因素汇集的减税风险，考验着财政承受力。

2013年“营改增”减税额将上升到1 200亿元。由于12个省市以外的地区是按8月份实行“营改增”来计算，如以完整年份计算，全国“1+6”行业试点减税一年估计不低于1 600亿元。如果按“1+6”行业缴纳营业税仅占全部营业税三分之一左右估算，全行业“营改增”的减税就更为可观。然而，2012年，我国受国际金融危机冲击和国内经济结构调整影响，伴随着经济增长速度下降，财政税收增长也出现了大幅下滑。面对财政减收压力，除了财政结构性调整，如对资源、环境、财产等适度增税以及增加债务外，主要还需通过节约财政支出来破解消化。这次国务院常务会议就明确指出，各级政府要过紧日子，为推进“营改增”创造条件。

从中央与地方财政关系分析，由于在中央与地方之间，营业税和增值税的分享比例和征管方式都不同，将服务业的营业税改为增值税时，为减少“营改增”对地方财政利益的冲击，在涉及“营改增”后的增值税收入归属上，采取了工商业增值税收入由中央与地方共享、服务业增值税收入归地方的“一税两制，维持现行体制”。但一个税种两种制度，除了在税制上不是很规范外，在征收管理上也可能引发一些矛盾和问题。由“一税两制，维持现行体制”向“统一税制，调整分享比例”转变，是解决问题的一种选择。

所谓“统一税制，调整分享比例”是指，在将服务业的营业税改为增值税后，不区分增值税收入是来源于工业和商业产品的生产、加工、销售，还是来源于服务业提供服务或不动产、无形资产转让，都作为中央与地方共享税，通过调整比例在中央与地方政府之间分享。这次国务院常务会议提出，推动进一步完善增值税制度，研究合理调整增值税分成比例，理顺中央与地方分配关系。这意味着“营改增”后的中央与地方财政体制改革和调整也将由此拉开帷幕。

## 全面实施“营改增”的效应

（来源：《中国税务报》 2016 年 10 月 17 日）

从今年 5 月 1 日起，我国全面实施了增值税改革。“营改增”不但是我国税收制度的重要变革，同时承担起减轻企业税收负担，促进经济发展方式转变的历史重任。

**一、全面实施“营改增”的改制效应**

全面实施“营改增”从改制效应分析，主要是实现统一税法、合理税制、优化结构的税制改革目标。

全面实施“营改增”首先在于统一税法。在服务业全面实施“营改增”前，我国实行二元税制：对工商业征收增值税，基本税率适用 17%，优惠税率适用 13%，简易征收税率适用 3%；对服务业和房地产业征收营业税，适用 3% 和 5% 两档税率。由于工商业、服务业和房地产业适用税种、税率和计税依据不同，税收负担自然存在较大差异。在统一市场经济下，针对不同产业采用两种不同税制，既不公平，也不合理。全面实施“营改增”，将二元税制改为一元税制，从而构建有利于形成统一税法、公平税负、平等竞争的税收环境。

全面实施“营改增”核心是消除重复征税。我国长期以来工商业、服务业和房地产业分别征收增值税和营业税，按全额征收的营业税存在严重的重复征税缺陷。通过全面实施“营改增”消除重复征税可分为两种情况：一种是服务企业外购货物和服务缴纳的增值税允许抵扣，从而消除企业生产经营过程中的重复征税；另一种是服务企业为下游企业提供服务发生的增值税，由下游企业抵扣从而消除产业交往中的重复征税。全面实施“营改增”将不动产纳入征税范围，同时纳入抵扣范围，从而实现了真正意义上的现代消费型增值税制度。

全面实施“营改增”也有利于优化税制结构。我国现行税制结构是以流转税为主体，流转税虽然具有稳定收入、简化税制、利于征管的优势，但同时存在税制不公平、不合理的缺陷。因为流转税是按销售额计算征税，而不是按利润或收益所得额计算征税，由于我国不同行业利润率差异大，如果按统一税率征收，对于利润率低的企业税负会偏重，而对利润率高的企业税负可能偏低。另外，流转税在经济平衡时矛盾不突出，但随着经济下行，企业利润率下降，按销售额征税会加重企业税收负担，使矛盾突现。而所得税由于按企业利润或个人收入征税，相对比较公平、合理。通过“营改增”减轻企业流转税负的同时会提高企业所得税负，同时可为资源税、环境税和个人所得税改革预留改革空间，以实现降低间接税比重，提高直接税比重，优化我国税制结构目标。

## 二、全面实施“营改增”的减税效应

我国自2012年实施“营改增”试点以来，税收增长也由高增长向中低增长转变，这不但有经济下行原因，与“营改增”也有一定关联。截至2015年，“营改增”共减税6 000亿元以上，今年全面实施“营改增”减税预计更是高达5 000亿元以上。全面实施“营改增”引发的减税可分为试点企业直接减税和下游企业间接减税两种情况，前者可称为企业减税，后者可称为产业减税。全面实施“营改增”已成为我国最为重要的减税改革。

试点企业直接减税效应。由于在“营改增”前服务业征收营业税，所存在的重复征税主要是指服务企业从上游企业购入材料和设备缴纳增值税不能在服务业营业税中抵扣，以及服务企业向服务企业购买服务承担营业税不能抵扣，从而形成企业性重复征税。“营改增”服务业外购材料、设备、服务承担的进项增值税允许在服务销项增值税中抵扣，从而避免了服务企业与上游企业之间的重复征税，减轻了“营改增”试点服务企业税收负担。根据国家税务总局公布的数据，我国全面实施“营改增”以来，减税和持平企业比例高达98.7%，增税企业仅为1.3%，说明减税效果较为明显。但是，“营改增”对不同试点企业带来的减税影响有所差异，主要取决于以下五方面因素：一是税率高低，税率提高幅度越大，产生增税负面影响越大，反之则越小；二是抵扣多少，抵扣项目占收入比与减税幅度成正比，以及抵扣项目税率高低与减税幅度成正比，从上游企业购买可抵扣额越多，税负越轻，反之则越重；三是减免优惠，继续保留减免税政策，以及境外服务由征税改为免税、或由免税改为零税率均会减轻企业税负；四是即征即退，由于处于中间环节的企业减免税虽然会减轻企业税收负担，但却使下游增值税一般纳税人纳税因无法享有抵扣而增加税负，结果可能不但不能减轻税负，反而会加重税负；五是税负转嫁，企业“营改增”前营业税为价内税，而“营改增”后增值税为价外税，同时，“营改增”后企业适用税率也发生变化，但由于营业税和增值税均为可转嫁的间接税，税收变动会影响企业定价决策以及价格变动，所以试点企业税负变动还取决于税负转嫁。在与下游企业的价格博弈中，试点企业如能通过提高价格转嫁税收，可减轻试点企业税负。

产业链间接减税效应。试点服务企业由征收营业税改为增值税，使下游增值纳税人由取得营业税发票不能抵扣改为取得增值税发票可抵扣，从而避免了产业重复征税，减轻了产业税收负担。“营改增”的产业税负变化影响可以从以下四个方面分析：一是无论试点服务企业“营改增”后增值税负相对营业税负是增加还是减少，如果下游工商企业为增值税一般纳税人税负都将有所减少，主要原因是试点服务企业开给下游工商企业增值税一般纳税人专用发票都可作为下游工商企业进项税抵扣，从而减轻了下游工商企业税负。二是一般情况下，下游工商企业税负变动幅度要远大于上游服务企业税负变动，主要原因是上游服务企业税负变动是按改革后的增值税和改革前的营业税差额计算，而下游工商企业税负变动是按试点服务企业开给下游工商企业增值税一般纳税人发票全额计算。所以，“营改增”对下游工商企业正面激励影响大于上游服务企业。三是下游服务业是一般纳税人还是非增值税纳税人或小规模纳税人对企业税负影响较大。在试点服务业“营改增”后，下游增值税一般纳税人取得服务业开具增值税发票允许抵扣，从而税负减轻，而当下游企业为小规模纳税人或非增值税一般纳税人时不能抵扣，税负有可能不减反增。四是一般纳税人和小规模企业减税影响方式不同。从试点企业看，小规模企业减税幅度大于一般纳税人。但从产业链看，如果下游企业为增值税一般纳税人，试点企业和下游企业合计产业链税减税会远大于小规模纳税人。

### 三、全面实施“营改增”的转型效应

全面实施服务业“营改增”，使税制适应并促进了我国经济结构优化、产业层次提升、企业转型发展、服务贸易增强，为可持续发展提供了动力。

经济结构优化。全面实施“营改增”有利于形成以服务经济为主体的产业结构，主要从三个方面：一是消除了营业税制下重复征税，减轻了服务企业税收负担；二是通过服务业对下游企业开具增值税发票由下游企业抵扣，减轻下游工商企业税负来拉动服务业发展，以及服务业和工商业联动发展；三是通过生产企业内部服务部门独立分离，以及服务业务外包来扩大服务规模。近年来，我国经济增长处于下行调整中，但第三产业比重明显上升，虽然产业结构调整有其内在运行规律，但全面实施“营改增”对支持和促进产业结构调整优化起着重要作用。

产业层次提升。虽然“营改增”对新兴业态和传统业态影响性质相同，但不同层次服务业从“营改增”获益有所不同，总的特点是产业层次和技术含量高的现代服务企业得益大于产业层次和技术含量低的传统服务企业。在服务业“营改增”试点中，利用信息技术和网络平台先进技术的服务业从此次税改获益较大。这些新兴业态网络服务企业，服务经营规模庞大、所需设备规模相对较大，大都又处于设备投入更新阶段，从而能获得较多进项抵扣。因此，“营改增”有利于做大做强研发、设计、物流和营销等高端服务业，促进服务业在产业层次上从低端走向中高端，从传统走向现代。

企业转型发展。服务业全面实施“营改增”对企业组织结构和组织方式创新驱动、转型发展具有积极推进作用。一是利于服务外包发展。虽然由企业外部提供服务仍要由提供服务企业缴纳增值税，但可以由接受服务企业从增值税进项税中抵扣，使内部提供服务还是外部提供服务不影响企业税负，有利于企业内部服务部门从生产企业分离，促进外包服务发展。二是推动主辅分离发展。企业服务部门独立出来，有利于产业分离发展，促进企业做强主业，做大副业，促进服务业经营规模扩大，发挥服务业规模经济效益。三是促进可持续发展。全面实施“营改增”不但扩大了征税范围，更是增加了抵扣项目，尤其是在固定资产设备抵扣基础上，进一步将纳税人购入不动产纳入进项税抵扣范围，使增值税一般纳税人购入不动产投资成本降低9.91%，可有效拉动投资，利于增加有效供给，促进经济可持续发展。

服务贸易增强。全面实施“营改增”对于境内企业向境外单位提供服务，视同产品出口均可享受免税或零税率待遇，促进了国际国内两个市场对接，实现了与国际通行税制的接轨，减轻了跨境服务贸易税负，有利于降低服务贸易成本，提升服务贸易企业竞争力，增强企业参与全球资源配置的能力。“营改增”之后，总部为下属企业提供服务开具增值税发票，可在下属企业作进项税抵扣，减轻了公司总部为下属企业提供服务的税收负担，使国际性跨国公司总部或地区总部落户意愿增强。

# “营改增”的宏观经济效应

（来源：《中国税务报》　作者：胡怡建　2017 年 2 月 22 日）

• “营改增”带动投资、消费和净出口的增长，能顺应经济新常态要求，有利于供给侧改革。

• “营改增”在合理引导产业分工与深化协作基础上，促进结构优化、层次提升、重点产业发展。

• “营改增”顺应企业体制机制转变的内在要求，促进产业主辅分离、服务外包、总部集聚和服务制造等组织结构调整和方式转变。

• “营改增”从总体上降低家庭税负，低收入者从改革中的得益高于高收入者，使收入不平等程度有所改善。

自 2012 年 1 月 1 日“营改增”试点至今已 5 年，“营改增”由不为人知到深入人心，已成为我国全面深化经济体制改革中最为重要、卓有成效的改革项目之一。“营改增”最为直接的影响和成效是国家减税、企业减负。从国家宏观经济效应层面分析，通过减少重复征税和减税减负，“营改增”在经济增长、结构优化、产业转型和居民福利等方面的效应十分明显。

**一、经济增长效应**

“营改增”主要是通过中性税收、结构性减税，体现提高资源配置效率的正向效应。“营改增”通过带动投资、消费和净出口的增长来带动国内生产总值（GDP）增长，顺应经济新常态要求，有利于供给侧改革。

顺应新常态要求。营业税是对企业营业额征税，企业税负高低主要由税率高低决定，不管企业利润高低、盈利亏损，只要企业存有销售额都要按同样税率缴纳营业税。这种按营业收入不考虑企业成本和利润的征税方式，在经济膨胀、利润率提高时，相对企业的营业利润，往往减负；而经济下行利润率降低时，相对企业的营业利润，往往增负。在经济新常态下，随着经济下行，企业利润下滑，企业缴纳的营业税占其利润比重会随之上升，不能顺应经济新常态发展要求。与营业税相比，增值税在计算销项税时尽管仍取决于销售额，但进项税取决于成本，可在经济下行、企业营业收入增长放慢和成本占收入比上升，以及利润率整体降低时，在一定程度上，相对于企业的营业利润，降低企业税负，缓解经济下行税负压力，有利于经济下行新常态下的企业生存发展。

有利于供给侧改革。营业税按营业收入征税，与企业利润没有直接关联。销售额相同的企业，成本高、利润率低的往往营业税占企业利润比高；成本低、利润率高的往往营业税占企业利润比低。也就是说，营业税有利于利润率高的企业，而不利于利润率低的企业。“营改增”实现了全面减税，减税的行业和企业差异较大。成本高、利润率低的企业减税幅度会大些；而成本低、利润率高的企业减税幅度会小些。全面实施“营改增”对于降低企业成本，增加企业利润，减轻企业税负，无疑发挥了重要作用。“营改增”所释放的减税红利，契合了供给侧结构性改革的紧迫要求，为供给者提供了发展空间，也对刺激消费、促进消费升级产生积极影响。

## 二、结构优化效应

全面实施“营改增”以减少商品和服务往来中的重复征税、完善增值税抵扣链为核心，在合理引导产业分工与深化协作基础上，通过产业层次提升、重点产业发展，来实现经济结构优化。

经济结构优化。全面实施“营改增”对于加快服务业发展，形成以服务经济为主体的产业结构，起到了重要作用。一是减少了营业税制下的重复征税，减轻了服务企业税收负担，服务业与工商业同等纳税，促进了其较快发展。二是服务业对下游企业开具增值税专用发票由下游企业抵扣，减轻了下游工商企业税负，拉动服务业发展，以及服务业和工商业联动发展。三是“营改增”的抵扣机制消除了企业服务外包和主辅分离税收障碍，通过生产企业内部服务部门独立分离，以及服务业务外包，使部分制造企业内部服务转为外部服务，扩大了服务规模。虽然产业结构调整有其内在运行规律，但全面实施“营改增”支持和促进了产业结构调整优化。

产业层次提升。经济结构优化、产业层次提升有经济发展的内在要求，全面实施“营改增”起到了积极推进作用。一是“营改增”有利于新兴业态发展。利用信息技术和网络平台先进技术，服务业从此次税改获益较大。这些新兴业态服务经营规模庞大、所需设备规模相对较大，又大都处于设备投入更新阶段，有较大规模技术设备更新，从而能获得较多进项抵扣。这些企业本身减负较多，同时，他们的下游企业取得增值税专用发票，增加进项抵扣。“营改增”形成了服务企业进项设备抵扣和下游企业增值税进项抵扣的双重抵扣、双向减负效应。二是“营改增”对于高成长、高研发投入、高自主知识产权的系统集成类以及服务类公司最为有利，从而有利于做大做强研发、设计、物流和营销等高端服务业，促进服务业从低端走向中高端，从传统走向现代。三是“营改增”降低了科技研发、科技服务企业税负，有利于其增加投入、提高效益，形成对创新供给的激励。全面实施“营改增”从短期看，有利于企业减负、降成本，更大地激发市场主体活力；从长期看，税制优化和完善，有利于培育经济发展新动能，促进产业和消费升级。

## 三、产业转型效应

全面实施“营改增”顺应了企业体制机制转变的内在要求，促进了产业主辅分离、服务外包、总部集聚和服务制造等组织结构调整和方式转变，从而提升企业经营效益。

主辅分离效应。“营改增”前，企业内部服务部门提供内部服务不征收营业税，如果将服务部门从企业分离再向原企业提供服务，由于内部服务转为外部服务，需要缴纳营业税，从而制约了工商企业和服务企业内部服务部门分离发展。服务业“营改增”后，企业服务部门独立出来，再向原企业提供服务，虽然需要缴纳增值税，但可以在工商企业抵扣。这意味着，工商企业或服务企业内部服务部门是否独立建立法人机构，不影响企业税收负担。这就扫除了企业主副分离的税收障碍，促使一些研发、设计和营销等内部服务部门从主业剥离，成为效率更高的创新主体，提升产业能级，实现主业更聚焦、副业更专业，利于企业转型升级。

服务外包效应。目前，在信息服务、物流和服务外包等行业，企业将部分辅助性、非核心业务外包已是发展潮流。然而，服务业“营改增”前，工商企业服务如果由企业内部提供不缴纳营业税，如果由企业外部提供需缴纳营业税，外包服务税负大于内部提供，从而影响和制约了外包服务发展。服务业“营改增”后，虽然由企业外部提供服务仍要由提供服务企业缴纳增值税，但可以由接受服务企业从增值税进项税中抵扣，使无论是内部提供服务还是外部提供服务均不影响企业税负。"营改增"消除了服务业为工商业提供服务的税收障碍，减轻了服务外包税负，有利于促进服务外包发展。

**四、居民福利效应**

全面实施"营改增"作为间接税改革，虽然对于调节高收入无能为力，但对于提高低收入者购买力可以有所作为。"营改增"从总体上降低了家庭税负，低收入者从改革中的得益高于高收入者，使收入不平等程度有所改善。

低收入者的间接受益。在我国以按企业收入总额征收间接税情况下，很多服务业企业、劳动密集型企业、小型微型企业和创新型科技企业，与处于垄断地位利润率较高的大型国有企业相比，虽然税收占总收入比近似，但税收占税利总额比差异就显得悬殊。"营改增"使试点企业税负明显下降，这对于竞争性、低利润和高就业中小企业较为有利。

低收入者的直接受益。"营改增"通过减轻试点企业间接税税负，通过价格传导机制，使减税部分反映在消费价格上，从而使中低收入者受益。实证研究也证实了这一结论。从"营改增"试点行业分析，生活服务业不但减负占比高，而且幅度大，减负效果尤为显著。由于生活服务业与居民生活关系密切，减负利于降低生活服务成本，稳定生活服务价格，减轻居民税收负担。

## 上海"营改增"减税减负效应分析

（来源：《中国财经报》　作者：胡怡建　田志伟　2017 年 3 月 7 日）［内容有删节］

实施"营改增"由于消除了营业税的重复征税，形成了完整的税收抵扣链，最为直接的影响和效果是国家减税、企业减负。从上海"营改增"5 年试点减税统计分析，宏观总量减负和微观企业减负效果均十分明显。

**一、全面实现减税减负**

总体减负我们选择了减负面、减负额、减负率和税负率 4 个指标进行比较分析，基本结论是减负面扩大、减负额增加、减负率提高、税负率降低。

全行业实现减负。根据资料的可得性，主要选择 4 大行业 2016 年 5—12 月数据分别从减负企业面和行业面进行分析。

2016 年 5 月 1 日起，4 大行业全面实施"营改增"。至 12 月月底，上海 4 大行业共有纳税人 387 071 户，5—12 月减负与持平 373 102 户，占 96.42%。

2016 年 5—12 月，4 大行业应纳税额 868.1 亿元，实施"营改增"后企业直接减负总额 201.6 亿元，减负幅度 18.85%。由高到低依次为生活服务业 29.86%、金融业 14.16%、建筑业 8.25%、房地产业 8.12%。无论是 4 大行业还是 26 个细分行业均实现了全面减负。

减税额逐年增加。上海自 2012 年 1 月 1 日实施"营改增"试点以来，5 年累计减税总额高达 1 967.3 亿元。其中：2012 年"营改增"试点当年减税 135.6 亿元；2013 年"营改增"试点扩大到全国范围减税增加到 251.1 亿元，增长 85.18%；2014 年"营改增"部分行业扩围减税进一步增加到 354 亿元，增长 40.98%；2015 年"营改增"平衡过渡减税略增长为 386.7 亿元，增长 9.84%；2016 年全面实施"营改增"减税大幅增加到 839.9 亿元，增长 117.22%。说明随着“营改增”向纵深发展，减税成效逐步得以体现，总体减负成效显著。

减税主要来自于三个方面：一是试点企业直接减税，5 年累计减税 869.5 亿元，占减税总额 44.2%；二是部分跨境服务出口由征税改为退免税，累计减税 162 亿元，占减税总额 8.23%；三是下游企业新增抵扣减税，5 年累计减税 935.9 亿元，占减税总额 47.57%。反映了“营改增”不但对试点服务企业减税，同时对试点服务企业的下游工商企业由于取得增值税发票抵扣而减税，从而形成试点企业和下游企业产业链双向减税效应。客观评估、分析“营改增”减负效应不但要看试点企业，同时要看下游产业链。

减负率逐年提升。分别以“3+7”行业 2012—2016 年累计 5 年减负率和 4 大行业 2016 年 5—12 月累计 8 个月减负率变化，来反映“营改增”减税成效。

第一，“3+7”行业减负率逐年提升。上海“3+7”行业自 2012 年实施“营改增”以来，随着改革推进深化，减负率呈逐年提升。2012—2016 年，从“3+7”行业直接减负率变化情况看，分别为 15.78%、21.84%、23.84%、26.94%和 40.90%。其中：一般纳税人减负率分别为 12.11%、19.46%、22%、25.47%和 40.88%，5 年间呈逐年提升；小规模纳税人分别为 40.22%、40.55%、41.20%、41.35%和 41.09%，年度间基本持平，略有上升。

第二，4 大行业减负率逐季提升。2016 年 5—12 月，4 大行业包括 26 个细分行业实现全面减税，并随着改革推进企业对“营改增”逐步适应，以季度为单位 4 大行业“营改增”减负率逐季提升。2 季度减负率 13.35%，2—3 季度累计减负率上升至 17.15%，2—4 季度累计减负率进一步上升至 18.85%。其中：建筑业由 14.16% 降为 8.25%；房地产业由 6.39% 提升到 8.12%；金融业由 7.86% 提升到 14.16%；生活性服务业由 21.36% 提升到 29.86%。

税负率逐季降低。随着减负率提高，行业税负率呈下降趋势。以季度为单位的“3+7”行业和四大行业“营改增”税负率呈下降趋势。2 季度税负率 1.83%，2—3 季度累计税负率 1.47%，2—4 季度累计税负率 1.50%。在“3+7”行业和四大行业中，5—12 月较 5—6 月累计税负率由 1.83% 降为 1.50%，降幅 18.03%。其中：交通运输业由 2.45% 降为 1.85%，降幅 24.49%；邮政服务业由 1.86% 降为 1.16%，降幅 37.63%；电信服务业由 2.31% 降为 1.40%，降幅 39.39%；部分现代服务业由 2.57% 降为 2.36%，降幅 8.17%；建筑业由 2.27% 提高到 2.28%，增幅 0.44%；房地产业由 4.88% 降为 4.83%，降幅 1.02%；金融业由 1.11% 降为 0.76%，降幅 31.53%；生活性服务业由 2.42% 降为 2.05%，降幅 15.29%。

### 二、行业减负差异较大

实施“营改增”总体减负成效显著，但行业之间减负差异明显。上海“营改增”试点分两个阶段推进：第一阶段是 2012 年 1 月—2016 年 4 月“3+7”行业“营改增”试点；第二阶段是 2016 年 5 月以后全面实施“营改增”试点。由于两个阶段“营改增”所涉及的行业、政策、时间存在差异，为客观的反映“营改增”行业减负效果，将“3+7”行业和 4 大行业分别进行分析。

“3+7”行业减负分析。“3+7”行业“营改增”具有时间跨度长，减税幅度大，减负逐年提升的特点。“营改增”实施 5 年，减税幅度由 2012 年的 15.78% 增加到 2016 年的 40.90%。

第一，“3+7”行业应纳税额。2012—2016 年，“3+7”行业累计纳税 1 738 亿元，其中一般纳税人纳税 1 596.5 亿元，占总纳税额的 91.86%，小规模纳税人纳税 141.5 亿元，占总纳税额的 8.14%。纳税额占比各行业分别为：鉴证咨询服务占 22.04%、文化创意服务占 21%、交通运输业占 17.35%、研发和技术占 11.73%、物流辅助服务占 8.31%、有形动产租赁服务占 5.70%、电信业占 2.74%、广播影视服务占 0.29%、邮政占 0.03%。2012—2016 年应纳税额增长率分别为 2013 年 28.93%、2014 年 23.65%、2015 年 13.88%、2016 年 -15.16%。

第二，“3+7”行业减税额。2012—2016 年，“3+7”试点行业减税 667.9 亿元，试点行业纳税人为下游原增值税纳税企业开具增值税专用发票增加抵扣减税 886.4 亿元，下游原增值税纳税人因增加抵扣减税是试点行业减税的 1.33 倍。

第三，“3+7”行业减负率。2012—2016 年，“3+7”行业合计平均减负率 27.76%。其中：一般纳税人减负率 26.30%，小规模纳税人减负率 40.88%，从企业类型看小规模纳税人减税幅度大于一般纳税人。从纳税人行业减负率看：广播影视 59.49%、邮政业 36.79%、研发和技术服务 35.63%、文化创意服务 34.78%、信息技术服务 33.91%、物流辅助 28.46%、鉴证咨询服务 22.98%、电信业 19.89%、交通运输业 17.06%、有形动产租赁服务 9.79%。

4 大行业减负分析。2016 年 5—12 月，4 大行业销售额 62 965.7 亿元，应纳税额 868.1 亿元，税负率 1.38%，如果不考虑金融业，税负率 2.41%。减税额 201.6 亿元，减负率 18.85%，不考虑金融业的减负率为 21.15%。同期，“3+7”行业销售额 10 888.5 亿元，应纳税额 242.4 亿元，税负率 2.23%。减负额 211.3 亿元，减负率 46.58%。“3+7”行业减负幅度要大于 4 大行业。

在“3+7”行业和 4 大行业中，按减负幅度大小排序：电信业 55.40%、部分现代服务业 47.73%、邮政业 43.87%、交通运输业 31.84%、金融业 14.16%、建筑业 8.25%、房地产业 8.12%。最高的电信业与最低的房地产业减税差 6.82 倍。

**三、产业链减负更为显著**

增值税相对于营业税消除重复征税实现减负包括两个层面：一是消除试点服务企业重复征税，即试点企业由全额征税改为按增值额征税，从而避免了试点企业重复征税，减轻了试点企业税收负担，可称为直接减负。二是试点服务企业下游增值纳税人由取得营业税发票不能抵扣改为取得增值税发票可抵扣，从而避免了产业链重复征税，减轻了产业链税收负担，可称为间接减负。全面实施“营改增”不但消除了试点企业重复征税，减轻了试点企业税收负担；更为重要的是消除了试点企业与下游企业之间的重复征税，减轻了产业链税收负担。“营改增”具有改在服务业，减税利益外溢至工商业的特点。

产业链减负比较。第一，2012 年 1 月—2016 年 4 月，“3+7”行业合计减负额 456.6 亿元，“3+7”行业试点企业为下游原增值税纳税人减负 647.1 亿元，下游原增值税纳税人减负是试点企业的 1.42 倍。

第二，2016 年 5—12 月。“3+7”行业和 4 大行业合计减负 412.9 亿元，“3+7”行业和 4 大行业试点企业为下游原增值税纳税人减负 305.8 亿元，下游原增值税纳税人减负是试点企业的 74%。其中：“3+7”行业“营改增”直接减负 211.3 亿元，为下游增值税纳税人（不含服务业和房地产业）开具增值税专用发票可抵扣进项税 239.3 亿元，为下游原增值税纳税企业减负是试点企业直接减负的1.13倍；4大行业“营改增”直接减负201.6亿元，而为下游增值税纳税人（不含4大行业）开具增值税专用发票可抵扣进项税66.5亿元，为下游原增值税纳税企业减负是试点企业直接减负的33%。4大行业中间接减负：建筑业9.8亿元，是直接减负的76.56%；房地产业11.5亿元，是直接减负的1.07倍；金融业3.77亿元，是直接减负的8%；生活服务业41.4亿元，是直接减负的32.27%。行业间接减负差异较大。

“3+7”行业和4大行业间接减负流向。“3+7”行业和4大行业“营改增”后开具的增值税专用发票对下游增值税纳税人增加抵扣的减负影响主要看增值税专用发票的实际抵扣情况。2016年5—12月，“3+7”行业和4大行业增值税实际抵扣：流向原增值税业务行业占94.44%，其中依次为其他行业36.43%、批发和零售业35.20%、制造业20.75%、电力、热力、燃气及水生产和供应业1.99%、采掘业0.05%、农牧渔业0.02%；流向“3+7”行业占5.56%，其中部分现代服务业4.10%、交通运输业0.97%、电信业0.48%。

产业链税负影响因素。产业链税负主要是在试点行业“营改增”减负影响的基础上，从试点企业开具增值税专用发票增加下游增值税纳税人抵扣减负的影响进行分析。影响产业链减负涉及以下几方面因素：一是试点企业是否可开具增值税专用发票，生产性服务业减负要大于生活性服务业，理由是全面实施“营改增”后，使下游企业由不能抵扣改为可抵扣从而减轻产业链税负；二是看下游企业是否为增值税一般纳税人，下游企业是增值税一般纳税人，允许将上游企业增值税发票作本企业进项税抵扣，从而减轻下游企业税负。

## 五、张连起①：“营改增”迈出现代增值税的关键一步

### “营改增”迈出现代增值税的关键一步

（来源：光明网——经济频道　2016年3月20日）

5月1日起，把春天“种”进了“营改增”改革。在这个生机盎然的季节，一个“两扩、两促进、两兼顾”的消费型增值税体系，一个为创新驱动注入财税动力的增值税体系，一个迈向现代财税制度关键一步的增值税变革，拔节生长！

**一、“两扩、两促进、两兼顾”**

所谓“两扩”：一是扩大试点行业范围，实现了对货物和服务的全覆盖。建筑业、房地产业适用11%税率，金融业和生活服务业适用6%增值税率。新增试点行业近1 000万户，是前期试点户数的近1.7倍，占原营业税比例约80%。二是将不动产纳入抵扣范围。这是继上一轮发轫于东北的增值税转型改革将企业购进机器设备纳入不动产抵扣范围之后，全面

① 张连起：中国人民政治协商会议第十二届全国委员会委员，提案委员会委员。

实施新增不动产进项税抵扣的普惠性措施——不仅包括“营改增”试点纳税人，还包括制造业、商业等原增值税纳税人。

所谓“两促进”：一是促进了服务业率先发展和制造业转型升级。消除了重复纳税，接通了抵扣链条，优化了产业分工，有利于服务业与工业深度融合，有利于“专注、专业、专门、专才、专精”的创新主体竞相涌现。这是继2015年我国服务业增加值占GDP比重50.5%、达到“半壁江山”之后，财税改革不失时机提供的有力支撑。二是促进了现代增值税制度的初步定型。不动产纳入抵扣范围，标志着规范的消费型增值税制度浮出历史地表，有利于企业扩大投资，增强企业内生动力，用普惠性降税的“减法”，换取经济保持中高速增长的“加法”、产业迈向中高端水平的“乘法”、企业不动产投资负担的“除法”。更为重要的是，为“十三五”时期经济发展大棋局布下了先手棋、“当头炮”。所谓“两兼顾”，既兼顾了不同行业具体情况，确保行业税负只减不增；又兼顾了财政的承受能力，确保财政支柱屹立不摇。

**二、创新驱动的财税动力**

亚当·斯密在其分工理论中指出，人类分工极大提高了生产效率。“营改增”改革恰好为这一理论提供了税制注脚。“营改增”不是一般意义上的税种转换，而是一项创新驱动、动力支撑、财税引领、产业催生的重大制度变革。“营改增”全面落地后，纳税人总体税负不会因生产经营过程中分工与协作环节叠加而增负，反而助力专业化分工协作的新产品、新技术、新业态、新模式。一方面，“营改增”促使研发、设计、渠道等微笑曲线两端的价值创造业态从主业中剥离出来，利于改造提升传统动能；另一方面，促使专业化分工和服务外包，拓展了企业特别是研发和技术服务、“互联网+”、大数据、文化创意、绿色时尚、大健康概念等小微企业的发展空间，利于激活新动能。

“营改增”改革年化减税超过5 000亿元。它不是传统意义上的“政府补贴”，也不是定向返还的“芝麻盐、胡椒面”。它意味着，这部分资金活水更有效率、更有效果地成为实体经济“润滑剂”、创新驱动的“信号源”。这部分资金活水增大了企业的经营活动产生的现金流量和投资活动产生的现金流量，最终会传导到企业职工，推动产业结构、需求结构和就业结构不断优化，为稳增长、调结构、惠民生、保就业、强预期提供“四两拨千斤”的财税动力。

**三、建立现代增值税制度的关键一步**

在创新、协调、绿色、开放、共享的新发展理念指引下，这个春天拔节生长的“营改增”改革，不再像以往税制改革一样聚焦一个目标，而是旨在奠定一个现代增值税制度。换言之，不是谋划每一颗树木，而是规划一片森林，让树木自由生长。如果选择一个从生产型增值税到消费型增值税转变的标志，那么，将所有企业新增不动产所含增值税纳入抵扣范围，无疑成为重要选项。

自2009年起，我国实施从生产型增值税向消费型增值税转型的改革，允许机器设备等固定资产抵扣，不能抵扣不动产。今年5月1日起允许企业购买的不动产进项税抵扣，宣告消费型增值税体系就此落地，也标志着现代增值税制度初步定型。允许不动产抵扣，不仅量大、面宽、比重高，由此形成的减税大约占总减税的60%，而且释放了鼓励投资的明确信号，吹响了打赢“三去一降一补”攻坚战的财税号角。

全国统一的增值税制度从此建立起来，一个逻辑的、完整的、规范的闭环系统对接完成。“神奇”的增值税，把一个个市场主体紧密连接在一起，你的销项就是我的进项，我的销项就是你的进项……环环抵扣，逐节征收，以往断裂的增值税链条完全衔接耦合，简化税种、公平税负、降低成本、统一税制，不仅倒逼政府提高税收征管能力，还客观上强化了因隐瞒交易导致的偷漏税行为的内在约束力。

建立现代增值税制度，关键的不是“营改增”所涉行业的适用税率，而是要重构中央和地方财政关系、税企关系、局部和全局的关系。增值税是中央与地方共享税种，当下按中央与地方75:25分享，而营业税为地方主体税种，随着国税递增、地税递减格局的演进，调整中央和地方各自利益分享机制、划分事权和支出责任将是关系财税改革全局的重大任务。

我国是单一制财政国家，关于中央和地方财税关系，举个不恰当的比喻：老子和儿子的关系。财力要集中在老子身上，老子给儿子返合情顺理；要是儿子有钱，老子向儿子借，手心不好意思朝上。税项平转就是儿子转老子，利益平移就是老子返儿子。

“物之不齐，物之情也。”不同国家和地区增值税制度存在特色之分、适用之别。尽管中国特色的增值税制度未来还需要在简并税率、扩大税基、降低遵从成本等方面进一步深化改革，但“营改增”的全面落地必将为世界财税史融入中国道路、贡献中国智慧、交出中国答卷。

## 把“营改增”从“减法”做成“加法”

（来源：《人民政协报》　2016年2月5日）

“营改增”作为财税改革的重要举措，显然不能单兵出击，而应当依据财政改革的总体要求，与其他方面的改革协调运行，与其他方面的改革配套实施，避免体制的单方改革影响效率。

2012年起，我国开始实行“营改增”政策，迄今已逐步扩大到全国范围的交通运输业、电信业、邮政业和部分现代服务业等行业。1月22日，国务院总理李克强在主持召开的座谈会中指出，2016年将全面推开“营改增”，这意味着为时4年的攻坚之战即将谢幕。

**为企业减负，放水养鱼**

“营改增”是财税体制改革的重头戏，也是稳增长、调结构的关键点，可谓牵一发而动全身。为顶住当前经济下行压力，推动稳增长、调结构，财税体制改革是激发更大市场主体活力的一大利器。把握好改革的政策取向，通过全面推开“营改增”等改革举措为企业减负松绑，放水养鱼，为鼓励社会投资和促进大众创业、万众创新营造更宽松环境，推动产业转型、结构优化，在培育发展新动能中涵养宝贵税源，用短期财政收入的“减”换取持续发展势能的“增”，为经济保持中高速增长、迈向中高端水平打下坚实基础。

“营改增”打通了增值税抵扣链条，消除了重复征税，纳税人负担明显减轻。“营改增”前期试点已取得积极成效，改革红利持续释放。国家税务总局最新数据显示，截至2015年11月底，全国试点纳税人共计580万户，累计减税5 939亿元。其中试点纳税人直接减税2 845亿元，原增值税一般纳税人增加抵扣，减税3 094亿元。

“营改增”的红利，还在于推进经济结构调整，促进服务业快速崛起。数据显示，2015年我国第三产业发展持续向好，GDP中第三产业比重已经占到50.5%，比第二产业高了10个百分点；第三产业税收占比达54.8%，比第二产业高9.7个百分点。服务业撑起我国经济发展的“半壁江山”，“营改增”功不可没。

目前“营改增”尚未涉及的领域，包括金融、建筑、房地产和消费服务四大行业。今年全面推开，企业将再迎大规模减税，这对于企业顶住当前经济下行压力，渡过难关无疑是雪中送炭。全面推开“营改增”具有一箭双雕之功。从短期看，“营改增”全面推开有利于企业减负、降成本，更大地激发市场主体活力；从长期看，税制优化和完善，有利于培育经济发展新动能，促进产业和消费升级。

“营改增”全面推开，对很多企业来说也是期盼已久的。企业有了这颗“定心丸”，可以更好规划市场经营与未来发展。中央经济工作会议作出了阶段性提高财政赤字率的安排，这为减税腾出了一定的空间。政府宁可举债来确保民生支出，也要实行大规模减税，显示出中央推进改革的坚定决心。当前财政收支压力较大，要把应对现实挑战、推动长远发展和实施改革攻坚更加紧密结合起来，破除利益藩篱，上下同心推进改革，提高财政资金的使用效率，把好钢用在刀刃上，用改革新成效谱写发展新篇章。

**“营改增”收官，降低税率是关键**

增值税是中国第一大税种，是中央与地方分享税种，营业税为地方政府独享的第一大税种，“营改增”不仅关系着税收全局稳定，也关系到中央和地方各自的利益分享。

目前仅有建筑业、房地产业、金融业和生活服务业四个主要行业还没有纳入到“营改增”的试点范围。虽然只有四个行业，但营业税规模高达1.34万亿元，占所有行业营业税总额的78%，仅房地产业一个行业的营业税就有5 200亿元之巨。相比之下，这四个行业的增值税只有227亿元。可以说，这四个行业“营改增”的落地决定着“营改增”的成败。

按原定计划，“营改增”于去年年底收官，但执行上相对缓慢。财税体制改革进程放缓，“营改增”等税种改革落后于时间表，这主要是因为经济低迷的环境下，财税部门倾向于一动不如一静，保证税收收入稳定。然而，“营改增”收官的滞后与经济形势是格格不入的，经济下行期间，减税是最重要的“积极财政政策”的抓手。在减轻企业负担措施的调查中，企业对国家出台“税收减免”政策的呼声最高，反映此诉求的企业比例达到80%。理论上讲，全行业营业税改为增值税，只对企业经营项目的增值征税，能起到流转税环节普遍性减税的作用，学界、业界一直呼吁“营改增”收官的初衷也在于此。国务院此次要求全面实现“营改增”，是呼应市场需求的举措。

“营改增”一旦全面推开，目前已经纳入“营改增”的行业将受益更多，企业的成本将进一步下降。例如，在建筑与房地产行业纳入“营改增”前，生产企业购买厂房无法进行增值税进项税抵扣，房价中的营业税需要计入成本；而一旦建筑与房地产行业纳入“营改增”，购买厂房可以获得增值税专用发票用于进项税抵扣，房价中不再含有营业税，而包含的增值税无需计入企业成本。

金融行业目前缴纳5%的营业税，一旦纳入“营改增”，增值税税率可能上升为6%，从税率来看上涨了1%，然而，考虑到有关进项可抵扣，实际税负未必一定上升。如果金融机构进行投资的话，则实体性的投资能得到更多进项抵扣，有利均衡税负。

当然，只谈“营改增”降低了名义税负是没有意义的，中国在劳动报酬、佣金等领域的名义税负过高，以至于企业与劳动力采用各种合法、法外或者非法的手段来逃税。“营改增”要成功，必须正视大量隐匿的逃税行为。只有系统性地、大幅度地降低流转税与所得税的名义税率，并且最大程度上认定进项抵扣，才有可能让“营改增”降低实际税负。

总之，必须把“营改增”的全面推开当做培育税源、培育新的经济增长点的良好机遇，认真、全面、务实地向前推进，切不要推而不动，或在推动过程中打折扣。“营改增”作为财税改革的重要举措，显然不能单兵出击，而应当依据财政改革的总体要求，与其他方面的改革协调运行，与其他方面的改革配套实施，避免体制的单方改革影响效率。“营改增”改革不仅要更好地发挥作用，更要为其他方面的改革积累经验，为产业升级和经济转型创造更好的条件。只有这样，才能把“营改增”从减法做成加法。

## “营改增”不单减税，更将培育壮大新动能

（来源：央视网　2016 年 12 月 8 日）

日前，全国政协委员、会计审计学家张连起接受央视网记者采访时表示，给企业减税，“营改增”是第一步，也是迈出的最关键的一步。“营改增”不单是减税，更重要的是培育壮大新动能。

2016 年 3 月 5 日，李克强总理在第十二届全国人大第四次会议上作《政府工作报告》时宣布，全面实施“营改增”，从 5 月 1 日起，将试点范围扩大到建筑业、房地产业、金融业和生活服务业 4 大行业，并将所有企业新增不动产所含增值税纳入抵扣范围，确保所有行业税负只减不增。

在 12 月 2 日举行的国务院政策例行吹风会上，财政部副部长史耀斌表示，2016 年 1 月至 10 月“营改增”试点累计减税 3 717 亿元。依此推算，预计此项改革全年减税超过 4 700 亿元，加上带来的城市维护建设税和教育费附加减收，总规模将超过 5 000 亿元。

“要进一步改革，则需要合并税率、简并税率。同时要扩大抵扣链，如果要中断某些行业，那某些产业可能就税负重，这个问题不仅是‘营改增’的问题，也是没有用好、用足政策的问题。当然政策还存在一些问题，同一个行业中的企业，运用不同容易导致税负不均，标准不一这样的情况。”张连起说。

他建议，税务部门要充分引导、辅导企业，企业也需充分地学习、运用好这项政策，方能达到减税目的。“我算过建筑企业，综合税率 11%，所有的材料都可以抵扣，砂石、木材等，但交易中没有拿到增值税专用发票，没有实现充分抵扣，税负就高一些。”张连起解释。

在张连起看来，“营改增”最关键的不仅是减税，而是切实激活了新旧动能的转换。

“现在都说减税效应，减税多少多少，我关注的是，‘营改增’把一些原来在集团内部的研发、设计等产业剥离、分立出来，延长产业链条形成抵扣链，这才是根本的。我接触的很多集团型企业，通过分立延长产业链，优化产业结构，以此达到立竿见影的减税效应。”张连起说。

企业内部原本是既征营业税又征增值税，实行“营改增”后，企业可以将内部类似于服务业的研发、设计等产业剥离出去。这些产业服务的对象是本集团，也相当于内部之间的抵扣。这样一方面是减税，另一个更重要的方面是培育壮大新动能。

此外，“营改增”倒逼财政体制改革，有利于地方财政支出、优化地方政府的支出结构，夯实地方政府的财政实力，也有利于中央向中西部地区转移支付、平衡财政收支。

# "营改增"：供给侧结构性改革关键一招

（来源：《经济日报》　2016 年 12 月 24 日）

当下，我国正处于经济转型升级、产业从中低端迈向中高端升级的关键阶段，下好先手棋，把"营改增"等减税措施作为供给侧结构性改革大棋局中的关键一招，正当其时。供给侧结构性改革的要义在于提高有效供给，减少无效供给，重塑供需再平衡。全面推进"营改增"，构成供给侧结构性改革棋局的"当头炮"，在实施过程中也必然贯穿着深化供给侧结构性改革的主线。

**一、"营改增"激发市场主体活力**

在供给侧结构性改革的背景下，在政府与市场关系维度上，以"营改增"为建立现代财税制度的标志点，为市场在资源配置中起决定性作用提供更有利的税制环境。

全面推进"营改增"，能有效降低企业成本，激发市场活力，增加有效供给。今年前 3 季度，规模以上工业企业每百元主营业务收入中的成本为 85.87 元，同比减少 0.17 元。税制统一、税收中性、税负减轻，由生产型增值税全面向消费型增值税转型，新增不动产所含税收可以抵扣，产生了叠加减税效应。

全面推进"营改增"，能促进专业化分工协作，延长产业链。产业分工细化与产业相互融合发展是当前产业结构演变的总趋势，"营改增"贯通服务业内部和二、三产业之间抵扣链条，与当前从以产品为中心转向以服务为中心的二、三产业相互渗透的发展趋势相适应，能够为制造业、服务业深度融合提供更优税制环境。制造业购买相关服务，尤其是生产性服务，如技术研发、技术转让和咨询服务，可以获得增值税发票作为进项税额抵扣，与营业税征收条件下服务不能抵扣的情形相比，相当于给制造业带来了税收优惠。

研究显示，"营改增"政策对于产业链的协调发展，产生了越来越多的正面"外溢效应"，合并、分立等重组事项大幅增加。企业的研发、设计、营销等内部服务环节从主业剥离出来后，更加专注于提供专门化服务，成为效率更高、专业更强的创新主体，催生了新技术、新产业、新业态、新模式，为改造提升传统动能、培育壮大新动能注入了强劲的税制动力。

全面推进"营改增"，能强化创新驱动发展战略，为"双创"开辟更广阔的空间，营造更加适应中小微企业生长的税制环境。前 3 季度，战略性新兴产业同比增长 10.8%，增速比规模以上工业高 4.8 个百分点。今年 5 月 1 日以来，4 大行业新办户数逐月稳步增加，累计增加 53 万户，带动了就业创业。

**二、减税降费也是积极财政政策**

通常认为，积极的财政政策来自凯恩斯的理论。在 1929 年的"大萧条"危机中，凯恩斯主张国家采用扩张性的宏观经济政策特别是财政政策，通过增加需求促进经济增长，通过"反周期"宏观调控适当"熨平"经济的周期波动。在经济高峰期财政要实行紧缩性政策，以抑制总需求；经济低谷期财政要实行扩张性政策，以刺激总需求。美国的实践证明了凯恩斯积极财政政策的有效性。

美国实施扩张性财政政策还表明，积极的财政政策既包括举债扩大支出，也包括减税因素，所以，减税降费同样是积极的财政政策。之所以强调"减税降费同样是积极的财政政策”，是因为某些认识误区的存在，即仅把扩大支出当成是积极财政政策。实践中，某些地方政府对于扩张支出刺激经济情有独钟，对于减税降费则兴味索然。

以当下观察，减税确实会给财政收支平衡带来压力，但要让企业过好日子，政府就必须过紧日子。从根本上讲，维系较高的财政赤字率是不可持续的。从长周期看，减税可以刺激经济增长，扩大税基，反而会增加税收收入。因此，减税无疑要算作积极的财政政策。扩大减税效应，聚焦减税降费，以减税而非以扩大政府支出为重心，才是未来中国经济行稳致远的最大信心和底气所在。

**三、“营改增”牵引财政体制改革**

按照党中央、国务院的部署，从今年5月1日起，所有行业企业缴纳的增值税由中央与地方（原75%比25%）按税收缴纳地“五五分享”；以2014年为基数，将中央从地方上划收入通过税收返还方式给地方，确保既有财力不变；中央集中的收入增量通过均衡性转移支付分配给地方，主要用于加大对中西部地区的支持力度。财税改革作为全面深化改革的“重头戏”，是与财政作为国家治理基础和支柱的地位密切相关的。“营改增”这个“当头炮”，起到了主动性、牵引性、辐射性的作用，此子一布，满盘皆活！

全面推进“营改增”，促进市场在资源配置中起决定性作用，让市场有效。同时，更好发挥政府作用，使政府有为。推进“营改增”后形成的地方主体税种缺失，一定程度上倒逼财税体制改革（特别是理顺中央和地方的事权和支出责任）的进程。这一改革，不仅是对中央地方财政收入分配关系数量上的调整，而且对中央地方税源结构、税收质量等都会产生重大影响，对地方政府行为也有指挥棒作用。假如地方增值税比例提高，表面上可解决地方因“营改增”造成的短收问题，但深层次上可能出现激励不相容的后果。所以，财力适当集中是必要的、逻辑的结果。

尽管“营改增”取得的阶段性成果超出预期，但改革依然在路上。当前，政策层面存在税率档次多、类似业务适用政策不一、优惠方式过多（免税、先征后返、虚拟抵扣、差额征税）等问题；实践层面也面临着如何引导企业运用增值税抵扣机制，确保政策有效落地等繁重艰巨任务。要统筹考虑财政承受能力、宏观调控需要等因素，适当简化增值税税率，逐步清理规范增值税优惠政策；适时启动增值税立法工作，巩固改革成果。因此，对“营改增”的认识不能囿于地区、行业、产业、企业等角度，而应着眼于产业转型升级、新旧动能转换的高度；着眼于供给侧结构性改革“降成本”需久久为功的高度；着眼于稳增长、调结构、惠民生、保就业、增活力、创环境的高度；着眼于国家治理体系和治理能力现代化的高度。

确保“营改增”这个“当头炮”在供给侧结构性改革棋局中落准、落细、落深，用减税降费的“减法”换取结构升级、动能转换的“乘法”，将是明年财政改革的重要发力点。

## “营改增”激发市场主体活力

（来源：人民政协网　2016年12月26日）

2016年即将进入尾声，这一年全球经济形势风云变幻，“黑天鹅”事件层出不穷，中国经济也面临着供给侧结构性改革的种种挑战。在如此复杂的局面下，我国经济稳中有进、稳中向好、稳中提质，完成全年经济发展预期目标任务已是“板上钉钉”。经济结构呈现积极变化，“放管服”改革迈出新步伐，动能转换实现新突破，“营改增”提速释放新效应。中国经济在平稳的主基调下孕育着化蛹成蝶的蜕变。

全面推进“营改增”，构成供给侧结构性改革棋局的“当头炮”，在实施过程中也必然贯穿着深化供给侧结构性改革的主线。供给侧结构性改革的要义在于提高有效供给，减少无效供给，重塑供需再平衡。当下中国正处于经济转型升级、产业从中低端迈向中高端的关键阶段，实体经济不景气、民间投资意愿不足。有鉴于此，下好先手棋，把“营改增”等减税措施作为供给侧结构性改革大棋局中的关键一招，正当其时！

**一、“营改增”激发市场主体活力**

回顾历史，轻徭薄赋是历代开明政府的明智之举。我国历史上“文景之治”、“贞观之治”、“开元盛世”、“乾隆盛世”无不是因减税放水养鱼、涵养税源而营造太平盛世的。环顾全球，国际社会大多也是通过逆周期减税实现经济复苏的。

我国在供给侧结构性改革的背景下，在政府与市场关系维度上，以“营改增”为建立现代财税制度的标志点，为市场在资源配置中起决定性作用提供更有利的税制环境，彰显国家治理新高度！

全面推进“营改增”，能有效降低企业成本，激发市场活力，增加有效供给。今年前三季度，规模以上工业企业每百元主营业务收入中的成本为85.87元，同比减少0.17元。税制统一、税收中性、税负减轻，由生产型增值税全面向消费型增值税转型，新增不动产所含税收可以抵扣，产生了叠加减税效应。全国除四大行业本身减税外，受益于可抵扣进项税增加，2016年1—10月“营改增”试点累计减税3 717亿元。预计此项改革全年减税超过4 700亿元，加上延伸的城市维护建设税和教育费附加减收，总规模超过5 000亿元。

全面推进“营改增”，能促进专业化分工协作，延长产业链。研究显示，“营改增”政策对于产业链的协调发展，产生了越来越多的正面“外溢效应”，合并、分立等重组事项大幅增加。企业的研发、设计、营销等内部服务环节从主业剥离出来后，更加专注于提供专门化服务，成为效率更高、专业更强的创新主体，催生了新技术、新产业、新业态、新模式，为改造提升传统动能、培育壮大新动能注入了强劲的税制动力。

全面推进“营改增”，能强化创新驱动发展战略，开辟“双创”更广阔的空间，营造更加适应中小微企业生长的税制环境。前三季度，战略性新兴产业同比增长10.8%，增速比规模以上工业高4.8个百分点。今年5月1日以来，四大行业新办户数逐月稳步增加，累计增加53万户，带动了就业创业。中小微企业尤其是初创企业对于税负往往更为敏感，减税将极大地提高其存活率和竞争力。今年前三季度，我国GDP增长6.7%，经济继续保持“稳”的态势，服务业增加值28万亿元，同比增长7.6%，占GDP比重52.8%，对国民经济增长的贡献率达到58.5%。其中，“营改增”的制度变革红利居功至伟。

**二、“减税降费”正是积极财政政策的体现**

在1929年的“大萧条”危机中，凯恩斯主张国家采用扩张性的宏观经济政策特别是财政政策，通过增加需求促进经济增长，通过“反周期”宏观调控适当“熨平”经济的周期波动。在经济高峰期财政要实行紧缩性政策，以抑制总需求；经济低谷期财政要实行扩张性政策，以刺激总需求。美国的实践证明了凯恩斯积极财政政策的有效性。

美国实施扩张性财政政策表明，积极的财政政策既包括举债扩大支出，也包括减税因素。我们之所以强调“减税降费同样是积极的财政政策”，是因为发现某些认识上存在误区，仅把扩大支出当成是积极的财政政策，而没有把减税降费当作是积极的财政政策；实践中，某些地方政府热衷赤字扩张却冷落减税降费。对于扩张支出刺激经济情有独钟，对于减税降费则兴味索然。

以当下观察，减税确实会带来财政收支平衡的压力，但要让企业过好日子，政府就必须过紧日子。从根本上讲，维系较高的财政赤字率是不可持续的。从长周期看，减税可以刺激经济增长，扩大税基，反而会增加税收收入。因此，减税无疑是最积极的财政政策。扩大减税效应，聚焦减税降费，以减税而非以扩大政府支出为重心，才是未来中国经济行稳致远的最大信心和底气所在。

### 三、“营改增”牵引财政体制改革

全面推进“营改增”，促进市场在资源配置中起决定性作用，让市场有效；同时更好发挥政府作用，使政府有为。推进“营改增”后形成的地方主体税种缺失，一定程度上倒逼财税体制改革（特别是理顺中央和地方的事权和支出责任）的进程。这一改革不仅是对中央地方财政收入分配关系数量上的调整，而且对中央地方税源结构、税收质量等都会产生重大影响，对地方政府行为也有指挥棒作用。假如地方增值税比例提高，表面上可解决地方因“营改增”造成的短收问题，但深层次上可能出现激励不相容的后果。所以，财力适当集中是必要的、逻辑的结果。

按照党中央、国务院的部署，从今年5月1日起，所有行业企业缴纳的增值税由中央与地方（原75%比25%）按税收缴纳地“五五分享”；以2014年为基数，将中央从地方上划收入通过税收返还方式给地方，确保既有财力不变；中央集中的收入增量通过均衡性转移支付分配给地方，主要用于加大对中西部地区的支持力度。财税改革作为全面深化改革的“重头戏”，是与财政作为国家治理基础和支柱的地位密切相关的。“营改增”这个“当头炮”，起到了主动性、牵引性、辐射性的作用，此子一布，满盘皆活！

尽管“营改增”取得的阶段性成果超出预期，但改革依然在路上。当前政策层面存在税率档次多、类似业务适用政策不一、优惠方式过多（免税、先征后返、虚拟抵扣、差额征税）等问题，实践层面也面临着如何引导企业运用增值税抵扣机制，确保政策有效落地等繁重艰巨任务。要统筹考虑财政承受能力、宏观调控需要等因素，适当简化增值税税率，逐步清理规范增值税优惠政策；适时启动增值税立法工作，巩固改革成果。因此，对“营改增”的认识不能囿于地区、行业、产业、企业等角度，而应着眼于产业转型升级、新旧动能转换的高度，着眼于供给侧结构性改革“降成本”需久久为功的高度，着眼于稳增长、调结构、惠民生、保就业、增活力、创环境的高度，着眼于国家治理体系和治理能力现代化的高度！

《易经·系辞》中说：“形而上者谓之道，形而下者谓之器，化而裁之谓之变，推而行之谓之通，举而措之天下之民，谓之事业。”确保“营改增”这个“当头炮”在供给侧结构性改革棋局中落准、落细、落深，以道驭术，明道优术，用减税降费的“减法”换取结构升级、动能转换的“乘法”，以优异成绩迎接党的十九大召开，将是明年财政改革和经济工作的发力点。

# “营改增”领航财税改革

（来源：《瞭望》　2017 年 3 月 20 日）

2016 年，我国以推进供给侧结构性改革为主线，有效实施积极的财政政策，财税改革迎难而上、砥砺前行。试点多年的“营改增”落地生根、发叶开花，由此带来的减税效应、溢出效应、长期效应“三箭齐发”。全面推开“营改增”意义重大，相当于财税领域的“农村联产承包责任制”。今年全国两会的政府工作报告明确提出，继续推进财税体制改革，落实和完善全面推开“营改增”试点政策。

**一、助推企业减负增效**

全面推开“营改增”，不能导致地方收入大幅减少，不能加剧中央地方财政失衡。只有在保持地方财力总体不变的情况下，相关改革才能顺理成章、水到渠成。

近期，关于我国实体经济特别是制造业税费重、成本高的讨论引发舆论广泛关注。应该说，包括调高小微企业增值税起征点、实施固定资产折旧税前加计扣除和研发费用税前加计扣除、推进“营改增”全覆盖等政策措施，总体上呈现出明确的减税效应，比如以前购进固定资产、不动产不能抵扣，制造业购买技术、设计、咨询等服务不能抵扣，人员住宿会议不能抵扣……现在都可以抵扣进项税了，实际上相当于给制造业提供了一种税收优惠。

“营改增”成为改造提升传统动能、培育壮大新动能的“触媒”。“营改增”后，建筑业积极探索装配式、工厂化模式，房地产业剥离施工、园林、物业等实行专业化、产业化发展，金融行业向资产管理、金融产品等现代金融服务延伸，餐饮业等服务业专业外包迅速发展、创新意愿强烈。

“营改增”成为撬动财税改革的典型杠杆。全面推进“营改增”优化了税制结构，促进了专业化分工，培育壮大了新动能，包括经济发展与合作组织（OECD）在内的众多国际组织都给予充分肯定与专业认可，认为“营改增”展示了中国财税部门高效的执行力，不仅直接降低了企业税收负担，而且助推了供给侧结构性改革和企业转型升级，激励了大众创业、万众创新，对经济稳增长和市场增活力起到了重要促进作用。

**二、理顺央地财政关系**

“营改增”后的央地财政关系更精准。财税改革的目标是：围绕解决中央地方事权和支出责任划分、完善地方税体系、增加地方发展能力、减轻企业负担等关键性问题，深化财税体制改革，建立健全现代财税制度。2016 年 8 月份，国务院发布《关于推进中央与地方财政事权和支出责任划分改革的指导意见》，这是国务院第一次比较系统提出从财政事权和支出责任划分即政府公共权力纵向配置角度推进财税体制改革的重要文件。

改革将适度加强中央的财政事权，保障地方履行财政事权，减少并规范中央与地方共同的财政事权，提出了分领域推进的工作安排。2016 年，结合“营改增”试点情况，中央和地方增值税收入划分作了调整完善。从 2016 年 5 月 1 日起，所有行业企业缴纳的增值税均纳入中央和地方共享范围，中央和地方各分享 50%。过渡方案确保地方既有财力不变，中央集中的收入增量通过均衡性转移支付分配给地方，主要用于加大对中西部地区的支持力度。

**三、改革永远在路上**

“营改增”只是迈出了税制改革第一步。减税降费同样是积极的财政政策，要落准、落深、落细中央经济工作会议关于“振兴实体经济”的重要方略，以深化供给侧结构性改革为主线，落实“三去一降一补”重点任务，在减税、降费、降低要素成本上“立竿见影”，重塑中国制造业国际竞争力，推进“有温度、可感知”的财税改革，缓解实体经济特别是制造业的“痛点”。进一步推进“放管服”改革，降低制度性交易成本，下大力气清理整顿“权力中介”，通过国务院督查、政府专项审计等手段遏制名目繁多的收费，严厉追究乱收费部门的主体责任，向各种名目的收费开刀。

2017 年，个人所得税改革可能成为“营改增”后的税改突破口。逐步建立“基本扣除＋专项扣除”机制，研究决定专项扣除可能的方向。根据综合配套条件和征管机制的完善程度，适当增加专项附加扣除项目，以此降低中低收入群体税负，使广大人民群众有更多获得感。

尽快修改完善税收征管法。健全针对自然人的税收管理法律制度，特别是明确税务机关、自然人的相关权利义务及法律责任，为加强个人所得税征管提供法律保障。继续强化协税护税机制。建立涉税信息传递机制，拓宽居民收入信息的来源渠道。逐步推进由企业代扣代缴过渡到个人申报制。建立健全社会信用评价体系，将个人纳税信息纳入到个人信用评价体系之中，促进居民的纳税遵从。

# 六、其他专家观点：八面来风

## （一）刘剑文[①]：用法治思维和法治方式来推动“营改增”

### 用法治思维和法治方式来推动“营改增”

（来源：《瞭望》　2016 年 4 月 25 日）

全面推行“营改增”是在全面深化改革和全面依法治国背景下展开，其最直接的意义就是，用法治思维和法治方式来推动“营改增”，从而为企业、为纳税人的健康发展创造良好的环境。

供给侧的供给，不仅包括要素的供给，对制度的供给同样值得重视。一方面体现企业税负降低；另一方面也要能够体现企业之间税负的公平。而在这个过程中，一个好的制度供给

① 刘剑文：北京大学法学院教授，博士生导师。

十分必要。

例如，“营改增”全面推开后，以货物和劳务为核心的原有增值税征收，是以行政法规的形式出现，而对于营业税改过来的行业，目前还没有相关法规予以确认。这就造成了同一个税种下纳税人纳税不对等。我们在推进“营改增”改革的过程中，务必要推进法律法规及时进行协同建设。

其实，“营改增”既是一个实体制度的改革，也是一种程序制度的改革。把营业税改增值税，主要是实体税制制度的改革。要把改革改好，相应的征管制度也要作出一些修改。这次改革的根本目标是要减轻纳税人税收负担，在这个过程中，一方面要落实好减轻负担这个目标；另外一方面，如何更好地充实和保障纳税人知情权、减免权等各项权利，也需要我们进一步思考。

## “营改增”扩围 须处理好三大关系

（来源：《中国税务报》 作者：刘剑文 侯卓 2013年10月28日）

自2012年1月启动试点以来，“营改增”试点进展顺利，成效巨大。可以预见，党的十八届三中全会以后，财税体制改革将成为我国新时期改革的“牛鼻子”，“营改增”牵一发动全身，将成为倒逼整个财税体制改革的关键。我们认为，“营改增”扩围的进程中需要妥善处理好以下三大关系。

第一，在中央和地方关系上坚持财权和事权的合理配置。营业税改征增值税，从纵向层面看，牵动的是中央和地方政府间财权配置这根线。1994年分税制改革挽救了岌岌可危的中央财政，使中央财政收入迅速提升。《2013年全国公共财政收入预算安排情况》显示，2013年全国税收收入预算为109 175亿元，国内增值税为29 015亿元。而分给中央的增值税收入为20 950亿元，绝大部分增值税留在中央。相应地，2013年营业税预算数为16 620亿元，实际中央切分走的仅为90亿元。由此可见，现行税制结构下，增值税虽然是共享税，但中央占据绝对主导地位，营业税则是地方的主体税种。随着各地方政府建设性支出的大幅攀升，地方财力不足的问题越来越突出。在这种背景下，将作为地方主体税种的营业税改为中央占主导地位的增值税，无疑将加剧地方财力的紧张程度。虽然过渡期办法较好地处理了该问题，使地方财力暂不受影响，这并非长远之计。应考虑从制度层面完善中央和地方的财政分权制度，健全中央和地方财权与事权相匹配的财政机制，合理界定中央与地方的事权和支出责任，尤其是要考虑调整中央和地方的收入划分。比如，调整增值税的分享比例，或是培育房产税等地方新的主体税种。地方财力的充实，不能老是靠中央的“输血”，更要靠发挥在自身强壮体格基础上的“造血”功能。

第二，在国家与纳税人关系上坚持“藏富于民”的价值取向。是否有效地降低了纳税人的税负，从而促进相关产业发展，这应该成为评判“营改增”扩围效果的重要标准。一方面，“营改增”旨在降低相关第三产业税负，从经济数据看，该效果在大多数试点行业得以实现；也要注意到，部分行业的税负有“不降反升”的趋势，这亟须配套制度的跟进。比如，“营改增”在上海试点期间，由于可抵扣项目少、增值税票据难以获取，以及适用税率增幅较大等因素，交通运输业有近三成的企业税负有所增长。对此，该市曾发布并实施过渡性财政扶持政策，对因税制转换而产生税负增加的试点企业给予过渡性财政扶持。但由于补贴对象较少，补贴机制尚不完善，未从根本上解决企业税负增加的问题。因此，研究“营改增”扩围的影响，要根据具体行业具体分析，及时跟进配套制度，避免“结构性减税”停留在文件层面。另一方面，以“营改增”为契机，各级政府要树立“藏富于民”的理念，不与民争利。国务院在部署“营改增”扩围的同时强调，政府要学会过紧日子，可谓正反映了这一税制变迁背后蕴藏的深刻内涵。

第三，在行政与立法的关系上坚持改革路径的法治思维。我国“营改增”试点已迈出了三大步，该试点工作的总体部署，是由行政机关推动的，基本的政策依据是财政部、国家税务总局发布的试点方案。从效率的角度来说，这种做法无可厚非，对于减税负、促转型等目标的达成起到很好的推动作用。但是，应当清醒地看到：转型时期，税制结构要适应形势发展，及时调整，而调整的程序、内容应尽可能纳入法律的框架之内，即便暂时不以法律规范的形式表现出来，也应具有法治思维，运用法治方式。比如，构建规范的利益博弈和信息交流平台，条件成熟时，改革方案要在行政法规或是法律规范层面加以规定。财税体制涉及国家与纳税人之间、不同国家机关之间和不同纳税人之间的多维关系，税收法定也早已成为法治昌明国度的基本理念。从整体的视野看，改革才刚起步，现时的经验依循行政先行的路径，我们期待在后续进程中，能看到更多立法的作用。

### （二）朱青[①]：如何借助“营改增”从根本上完善税收机制设计？

## 如何借助“营改增”从根本上完善税收机制设计？

（来源：《瞭望》　2016 年 4 月 26 日）

“营改增”不仅从根本上减少了增值税、营业税所造成的双重征税，更重要的是对税收制度完善。这次改革无疑将降低企业税负，但作为近年来我国税收制度最重要的改革，我们必须考虑好改革之后税收制度的建设，从而在减税同时，也能确保税收体系在今后顺利运行。

我国现行税制的设立，与早期经济发展条件有限、税控制度不完善不无关系。但随着金税三期工程等逐步运行后，现在我们已经有能力进行税收制度改革。

而现行制度确实存在些问题，一个公司制作了招投标书对外销售，该缴增值税还是缴营业税？按货物计算还是按劳务计算？在执行上就会存在很大不确定性。而“营改增”则完善了流转税制度，现在我们可能要花一点精力，可能有些挫折、有些痛苦，但是多少年后回头再看，这项工作对中国流转税制度的重要性都是不言而喻的。

而且，未来“营改增”推开后，原有税制、国地税之间关系、中央政府和地方政府的财政关系都会发生改变，这就需要对我国的税收机制从根本上完善。而能否解决好这些问题，则直接决定了改革后税制能否在长期上实现减轻企业负担的目标，也直接影响着国家的

---

① 朱青：中国人民大学，教授，博士生导师。

税收安全。

## “营改增”减税效应未来将持续显现

（来源：新浪智库 2017年3月6日）

根据政府工作报告，今年税制改革基本上沿着近年来的政策脉络向深度广度发展，主要有以下三个方面的措施：

1. 降低小微企业的有效税率，从适用年应纳税所得额30万元以下的企业，扩展到年应纳税所得50万元以下的企业。

2. 对科技型中小企业的研发费用开支（“三新支出”）所得税前加计扣除的比例由50%扩大到75%。

3. 按照党的十八届三中全会的要求，适当简化增值税税率，今年增值税率将由4档减为3档。

朱青表示，政府工作报告没有提出在今年实施新的比较大的税制改革措施，例如人们比较关注的个税改革，这主要可能有两点考虑：一是全面“营改增”措施今年还需要进一步消化和完善；二是个税等改革方案还需要进一步完善和走立法程序。朱青还表示，当前财政收支矛盾也比较突出，今年的财政赤字仍计划维持在3%，所以也不允许政府再采取一些规模更大的减税措施（比如降低企业所得税税率），因为这样财政的压力就会更大。今年提出减税3 500亿元，主要还是去年全面推开“营改增”的减税效应延后到今年显现。因为“营改增”从去年5月1日全面实施，有一部分减税效应会体现在今年的前4个月。此外，扩大适用10%有效税率的小微企业范围、增加科技型中小企业加计扣除比例以及简化增值税税率档次应当都会带来一定的减税效果。

### （三）白景明[①]：“营改增”：用减税促进结构转变和经济发展

## “营改增”：用减税促进结构转变和经济发展

（来源：《中国税务报》 2016年3月9日5版）

3月5日，国务院总理李克强在《政府工作报告》中指出，从5月1日起全面实施“营改增”。两会期间，“营改增”成为代表、委员和公众关注、讨论的热点。本期《财税理论专刊》邀请财税专家撰文，谈谈他们眼中的“营改增”。

2012年1月1日至今，“营改增”已覆盖交通运输业、部分现代服务业、邮电通信业。自2016年5月1日起，“营改增”试点范围将扩大到建筑业、房地产业、金融业及生活服务业，并把所有企业新增不动产所含增值税纳入抵扣范围。这项改革在2016年预计减税规模

---

① 白景明：中国财政科学研究院副院长，研究员，博士生导师。

高达数千亿元，力度空前。

目前，中国经济已进入中高速增长期，宏观政策取向是稳增长，降成本是政府推出的稳增长的主要政策措施之一。“营改增”带来的数千亿元减税无疑是降成本政策工具箱中备受社会称赞的真金白银。然而应该预见到“营改增”带来的减税将具有多重连锁反应。对此，应提升站位，从全局和长远进行分析，区分利弊，早寻对策。这些连锁反应初步归纳主要有如下两点：

第一，认识上把减税视为“营改增”的根本目的。把握“营改增”的根本目的事关如何界定增值税的价值并评价增值税改革。把减税看作其根本目的等于把减税多少视为评价增值税改革成效大小的唯一标准。浅层次看，这一观点有道理，但从增值税的基本价值和中国税制改革的目标来看，这种观点有失偏颇。就增值税的基本价值而言，其核心功能是剔除重复课税，为社会分工细密化提供制度保障，进而推动经济发展。20 世纪初西方经济学家提出增值税设想就是针对当时流转税多环节重复课税的弊端，背景是产业结构调整加速受阻。法国是国际上最早实行增值税的国家，开征时间是 1954 年，直至 1978 年增值税基本覆盖了所有货物和劳务。1967 年欧共体签发指令，要求成员国推行增值税，及至 20 世纪 70 年代初西欧各国普遍推行了增值税。这样做解决了实践中流转税重复课税人为阻碍经济发展的问题。显然，增值税的基本价值是顺应产业结构转变，实现公平课税，减税多少是连带效应。而公平课税是衡量税制优劣和可行性的基本标准，如果不公平，征一分钱税都多，反之，征多少税都行。就中国的税制改革目标而言，党的十八大报告明确指出，要形成有利于社会公平的税制。进一步说，就是要形成公平课税的税制。实施“营改增”最终目标是实现所有产业货物和劳务税税制的统一，打通增值税抵扣链条，进而做到公平课税，为经济可持续发展提供长期制度保障。依据这一理念看待“营改增”的减税效应可以得出结论：减税绝非是单纯的短期经济刺激政策，而是着眼长远和全局的制度变革。有了这些基本认识依据，今后解释、解决继续推进“营改增”可能遇到的一些短期问题，不致发生思想认识上的偏差引出政策偏差。

第二，如何消化减税。2016 年赤字率提升至 3%、赤字增加 5 600 亿元以应对财政支出刚性需求扩张。2016 年，“营改增”扩大试点范围要减税数千亿元。这表明中国平衡减税增支之间关系的成本在加大，中央和地方的压力都在加大，特别是地方，赤字增至 7 800 亿元，比 2015 年增加 2 800 亿元，增长率高达 56%。进一步分析，2016 年后随着“营改增”的全面推开，减税规模还会扩大。然而另一方面财政支出刚性需求规模扩张势态不会减弱，突出表现是“十三五”期间要做一系列必须由政府出钱来办的事，例如，棚户区和城中村改造、生态保护和修复，实施义务教育学校标准化并普及高中教育等重大民生工程。如何平衡这种减税与巨额增支之间的关系呢？从理论上讲，继续扩大赤字规模是可选的应对之策，然而必须看到，弥补赤字靠发债，但发债要还，发债空间有限度，硬性突破限度要承担多种经济风险。欧洲国家近年来政府债务危机引发的多种社会矛盾和社会动荡是活生生的警示案例。显然，在热烈鼓掌欢迎减税的同时，还要思考如何消化减税。

总之，对“营改增”的减税效应要全面认识，减税是要换取结构转变和经济发展。应对减税带来的问题有两大措施：一是消化减税不能单纯靠扩张赤字，要多条腿走路。其中至为关键的是通过稳增长确保财政收入正常增长。二是加强支出管理。压缩低效支出，砍掉违规支出，提高资金使用效率。

# 价格状况对“营改增”的影响

（来源：《中国社会科学报》 2013年3月13日第426期）

2013年是“营改增”关键年头。进一步说，如果2013年交通运输和部分现代服务业的“营改增”在全国铺开，同时选择几个新产业开始试点，那么，总体“营改增”就完成了一半，“十二五”完成“营改增”可以说有了坚定基础。然而必须看到，价格状况是“营改增”的基本影响因素，价格走势直接决定全社会对“营改增”的价值判断和推进方案选择。

**目前价格上行压力仍在逐渐强化**

步入2000年后，我国经济波动性减弱，基本上呈高位盘整势态，2012年经济增长率虽然降至7.8%，但上行趋势并未改变。需要注意的是价格上行压力正在逐渐强化。

首先，货币供应量（M2）占GDP比重目前已达190%多，2013年底有可能超过200%。1998年之后贷款余额占GDP比重超过100%，目前已超过120%，发达经济体货币化程度超过我国，但货币供应总量占GDP比重不超过110%。可见，我国潜藏着巨大的物价上涨可能性。目前是依靠高存款准备金率和高利率来锁住货币释放，但这两大工具的效力能支撑多久值得怀疑，因为货币政策目标的多样性将挤压货币释放。

其次，劳动力成本上升将迫使物价上行。在经济持续高增长过程中，劳动力成本不断上升。2000年后城镇职工实际平均工资增长率年均超过了10%，近期国务院出台了收入分配改革方案，党的十八大报告提出到2020年城乡居民人均收入要比2010年翻一倍。这种分配制度变迁意味着，政府要力推劳动力成本上升。从市场运行角度看，消费物价上涨、产业结构调整和生产方式变革引发的就业技能需求升级换代、住房成本上升等因素，都在强力推高劳动力成本。目前在制度层面已经形成了一些劳动力成本上升的硬约束措施，如今后最低工资标准要达到当地城镇职工平均工资的40%、推行工资集体谈判制、完善社会保障制度等。劳动力成本上升势必推高物价，最终形成工资上升—物价上升—工资上升的循环怪圈。西方国家20世纪60—80年代走入这种怪圈，90年代逐步走出这一怪圈，所依靠的手段是社会保障制度的相对完善和高汇率。步入21世纪后，西方国家的实际平均工资增长率年均不足3%，物价上涨率也控制在3%以内。从国际规律看，劳动力成本上升和物价上升相互轮动助推至少要持续10年。进一步说，在国际贸易规模放大和生产技术水平提高的条件下，中国已经进入了劳动力成本上升主推物价攀升的阶段。

再次，新一轮固定资产投资膨胀。我国的年度固定资产投资增长率持续保持在20%以上。固定资产投资增长不仅建立于政府投资增长基础上，主要还是社会投资需求增长因素所致。因为民间对中国经济的主流趋势还是抱有良好预期的。同时，大批劳动者仍在选择以自我投资来实现自主就业，小微企业的发展说明了这点。应该承认，固定资产投资的最终效应是压低物价，但在当期却是推升物价。目前我国出现了新一轮固定资产投资膨胀，地方政府未来几年投资规划高达数十万亿元，非公有制企业投资也形成了新高潮。同时，消费扩张也在反推固定资产投资膨胀。2006年起，商业增加值增长率已超出工业增加值增长率，近4年已高出2个百分点，发出了消费拉动型固定资产投资膨胀的信号。

**增值税更具对冲物价上涨压力的特点**

在物价上行期推进“营改增”对改革行业可能会产生三种效应。

首先，减轻企业税收负担。从统计规律看，物价上行期营业税收入增长率往往会远超增值税收入增长率。比如1995年，居民消费价格、工业生产者出厂价格、工业生产者购进价格三者均超过14%，当年国内增值税收入增长了12.7%，营业税则增长了29.18%。再如2011年，消费价格上涨5.4%，出厂价格上涨6%，工业生产者购进价格上涨9.1%，当年国内增值税增长15%，营业税增长22%。这种现象的主要成因是营业税按全额提取一定比例税款，商品或劳务流转过程中道道重复课税，叠加到最终销售时初始销售额已课税多次，因而也就把价格上涨效率放大多次，相比之下，增值税的道道扣税，则把价格上涨效应逐层缩减了。进一步说，交通业、电信业、建筑业、不动产业等假如在价格上涨期转为增值税的话，那么，实际税额总体上应是减少的。如果再考虑这些行业的进项税率为17%或13%，而销项税率仅为11%，那么，相比征收营业税，增值税的减税规模更为可观。这意味着，2013年加速推进“营改增”，对改革产业总体上会产生对冲物价上涨压力的效应。

其次，减轻改革产业扩张成本。2000年之后，我国产业结构加速调整，营业税应税产业规模扩张并转型升级，成为经济高速增长的新兴支撑点。2000—2012年，第三产业占GDP比重抬升了15个百分点，比20世纪90年代加快了8个百分点。而第三产业内部批发和零售业（征收增值税）占GDP比重此间仅抬升了不足2个百分点，这说明营业税产业的增长支撑了第三产业地位的抬升。换一个角度看，2000年后中国经济出乎意料地出现年均高达10%的增速，营业税应税产业扩张的连带效应不可小视。比如固定资产投资，2001—2011年年均增长率高达25.6%，结构方面是营业税应税产业扩张关联性投资加大，其中房地产投资1991—2011年年均增长率高达30.8%，2011年交通运输设备制造业投资增长27.2%，通信设备、计算机及其他电子设施制造业投资增长34.2%。恰恰是营业税应税产业的后发性扩张奠定了第一、二产业特别是工业的持续高增长。目前营业税应税产业又进入新的发展阶段，出现了增长结构变化，快递业、互联网产业、科技型现代服务业正处于需求推动的高增长阶段，建筑业、运输业、生活服务业处于稳步扩张阶段。在当前固定资产价格处于回升时期，营业税应税产业转为增值税应税产业，恰好可以通过固定资产进项税额抵扣来对冲产业扩张成本。假如今后一至两年内不动产分步转为征收增值税，那么，物流企业就可以大幅度对冲不动产租赁价格上升带来的税收成本。

再次，保护中小企业发展。营业税应税产业门类繁杂，涉及几十个大小行业，相比工业，中、小、微企业在营业税应税产业中的比重更高。中、小、微企业天然具有脆弱性，特别是对物价上涨的承受力弱，在物价上涨期首先倒闭的是中、小、微企业。我国营业税应税产业中，中、小、微企业扩张升级速度慢，重要因素之一是原材料价格和中、高端固定资产（如机械设备）价格处于上升势态，而这些企业又不能抵扣进项税额。目前我国价格有可能步入新一轮上涨期，生产者购进价格还会成为先行者，如果“营改增”进程加快，那么，具有扩张潜能的营业税应税产业中的中、小、微企业，就可以利用进项税额抵扣制度来减轻扩张成本。

总之，相比营业税，增值税实际上更具有对冲物价上涨压力的特点。在当前物价极有可能上行时期，适时加快“营改增”进程可以为营业税应税产业的发展提供更好的制度环境。

# “营改增”进入“深水区”

（来源：《中国税务报》　2013 年 8 月 5 日）

自 8 月 1 日起，交通运输业和部分现代服务业的“营改增”试点在全国推开。至此，“营改增”也就进入了“深水区”。所谓“深水区”，指“营改增”将会在全国范围内触动现行财税制度安排格局，效应放大并推进加速阶段。具体讲有四点值得深入分析。

首先，触动整体税制安排。“营改增”表面上看是两个税种的归并，实际上却会冲击总体税制结构。具体分析有两个表现：一是“营改增”减收幅度较大。“营改增”造成的减收实际上是把税源转给了其他税种，如企业所得税。但按现行税制和税收政策操作，能否抓住转移过来的税源却是需要研究的问题。二是我国的税制改革从税收角度看是有增有减的改革。“营改增”形成的减收实际上为其他税制改革创造了条件。但这部分减收究竟可为增收性改革（如房产税、资源税）扩大多少空间、会给减收性改革压缩多少空间（如个人所得税），却是需要通盘权衡研究的问题。

其次，触动政府间收入划分格局。从试点情况看，“营改增”减收在中央和地方之间大体四六开，地方减收部分大头在市、县两级政府。从财力与事权相匹配原则看，应该调整收入划分格局，目标是增加地方收入。但进一步分析可知，由于“营改增”减收大头发生在原增值税一般纳税人，以原材料和能源为主打产业的中西部可能减收更多些，调整收入划分时应考虑向中西部倾斜。然而，现在的难题是中央和地方都在减收，经济增长率回调又加大了减收力度，这种情况下调整收入划分格局确实回旋余地很小。目前可行的思路是加快资源税和消费税改革，实现增收性改革效应的合理分配。

再次，触动“营改增”深化进程。原试点地区试点纳税人遇到的突出问题是抵扣范围窄。抵扣范围窄有两种情况：一是可开增值税发票的行业未能完全开票；二是成本结构中部分项目尚未征收增值税。总体看，后一种情况影响最大。由此可说，解决抵扣范围窄的治本之策是加快推进“营改增”。全国推开“营改增”后，抵扣范围窄难免会成为部分企业税负抬升的主因，其中中西部地区处于成长期的试点行业企业数量较多，建筑业劳务和不动产使用恰好处于扩张期，东部规模大的试点企业在房地产价值上升背景下，其不动产支出也处于扩大期。同时，原征收增值税产业在转型升级进程中，对建筑业和不动产的支出也会扩张。因此，“营改增”全国推开后，人们对其他产业的“营改增”需求会集中爆发，进而促进“营改增”加速。但要看到，把“营改增”扩大到建筑业和不动产业面临两大难题：一是税率选择如何做到有效平衡关联产业之间的税收负担，进而避免价格上涨；二是如何应对建筑业和不动产业不规范之处对改革效应释放的抑制。显然，解决这些问题需要综合治理，核心是梳理出一个规范的市场运行体系。

最后，触动结构调整效应有效放大。“营改增”的结构调整效应有两个层次：一是适应产业分工细化对破除重复课税的要求；二是主动促进产业分工细化，让企业增加服务外包。全国推开“营改增”，这两种效应会更多显现出来。然而也要看到，今后会有三个难点问题出现：一是服务业发达地区的服务业会加速发展，减税效应更多地发生在服务业相对落后区域；二是部分企业会增加服务外包，部分企业反而会改变资产配置方式，单独成立有关服务类企业；三是外资企业在部分产业内的比重会抬升，内资企业发展反而受阻。显然，“营改增”的结构调整效应并不会把利益均衡分布在各类经济行为主体上，这对财政运行和经济运行都会产生多重影响。对此，政府不应过多干预，只能是在充分尊重市场规律的基础上，运用财政收支手段实施微调。

## 应关注“营改增”促进就业效应

（来源：《中国税务报》　2013 年 12 月 13 日）

税制是决定就业状况的重要制度因素，设计税制改革理应充分考虑如何促进就业。“营改增”牵涉面广，突出点之一是关联数亿在职人员和潜在就业人员的就业稳定和走向。具体分析有两点表现：

第一，营业税应税产业就业人员数已超过现行增值税应税产业就业人员数。2011 年底，全国营业税应税产业法人单位数占法人单位总数比重超过 60%。在城镇单位就业人员总数中，营业税应税产业就业人员比重超过 60%。这种格局能否稳住，取决于政策走势。“营改增”具有减税和调结构双重效应，营业税应税产业减税会使更多企业资金转为工资收入和投资，这对稳就业具有支撑作用。调结构则会直接扩大营业税应税产业的就业吸容力。

第二，营业税应税产业就业扩张潜力巨大。2000 年之后，伴随产业结构转换，营业税应税产业就业增长效应急剧放大。2003—2011 年，城镇单位制造业就业人员增长 37%，商业增长 3%，但建筑业增长 106%，金融业增长 43%，租赁和商业服务业增长 56%，住宿和餐饮业增长 40%，房地产业增长 106%。这说明近年来我国的就业增长主要依靠营业税应税产业的规模扩张和结构调整。当前我国的内生性经济结构调整进入新阶段，总体趋势是传统产业转型升级、新兴产业做大做强。从一般规律角度看，结构转换过程中，第一、第二产业的就业吸容力呈递减状态，第三产业就业吸容力呈递增状态。与发达经济体相比，我国的产业结构和就业结构还处于不对称状态。比如 2012 年产业结构中，第三产业占比为 45%，但就业结构中第三产业占比为 36%，这说明我国第三产业就业增长还有较大空间。进一步说，“营改增”在发挥产业结构转换激励功能时，完全有可能助推就业结构转换。究竟能在多大程度上做到这点，关键取决于“营改增”后续推进的制度设计。

今后，“营改增”将进入攻坚期，所涉及的就业人员将超过交通运输业和部分现代服务业。其中包括一些属于就业吸容大户的产业，如建筑业、生活服务业和金融业。从充分发挥“营改增”宏观效应角度看，设计后续“营改增”方案应充分考虑如何促进就业。要做到这点，似可关注以下两方面问题：

一是对劳动力密集型产业尽可能采用低税率政策。“营改增”过程中新设了 11% 和 6% 两档税率。与过去的 17% 和 13% 两档税率相比，这两档税率实际上都属于低税率。由于四档税率并存造成进项税率和销项税率差距行业间高度不平衡，因而行业间增值税税负率差距实际上在扩大。因此，今后我国应逐步简并税率。这会促成行业税率大洗牌。简并税率后重新确定各行业税率时，有必要把劳动力密集型行业纳入低税率行列，以充分发挥增值税的就业促进效应。

二是加快推进劳动力密集型产业“营改增”。衡量“营改增”得失的重要标志是能否稳就业、促就业。因此，继续推进“营改增”时似可考虑先解决就业吸容力强的行业的问题，比如生活服务业和建筑业。生活服务业门类复杂，点多面广，是较为典型的门槛低、就业吸容力弹性大的行业。由于生活服务业中一般纳税人比重低且进项耗费发票取得条件差，生活服务业增值税应采取简便征收税制。“营改增”后，建筑业劳务成为可抵扣的进项，会助推关联产业更多购买规范化的建筑业劳务，这种规模扩张无疑会增强建筑业的就业吸容力。国际上征收增值税的国家大多把建筑业处理成按标准税率征税的行业。由此可见，如果按11%的税率对建筑业征收增值税并不过分。事实上，真正困难的是混乱的建材市场和建筑队伍组成方式，这使得规范的建筑服务购买单位和建筑单位难以取得增值税发票，这直接抑制了增值税减税效应的实现。为此，应真正落实企业注册资本管理制度改革措施，使散乱的施工单位和装修单位成为可开具发票的规范化企业。同时，税收征管机构应进一步完善为小规模纳税人集中开具增值税专用发票的服务职能。

## （四）杨志勇[①]：供给侧改革视角下的“营改增”

# 供给侧改革视角下的“营改增”

（来源：《中国税务》 2016年4月1日）

市场经济条件下的宏观经济管理无疑同时包括需求管理和供给管理。在过去的一段时间内，中国重视需求管理，促进了经济的稳定增长。但是，时至今日，仅仅强调需求管理是不够的，在重视需求管理的同时，中国必须加快进行供给侧结构性改革，才能更好地保证经济增长的质量，促进经济可持续发展。

**一、供给侧改革需要政策支持**

改革开放已接近40年，中国市场发生了翻天覆地的变化。“卖方市场”总体上已转变为“买方市场”。市场上的商品越来越丰富，但部分商品积压，产能过剩问题也随之而来。这在很大程度上是市场在资源配置中发挥决定性作用的结果。产能过剩问题如果处理得好，经济就会更加充满活力，人民收入就会随之增长，相应的消费和投资也会增长，并形成良性循环。

“去库存”同样是供给侧结构性改革的重要内容。房地产行业的快速发展，与城镇化进程有着密切的关系。房地产行业的发展在改善人民居住条件的同时，也出现了一些问题，如房价的急涨急跌、大幅波动，这些问题于居民住房的改善不利、于房地产行业的健康发展不利、于其他多个相关行业的发展也不利。同时，许多地方政府赖以生存的以国有土地出让金收入为主要收入来源的“土地财政”将不可持续，地方债风险可能加剧。通过供给侧改革，房地产行业如果顺利“去库存”，那么情形将有很大改观。

---

① 杨志勇：中国社会科学院，研究员，教授，博士生导师。

“去杠杆”可以让经济体更加健康。“去杠杆”不等于说不能有债务。在市场经济条件下，合理的负债规模、合适的负债率，反而更加有利于发展，“去杠杆”是相对于较高水平的债务风险而言的。企业需要在股权融资和债务融资之间取得平衡，形成合理的融资结构。“债转股”是企业债务风险释放的方式之一。繁荣的资本市场，可以让更多的企业通过股权融资的形式得到企业发展所需的资本。债务期限结构的优化虽然不能降低总体债务水平，但也是降低债务风险的有效做法。企业自有资金增加，同样也会减低债务风险。“去杠杆”往往需要较长的时间，且需要政策的支持。

企业业绩的保证离不开“降成本”。降成本意味着效率的提升。企业效率改善需要各种各样的创新。创新才可能让企业有条件以较低的价格出售商品，赢得竞争优势。

当前市场总体上是“买方市场”，但是一些应该提供的产品和服务不能有效供给。“补短板”，特别是公共产品和公共服务领域的“补短板”，可以优化企业生产条件，百姓生活条件也会随之改善。

**二、“营改增”助力供给侧改革**

2016 年 5 月 1 日，“营改增”试点全面推开，这标志着从 2012 年 1 月 1 日开始的“营改增”试点进入了一个重要阶段。从此，增值税全面取代营业税，营业税成为历史。这是现代税收制度建设的需要。增值税之所以能在短短 60 多年里风靡全球，就是因为它作为一个中性税种，可以最大限度地减少间接税对现代化社会分工的负面影响。只对增值额进行课税的原理，决定了增值税制只要设计到位，就可以尽可能少地损害资本，从而有利于经济的持续增长。增值税中性作用发挥的前提条件是覆盖面越广越好。所有商品和服务都适用增值税，增值税的抵扣链条才会完整，现代增值税的作用才会得以更好地发挥。可以说，“营改增”全面推开迈出了税制改革的重要一步。

积极财政政策既包括扩大支出，又涉及减税政策。2016 年我国财政赤字率提高到 3%，这为减税政策提供了更大空间。“营改增”作为减税政策的“重头戏”，预期减税规模将达到 5 000 多亿元。重复征税的减少，进项税额抵扣的增加（特别是新增不动产进项税额也列入抵扣范围），各种过渡期政策的设计，旨在保证行业税负不增加，将在很大程度上保证“营改增”的减税政策属性，有利于激发市场活力。

减税政策意味着企业将得到更多的可支配财力，这为企业“去产能、去库存、去杠杆、降成本、补短板”提供强有力的支持。例如，房地产“去库存”政策在“营改增”方案中得到了延续。降低住房交易税负，意味着购房者住房支付能力的提升，不仅有利于“去库存”，而且也有助于改善人民居住条件。房地产行业“去库存”，如果处理得当，可以进一步促进房地产市场的繁荣。住房交易税收优惠政策未来应进一步制度化，将增值税制改革与住房交易税收制度的完善有机结合起来。再如，一些免税服务的规定，也将有助于“补短板”，满足人民的服务需求。

**三、“营改增”需要注意的问题**

全面推开“营改增”试点难度特别大。建筑业、房地产行业、金融业、生活服务业的营业税收入占营业税收入比例大，涉及近千万纳税人，征管任务相当艰巨。地方政府的强有力支持可以让试点实施更为顺利，从某种角度上说尽快调整中央和地方的财政关系，构建合理的税收分享体系，让各级政府的财权、事权和财力相匹配，将会进一步调动中央和地方双方积极性。

全面推开“营改增”要求进一步加强国地税合作。根据国地税征管体制改革方案的要求，国地税要加强合作。有效的合作是“营改增”全面试点成功的重要前提之一。地税部门对“营改增”行业较为熟悉，且多年来为此投下大量人力、物力、财力，行业熟悉的优势需要得到充分发挥。国地税合作需要有一套良好的制度安排，避免出现制度上的衔接问题。

全面推开“营改增”需要对可能遇到的难题有充分的预案安排。随着社会的发展，行业界限日趋模糊，兼业与混业经营所带来的不同税负，可能会给不同纳税人以不同的纳税筹划机会。纵向一体化经营的企业和多行业经营的企业也可能比单一行业经营的企业有更多的节税机会。按照新出台的政策，增值税存在多个税率和征收率，这种情况不适合长期存在。

全面推开“营改增”是一项任务繁重的复杂系统工程。全面试点只是增值税制改革的重要一步。接下来，增值税立法并建立可以更好地发挥中性作用的现代增值税制度，将是税制改革的“重头戏”。

## “营改增”全面试点　必须加快增值税立法进程

（来源：《中国经济周刊》　2016 年 5 月 17 日）

增值税在短短的 60 余年中风靡全球，与它是一种只对增值额课征的税有着密切关系。规范的增值税，可以最大限度地避免重复征税，减少税收对市场行为的扭曲。

备受关注的“营改增”全面试点已于 2016 年 5 月 1 日正式启动。中国增值税从 1979 年起试行，已走过 37 年的历程。增值税在中国的发展与改革开放几乎同步。增值税改革的关键步骤，都与改革开放有着密切的关系。

**一、为何对占税收半壁江山的增值税“动刀”**

增值税制的每一次改革，都与经济体制改革有着密切关系。1994 年增值税制改革，就是为了建立与 1992 年社会主义市场经济体制改革目标相适应的税制。

增值税取代产品税在很大程度上改变了税收对市场的扭曲。担心税收收入下滑，同时为了防止经济过热，当时的增值税选择了固定资产进项税额不能抵扣的生产型增值税。这样的增值税不能全面解决重复征税问题，于是 2009 年开始了消费型增值税的改革。但是，增值税改革仍然没有到位，固定资产抵扣范围还是有限的。这次改革将新增不动产进项税额列入抵扣范围，标志着消费型增值税制改革进入收官阶段；扩大了增值税征税范围，增值税全面取代营业税，更是进一步巩固了增值税在税收制度中的地位。

全面深化改革旨在促进国家治理体系和治理能力现代化。在突出财政是国家治理的基础和重要支柱定位的背景之中，税制改革的目标就是建立现代税收制度。税收要在改进经济效率、促进社会公平正义中扮演重要角色，要逐步提高直接税收入的比重。增值税制改革在深化税制改革中有着非同寻常的地位，将有力地促进经济效率的改善。增值税所提供的税收收入几乎占税收的半壁江山，对这样的税种进行改革，本身就说明它在税制改革中的分量，也是税制改革快速进行的明证。

增值税制改革难度本来就不小。改革必然涉及利益格局调整，而且改革方案的选择，也需要专业的支撑。增值税制改革的复杂性和专业性，决定了改革不可能一蹴而就。全面试点能够推开，本身就很不容易。一些在方案设计中可能没有注意的问题也可能在试点中暴露，从而为改革方案的完善争取时间，为改革的正式实施提供更充分的支持。

增值税制改革的难度非常大。全行业覆盖的增值税制就不容易设计。金融业增值税制有大量的难题需要克服。增值税制改革遇上积极财政政策，又逢上供给侧结构性改革，具体方案的设计，就不能不考虑更加复杂的外部因素。所有这些因素，都会聚焦在“减税”上。新增不动产进项税额抵扣是实实在在的减税，是不会有任何争议的减税。其他的减税就要表现在进项税额扣除的范围确定上，表现在税率的确定上，为了试点的平稳进行，改革选择了行业税负不增加的约束条件。这就给“营改增”全面试点出了一道大难题。

行业税负不提高不等于具体企业税负不提高。但是，毕竟所有行业税负是由一个又一个的企业税负所组合而成的。全面试点方案显示出过渡性的规定，无一不注意行业税负的前后衔接，是在尽可能保持平稳的状态下，顺利推动“营改增”工作。无论从税率的选择，还是从征收率的设定，这种设计思路都可以清晰地看出来。行业税负不提高既是“营改增”全面试点作为积极财政政策中减税政策的重要内容，又是改革争取社会全面支持的前提条件。但是，为此所设计的改革方案难免复杂，也意味着未来增值税制改革有着较大的空间。

“营改增”全面试点的顺利进行离不开良好的税收征管工作。完善国、地税征管体制改革方案要求国、地税部门加强合作但不合并。这种做法较好地解决了调动中央和地方两个积极性问题。但是，有一种客观现实是：建筑业、房地产业、金融业、生活服务业纳税人由原来缴纳营业税改为缴纳增值税，并由国家税务局征收，这大大增加了国家税务局的征管压力。可以说，“营改增”全面试点，如果没有地方税务部门的支持，那么试点的任务是不太可能完成的。

因此，只有进一步加强国、地税合作，试点的任务才有望完成。毕竟，“营改增”之后，国税部门仅仅是管户就增加了 1 000 多万户，工作压力可想而知。只有进一步加强国、地税合作，试点任务才能较顺利地完成。试点中，应进一步探索合作的模式与机制，充分调动国税和地税两个部门的积极性。税收征管的改善同时是纳税服务的改进过程，是公共服务型政府的建设过程，也是国家治理现代化的过程。国、地税合作，必须将国税部门熟悉增值税的优势与地税部门对行业更了解的优势综合起来，才能收到良好的效果。

“营改增”之后，国、地税征管体制的进一步完善需要提上议事日程。试点伊始，国税部门加班加点，精神可嘉。与此同时，地方税务局在行业税收征管上的优势不能充分利用，实际上是征管资源的一种浪费。人随业务走，才是最有效的工作方式。如果能够推动国地税的有效合作，乃至融合，那么这将大大促进纳税服务效率的提升。“营改增”过程中的纳税服务是专业的公共服务，如果进行得好，这也可以为更进一步的对自然人的税制改革，乃至政府其他部门的改革提供样板。

**二、“营改增”试点后，必须解决好地方政府收入的来源问题**

多税率、多征收率才能保证行业税负不提高试点目标的实现，但不可否认的是，这也在一定程度上影响了增值税中性作用的发挥，扭曲了市场行为。在理解这么做的现实合理性的同时，试点之后中国必须加快增值税立法进程，增值税立法应该将简并税率并从总体上降低税负作为重要任务来完成。理想的增值税税率应该只有一档基本税率。考虑到现实的需要，增值税税率仍然可以选择一档基本税率加一档低税率的做法，并选择合理的免税范围。基于亚太地区增值税税率偏低的实际，基本税率最终定为10%左右、低税率定为5%左右较为合理。征收率也应只设一档，定为3%左右。

增值税税负因素仍是增值税立法中需要着重考虑的问题。但是，需要注意的是实际税负，而不是名义税负；需要注意的是谁最终承担了税负，而不是名义上是谁在纳税。对于投资者来说，有意义的是资本回报率指标，而不是缴纳了多少税收。行业税负的概念可能随着现代社会的发展行业税负界限越来越模糊而失去存在的意义。只要是社会需要的商品和服务，在某种程度上都有税负转嫁的可能。税制改革需要密切关注税负转嫁的条件，将增值税立法与市场繁荣更好地结合起来。增值税立法当在释放市场活力、增进市场繁荣上做出应有的贡献。

“营改增”全面试点，必须解决好地方政府收入的来源问题。有分级财政管理体制，就必须有完善的地方税体系。营业税本来是地方第一大税种，“营改增”之后，营业税消失了。地方政府收入所出现的缺口必须得到弥补，否则这可能影响地方公共产品和公共服务的提供。“营改增”试点初期，可以将新增增值税收入作为地方税，但是随着试点范围的扩大，试点时间的拉长，再这么做的后遗症越来越多，地方和中央争夺税源的问题可能越发突出，对中央税收收入的负面影响越来越大。

事实上，一部分营业税收入本来是中央的，将新增增值税收入作为地方收入，也是不合适的。在整个分级财政体制未动之前，通过提高地方的增值税收入分享比例是必须的。有人担心因此而导致市场分割并进而影响全国统一市场的形成，不能说没有道理，但短期内的问题需要短期解决方案，否则过渡期的问题就可能导致全局问题的无解。增值税收入中央和地方五五分享规定的出台，是务实的。不同地区受此规定的影响不同，对应的财政转移支付制度需要进一步完善，改革必须充分调动地方的积极性。中国是一个大国，更应该如此。需要说明的是，当下的增值税收入分享还只是过渡期的做法。中央和地方税收收入的划分，更为稳定的财政体制，这还需要结合整个税制改革和其他财政制度改革的进程综合设计。

“营改增”全面试点是税制改革的重要一步。尽管方案还需要进一步完善，但是它毕竟迈出了税制改革的重要一步。接下来，直接税制改革也要稳步推进。针对自然人的税收征管难度极大，更不可大意。在取得最大的社会共识的前提下，加快税制改革，才可能尽快建立与国家治理体系和治理能力现代化相适应的现代税收制度。

## “营改增”中的税负难题

（来源：《中国财经报》 2016年6月30日）

上海自2012年1月1日开始在交通运输业和部分现代服务业率先开展营业税改征增值税（下称“营改增”）试点工作。从总体上看，“营改增”试点是成功的，改革方向值得肯定。北京等地也积极筹备试点工作。可以预期，试点工作将加快。

有消息称，“营改增”后部分企业税负上升。这需要高度关注，因为这可能给下一步的试点工作带来影响。

“营改增”试点方案的设计是在不增加税负的前提下进行的。据测算，新的11%和6%的低税率可保证绝大部分企业税负不增加。为保证试点顺利进行，对于实际税负上升的企业，政府会采取税收返还等办法保证企业税负不增加。因此，判断企业税负是否增加是非常重要的一个问题。

试点方案的设计已充分考虑到不同企业的情况，也考虑到生产经营周期对企业税负可能产生的影响。“营改增”之前，所适用的营业税税率多为3%和5%，比11%和6%都要低。“营改增”后，企业税负是否加重，还取决于进项税额。

通常情况下，“营改增”前，缴纳营业税的纳税人进项税额不能抵扣，而“营改增”后，进项税额可以得到抵扣。只要进项税额达到一定数量，“营改增”纳税人的税负就不会上升。现实中，受多种因素影响，特别是企业生产经营周期的影响，如果“营改增”纳税人在某一段时期内进项税额较少，那么该时期企业税负可能加重。

举例说明。如果一家“营改增”企业按照原营业税计税方法，1—5月份应纳营业税税额为1 000万元，而根据增值税计税方法，同期应纳增值税税额为1 500万元。企业的税负是不是就增加了500万元呢？简单的计算告诉我们，答案是肯定的。但是，这种计算方法也有问题。

如果在接下来的几个月里，由生产经营周期所决定，企业有了更多的进项税额可以抵扣，企业的税负就可能下降。假设6—12月份，按照原营业税计税方法，应纳营业税税额为1 200万元，而根据增值税计税方法，同期应纳增值税税额为400万元。那么我们还能得出企业在“营改增”后税负增加的结论吗？全年应纳营业税税额为2 200万元，同期应纳增值税税额为1 900万元，这样，我们只能得出税负下降的结论。

如果是这样的话，那么对1—5月份的税负上升又该采取什么样的处理办法呢？显然，这是一个难题。如果企业在2012年税负上升，而在2013年税负大幅度下降呢？这样问题就会变得更加复杂。这就提出了一个问题：如何判断税负上升？

为了让企业有一个公平的竞争环境，显然，结合企业的生产经营周期，才有可能对税负增加或下降作出较为准确的判断。但是，要让税务机关逐户结合企业生产经营周期落实税负变化情况，操作难度较大。

问题的复杂性还表现在参照系的选择上。在“营改增”试点之前，部分企业已实行营业税差额纳税试点。这些企业的营业税税负应比按照正常的营业税制度计算的轻。那么，如何判断此类企业试点前后税负的高低呢？这也是一个难点。如果不能让企业参照差额纳税的方法来计算原税负，那么企业也至少应该获得一定的缓冲期，在缓冲期内，原税负按差额纳税的计算。

“营改增”企业税负是否上升还应考虑另一因素。“营改增”后，试点企业与其他地区非试点企业相比有了新优势，业务可能因之扩大，竞争力因之增强。这也表明，未来“营改增”不必沿着改革就一定要有补贴的老路进行下去。也许，适当扩大进项税额抵扣范围，增加一些抵扣项目更加有效。

“营改增”局部地区试点在一定意义上形成了税收洼地。这既增加了试点地区税收征管的难度，如可能需要甄别某些服务是否真正是试点地区企业所发生，也意味着地区间税收竞争的加剧。为了解决这个问题，“营改增”试点工作应尽快推向全国，且试点行业应该全国一致。

“营改增”的根本目标是为了更好地发挥增值税的中性作用，健全增值税制，减少间接税的重复征税，从而尽可能抑制间接税对经济的扭曲效应。因此，增值税最终取代营业税是大势所趋。接下来的关键是如何让这种取代更加平稳，如何更好地发挥增值税的中性作用。

这样，增值税税率简并，并下调 17% 的基本税率很可能是较好的选择。这既可以回应经济全球化所要求的以间接税为主的税制结构调整的需要，也能更好地解决服务行业“营改增”后税负不增加的难题。

## 减税降费怎么做？

（来源：《中国财经报》　2017 年 3 月 30 日）

2017 年，中国继续实行积极的财政政策，供给侧结构性改革正在深化之中，降成本是经济工作的重要内容。减税降费在政策的落实和改革的推进中扮演重要角色。积极财政政策的内容之一就是减税降费。这无疑可以促进积极财政政策的落实，促进经济的稳定增长。2016 年，中国经济增长率为 6.7%。2017 年，国内外经济环境仍然较为复杂，2017 年设定的经济增长目标是 6.5% 左右，经济下行压力犹在。减税降费政策理应继续实施，并积极探索更加灵活更加有效的措施。2017 年，全年减税降费 5 500 亿元左右，即全年再减少企业税负 3 500 亿元左右、涉企收费约 2 000 亿元。与此同时，需要谨记减税降费只是提供一个更加良好的税费环境，对企业来说，这是营商环境改善的一部分，无论如何，这不能替代企业在生产经营上的努力，不能替代企业自身在研发上的投入。

2016 年，“营改增”试点全面推开，全年降低企业税负 5 700 多亿元，所有行业实现税负只减不增。增值税收入减少的同时，与之相关的城市维护建设税和地方教育附加也会同步下降。毫无疑问，由于增值税是中国第一大税种，在全国税收总收入中占据重要地位，超过 40% 以上的税收收入来自增值税，2017 年增值税继续推行减税政策，政策效果将得到更好地巩固。“营改增”全面试点工作的开展，意味着增值税全面取代营业税，是现代增值税制度建设的重要一步，但既然是试点，那么这就意味着一些制度建设的问题需要通过试点来发现，需要通过试点来逐步解决。当前“营改增”全面试点最大的问题是税率和征收率太多，虽然这是保证“营改增”之后税负不增加所要求的，但是从现代增值税制度的内在要求来看，税率档次合并是大势所趋。税率档次越少，增值税的中性作用越能得到体现。增值税制的完善应该和减税政策有效结合，现行的 17% 和 11% 两档基本税率，13% 和 6% 两档低税率应该进行简并。2017 年四档税率简并为三档就是在沿着现代增值税制度的正确方向前进。

增值税的征管力度远大于营业税，按照名义税率测算税负相同，执行中企业减税“感同身受”就有可能出现实际税负增加的情形。而且，征管力度的增强，更低的税率就可能提供原先较高税率才可能保证的税收收入。这是降低税率而不减少税收收入的政策选择项。税收的最基本功能是提供财政收入，满足政府支出的需要。李克强总理强调减税降费“一定要让市场主体有切身感受”。简并税率肯定伴随着一些行业税率的下调，这肯定会让企业有切身感受。

如果政府支出可以适当压缩，或者政府可支配财力另有来源，那么减税力度可以更大些。财政赤字率的适当提高，就可以创造更大的减税空间。

企业所得税减税更有针对性。2017 年，小微企业减半征收所得税优惠的范围提高到年应纳税所得额 50 万元的上限，可以让更多的小微企业从税收优惠中受益。科技型中小企业研发费用加计扣除提高到75%，将鼓励企业的研发投入，从而促进企业研发能力的提升。

2017年，个人所得税改革万众期盼。综合与分类改革有望迈出重要的一步。专项扣除也需要配套实施。住房按揭贷款利息、养老支出、育儿支出、医疗支出、教育支出等符合条件的支出也可能在税前得到扣除。受征管条件的限制，专项扣除分步实施可能较为务实，但只要出台相关措施，那就是减税政策的一部分。标准扣除在专项扣除不能全面到位之前，考虑到物价上涨带来了生活成本费用的提高，标准扣除仍有适当调高的必要。只有在专项扣除全面到位之后，标准扣除和专项扣除才可能真正作为“二选一”的政策为个人和家庭所选择。企业所得税、消费税等也有一定的减税空间。企业所得税之前已有固定资产加速折旧的举措，也有其他扣除上的新规定，在减税政策的实施中，还应关注政策的落实情况，让企业所得税能够更好地适应当下经济形势的要求。

在降费方面，降低社保费率至关重要。各地已经开始降低社保费率，这值得肯定。名义费率较高，已经在影响实体经济的运行。与其让名义费率保持高位而实际上可能无法充分征收，不如务实地让名义费率下降并加强征管。在社保支出压力较大的背景下，降低社保费率和减收有一定的矛盾。但这是一个短期与中长期的权衡取舍问题。社保问题由来已久，不能指望用短期的牺牲（高费率）来一劳永逸地解决问题。国有资产变现注入、一般公共预算支出增加、国有股划拨等都该是解决社保问题的选项。除此之外，基本养老金水平的确定应该与经济发展水平相称，而不宜超越，以免最终不能兑现带来公信力不足问题。其他收费同样有降低空间。收费项目和收费水平的设定，都是在特定条件进行的。一旦条件改变或不再成立，那么收费是否还应继续，收费水平是否还需要维持在原先的水平上，都需要作进一步梳理。进一步清理收费项目，特别是一些公共服务收费项目，也可能进一步降低企业负担。政府性基金项目也应作类似全面清理规范。

此外，一些在企业看来是收费项目，但在形式上表现为市场价格的项目也应特别加以清理。这或者是中介机构，或者是行业协会，或者是“企业”收取的价格，但背后都是政府部门的力量在支持，在收费项目清理中甚至很难统计在内，但都提高了企业的综合负担。从根本上解决问题，那就是加快政府职能转变，没有政府部门的撑腰，这种以价格形式表现但实质上是收费的项目终将无法存在下去。

### （五）张斌[①]：“营改增”要处理好税负调整与税制优化的关系

## “营改增”要处理好税负调整与税制优化的关系

（来源：《中国税务报》　2013年8月21日）

下一步扩大试点行业时不应局限于短期内试点行业总体税负不增加，而应更多地从全产业链税负不增加的角度设计试点方案，不宜再增加新的税率档次，要更重视发挥税制优化对结构调整的促进作用。

---

① 张斌：中国社会科学院，研究员，博士生导师。

“营改增”试点方案设置了11%和6%两档低税率，并采取财政补贴等多种措施，确保试点企业税负不增加。因此，“营改增”试点的推进比较顺利。笔者认为，在改革初期，这些措施对减少试点的阻力是非常必要的，但从长期来看，不利于充分发挥增值税税制的优势。未来要实现在全国范围将全部服务业纳入增值税征收范围的目标，在方案设计时需处理好税负调整与税制优化的关系，更好地发挥“营改增”促进经济结构调整的作用。

**一、如何看待“营改增”后的税负变化**

与营业税以销售收入为税基征税相比，增值税以增值额为税基的征收机制要复杂得多。因此，应全面客观地分析“营改增”后的税负变化。以普遍反映税负增加较多的交通运输业为例，部分试点企业税负增加主要有四个方面的原因：

一是配套措施不到位导致税负增加。如按照税制规定，燃油费发票是可以作为进项税额抵扣凭证的，但很多加油站现在还无法开具增值税专用发票，试点企业由于抵扣不足导致税负增加。

二是目前试点局限在部分地区的部分行业，试点企业现阶段的外购服务尚不能完全抵扣。随着试点范围和行业的扩大，试点企业的税负会有进一步的下降。

三是企业经营周期的影响。增值税允许抵扣机器设备的进项税，在试点期间未购入机器设备的企业税负较重，但未来购入机器设备时税负会大幅下降。因此，试点年份税负上升的企业在整个经营周期的税负可能是下降的。

四是企业经营模式的影响。营业税仅对销售收入征收，经营模式不同的企业只要销售收入相同税负就相同。但增值税允许抵扣中间投入和机器设备的进项税，许多企业的经营模式不适应增值税征收机制，就会导致税负上升。如采取挂靠经营、内设修理车间的交通运输企业改征增值税后，负担会增加较多。劳动密集型的企业与资本密集型企业相比，税负也会增加较多。

上述四个导致税负增加的因素中，前两个因素会在配套措施到位、试点范围和行业扩大后逐步消除，而后两个因素是“营改增”后税制优化的必然结果，尤其是企业经营模式不符合增值税征收机制导致的税负上升恰恰是“营改增”促进专业化分工、推进经济结构调整作用的体现。

需要特别强调的是，“营改增”的减税效应还体现为下游企业可抵扣税额的增加。虽然短期内一些试点行业总体税负增加，但如果全产业链的税负下降，试点行业增加的税负会通过价格机制在上下游企业之间进行动态调整，经过税负转嫁后，税负就会相应下降。

**二、应重视“营改增”对结构调整的促进作用**

由于增值税与营业税的作用机制不同，“营改增”试点不应仅关注个别企业短期和静态的税负调整，更应重视“营改增”后税制优化对结构调整的促进作用。试点方案在确定各行业适用税率的原则是“改革试点行业总体税负不增加或略有下降”，是以行业总体税负为基础设计的。由于增值税与营业税作用机制不同，原营业税税负相同但经营模式不同的企业改征增值税后税负会有差异，而这种税负调整恰恰是税制优化促进经济结构调整作用的体现。

但是，目前试点地区普遍采用对税负增加企业给予财政补贴的措施，以保证所有试点企业税负不增加。这一措施对减少改革阻力和扩大减税效应是必要的，但应明确这一措施的适用期限，这样才能更好地发挥“营改增”促进经济结构调整的作用。

从未来增加试点行业的角度分析，“改革试点行业总体税负不增加或略有下降”的原则也有必要作出调整。由于服务业行业众多，各行业的有机构成、市场结构、服务对象和上下游关联关系都有很大差异，如果严格按照改革前后税负不增加或略有下降的原则设计适用税率，势必还要增加税率档次。而增值税税制最大的优势就在于“中性”特征，税率档次越少、抵扣链条越完整，税制运行就越顺畅，下游企业抵扣增加导致的主辅分离和外购服务增加对服务业发展的促进作用也就发挥得越好。而税率档次过多不仅造成税制对市场机制的扭曲，不利于发挥市场配置资源的作用，而且在企业集团化、多元化发展，跨行业经营越来越多的背景下，对不同行业规定不同的税率会造成较多的征管漏洞，增加税收管理的成本。

从国际经验看，全世界开征增值税的160多个国家和地区中，有一半以上的国家实行单一税率；实行两档税率的国家约占1/4；只有很少国家实行4档以上税率。因此，下一步扩大试点行业时不应局限于短期内试点行业总体税负不增加，而应更多地从全产业链税负不增加的角度设计试点方案，不宜再增加新的税率档次，要更重视发挥税制优化对结构调整的促进作用。

**三、协调税负调整与税制优化的政策建议**

进一步推进“营改增”试点除了要积极完善各项配套措施，处理好中央和地方财力分配关系外，关键要解决服务业各行业间的差异较大与增值税要求较少档次税率之间的矛盾，即处理好税负调整与税制优化的关系。

解决税率档次过多的一个思路是服务业普遍适用统一的较低税率，但这会产生商品与服务之间新的税负不均衡，不利于制造业的发展。综合考虑财政的承受能力和增值税税制优化的要求，结合缩小间接税比重的目标，应将现行13%的优惠税率下调至11%，实行17%、11%和6%三档税率。在条件成熟时，可以考虑适度下调增值税标准税率至15%以下，对商品和服务普遍征收，对确需扶持的少数行业只设置6%一档优惠税率。

将目前按20%征收营业税的娱乐业纳入增值税有两种方案，一种是作为生活性服务业按照简易征收方式征税，征收率维持20%不变；另一种是适用标准税率同时将其纳入消费税的征收范围额外征收消费税。

## “营改增”试点全面推开并非终点

（来源：《经济日报》 2016年4月7日）

在当前中国经济进入新常态，供给侧结构性改革成为政策主线的背景下，全面推开“营改增”试点将实现增值税对货物和劳务的全覆盖，基本消除了重复征税，打通了增值税的抵扣链条，有利于专业化分工和社会协作的深化，对促进服务业发展和制造业转型升级将发挥重大作用。

从减税效应看，“营改增”试点自推出之日起就被视为落实结构性减税的重要措施。随着“营改增”的推进，越来越多的劳务纳入抵扣链条，试点行业总体税负下降的同时，增值税税基的缩小也有效减轻了原增值税纳税人的税负。根据财政部的数据，截至2015年年底，“营改增”累计实现减税6 412亿元。其中，试点纳税人因税制转换减税3 133亿元，原增值税纳税人因抵扣增加减税3 279亿元。

《政府工作报告》明确提出，全面实施“营改增”将确保所有行业税负只减不增。因此，此轮改革是进一步减轻企业税负，完成“降低本”任务的重要措施。值得强调的是，此次改革不仅试点行业的税负只减不增，由于不动产纳入了抵扣范围，无论是“营改增”试点纳税人，还是制造业、商业等原增值税纳税人，通过外购、租入、自建的方式新增不动产的企业都将因此获益。与前期试点抵扣范围增加带来的减税效应相比，新增不动产抵扣带来的减税规模较大，在财政收入增速下行，财政收支矛盾突出的情况下，企业新增不动产按60%和40%的比例分两年进行抵扣的政策预计将导致数千亿元规模的减税，这充分体现了中央推进供给侧结构性改革的决心，将为经济保持中高速增长、迈向中高端水平打下坚实基础。

全面推开“营改增”试点并不意味着增值税改革的完成，在增值税完全取代营业税后，还需要进一步推进以下几个方面的改革：

一是简并增值税税率，规范增值税优惠政策，进一步优化增值税制。在全面实施“营改增”后，应适时将现行的17%、13%、11%、6%四档税率和过渡时期的多档简易征收率进行简并，同时规范增值税优惠政策，以更好地发挥增值税公平、中性的税制优势，为让市场在资源配置中发挥决定性作用奠定良好的税制环境。在优化税制的基础上，应按照税收法定的要求，适时推进《增值税法》的制订，相应废止《营业税暂行条例》和《增值税暂行条例》。

二是营业税中娱乐业税目下有10%、20%两档税率，“营改增”后应按照“十三五”规划纲要提出的“将一些高档消费品和高消费行为纳入消费税征收范围”的要求，将原属于营业税适用高税率的高档消费通过征收消费税进行有效调节。

三是针对全面推开“营改增”带来的大规模减税，在短期内应通过适度增加赤字的方式缓解财政收支压力。从中长期看，则应按照“十三五”规划纲要提出的“逐步提高直接税比重”“降低增值税税负和流转税比重”的要求重点推进综合与分类相结合的个人所得税、房地产税等直接税改革，在稳定税负的同时实现税制结构的优化。

四是在全面推开“营改增”后，要按照有利于发挥中央和地方两个积极性的原则，在完善中央与地方事权和财力相适应的体制机制的统筹考虑下对增值税分享比例进行合理适度调整。

### （六）白彦锋[①]：全面“营改增”具有里程碑意义

## 全面“营改增”具有里程碑意义

（来源：《中国财经报》 2016年3月22日）

18日召开的国务院常务会议审议通过了全面推开“营改增”试点方案，明确自2016年5月1日起，全面推开“营改增”试点，将建筑业、房地产业、金融业、生活服务业纳入试点范围，并将所有企业新增不动产所含增值税纳入抵扣范围，确保所有行业税负只减不增。

“营改增”改革若完成，我国加工制造业和服务业等三次产业间的流转税制将实现统

① 白彦锋：中央财经大学财政税务学院院长，教授，博士生导师。

一，与经济活动有直接关系的税制改革将基本完成，这在我国税制改革当中具有里程碑意义。

## 一、简化税制促经济增长方式转变

全面“营改增”有助于消除服务业重复征税，简化税制，促进加工制造业和服务业税制统一，从而有利于转变经济增长方式。

1994年分税制改革确立了增值税和营业税平行课税的基本格局，但客观上就会出现一些兼营和混合销售现象。比如饭店内部卖馒头可能就要缴纳餐饮业营业税，而门外卖馒头则应缴纳销售货物增值税；邮局卖邮票交营业税，其他部门卖邮票就要交增值税等。

过去《增值税暂行条例》规定，一项销售行为如果既涉及货物又涉及非增值税应税劳务，为混合销售行为。从事货物的生产、批发或者零售的企业、企业性单位和个体工商户的混合销售行为，视为销售货物，应当缴纳增值税；其他单位和个人的混合销售行为，视为销售非增值税应税劳务，不缴纳增值税。应当分别核算货物的销售额和非增值税应税劳务的营业额，并根据其销售货物的销售额计算缴纳增值税，非增值税应税劳务的营业额不缴纳增值税；未分别核算的，由主管税务机关核定其货物的销售额。

增值税混合销售曾经一并缴纳增值税，但因影响营业税作为地方财政收入，后来改为由主管税务机关核定。尽管有助于理顺中央和地方之间的财政关系，但这却增加了税务机关在税制执行中的“自由裁量权”。

上述问题在1994年分税制改革初期表现并不明显，但在分税制运行20余年之后，一方面，现代产业在实际发展过程中高度融合，加工制造业和现代服务业之间的分野正在变得日益模糊，而针对不同产业分别征收增值税和营业税的税制设计客观上脱离了我国产业发展的实际和现状，使得税务机关征税和纳税人完税在很多时候都变得无所适从。再加上我国增值税作为中央和地方共享税由国税部门征收、营业税作为地方税由地税部门征收，使得税制变得更加繁杂。全面“营改增”改革完成之后，上述问题有望迎刃而解。

## 二、纳税人税负变化需要理性研判

在“营改增”改革以及其他税制改革当中，一条基本原则往往是“纳税人税负不增加”。然而，这里也要考虑名义法定税率和实际税率之间的区别。

有的企业原来征税不足，有的企业隐瞒收入、偷逃营业税，改征增值税之后，征管链条当中买卖双方会形成销项和进项之间的稽征关系，征管加强，过去纳税人偷逃、隐瞒的税收收入有可能随着税制转换而“浮出水面”，这样其税负有可能增加。事实上，这种情况下增加的税负并没有增加纳税人负担，只是在纳税人之间公平税负的过程中的“正常回归”。否则，过去营业税制下纳税人浑水摸鱼、隐瞒收入、偷逃税款，只会“劣币驱逐良币现象”，扰乱市场秩序和税收营商环境。

从这种意义上说，全面“营改增”加强征管，可以为纳税人创建更加公平的税制环境，促进纳税人公平竞争和社会整体经济效率的提升。

## 三、后“全面营改增”时代的税制改革展望

“营改增”改革完成之后，与企业经济活动有直接关系的税制改革基本完成，在我国税制改革当中具有“里程碑”意义。下一步税制改革的重点将从“企业税制”过渡到“个人税制”，将进入社会领域个人所得税、房地产税等直接面向自然人纳税人的改革，具有重要的历史意义，税制改革将进入“深水区”。

但是，全面“营改增”之后增值税制就完美了吗？实际上并非如此。我们距离理想的增值税还有很大的距离。

一是如何简并税率。增值税中性税收的作用主要通过单一的基本税率来体现，“营改增”之后税率档次增加，包括17%、13%、11%、6%和零税率等多档，不仅增加了税制的复杂性，也限制了增值税面对不同行业、不同类型纳税人时“一视同仁”的中性作用的发挥。因此，未来进一步简并税率将是完善增值税的题中应有之义。

二是出口退税率的确定。全面“营改增”完成之后，增值税的“体量”会进一步扩大。过去服务业营业税不能出口退税的部分，现在逐渐可以出口退税，这势必会增加财政负担。为此，需要在综合平衡财政负担能力、出口贸易发展以及中央和地方负担能力、区域均衡发展的背景下，科学界定出口退税率。

三是以票管税向信息管税转变。增值税的税基是企业产品和服务的增加值，企业所得税的课税对象是“销售收入减去成本、费用、税金、损失”之后的净值，这样看来，增值税事实上是非常接近于企业所得税的。未来大数据的背景之下，增值税是否需要并入企业所得税一起征收、从而进一步简并税制，是在当今信息化浪潮发展背景下需要深入思考的问题。如果这种发展真正成为事实，那将颠覆我国传统上流转税和所得税、间接税和直接税的“税种二分法”理论，税制发展将呈现出典型的“所得税化”或“直接税化”的趋势。

四是增值税征收有必要从生产地转向消费地。现行增值税在生产地征税，客观上会鼓励房地产等“重税高利”行业发展、刺激投资。地方为了增加财政收入，会强化加工制造业和投资行为。未来增值税应该转变为消费地征税，而非生产地征税。所有生产地的税收收入都纳入中央税，以便用于全国转移支付，而所有消费地的征税都纳入地方税。这样将降低企业税费负担、规范地方政府行为，切实推进供给侧结构性改革、完善我国现代财政治理体系，真正促进优化资源配置、维护市场统一、促进社会公平和实现国家长治久安。

## 从两个维度看“营改增”中的政府间财政关系

（来源：《中国经济时报》 2017年2月22日）

2016年“营改增”改革的全面试点是我国1994年分税制改革以来最为重大的一项改革，在央地财政关系上的影响尤为深远。在地区间的横向维度，可能表现为“鞭打快牛”；而在央地间的纵向维度，则表现为“撇脂战略”的特征。

**地区之间的横向维度：鞭打快牛？**

从存量上看，此次“营改增”改革后增值税中央与地方分享比例的调整可能是“鞭打快牛”。这是因为，营业税改征增值税之后，我国对增值税中央与地方之间的分享比例进行了调整，即从此前的中央与地方75:25调整为50:50。鉴于增值税是我国第一大税种，“营改增”之后，其体量进一步增加，深入分析“营改增”之后增值税分享比例对于我国地方经济发展的影响意义重大。考虑到各地产业结构的不同，此次比例调整对于不同产业结构地区的财政收入影响是不尽相同的。对于服务业发达、原营业税比重较高的地区而言，此次比例调整之后地方“损失”的税收收入比重较高；而对于第二产业比重较高、原营业税比重较低的地区来说，这次比例调整改革无疑使其有“漏网之鱼”的庆幸。那么，我国此次“营改增”增值税分享比例的调整，是否意味着是对发达地区的“鞭打快牛”呢？当然，从正面的角度来看，这的确有助于缩小我国区域差距，通过财政纽带使得大家可以携手奔小康。

**央地纵向维度：“撇脂战略”**

从增量和发展趋势上看，世界各国产业结构的变化规律都普遍经历了“一二三”“二三一”，再到“三二一”的发展历程。尽管我国现在是制造业大国，第二产业发展如火如荼，回归“制造业”是保持国家综合竞争力的重要法宝，但是2013年我国第三产业增加值首次超过第二产业，2015年第三产业占GDP的比重达50.5%，首次过半，所有这些都让中央财政对以加工制造业为主要税基的原增值税和以第三产业为主的营业税格局“如芒在背”。为此，中央2016年再次出手，就是要“下好先手棋”，通过对富有增长潜力的服务业流转税“动手”将优质税源“收入囊中”，确保中央在全国财政收入中比重的优势地位不动摇，防止陷入1994年分税制改革之前中央财政比重过低、向地方财政“伸手要钱”的被动局面。

事实上，我国政府间财政关系改革的重要经验或者规律就是“撇脂战略”，即政府间财政关系改革当中，各国政府为了确保中央政府的宏观调控能力，事实上都在将最为优质的所得税、流转税等优质税源的大头化为己用。1994年分税制改革时，个人所得税规模很小，只有不足百亿元的72.7亿元，占当年全国税收收入5 126.88亿元的比重只有1.42%。但后来增速很快，2002年达到1 211亿元。为此国家1999年先是对利息恢复征收新中国成立之初曾经征收过的个人所得税，并将其作为中央财政收入。2001年所得税中央与地方分享比例改革，通过《国务院关于印发所得税收入分享改革方案的通知》（国发〔2001〕37号），将个人所得税、企业所得税的央地分享比例调整为60:40。因此，2015年个人所得税收入达到8 618亿元，占全国税收收入124 892亿元的比重达到6.9%。如果再往前追溯，1994年分税制改革当中中央将消费税作为中央税、增值税75%划归中央，也是这种思路的体现。

而“撇脂定价法”又称高价法或吸脂定价，在原理上大同小异，即在产品刚刚进入市场时将价格定位在较高水平，在竞争者研制出相似的产品以前，尽快地收回投资，并且取得可观的利润。然后随着时间的推移，再逐步降低价格使新产品进入弹性大的市场。一般而言，对于全新产品、受专利保护的产品、需求价格弹性小的产品、流行产品、未来市场形势难以测定的产品等，通常采用“撇脂定价”策略。我国政府间财政关系改革当中，中央盯着的其实也是“明星税种”，藉此确保中央财政的优势地位。

与“撇脂战略”类似，分析我国政府间财政关系的变化历程，在中央与地方税种分享改革的过程中，中央尽量将增收潜力大的税种收入囊中。而这种改革战略之所以能够奏效，与我国的政治体制密切相关。地方也愿意不断培植新税源、并愿其被中央财政“笑纳”。这就成为推动我国地方财政体制和全国财政体制不断发展的重要原因。

## （七）樊勇[①]："营改增"对宏观经济运行产生积极影响

# "营改增"对宏观经济运行产生积极影响

（来源：《经济日报》　2017 年 1 月 3 日）

2016 年 5 月 1 日在全国范围内全面推开的"营改增"试点改革，是 1994 年实行分税制以来力度最大、最有影响力的税制优化改革。"营改增"改革对我国宏观经济运行将产生积极影响，主要表现在 5 个方面：进一步促进社会专业分工，提高社会生产力水平；进一步推动产业结构升级，提升经济发展的内在动力；进一步扩大消费，拉动内需，提升经济发展的内在动力；进一步促进服务贸易出口，优化对外贸易结构，提升我国对外贸易水平；进一步稳定就业水平，提升就业质量，为宏观经济的稳定运行提供保障。

我国自 1994 年开始建立全面的增值税制度，从税制建设上推动了社会专业化分工和社会化大生产，但在"营改增"改革之前，作用范围和程度依然有限。"营改增"后，增值税征税范围覆盖到所有行业和产业，将所有产品和服务纳入抵扣范围，将进一步减少重复征税和减轻生产企业税收负担，进一步满足经济发展对专业化分工的内在要求，有利于改进"大而全""小而全"的低效能生产模式，推动社会生产向专业化协作方向发展，促进经济发展的内生动力，提高社会生产力水平。

本次"营改增"改革，尤其是将现代服务业、金融业、生产服务业纳入增值税征税范围，一方面服务业在增值税征税模式下，可以将外购商品和服务中的流转税金纳入抵扣范围，可以减少本环节纳税税额，从而降低企业成本，提高行业的盈利能力，从而促进服务业等行业的发展和在国民经济中的占比，促进产业结构向以第三产业为重心的发展。另一方面由于对技术咨询、技术研发、广告宣传、金融等现代服务业征收增值税，能通过纳入抵扣范围减少重复征税的方式，降低其他行业对服务业消费的成本，从而促进对服务业的消费，尤其是技术询问、研发和品牌、商誉等方面的投入，提升产品技术含量和企业竞争力，不断增加经济发展的内在动力和潜能。

"营改增"改革实质是一项减税政策。从理论上看，"营改增"改革无论是对新纳入增值税征税主体还是原有增值税主体都是一项减税政策，一方面从对原有增值税主体而言，可以将生产支出中含有的增值税税金全部纳入抵扣，而在营业税制度下，这些税金可能是不允许抵扣的，因此扩大抵扣范围会减少本环节缴纳的税额。另一方面对新纳入的增值税主体而言，在原来营业税制度下，纳税主体既要支付享受金融服务的价格，还要缴纳其中含有的税金，而在增值税制度下，虽然同样要承担增值税税金，但企业可以将这部分税金在下一个交易环节将其抵扣，从而减少或避免商品与服务中间环节的重复征税。

增值税扩大增税范围后，将广大服务业纳入增值税征收范围，并相应调整和扩大劳务退税范围，建立健全的服务贸易出口退税机制，有利于进一步优化我国对外贸易结构，推动对

---

① 樊勇：中央财经大学财政税务学院党委书记，教授，博士生导师。

外贸易发展。“营改增”后建立服务贸易的出口退税机制，使劳务可以不含税价格参与国际市场竞争，从而对促进服务贸易的出口产生积极的影响，进一步扩大服务贸易在对外贸易中所占比例，优化对外贸易结构。

# 后“营改增”时期要解决的七大问题

（来源：《中国税务报》 2016年2月3日）

后“营改增”时期，要统筹考虑增值税税率、抵扣、优惠、退税、征管、收入分享体制和国际税收协调七大问题。

2016年1月22日，中共中央政治局常委、国务院总理李克强主持召开座谈会，研究全面推开“营改增”，加快财税体制改革。这意味着，从2012年开始的“营改增”试点改革，要进入最后的冲刺阶段。

“营改增”改革推动了增值税征收范围的全覆盖，为我国建立现代型增值税制度奠定了坚实的基础，但不断完善增值税制度的步伐并不能停止，一些矛盾和问题已露端倪，有的还比较突出，需要在后“营改增”时期统筹考虑，继续推进完善增值税制度改革。

一是增值税税率的简并。除简易税率和出口零税率外，目前增值税有6%、11%、13%及17%四档税率。不论是增值税基本原理，还是发达国家相关实践经验都表明，过多档次的税率设计不利于增值税中性特征的发挥，也给税收征管带来较多难题。因此，简并增值税税率是后“营改增”时期建设现代型增值税不得不面对的首要问题。

二是增值税抵扣制度的完善。增值税抵扣制度是影响增值税中性作用的最主要因素，理想的增值税抵扣制度能够消除重复征税。但由于税制模式选择及税收征管的原因，即使是较早实行增值税的发达国家也难以做到完全的分摊和抵扣。这种抵扣的“有限性”或“不充分”，使得增值税制度只能在不同程度上减少重复征税，而不能消除重复征税。随着我国增值税征收范围全覆盖，增值税可抵扣范围面临着量大、面广、点散的复杂局面，这将给下一阶段增值税抵扣制度的设计和征管增加难度。如在对服务性消费抵扣中，如何区分“私人消费”，就是一个国际性管理难题。

三是增值税优惠制度的设计。增值税优惠制度设计在理论和实践中一直处于两难境地。一方面，少优惠或没有优惠是实现增值税征收链条完整的前提，也是理想增值税制度所追求的。另一方面，考虑到增值税的累退性及征管等因素，大部分OECD国家对食品、医疗、公共部门、金融、房地产等实行了免税或零税率政策。与其他间接税不同，增值税优惠有零税率和免税率两种制度设计，两者有本质区别，需要合理应用。我国目前增值税免税项目有24个，其中包括7个法定免税项目和17个特定免税项目。与澳大利亚、加拿大、法国、英国、新西兰等国的政策相比，免税项目相对较多，而零税率项目较少。如何考虑我国国情，借鉴国际经验，优化现行优惠政策体系，值得深入探讨。

四是增值税退税制度的健全。目前我国行业间增值税税负的变动是企业普遍关心的问题，但类似问题在同样实行增值税的其他国家较少出现。因为在这些国家，在及时彻底的增值税退税制度下，增值税是严格的间接税，税负可以转嫁到下一流转环节，其实际负担人是最终消费者，增值税税负高低对生产企业并无影响。增值税退税制度已经在一些增值税发达国家成为纳税申报制度的常规部分，可以通过电子申报及时实现。受财政收入及管理等客观因素制约，自引入增值税制度以来，我国一直没有建立广泛的增值税退税制度（仅在出口环节实行退税），而是实行增值税留底制度。未来，建立全面的增值税退税制度则是要着重考虑的改革。

五是增值税征管的加强。增值税的偷税、骗取退税问题正越来越受到增值税发达国家的重视。有 OECD 税务专家认为，欧盟的增值税征收率大概在 0.6—0.7 之间，加强征管是欧盟未来增值税改革的最主要任务。与这些发达国家相比，我国的增值税征管似乎更加成功，尤其是自 1998 年开始建设的金税工程已日臻成熟，切实解决了“假票虚开”问题，但“真票虚开”问题目前还没有更彻底的解决办法。此外，地下经济、现金交易都将是增值税征管需要面对的难题。

六是增值税收入分享体制的调整。增值税是一种流转税，理论上存在税收与税源相背离的现象。在我国，“营改增”改革之前，增值税征收范围有限，而且增值税收入 75% 划归中央，税收与税源相背离这一问题虽然存在但并不突出。随着增值税征收范围的全覆盖，中央分享比例下降，这一问题将会凸显。而且目前中央与地方政府对增值税收入既按比例（原有增值税征税范围）又按范围（原营业税征税范围全部划归省级政府）的分享方式缺乏理论支撑，在各国增值税实践中也是非常少见的。而要解决上述问题，都涉及增值税收入分享体制的重新设计和调整。

七是增值税的国际税收协调。2015 年 OECD 财委会开始讨论其起草的《增值税/一般消费税指南》，这是 OECD 在继《关于对所得和资本避免双重征税的协定范本》和《BEPS（税基侵蚀与利润转移）行动计划 2013》后，推出的第三个国际税收协调文件，其目标是最终构建起覆盖所得税和 VAT 的完整税收国际公认准则。如何参与适应这一规则应是我国增值税未来改革重点关注的领域。

## “营改增”对宏观经济运行产生积极影响

（来源：《金融时报》 2016 年 4 月 16 日）

从 2016 年 5 月 1 日开始，营业税将全面改为增值税，如何稳妥推进金融业“营改增”改革，成为金融业关注的焦点。

增值税是一种以销售商品与劳务（服务）提供过程中产生的增加值为课税对象的流转税，它的出现和发展是对以全额流转税为课税对象的税种的改良。有数据显示，在国际经合组织（OECD）34 个成员国中，除美国外都已开征增值税，在以流转税为税收收入主体的国家中，发展中国家占多数，这其中采用增值税的国家，其增值税收入占比要远远高于发达国家。增值税对我国国民经济的运行影响巨大。自 1994 年开始，增值税一直是我国第一大税种，2015 年增值税收入占全部税收收入的约 25%，2016 年 5 月 1 日开始营业税全面改增值税后，占全部税收的比重将超过 40%，占 GDP 的比重为 7% 左右，是全球第一大增值税运行体。

此次金融业“营收增”，与建筑业、房地产业、生活服务业等行业“营改增”一样，都是我国增值税改革的组成部分，是增值税扩大征收范围改革的“收官之作”。自1979年我国开始引入增值税以来，增值税经历了试点、全面施行、转型改革、扩大范围改革四个发展阶段，2013年开始陆续将交通运输业、现代服务业中的邮电通讯业纳入增值税征税范围，及至2016年5月1日开始将金融业、建筑业、房地产业、生活服务业等行业纳入增值税征收范围，都属于增值税扩大范围的改革，其目的是实现增值税征收范围的全覆盖。这项税制改革有利于保持增值税链条完整，避免中间环节流转税税负的重复征税，有利于促进产业分工和产业结构升级，从而促进经济可持续增长。同时，扩大征收范围改革意味着微观主体增值税抵扣范围的扩大，从而实现当下我国供给侧改革中的减税政策意图。

理论上看，金融业“营改增”改革的影响可分为两个主体层面：

一是从事金融行业的单位和个人。由于将金融业纳入增值税征收范围后，从事金融行业的单位和个人将成为增值税纳税义务人，其在承担缴纳增值税义务的同时，也获得了增值税税金抵扣的资格，可以将购进或租赁房产、固定资产、办公用品及购买咨询、广告、电讯等支出中含有的增值税税金纳入抵扣，而在营业税制度下，这些税金是不允许抵扣的，因此金融行业“营改增”将减少金融行业的税收负担，降低金融企业的运行成本，进而降低各类金融服务的价格，提高金融行业的行业竞争力，这对网点多、规模大、固定资产投入高的实体金融企业尤为显著。

二是对享受金融服务的下游行业或企业。在营业税制度下，金融行业的下游企业既要支付享受金融服务的价格，还要承担金融服务收费中含有的税金，而在增值税制度下，虽然同样要承担金融机构转嫁的增值税税金，但企业可以将这部分税金在下一个交易环节进行抵扣，减少或避免商品与服务中间环节的重复征税，从而降低微观主体的运行成本，降低微观主体提供产品与服务的生产价格，进而提升它们参与国内和国际市场的竞争能力，对资本密集型行业而言，这方面作用尤为显著。

稳妥推进金融业“营改增”，需要重点关注、全面理解这次改革的几个重要变化：

一是税率的变化。“营改增”后金融行业适用6%的税率，表面上较原来5%的营业税率提高1个百分点，但名义税率的提高并不代表实际税负的加重。从行业整体情况来看，由于考虑到允许金融企业将外购房产、设备及服务中所含的增值税税金进行抵扣，企业缴纳流转环节的税收不但不会上升，反而会下降。但少数或个别企业由于外购可抵扣项目处于改革的不同时点，会存在可抵扣项目少而出现增税的现象。但从中长期来看，对所有企业的减税效应是可以肯定的，这也是这次改革的政策设计的初衷。

二是将金融服务列入金融行业的增值税征税范围，并界定贷款服务、直接收费金融服务、保险服务和金融商品转让等四类金融服务的内容。金融业是否征收增值税是当前国际增值税理论领域讨论的热点，也是难点。即使在已经或即将对金融业征收增值税的国家中，实施方案也不尽相同，这与金融行业及业务的特殊性有很大关系，这种特殊性体现在金融交易的多样化、金融商品架构的复杂化、金融脱媒趋势导致主体虚化等方面。从国际实践来看，对金融服务中的各类收费项目征收增值税是比较一致的，但对金融商品转让是否征税还存在一些差异，甚至争议。因此，这次对“营改增”方案中对金融商品转让征税基本延续了原来营业税按差额征税的办法，这可能是一个权宜之计、过渡之策。

三是明确了允许抵扣或不允许抵扣的范围。金融业“营改增”方案对抵扣制度的规定基本延用原有增值税规定，但似乎也有一些例外，如对纳税人购进贷款服务不得从销项税额中抵扣规定。理想的增值税抵扣制度能够消除重复征税，但由于财政考量、税制模式选择及税收征管等原因，即使是较早实行增值税的发达国家也难以做到完全的分摊和抵扣，做到“应抵尽抵”。这种抵扣的“有限性”或“不充分”，使得增值税制度只能在不同程度上减少重复征税，但不能消除重复征税，有时还会形成不同行业间、同一行业企业间税负不等的现象。因此，对现行方案中抵扣制度的规定，应有全局视角和制度发展的眼光。

从理论研究和实践经验来看，对金融行业征收增值税是一个世界性税收难题，需要不断总结和探索。金融行业“营改增”方案实施后，不可避免会在宏观和微观层面出现一些矛盾和问题，需要在之后“营改增”时期统筹考虑，不断完善。同时，我们也应有理由预见，作为世界最大增值税运行体和第二大经济体，作为拥有40多年增值税管理经验的最大发展中国家，中国有能力为世界输出金融行业增值税制度设计与管理的“中国经验”，为世界增值税制度的发展作出贡献。

## （八）李旭红[①]：“营改增”如何降低行业税负

# “营改增”如何降低行业税负

（来源：《第一财经日报》 2016年3月24日）

2016年3月17日，国务院常务会议审议通过了全面推开“营改增”试点方案，明确自2016年5月1日起，全面推开“营改增”试点，将建筑业、房地产业、金融业、生活服务业纳入试点范围，并将所有企业新增不动产所含增值税纳入抵扣范围，确保所有行业税负只减不增。这标志着我国的增值税改革进入了新的阶段，为未来的增值税立法奠定了非常重要的基础。

改革选择在5月1日这一时点需要克服重重困难，且不说政策的全面覆盖涉及诸多的因素，仅1 000万户纳税人的信息由原来的地税局交接转移到国税局便是一项巨大的工程。

此次国务院常务会议审议通过的全面推开“营改增”试点方案，最大的亮点在于“确保所有行业税负只减不增”。为了实现以上目标，在政策安排上主要有以下几点举措：

一是扩大试点范围，全面覆盖。通过将现行营业税应税范围全部改为征收增值税来实现抵扣链条的完整，以降低税负。以制造业外购劳务为例，由于“营改增”前大多数劳务是营业税课税范围，无法作增值税进项税额抵扣，但从5月1日开始，其纳入增值税范畴可以抵扣了，因此，制造业的抵扣项目将会增多，增值税的应纳税额便会减少。但是，有些进项即使取得了增值税专用发票也无法抵扣，一是所取得的进项必须用于应税货物或劳务才可以抵扣；二是外购的货物或劳务如果用于集体福利或个人消费也无法作增值税进项税额抵扣。因此，纳税人除了需要关注供应商的身份是否具备增值税一般纳税人的资格或能否到税务机关代开专用发票以外，对于成本类的项目还需要关注是否用于应税项目，否则无法抵扣；而费用类的项目由于难以区分是否是个人消费，因此大多数无法作进项税额抵扣。

---

① 李旭红：北京国家会计学院，副教授。

二是将不动产纳入抵扣范围，增大进项税额。“营改增”前，我国的企业购置固定资产需要区分是动产还是不动产，因为动产作为货物属于增值税的应税范畴，允许抵扣。而不动产作为营业税的应税范畴，不允许抵扣。这样的规定，无论对于纳税人还是税务机关，均带来许多不便，引致税务风险。例如，一个单位建设塔台，塔台上设有雷达，则在纳税上雷达虽然是货物却有可能无法作进项税额抵扣，因为税法中有规定，不动产的附属设置无法作增值税的进项税额抵扣。此次将不动产纳入抵扣范围，将大大降低纳税人的税务风险，完善了税制。

同时，将不动产纳入征税范畴还会增大纳税人的进项税额，我国不动产的投资具有较大规模，所以这将全面影响我国增值税总额以及企业的应纳税额，是此次稳增长政府释放红利的重大举措。据作者调查研究，有的省属企业，年均新增不动产达到 30 亿元，以 11% 的税率计算，进项税额将增加 3 300 万元。在此还需要提到的一个问题是，不动产是按照较长的生命周期定义的，这意味着它的使用或“消费”要发生多年，并且有可能有多个使用者，因此对于不动产相关的税收还无法简单地与一般的货物等同对待。在企业所得税中，我们通过折旧的方式，将不动产的成本用若干年来进行摊销，使其成本可以平均到纳税人若干年限中的每一年的企业所得税扣除额中。那么对于不动产的增值税，我们又该如何解决这个生命周期的问题呢？

从国际的实践上看，大多数规定长达近 10 年的调整期限，例如欧盟，对于不动产资本品，成员国可以制定 5—20 年的调整期限，大多数成员国都采取了 10 年的期限。此次我国将有可能按照更短的期限允许其作进项税额抵扣。由于货币是具有时间价值的，所以，抵扣的期限越短，所需要牺牲的货币的时间价值便越少。有些读者或许会顾虑由于购进不动产的年度没有过多的销售收入，所以导致没有过多的销项税额去抵消进项税额，因此担心会浪费不动产的进项税额。但是，由于我国的增值税留抵额（进项大于销项的税额）是可以无限期结转的，因此，假设某一企业购进了不动产，其销项税额很大，则当期不动产的进项税额便全部用作抵扣了，最终应纳增值税额很小；假设其销项税额很小，则该企业的当期不动产的进项税额留待结转至下期抵扣。

三是运用简易计税、反向征收及差额计税的方式来解决一些过渡性的特殊问题。增值税的简易计税与营业税的计税方式十分相似，主要对销售额按一定的征收率计征，不允许作进项税额抵扣。由于一些行业特殊的情况或管理不规范，因此存在进项税额抵扣不足的问题。为了保障行业的税负降低，在政策的设计上将通过简易计税的方式来解决这一特殊问题，以劳动密集型的行业为例，由于没有足够的进项税额抵扣，因此将采用允许用简易计税的方式来解决。

同时，为了保障增值税抵扣链条的完整性，对于选择采用简易计税方式的纳税人，在政策上还允许其开具或代为开具增值税专用发票，下游企业获得后可以作进项税额抵扣。此外，此次在政策设计上还有可能采用反向征收的方式，例如有些行业由于销售方无法开具发票，则由购买方到税务机关去代开发票，这样增值税的抵扣链条就更为完整，也就不存在没有发票的情况。差额计税是另一种特殊的增值税计税方法，有些进项无法获得发票作进项税额抵扣，为了降低税负，试点方案将允许其将销售收入减去扣除项目，用更小的销项税额进行计税，同时，其符合规定的进项税额依然允许抵扣。反向征收及差额计税是国际增值税中通用的两种特殊计税方法，我国在此次试点方案中采用了，这意味着我国增值税与现代增值税的进一步趋同。

当然，上述的政策设计主要从如何降低行业整体税负去考虑，因此，并不能确保每个企业在“营改增”中都能降低本企业的税负。由于增值税采用的是购进法，也就是每个企业根据其当期的业务产生的销售收入或购进的材料等计算得出其应纳税款。因此，企业的经营决策行为会影响到其每一期的增值税应纳税额，要降低增值税的应纳税额，显然需要进项与销项之间的平衡，所以，每个企业还需要从经营决策的各个方面去做好规划安排，以获得改革的红利，降低税负。

## 剩余四大行业准备好“营改增”了吗

（来源：《第一财经日报》　2016 年 1 月 26 日）

1 月 22 日，国务院总理李克强主持召开座谈会，研究全面推开“营改增”、加快财税体制改革、进一步显著减轻企业税负。财政部部长楼继伟 2015 年年末时也曾表示，将建筑业、房地产业、金融业和生活服务业纳入试点范围。那么，剩余的这四大行业做好“营改增”的准备了吗？

“营改增”自 2012 年 1 月 1 日从上海开始试点以来，主要经过了两个阶段：一是分地区进行试点，先由上海开始，然后覆盖到长三角、珠三角及渤海湾三大主要经济区域；二是分行业进行全国范围内的试点，至今涉及的行业包括交通运输、邮政、电信以及七大现代服务业（研发和技术服务、信息技术服务、文化创意服务、物流辅助服务、有形动产租赁服务、鉴证咨询服务及广播影视服务）。

以上涉及的行业看上去很多，但实际仅约四分之一的营业税纳税人转为了增值税纳税人，仍有四分之三的营业税纳税人未完成“营改增”改革，分别是建筑业、房地产业、金融业和生活性服务业。显然，以上这四大行业会影响到中国的 GDP、投资、就业等多项因素，十分重要。

从税收的基本原理看，增值税与营业税相比，有着许多优势，其中最为突出的是其最大限度地消除了重复计税。然而这样一项有利于纳税人的税制改革，为何在推进过程中会遇到困难呢？

**“营改增”难点**

笔者自 2012 年“营改增”试点以来，一直在跟踪及研究这一项税制改革，其中也接触到了大量改革涉及的行业、企业及相关部门。总结而言，难改的原因主要包括以下几点：

第一，认识的误区。

通常一谈到“营改增”，企业就会去计算税收负担，导致大量的精力都花在了测算所谓的税负。事实上，增值税的税负与企业所得税的税负是两个完全不同的概念。企业所得税税负会实实在在落在企业的头上，但增值税的税负则是个非常复杂的问题。在一个完美的税制环境下，增值税的税负不应由企业来负担，而是通过转嫁的机制，最终由消费者来负担。

但在我国，现实的情况是，增值税的税收负担是有可能由企业来承担的，主要原因有四点：一是在价税合计的报价体系下，交易的双方主体有可能因谈判议价能力的强弱，而导致税收负担转嫁到其中的一方，从而导致税收负担无法顺利传导到最终消费者；二是基于税法对于存量资产、不动产等的特殊规定，有可能导致一些存货及资产无法进行进项税额抵扣，最终产生税负沉淀；三是我国存在小规模纳税人及一般纳税人两种不同的增值税计税方法及规定，由于从小规模纳税人处购进货物或劳务无法作进项税额抵扣，也会造成税负的沉淀；四是由于我国交易模式的多样性及交易主体的多样化，从而会导致与一些不需要缴纳增值税的主体进行交易时，购进的货物、劳务、无形资产等无法作进项税额抵扣。

其中土地出让金就是一个让人十分纠结的例子，由于出让土地的主体没有缴纳增值税，那么购买主体显然不可作进项税额抵扣，可是土地出让金及各种行政规费通常占房地产开发企业成本的一半以上，所以许多房地产企业呼吁土地出让金给予计算抵扣。殊不知，由于上一环节没有缴税，计算抵扣只能由财政进行补贴，而一旦涉及财政补贴就要权衡由哪一级财政进行补贴、这种补贴是否合理等复杂的问题。

第二，财政的承受能力问题。财政部公布的数据显示，2014 年我国的国内增值税为 30 850 亿元，同比增长 7. 1%，扣除“营改增”转移收入因素后增长 2. 5%。而 2015 年 8—11 月的数据显示，除 10 月份国内增值税为 2 779 亿元、同比增长 2. 3% 外，其余月份国内增值税呈同比 0. 3%—4. 7% 的下降趋势。从某种意义上来说，尽管一些企业反映其“营改增”后税负上升了，但宏观数据显示，我国增值税的总量呈下降趋势。当金融、建筑、房地产等四个行业纳入增值税的课税范畴后，如果新增投资导致抵扣项目较多，则有可能由于实现了抵扣链条的相对完整性，从而减少了增值税的税额。那么，在增值税税收总额呈下降趋势的背景下，推行这项税制改革必然要考虑我国财力的可承受性问题。而一国的财力关系到国家治理现代化的经济基础，所以是政策推进中不可忽视的重要问题。

第三，我们要考虑未来需要“营改增”的行业是否做好了准备。

增值税的计税方法显然比营业税要复杂得多，营业税仅需单向思维，用计税营业额乘以相应的税率即可，但增值税则必须要双向思维，既需要考虑到销项，又需要考虑进项，还需考虑销项与进项之间的平衡。但企业的税务管理人员要从营业税的管理思维转变到增值税的管理思维，则具有相当大的难度。

坦率地说，我国企业尤其是内资企业对税收的重视程度远远不够，通常一个企业连专门的税务管理部门都不设置，不少企业税务管理人员是兼职的，税收与投资、价格、会计、法律等不同部门合署办公，营业税纳税人由于营业税的计税方法简单疏于税务管理人员的队伍建设，更不要说搭建分层级的税务管理架构。因此，“营改增”使一些企业短期内难以适应增值税的管理要求。

此外，例如金融行业等，由于产品多样、交易频繁、系统复杂，所以难以核实增值税的销项与进项，也会增加其适应增值税管理的难度。根据笔者调研的情况，在建筑、房地产、金融及生活性四大行业中，建筑业的重视程度较高，其前期准备得比较充分，有助于其顺利实现“营改增”。

**“营改增”势在必行**

然而，无论出于何种原因考虑，都必须认识到，从大的改革方向看“营改增”是势在必行的。

首先，增值税是世界上最主流的流转税种，根据 2014 年 OECD 国家的消费课税报告，截至 2014 年世界上已有 160 个国家征收增值税。增值税与营业税相比较，其可以实现出口退税，消除跨境贸易及服务的重复计税，而营业税则无法实现。我国正进行产业结构调整，在“一带一路”政策的激励下，大量的中资企业走出国门，需要与国际上的主体税种融合。

其次，自2008年我国企业所得税立法以来，已过去了8年时间，我国的第一大税种增值税仍未立法，这与其功能定位是非常不匹配的，从完善我国现代化税收体系的角度看，增值税立法是必然要走的一步。“营改增”是增值税立法中的一部分。

第三，我国长期实行的货物征收增值税、劳务征收营业税的流转税制，已无法满足现代服务业与货物融合的产品组合，容易造成重复计税，并且增值税由国税局征收、营业税由地税局征收的管理模式，也难以满足我国《深化国税、地税体制改革方案》的整体要求。

## “营改增”推动企业创新融资方式

（来源：《第一财经日报》 2016年5月31日）

根据“营改增”的相关政策，购进贷款服务的进项税额不得从销项税额中抵扣。通俗易懂地说，就是企业所支付的利息费用在“营改增”之后需要缴纳6%的增值税，但这部分的进项税金企业无法作进项税额抵扣。

**一、对利息征收的增值税未必由债务人负担**

利息是企业财务费用的重要组成部分，尤其在资本密集型的行业，企业每年支付给银行或相关金融机构的利息费用通常是巨大的，因此，利息的增值税进项税额无法抵扣显然会对企业的融资方式产生一定影响。

根据增值税的基本原理，对贷款服务（如利息）所征收的增值税假设由债务人来负担，但债务人却无法抵扣进项税额，则会造成对利息征收的增值税金直接进入融资方的资金成本。举个例子，假设利息需要支付1 000万元，对利息征收的增值税为60万元（1 000万元×6% =60万元），则由于利息的进项税金无法抵扣，所以融资方的资金成本为1 060万元。

但是，在此对利息征收的60万元增值税却未必会由融资方来负担，因为假设银行并未对原有的利息定价进行调整，则在利息价税合计为1 000万元的前提下，银行的不含税利息收入减少，其实际负担了对利息征收的增值税。目前，我国的情况大致如此。但据作者了解，金融机构已经进行了相关系统的更新，实行价税分离，因此，在未来也不排除金融机构的定价机制会作相应调整，即在不含税利息报价的基础上，增加相应的增值税。

**二、价税分离或含税报价是困扰企业的问题**

价税分离或含税报价，是“营改增”过程中常常困扰企业的问题，其中增值税的原理非常清晰，税基便是不含税的价格，但在我国已习惯于含税报价，所以在此次调整中，假设原有的定价为不含税报价，则卖方会根据新的税法在不含税报价的基础上调整相应税额，税金通常由买方负担。

但假设原有的定价为含税报价，此次“营改增”后总价不变，税率调增了，则税金通常由卖方来负担。金融业“营改增”中无论是贷款服务还是其他的中间业务收入，金融机构在定价中均面临着以上问题的决策。笔者相信，经过了相关调整，未来各行业的定价会逐渐接受以不含税的价格为税基，再加上按照相关增值税率计算的增值税税额的定价模式。

因此，可以判断，未来进项税金由买方负担，并由买方抵扣的方式是合理的，事实上，在国际上有些国家已在税法中明确规定进项税金由买方负担，如韩国。

**三、融资租赁可以解决利息进项税金不可抵扣的问题**

那么，假设贷款利息所产生的增值税由债务人来负担，但债务人却无法抵扣，则会促使企业寻求其他融资方式来降低资金的使用成本，从某种意义上说，会推动企业融资方式的改革。

显然，传统的融资方式会增加企业的融资成本，企业需要另谋出路。其中，融资租赁将会成为企业青睐的一种方式。根据财税〔2016〕36号文的相关规定，经中国人民银行、银监会或商务部批准从事融资租赁业务的试点纳税人，提供融资租赁服务，以取得的全部价款和价外费用，扣除支付的借款利息（包括外汇借款和人民币借款利息）、发行债券利息和车辆购置税后的余额为销售额。

也就是说，假设企业要购买设备，其自有资金不够，则需要贷款去购买设备，但贷款必然要支付给银行利息，而“营改增”之后银行利息需要缴纳6%的增值税。假设这部分税金由企业负担但无法作进项税额抵扣，则会增加其融资成本。如果企业不从银行贷款购买设备，而通过融资租赁的方式取得设备，则内含有利息的融资租赁费，企业可以作进项税额抵扣，其税率为17%。因此，企业自然会用融资租赁的方式去替代从金融机构直接借款。融资租赁公司本身也会借款并产生利息，但税法允许其在计税时通过差额计税的方式直接扣除利息，因此融资租赁方式无论对于企业（承租方）还是融资租赁公司都是有利的。

当然，在此的利息扣除，融资租赁公司在处理过程中也会遇到一些困难。通常，融资租赁公司会建立资金池，融资后资金进入资金池再转到各个融资租赁项目，所以并非每一笔贷款均可以对应相关的融资租赁项目，难以扣除。其实，解决这个问题的主要途径还是要加强核算，使每一个融资租赁项目的贷款利息有明确的归集。

**四、企业融资方式的改革将推动金融创新**

除了融资租赁方式以外，企业还会创新各种的融资渠道，目前，根据财税〔2016〕36号文的相关规定，各种占用、拆借资金取得的收入均被认定为贷款服务，其进项税额无法抵扣，具体包括：金融商品持有期间（含到期）利息（保本收益、报酬、资金占用费、补偿金等）收入、信用卡透支利息收入、买入返售金融商品利息收入、融资融券收取的利息收入，以及融资性售后回租、押汇、罚息、票据贴现、转贷等业务取得的利息及利息性质的收入。

因此，未来在界定各种创新的融资方式是否应判定为贷款服务的收入，将成为难点。例如，目前在产业链金融中十分活跃的应收账款保理的方式是否应该认定为贷款服务，便是业界关注的热点，除此以外还有大量的产业基金、合伙制信托、理财产品、混合型投资等，其收益中均含有一些具备资金占用使用的特性，但又界定为投资所得的收入，导致征税上具有一定的不确定性。

笔者较为赞同投资收益不缴纳增值税，毕竟增值税在流转环节征税，其本质上是一种流转税，而从另一角度看，金融商品在转让环节征收流转税则是合理的。但金融商品的投资收益通常包含两部分内容：一是持有期间得到的投资回报；二是转让期间获得的买卖价差收入，因此需要对这两部分收入进行确认后再进行征税才可以理清其中的关系。

当然，在企业创新融资方式的同时，银行也会对其相关的业务进行创新，毕竟如果仍旧主要依赖于传统业务，则在未来会影响到银行的整体收益情况。其中，增加中间业务收入占比，进行结构性调整，并借助于理财产品、资管产品等更多的金融创新产品，解决企业融资的困难，并降低企业的融资成本，尤其在产业金融等领域高度融合金融与企业间的关联关系，才能真正满足社会的融资需求，达到合作共赢的目的。

无论如何，利息征税但其进项税金不可抵扣的问题，必然导致企业对于融资方式进行各种的创新及选择，同时也会影响到银行等金融机构在业务模式上的转变。进而，会促进产业与金融的融合，毕竟，如何降低融资成本是经济社会中所共同关心的问题。

# “营改增”对中小企业的影响

（来源：《第一财经日报》 2016年9月21日）

自2016年5月1日全面实施“营改增”至今已有4个月了，由于此次涉及建筑、房地产及金融等行业，而这些行业又集聚了中国的大型企业，因此，前期关于“营改增”落地效应的研究主要聚焦于大企业。事实上，一个政策对中小企业的影响，会关系到整体经济的平稳运行。

据作者的研究发现，全球中小企业占比达98%，提供了2/3的就业贡献率，且在科技创新方面表现活跃。而我国工信部的数据显示，在工商注册登记的中小企业占企业总数的99%以上，工业总产值和利税分别占全国企业的60%和40%。因此，有必要在政策落地进一步深入的阶段，关注“营改增”对中小企业的影响。

**一、简易计税方法解决部分中小企业困难**

据作者前期调研发现，许多中小企业并没有反馈出税负增加的情况，主要原因在于由于存在过渡期政策，允许简易计税，因此实际上虽然税种发生了转变，但税率并没有本质上的提高，因此中小企业的税负近期内没有上升。

但关于这个问题也需客观看待，因为简易计税的方法一旦停止使用，那么中小企业仍需按照一般计税法计税，即由销项税额扣减进项税额而得到增值税的应纳税额，其原来的粗放式经管模式及财务管理模式则无法适用于一般计税法，最直接的反映在于，由于购进物资没有取得合法凭证抵扣，则进项税无法抵扣而直接沉淀进成本，中小企业的成本将上升。准确来说，只有当过渡政策结束时所反映出来的税收才能体现出真正的政策效应。

**二、“营改增”后核定征收企业所得税问题凸显**

调研时，中小企业向作者反映，总体而言“营改增”后企业是减税的，但企业所得税核定征收的问题却非常困难。因为，按照“营改增”后一般计税法计税，中小企业必须取得规范的发票才可抵扣，因此其财务管理渐趋健全，在此背景下，企业优选查账征收企业所得税，因为在规范完整的成本费用扣除之后，企业所得税的应纳税所得额减少了，因此查账征收会全面降低中小企业的企业所得税负。

但是，问题在于，部分中小企业可能依然会有应收账款由于三角债等多方面的原因，暂未回收，但回收时前期的成本费用或没有发票可以列支，或取得的发票已经过了企业所得税可以结转的5年期限，因此导致未来收入取得时由于前期发生的成本无法扣除而企业所得税额上升。

当然，这本质上并非“营改增”或企业所得税存在的问题，而是核定征收的企业所得税管理模式在企业财务管理规范后暴露出了其弱点。但以上情形对于中小企业是现实存在的，并且一旦发生，其产生的税金将成为中小企业的沉重负担。

因此，许多中小企业纠结于选择核定征收或查账征收的方式，前者对于一些老项目有利，因为不需要考虑成本抵扣的问题；后者对于新项目有利，因为抵扣了成本后所得税降低了，但企业所得税是法人税，一个法人难以同时选择查账及核定两种征税方式。

**三、附加税费抑制了“营改增”的专业化分工**

根据“营改增”的相关政策，企业直接支付的劳务工资无法作增值税进项税额抵扣，但劳务采用外包的方式，无论是专业的劳务分包还是劳务派遣，只要获得增值税专用发票均允许抵扣。

但作者调研时发现，大多数中小企业并不采用专业的劳务分包方式。从理论上讲这种方式可以作增值税抵扣，一方面增加了劳务用工占比高企业的抵扣金额，另一方面也鼓励了专业分工。但为何中小企业会拒绝这样的一种有利的制度设计呢？

究其原因并不在增值税，显然劳务外包对增值税会有利，但作为总体的税负来考虑，劳务公司一旦产生增值税额，则需缴纳城市维护建设税及教育费附加，甚至会产生更多的其他行政性规费，因此企业宁可采用直接支付劳务费的方式。

由此可见，税制的改革需要有协同效应，如果要彻底降低中小企业的税负，恐怕只考虑税是不够的，还需考虑行政性规费对中小企业的影响。

**四、中小企业的个税预征存在一定问题**

“营改增”原本不应与个税关联，但部分中小企业的营业收入会成为个税预征的基础，因此两者会联系起来了。

作者在调研时发现，有些中小企业在个税方面会基于企业的营业收入预征三种类型的个税：一是工资薪金的个税；二是股息红利的个税；三是承包承租所得的个税。原则上这三个税目的个人所得税均不应基于收入去预征，假设为了方便征收管理采用这样的一种预征方式，那么也必须基于税法进行计算再减去预征的部分构成最后的应纳税额。

但部分中小企业反映，工资薪金在预征后实际上不再缴纳个税，让人误以为预征的税额便是法定的应纳税额，这显然是误解，假设法定的应纳税额大于预征，则不补税就是偷税漏税了。甚至有的中小企业认为，预征很好，预征的税额小于法定应纳税额。而一个企业同时征收股息红利及承包承租所得的个税是值得商榷的。通常股东需缴纳股息红利的个税，但只有一个法人实体在分配给股东之外还将该企业承包给个人，才会在股息红利之外产生承包承租所得的个税，但事实上在调研时发现，更多的是对中小企业的私营业主同时征收以上这两种个人所得税，且基于营业收入去征收，这显然不合理。

**五、中小企业要适应新税法有一定遵从成本**

“营改增”后对于许多中小企业而言，税法是更复杂了，因为之前它们缴纳营业税且核定征收企业所得税，几乎连账目都不健全，更别说要有一支高水平的税务队伍去掌握新税法。此次“营改增”无论是从财政部门还是税务部门都增加了宣传力度，帮助中小企业。但增值税毕竟不是一个非常简单的税种，一般计税方法对于许多中小企业来说是具有难度的，甚至连相关的会计科目都没有弄清楚，既不清楚如何填纳税申报表，也不清楚相应的账目应该如何处理。

当然，从中小企业可持续性发展的角度看，笔者认为还是应该通过这样的一次税改来推动中小企业的规范管理。笔者前期问卷调查的结果显示，在受访的629家企业中，547家企业给予回应，其中经营年限在10年以上的占比19.56%，而经营期在5年以下的占比58.5%，中小企业的生命周期不长除了受转型升级、市场波动、融资困境等因素影响外，还有一个重要原因在于管理效率低下、人才匮乏。假设“营改增”可以推动中小企业的财务及税务管理规范化，虽然短期内需要增加一些遵从成本，但长久来看对中小企业未来的成长性会有利。此外，在降低中小企业增值税遵从成本方面，经合组织（OECD）一些成员国的做法是设立起征点，一是登记注册起征点，二是征收起征点，中小企业只有达到起征点才需缴纳税收。

总体而言，根据笔者对一些中小企业的调研情况，大多数中小企业反映“营改增”有利于降低其负担，但还需其他税种在税制及征收管理方面与之形成协同效应，最终才能不抵消“营改增”带来的积极作用。

## 银行息差下行　原因不在“营改增”

（来源:《第一财经日报》　2016年10月13日）

自2015年5月1日金融业开始实施“营改增”以来，其税负问题一直受到关注，其中7月27日，国务院常务会议作出指示，要“适时完善配套措施，做好政策解读和纳税服务，引导企业用好增值税抵扣机制，确保金融业税负只减不增，稳定市场预期”。回顾银行业这几个月的反应，其不同的业务结构占比确实在税收上会有差异，但必须分析清楚原因，才能确保获得“营改增”的改革红利。

### 一、利息差额下行责任不在税负

存贷款间的利息差额一直是银行传统业务的主要利润点，利息差额下行对银行的利润产生直接影响。根据海通证券研究所对2016年第二季度上市银行的财务报告分析结果，中行净息差下降0.11个百分点，工商银行、建设银行、农业银行下降0.12个百分点，交通银行、招商银行、中信银行、浦发银行、光大银行、华夏银行、北京银行下降0.13个百分点，民生和宁波银行下降0.14个百分点，兴业和南京银行下降0.15个百分点，平安银行下降0.16个百分点，平均而言下降0.13个百分点。

对于以上分析，暂时忽略市场影响的因素，仅就营业税下的净息差与增值税下净息差进行比较。利息差额下行，主要原因在于银行在收取利息时定价并没有调整，而税率由5%调整为6%了，在价税合计总价不变的前提下不含增值税的收入自然是减少了，但银行所支付出去的利息大多数是存款利息，根据我国税法，存款利息是免税的，并且存款利息在“营改增”之后并未调整。

那么结论自然十分明了，收入减少而支出不变，则利息差额减少了。有人认为这是银行反哺实体经济的行为，但市场本应按市场的规律来办事，“营改增”并没有要求银行的定价机制不变，相反按照增值税的基本原理，银行的销项税金应由买方来负担。由于受市场监管、同业竞争及客户体验等方面的影响，在长期以来固化的价税合计思维模式下，现实的情况是，银行在“营改增”后很难将销项税金转嫁给贷款方。究其原因，导致银行利润下降本质上还是市场的问题，并非“营改增”的问题。

根据笔者近年来的调研发现，越来越多的实体经济在融资方面更趋活跃、多元化，集团公司十分重视资金的有效使用效率，集中资金管理是许多集团公司的成功实践。这充分显示出实体经济已将越来越少的利润让渡给金融机构。由此可见，市场问题才是银行业未来更需关注的影响其利润增长的因素。

**二、手续费及非标占比大的银行不应税负更高**

按照增值税/营业收入（不含税）为增值税负、营业税/营业收入（不含税）为增值税负的统计口径，2016 年第二季度上市银行财务报告的数据显示，大多数银行税负呈上升趋势，如华夏银行上升 1.02 个百分点，兴业银行上升 0.93 个百分点，光大银行及浦发银行上升 0.91 个百分点，随后根据上升的幅度依次为平安银行 0.88、中信银行 0.87、建设银行及招商银行 0.86、民生银行 0.78、工商银行 0.63、北京银行 0.56、宁波银行 0.55、南京银行 0.44、农业银行 0.32、中国银行 0.23 及交行 0.14。根据以上数据，银行业被业界认定为——“营改增”后税负上升了。

原则上说，按照以上的统计口径测算税负作为约定俗成的方法也无可厚非，但笔者始终认为增值税负这个概念值得商榷。因为事实上以上的数据并不能作比较。

在增值税制下，导致银行税金成本上升的途径有两个：一是由于定价原因，银行无法将销项税金转嫁给贷款人或接受金融服务的主体从而将税金沉淀在银行；二是由于银行承担了进项税金却无法进行抵扣从而导致的税金成本沉淀。而增值税的应纳税额仅能反映出当期的销项税金与进项税金之差，却无法反映出银行实际本期沉淀的所有增值税税金成本。此外，本期的销项税金与进项税金受市场原因及企业决策行为的影响——举个例子，假设营业收入不变的前提下，中国银行当前购进增大，而建行新增固定资产减少，由此判断中行的税负比建行的税负要高，是不科学的。

此外，关于上市银行的税负出现差异，业界有不同的推断，例如认为中间业务收入占比高及非标占比高的银行税负会更高，原因在于中间业务收入及非标收入需要纳税，却没有足够的抵扣。对此，笔者并不认同。

一方面，中间业务收入的纳税未来完全有可能通过定价进行转嫁，因为中间业务收入所产生的增值税额，对于接受方来说可以作进项税额抵扣。根据相关数据，2016 年上半年，股份制银行平均手续费占比 28%，高于国有银行和城市商业银行 6 个百分点，从某种意义上看，股份制银行的业务占比结构会在未来更为显现出其定价与市场的优势。

另一方面，全面实施“营改增”后，银行业可以获得多个方面的进项税额抵扣。例如，人工成本的抵扣问题，目前税法有明确的规定，外包的劳务派遣或可获得全额的 6% 抵扣，或可用劳务派遣费用扣除支付给劳务用工工资差额的 5% 抵扣，至于没有外包劳务而是直接支付工资的人工成本，由于本身就没有缴纳增值税自然无法作进项税额抵扣。目前银行是人力资本密集型的行业，其可以通过外部劳务的方式获得更多的进项税额抵扣。又如场地成本，不动产租赁可以获得 5% 或 11% 的进项税额抵扣。此外，外购信息系统、固定资产、不动产等均可获进项税额抵扣。根据我国税法，进项若用于应税的销项则可作进项税额抵扣，进项若用于免税的销项则无法作进项税额抵扣，作为应税的中间业务收入不应存在无法抵扣的情况。

当然，调查发现，部分地方税务机关在执行进项必须用于应税销项的抵扣政策时，出现限制用于办公室的固定资产进行抵扣、只有用于生产的固定资产才允许抵扣的情况。笔者认为，关于这一点，税务机关应对金融机构给予相对宽松的规定，因为银行的网点和总部的办公室其实都是一样为提供总体金融服务而设立的，不应再人为限制其不作抵扣。从降低金融机构“营改增”税负的角度看，最直接的办法是其实际支付的增值税进项税额应给予其最大限度的抵扣。

关于非标收入占比高税负上升的问题，笔者认为主要在于税收优惠政策的不同规定。我国对于国债、地方债和金融债的利息按照免税来处理，而非标资产的利息收入按贷款收入计征6%的增值税。其实，世界各国对于国债均有相关的税收优惠，因此对于债券的投资收益，通常需要投资者衡量清楚其税后的收益再做出相关决定，在某种意义上也是引导投资者投资国债等政府债券。当然，作为以中性著称的增值税，或许不应显现出这样的差异，而应把其引导性责任落在企业所得税上。但税收本身具有政策调控的作用，因此，对于不同债券的利息收入制定不同的税收政策无可厚非，关键点在于金融机构选择持有哪种类型的债券，其作出选择时是否已考虑税收的因素。

**三、海外业务、三农贷款及金融理财产品的税负有差异**

在金融业“营改增”后，根据相关税法规定，海外业务按免税处理，三农贷款按3%简易计税处理，而买卖金融理财产品按差额计税处理。因此，业界认为银行以上这三种业务占比高则税负低。例如，认为中国银行由于海外业务多，按免税处理，因此其增值税应纳税额则低，由此得出判断海外业务占比高的中国银行税负低。但事实恰恰相反，免税虽然销项的税金免去了，但进项无法抵扣，则进项税金直接进成本。只有中国银行无进项可抵扣，其销项税金免税则会有利，但事实上中国银行不大可能毫无进项税额支出，因此难免会有进项税金成本沉淀。当然，如果中国银行海外业务的进项在海外产生，则另当别论。

三农贷款按3%简易计税处理，原理与免税一致，但三农贷款的大量进项在于支付存款利息，而存款利息免税无法作进项税额抵扣，因此，简易计税的处理方法对于促进三农贷款是有利的。当然，该政策的导向会使一般的商业银行与主要从事三农贷款的银行税收负担产生差异，尤其是对于农村商业银行等较为有利。

而金融理财产品的转让差额征税的问题原本较清晰，但关键在于金融理财产品是多样化的，例如一些保本具有存款性质的理财产品，其自然希望能按储蓄存款去对待，因为储蓄存款的利息免税。目前，银行业对于提前或到期赎回是否应界定为金融商品转让存在争议。此外，对于投资非保本、非固收理财产品、信托产品是否按金融商品转让征税也存在争议。

笔者认为，理财产品不同于存款，无论哪一类型的理财产品，也无论其获得收益的方式如何，但作为一种投资，按投资的收益征税则采用差额计税的方法是较为合理的。只是执行中理财产品在收益的核算上相对准确，这样才能有一个准确的税基来进行征税。当然，几乎所有的金融商品在核算买卖差价征税上均具有难度，因此，才会出现例如买卖股票在成本定价上以加权平均成本法来确认的规定。要彻底解决买卖金融理财产品征税的问题，在确定了差额征税的前提下，关键还是在于对于不同金融理财产品的收益确定明确的核算方法。

银行是中国经济的核心组成部分，银行业的发展具有举足轻重的地位。因此，一方面不能使其在“营改增”中处于不利地位，另一方面应根据银行的具体业态正确引导其分析原因，找到解决的办法，不能以“税负高”三字一概而论。

# “营改增”成效显现

（来源：《第一财经日报》　2017 年 3 月 1 日）

“营改增”经过近一年的实践，正面效应显现，但作为供给侧结构性改革的重要抓手，未来还需进一步深化，以发挥更大作用。未来在深化“营改增”改革中，如何通过征收管理改革，帮助企业深入掌握“营改增”政策并降低税收遵从成本是关键。

自 2016 年 5 月 1 日我国全面实行“营改增”以来，已经接近 1 年，“营改增”的成效对于进一步推动其深入的改革，发挥供给侧结构性改革减税的效应，具有重要意义。

**一、总体税负的变动情况**

由于我国主要的税源由上市公司及大型企业贡献，因此，笔者选取上市公司 2 454 家企业中的建筑、房地产、金融和生活服务业四大行业企业的数据进行比较，鉴于部分企业 2016 年第四季度的数据尚未披露，因此主要对主板企业 2016 年第二、第三季度的数据与 2015 年同期的数据进行比较。

同时，由于不同税种之间存在着一定的关联度，笔者选择现金流量表中的“支付的各项税费”与利润表中的“营业收入”的比例进行核算，以确认企业的总体税负，去评估“营改增”后企业的税负变动情况。

结果显示，四大行业基本上实现了税负平移的目标，建筑业、金融业略有上升，房地产业、生活服务业略有下降。其中，建筑业上市公司中，与 2015 年同期相比较，平均上升 0.71 个百分点；金融业上市公司上升 0.91 个百分点；房地产业上市公司下降 0.25 个百分点，生活服务业上市公司下降幅度最大，为 2.63 个百分点。

关于“营改增”的作用，大多数企业认为能消除增值税链条内外的重复征税，降低企业的经营成本并规范了企业的内部管理，及促进了专业化分工，还有一些企业认为“营改增”提高了企业财务人员的账务处理、发票管理、现金流控制、资产清算的能力及增强了企业的纳税意识。

**二、“营改增”中涉及的优惠政策是否落到了实处**

据了解，相当数量的企业享受到了增值税优惠并且“营改增”执行后优惠税额有所增长。具体而言，有以下几个方面的政策帮助企业获得了主要的减税红利：

首先，在新老项目的过渡上，有相当多的企业采用简易计税法，或同时采用一般计税与简易计税两种计税方法，其中建筑业获利较多，其绝大多数的项目采用简易计税方式计税，这有助于其降低税负。

其次，关于土地取得的方式，有相当多的房地产企业获得了土地出让金的财政票据，或者通过市场交易取得增值税专用发票。根据“营改增”的制度安排，由于考虑到房地产企业土地成本占近 50% 以上，因此允许企业采用差额计税的方式扣除土地出让金的财政票据，以及用增值税专用发票抵扣市场交易的土地，房地产企业实现了土地成本的抵扣，无形中有助于其获得减税红利。

再者，关于生活服务业的减税，主要基于在政策安排有许多劳务外包或服务外包的行业均可采用简易计税法。如劳务派遣服务，既可以以取得的全部价款和价外费用为销售额，按照一般计税方法计算缴纳增值税；也可以选择差额纳税，以取得的全部价款和价外费用，扣除代用工单位支付给劳务派遣员工的工资、福利和为其办理社会保险及住房公积金后的余额为销售额，按照简易计税方法依5%的征收率计算缴纳增值税。

**三、部分企业没有实现税负下降的原因所在**

但是，部分企业反映其并未大幅降低税负，有几点需要关注：

（一）企业并未在价格上进行调整，使税负可以转嫁。通常按照增值税的原理，销项税额应通过价格传导转嫁给买方，进项税额由购买方负担，但是据了解，相当多的企业反映其定价并未调整。由此可见，还有不少的企业并没有完全掌握增值税作为流转税的运行规律，由于没有实现“价税连动”，因此造成税负无法下降。

（二）受经济周期波动的影响，企业没有新增固定资产投资，导致进项税额没有增加。据了解，相当多的企业2016年没有新增固定资产。固定资产由于数额较大，尤其是“营改增”制度安排中特别规定了不动产进项可以抵扣，预计可以大幅降低税负。此项政策短期内企业尚未使用，但是未来随着经济周期的调整，企业新增固定资产投资增多，则会带来更大的减税效应。

（三）专业化分工尚未落实得很好，通过外包进行抵扣的效应未能很好地呈现。据了解，相当多的生活服务企业在“营改增”后接受服务外包的业务量并未发生变化或明显增加。此次“营改增”主要通过打通抵扣链条降低税收负担，而服务外包是重要的组成部分，我国的专业化分工程度尚需改进，这是社会进步的体现。但是，相信未来随着社会的进一步发展，专业化分工会促进“营改增”的积极效应逐步显现。

（四）企业的税务专业人才没能跟上改革的步伐。据了解，仅有少部分的企业在“营改增”前设立了专门的税务部或税务专岗，有部分企业出于风险考虑在“营改增”后设立了相应的税务岗位，更多的企业没有设立专门的税务岗位。税务管理相对专业，如果税务人才跟不上，对政策无法把握，最终也有可能造成税负的上升。

**四、未来深化“营改增”的空间在哪里**

“营改增”经过近一年的实践，正面效应显现，但是作为供给侧结构性改革的重要抓手，未来还需进一步深化，以发挥更大作用。未来在深化“营改增”改革中，如何通过征收管理改革，帮助企业深入掌握“营改增”政策并降低税收遵从成本是关键。

据了解，大部分的企业通过税务部门的培训获知“营改增”的相关政策并表示效果很好，能基本满足企业的需求。有的企业甚至认为应对“营改增”困难的主要措施是培训员工。

但是，也有的企业反映其缺乏增值税相关政策知识及实务操作经验；没有能够及时足额取得进项发票；有的企业认为需派员工到国税部门代开发票增加办税成本；有的企业认为要配备专人进行增值税专用发票的审核、认证及抵扣耗费时间成本；有的企业认为由于消费者只认可纸质发票的习惯难以改变，因此推行电子发票存在困难。

由此可见，“营改增”的进一步深化将带来税收管理的全面改革，其中发挥数字经济的优势，通过电子发票、网络办税以及信息融合，引导纳税人更为深入地掌握“营改增”的相关政策，并降低税收成本，将获得更大的积极效应。

# 第四部分　媒体聚焦

# 一、《人民日报》

## （一）2016年3月18日之前关于“营改增”的相关报道

### “营改增”提速减税加力

（来源：《人民日报》　记者：李丽辉　2012年8月4日）

营业税改征增值税牵涉和影响面之广，超过了1994年以来任何一项税制改革。日前，财政部、国税总局下发通知，明确“营改增”试点范围扩大至8省市。此次扩大试点范围，对促进经济结构调整，实现经济发展方式转变和支持现代服务业发展，具有哪些作用和影响？

**若全国实施将减税超千亿**

中国社会科学院财经战略研究院院长高培勇认为，当前，加快转变经济发展方式，促进经济结构调整的任务显得更为紧迫。而主要依靠增加政府支出和扩大公共投资，这种“粗放型”的扩张对于经济结构的负作用已经逐渐凸显。因此，积极财政政策的扩张性操作也必须着眼于“精细化”，在保增长与调结构之间寻求平衡。

在我国现行的税制结构下，可归入间接税或称流转税的税种主要有三个：增值税、消费税和营业税，其中增值税“块头儿”最大。作为我国的第一大税种，它的变化牵一发而动全身。营业税改征增值税试点，不仅提供一个优化税制结构以及税收收入结构的重要契机，而且为实施以结构性减税为重心的积极财政政策提供一个重要的抓手。

高培勇说，随着营业税改征增值税，减税作用将在三个方面得以显现：原适用营业税的纳税人所承受的重复征税现象将得以减少，从而减轻税负；因增值税转型改革所带来的营业税税负相对上升现象将趋于减少，从而减轻原适用营业税的纳税人所承受的税负；“营改增”同时引入两档新的较低税率，增值税的整体税负水平将趋于下降。

据相关部门测算，营业税改增值税如果在全国推开，全国税收净减收大概超过1 000亿元。营业税改征增值税以后，大体上可以带动GDP增长0.5%，第三产业的增加值大体上可以提高0.3%，居民消费可以增长1%。出口的增长能够拉动0.7%。同时还可以直接带来新增的就业岗位约70万个。

从理论上讲，营业税改征增值税采取一步到位的方式更有利于保障增值税抵扣链条的完整性和税制运行的规范性，但为了确保改革毫无悬念地取得成功，有必要通过先行试点的实践，为全面实施改革积累经验。

**上海大部分纳税人税收负担降低**

记者从国家税务总局获悉，2012年以来，上海市共有12.6万户企业纳入改革试点范围，由原缴纳营业税改为缴纳增值税。在上海市的精心组织下，实现了税制转换的平稳过渡，大部分纳税人税收负担降低。

试点的小规模纳税人大多由原实行5%的营业税税率降为适用3%的增值税征收率，且以不含税销售额为计税依据，税负下降幅度超过40%；试点的一般纳税人中，85%的研发技术和有形动产租赁服务、75%的信息技术和鉴证咨询服务、70%的文化创意服务业纳税人税负均有不同程度下降；加工制造业等原增值税一般纳税人因外购交通运输劳务抵扣增加和部分现代服务业劳务纳入抵扣，税负也普遍降低。

记者从有关部门了解到，参与试点的部分交通运输业企业，在改革试点初期出现了税负增加的问题。初步分析，原因主要在于：不同企业由于资本有机构成及投入时间存在差异，进项税额与销项税额在一定时段上不匹配。交通运输企业的主要资本投入是车辆，如果纳入改革试点的交通运输企业大部分车辆都是在2012年1月之前购置，就会在改革初期出现可抵扣进项税额较小、销项税额相对较大的情况。同时，由于改革尚未全面推开，影响到交通运输企业进项税额抵扣不充分。譬如，路桥费支出是交通运输企业主要经营成本之一，由于路桥收费还没有纳入营业税改征增值税范围，交通运输企业发生的路桥费支出得不到抵扣则会相应增加税收负担。

财政部、国家税务总局有关负责人表示，解决这些问题，根本上还需要继续深化改革，完善相关配套措施，努力确保不因改革增加纳税人负担。

## “营改增”试点扩展到津浙鄂<br>明年将选择部分行业全国试点

（来源：人民网——《人民日报》　记者：李丽辉　陈杰　2012年12月3日）［内容有删节］

天津市、浙江省（含宁波市）、湖北省2012年12月1日正式启动交通运输业和部分现代服务业营业税改征增值税试点工作。至此，经国务院批准的上海、北京、天津、江苏、浙江、安徽、福建、湖北、广东9省市“营改增”试点地区新旧税制转换全部完成。

国家税务总局表示，改革涉及的地域范围已包括华北、华东、华中和华南地区，涉及的经济区域包括环渤海经济区、长三角经济区、珠三角经济区、海峡西岸经济区和长江中游经济区。试点地区范围进一步扩大，对下一步改革在全国推开，具有十分重要的意义。

根据改革部署，2013年，“营改增”在多地试点的基础上将选择部分行业全国试点，适时将邮电通信、铁路运输、建筑安装等行业纳入改革试点。今后，将根据国家和地方财力可能，逐步将“营改增”扩大到全国。

国家税务总局党组书记、局长肖捷强调，营业税改征增值税试点是一项重大税制改革措施，也是结构性减税政策的重要内容。全国税务系统要密切关注试点后可能出现的新情况和新问题，并及时研究提出解决办法；认真总结改革试点对转方式、调结构的影响，跟踪分析试点纳税人税负变化情况，为进一步完善改革方案积累经验。同时，还要切实注意防范税收风险，严厉打击虚开增值税专用发票、劳务出口骗税等行为。

# 企业减负激发经济活力

（来源：人民网——《人民日报》　记者：李丽辉　2013 年 4 月 14 日）［内容有删节］

日前召开的国务院常务会议决定，进一步扩大营业税改征增值税试点，自今年 8 月 1 日起，将交通运输业和部分现代服务业“营改增”试点在全国范围内推开，并择机将铁路运输和邮电通信等行业纳入“营改增”试点。

作为推进财税体制改革的“重头戏”，“营改增”进一步扩大地区和行业试点，将对我国经济运行和企业经营带来哪些影响？记者采访了有关部门和专家。

**一、试点地区扩至全国，试点行业逐步扩大**

“营改增”是完善税制结构的重要举措。此次将试点地区扩至全国，可以有效避免税收政策的“洼地效应”，有利于税制公平。中国社科院财经战略研究院税收研究室主任张斌表示。

张斌说，增值税的一大特点是消除重复征税，上一环节的销项税即为下一环节的进项税，环环相扣形成抵扣链条。将交通运输业和部分现代服务业“营改增”试点覆盖到全国，意味着试点地区和非试点地区的抵扣链条进一步打通，不但可以让更多的企业共享“营改增”带来的好处，同时也有利于增值税这一主体税种的稳定性，降低因不同地区间政策差异导致的税收征管风险。

去年纳入交通运输业和部分现代服务业改革试点的 12 个省市，在经济总量、产业结构、区域分布等方面已具有较强的代表性，通过一段时间的运行在制度设计、工作机制等方面都积累了丰富的经验，因此，“1 +6”行业由区域试点向全国推开的条件已经成熟。同时，适当扩大部分现代服务业范围，将广播影视作品的制作、播映、发行等纳入试点，表明我国进一步加大了对文化产业发展的政策支持力度。

“将‘1 +6’行业‘营改增’试点地区扩至全国，是推进改革的重要一步，也将为其他行业推进改革在全国铺开积累经验、提供样板。”张斌说，国务院常务会议明确，择机将铁路运输和邮电通信等行业纳入“营改增”试点。这两个行业的共同特点是自成一体、全国一张网，很难进行区域分割，因此更适宜在时机成熟时全国一步到位、整体推进这项改革。

**二、今年企业减负 1 200 亿元，进一步激发经济活力**

“营改增”自 2012 年 1 月启动试点以来，改革成效逐步显现：产业结构得到优化，服务业特别是现代服务业发展加快，工业转型升级迈出新步伐，企业负担明显减轻。

财政部数据显示，2012 年，我国纳入“营改增”试点范围的纳税人超过 100 万户，试点地区共为企业直接减税 426. 3 亿元。据测算，此次将“1 +6”行业试点地区扩至全国，并将广播影视作品的制作、播映、发行等纳入试点，2013 年企业将减轻负担约 1 200 亿元。

目前，我国共对交通运输业、建筑业、金融保险业、邮电通信业、文化体育业、娱乐业、服务业、转让无形资产和销售不动产等 9 个行业征收营业税。“按照行业成熟一个，推进一个的思路，九大行业力争在‘十二五’期间全部实行‘营改增’，这将大大激发企业活力，促进经济持续健康发展。”张斌表示。

“增值税是我国第一大税种，营业税是第三大税种，两个税种合并后占全部税收的比重将达到50%左右。”张斌强调，随着“营改增”的实施，作为地方主要税种的营业税逐步被增值税取代，构建新的地方税体系应当尽早提上议事日程，形成有利于结构优化、社会公平的税收制度，并为地方提供稳定的财政收入。

## 分享“营改增”红利　制造业税负将大幅减轻，东北老工业基地迎来新机遇

（来源：《人民日报》　记者：李丽辉　2013年7月24日）［内容有删节］

“虽然先前没被纳入‘营改增’试点，但辽宁的企业已经分享到了‘营改增’带来的好处。”辽宁省国税局局长孙瑞标说，2012年，辽宁的一般纳税人从其他试点地区取得的试点行业扣税凭证有3万多份，比试点前多抵扣进项税额约2.16亿元，直接形成减税效应。

“8月1日，营业税改增值税试点在全国推开，这对东北老工业基地来说是新的发展机遇。”孙瑞标说。

**一、打通第二、第三产业增值税抵扣链条，制造业减税超试点行业**

辽宁作为老工业基地，经济以第二产业为主，而第三产业不够发达，仅占全省GDP的37.5%左右。“营改增”解决了重复征税问题，试点企业负担普遍减轻，发展后劲增强，有利于做大做强研发、设计、物流和营销等高端服务业，促进服务业在产业层次上从低端走向高端、从传统走向现代。

为做好“营改增”试点准备工作，掌握“营改增”对全省税收的影响，辽宁省国税局与省财政厅、省地税局一起进行了三次模拟测算。按照测算结果，“营改增”试点实施后，辽宁省13市（不含大连市）全口径减税预计22亿元左右。不但试点企业的税收负担下降，而且原有一般纳税人购买试点企业的服务可抵扣进项税额，税负也将有所下降。全省纳入试点的中小企业预计减税约2亿元以上，试点一般纳税人预计减税约7亿元以上，原有增值税一般纳税人可抵扣的进项税额预计增加13亿元以上。

“原有增值税一般纳税人主要是制造业的企业，这些企业的减负规模比试点企业还大，‘营改增’带来的巨大‘溢出效应’，将进一步推动制造业转型升级、创新发展。”孙瑞标表示，实施“营改增”后，打通了第二、第三产业的增值税抵扣链条，可以促进第二产业专业化分工协作，使一些研发、设计、营销等内部服务环节从其主业中剥离出来，成为效率更高的创新主体。

**二、纳税服务及时跟进，20多万个体运输户开票不用愁**

国税部门加班加点，查找工商登记信息，求助乡镇政府帮忙，很多企业都是费尽周折才联系上。

37万多户试点企业中，小规模纳税人占了大头。不少企业没有防伪税控系统，开增值税发票需要到办税服务厅由税务人员代开。

大连市国税局纳税服务处倪福兰指着监控室的大屏幕说，这些天不少企业来办“营改增”落户手续，人流量明显增加，各办税服务厅都制定了应急预案。比如，为缩短纳税人办理时间，金州区国税局马上将会议室改成临时服务厅，专门办理“营改增”事项。

除了开辟服务专区，大连国税局还开通了网上代开增值税发票申请系统。纳税人可以先在网上提交申请，预约好代开时间再到办税服务厅办理，也起到了有效的分流作用。

税务部门积极与路政部门协商，选派税务干部到路政部门开设办税窗口，专门为个体运输户服务。个体司机无须改变自己的习惯，在“老地方”就能完成办税开票。

## 广播影视业“营改增”　促产业分工精细化

（来源：人民网——《人民日报》　记者：吴秋余　2013 年 7 月 29 日）

2013 年 8 月 1 日起，广播影视服务将作为部分现代服务业税目的子目，一次性全部纳入营业税改征增值税（以下简称“营改增”）试点范围，在全国推开。

据悉，“营改增”后，广播影视业将采用 6% 的低档税率。以影院为例，其采购的设备很多缴纳了 17% 的增值税，抵扣进项税额可以给企业带来更大实惠。随着影院采购设备支出增多，或者“营改增”范围继续扩大到房租等其他领域，影院的税负还将不断下降。“营改增”还将对农村地区的广播影视业给予特殊支持：2013 年 12 月 31 日之前，转让发行电影和在农村地区放映电影，将免征增值税。

有专家认为，把广播影视业作为重要的现代服务业纳入“营改增”范围，就是要促进企业进一步细化分工和调整产业结构，以前一部影视作品的创作、拍摄、剪辑、制作、发行、放映可能都混在一个公司里。实施“营改增”后，因为产业链条上的每个环节都可以抵扣税款，企业就可以将自己并不专业的环节外包出去，让更有条件的企业去做。

此外，一些影视单位希望，相关部门能够针对广播影视业的特点，对增值税发票管理进行改进，比如适当提高单张增值税发票的限额，方便财务开票结算。

## “营改增”全国推开后首月申报税款 125 亿元<br>新旧税制转换基本完成

（来源：《人民日报》　记者：李丽辉　吴秋余　2013 年 9 月 29 日）［内容有删节］

“营改增”试点 8 月 1 日向全国推开后，9 月进入首个纳税申报期。9 月 2 日至 16 日，是“营改增”试点在全国推开后的首个纳税申报期。随着 24 个新纳入试点地区第一个申报期顺利结束，新旧税制转换基本完成。

**一、生活类服务业纳入试点可期**

近日，国家税务总局局长王军带队，与财政部税政司和税务总局相关司局一起赴山东进行实地调研。王军表示，税务部门将认真搜集整理、研究解决一批“营改增”中发现的问题，为企业提供更多的纳税便利，也为铁路、邮电通信行业纳入“营改增”试点打好基础。下一步将抓紧谋划 2014 年“营改增”方案，研究能否、何时、如何推进生活类服务业“营改增”问题。

**二、小企业减负力度最明显**

济南市国税局副局长王洪龙介绍，济南市纳入“营改增”试点范围的纳税人共2.18万户，其中有1.7万多户是小规模纳税人。与先期试点的9省份情况一样，小规模纳税人减负最明显，一般纳税人的总体税负也是下降的。

**三、部分交通运输业税负上升**

从新试点地区情况看，有些企业的税负有所上升。部分交通运输业一般纳税人的税负有所上升。主要原因是过路费、过桥费、保险费等未纳入“营改增”范围，这些费用不能抵扣。

记者在采访中发现，业务相似的企业，因为经营模式不同，税负变化出现了截然相反的情况。

财政部税政司副司长王建凡表示，应当采取一些过渡性的措施缓解矛盾，但最根本的解决措施是把更多的行业纳入试点。

**四、严防虚开发票等骗税行为**

新试点地区的一个明显变化，是小规模纳税人在享受减税实惠的同时，开始关注“营改增”对企业未来发展的影响。

国家税务总局货物劳务税司增值税处处长林枫解释，只要企业提出申请，就可以成为一般纳税人，对企业资质和经营规模不作要求，也不需要税务部门审批。新试点开展以来，虚开发票等骗税现象有所抬头。“与货物领域相比，服务的无形性和业态的多样性，使得服务行业的管理面临更加复杂的形势，尤其在税收优惠和跨境服务退免税等方面。”王军表示，要从加强纳税评估、强化税源监控、加大稽查力度等方面，做好试点后的风险防范，坚决防止试点中通过虚开发票、空转等方式虚增税收收入的行为。

## “营改增”，促创业增就业

（来源：《人民日报》 记者：李丽辉 吴秋余 2014年4月28日）[内容有删节]

编者按：“营改增”的目的是解决重复征税问题，创造更加公平的税制环境，是一项既利于当前又功在长远的制度安排，也是一项谋一域而促全局的重大改革。改革试点两年多来，在稳增长、促就业、推动现代服务业发展等方面取得了令人瞩目的成绩。

今年年初，铁路运输和邮政业被纳入“营改增”试点范围，接下来电信业也将被纳入。随着“营改增”在深度和广度上不断拓展，改革的难度和阻力也在增加。“营改增”在“深水区”中该如何前行？本报从今天起推出系列报道，报道改革带来的新变化、新亮点，解读社会关注的热点问题，以澄清误区、凝聚共识，顺利推进这台“重头戏”。

**一、“营改增”这棵“梧桐树”，吸引了更多“洋凤凰”**

“营改增”作为财税改革的“重头戏”，自2012年1月1日开展试点以来，到今年第一季度全国已累计减税2 203亿元。

“营改增”消除了重复征税，大大激发了企业的创业热情，吸引了更多的资源向服务业集聚。服务业的自我发展能力和市场竞争力明显增强，新增企业户数快速增长，新模式、新业态不断涌现。

不仅如此，“营改增”这棵“梧桐树”，也吸引了更多“洋凤凰”落户。“营改增”试点两年来，上海市新认定跨国公司地区总部92家，投资性公司45家，研发中心32家，其中七成以上是从事“营改增”应税服务的企业。国际性跨国公司落户上海市的意愿明显增强，集聚效应初步显现，为现代服务业的加快发展注入了新的动力。

**二、服务业发展加快，就业最大“容纳器”作用明显**

“服务业是就业的最大容纳器，‘营改增’促进了服务业加快发展，直接拉动就业增长。”财政部财科所副所长白景明表示。

上海市开展“营改增”试点以来，两年增加就业分别为14.6万人和14.5万人。特别是小微企业税负减轻后，活力不断增强，在活跃市场、创造就业、改善民生方面发挥了重要作用。北京市对“营改增”试点行业的统计抽样调查显示，2013年1—11月，“营改增”试点企业实现利润总额1 587.3亿元，同比增长19.6%，高于非试点单位3.6个百分点；从业人员达到186.6万人，同比增长4.4%，高于非试点单位4.9个百分点。

“2013年，我国经济增长7.7%，处于一个中高速水平，而城镇新增就业却创下历史新高，达到1 310万人，确实是一个了不起的成绩。今年第一季度，全国又新增就业300万人，这其中，‘营改增’推动服务业加快发展，对促进经济结构调整发挥了重要作用。”白景明认为。

**三、生活服务业适时纳入，几百万户小微企业将直接受益**

下一步“营改增”如何推进？从“两会”上透露的信息看，电信业很快纳入试点已经明确，接下来还有建筑业、房地产业、金融业和生活服务业。“后续的‘营改增’试点方案，应充分考虑如何促进就业，这样可以更充分发挥‘营改增’的宏观效应。”白景明表示。

2014年1月1日起，铁路和邮政业纳入“营改增”试点，新纳入试点企业1.86万户。其中，上门收取包裹和寄送包裹的快递企业占了七成。快递业收派服务作为劳动密集型产业，“营改增”对其适用6%的低税率，有利于降低企业税负，促进行业发展，进一步增加就业。

餐饮、住宿、家政服务等生活服务业，对于方便和丰富人民生活、增加就业、促进经济发展和维护社会稳定，具有重要作用。近年来，由于劳动成本和房屋租金增加较快，不少企业负担沉重，经营出现困难。“生活服务业门类复杂，点多面广，以小微企业和个体工商户居多，是典型的门槛低、就业吸容力弹性大的行业，应当考虑适时纳入‘营改增’。”白景明认为。

记者从财税部门获悉，目前财政部和国家税务总局正在积极研究包括生活服务业在内的相关行业的“营改增”试点方案。如果“营改增”扩大到生活服务业，不仅会使几百万户小微企业直接受益，税负明显减轻，而且对整个行业发展也将起到积极促进作用。

## “营改增”减负，电信业奔“4”

（来源：《人民日报》　记者：李丽辉　2014年5月5日）

年初以来，“营改增”平稳推进，继铁路运输和邮政业被纳入试点、顺利完成税制转换后，“营改增”又将迎来新的行业扩围：经国务院批准，从今年6月1日起，将电信业纳入

“营改增”试点范围。电信业作为基础服务业，试点“营改增”将带来哪些影响，上下游企业的税负变化如何，成为社会关注热点。

**一、4G 网络建设“大手笔”，更多进项税可抵扣**

“将电信业纳入‘营改增’试点，现在正是好时机。”财政部财科所副所长刘尚希表示，去年年底，中国移动、中国电信、中国联通均拿到了 4G 牌照，今年三大运营商将加大投资、加快 4G 网络建设。这个时候将电信业纳入“营改增”试点，建基站的设备投资就可以抵扣进项税。

不仅新基站建设紧锣密鼓，电信设备的更新换代也在提速。日前，工信部公布了第一批高耗能老旧电信设备淘汰目录，电信运营企业将根据实际情况，对现网中高耗能老旧电信设备进行有序退网。电信网络升级改造，需要购置大量新设备，企业可抵扣的税也相应增加。

**二、整个产业链税负将减少，下游企业普遍受益**

“此次电信业‘营改增’实行差异化税率，基础电信服务和增值电信服务分别适用 11% 和 6% 的税率，为境外单位提供电信业服务免征增值税。这样的安排，使电信业的销项税率较低，而作为进项税的设备购置税率是 17%，可抵扣的进项税额更多，有利于降低企业税负实现平稳过渡。”刘尚希认为。

“提供基础电信服务的主要是三大电信运营商，从事增值服务的企业有 2 万多家。具体到不同的企业，税负可能有增有减。但电信业被纳入试点范围，下游企业可以获得更多抵扣，从整个产业链来看税负是减少的。”上海财经大学公共政策与治理研究院院长胡怡建教授表示，将电信业纳入“营改增”试点范围，有利于进一步完善增值税链条，增加下游企业进项税抵扣，让更多的企业分享改革红利。

**三、改革并非普遍性减税，局部“阵痛”难以避免**

“‘营改增’经过两年多试点，目前已进入深水区，改革带来的不光是好处，可能也有局部‘阵痛’。如何平衡各方利益，考验着改革设计者的智慧与定力。”胡怡建认为。

比如，基础电信主要包括“通道”建设，需要铺设光缆、建基站，可以有不少进项抵扣；相比之下，从事增值服务的电信企业可以抵扣的进项税额如果很少，税负就会增加。为缓解电信业的税负增加，“营改增”对基础电信服务和增值电信服务分别按 11% 和 6% 的税率征税，也不失为一种折中的办法。但这样一来，怎么区分基础电信服务和增值电信服务，又成了一道难题。比如中国移动，它的很多业务都是综合性的，很难分得清楚是基础电信服务还是增值电信服务。再者，税率档次多、业务划分过细，也将给税收征管带来困难。

“从根本上说，‘营改增’的主要目的，不但要消除企业重复征税，更重要的是消除产业重复征税，从而降低整个产业链的税负。它最大的特点是结构性减税，而并非普遍性减税。”胡怡建强调。

## “营改增”难啃的骨头在后头

（来源：《人民日报》 记者：李丽辉 吴秋余 2014 年 5 月 12 日）［内容有删节］

“营改增”，除了目前已经提上日程的电信业，后续纳入试点的还包括建筑业、房地产业、金融业和生活服务业等行业。与前期试点行业相比，建筑业、房地产业、金融业规模较大，业务构成复杂，是更难啃的“骨头”。

**一、后续试点行业影响面广，减税力度大，但改革难点多**

“后续纳入试点的行业中，建筑业、房地产业、金融业自身的‘块头’大，占整个营业税的比重较大，纳入‘营改增’后对于其他行业的减税力度是相当大的。”中国社科院财经战略研究院税收研究室主任张斌表示。

张斌解释，以制造业为例，在生产投资机器设备和不动产这两大块，目前机器设备是可以抵扣的，但不动产尚不能抵扣。从资金投入上看，通常不动产占2/3，机器设备占1/3。如果建筑业纳入“营改增”，不动产的抵扣就顺理成章。不仅制造业的厂房能抵扣，物流业的仓库、服务业的商铺也都可以抵扣，减税规模会相当大。

“建筑业开展‘营改增’面临的最大难题是，它目前的经营模式不适合增值税制。”张斌指出，很多建筑工程都是层层转包的，机械设备、车辆很多是从个人那租来的，所以没办法抵扣进项税。加上建筑业使用的沙、石等原材料，相当一部分是从农民或个体户手里购买的，难以取得增值税发票，这部分的进项税也往往抵扣不了。

张斌说，“营改增”的重要意义在于引入增值税的抵扣机制促进“营改增”行业上下游之间的良性互动和循环发展，从而减少整个产业链的重复征税。目前，建筑行业项目承包方很多都是包工头，经营和财务管理都比较粗放。若进行“营改增”，企业的经营模式和管理模式都需要动“手术”。

“金融业实行‘营改增’的难点，则在于它的业务构成过于复杂，从而导致增值税政策制定困难。”普华永道中国内地及香港地区间接税主管合伙人胡根荣认为，几乎所有企业和个人都是金融服务的最终消费者，金融业“营改增”将对社会经济产生广泛影响。如果对不同类型的金融服务和金融产品适用不同的增值税税率，如何准确核算各项收入金额，以及准确划分各项收入对应的进项税额，都将面临很大挑战。

**二、享红利降税负不能“等、靠、要”，企业积极应对是关键**

建筑业等“大块头”纳入“营改增”，对其他行业的减税力度很大，但对行业自身来说则可能面临局部的税负增加。如何应对和化解这一难题？前期纳入试点的一些企业的经验，或许更有借鉴意义。

交通运输业在“营改增”初期，货运企业就出现了税负上升的情况。中国人民大学财政金融学院朱青教授认为，主要原因有两个：一是企业在那个时段没有新购置车辆，大宗的进项抵扣较少；二是普遍采取的挂靠或承包经营，运营车辆大都不是本企业所有，无法取得固定资产及燃料、修理修配等进项抵扣发票。但随着改革的推进和抵扣范围不断扩大，税负上升的问题就会逐步得到解决。

朱青表示，借力“营改增”实现快速发展，企业不能简单地“等、靠、要”，而是要积极适应改革带来的新变化，通过优化采购业务模式、采取价格谈判等办法分享制度红利，最终实现企业发展。

**三、金融业系统改造任务重，需未雨绸缪早作准备**

金融行业加入“营改增”，能使得企业的部分资金成本纳入抵扣，减轻企业税负。然而，金融行业涉及面广、业务类型多，“营改增”过程更为复杂，需要财税部门和相关行业未雨绸缪，做好准备。

胡根荣表示，金融业征收增值税在全球都是一个难题。从国际经验来看，目前开征增值税的各国结合本国国情，对金融业增值税作了各具特色的制度安排。应该说各种制度均有利有弊，并不存在一个普遍认可的理想做法。

“根据国务院批准的‘营改增’试点方案，金融业原则适用增值税简易计税方法。对金融业采取简易计税，就是复杂问题简单化，有利于平稳过渡。当然，如果能设计出更优的征税方案，也可以完善和补充。”张斌认为，研究金融业“营改增”方案，要综合考虑税收公平、金融业可持续发展的需要、国家财政的承受能力等多种因素。

毕马威企业咨询（中国）公司间接税高级经理沈瑛华表示，“营改增”给金融业带来的影响，包括会计核算、内部文件制定和员工培训等很多方面。比如，金融业“营改增”后，由于金融行业交易量巨大，导致需要开具大量的增值税发票。企业信息系统改造以及与税务部门的增值税发票管理系统如何对接，将是金融机构需要解决的实际问题。

平安集团税务总监李庆波介绍，平安集团正对旗下的保险、银行、信托等企业进行调研，深入分析“营改增”的影响和积极研究对策，并开始着手建立增值税的各项管理制度，调整和建立相关管理流程和业务方案，以确保“营改增”平稳过渡。

## “营改增”行业税率争议：都低不现实

（来源：《人民日报》　记者：李丽辉　2014 年 5 月 19 日）

“营改增”消除了重复征税，由原来的道道征税变成环环抵扣，整个产业链条和大部分企业总体上是减负的，但在抵扣链条上的某些环节和少数企业，暂时的、局部的税负增加难以避免。如何解决这个问题，各方看法并不一致，这也成为推进“营改增”的一大难点。

**一、争相追求低税率，增加改革难度**

目前，增值税有 17%、13%、11%、6% 四档税率，小规模纳税人按简易征收办法适用 3% 的征收率。其中，11%、6% 两档低税率，是为了顺利推进“营改增”，实现试点行业和企业税负平稳过渡而新增加的。

按照国务院批准的“营改增”试点方案，租赁有形动产等适用 17% 税率，交通运输业、建筑业等适用 11% 税率，其他部分现代服务业适用 6% 税率。

“服务业原来按 3% 和 5% 征收营业税，纳入‘营改增’试点后分三类按不同的税率征收，主要是考虑行业之间差异很大，进项抵扣不一样。”上海财经大学公共政策与治理研究院院长胡怡建教授解释说，像咨询业、文化创意产业这类公司，进项成本主要是水电费、电脑设备、打印纸和办公楼，可抵扣的部分很少，所以税率不能太高，适用 6% 税率；而交通运输业有车辆、设备、燃油费作为进项，所以它的可抵扣率就高，适用 11% 税率。

然而，随着“营改增”的深入推进，税率档次过多引发的矛盾逐渐显现：一是将纳税人划分为适用不同的税率，本身就是一个相当复杂的“工程”；二是现在企业跨行业经营、捆绑销售的情况很普遍，有时一笔收入对应多档税率，究竟应当按那一档税率征收税意见不一，给实际操作带来困难。

特别是试点行业适用那一档税率，更成为争议的焦点。后续纳入试点的行业都希望在税率上"就低不就高"，千方百计争取适用6%的低税率，甚至已经试点的行业也要求税率改为6%。这不仅增大了低税率被滥用的风险，而且在一定程度上增加了改革的难度。

**二、"低征高扣"易引发税收漏洞**

试点行业之所以争相攀比，都想适用低税率，一个现实考虑就是避免"营改增"后税负增加，最好能够确保减税。"如果税率按6%，只要有一些日常的进项抵扣，企业税负大都是减少的；如果税率是11%，企业就得花很大力气在经营上作调整并加强内部管理，税负才能平稳过渡。两相权衡，有谁愿意冒这个险呢?"一家企业的负责人道出其中缘由。

那么，"营改增"的试点行业税率都"就低"，按6%征收行不行?

"现行增值税暂行条例规定的标准税率是17%，目前制造业适用的基本上都是这一税率。如果服务业"营改增"后都按6%的税率，那么第二、第三产业之间的税率差异将引发很多问题。"中国社科院财经战略研究院税收研究室主任张斌认为。

张斌分析，适用6%低档税率的试点企业，采购的不少物资和设备都是17%的税率，这意味着企业在进项上抵扣的税多，而在销项上征收的税少。这种"低征高扣"的情况，会导致企业形成大量留待抵扣的进项税，自己的"抵扣指标"用不完，有些企业就会借此对外虚开增值税专用发票，让"下家"企业进行抵扣，从而产生税收漏洞，造成国家税款流失。

此外，从目前情况看，2013年"营改增"全国减税已超过1 400亿元，未来随着电信、建筑、房地产、金融等"大块头"行业纳入"营改增"，总体减税的力度将更大。如果再对试点行业都实行6%的低税率，财政能不能承受这么大的压力，也是需要考虑的问题。

"从国际上的发展趋势看，世界上越来越多的国家增值税实行单一的税率，设置低税率的国家越来越少。"张斌介绍，即使有的国家设置照顾性低税率，也主要针对与居民基本生活密切相关的生活服务业。"营改增"涉及的面这么广，试点行业都要求照顾，实行6%的低税率显然是不现实的。

**三、多档税率将统一简并**

作为我国第一大税种，目前增值税收入占税收总收入的比重约为30%；"营改增"完成后这一比重将上升到40%左右，征税范围涵盖国民经济各个行业。将现行17%、13%、11%和6%四档税率，合并成为一档标准税率，需要综合考虑多种因素，科学合理设定税率水平。

"现在看来，'营改增'可能要分为两步走：第一步是将试点行业全部纳入'营改增'；接下来还要对目前的多档税率进行简并，逐步实现增值税单一税率。因此，即使试点行业现在适用了低档税率，也并不意味着将来税率一直不变。"胡怡建说。

"可以肯定地说，标准税率再怎么调整，也不会从17%一下子下调到6%。试点行业的适用税率，应当尽量向标准税率靠拢，而不是向6%的低税率看齐。否则，到简并税率时试点行业的税率还要往上调，企业需要再过渡、再适应才能达到税负平稳，转换的过程会拉得更长。"胡怡建表示。

财政部财科所副所长白景明指出："目前，社会上对'营改增'存在不少认识上的误区，总认为税率高是个大问题。实际上，制造业一直实行17%的税率，也没出现税负过重难以承受的情况；而服务业按3%或5%的税率征营业税，由于不能抵扣、存在重复征税，税负反而比制造业更重。"

前期"营改增"试点经验表明，抵扣链条上的企业总体是减负的，某些环节和少数企业税负增加只是暂时现象。随着"营改增"全部试点行业纳入进来，进项税的抵扣范围也将更大，再加上试点企业采取相应措施积极应对、周密筹划，这个问题就能够通过市场自身的力量得到解决。

“对企业来说，并非只有税负下降，才算享收到改革红利。”波司登国际控股有限公司董事局主席高德康认为，改革增强了企业活力和市场竞争力，这才是更大的红利。

## “营改增”，下游为何减负多

（来源：《人民日报》　记者：吴秋余　2014年5月26日）［内容有删节］

2014年年初，两个涉及面广、影响重大的行业——铁路运输和邮政业纳入“营改增”试点范围。数据显示，铁路运输和邮政业首季减税2.5亿元，下游相关企业减税则高达22亿元。“营改增”在促进试点行业发展的同时，对下游相关产业减负作用更加明显。

**一、“营改增”牵一发而动全身，下游企业受益更大**

“铁路运输和邮政业都是涉及面广、影响重大的行业，改在铁路邮政，受益最大的却是下游相关企业，这正是‘营改增’牵一发而动全身的生动体现。”税务总局税收科学研究所所长李万甫认为，随着“营改增”的持续推进，电信、金融、建筑等具有广泛影响的行业都将纳入试点范围，增值税抵扣链条将更加完整，更多相关企业还将持续受益。

**二、快递业点多面广，降税负对吸纳就业作用明显**

规模小、就业人数多是快递企业的特点。“营改增”试点以来，由于对小规模纳税人采取了简易征收办法，征收率由原有的5%下调到3%，企业普遍减负。税务总局第一季度数据显示，收派服务业税负降低最为明显，1.35万户收派服务业纳税人税负下降23.73%。

苏州申通物流有限公司副总经理钱文信告诉记者，公司前4个月的进项抵扣金额达24.7万元，直接降低企业税负4.2万元。

不仅如此，由于公司被认定为增值税一般纳税人，开具的增值税发票可以作为下游企业的进项抵扣税额，来自下游企业的业务大幅增加。

财政部财科所副所长白景明认为，作为服务业的重要组成部门，快递企业点多面广，“营改增”后税收负担的直接减轻，有利于中小型快递企业的发展，对于吸纳就业有十分重要的意义。

**三、抵扣链条释放连环效应，改革越深入减负越明显**

在整体减负的大背景下，也出现了少数行业和企业税负上升的情况。在铁路运输和邮政业的三大子行业中，除了税负降低明显的收派服务业外，铁路运输业试点纳税人税负下降3.82%，邮政业试点纳税人则因税制转换增税0.16亿元。

6月1日起即将纳入“营改增”的电信业，也面临着类似的问题。近期，中国移动、中国联通和中国电信三大运营商发布公告称，由于目前公司成本支出中部分支出不能够获得增值税进项税抵扣，预计短期利润将受到负面影响。

李万甫分析，增值税抵扣具有连环效应，铁路是运输大动脉，纳入“营改增”后，凡是通过铁路运输产品的企业，进项税抵扣都会增加；信息服务覆盖面更广，电信业纳入后，包括前期的试点在内，几乎所有行业都会受益。同样，将来建筑业和不动产纳入进来，电信业和其他行业的进项税抵扣也将大大增加。纳入“营改增”试点的行业越多，企业可抵扣的进项范围就越广，“营改增”的减税力度也会越大。

“总体看，目前一些企业税负上升只是暂时现象，‘营改增’越深入，减负效果就会越明显。但‘营改增’的成效绝不仅限于减税，而是通过理顺税制，促进产业结构调整和企业转型升级。”白景明说。

# 今年“营改增”全面推开将再减税数千亿元<br>企业负担减　发展动能增

（来源：人民网——《人民日报》　记者：李丽辉　吴秋余　2016年1月27日）［内容有删节］

日前，国务院总理李克强主持召开座谈会，研究全面推开“营改增”、加快财税体制改革、进一步显著减轻企业税负，调动各方发展积极性。会议释放出的明确信号，引起了各方普遍关注：作为深化财税体制改革的重头戏，“营改增”今年全面推开，企业的减负力度有多大？对未来经济社会发展全局将产生哪些影响？记者就此采访了有关部门和专家。

**一、前期试点已取得积极成效**

“‘营改增’是财税体制改革的重头戏，也是稳增长、调结构的关键点，可谓牵一发而动全身。”财政部财科所所长刘尚希表示，税制结构的优化，将为经济发展创造更加公平的税制环境，是一项影响深远的供给侧重大改革。

“营改增”自2012年1月1日启动以来，试点范围逐步扩大。目前，改革试点地区已扩展至全国，行业已经覆盖交通运输、邮政、电信以及研发技术、信息技术、文化创意等7个现代服务业。“营改增”打通了增值税抵扣链条，消除了重复征税，纳税人负担明显减轻。

“营改增”的红利，还在于推进经济结构调整，促进服务业快速崛起。服务业撑起我国经济发展的“半壁江山”，“营改增”功不可没。

“目前‘营改增’尚未涉及的领域，包括金融、建筑、房地产和消费服务四大行业。今年全面推开，企业将再迎来大规模减税，这对于企业顶住当前经济下行压力，渡过难关无疑是雪中送炭。”刘尚希认为，全面推开“营改增”具有一箭双雕之功。从短期看，“营改增”全面推开有利于企业减负、降成本，更大地激发市场主体活力；从长期看，税制优化和完善，有利于培育经济发展新动能，促进产业和消费升级。

**二、今年推开“营改增”力度前所未有**

很多人关心：全面推开“营改增”，企业减负力度有多大？

“今年推开‘营改增’的四个行业，具有量多、面广、影响大的特点，估计减税力度将超过以往。”上海财经大学公共政策与治理研究院院长胡怡建介绍说，根据测算，四大行业占到未推行“营改增”前营业税收入的2/3以上，如果“营改增”减税幅度与已实施行业一致，今年“营改增”全面推开将新增减税3 969亿元，使今年“营改增”的合计减税达到6 131亿元。

“当然，具体减税幅度还要取决于减税方案。今年全面推开‘营改增’，减税级别达到几千亿元，这个力度是前所未有的。”胡怡建表示，全面推开“营改增”，有利于进一步打通增值税抵扣链条，给下游企业带来更多减税。特别是金融、建筑、房地产和消费服务属于基础服务业，不但自身“块头”大，而且对其他行业牵涉面广，因此已纳入“营改增”的行业有望受益更多，企业的成本将进一步下降。

以建筑业和房地产业为例，厂房、土地是很多企业的重要生产成本，目前生产企业购买或租赁厂房无法进行增值税进项税抵扣，房价中的营业税需要计入成本。一旦建筑与房地产行业纳入“营改增”，购买或租赁厂房就可以获得增值税专用发票用于进项税抵扣，从而给生产企业带来增值税减免。

“营改增”全面推开，对很多企业来说也是期盼已久的。企业有了这颗“定心丸”，可以更好规划市场经营与未来发展。

**三、需考虑如何划分中央与地方事权和支出责任**

全面推开“营改增”将带来大规模减税，在财政收入增长持续放缓的情况下，如何缓解减税带来的财政压力？

“市场主体是经济发展的动力，也是税收收入的源泉。全面推开‘营改增’大规模减负，意在为企业减负松绑、放水养鱼。虽然短期财政收入会减少，但从长远看是在积蓄经济发展的动能和涵养宝贵的税源，这笔账一定要算清楚。”刘尚希认为，现在政府让利于企，帮助企业卸下负担轻装上阵，是为经济保持中高速增长、迈向中高端水平打下坚实基础，未来我国经济社会发展才更有后劲、更可持续。

“中央经济工作会议做出了阶段性提高财政赤字率的安排，这为减税腾出了一定的空间。政府宁可举债来确保民生支出，也要实行大规模减税，显示出中央推进改革的坚定决心。”刘尚希认为，在财政吃紧的情况下，应提高财政资金的使用效率，把好钢用在刀刃上。

胡怡建表示，“营改增”全面推开后，势必带动整体税制改革的推进，如何划分中央与地方事权与支出责任是必须要考虑的问题。

目前，我国执行营业税收入全部归地方、增值税按照中央地方75:25比例进行分享。而“营改增”的全面推开，作为地方主要税源之一的营业税将彻底退出历史舞台。要稳定地方财政收入、调动地方积极性，需要重新划分增值税的分享比例，同时推动所得税、消费税等领域的改革。

## （二）2016年3月18日之后关于“营改增”的相关报道

### “营改增”，再吹“集结号”

（来源：《人民日报》　记者：李丽辉　吴秋余　2016年3月19日）

2016年3月18日，国务院常务会议审议通过了全面推开“营改增”试点方案，明确自5月1日起，全面推开“营改增”试点，将建筑业、房地产业、金融业、生活服务业纳入试点范围。就“营改增”试点全面推开社会关注的热点问题，本报记者采访了财政部税政司和国家税务总局货物劳务税司负责人。

“‘营改增’新增近千万户纳税人建筑业和房地产业将适用11%的税率，金融业和生活服务业适用6%的税率。‘营改增’是深化财税改革的‘重头戏’，也是供给侧结构性改革的一项重要举措。‘营改增’具有基础性、先导性的特点，在整个经济层面影响大、范围广，牵一发而动全身。”财政部税政司司长王建凡表示。

根据试点方案，“营改增”后，建筑业和房地产业将适用11%的增值税税率，金融业和生活服务业适用6%的增值税税率。据测算，四大行业涉及的纳税人总数近1 000万户，是前期“营改增”试点纳税人总户数的近1.7倍，年营业税规模约1.9万亿元，占原营业税总收入的比例约80%。

王建凡介绍，此次全面推开“营改增”试点，基本内容是实行“双扩”。一方面，是扩大了试点行业范围，将建筑业、房地产业、金融业、生活服务业4个行业纳入“营改增”试点，至此，现行营业税纳税人全部改征增值税。另一方面，继上一轮增值税转型改革将企业购进机器设备纳入抵扣范围之后，本次改革又将不动产纳入抵扣范围，今后，无论是制造业、商业等原增值税纳税人，还是“营改增”试点纳税人，都可抵扣新增不动产所含增值税。

“通过‘营改增’进一步减轻企业税负，是财税领域打出‘降成本’组合拳的重要一招，用短期财政收入的‘减’换取持续发展势能的‘增’。”王建凡表示，全面推开“营改增”试点，实现了增值税对货物和服务的全覆盖，基本消除了重复征税，打通了增值税抵扣链条，促进了社会分工协作，有力地支持了服务业发展和制造业转型升级。同时，将不动产纳入抵扣范围，比较完整地实现了规范的消费型增值税制度，有利于扩大企业投资，增强企业经营活力。“营改增”将在推动产业转型、结构优化、消费升级、创新创业和深化供给侧结构性改革等方面发挥重要的促进作用。

确保所有行业税负只减不增新增试点行业的原营业税优惠政策原则上予以延续今年的《政府工作报告》明确提出，全面实施“营改增”将确保所有行业税负只减不增。如何确保这一承诺如期落地，备受社会关注。

“当前实体经济较为困难，为了进一步减轻企业负担，在设计全面推开‘营改增’试点方案时作了充分考虑，按照改革和稳增长两兼顾、两促进的原则，作出妥善安排。”王建凡表示。

比如，一次性将建筑业、房地产业、金融业、生活服务业全部纳入试点范围，并将新增不动产所含增值税全部纳入抵扣范围。同时，方案明确新增试点行业的原营业税优惠政策原则上予以延续，对老合同、老项目以及特定行业采取过渡性措施，确保全面推开“营改增”试点后，总体上实现所有行业全面减税、绝大部分企业税负有不同程度降低的政策效果。

而对于前期试点行业和原增值税纳税人，总体税负也会出现下降。这是因为，将“营改增”试点范围扩大到建筑业等四大行业，并将所有企业新增不动产所含增值税纳入抵扣范围后，各类企业购买或租入上述项目所支付的增值税都可以抵扣。特别是将不动产纳入抵扣范围，减税规模较大、受益面较广，通过外购、租入、自建等方式新增不动产的企业都将因此获益，前期试点纳税人总体税负会因此下降。同时，原增值税纳税人可抵扣项目范围较前期试点进一步扩大，总体税负也会相应下降。

预计全年减税超过5 000亿元，国税、地税将建立联席工作制度，不给纳税人增加不必要的负担“从前期试点情况看，无论是试点纳税人还是原增值税纳税人，都实现了较大规模的减税，这充分证明‘营改增’的制度框架体现了总体减税的要求。”国家税务总局货物劳务税司副司长林枫表示，“营改增”试点从制度上解决了货物和服务税制不统一和重复征税的问题，贯通了服务业内部和第二、第三产业之间的抵扣链条，有力地支持了服务业发展和制造业转型升级，提升了货物贸易和服务贸易出口竞争力，是推进经济结构转型升级的重要举措。

“营改增”试点已实施4年多，主要目的是为解决增值税和营业税并存导致的重复征税问题。通过前期逐步扩大试点范围，目前“营改增”试点已覆盖“3+7”个行业，即交通运输业、邮政业、电信业3个大类行业和研发技术、信息技术、文化创意、物流辅助、有形动产租赁、鉴证咨询、广播影视7个现代服务业。

据统计，截至2015年底，全国“营改增”试点纳税人共计592万户，其中一般纳税人113万户，小规模纳税人479万户，累计实现减税6 412亿元，其中，试点纳税人因税制转换减税3 133亿元，原增值税纳税人因增加抵扣减税3 279亿元。“营改增”全面推开后，预计全年减税将超过5 000亿元。

林枫介绍，目前，距全面推开“营改增”试点已不足2个月时间，试点准备的时间紧、任务重。为确保试点如期顺利推进，财税部门正在抓紧准备“营改增”的政策文件和配套操作办法，将尽快公布。税务部门已经制定了任务书、时间表、路线图，国税、地税将齐心协力把各项工作切实做到位。

由于“营改增”涉及税种交接问题，国税、地税将建立联席工作制度，及时办理纳税人档案交接手续，不给纳税人增加不必要的负担。税务部门将分批次做好对试点纳税人的培训辅导以及税控器具的发放、安装，进一步优化纳税服务，增设服务窗口，开设绿色通道，给纳税人提供更便利高效的办税服务。

# 全面实施“营改增”要有紧迫感

（来源：《人民日报》　记者：徐立凡　2016年3月22日）

在《政府工作报告》提出全面实施“营改增”，承诺“确保所有行业税负只减不增”后，2016年3月18日，国务院常务会议作出决定，自5月1日起，全面推开“营改增”试点，将建筑业、房地产业、金融业、生活服务业纳入试点范围。这意味着，占税收收入半壁江山的增值税和营业税即将完成合并，自1994年分税制改革以来最重要的一项税制改革将在近期全面铺开。

为什么要全面实施“营改增”？简言之，就是减少重复征税，降低整体税负。过去，增值税主要以第二产业为征收对象，营业税主要以第三产业为征收对象。税制的不统一，助推了产业发展的不平衡，同时也加剧了税收不公平的问题。而且，营业税重复征税的现象尤其突出，且缺乏明晰的抵扣机制设计，在第三产业往往是新技术、新业态、新经济的孵化器的市场格局下，营业税“叠床架屋”甚至征收过头税的弊端，无疑对于疏导资源合理配置，扩大第三产业规模，促进大众创业、万众创新，形成了极大制约。因而，尽快实施以“营改增”为主的税制改革，是创造公平竞争环境、推动经济结构优化转型、生成新的经济增长点的迫切要求。

正是因为“营改增”有牵一发而动全身的重要作用，因此对于在全面落地时可能面临的考验，需要有足够的估计和充分的准备。比如，尽管过去4年多的“营改增”试点经验表明，大多数行业和企业都会受益，但建筑业、交通运输业、餐饮业的一些企业，或因营业税率低于增值税率，或因难以获得足够多的进项抵扣，实际税负有可能上升。如何保证特定行业税负只减不增？需要在确保税收公平的前提下，拿出更多的优惠政策，鼓励这些行业通过扩大投资、购买设备、吸纳就业等方式扩大进项抵扣范围，平稳完成“营改增”的衔接。此外，试点情况也表明，由于不同纳税企业和纳税人的资产规模、运营情况、应税范围迥异，实施“营改增”存在效果差异。因此，让纳税人正确认识行业减税与企业税负的关系，算清降低整体税负的大账与履行缴税义务的小账，控制好征税成本，税收征管体系需及时改进征管方式，加大宣传普及力度，让税改新政得到正确解读。

其中，最关键的“考题”是，过去实施的是增值税由国税部门征收、中央和地方按比例共享的税收政策，其中中央财政占75%，地方财政占25%。这也就决定了地方财政更加依赖于由地税部门征收的营业税而非增值税。在营业税退出历史舞台后，地方财政的缺口有可能增大，地方财政支出责任与事权不匹配的矛盾有可能进一步凸显。这就要求，在全面实施“营改增”的同时，理顺中央和地方财税关系的相关改革步子要迈得更大一些、更快一些。

实际上，理顺中央和地方关系并不缺乏顶层设计。而“营改增”为理顺中央和地方关系的深化改革提供了难得的契机。这个契机因为2016年供给侧结构性改革的全面铺开，而趋于成熟。供给侧改革，既包含去产能、出清“僵尸企业”、为企业减负的命题，也包含优化和增加制度供给的命题，而后者本就是供给侧改革的核心。“营改增”的目标诉求和性质，同时涵盖了供给侧改革的这两大命题。因此，对于全面实施“营改增”，要有推进的紧迫感，也要有以此带动重点领域深化改革的使命感。按照十八届三中全会、“十三五”规划纲要提出的路线图，缜密设计、果断推进，“营改增”就能克服障碍，为激发经济活力、突破改革坚冰提供新的巨大能量。

## 5月1日起全面推开“营改增”<br>行业税负，只减不增咋确保

（来源：《人民日报》 记者：李丽辉 吴秋余 2016年3月30日）

距5月1日全面推开“营改增”试点，只有一个月时间，全年减税5 000多亿元的“大礼包”近在眼前。那么，“营改增”作为近年来最大的一项税制改革，在方案设计上有哪些特点？又是通过哪些举措，来确保所有行业税负只减不增？

已实行增值税的行业“营改增”全面推开，抵扣链条更完整，可抵扣项目增加，制造业和前期试点行业受益多多，对“营改增”来说，“所有行业”主要包括两部分：一是已经实行增值税的行业，包括制造业和之前纳入“营改增”试点的交通运输、邮政、电信行业、现代服务业等；二是即将纳入“营改增”试点的四大行业，包括建筑业、房地产业、金融业、生活服务业。

“营改增”全面推开后，抵扣链条更加完整，很多先前试点的“营改增”纳税人以及制造业等原增值税纳税人，都会出现税负下降。国家税务总局税科所所长李万甫认为，制造业生产都要有厂房、仓库，企业无论是建还是租都是一大笔开支。将四大行业和新增不动产一

次性纳入试点，对减轻实体经济负担，促进制造业转型升级具有重要意义。

以交通运输业为例，当初纳入“营改增”试点时，不少进项税额不能抵扣，一些企业出现了税负上升的情况。随着“营改增”全面推开，可抵扣的范围进一步扩大，这些企业的税负将出现逐步下降的趋势。

“‘营改增’的每一次扩大范围，都会使可抵扣项目增加，从而降低企业税负。”安吉汽车物流有限公司负责人介绍，“营改增”初期，由于试点范围的局限性，企业无法取得足够的进项税抵扣，税负有所上升。2014 年，企业对运输工具进行了更新，获取了较多的进项税抵扣。2016 年全面推开，将进一步增加可抵扣项目，企业税负状况将进一步改善。

“四大行业纳入‘营改增’，企业日常经营中发生较多的差旅费、会议费项目，以及物流资产购建支出等，都可以进行抵扣，大致会产生 3%—4% 的税负下降。”中国外运福建有限公司财务经理刘孝质表示，这将有利于提高物流企业的竞争力，帮助企业渡过难关。

“高速公路通行费，是运输企业的一项重要成本。这次‘营改增’试点细则中对此做出了过渡性安排，将来过路过桥费能够取得增值税发票后，运输企业的实际税负还将进一步降低。”李万甫表示。

建筑业和房地产业分别由原来 3% 和 5% 的营业税税率，改为 11% 的增值税税率，但整个行业税负不会增加“营改增”全面推开，将建筑业、房地产业、金融业、生活服务业全部纳入试点范围，建筑业和房地产业适用 11% 的税率，金融业和生活服务业适用 6% 的税率。社会普遍关注，建筑业和房地产业从原来的 3% 和 5% 的营业税税率，改为 11% 的增值税税率，税率提高了税负会不会上升？

“增值税税率比营业税税率高，就会增加企业税负，这实际上是一种误解。”中国财政科学研究所副所长白景明认为，营业税是按企业的营业额征收，增值税按货物和服务的增值额征收，两者的税基有很大不同。虽然增值税税率提高了，但由于可以实行进项税抵扣，这两个行业的税负不仅不会增加甚至还会减轻。

白景明分析，建筑业的主要进项是钢材、砖瓦、水泥等建筑材料，这些都是可以按 17% 的增值税税率进行抵扣的，抵扣力度是相当大的。特别是方案还针对企业包工包料、包工不包料的经营方式，作出了过渡期政策安排。一般纳税人以清包工方式提供的建筑服务，可以选择适用简易计税方法计税，与原来按营业税税率 3% 征收相比，企业税负大体不变。

同样，房地产业现行营业税率为 5%，“营改增”后适用 11% 的税率，但由于进项抵扣增多，税负不会上升。根据改革方案，对于申请成为一般纳税人的房地产开发商，按 11% 增值税率缴税，可以将土地出让金成本从销售额中扣除。在房地产开发成本中，土地出让金是最大的一块，占到整个成本的 30%—40%。土地出让金可以在销售额中扣除，对于减轻房地产企业税负至关重要。此外，房地产开发企业中的小规模纳税人，销售自行开发的房地产项目，按照 5% 的征收率计税，这类企业的税负也是不增加的。

金融业和生活服务业由原来 5% 的营业税税率改为 6% 的增值税税率，行业税负将明显下降“如何确保所有行业税负只减不增，既是重点也是难点，改革方案在这方面下了很大功夫。”上海财经大学教授、公共政策与治理研究院院长胡怡建表示，为了实现这一目标，方案不仅在税制设计上给予了充分考虑，而且延续保留了原来营业税的优惠政策，同时还针对各行业特点出台了相应的配套措施。

金融服务主要是经营金融保险的业务活动，如贷款服务、直接收费金融服务、保险服务和金融商品转让等。生活服务业涉及面比较广，包括文化体育服务、教育医疗服务、旅游娱乐服务、餐饮住宿服务、居民日常服务和其他生活服务。

“单从税负比较看，在不考虑进项税抵扣的情况下，6%的增值税税率，相当于5.66%的营业税税率，与这两个行业现行的营业税率很接近。”胡怡建解释说，“营改增”后，金融业和生活服务业可抵扣的进项税额增多，两个行业税负将明显减轻。

金融业办公场所大多是高档地产，而且电子信息化程度高、投入大，通过购置不动产和相关设备，以及技术服务外包等，金融业实现减税的可能性较大。从相关细则来看，金融业原来营业税的优惠政策，“营改增”后基本予以保留和延续。比如，金融同业往来利息收入免征增值税，试点内一年期以上人身保险免征增值税，农业保险免征增值税等。

生活服务业几乎包罗万象，与百姓生活息息相关。一般纳税人适用6%税率，可抵扣的进项也是五花八门。比如健身房，场租、购置的健身器材等都可以作为进项抵扣；开餐馆，购租门脸、店面装修、厨具设备等，也都可以作为进项抵扣。

“生活服务业还有一个明显特点，就是小微企业数量众多。这些企业作为小规模纳税人，‘营改增’后将按3%的征收率实行简易征收，与原来5%的营业税税率相比，这些企业减税40%左右，效果非常明显。”胡怡建强调。

## 5月1日全面推开后，全年减税将达5 000亿元<br>“营改增”给力供给侧改革

（来源：《人民日报》 记者：李丽辉 吴秋余 2016年4月11日）

当前，下好供给侧结构性改革这盘大棋，对推动经济持续健康发展至关重要。供给侧结构性改革，就是通过财税改革、结构调整、简政放权、产业革新等多种手段，理顺市场供需关系，引导市场发挥应有效用，提高全要素生产率。

作为深化财税改革的“重头戏”，“营改增”具有谋一域促全局的功效，也是推进供给侧结构性改革的重要举措。那么，5月1日“营改增”全面推开，对供给侧结构性改革将发挥什么作用？对促进产业升级、激发经济新动力将产生哪些影响？

**减税空前：全行业税负只减不增**

“营改增”全面推开，全年减税将达到5 000亿元，如此诱人的“大礼包”令很多企业翘首以盼。

去产能、去库存、去杠杆、降成本、补短板，是我国供给侧结构性改革的五大任务。其中，降低企业成本是激发市场活力、提高全要素生产率的重要一环。“营改增”全面推开带来了5 000亿元减税，对企业降成本可以说是真金白银的支持。

“在经济下行压力较大情况下，全面推开‘营改增’，降低企业税负，对于供给侧结构性改革的推动作用更为明显，可以促进有效投资带动供给，以供给带动需求，从而提升企业盈利能力，激发企业投资创新创业的动力。”毕马威（中国）会计师事务所副主席、税务服务主管合伙人何坤明认为，此次“营改增”过程中，国家强调确保所有行业税负只减不增，税负的降低将会给社会经济发展带来乘数效应。

**优化税制：消除重复征税、打通抵扣链条**

“‘营改增’不仅仅是一项减税措施，它更深层的意义在于税制的优化。”中国财政科学研究院院长刘尚希说，增值税以增值额为税基，有效避免了重复征税。此次“营改增”全面推开，将覆盖所有货物与劳务，第二、第三产业的抵扣链条将彻底打通，这对于解决经济供给结构扭曲脱节问题，将起到重要作用。

近年来的经济数据，也证明了这一点。“营改增”试点以来，第三产业投资规模明显扩大，占全社会固定资产投资比重由2012年的52.6%提高到2015年的56.6%；第三产业增加值占GDP的比重也逐步提高，由2012年的45.5%逐年提高到2015年的50.5%，服务业在国内生产总值中的比重首次占据“半壁江山”。

**提质增效：利于发挥市场在资源配置中的决定性作用**

“在供给侧结构性改革的棋局上，降低税负至关重要，‘营改增’税制改革可谓牵一发动全身。”中国社科院财经战略研究院院长高培勇认为，既然把财政政策的重点放在减税上，就不能只谈总量、不谈结构，必须要从总量进入到结构。

高培勇表示，供给侧结构性改革的深层次目标，是让市场在资源配置当中发挥决定性作用，从而引导资源配置的价格。通过税制改革实行税价分离，让价格真正起到反映市场供求状况、引导资源配置方向的作用，是税收政策在供给侧结构性改革中的一个重要着力点。

对企业来说，“营改增”的减税并非躺在原地不动就可以“坐享其成”，这一点与已往出台的针对特定对象的减税举措有很大不同。企业必须要建立现代企业制度，实行科学管理规范经营，才能最大程度地享受改革红利。

“全面实施‘营改增’，将有利于发挥市场在资源配置中的决定性作用，矫正结构性失衡问题。企业是市场主体，也是经济运行的基本细胞，企业活力迸发，中国经济的新动力就形成了。”税务总局税收科学研究所所长李万甫认为。

## 人民时评：以“营改增”释放经济活力

（来源：《人民日报》　作者：贾壮　2016年4月12日）

“营改增”是创新驱动的“信号源”，也是经济转型升级的“助推器”。这步棋下好了，实体经济就会“活”起来，经济发展有机会更上一层楼并实现良性循环。

早春4月，“营改增”氛围渐浓，从财政到税务部门，从中央到地方，正为打通“营改增”的“最后一公里”展开倒计时准备——距5月1日开始的，在所有行业和全国范围推开的营业税改增值税，已到了最后攻坚时段。这是自1994年分税制改革以来，我国财税体制的又一次深刻变革。全面推行“营改增”之后，营业税将淡出历史舞台，增值税成为我国名副其实的第一大税种。此次“营改增”，在推动财税体制改革之外，还有着更广阔的意义——以减税的“放水养鱼”效应，推动经济转型升级。

宏观上看，当前世界经济形势错综复杂，我国经济下行压力依然较大，要想保持住稳中向好的势头，积极的财政政策必须更加有力。从实施路径看，要么是更大规模的增支，要么是更大力度的减税。今年我国增加了5 600亿元财政赤字，为大规模减税提供了空间。而全面推进“营改增”，正是落实减税措施的重要突破口。

微观上看，一般生产型企业特别是外向型企业，面临着产品价格持续下跌和生产成本持续上升的双重挤压，生存比较艰难。成本上升表现为多个方面：一是劳动力成本不断攀升；二是企业融资成本居高不下；三是企业的税收负担较重。从激发微观经济活力的角度讲，降成本是今年经济工作的一项重点任务，而减税能够收到立竿见影的效果。

根据历史经验，我们有理由对全面推开“营改增”的减税效果，抱以乐观的期待。我国的“营改增”试点于2012年在上海市开始，取得一定经验后逐步推开。从实际运行效果来看，刚开始试点时会有一些行业出现税负增加的情况，后经逐步探索完善，“营改增”的减税效果开始显现。据财税部门统计，截至2015年底，累计实现减税6 412亿元。在经济下行压力持续加大和企业负担居高不下的情况下，“营改增”的减税效应发挥了积极作用。

全面推行“营改增”，还能形成四两拨千斤的政策效应。国务院日前就全面实施“营改增”召开的座谈会指出，这次全面推开“营改增”的政策取向，突出了推动服务业特别是研发等生产性服务业发展，这可以有力促进产业分工优化，拉长产业链，带动制造业升级。可以说，“营改增”是创新驱动的“信号源”，也是经济转型升级的强大“助推器”；既是当前的让利，更是在培育未来的“新动能”。是用当前的“减法”为未来做“加法”。

全面推行“营改增”，也是推进供给侧结构性改革的题中应有之义。推进供给侧结构性改革，要提高我国经济发展的技术含量，增大全要素生产率对经济增长的贡献。创新创业的主体是企业和个人，降低他们的税收负担，可以释放出技术创新的活力和动力。这步棋下好了，实体经济就会“活”起来，经济发展才有机会更上一层楼，并实现良性循环。

值得注意的是，当前各级政府财政收支压力较大，一定程度上影响了减税降负的积极性，有些地区甚至存在征收过头税的现象，增加了企业的负担。这些认识和做法其实非常短视。税收政策是天然的稳定器和安全阀，具有逆周期调节的作用，“削峰填谷”方可换来持续稳定。减税降负，“放水养鱼”，值得大家细细思量。

不过，全面推行“营改增”是一项系统工程，关系到方方面面的切身利益，涉及复杂的调整，具体执行时应注重调动中央和地方两个积极性，处理好中央和地方增值税分成比例等细节性问题。身处“营改增”第一线的政府职能部门，只有毫不走样地落实这项惠民政策，努力让好钢用在刀刃上，才能“确保改革后所有行业税负只减不增”。

## “营改增”对接“最后一厘米”

（来源：《人民日报》 记者：李丽辉 吴秋余 2016年4月25日）

5月1日全面推开“营改增”近在眼前，相关准备工作做得怎么样了？改革能否如期推进、顺利落地？4月20日，国家税务总局兵分多路，奔赴基层税务部门和办税大厅，对各地备战“营改增”进行实地调研。

二手房缴税还在“老地方”，确保税制平稳转换“县区税务部门特别是办税服务厅直接面对纳税人，是落实‘营改增’的‘最后一厘米’，必须要对接好，确保改革红利顺畅抵达纳税人。”在河北省望都县办税服务厅，国家税务总局党组书记、局长王军叮嘱基层税务人员，一定要以“两学一做”为引领凝聚战斗力，坚决打赢这场关乎经济社会发展大局的攻坚战。

二手房交易实行“营改增”后，普通个人首次成为增值税纳税人。面向自然人征收增值税是个新课题，税制转换能否实现“无缝衔接”，备受社会关注。

为方便个人二手房交易缴税，税务总局决定委托全国地税部门代征这部分增值税。也就是说，个人买卖二手房缴税还在“老地方”，原来在哪里缴营业税，5 月 1 日起就在哪里缴增值税。虽然缴税简单了，但征税流程却更为复杂：交易信息先要进入地税的价格评估系统，核实后再进入国税的增值税管理系统。系统转换需要时间，开发票就会慢一些。“这个‘慢’要引起足够重视。目前一些城市的房产交易很活跃，不能让缴税开票环节成为堵点，影响后面的办理。”王军特别强调。

受京津冀一体化影响，保定市房地产交易日渐升温。保定市高开区地税局征收分局局长方斌介绍说，为了防止办税拥堵，地税部门已做了充分准备，比如，抓紧熟悉增值税发票业务，合理调配力量设置 AB 岗，提前审核交易人资料、有序分流交易业务等。竞秀区国税局办税服务厅主任李宏霞说，“营改增”期间，国税也将抽调人员协助地税办理相关业务，让开票缴税更加顺畅。

目前，税务总局正在加紧相关软件测试，加强系统的融合对接，并对全国 90 个二手房交易热点城市实行重点监控，确保税制转换平稳顺利。

来自税务总局的数据显示，截至 2016 年 4 月 21 日，地税部门向国税部门移交纳税人征管档案资料的工作已全部完成；国税部门确认纳入“营改增”试点的纳税人近 1 000 万户，已为约 90% 的纳税人办理了税务登记。征管信息系统 12 个软件 106 个模块的修改和完善已基本完成，正在做最后的联调测试。纳税人开具发票所需的专用设备，也已陆续发放安装。5 月上旬需要的 4 亿份增值税发票，已印制完毕并分送至各地税务机关。

分享红利深入分析细致梳理，确保行业税负只减不增“营改增”全面推开，建筑业、房地产业、金融业、生活服务业四大行业纳入试点，涉及 1 000 万户纳税人。对企业来说，最关心的还是“营改增”带来的税负变化，期待分享到改革红利。

“‘营改增’的红利，我们肯定能享受得到。”保定银行副行长郭俊段介绍说，今年是保定银行大投入的一年，仅银行系统软硬件升级改造，就需要投资 8 000 多万元。这些能够作为进项抵扣，企业税负呈现大幅下降趋势。

河南省兰考县三环房地产财务总监许二亮说，房地产行业成本主要有三大块：建筑成本、土地成本和融资成本。建筑业和金融业与房地产业一并纳入“营改增”试点，形成完整的抵扣链条，且土地成本也可以在销售额中抵扣。这对降低企业税负非常关键。

相比之下，建筑业由原来 3% 的营业税率调整为 11% 的增值税率，在四大行业中税率“跳跃”幅度最大。建筑业税负只减不增，是此次改革的难点。一些企业反映，建筑材料占企业成本的两到三成，但像沙石料等都是从小企业采购，由于拿不到发票，很难进行进项抵扣。他们担心税负会有所上升。

对于建筑业的实际情况，“营改增”在方案设计、税率确定时给予了充分考虑。比如，采取过渡性措施，对老合同、老项目区别对待，对劳务用工方式的调整，甲方提供材料的处理等，政策上都给予照顾。这些细化的政策措施，有助于建筑行业总体上实现税负只减不增。

“实现行业税负只减不增的关键，就是完善抵扣链条，充分享受增值税进项抵扣的制度红利。”上海财经大学公共政策与治理研究院院长胡怡建表示，发挥制度的最大效益，既要求企业管理的精细化，也要求社会税收管理的完善。

生活服务业中，小企业纳税人数量最多；作为小规模纳税人纳入“营改增”试点，税负普遍下降40%，减负效果最为明显，行业整体税负也会有所减轻。然而，近日上海市、广东省的一些国际酒店集团却频频传出涨价消息，酒店在收取房费和15%服务费之外，又增加了一项“预估政府税款和费用”，这究竟是怎么回事？

“这些五星级酒店在原有价格基础上，有的加价6%，有的加价6.9%，是借‘营改增’之名变相涨价。”中国人民大学教授朱青表示，因为原来酒店的收费中是包含营业税的，“营改增”后营业税已取消，如果酒店在收费中加上增值税费用，就应减掉原来的营业税费用。这样才公平合理。

“行业税负是能测算的，但具体到每一家企业，税负是减是增与其采购周期有关，也跟企业的经营管理有关。这一点不是税制改革能够保障的。”朱青表示，社会对“营改增”期待很高，但不能对政策效应产生“误读”，甚至把经营不善、效益不好的责任都推到“营改增”身上。

完善政策对企业反映的情况及时跟进，问题早发现早解决，“以前景区门票就是营业税发票，现在还有不少没用完。眼看‘五一’旅游高峰就要到了，‘营改增’后这些已印好的发票还能不能用？”江苏无锡市荡口古镇旅游公司犯了难，很快，这个问题就得到税务总局的回应：对于试点纳税人已领取的地税机关印制的发票及印有本单位名称的发票，可继续使用至6月30日。

“我们是一家大型餐饮企业，很大一部分生鲜食材都是到田间地头直接采购，可是农民开不出增值税发票。这些进项怎么抵扣？”面对调研小组，保定市秀兰饭店财务总监王志勇说出了担心。

“你们可以到税务部门办一个收购鲜活农产品的手续，这样从田间地头直接采购的生鲜食材，就可以按13%开增值税发票进行抵扣。”国家税务总局货物劳务税司副司长林枫解释说，生活服务业增值税税率是6%，进项抵扣的税率是13%。企业税负应该是下降的。

在国家税务总局大楼二层报告厅，几十台电脑整齐排列，工作人员正专注地盯着各地税务部门报上来的“营改增”推进情况和相关数据。“进入4月份，这里就改成了全国税务系统‘营改增’指挥中枢。基层反映的情况每天都会实时传递上来，分析汇总后马上提交给相关司局研究解决。好多政策都是连夜出台的。”国家税务总局办公厅副主任程俊峰介绍说。

## “五一”“营改增”后二手房交易要多交税吗？

（来源：人民网 记者：李丽辉 吴秋余 2016年4月26日）［内容有删节］

5月1日起，二手房交易实行营业税改征增值税，普通个人首次成为增值税纳税人。“营改增”会带来二手房交易的哪些变化？税负会上升还是下降？税制转换能否实现“无缝衔接”？“人民日报经济社会”微信公号记者都替您问好了。

“新变化二手房交易税负略有减轻”，国家税务总局副局长汪康表示，财税部门在研究个人住房征税问题时非常审慎，总体目标是确保个人二手房的交易在税收负担上保持基本稳定。因此，根据财政部、国家税务总局的相关规定，“营改增”后个人二手房维持5%的税率不变。

**虽说税率保持不变，但税负却有所下降**

“由于营业税与增值税计算方式不同，二手房交易‘营改增’后税负会略有降低。”汪康介绍说，以一套计税价100万元的房子为例，过去征收营业税5%时，计税公式为100万元乘以5%，需要缴5万元的营业税；改为增值税后虽然税率还是5%，但计税公式变为100万元除以1.05后再乘以5%，实际缴增值税47 600元，少交税2 400元。

此外，“营改增”后，二手房营业税优惠政策将平移到增值税征收中。即除北上广深四个一线城市外，个人将购买不足2年的住房对外销售的，按5%的征收率全额缴纳增值税；个人将购买2年以上（含2年）的住房对外销售的，免征增值税。因此，总体上说，“营改增”对于一般的个人买卖二手房影响不大。

**没变化，缴税还是“老地方”、“老办法”**

个人二手房出租、买卖涉及群体众多，为不增加办税负担，国家税务总局决定，“营改增”后个人二手房交易和二手房出租，仍然委托地税部门来代征、代开发票，“原来怎么申报还是怎么申报，原来填什么表、在哪个地方办，一切维持基本不变”。汪康说。

也就是说，个人买卖二手房缴税还在“老地方”，原来在哪里缴营业税，5月1日起就在哪里缴增值税。而且对个人来讲，办税还是沿用过去的“老办法”，个人在交易二手房包括在办理二手房产权证过程中，涉及的相关税收问题及办税的流程、场所都保持不变。

因此，无论是租房、买房，完全可以忽略到税制转换带来的影响。

## 酒店涨价，别拿“营改增”说事

（来源：《人民日报》　记者：吴秋余　李丽辉　谢卫群　2016年4月28日）

“我注意到近期有些酒店调价，价格调整本来是酒店的经营行为，但把涨价扣在‘营改增’头上，是一点道理都没有的。”针对一些国际酒店借“营改增”涨价的现象，财政部部长楼继伟作出回应。

近日，凯悦、洲际、万豪、希尔顿等国际酒店集团，纷纷以“营改增”为名进行“涨价”，引起社会广泛关注。

如果消费者预订了“五一”之后的酒店房间，就会发现一些国际酒店在收取的房费中，除了房价、服务费之外，又收取了一道“预估政府税款和费用”。这一费用占总房价的6.9%，加上15%的服务费，酒店房间的附加费达到21.9%。

一些酒店声称，之所以向消费者加收这道费用，是因为“营改增”。同时，在一些国际酒店的官网首页，也醒目地打出了这样一行字：“从2016年5月1日起，增值税（VAT）将在中国实施，房费及其他酒店服务费均将征收增值税。”这似乎也在暗示，5月1日起酒店将征收增值税，酒店涨价在情理之中。

“全面推开营业税改征增值税，是由征收营业税改为征收增值税，而不是在原征收营业税的基础上再征收一道增值税。”财政部税政司负责人解释说，改征增值税后，年销售额在500万元以下的酒店（称为“小规模纳税人”）依照3%的征收率计算缴纳增值税，比原先5%的营业税税率下降约40%；而年销售额在500万元以上的酒店（称为“一般纳税人”）适用6%的增值税税率，按营业税口径返算，相当于5.66%的营业税税负水平。

“‘营改增’后，作为增值税一般纳税人的酒店，即使没有任何进项税可以抵扣，税负最多也只比原来增加0.66个百分点。”该负责人表示，改革后，酒店的材料采购、设备采购、服务采购等都可以获得进项抵扣，总体上看，纳税人的税收负担一般都有不同程度的下降。

比如，某酒店为增值税一般纳税人，当月销售收入（含税）106万元，同期采购设备、材料等成本支出11.7万元，取得增值税专用发票上注明的进项税额为1.7万元。在营业税制度下，纳税人当期应缴纳的营业税为：106×5% =5.3（万元）；在增值税制度下，纳税人当期应缴纳的增值税为：106÷（1+6%）×6% -1.7=4.3（万元）。同样的收入水平，改革后增值税相比较营业税少负担税款1万元。

中国社会科学院财经战略研究院税收研究室主任张斌认为，相关监管部门应该对酒店涨价过程中的行为进行调查，如果存在虚假宣传或串通涨价的行为，就应该依法依规进行查处。

2016年4月27日，上海市税务局会同财政、物价、旅游局及财政部驻上海专员办，就近期部分酒店借口“营改增”涨价，联合约谈沪上部分知名酒店集团。

上海市旅游局表示，酒店以“营改增”为借口实行涨价，甚至是联手涨价，不仅涉嫌垄断等不规范经营行为，更对市场产生了不良导向。上海市物价局认为部分酒店集团借“营改增”提价，涉嫌违反价格诚信、价格欺诈、串通涨价等违法违规行为，要求各酒店集团立即开展自查自纠，进一步规范价格行为，消除不利的社会影响。下一步，物价部门将组织开展市场巡查和重点检查，对经提醒仍不整改或整改不到位的企业，依据相关法律法规严肃处理。

与会知名酒店集团有关人士表示，将严格遵守国家有关法律法规，在吃透“营改增”政策内涵基础上，研究定价策略，不会给消费者增加额外负担。

## “营改增”试点全面推开<br>中国税制改革迈出关键一步

（来源：《人民日报（海外版）》　记者：李丽辉　吴秋余　2016年5月4日）

这个“五一”假期，对很多人来说有了一个新体验：外出吃饭结账时，特意开一张写有自己名字的增值税发票，以此纪念一项新税制的开启。

2016年5月1日起，我国全面实施“营改增”试点，试点范围扩大到建筑业、房地产业、金融业、生活服务业，并将所有企业新增不动产所含增值税纳入抵扣范围，确保所有行业税负只减不增。这意味着，我国税制改革迈出关键一步，国家治理的基础将打得更牢、夯得更实。

**66年的营业税正式“谢幕”**

税收是国家治理的基石，税制改革直接关系到国家治理体系和治理能力的现代化。随着

“营改增”试点的全面实施，四大行业纳入试点范围，增值税已经实现对所有货物、服务的生产、流通和消费领域的全覆盖，也意味着在我国实行了66年的营业税正式“谢幕”。

“简单地说，增值税与营业税的最大区别，就是增值税可以抵扣，营业税不能抵扣。”中国财政科学研究院院长刘尚希解释，增值税是一个环环相扣的链条，上游企业缴的税到了下游企业可进行抵扣；而营业税则是“道道征收”，上下游企业各缴各的，流转环节越多重复征税现象越严重。

“营改增”之前，我国主要是对货物征收增值税，对劳务征收营业税。与之相对应的，是制造业实行增值税，服务业实行营业税。这样带来一个很大的问题，即增值税的链条是“断开”的。比如，制造业的企业购买服务，服务业的企业购买货物，税是无法抵扣的，服务业的企业之间的经济活动，也是不能抵税的，造成对服务业重复征税。

“统一征收增值税，第二、第三产业在税制上实现了贯通，原来单独的‘两根线’拧成了一股绳，抵税的链条也就完整了。”刘尚希认为，“营改增”全面推开，是当前推动供给侧结构性改革的一项重要举措。税制统一、税收中性、税负减轻，将促进制造业、现代服务业的分工细化和相互融合发展，为产业结构转型升级提供新动能。从降成本来看，是典型的通过改革降成本，具有长效性，可以实现改革效应与政策效应的叠加放大。

**减税力度大企业活力增**

全面推开“营改增”试点，不仅实现了增值税对货物和服务的全覆盖，还首次将所有企业新增不动产所含增值税纳入抵扣范围，基本上完成了从生产型增值税向消费型增值税的转变。不管是动产还是不动产，不管是原材料还是半成品，都可以作为进项税抵扣，这对于降低企业税负，营造公平竞争的市场环境具有重要意义。

“从前期试点来看，‘营改增’每推进到一个重要行业和地区，都会带来大规模的减税，这是增值税的特点决定的。”国家税务总局税科所所长李万甫介绍说，“营改增”的全面推开，将释放更多制度红利，每年减税5 000亿元。对于小微企业来说，减税力度更大。

山东省栖霞市国税局局长王小强介绍，全市四大行业中，达到起征点的小规模纳税人有122户，原来每年缴纳营业税在600万元左右，平均每户4.9万元。“营改增”全面实施后，企业应缴纳的增值税在350万元左右，减税约250万元，平均每户减税2万元。

“随着此次‘营改增’政策细则的落地，我们建筑企业原来悬着的心也踏实了。”中建八局第三建设有限公司财务负责人李美说，建筑业“营改增”后，既可以消除重复征税问题，减轻建筑企业税负，又能统筹协调货物销售和劳务输出领域的税收负担，解决建筑企业内部税负不公问题，还可以规范建材市场供应，促进建筑企业的转型发展。

**政策落地不能“囫囵吞枣”**

今年的《政府工作报告》提出：“营改增”全面推开，确保所有行业只减不增。这一承诺引起了社会高度关注，也让人们对改革充满期待。

然而，前段时间“营改增”“兵马未动”，却出现了一些企业“涨价先行”。这让很多人感到不解：“营改增”不是减税的吗，企业为什么要借机涨价？一些企业同样表示困惑：“营改增”企业是要减税的，但为什么测算下来税负并没有下降，反而有可能上升？

“全面推开‘营改增’试点的税率设计，遵循了与营业税税负平移的原则，针对各行业特点出台了相应的配套措施等，从税制设计上不会增加企业负担。”财政部税政司司长王建凡表示，但企业的情况千差万别，制度设计无法兼顾到所有企业。具体到某一家企业来说，税负是减是增与它的经营方式、采购周期有着密切关系，不是税制能够解决的。

以建筑业为例，过渡政策充分考虑了建筑企业难以取得进项发票的实际情况，规定一般纳税人为建筑老项目、甲供工程和以清包工方式提供的建筑服务，既可以选择一般计税方法，也可以选择简易办法计税。这样就能够保证税负“平移”，企业税负不增加。

“‘营改增’全面推开后，企业税负是减是增，关键是要看有多少进项税能够抵扣。”李万甫解释说，如果试点企业在“营改增”之前购了房产、买了设备，这些进项就不能抵扣，可能就要多缴税。如果是在“营改增”之后置办了这些“大件”，光进项税可能就达上千万元，也许一两年都不用缴税。因此，测算“营改增”后企业的税负变化，不能只盯在某个时点上，而应当把它拉长到1年或是更长的周期来看。

还有一些企业进项税抵扣少，是因为它们为了省钱，购进原材料、买设备、租房子都不要发票。这样看似成本降低，实际上却是“贪小便宜吃大亏”，没有发票造成抵扣不足，不但引起税负上升，还会给企业的经营管理带来隐患。

“‘营改增’释放的制度红利，企业究竟能不能得到，既要靠改革的扎实推进，也要靠企业经营管理的完善和提高。”刘尚希认为，对政府部门来说，要打赢全面实施“营改增”试点改革攻坚战，切实做到所有行业税负只减不增，政策落地不能“囫囵吞枣”，而是要精心操作、不折不扣。对企业来说，必须要主动适应新税制的要求，积极调整经营策略，改进财务管理，才能赢得更好发展。

“每家企业都朝着这个方向努力，中国经济质量和水平就会跃上一个大台阶，这将是‘营改增’带来的一个更大红利。”刘尚希说。

## 税负下降近四成<br>“营改增”减税　小微更明媚

（来源：《人民日报》　记者：吴秋余　2016年5月4日）

2016年5月1日起，我国在建筑业、房地产业、金融业和生活服务业全面推开“营改增”试点，为像“小康山庄”这样的生活服务小企业提供了减税空间。

根据“营改增”的试点方案，以年销售额500万元为界限，企业划分为一般纳税人和小规模纳税人。其中小规模纳税人采用简易征收的办法，不采取进项抵扣的增值税计税办法，直接设定3%的增值税征收率。

国家税务总局的数据显示，截至2016年4月底，国税部门接收并确认的“营改增”试点纳税人共有1 011万户，其中小规模纳税人901万户，占89.1%，“营改增”后，这部分企业将从过去普遍征收5%的营业税，降为3%的增值税征收率，税收负担总体下降近四成。

“这意味着，一般纳税人的减税是有条件的，需要通过增值税进项抵扣实现，而小规模纳税人减税则是‘无条件’的。”中国财政科学研究院副院长白景明介绍，按照增值税的计税原理，需要纳税人发生采购等行为并取得进项发票后才能抵扣税款，但小规模纳税人则可以直接享受税率降低带来的减税。

“以年销售额500万元为界限，能够较好地保证中小企业不会受到税制转换带来的影响，让中小企业尽享'营改增'的减税效果。"上海财经大学公共政策与治理研究院院长胡怡建分析认为，考虑到增值税计税的复杂性，一般中小企业如果没有专门的财务人员很难适应税制要求，因此，对小规模纳税人采取类似于营业税的简易征收办法，能够在降低税负的同时，不增加小微企业的办税负担。

**税收优惠应享尽享**

**优惠政策平移到新的增值税制度里，有效保证行业税负只减不增**

"虽然小规模纳税人税率从5%降到3%，但如果差额征收变为全额征收，最终税负还是会增加。"企业法人代表宋玉杰告诉记者，以企业目前劳务派遣每人平均收入3 000元计算，派遣成本在每人1 500元左右，"营改增"后，如果按3%的增值税征收率，每个劳务派遣人员的税负在90元左右，而采取差额征收的营业税为每人75元，税负上升明显。

就在"五一"前夕，财政部、税务总局针对类似企业遇到的问题，紧急公布了过渡性政策措施，劳务派遣的小规模纳税人既可以选择按照3%全额缴纳增值税，也可以选择差额以5%的征收率计算缴纳增值税。

"有了这个政策'补丁'，不仅平移了以前的税收优惠，还让我们能够根据实际情况进行选择。"宋玉杰最终选择了差额缴纳增值税的办法，测算增值税负为每人71.4元，不仅没有上升，还略有下降。

由于"营改增"涉及的行业众多，企业情况千差万别，为实现行业税负不增加，此次"营改增"过程中，财税部门在政策制定上，对以往的营业税优惠政策原则上进行了延续。

"在'营改增'试点方案的设计上，通过把过去的优惠政策平移到新的增值税制度里，将能够有效保证行业税负只减不增。"财政部副部长史耀斌表示，此次"营改增"的方案中，特别注意保留了针对不同行业特点的税收优惠政策，四大行业原来在营业税上的优惠政策改革后予以延续，养老、医疗、教育、金融机构的同业往来将继续实施免税等，这些都有利于释放"营改增"的减税红利。

"税收优惠政策都是国家为照顾特定领域、行业、规模的企业采取的必要措施，对优惠政策进行平移，既能够保证改革的顺利进行，也能保证相关税收优惠政策继续发挥应有效应。"白景明说。

**税负减发展后劲增**

**"营改增"能够促进一般纳税人业务的扩展，同时有助于规范内部管理**

"虽然表观税率从5%增加到6%，但因为增值税是可以进行进项抵扣的，只要企业管理规范、抵扣充足，依然能够享受到减税。"白景明介绍说。

河南三门峡高阳山温泉度假区开发有限公司财务总监童学球给记者算了一笔账，"营改增"后，公司税率由5%调整为6%，但企业用水和燃气可以按照13%，用电可以按照17%的税率抵扣，内部装饰装修可按11%的税率抵扣，更换锅碗瓢盆、桌椅板凳、外购食品原料等也可以抵扣，"总体来说，企业税负会出现一定幅度下降。"

"对于'营改增'，一般纳税人不应只是单纯地看到减税，还应该看到税制转换给企业业务带来的扩展，以及对企业规范管理产生的促进作用。"胡怡建表示，增值税具有环环抵扣的特点，上游企业开出的发票能够给下游企业抵扣税款，客户会更愿意选择能够开具增值税专用发票的一般纳税人开展业务，这会在一定程度上促进一般纳税人业务的扩展，同时有助于上下游企业规范内部管理，提升企业经营水平和管理效率。

# 建筑业和房地产业是“营改增”的重点难点<br>特殊政策为两大行业“减压”

（来源：人民网——《人民日报》　记者：李丽辉　2016 年 5 月 5 日）

“营改增”政策全面推开，涉及 1 000 多万户纳税人，情况复杂、千头万绪。但最难啃的“骨头”，还是建筑业和房地产业。作为此次改革的重点和难点，这两个行业能否顺利“拿下”，关系到税制转换的成功和经济的平稳运行。

**企业担心：税率“跳跃”大，没有足够的进项抵扣，想减税不容易**

“营改增”后，建筑业和房地产业分别由原来 3%、5% 的营业税率，改为 11% 的增值税率。税率变化这么大，对企业的税负带来什么影响，颇受社会关注。

“我们测算过了，实行 11% 的增值税率后，企业的进项税抵扣要达到 72.7%，税负才能与原来的缴纳 3% 的营业税持平。目前，公司的进项抵扣也就 60% 左右，‘营改增’后我们的税负是增加的。”2016 年 4 月初，湖北一家建筑集团的财务经理在谈到“营改增”时显得忧心忡忡。

不少建筑企业也有类似的担忧。他们反映，建筑业最主要的抵扣来自建筑材料，像沙石、水泥、钢筋等，但由于沙石料都是小企业或个体户提供的，很难取得进项税发票。税率升幅这么大，如果没有足够的抵扣，税负可能上升。甚至有企业提出，为什么建筑业和房地产业非要适用 11% 的增值税率？如果适用 6% 的税率，矛盾就不会这么突出。

“这两个行业体量规模大，产业链条长，税收占比高，容纳就业多。此次‘营改增’涉及两个行业近 200 万户纳税人，是改革的重点和难点。”国家税务总局货物和劳务税司副司长林枫介绍，2015 年，两大行业实现营业税 1.12 万亿元，占全部营业税收入的近六成，在国民经济占有举足轻重的地位，改革方案设计必须要通盘考虑，慎重决策。

全面推开“营改增”的一大亮点，是将不动产纳入抵扣范围。新增不动产所含增值税，所有行业都可抵扣，这也是减税力度最大的部分。建筑业、房地产业实行 11% 的税率，对所有企业来说，厂房、办公楼、经营店面无论是买是租，都能得到抵扣。比如，企业置办 1 亿元不动产，就可抵税 1 100 万元，减税力度相当大。

建筑业和房地产业是上下游关系，建筑业开出的销项税发票，对房地产业来说就是进项税发票，是可以抵扣的。如果建筑业实行 6% 的税率，那么房地产可抵扣的进项税就少了，成本就会上升；如果房地产业也实行 6% 的税率，那么其他企业的不动产抵扣就变小了，所有行业的减负力度都要打折扣。此外，建筑业、房地产业的原材料等很多进项都是 17% 的税率，销项税率也不宜过低。

**政策解忧：“量身定制”多项特殊安排，缓解企业当前压力**

一般而言，企业能够取得多少进项税发票，与企业自身的管理水平、运营的规范程度相关。但从现实情况看，由于上游企业小、散、乱，沙石料、土石方等材料往往很难取得增值税发票。没有足够的发票抵扣，两大行业就很难适应税制转换。这个问题如何解决？

“考虑到建筑业和房地产业的重要性和特殊性，财税部门经过多次研究，针对这两个行业特点，‘量身定制’了一系列特殊政策安排，其内容和数量均为历次改革之最，以保证整个行业税负只减不增。”国家税务总局货物劳务税司副司长林枫介绍。

对于建筑企业来说，大多数一般纳税人也可以选择简易计税，包括已经开工的老项目、甲供材企业以及清包工企业，基本涵盖了所有的建筑业经营模式。选择简易计税后，这些企业的税负由3%下降到2.91%左右。同时，将甲供从建筑企业的计税依据中剔除，选择简易计税的总分包项目还允许差额扣除等，这种政策安排既符合增值税原理，又实实在在地给建筑企业减轻了负担。

对于房地产企业来说，对一般纳税人销售房地产老项目、销售或租赁试点前取得的不动产等，在维持原营业税税基不变的前提下，允许其选择简易计税的方法，纳税人的税负从5%降到4.76%。给予房地产开发新项目差额征税政策，考虑到房地产开发成本中土地出让金占比较大，对房地产企业开发的新项目，其计税依据中允许扣除受让土地时支付的土地价款。

此外，税务部门还针对这两个行业的进项税发票问题，采取了相应的征管配套措施。比如，为解决建筑采购砂土石料抵扣不足的问题，在建筑材料市场、大型工程项目所在地设立增值税专用发票代开点，为小规模的砂土石料供应商和临时经营者代开专用发票。

**密切跟踪：关注企业税负变化，帮助企业吃透、用好“营改增”政策**

随着一系列过渡性政策安排公布实施，企业对“营改增”有什么新看法和新感受？

“对于‘营改增’，企业最初是害怕和抵触的，甚至相当焦虑。现在则是一块石头落了地，心里踏实多了。”山西省晋中市山西汇森房地产开发有限公司财务经理郝成波说，房地产业的税负总体将会呈现一个下降趋势。公司按2015年营业收入测算，进项税抵扣之后，将比原营业税少缴税款500万元。

山西省国税局局长胡军说，目前，全省税务部门已开展对房地产业的实地调研，跟踪分析房地产企业税负变化。特别是辅导房地产企业对其营业成本和期间费用项目进行逐项分析，帮助企业吃透、用好“营改增”政策。

“国家这次出台的政策考虑非常周到，简单来说，就是企业可以根据工程实际情况，自主选择税负率较低的计税方法。从企业2015年的收入成本规模来看，我们的税负是肯定明显下降的。”浙江中南建设集团董事局主席吴建荣说，在降低税负的同时，也会“倒逼”企业不断规范经营行为，建立健全内部财务制度，是企业自我净化、自我提升的一次重要机遇。

“从制度设计看，建筑、房地产行业实施‘营改增’，既利好行业的长远发展，也使政策红利惠及各个环节。”华夏新供给经济学研究院院长贾康表示，建筑劳务、不动产进入抵扣链条，无论是对下游企业的“降成本”，还是对房地产企业的“去库存”都具有积极意义，是供给侧结构性改革的重要举措。

“过去，一些建筑企业只接项目不做项目，通过层层分包坐地分成。‘营改增’将会倒逼企业索取进项的专项增值税发票，促进企业经营模式转变，专业分工细化。”贾康认为，针对“营改增”过程中出现的一些新情况，有关部门应密切跟踪加强研究，及时发现问题解决问题。让更多的企业尽享改革红利。

# "营改增"后应完善增值税立法

（来源：《人民日报》 记者：杨默如 2016 年 7 月 12 日）

我国的增值税立法必须清理大量临时过渡措施，从而推动税收法定原则的落实和税收法治国家的建设。

日前，全面推开"营改增"试点后的首个纳税申报期结束，"营改增"试点企业晒出了首份增值税账单。试点的 1 100 万户纳税人中，生活服务业数量最多。本就是我国第一大税种的增值税，地位和作用变得愈发重要。为了推动税收法定原则的落实和税收法治国家的建设，应加快将《中华人民共和国增值税暂行条例》上升为《中华人民共和国增值税法》，建议重点考虑以下几个方面的立法设计：

1. 在税制要素设计上简并税率。在实行增值税的国家中，税率仅有一档的比例约为 45%，有两档的比例为 25%，三档、四档的依次递减，而超过五档的屈指可数。税率档数越多，管理与遵从的成本也越高。相当多的实例表明，多级税率增加了征纳税成本，可能为偷逃税者大开方便之门。针对目前增值税税率档次较多的状况，立法需将简并税率作为重要任务之一，可选择一档基本税率加一档低税率的做法，同时设置一档低征收率。

2. 在减免税优惠上注重规范。各国增值税的免税项目仅有少数，且限制在基本的健康、教育和金融服务上。如在欧盟内部，逐渐消除了对教育与健康等的免税；而澳大利亚和新西兰，对金融服务的增值税减免还增加了限定条件。我国增值税立法必须清理大量临时过渡措施，进一步规范减免税范围，从偏重发挥经济政策功能转向发挥社会政策功能。严格落实税收法定，以充分体现税法的刚性约束。此外，在增值税起征点设计上，要在公平与效率、税收收入与课征成本之间加以权衡。

3. 在出口退税方面完善机制。凭发票抵扣机制优势的实现需要切实的退税渠道，但是骗税的风险又常常困扰税务机关。为了既能降低退税的申报数量，又能解除企业现金流的担忧，可以借鉴其他国家和地区的做法，在出口者的供应商提供给出口者货物或劳务时，适用税率为零。同时尝试建立完善"快速通道"的退税处理机制，专门提供给那些被证明是纳税遵从纪录良好的出口商们。健全税务、海关、银行、外汇等部门合作机制，共同打击出口骗税。

4. 在税收征管上加强国际协调。随着数字经济的快速发展，及税收管辖权相关规则的缺失，可能导致同一项国际服务被重复征税。另外跨境电子商务使税源监控难度加大。针对这些挑战，我国应积极参与国际税收规则的制定，在管辖权上坚持"消费地"课税的国际惯例；在征管上推进制定公平、合理、高效的国际税收协定，加强国际间税收情报交换，联合打击国际反避税，维护国家的税收权益。

5. 在收入划分上兼顾中央和地方利益。由于增值税占整个税收收入的比重最大，确定中央与地方的分配比例，对双方的利益都会产生很大的影响。"营改增"之后，中央分享增值税的 50%，地方按税收缴纳地分享增值税的 50%。这仅仅是一个过渡性方案。真正的划分比例，必须与整个财税体制改革同步，按照事权关系确定各方的财权。为了调动"两个积极性"，一方面要加快地方税体系建设，保障地方财政收入来源；另一方面，在进一步厘清事权的前提下，通过立法把分成比例法定化。

## 借“营改增”“炒房抵税”是误读

（来源：《人民日报》　记者：李丽辉　2016 年 11 月 6 日）［内容有删节］

今年以来，一些城市房价出现快速上涨，备受社会关注，也牵动着人们敏感的神经。有观点质疑，5 月“营改增”试点全面推开，把不动产纳入了企业增值税抵扣的范围，买房能抵扣增值税，会不会使企业加入了“抢房大军”，从而助推了房价上涨？针对这一问题，记者采访了有关部门和专家。

**厂房、店铺、办公楼等不动产，进项税可抵扣**

不久前，有关上市公司出售房产“保壳”的消息，颇为引人注目。

“这些房产都是企业在多年前购置的，跟‘营改增’关系不大。”上海财经大学公共政策与治理研究院院长胡怡建分析，“营改增”政策规定，企业在 2016 年 5 月 1 日后新购置的生产经营用房，其进项税额可以进行抵扣，但出售房地产并不能抵税。

“‘营改增’全面推开后，虽然不动产纳入了增值税抵扣范围，但企业购买住宅也是不能抵扣的。那种认为‘营改增’会助推房价上涨的观点，实际上是对政策的误读。”国家税务总局有关负责人表示，按照“营改增”政策规定，企业用于生产经营的厂房、店铺、办公楼等不动产，其进项税可以抵扣；而企业购买的住房，属于用于集体福利和个人消费，其进项税额不允许抵扣。

记者从有关部门了解到，在一些房价上涨较快的城市，并没有出现企业大量购进住宅的现象，更没有企业购住宅抵税的情况。而且，不少银行并没有开展针对企业的住房按揭业务，这意味着企业购住宅一般需要付全款，大量“炒房”也会受到资金限制。

从此轮房价上涨的轨迹看，深圳、上海等城市住宅房价从年初就已经出现快速上涨，商住两用房从去年开始就已经进入火爆状态。

“将不动产纳入抵扣范围，是消费型增值税税制本身的要求，跟房地产去库存、鼓励房地产投资没有任何关系。”税务总局有关负责人表示，“营改增”的最终目标，是建立彻底的消费型增值税，通过改革进一步完善税制，有利于企业减负降成本。2016 年 5 月 1 日全面实施“营改增”后，今年 5—7 月全国“营改增”已累计减税 1 260 亿元。

**不动产纳入抵扣范围，利于商业地产活跃**

“营改增”将不动产纳入抵扣范围，对住宅市场影响不大，那么对商业地产会有怎样的影响？

“‘营改增’将新增不动产纳入抵扣，企业可能会对商业地产重新配置，以更好地利用这一政策红利。这在客观上，会促使商业地产市场成交更加活跃。”胡怡建介绍，除了新购置房产外，企业还可以把以前购置的生产经营用房出售，再新租赁一处不动产用于生产经营。这样，出售房产让企业资金充裕，新租赁的不动产又能抵税。

从上市公司公开披露的情况看，2016 年以来，A 股上市公司千万元购置商业地产方案有近 60 宗，但同时还有 70 多家上市公司公告称要出售自有的房产。这表明，“营改增”全面推开以来，企业对于房地产的配置表现为有买有卖，并没有出现“一边倒”的情况。

“企业作为纳税人，首先考虑的是经济效益。对于不动产来讲，新增不动产可以作为进项税抵扣，但如果其投资行为对生产经营没有益处的话，也不会仅仅为了抵扣去购买或者大量购买房地产，这是企业自己的投资决策问题。”财政部副部长史耀斌表示。

**专家分析，企业炒房转卖并不“省税”**

“‘营改增’作为一项税制改革，对企业新购置生产经营用房减税力度很大，但‘炒房’者并得不到什么好处。”全国政协委员、瑞华会计师事务所管理合伙人张连起解释，虽然购买商业地产可以抵税，但当企业出售这些地产时，需要缴纳的税费也不少，远远高于个人销售住宅的缴税。

尽管如此，不少企业对房地产投资仍表示出相当的热情。面对企业投资商业地产的热情不断上涨，不少人担心：商业地产会不会“疯涨”?

对此，张连起认为，新三板企业融资之后，加大投资性房地产的配置比重，主要是因为经济面临下行压力的情况下，好的项目比较难找。至于保险公司投资房地产，则是出于资产安全配置的考虑，使保险资金具有长期稳定的回报。实际上，对金融投资类公司而言，房地产投资基本上都是“标配”。

“受住宅价格影响，一线城市商住房价格也出现了快速上涨，但纯粹的商业地产价格还是比较稳的。”张连起说，从会计师事务所了解的企业情况看，既有不少实体企业有自购办公楼、经营场所等不动产的打算，也有不少开发商在努力推销商业地产，市场活跃但供应并不吃紧。

## 视频连线基层 微信对接税户<br>“营改增”接地气，有底气

（来源：《人民日报》 记者：李丽辉 吴秋余 2016年12月5日）

“中国全面实施‘营改增’，是全球近年来最大规模的减税举措之一。这不仅会对中国经济发展产生深远影响，也将成为许多国家税制改革的参考蓝本。”经合组织（OECD）税收政策与管理中心主任帕斯卡，如是评价我国“营改增”实效。

“营改增”全面推开，是我国深化财税改革的重大举措。这项改革政策性强、涉及面广、影响深远，方案设计难度大，落实工作任务艰巨繁重。如何让改革更接地气、顺利实施？财税部门动了不少脑筋。

**一、优惠政策尽量平移平转**

“从税制运行实时监测情况看，试点总体上取得良好效果，达到了预期目的。”财政部副部长史耀斌表示，2016年5月1日起，所有营业税纳税人都改缴增值税，实现了营业税到增值税的税制转换，企业减税负增活力，一定程度上缓解了经济下行压力。

眉州东坡集团从事餐饮行业20年，作为生活服务业试点企业，尝到了“营改增”减税的甜头。“‘营改增’后，我们主动适应税制改革，优化供应链和合同管理，企业税负明显下降。”集团财务中心总经理党莉芳说，2016年5—10月，眉州东坡减税3 175万元，减幅

达52%。

“全面实施‘营改增’只有半年多，但改革目标和减负效果已初步实现。”上海财经大学公共经济与管理学院胡怡建教授认为，这主要在于方案设计中采取了许多针对性措施。

据了解，为实现所有行业税负只减不增要求，财政部在试点方案设计上周密考虑、妥善安排。比如，对原税收优惠政策，原则上予以延续；对老合同和老项目进行政策“平转”；对“平移”不了的特定行业或业务，再制定过渡性优惠措施。如此，总体可实现所有行业全面减税、绝大部分企业税负不同程度降低。尤其是不另起“炉灶”，减少了改革阻力和波动，为税制顺利转换创造了条件。

**二、密切跟踪试点情况**

现实情况千变万化，一项改革就是方案再好，也不可能严丝合缝地覆盖所有问题。更何况，“营改增”涉及四大行业纳税人1 000多万户，执行过程遇到了新情况新问题，如何有效解决呢?

“密切跟踪试点情况，及时完善试点政策，是财税部门最重要的一项工作。”财政部有关负责人介绍，依托全面推开“营改增”试点部际联席会议，财政部与相关行业主管部门建立信息共享平台，听取各部门对“营改增”试点的意见和建议，共同研究应对措施。同时，多次实地调研，听取企业和地方财税部门意见；布置地方财政和专员办跟踪试点运行情况，剖析行业典型企业，定期上报分析报告。

怎样在第一时间掌握改革动态，及时发现并处理问题?国家税务总局采取了大会战式的指挥调度模式：“一竿子插到底”，把视频系统直接连到办税大厅和各级税务部门，“营改增”推进中遇到问题，基层可直接反馈总局领导。相关问题分析汇总后，再由财税部门拿出解决方案。“有些问题基层当天反映上来，财税部门就连夜讨论，然后出台补充政策。这种反应机制避免了问题堆积蔓延。”国家税务总局总会计师王陆进说。

及时了解试点纳税人情况，基层税务部门也想了不少好点子。山西省太原市迎泽区国税局的“营改增”纳税户总数增加了近1/3，基层每个管理员要对接几百户纳税人。全局32位管理员建起了94个微信群，基本覆盖所有税户。微信群功能也从最初的税企交流、在线答疑、政策传递，逐步扩展到业务辅导、征期提醒、办税预约、风险提示等税收工作全流程。

**三、打政策补丁应对漏洞**

“营改增”全面实施以来，财税部门出台了很多政策“补丁”，细化完善“营改增”试点政策。比如，对过路过桥费抵扣问题、金融同业往来等问题进行完善，对属于行业性、整体性问题及时发布补充通知等。这在其他领域的改革中很少见。

实际上，不少出台政策的部门，很忌讳打“补丁”，怕被指责前期考虑不周、准备工作没做好。这次为了实现“营改增”目标，财税部门不但放下了身段，也放下了包袱。

“这么大的税制改革，有很多不确定性。所以，改革方案要根据实际情况不断补充完善。”中国财政科学研究院院长刘尚希认为，政策要不断升级，就像电脑软件一样，要通过打“补丁”应对操作漏洞。

“营改增”推进顺利并实现预定目标，还有一个重要因素，就是改革的社会基础较好。“营改增”试点自2012年启动以来，陆续纳入试点的行业和企业，切实尝到了甜头，分享了改革红利。这次全面推开，不仅企业有积极性，行业协会也密切关注行业税负变化、及时沟通。就连普通百姓也主动“站岗放哨”，哪里的商家借“营改增”乱涨价，扰乱市场秩序，群众都积极主动举报。有了社会公众的理解和支持，改革才更有底气、更接地气。

# 抵扣链条全覆盖，转型发展添动力<br>“营改增”“良税”激发正能量

（来源：《人民日报》　记者：李丽辉　吴秋余　2016年12月8日）

全面实施“营改增”，不仅仅是消除了重复征税，使税收制度更加科学、合理、规范，更为重要的是，增值税作为国际公认的“良税”，更能顺应经济新常态发展内在要求，通过抵扣链条的全覆盖，促进经济转型发展。

**一、第三产业占比上升，经济结构持续优化**

“营改增”试点，最早是2012年在上海市起步的。从近几年上海市的变化看，“营改增”的外溢效应正在持续显现。

“营改增”开展试点以来，上海财经大学公共经济与管理学院胡怡建教授的团队就一直跟踪试点情况，分析研究“营改增”对上海市经济发展的影响。

“2012年推行‘营改增’试点后，第三产业占GDP比重首次突破60%，并以年均2至3个百分点的速度持续平稳增长。”胡怡建介绍，到2015年，上海市第三产业占比达到67.8%；2016年上半年，这一比重再次上升，达到70.8%。

上海市战略新兴产业增加值比重，也逐年上升：2013—2015年分别为13.9%、14.7%和15%。其中，战略新兴服务业占比，2013—2015年分别为49.59%、53.28%和55.33%。

“营改增”后，上海市作为资金、技术、人才等集中的经济中心，经济结构的调整趋势明显。现代服务业引领第三产业，在整个产业结构中的比例呈逐年上升趋势。第二产业除高端制造业及建筑业外，传统工业所占比例呈下降趋势。

“营改增”后，更多的资源正在向上海集聚、向服务业集聚，2012年到2015年间，上海市累计新增跨国公司地区总部、投资性公司、研发中心分别达到182家、72家和62家。

“‘营改增’对于减轻企业负担、增强市场的活力，效果非常明显。同时，对推进企业创新、完善企业经营管理，也具有积极的促进作用。”财政部有关负责人表示，从服务业角度来说，服务业背后就是消费。那么促进服务业发展，就是刺激消费，这样就可以从原来的以投资拉动为主，逐渐变为通过消费来拉动经济。还有，服务业的背后是城镇化、城市化，促进服务业的同时，会进一步推进城镇化的发展，使经济发展可持续、良性循环。

**二、把减税尽快变成利润，增加发展后劲**

“这是公司今年新建的厂房，里面的设备，可都是国家送给我们的！”江苏共创人造草坪有限公司，是江苏淮安市的一家企业，公司财务负责人姜世毅指着不远处的新厂房说，企业这几年一直想扩建厂房，但因为要占用相当多的资金，扩建的计划从前年一直拖到现在。

姜世毅介绍，“营改增”全面推开，将新增不动产纳入抵扣范围，对企业来说是一个重大利好。新厂房投入了817万元，按规定当期就直接抵扣了进项税54万元，第二年还能再抵扣近36万元。而新厂房里要购入的设备接近100万元，跟抵扣的税差不多。相当于企业盖了厂房，“营改增”送了设备。“而且，接下来购入的设备还可以再抵扣，‘营改增’这个

红包可真不小，今后企业发展的底气更足了！”

山东金洋药业有限公司财务总监蒲刚介绍，企业上马生物多糖工程一期新项目总投资2亿元，其中基建投资2 500万元，安装费用600万元，短期内资金压力非常大。淄博高新区国税局“营改增”专家团队，主动上门帮助企业算“明白账”，根据政策企业可以享受减税320万元。

“企业从银行贷款2 600万元，这320万元减税，相当于两年的无息贷款。”蒲刚说，项目二期即将追加投资1.6亿元，又将获得200多万元减税，企业将把这笔钱用于引进技术和人才，进行装备升级改造，进一步提升企业的综合竞争力。

“‘营改增’不单是减税，更重要的是要让减税尽快变成企业的利润，培育壮大经济新动能。”全国政协委员、会计审计学家张连起认为，从企业的角度来说，第一步就是要尽可能扩大抵扣，把能省的税省下来，把资金用于企业的更新改造和研发投入。

从更深层次的角度看，企业要利用好“营改增”政策，还需要跟内部控制体系对接，跟地区和企业的发展战略对接。特别是用好资本市场并购重组，对企业的经营架构进行“再造”，把一些原来在集团内部的研发、设计等产业剥离、分立出来，尽量延长增值税的抵扣链。“按照增值税特点进行重构，才能用足‘营改增’红利，让企业更快地转型升级、迈向中高端，这才是改革最根本的目的。”张连起表示。

## 税减了　企业为何还觉得负担重?

（来源：《人民日报》　记者：李丽辉　2016年12月23日）

这几天，福耀集团董事长曹德旺关于中国制造业综合税负高的观点，以及福耀集团在美国投资建厂的消息，引发了社会广泛关注，甚至有教授惊呼中国税率过高，是“死亡税率”。

2016年12月22日，人民日报刊发时评《中国经济容得下企业家讲问题》，认为企业家敢于提出问题，正说明对中国经济仍然抱有信心，愿与中国一起成长。实际上，中国经济不但容得下企业家讲问题，还应当正视问题并解决好问题。

很多人关心：中国近年来不是一直在减税吗，为什么企业感觉负担还是重？问题究竟出在哪儿？记者采访了有关专家。

一问：制造业税负增加了吗？

“我国1994年税制改革以后，制造业的增值税税率就是17%，20多年来一直没有变。”中国财政科学研究院院长刘尚希说，这些年来，国家出台的减税政策很多，烟酒、燃油等消费税虽然有所上调，但总体上对制造业的影响有限。

用曹德旺的话说，他在国内办厂30年，有20多年是福建的纳税模范。

也就是说，福耀集团作为“纳税模范”企业，20多年来都是按照17%的增值税税率缴税的，企业不但没有“死亡”，反而一路做大做强，成为行业的“领头羊”。实际上，不单是福耀集团一家企业，中国很多的优秀制造企业，20多年来也都是按17%的税率缴纳增值税，并不断发展壮大。

在这期间，我国有两项大的税制改革，跟企业税负息息相关。一是2008年内外资企业实行统一的企业所得税税率，内资企业所得税税率由原来的33%降为25%。二是实施增值税改革：2009年实施增值税转型改革，制造企业购买设备可以抵扣；2012年“营改增”试点启动，到2016年全面推开，制造业购买服务、购置或租赁经营场所，也是可以抵税的。这两项改革，企业税负都是普遍下降的。

“单就制造业税负来说，中国跟美国相比，中国企业承担的税负的确要高。”刘尚希分析，主要是因为中美税制不同，美国针对企业的税收较少，主要以家庭、个人缴税为主；而我国增值税是第一大税种，主要对企业征收。这种税制的差异是历史形成的，与不同国家发展阶段的人均收入水平相关联。

二问：企业负担重不重？

为什么减税力度大，但企业却感到负担更重了？20多年来，企业到底哪些负担增加了？

其实，曹德旺在接受媒体采访时，也已经提到了这个问题。在美国买的厂房花了1 500万美元，而美国政府给了福耀1 600万美元补贴，相当于没有花钱；电价是中国的一半，天然气价格只有中国的1/5。

我们很多城市的地价，这些年来是打着滚地往上翻，上涨几倍甚至十几倍。制造企业投资建厂，成本会增加一大块。

电价为什么比美国贵？“电价高，一个主要原因是电价上附加的‘费’多，能不贵吗？”一位电力业内人士坦言。

电价里附加了多少“费”？记者搜索发现，电价附加的费，全国性的就有国家重大水利工程建设基金、可再生能源电价附加等5项。此外，还有各种部分地方性基金。

说起对企业的收费，这些年确实不少。有的项目虽然原来就有，但收费总额增加。比如，企业需要缴纳教育附加、“五险一金”、残疾人就业保障基金、工会费等等。

以残疾人就业保障基金为例，根据一些地方的规定，按照本地区职工年平均工资计算交纳比例，一般是1.7%左右，专项用于残疾人就业。但一些企业反映，当地残疾人劳动力资源不足，就业保障金变相成了“为了收费而收费”。这项基金政府收上来后，很多地方发现收得太多根本用不完，只能“趴在账上睡大觉”。后来，政府对资金的用途作出改变，规定可以由财政根据需要调剂使用。

“这样一来，资金虽然盘活了，但企业的负担却没有降。”中国社会科学院财经战略研究院院长助理张斌认为，残疾人就业本来就是政府公共服务的一部分，再另收一笔保障费，有没有这个必要？类似的还有教育附加，教育也是政府应该提供的基本公共服务，长期单收这笔费用是否合理？最难办的是，这些费都是合法收取的，而且从这些费的名称上看，哪一个都很重要。这些“费”就像一根根稻草，都压在企业身上就显得太重了。

三问：企业成本怎么降？

中央经济工作会议提出，2017年要继续深化供给侧结构性改革，深入推进“三去一降一补”，降成本仍是五大任务之一。着力振兴实体经济，更是把发展实体经济上升到了一个新高度。

“现在制造业的利润，差不多也就是5%左右，这费那费一多，企业很难承受。降成本，首先要把‘费’降下来。”全国政协委员、会计审计学家张连起介绍，他的团队对企业进行过多次调研，不少企业负责人对财务并不是很懂，容易把税收和其他收费混为一谈。但不管怎样，当前企业负担不轻、综合成本不低是不争的事实。企业要利用好“营改增”政策，把一些原来在集团内部的研发、设计等产业剥离、分立出来，尽量延长增值税的抵扣链，让减税的红利充分释放。

国家税务总局税收科学研究所所长李万甫认为，国家应加快清费立税进程，切实将适合税收形式征缴的收费项目、基金项目改为税收。在明晰政府事权和规范政府支出的前提下，控制政府规模膨胀，减少政府对社会资源的强制占有和使用的份额。

同时，着力把握好减税降负主基调，为刺激企业投资增长、增加居民收入水平以及扩大消费能力，预留空间。妥善处理好政府与市场，以及相互间资源占有和分配使用的关系，发挥市场在资源配置中的决定性作用，为企业和市场松绑，为经济发展增添活力。

“中央经济工作会议已明确，要在减税、降费、降低要素成本上加大工作力度。这相当于给了大家一颗定心丸。”刘尚希表示，从长远来看，减税仍有必要。但减税相对容易，更难的是推动经济社会改革，这才是降低企业负担的根本出路，也是更加艰巨的任务。

## 上海浦东全面实施“营改增”见实效<br>“税负降了，我们感受到了！”（改革追踪看落实）

（来源：《人民日报》　记者：谢卫群　2017 年 2 月 8 日）

岁末年初，财务总监们最忙。上海陆家嘴世纪金融广场中的“快钱”公司里，财务总监郭治文正忙着核算“营改增”的减税情况，看着报表，他笑了：“结果比想象的好，到 2016 年底，税负比去年同期降了 20%！”

2016 年 5 月 1 日起，全国全行业全面实施营业税改增值税改革，金融业、建筑业、房地产业、生活性服务业等亦纳入“营改增”范围之内。在浦东税务部门的全力帮扶下，浦东所有企业顺利实现“营改增”。实施的效果如何？记者访问了浦东几家企业。

作为科技金融服务平台，2012 年“快钱”公司被纳入上海市首批试行“营改增”的企业。“‘营改增’前，我们缴纳营业税，税率是 5%；‘营改增’后，我们的税率提高到 6%，名义上税率高了一个点，但是，按照增值税原理换算计税基础后，实际税率增长只有 0.66%，不到 1%。同时，取得的进项税额还可以抵扣，新增抵扣数额的占比大于 0.66%，税负实际上下降了。”

在 2016 年 5 月 1 日之前，“快钱”公司支付给其他金融机构的清算手续费、发卡服务费因金融行业未纳入“营改增”试点，尚不能作抵扣进项税额。全面推开“营改增”后，这两部分的费用也可以抵扣了。“另一大利好是，随着全行业增值税链条的打通，日常生产经营的税负不断减轻。房屋租赁费、办公室装修费、物业管理费、员工差旅费、车辆停放服务费、劳动力外包服务费等很多服务支出，也实现了抵扣，让企业可以‘轻装上阵’。”郭治文说。

“营改增”实施第一个月，税负减少了一半，这是餐饮企业望湘园税负的变化。“‘营改增’对餐饮企业的影响最大，受益最明显。”望湘园财务总监赵建光感叹，“我们加快完善了内部财务管理制度，基本实现了可以抵扣的项目都抵扣了。按这样的情况测算，母公司 2016 年减税有望达 1 000 万元，1 000 万元至少可以再开 3 家店，这就是促进实体经济发展！”

赵建光坦言，“营改增”的意义不只是减税，更是鼓励他们投资发展，有助于企业做强做大。“投资越多，抵扣越多，享受的政策优惠就越明显。正因为这样，今年，我们要新开20家店，按每家店投资约300万元算，我们的总成本将下降10%。”

中建八局总会计师谢松，最近也是心情愉悦。他所在的公司建造了上海迪士尼、酒泉和文昌火箭发射塔等众多著名地标建筑，“营改增”8个月后，税负比设想的低了许多，纳税绝对数下降了2 000多万元。

谢松感叹，“营改增”的另一大意义是推进了企业的规范化管理。“我们的供应商遍布全国城乡，‘营改增’的实施倒逼我们规范化管理，在寻找供应商的时候，更加注重寻找那些可以提供增值税专票的公司，否则就无法进行抵扣，而这些公司大多是规范的，相当于‘营改增’已替我们把了一道关。更多的小公司为了获得抵扣，也在不断规范自己，无形之中推动了建筑行业规范有序发展，这也是‘营改增’的贡献。”

## 财税改革，今年有啥大动作?

（来源：《人民日报》 记者：李丽辉 2017年2月13日）［内容有删节］

财税体制改革，全面深化改革的重头戏。如果将这场改革比喻成一场马拉松，按照“2016年基本完成改革重点工作和任务，2020年基本建立现代财政制度”的时间表，那么财税体制改革正处于半程配速的关键期。

值此关键期，2017年财税改革有啥大动作？去年底的中央经济工作会议对2017年财税体制改革定了调：落实推动中央与地方财政事权和支出责任划分改革，加快制定中央和地方收入划分总体方案，抓紧提出健全地方税体系方案。为了完成年度任务，财税改革该往哪儿使劲？有哪些难点和痛点？针对公众关注的热点问题，记者采访了有关部门和专家。

**减税降费仍是主基调**

个税改革有望“破题”，“营改增”减税规模有望达7 000亿元。

“现在制造业的利润，差不多也就是5%左右，这费那费一多，企业很难承受。降成本，首先要把费降下来。”全国政协委员、会计审计学家张连起认为，大规模减税降费，对实体经济肯定是利好，负担轻了，振兴的动力才会更足。

减税降费仍是今年财政政策的主基调。大力实施减税降费政策，进一步减轻企业负担，有利于发挥减税政策对经济社会发展的积极效应。具体措施包括：继续落实并完善“营改增”试点政策，扩大减税效应；落实好其他已出台的减税降费政策，研究实施新的减税措施。同时，进一步清理规范基金和收费，再取消、调整和规范一批行政事业性收费项目；公开中央和各地收费目录清单。

减税方面，“营改增”将继续担当重任。专家预计，今年“营改增”减税规模将进一步扩大，有可能达到7 000亿元。因为，去年“营改增”全面推开是在5月份，时间只有8个月。2017年则是一整年，四大行业减税存在翘尾因素，不动产纳入抵扣也有翘尾因素。两个“尾巴”一翘，全年减税5 000亿元就打不住了。

深化税制改革，是社会最关心的热点问题。今年的税制改革内容，大致有这么几项：研究提出健全地方税体系方案，研究推进综合与分类相结合的个人所得税改革。继续深化资源税改革，扩大水资源税试点范围。贯彻税收法定原则，配合做好烟叶税等税收立法工作。起草环境保护税法实施条例、政府非税收入管理条例。研究制定个人收入和财产信息系统建设总体方案。

如果前几年大家谈个税主要是从收入角度看，现在则更注重公平性，应该从家庭支出负担角度考虑，因此“增加专项扣除项目”就成了近两年讨论个税改革时的高频热词。专项扣除的可能性、扣除项目的设计以及扣除额度的核算方式等，都成为个税改革的焦点。

“在修订个人所得税法的基础上，应研究决定专项扣除可能的方向。具体讲，就是通过建立‘基本扣除＋专项扣除’机制，适当增加专项扣除，进一步降低中低收入者税收负担。”张连起说，比如在现行3 500元和“三险一金”基础上，去年已在31个城市试点商业健康保险扣除政策。下一步，根据社会配套条件和征管机制的完善程度，可适当增加专项附加扣除项目，比如，再教育支出、赡养抚养支出、首套房贷利息等支出，以此降低中低收入群体税负。

## 今年将大力度降税　降成本

（来源：《人民日报》　记者：李丽辉　柯仲甲　龚相娟　2017年2月26日）

现在，政府主动帮实体企业降低成本，是建立“亲”“清”新型政商关系的突出表现，企业干事创业的心气更足了！

党的十八大以来，在降低企业成本、优化发展环境、增强经济持续稳定增长等方面，从中央到地方，政府工作更有时代感，更有主动意识，更有作为了。

2016年，算得上是税制改革“大年”。“营改增”试点全面推开，全年减税超5 000亿元，力度之大近年来少有。2017年，在“费”上继续下功夫，已快马加鞭提上议程。今年，降费力度能有多大，为社会所关注。

“以更大决心进一步清理和降低涉企收费”，“尽快推出一批制度性、管长远、见实效的清费举措”……近日，国务院常务会议决定进一步清理和规范涉企收费。

**央地合力多措并举减轻企业负担**

“收费清理改革，是贯彻稳中求进总基调、推进供给侧结构性改革的重要举措。”财政部税政司有关负责人介绍，在涉企政府性基金和行政事业性收费方面，2013年以来，各地区各部门持续推出减费降费措施，中央层面统一取消、停征、减免496项，每年减轻企业和个人负担超过1 500亿元。

在涉企经营服务性收费方面，2015年以来，国家出台一系列举措，并降低了企业社保费用支出。“当前经济面临下行压力，不少企业面临经营困难。大力实施降费，有利于增强经济增长的内生动力。”上海财经大学公共政策与治理研究院院长胡怡建表示。

想做“减法”，但怎么做好“减法”？为加强涉企收费管理，财政部会同有关部门，对地方涉企收费清理情况开展专项检查。2013年以来地方取消收费600项以上。经持续清理规范，政府收费项目大幅减少，规范性明显提高。

**对小微企业持续特别关照**

“2016 年，国家进一步清理收费基金，停征价格调节基金等 3 项政府性基金，整合归并散装水泥专项资金等 7 项政府性基金。特别是针对小微企业，加大了降费力度。”财政部税政司有关负责人介绍。

2015 年以来，针对小微企业的降费政策就陆续推出：2015 年 1 月 1 日起，对小微企业免征组织机构代码证书费等 42 项行政事业性收费。2015 年至 2017 年底，对月销售额或营业额不超过 3 万元的小微企业免征教育费附加、地方教育附加、水利建设基金等。对符合条件的小微企业，自工商登记注册之日起 3 年内免征残疾人就业保障金。

“费多费重是企业运营环节的压力之一。现在出台了很多含金量高、针对性强的政策举措，希望落实，让我们更多受益。”佳木斯天和纺织有限公司副总赵晓东表示。

黑龙江省日前发布降低实体经济企业成本实施细则，除了传统降费措施，更推出电力用户与发电企业直接交易政策。天和纺织成为 2017 年佳木斯新准入电力直接交易的两家企业之一，预计全年能省 30 多万元。佳木斯市工信委相关负责人介绍，在多家申报企业中，天和纺织因用电量大、环保标准达标等硬指标符合政策要求，成功入围，“给企业降成本，要公开透明、合理合规。”

“近年来经济下行压力加大，企业直接成本高，产品市场竞争力明显下降。”黑龙江省完达山乳业股份有限公司董事长王景海认为，降费对企业、特别是小微企业非常重要。“我深刻感觉到，十八大以来，在降低企业成本、优化发展环境、增强经济持续稳定增长等方面，从中央到地方，政府工作更有时代感，更有主动意识，更有作为了。”

2016 年，国家层面免征范围进一步扩大，降费覆盖面更广了。其中，将免征教育费附加等优惠政策，扩大到月销售额或营业额不超过 10 万元的企业。原来只对小微企业免征的国内植物检疫费等 18 项行政事业性收费，免征范围扩大到所有企业和个人。每年减轻企业和个人负担约 270 亿元。

**个别地区和领域收费不合法不合理**

收费清理改革成效显著，但一些企业仍觉得“不解渴”。究其原因，是个别地区和领域还存在不合法、不合理收费现象。

有的地方和部门在制度规定外，违规设立收费基金项目。特别是带有强制色彩的中介机构，乱收费问题突出。还有行业协会、商会强制企业入会收费，打着政府旗号，擅自设立收费项目、提高收费标准。

有人说，一些涉企收费背后，可以看到政府部门的影子。有些经营服务性收费，包括“红顶中介”收费，原来就是政府部门收费。其实，简政放权改革后，政府部门很多不收了，但企业并没少缴，有些收费机构还是政府部门批准的。这些费该不该收、该收多少，需要清理核实。

天津市价监局相关负责人介绍，2016 年 7 月至 11 月，该局对税务、市场和质量监督等 98 家涉企收费单位开展专项检查，出动检查人员 362 人次。“我们发现，原有的一些政策在具体实施中存在不衔接、不协调等问题，已上报国家相关部委。”

“市场经济发展迅速，如果管理界限不清，容易产生涉企乱收费问题，会拖累企业发展。现在，政府主动帮实体企业降低成本，是建立‘亲’‘清’新型政商关系的突出表现，企业干事创业的心气更足了！”天津市工商联副主席左晔建议，监管部门可建立企业联系点制度，定期走访及时发现新问题；推行企业交费卡制度，各种费用登记在册，便于查找问题。

财政部、国家发改委表示，将按照中央部署，进一步清理规范基金和收费，再取消、调整和规范一批行政事业性收费项目。在公开中央和各地收费目录清单的同时，落实好其他已出台减税降费政策。近期，有关部门将开展企业降成本政策落实情况评估，严肃查处不执行减免政策、扩大范围重复收费等违规行为。

“2017 年大力实施减税降费，重点在于降费，清理规范收费存在较大空间。”胡怡建表示，不能把降费看成是临时性、应对性举措，应该从制度层面考虑，给予法律和制度性保障。

## 降费“礼包”，你收到了吗

（来源：《人民日报》　记者：李丽辉　王沛　2017 年 3 月 6 日）

“名目繁多的收费使许多企业不堪重负，要大幅降低非税负担。”《政府工作报告》里的这句话，道出了很多企业家的心声，也让他们有了更多期盼。

不仅是降低涉企收费，针对消费者的网络提速降费也在加快。《政府工作报告》提出，年内全部取消手机国内长途和漫游费。此话一出，广大群众立刻点赞。“取消手机国内长途和漫游费，老百姓能得不少实惠，特别对在外打工的劳动者来说更省钱了。”一位网友留言道。

去年的财税改革，减税是重头戏，全面推开“营改增”试点，全年减税超过 5 000 亿元。今年，在企业税负减少 3 500 亿元左右的同时，政府又开出降费“大单”：降费 2 000 亿元！就是要让企业有切实感受，实实在在减轻负担。

多措并举降成本，是 2017 年的重点工作任务之一。大力清理和规范涉企收费，是推进供给侧结构性改革的重要举措，也是深化简政放权的关键内容。《政府工作报告》明确，今年将在五个方面实施降费：全面清理规范政府性基金，取消城市公用事业附加等基金，授权地方政府自主减免部分基金；取消或停征中央涉企行政事业性收费 35 项，收费项目再减少一半以上，保留的项目要尽可能降低收费标准，各地也要削减涉企行政事业性收费；减少政府定价的涉企经营性收费，清理取消行政审批中介服务违规收费，推动降低金融、铁路货运等领域涉企经营性收费，加强对市场调节类经营服务性收费的监管；继续适当降低“五险一金”有关缴费比例；降低企业制度性交易成本，降低用能、物流等成本。这五大降费举措，意味着政府将以更大决心清理涉企收费，从源头降低企业制度性交易成本。

“去年‘营改增’全面推开，企业确实降低了税收成本，我们一年减税有七八百万元。”全国人大代表、济南圣泉集团股份有限公司董事长唐一林说。“有的地方一个县公开的收费目录清单就有 32 项，且大部分都是涉企收费，企业负担就重了。”全国政协委员、会计审计学家张连起说。

2013 年以来，中央层面统一取消、停征、减免涉企政府性基金和行政事业性收费 496 项，地方取消收费 600 项以上。但乱收费问题仍旧突出，主要包括行政性收费、中央层面的政府性基金等。政府工作报告强调，各有关部门和单位都要舍小利顾大义，使企业轻装上阵，创造条件形成我国竞争新优势。规范和取消这些收费，需要破除部门利益、深化简政放权。这些收费到底该不该收、该收多少，都需要做进一步清理核实，也需要有关部门和单位从大局出发，好好清理自己的“一亩三分地”。

## 税收账本晒出经济新亮点　实体经济好转

（来源：《人民日报》　记者：吴秋余　2017年4月21日）

4月20日，国家税务总局举行新闻通报会，介绍一季度税务部门组织税收收入、“营改增”试点进展、便民办税新举措等方面情况。数据显示，一季度，全国税务部门组织税收收入33 317亿元（已扣减出口退税），比上年同期增长11.8%，一系列税收数据反映出经济企稳向好态势明显，结构调整和转型升级成效显现。

**现代服务业税收增长强劲，实体经济情况好转**

“一季度税收收入增长较快，主要是受PPI等与税收关联度高的经济指标上涨带动，而不断变化的税收数据，也反映出一季度经济发展中的新亮点。”税务总局收入规划核算司副司长郑小英分析表示，从不同行业的税收结构来看，一季度第二产业税收收入增长15.7%，反映实体经济情况好转，第三产业税收收入占比达到55.7%，显示经济结构不断优化。

其中，现代服务业税收增长强劲，显示经济结构转型进一步取得成效：一季度第三产业税收收入占比超过第二产业11.6个百分点，“尤其是现代服务业中互联网服务、信息技术服务等信息产业蓬勃发展，税收收入分别增长61.4%和42.1%。”郑小英说。

与此同时，第二产业税收增长加快，表明实体经济情况好转：一季度第二产业税收收入比2016年全年增幅提高16.4个百分点，其中高端装备制造业税收继续较快增长，通用设备、汽车、通信设备制造业税收收入分别增长24.1%、18.9%和17.1%。“这反映市场环境趋好，供求关系改善，实体经济情况好转。”郑小英分析说。

数据还显示，重点区域税收增势较好，体现国家战略实施效果明显：一季度，京津冀地区税收收入增长17.1%，比全国平均增幅高5.3个百分点，长江经济带11个省市中有7个省市增幅高于全国平均水平，其中互联网服务、软件和信息技术行业税收收入分别增长44.8%和56.6%。

**“营改增”累计减税超1.2万亿元，再推十大新举措**

去年5月1日，我国在建筑、房地产、金融和生活服务业全面推开“营改增”改革试点，实现了增值税的全覆盖。改革成效如何？还有哪些新的举措？

数据显示，自2012年1月实施“营改增”试点算起至今年2月，减税总规模累计已超过1.2万亿元，共涉及近1 600万户企业纳税人、1 000万自然人纳税人和超过2万亿元的营业税收入改征增值税，而将银行、保险、证券等金融业务全面纳入征收增值税范围，在国际上具有开创性意义。

除直接减税效应外，“营改增”还带来了促进经济结构调整、激发创新创业活力、推动财税体制改革、规范市场运行秩序等多重积极效应。

在“营改增”一周年即将到来之际，税务总局再次推出10项征管新措施，进一步减轻纳税人税收负担，简化征管流程，降低纳税人办税成本。

“建筑业是‘营改增’过程中一个影响非常大的行业，也是我们重点关注的行业。”税务总局货物和劳务税司副司长林枫介绍，此次出台的征管举措，对纳税人销售自产货物同时提供建筑、安装服务的，允许分别核算销售额，分别适用税率或征收率，进一步减轻建筑企业税收负担。此外，还明确了电梯企业安装服务的计税方式，电梯企业销售电梯并提供安装服务和客户别处采购电梯后委托其安装，安装服务都可以选择适用简易计税方法计税，对电梯进行日常清洁、润滑等保养服务，按现代服务业适用6%的低档税率计税。

同时，为最大限度便利纳税人，征管举措缩短了办理增值税专用发票最高开票限额的审批时限，在实行实名办税的地区，已完成实名信息采集的纳税人，申请限额不超过10万元的，主管国税机关由此前20个工作日内办结，提速至2个工作日内办结，有条件的主管国税机关即时办结。

特别值得一提的是，根据新的征管举措，今年6月1日起，建筑业小规模纳税人将可以自开增值税专用发票，而不必像以前那样再去税务机关申请代开发票，极大方便了纳税人发票开具使用。“小规模纳税人提供建筑服务、销售货物时，可以直接通过增值税发票管理新系统自行开具。”林枫说。

**守信纳税人占比逐年提高，70.9万户企业成A级纳税人**

近年来，为提高税法遵从度，有效震慑涉税违法行为，税务部门大力推行税收违法“黑名单”和纳税信用等级评价制度，并通过实施多部门的联合惩戒，让纳税人一处失信、处处受制。

按照修订后的《重大税收违法案件信息公布办法》规定，企业一旦登上“黑名单”将多方面受限，比如出国出境、就任职务、申请政府用地、政府采购等。一季度，公安部门已办理阻止欠税人出境边控信息928人次，实际阻止出境64人次；1 716名“黑名单”当事人被工商部门、市场监督管理部门限制担任企业的法定代表人、董事、监事及经理职务；1 954户“黑名单”当事人被限制取得政府供应土地，实际申请未获批准企业共6家；另外有2 062户“黑名单”当事人在政府采购中受限，其中52户企业3年内被禁止参加政府采购活动。

不仅如此，“黑名单”上当事人的有关经济行为也会受到严重影响。一季度共有2 126户“黑名单”当事人无法正常进行融资授信，还有1 719户经营行为受到证券监督管理部门限制。

与此同时，纳税信用等级制度有效激励了守信纳税人，纳税人对纳税信用的重视程度日益提高，自律意识不断增强。

“依据纳税人信用历史信息等内容，我们将纳税人的信用等级从高到低分为A、B、C、D四级，去年在符合条件的882万户纳税人中评出A级纳税人70.9万户，占8.04%。”税务总局纳税服务司副司长张维华介绍说，从2014年至2016年，我国A级纳税人数量分别为65.3万户、70.2万户和70.9万户，占比分别为7.65%、7.9%和8.04%，呈逐年递增态势，去年B级纳税人为654.3万户，占74.18%，同比提升14个百分点。而信用较差的C级、D级纳税人占比明显减少，去年C级纳税人较2015年度减少了102.9万户，占比下降11个百分点。

据了解，税务总局近期还将试行个体工商户纳税信用评价，通过信用累积的变化，动态反映纳税人信用状况，持续提升个体工商户诚信意识，让守信者一路绿灯、失信者处处受限。

# 减税降费　今年力度有多大

（来源：《人民日报》　记者：李丽辉　吴秋余　2017年5月1日）

去年5月1日起，全面推开“营改增”试点，至今正好1周年。从2012年1月至今年2月，累计减税超过1.2万亿元，98%左右的试点纳税人实现税负下降。四大行业及进一步细分的26个小行业税负全部下降，特别是一些难啃的“硬骨头”，建筑业和金融业税负均实现下降。而且，随着金融业对增值税制度初步适应，预计减税效果会进一步显现。

今年减税降费各项举措进展如何？为企业减负力度加大了吗？接下来还要在哪些方面着力？日前，有关部门和专家对此作出解读，回应社会关切。

**持续推动实体经济降成本增后劲**

进一步减税，有利于持续推动实体经济降成本增后劲。相关措施包括降低增值税税率、扩大税收优惠范围、提高扣除比例等6方面。

继续推进“营改增”，简化增值税税率结构引人注目。7月1日起，增值税税率由四档减至17%、11%和6%三档，取消13%这一档税率；农产品、天然气等增值税税率从13%降至11%。同时，对农产品深加工企业购入农产品维持原扣除力度不变，避免因进项抵扣减少而增加税负。

“‘营改增’不仅是一项结构性减税措施，更是一项优化税制的改革。打通了连接二、三产业的增值税抵扣链条，促进了企业分工细化和技术进步，有力地推动了现代服务业与制造业等实体经济对接。”中央财经大学教授樊勇介绍，在经济增速整体放缓情况下，我国第三产业保持了相对较快增长，2016年第三产业GDP增速达7.8%，领先GDP平均增速1.1个百分点，占GDP比重51.6%，同比提高1.4个百分点。

国家行政学院教授许正中认为，税制结构优化，对培育壮大新动能、推进国家治理体系和治理能力现代化，起到了很好的牵引作用。

“针对纳税人需求进行持续优化，是2017年继续深化‘营改增’的重要着力点。”税务总局货物和劳务税司副司长林枫介绍，在广泛征求各方意见基础上，针对纳税人关注的焦点难点问题，再推10项新举措：6月1日起，将小规模纳税人自开增值税专用发票的试点，由住宿业和鉴证咨询业扩大至建筑业；月销售额超过3万元的小规模纳税人，提供建筑服务、销售货物时，可通过增值税发票管理新系统自行开具等。

**今年预计市场主体减税3 800亿元**

除了继续推进“营改增”，还有哪些减税举措？企业所得税方面，扩大享受优惠的小微企业范围。自2017年1月1日至2019年12月31日，小微企业年应纳税所得额上限由30万元提高到50万元，符合这一条件的小微企业所得减半计算应纳税所得额并按20%优惠税率缴纳企业所得税。

提高科技型中小企业研发费用税前加计扣除比例。自2017年1月1日到2019年12月31日，将科技型中小企业开发新技术、新产品、新工艺实际发生的研发费用在企业所得税税前加计扣除的比例，由50%提高至75%。

此外，创投企业投资种子期、初创期科技型企业，可享受按投资额70%抵扣应纳税所得额的优惠政策；将商业健康保险个人所得税税前扣除试点政策推至全国；将2016年底到期的部分税收优惠政策延长至2019年底等。

据测算，今年出台的6方面减税措施到位后，加上全面推开“营改增”试点今年前4个月翘尾减收，预计全年减轻各类市场主体税负3 800多亿元。

**进一步清理降低涉企收费**

除了减税，进一步清理和降低涉企收费，通过深化改革、完善政策，降低企业制度性交易成本，降低用能、物流等成本，也在紧锣密鼓进行中。

4月1日起，取消城市公用事业附加和新型墙体材料专项基金，调整残疾人就业保障金征收政策，扩大免征范围的同时，设置残疾人就业保障金征收标准上限。

规范和降低涉企收费，还包括全面清理规范政府性基金，授权地方政府自主减免部分基金，取消或停征中央涉企行政事业性收费35项，削减地方涉企行政事业性收费，减少政府定价的涉企经营性收费，清理取消行政审批中介服务违规收费，推动降低金融、铁路货运等领域涉企经营性收费，加强对市场调节类经营服务性收费的监管等。

“收费清理改革，是贯彻稳中求进总基调、推进供给侧结构性改革的重要举措。这些举措加到一起，今年降费力度达2 000亿元。”财政部税政司有关负责人表示。

“我国税收占GDP比重并不高，但企业非税负担较重，所以降低企业负担还需综合施策。当前，实体经济困难较多，减税降费作为积极财政政策的重要内容，还需要持续推进。”上海财经大学教授胡怡建认为，美国近日推出税改方案，引发全球关注，对此，应当密切关注、客观评估，深入分析其对国际税收格局可能产生的影响，理性应对。

“减税降费的关键，是要让市场主体有切身感受。除了继续推进改革，还要抓好已有措施的落地。”樊勇表示，有关部门要帮助企业尽快适应税制改革后的市场环境，最大限度享受政策利好。同时，提高针对性和有效性，把减税降费重点，放在对当前经济发展至关重要的科技创新企业、实体企业、小微企业等方面，让减税降费在促进经济平稳健康发展方面发挥更大作用。

# 二、新华社

## （一）2016年3月18日之前关于“营改增”的相关报道

### 上海为“增值税”改革试点推出一系列过渡性财政扶持措施

（来源：新华网　记者：叶锋　周琳　2012年1月18日）

备受关注的“营业税改征增值税”试点自2012年1月1日在上海启动以来，至今已逾半月。记者18日从此间举行的“上海市营业税改征增值税试点宣讲会议”上获悉，目前试点各项工作有序推进，运行情况总体平稳。上海市财税部门已研究制定了一系列过渡性财政扶持措施。

根据部署，上海的交通运输业和部分现代服务业成为此次“营改增”的试点范围，其中的交通运输业包括陆路运输、水路运输、航空运输、管道运输，部分现代服务业包括研发和技术、信息技术、文化创意、物流辅助、有形动产租赁和鉴证咨询。试点过程中，在现行增值税17%标准税率和13%低税率基础上，新增11%和6%两档低税率。纳入改革试点的纳税人缴纳的增值税可按规定进行抵扣。

在18日的宣讲会议上，上海市财税部门负责人就试点情况和相关财税政策问题向与会的2 000多位民营企业家作了通报、宣讲。

上海市政府副秘书长、市财政局局长蒋卓庆介绍，上海市已制定了以“企业据实申请、财政分类扶持、资金及时预拨”为主要内容的过渡性财政扶持政策的具体实施办法。

“企业据实申请”，是指财税部门在试点企业办理纳税申报、实际缴纳税款时，同步布置试点企业填报《营业税改征增值税企业税负变化申报（审核）表》。试点企业根据税制改革前后比较，如发生实际税负确实是有所增加的，可向财税部门提出实施财政扶持政策的申请。

“财政分类扶持”，是指财税部门根据试点企业提出申请的不同情况，区别对待、分类扶持：对确实由于新老税制转换等原因导致企业税负增加的，据实落实过渡性财政扶持政策；对由于种种原因难以取得增值税专用发票的试点企业，财税部门将会同有关行业协会或工商联建立协调评估机制，研究分析企业无法取得增值税发票的具体原因，区别不同情况，在过渡期内给予适当的财政政策扶持，并逐步予以规范，以保证增值税抵扣链条的完整性。

“资金及时预拨”，是指财政部门根据对企业申请的审核情况，将财政扶持资金及时预拨至试点企业。在具体操作时，将充分考虑企业税负增加的实际情况，原则上采取按月跟踪分析、按季审核预拨、按年据实核算的办法。

上海市国税局、地税局局长顾炬表示，此次改革更侧重于从制度层面解决影响服务业发展的税收瓶颈问题，有利于减少营业税重复征税，有利于在一定程度上完善和延伸第二、第三产业增值税抵扣链条，有利于服务业出口。据介绍，目前上海市不少企业已在利用改革机遇，积极整合业务资源，优化供应链，转变经营方式，拓展业务空间。

据介绍，已有12万户企业经确认纳入上海市此次“营改增”试点范围，其中一般纳税人约3.5万户，小规模纳税人8.5万户。

## 税制改革的重大举措
## 新闻分析：中国结构性减税政策实施力度将加大

（来源：新华网　记者：侯雪静　何雨欣　2012年8月1日）

日前召开的中共中央政治局会议，在分析研究上半年经济形势和下半年经济工作时明确提出，继续实施积极的财政政策和稳健的货币政策，加大结构性减税政策力度。

专家指出，中央政治局会议传递的这一信号，意味着中国的结构性减税政策实施力度将进一步加大。

“结构性减税是积极财政政策的一部分，随着经济下行压力加大，要把稳定经济增长放在更加重要的位置，就更有必要实施更加有力的减税措施。”中国社会科学院财贸所研究员张斌表示。

通过结构性减税政策，相关企业减轻了负担。那么，下一步减税政策如何继续加大力度，从而为稳定经济增长提供更多动力？

专家指出，从下半年来看，关键是贯彻落实好已经出台的结构性减税政策，比如针对中小企业、针对进口环节的，尤其是随着营业税改征增值税的进一步深化，减税的效果会进一步显现。

2012 年 7 月 25 日召开的国务院常务会议决定，自 8 月 1 日起至年底，将“营改增”试点范围从上海扩大至 10 个省市。值得注意的是，会议提到“营改增”2013 年会在 2012 年多地试点的基础上选择部分行业试点。

对此，财政部财科所副所长白景明表示，这是为今后“营改增”全面推开打下基础，也表明“营改增”推进速度将大幅加快。

普华永道中国大陆及香港地区间接税主管合伙人胡根荣表示：“‘营改增’后，由于服务价格的‘价内税成本’将不复存在，消费者购买货物和服务所支付的税额将整体下降，改革目前无疑将受到社会大众的欢迎。”

白景明也表示，随着“营改增”推进速度大幅加快，增值税抵扣的链条会进一步扩大，减税效果也会进一步显现，当期可能会带来税收收入的减少，但从长远来看，会促进相关产业的发展，为税收奠定坚实的基础，同时促进企业发展，带动经济发展。

## 以“减法”稳增长，以“加法”调结构<br>上海市“营改增”成为“稳增长、调结构”的有力推手，<br>效应远远不止于减税 56 亿元

（来源：新华每日电讯　记者：姚玉洁　何欣荣　2012 年 9 月 21 日）［内容有删节］

来自上海市财税部门的数据显示，截至 2012 年 7 月底，上海市共有 14.2 万户企业纳入“营改增”试点范围，比年初增加了 2.4 万户。与营业税税制相比，上海市“营改增”试点企业和原增值税一般纳税人整体减轻税负约 56 亿元。

记者调查发现，“营改增”的积极效应远远不止于减税，其大大提升了上海市现代服务业的能级，促进现代服务业和先进制造业融合发展。在当前经济下行压力加大的背景下，“营改增”推动企业加大设备投入、加速拓展市场，成为“稳增长、调结构”的有力推手。

**“波及效应”彰显以“减法”来稳增长**

在当前经济下行压力加大的背景下，作为结构性减税的重要内容，“营改增”有力地配合了上海市的“稳增长”步调。

由于实施“营改增”后，试点企业开出的增值税发票可被下游企业用于进项抵扣，一

定程度上增强了市场竞争力。也就是说，减量后面蕴藏着不小的增量。

统计显示，2012年上半年上海市“营改增”试点企业加快拓展市场，本市客户数同比增长7.2%，外省市客户数同比增长11.6%，境外客户数同比增长3.4%。境外合同金额同比增长30.2%，试点企业吸纳就业人数同比增长8.9%。

对于部分物流企业反映的“加负”问题，实际上也是给下游制造业创造了更大减税空间。

记者了解到，“营改增”试点改革后，原增值税一般纳税人的税负普遍下降。试点一般纳税人开给原增值税一般纳税人的应税服务增值税进项抵扣税额新增93.3亿元，使其税负因抵扣增加而相应下降。

上海市政府发展研究中心主任周振华指出，“营改增”的重大意义在于其波及效应：一方面，企业自身的业务链条越长，波及效应越大，企业越得益；另一方面，“营改增”试点范围越大，覆盖的行业越广，波及效应越大，企业也会从中得益。

**促服务业态创新以“加法”提升产业能级**

专家表示，“营改增”实现了从“道道征收、全额征税”向“环环征收、层层抵扣”的转换，打通了连接第二、第三产业的增值税抵扣链条，从制度上解决了货物与劳务税制不统一和营业税重复征税的问题，为现代服务业的发展和经济结构调整创造了有利的税制环境。

在增值税体系下，服务业企业如果更新设备，可以作为进项纳入抵扣范围。上海华谊集团财务总监常清告诉记者，“营改增”使得服务企业要动脑筋，不做简单的资源消耗型的低端服务业，而要做装备型、集成化、信息化的高端服务。

统计显示，在目前上海市的“营改增”试点中，新增企业为1.29万户，新办企业为1.1万户，主要集中在文化创意、鉴证咨询及研发和技术服务等新兴业态。2012年上半年在房地产行业负增长的情况下，上海市第三产业增加值同比增长10.3%，占全市生产总值的60.4%，比去年同期提高2.6个百分点。

**破除税制瓶颈以“乘法”增强资源配置能力**

随着税制瓶颈的破除，跨国公司落户上海市的意愿明显增强，对提高上海市的全球资源配置能力起到了可喜的“乘法”效应。2012年上半年，在世界经济增速放缓的情况下，上海市新设立跨国公司地区总部27家、投资性公司13家、研发中心14家，总部聚集效应进一步显现。

毕马威中国税务合伙人王军分析，许多跨国公司在上海设立区域总部，把IT、财务、人事和研发等功能集中到上海。但在原来的税制下，由于总部跟分公司之间仍需独立核算，都必须缴纳营业税，且不能抵扣，这样整个集团的税负会高。“营改增”后，上海总部开具增值税发票可供抵扣，上海总部的作用得到进一步提升。

上海市政府副秘书长、市财政局局长蒋卓庆表示，“营改增”在改革设计上体现了我国税制改革的基本方向，在改革导向上推动了以服务经济为主的结构调整，在改革实践上激发了企业创新发展服务业的热情。随着“营改增”改革的试点地区和试点行业范围不断扩大，其“稳增长、调结构和提功能”的效应还将进一步显现。

# “营改增”试点再扩围引领2013年结构性减税

（来源：新华网　记者：韩洁　徐蕊　2013年1月4日）

营业税改征增值税改革试点启动一周年之际，这一在中国税改历史中影响深远之举正酝酿新一年在更广区域和更多行业扩大试点。逐步显现的改革效应也使其成为中央高层部署2013年结构性减税举措的首要之选。

不久前刚刚闭幕的全国财政工作会议上，财政部部长谢旭人列举的2013年一系列结构性减税举措中，“营改增”再扩围排在首位。

谢旭人指出，2013年将加快推进“营改增”试点工作，抓紧研究交通运输业和部分现代服务业在全国试点的方案，适时将邮电通信、铁路运输、建筑安装等行业纳入试点范围。

无独有偶，随后举行的全国税收工作会议上，国家税务总局局长肖捷同样强调，2013年要以扩大“营改增”试点范围为抓手进一步深化税制改革。

面对新一年依然复杂的国内外经济形势，2012年底举行的中央经济工作会议已经明确，2013年我国将继续实施积极的财政政策，并结合税制改革完善结构性减税政策。这意味着财政政策将通过进一步减税和增支两大抓手促进经济持续健康发展。

财政部财科所副所长刘尚希说，2013年结构性减税举措之所以将“营改增”列为首位，一方面是因为这一改革试点具有明显减税效应，另一方面这一改革还能有效促进服务业发展，加快转变经济发展方式，是我国提高经济发展质量和效益的重要举措，因此备受关注。

尽管率先试点“营改增”的上海市全年数据尚未出来，但到2012年11月底，“营改增”试点已经在上海市累计减税225亿元，其中参与试点的小规模纳税人普遍实现减税，减税幅度达到40%。而邻省江苏自2012年10月1日试点以来，两个月已经减税超过22亿元，试点纳税人减税面超过95%。

此外，试点以来，上海市新办企业月均增长在1 800户以上，到2012年11月底，总量1.82万户的新办试点企业中96%为服务业企业。受此拉动，上海市2012年前第三季度第三产业增加值增长10.9%，远高于第二产业2.6%的增加值增幅，也高于地区生产总值7.4%的增幅，从侧面证明“营改增”对调结构、稳增长的促进作用。

中国社科院财经战略研究院院长高培勇指出，2013年在继续推进“营改增”试点的同时，要以此为契机，进一步推动税制改革。

“财税改革无疑将成为下一步我国深化体制改革的突破口。”高培勇说，以“营改增”为例，目前仅在部分行业试点，如果将来一旦全面铺开，意味着所有的营业税将变成增值税，改革是否会影响地方财政收支平衡？要破解这一问题，需要深化税改，培育地方主体税种，增强地方自主发展力量。

刘尚希认为，全面推进税制改革，2013年还应继续推进消费税、个人所得税以及资源税等税制改革，此外还应继续减轻不合理负担，尤其是减轻中小企业税费负担。

值得关注的是，财政部、国家发展改革委日前联合发文，从2013年1月1日起，取消和免征税务发票工本费、户口簿工本费、企业注册登记费、个体工商户注册登记费等30项行政事业性收费，预计每年可减轻企业居民负担约105亿元。

而从财税部门的新一年工作部署中，更多减税举措还将惠及企业和居民。谢旭人表示，2013年将继续落实好支持小微型企业发展的各项财税政策，支持企业特别是小微型企业健康发展。清理取消不合理、不合法的收费项目，降低偏高的收费标准，减轻企业和社会负担，推动经济结构调整。

不过，专家指出，在财政收入告别高速增长的新时期，进一步减税和一系列保障民生的刚性支出需求无疑会加剧财政收支矛盾。这也意味着，2013年有必要通过扩大财政赤字，更好保障扩大支出需求，这也是积极的财政政策应有之义。

## "营改增"：减税助力中国经济转型

（来源：新华网　记者：韩洁　徐蕊　2013年2月27日）［内容有删节］

"营改增"，这一牵扯到中国两大税种的改革，在以势如破竹之势加速推进的同时，正在深度影响转型中的中国经济。

目前，世界上170多个国家和地区对货物和劳务统一征收增值税，而我国却分别征收增值税和营业税。

相对于营业税以企业全部营业收入为税基，不考虑企业是否赢利，增值税更显科学，即对货物销售或提供劳务所实现的增值额进行征税，从而有助于消除对货物和劳务分别征收增值税与营业税而产生的重复征税问题。

财政部副部长王军指出，"营改增"之后，由于增值税抵扣机制发挥作用，不仅服务业内部的抵扣链条被贯通，而且第二、第三产业之间的链条也被打通，实现了由"道道征收、全额征税"向"环环抵扣、增值征税"的转变，有利于社会专业化分工，促进第三产业发展。

目前，我国纳入"营改增"试点的除了交通运输业，还有研发和技术服务、信息技术服务、文化创意服务、物流辅助服务、鉴证咨询服务和有形动产租赁服务六大服务业板块。

"营改增"后，信息技术服务业适用6%的税率。对于华为、腾讯、百度等IT企业而言，改革的直接效果就是减税。

而对制造业来说，很多试点企业在"营改增"后主动把研发、设计、营销等内部服务环节从其主业中剥离出来，加大研发投入，成为效率更高的创新主体。

为大众汽车提供零部件物流配送的上海安吉速驰物流有限公司，"营改增"后将一些人工成本较高的业务外包，并启动内部技术革新实行电子化运作，2012年全年税前抵扣170多万元，企业核心业务得到快速发展。

作为一家外商独资企业，位于江苏昆山的艾利（中国）有限公司则因"营改增"坚定了在中国发展的信心。

官方数据显示，过去一年，国内已有12个省市超过百万企业纳入"营改增"试点，总体减税426.3亿元，中小企业普遍减税，尤其是小规模纳税人税负下降四成左右。改革带动服务业发展，上海第三产业增加值占全市GDP首次突破60%，拉动经济增长6.2个百分点。

王军表示，当前，我国正处于加快转变经济发展方式的攻坚时期，大力发展第三产业，尤其是现代服务业，对推进经济结构调整和提高国家综合实力具有重要意义。

# 沪“营改增”改革红利持续释放<br>广播影视业“营改增”将给百姓生活带来什么？

（来源：新华网　记者：韩洁　高立　2013年7月31日）[内容有删节]

2013年8月1日起，已经启动“营改增”的现代服务业中，将新增一个重要行业——广播影视服务业。

“营改增”将如何深度影响新兴的广播影视业？将给百姓的“文化餐桌”带来哪些新服务？

**广播影视服务“深度介入”“营改增”**

一份财政部、国家税务总局的清单详细列出了纳入“营改增”试点的广播影视服务应税范围，这一范围包括广播影视节目的制作、发行和播映三大类服务。

“‘营改增’带给我们的绝对不只是财务的影响。”北京新影联院线财务总监瞿治说，新影联既是电影发行方和影院的中间环节，也参与电影制片和发行。“‘营改增’将带给公司深层次影响，包括以前的合同也会有相应变化。我们正积极做准备，更好适应改革带来的变化。”

**税率6%：长远看税负会降低**

财政部和国家税务总局明确，广播影视服务业“营改增”，将等同现代服务业按6%税率征税，这是增值税一般纳税人适用的最低档税率。

据了解，广播影视服务纳入“营改增”试点后，整个行业税负将有增有减。一些中小制作企业因税率低，从中受益会比较明显，但也有部分企业初步估算税负将有所上升。

“中影的业务涉及从制片、制作、发行到放映的影视全产业链，“营改增”后，全产业链税负整体是上升的。”中国电影股份有限公司核算处处长李宁说，主要是因为目前可抵扣项目少，如影视制作六七成费用是演员片酬，影院房租费用是大头，能占到票房收入的13%至15%，但目前这些都不能抵扣。

目前我国电影业正处在最好时期，如果电影企业税负上升，是否会通过票价等渠道将成本转嫁给消费者？

“目前还没有考虑把税负转嫁到票价上，因为电影票价主要还是由市场决定。”华谊兄弟传媒股份有限公司财务总监丁琪说，“营改增”后，初步估算公司短期税负会上升，但未来随着改革的推进，增值税抵扣链条将不断完善，企业整体税负有望下降，票价也有下降的可能。

**带给百姓更高质量广播影视作品**

“电影放映行业正处于技术革新的关键时期。”瞿治说，纳入“营改增”试点后，影院新购进固定资产的税额可以抵扣，这就鼓励企业进行设备升级换代。

在借力“营改增”加快企业技术设备升级的同时，广播影视业也在积极调整产业结构和经营模式，以期带动整个产业链更好发展。

中央人民广播电台财务中心主任周伟说，未来电台将实现制播分离。“本身‘营改增’

就鼓励专业化分工。原来很多东西都是我们自己干，未来一部分业务将分离出去。”他表示，如可以成立新媒体子公司，这样也有利于事业本部获得更多可抵扣项。

## 电信业下月实行“营改增”，话费能降价吗

（来源：新华每日电讯　记者：侯雪静　高立　何雨欣　2014 年 5 月 1 日）

财政部、国家税务总局 2014 年 4 月 30 日宣布，将电信业纳入营业税改征增值税试点，其中基础电信服务税率为 11%，增值电信服务税率为 6%，并于 6 月 1 日起执行。

“营改增”于 2012 年 1 月 1 日起，率先在上海市实行“营改增”试点以来，改革的红利也不断显现，截至目前全国已累计减税 2 203 亿元。

**为何选择电信业在当前推进**

前期纳入“营改增”试点的行业都是相对独立的领域，而电信业与每个行业和个人都息息相关，此时选择电信业纳入改革范围，可使抵扣链条更加完善，具有承前启后的作用，保证改革有序推进。

财政部财科所副所长白景明说，已经纳入改革的快递业的寻呼中心、影视制作和技术咨询等都需要大量消耗电信业务。“对于此前已经改革的领域有巩固和促进的‘承前’作用，同时由于电信业具有全国性、网络化的特点，对于尚未纳入改革的行业具有经验示范的‘启后’作用。”

至此，包括电信业在内已经纳入“营改增”试点的行业占营业税比重约为 16%，而建筑、房地产、金融等占比超过 80%，可以说“营改增”的“大头”还在后面，这些行业也是改革的“硬骨头”。

在 2014 年两会上提交审议的预算草案报告提出，将抓紧研究电信业纳入“营改增”范围的政策，力争 2014 年 4 月 1 日实施，而实际执行时间较此前推迟了两个月。专家认为，这主要是因为登记和确认、税制转换、人员培训等需要做大量的准备工作，同时也是凝聚各方共识的过程，这也从侧面反映了当前改革进入“深水区”后面临更多的挑战。

**为何要分两档征收**

征收税率是此前业内争议和猜测的焦点，“由于电信业与生活服务关联较大，同时电信业进项少、轻资产，多是人力成本不能抵扣等特点，电信业希望按照 6% 税率征收。”腾讯公司财经部门高级税务经理孙涌涛日前在接受记者采访时表示。

此次政策，将电信业分为基础电信服务和增值电信服务两大类，设为 11% 和 6% 两档税率征收，体现了税制设计的科学化和精细化。

“按照两档税率征收主要是考虑到不同环节具有不同特征、物质耗费特点等，分档征收也确保税收公平，税负更加合理。”白景明说。

“基础电信作为通讯基础设施，硬件投入大，有大量进项可抵扣，因此设定为 11%。”社科院财经战略研究院税收研究室主任张斌说。

按照当前增值税政策，共有 17%、13%、11%、6% 四档税率，“未来推进增值税改革，适当简化税率以便更好地发挥增值税的‘中性’作用是需要解决的重要问题。”张斌表示。

**百姓话费负担是否会降低**

根据以往经验，部分行业在试点过渡时期税负会出现短期增加的情况，白景明表示，增值税具有波动性，如以一年这样完整的征税周期来看，电信业及应用电信服务的相关联行业税负都将下降。“运营商税负的下降，也为电信服务业降价预留了空间。”

而且改革也将带来电信业业务形态的变化。有专家表示，由于此前电信业是混业经营，网络服务和终端销售并存，并统一按照营业额5%征收营业税。“营改增”后手机等终端销售将按照17%的增值额征收增值税，因此运营商更倾向于将手机销售做成“平进平出”，通过赠送手机带动话费业务，以后“充话费送手机，包月上网送机顶盒”等将成为运营商未来主要销售模式。

除积极推进电信业“营改增”试点外，对于今年“营改增”整体部署，国家税务总局货物和劳务税司司长杨益民近期表示，还要抓紧制定在生活服务业以及在建筑业和不动产业开展“营改增”试点的方案。力争2015年实现增值税对货物和服务的全覆盖。

## （二）2016年3月18日之后关于“营改增”的相关报道

# 中国税改全球看之一——税改“减”与“增”助力中国经济新势能

（来源：新华社　记者：康逸　曹筱凡　2016年3月24日）

开启于2012年的营业税改增值税大幕，即将于2016年5月1日起全面推开试点。海外观察人士指出，中国此次推出的税制改革至关重要，将在供给侧持续发力，为中国经济转型升级增添新势能。

中国政府全面推开的“营改增”试点，将从现有覆盖的交通运输、邮政、电信及部分现代服务等行业，扩展到建筑业、房地产业、金融业、生活服务业。此次改革后，现行营业税纳税人全部改征增值税，营业税将逐步退出历史舞台。

众多专业税务人士将此次税改视为中国结构性改革历史中的一个里程碑，是中国经济治理进步的又一体现。全球四大会计师事务所安永中国税务合伙人斯特凡纳·兰坎表示，目前世界上已有140多个国家和地区实行增值税，“营改增”使得中国的税制与国际通行税制更趋一致。

“全面实施‘营改增’对于中国来说是积极的、具有重大意义的税制进步，标志着中国将成为世界上拥有最先进增值税制度的国家之一，”毕马威中国税务主管合伙人何坤明说。

值得关注的是，此次“营改增”的一大成效是减税。通过全面推开“营改增”试点，中国政府将确保所有行业税负只减不增，预计2016年“营改增”将减轻企业税负5 000多亿元。分析人士认为，“营改增”是中国深化财税体制改革的重头戏，正是要用短期财政收入的“减”来实现持续发展势能的“增”，在给企业减负松绑的同时，推动产业转型、结构优化、消费升级、创新创业、改善民生，为中国经济保持中高速增长，迈向中高端水平打下坚实基础。

俄罗斯《生意人报》报道称，作为中国政府打出的“组合拳”，降低企业成本将成为中国政府2016年经济政策中的主要优先事务。为实体经济企业减负、减少行政障碍将有助于中国应对目前较大的经济下行压力。

目前，中小微企业占中国GDP比重达65%，税收贡献占50%，创造了75%城镇职工就业。墨西哥经济研究与教学中心教授马丁内斯说，“营改增”能够有效减少企业负担，特别是小微企业。负担减轻，更能激发企业发展的动力和活力，进一步推动中国的产业转型升级。

新加坡尤索夫伊萨东南亚研究所高级客座研究员赵洪博士说：“‘营改增’对于中小企业有很大益处。可以看出中国政府的方向是希望帮助中小企业和私人企业，让他们进一步发展起来，这样中国经济就更有活力了。”

此外，全面推开“营改增”试点还将为鼓励社会投资和促进“大众创业、万众创新”营造更宽松的环境，培育公平竞争的市场和制度环境，引导社会资源合理高效配置。近年来，创业公司、高科技公司以及新兴互联网行业的发展在某种程度上抵消了中国传统制造业增速放缓的势头。

英国诺森比亚大学纽卡斯尔商学院终身讲习教授熊榆接受新华社记者采访时说，宏观上来说，“营改增”代表了主要税种的税制改革，“营改增”后的税收制度有利于优化公平市场机制调节下的资源配置，实现产业结构优化。微观上来说，“营改增”后的税收制度用增值税打通了产业链，并消除了重复征税，减轻了营业主体的税收负担。在当前经济形势下，有助于提升民营企业的积极性，有助于新兴产业，特别是高新科技产业的发展。

赵洪说：“包括服务业、金融业在内的一些新领域需要私人企业进入。减税就可以鼓励他们进一步投资，扩大规模和生产，这是一个很好的方向。”

国际观察人士指出，全面推开“营改增”试点，只是本届政府众多政策利器当中的一件。中国政府足够丰富的“工具箱”，可以应对转型过程中的风险和挑战，成为中国经济韧性和活力的一大来源。中国经济的改革路径和光明前景正得到越来越多海外经济学家的认可。

“‘营改增’是中国整体改革方案中最重大的改革之一，因为它不仅关系到税收系统改革和减轻企业税负，它还是更大规模的改革计划的一部分。‘营改增’证明了中国整体改革进程正在相当平稳地进行中，整体改革是一个很全面、循序渐进的进程。”悉尼大学中国商业管理教授汉斯·亨德里施克这样说。

## 中国税改全球看之二——顺应国际潮流　深化结构改革

（来源：新华社　记者：曹筱凡　康逸　2016年3月24日）

中国近日宣布将全面推开营业税改增值税试点。对此，海外观察人士认为，在全球经济复苏乏力的背景下，为企业减税降负，优化本国税务结构，不仅是执行供给侧改革的有力抓手，也顺应了各国以减税为经济增添动力的国际潮流。

在2016年的政府工作报告提出全面实施“营改增”，承诺“确保所有行业税负只减不增”之后，中国政府进一步明确自2016年5月1日起，全面推开“营改增”试点，预计今年“营改增”将减轻企业税负5 000多亿元。

美国康奈尔大学教授、布鲁金斯学会高级研究员埃斯瓦尔·普拉萨德认为，合理的减税以及增加支出，即是供给侧改革的重要内容。这在短期有助于提振增长，长期则可帮助经济实现再平衡。

事实上，减税不仅是中国经济“新常态”时期采取的有力改革措施，从世界范围看，也是主要发达经济体促进经济复苏的有效手段之一。

美国1986年的税制改革降低税率并简化了税制，在减轻不合理税制对投资、储蓄和工作热情的抑制方面起到了积极作用，从而带动了经济复苏。美国前总统小布什在任期间实施过三次大规模减税举措，以2001年推出的经济增长和减税法规模最大，根据该法，美国纳税人在10年中减少了1.3万亿美元的纳税额。

美国现任总统奥巴马于2013年宣布将小布什时期的减税政策再延续两年。美国企业研究所高级研究员史剑道告诉新华社记者，当前美国税制亟需新一轮改革，需要进一步简化税制和取消一些有害的税收激励和惩罚。

20世纪80年代撒切尔执政时期的英国，同样实行了供给侧管理式的减税。个人所得税、企业税负以及与投资相关的税负都有不同程度的降低。从政策效果来看，减税通过降低企业税负、刺激了经济增长，也支撑了20世纪80年代英国股市的繁荣。

主要发达国家都在20世纪末、21世纪初加快减税步伐。2000年10月18日，加拿大宣布了历史上最大的减税计划，减税总额近1 000亿加元（约合755.3亿美元），减税内容包括全面降低个人所得税税率以及降低公司所得税税率。德国于1999年颁布全面减税方案，个人所得税和公司所得税的税率都有大幅度降低。以高税闻名的法国在2000年减税800亿法郎（当时约合113.4亿美元）的基础上，从2001至2003年再减税1 200亿法郎（当时约合170.2美元），除了降低个人所得税和公司所得税税率外，还要降低增值税的标准税率。

此外，意大利、澳大利亚、比利时、瑞典、俄罗斯、荷兰等许多国家也都采取了减税措施。

英国诺森比亚大学纽卡斯尔商学院终身讲习教授熊榆接受新华社记者采访时表示，在英国最新一期财政预算中，英国财政大臣提出降低企业税等措施。目前全球都有减税或者优化税务结构的压力，减税是在当前经济环境下的一个必然动作，以鼓励消费，减轻企业负担。

墨西哥经济研究与教学中心教授马丁内斯在接受新华社记者采访时表示：“营业税的增收，会产生重复征税，增加纳税人税收负担。中国改革废除营业税，是为了保证商品劳务税的税收中性，以及抵扣链条的完整性，体现了商品劳务税的普遍征收、组织财政收入的基本功能。‘营改增’还能促进行业的公平，引导社会资源合理高效配置。”

## 税务局长与纳税人面对面　共话“营改增”细节

（来源：新华社　记者：何雨欣　韩洁　2016年4月1日）

纳税人是税收的提供者，为纳税人服务是税务部门的职责。那么，究竟如何让纳税人更加明白、便捷地缴税？在国家税务总局近日召开的纳税人座谈会上，税务总局局长王军与纳税人“面对面”。

“十二五”末网上申报缴税实现全覆盖对于如何便利纳税人，融科智地房地产股份有限公司财务总监周百皓提出建议，税务部门应加强网上纳税平台的建设与应用，利用网络改善征纳双方关系。

王军介绍，要创新办税服务方式手段，积极推行以网上申报缴税为主体的多种办税和缴税方式，提高办税效率。我们打算，2013 年网上申报户数扩大到 80% 左右，2014 年达到 90% 左右，“十二五”末实现全覆盖。

“要清理规范收费项目，逐步取消所有税务行政性收费。”王军还说，推行办税事项的即时、限时办结，在法定期限内能快则快，最大限度缩短办税时间。

“12366”纳税服务热线开通服务全国业务对于企业纳税，北京养生堂医药有限责任公司财务负责人谢松坦言不容易，“要跑不同地点的税务机关，税收管理员也不容易，一个人要管几百甚至上千户企业，关于一些政策问题，他们也不见得能完全解答。”

“你们遇到问题时有没有打‘12366’纳税服务热线？”王军问。

“打了，热线的态度很好，回答也很快，但他们只能回答一般性的税收问题，对企业遇到的一些较深入的税收问题不能很好地解答。”谢松说。

王军说，“12366”纳税服务热线不能对企业关心并提出的问题进行回答，这一点，税务部门确实需要改进，要下大工夫。

王军介绍，2016 年 4 月 1 日，立足北京、服务全国的“12366”北京呼叫中心正式开通，标志着“12366”纳税服务热线建设进入新阶段。即使一些疑难问题前台回答不了，后台也会有精通税收业务的专家作支撑。欢迎各位纳税人拨打热线进行咨询。

加快推进养老保险税收递延，养老保险税收递延是通过利用税收杠杆调动企业和个人参加补充养老保险和商业养老保险的积极性，推动构建多层次养老保险体系。中国人寿保险（集团）公司副总裁缪建民说，建议尽快出台养老保险税收递延等优惠政策。

王军说：“对养老保险税收递延要认真研究，加快推进。但单位辅助养老、个人养老如何区分？企业、事业、行政单位的关系如何处理？老人、新人的关系如何处理？也请你们再详细研究，我们共同推进。”

此外，王军还指出，要依法严格保守纳税人商业秘密和个人隐私，及时受理、妥善处理纳税人投诉，按照法定程序向纳税人提供税务行政救济，重大事项要充分征求纳税人意见和建议，充分尊重纳税人的知情权、参与权、表达权、监督权。

## “营改增”全启动

（来源：《瞭望新闻周刊》 记者：任鹏飞 刘宏宇 2016 年 4 月 16 日）

这是一场自 1994 年分税制改革以来意义最为深远的税制改革。

自 2016 年 5 月 1 日起，我国将在试点的基础上全面实施“营改增”，建筑业、房地产业、金融业和生活服务业四大行业全部纳入“营改增”，“确保所有行业税负只减不增”的庄严承诺将使上千万纳税人因此受惠。放水养鱼的税制大改革，用政府短期税收收入的“减”，换取全社会持续发展势能的“增”，成为我国当前推动结构性改革尤其是供给侧结构性改革的“关键一招”。

同时这意味着，迄今已试点四年的营业税改征增值税改革，将于“十三五”开局之年全面收官，营业税将彻底退出历史舞台。正如中央财经大学副校长李俊生所言，中国税制在世界上第一次将金融服务行业纳入到了增值税的征收范围内，将成为世界其他国家推行税制改革的一个样本。在未来，中国将通过实践，在金融服务行业增值确定等问题上寻求解决方案，而这也有利于建立我国对未来国际税务改革的话语权。

2016 年 3 月 5 日，李克强总理在政府工作报告中提出，全面实施“营改增”，并庄严承诺：“确保所有行业税负只减不增”。

2016 年 4 月 1 日，李克强总理为此先后考察国家税务总局、财政部，并在主持召开的“全面推开‘营改增’试点”座谈会中强调：“全面实施‘营改增’涉及政府与企业、中央与地方等各方面利益调整，这不仅需要壮士断腕的勇气，而且要充分估计可能遇到的困难，认真总结前期试点经验，统筹做好改革方案设计，充分调动中央和地方两个积极性，确保改革后所有行业税负只减不增，这是经全国人民代表大会批准的政府工作报告对社会的承诺，只能落实，不能走样。”

一诺重千金！全国税务系统纷纷立下“军令状”：广东省国税局提出，要着力抓落实，抓服务，抓管理，确保李克强总理关于“‘营改增’首先就是要让小微企业得到红利”的重要指示精神落到实处；江苏省国税局提出，要切实肩负起国税部门作为攻坚战主攻部队的责任，以更高标准、更严要求完成各项工作，把“营改增”的红利真正给企业；山西省国税局要求全系统把“‘营改增’”作为当前最重要、最核心的一项政治任务和工作使命，做到任务分解精准到岗位、时间进度精准到钟点、质量验收精准到税户“三个精准”，确保“营改增”平稳实施……

《瞭望新闻周刊》记者从国家税务总局了解到，按照统一部署，2016 年推行全面“营改增”将分三步走：在 2016 年 5 月 1 日税制转换前，出台征管配套文件，统筹实施信息系统升级，完善纳税服务措施，组织发票印制和税控设备准备等工作；5 月 1 日确保纳税人顺利开票；6 月 1 日确保纳税人顺利申报。

在经济下行压力持续加大的情形下，大幅给企业减税，意味着公共财政将面临更大赤字压力。而对企业而言，则是减轻负担的实实在在的政策性红包。

“我们就是要以政府收入的‘减法’，换取企业效益的‘加法’、市场活力的‘乘法’。”国家税务总局有关负责人向本刊记者表示，从 2012 年开展“营改增”试点以来，截至 2015 年底，全国“营改增”试点纳税人共计 592 万户，累计实现减税 6 412 亿元。“营改增”全面推开后，预计 2016 年全年减税将超过 5 000 亿元。

“全面推开‘营改增’试点，不仅有利于国家税制统一，也有助于减轻企业税负、抵御经济下行压力。”国家行政学院教授许正中告诉本刊记者，减税相当于“放水养鱼”，让大多数企业受惠，最后实现可持续的全面增长。

**一、全面“营改增”催生革命性变局**

2013 年的“营改增”试点将一部分企业纳入“营改增”，但仍有大部分营业税纳税人未被纳入，主要分布在建筑业、房地产业、金融业和生活服务业。这 4 个行业的纳税人数量高达 1 000 万户，占到原营业税总收入的 80% 左右，因涉及户数众多、业务形态多样、利益调整复杂，是最难啃的“硬骨头”。全面实施“营改增”，就是要坚决拿下这块“硬骨头”。

长期以来，房地产开发成本高，资金需求量大。房地产开发成本涉及土地、建筑安装、拆迁安置、规划设计、销售代理等诸多项目，如果能够充分抵扣，形成完整的抵扣链条，将会对房地产企业的增值税税负带来革命性变化。

“预计‘营改增’后企业减负百万元以上。”佛山市三水裕华房地产发展有限公司财务总监张先生为《瞭望新闻周刊》记者分析说，近年来地产行业毛利率不断走低，房地产企业压力不断加大，随着“营改增”的全面推行，将有效减轻房地产企业负担。

采访中，万科集团有限公司负责人表示，增值税税制下对房地产企业本身及其上下游的经营规范性要求比营业税税制下严格得多，有利于促进行业规范、公平竞争和优胜劣汰。

金融业、生活服务类企业同样也将广泛受益。“‘营改增’全面推行后，产业间实现了完整的增值税抵扣链条，虽然在短期内可能会增加税务管理成本，但从长远来看，有利于银行在公平竞争中做大做强。”中国建设银行首席财务官许一鸣告诉本刊记者。

“‘营改增’让我们切实感受到国家政策的红利。”珠海横琴长隆投资发展有限公司财务总监胡卓焕也为本刊记者解读说，长隆投资公司是生活服务类企业，涉及住宿、餐饮、文化体育等税目，原分别适用5%、3%营业税。“营改增”后，适用增值税税率6%，虽然税率提高，但由于公司投资额较大，不动产、设备等投资将可抵扣进项，可大大降低公司投资成本，降低增值税税负。例如珠海横琴长隆国际海洋度假区第二期项目计划总投资200亿元，预计涉及进项抵扣超过20亿，直接减少税负，降低超过10%投资成本。

广东三元麦当劳食品有限公司负责人张福平表示，经初步测算，“营改增”后整体税负将比原有模式下降约50%，切实减轻了税收负担，公司将有更多的资金空间改善服务环境，提高服务质量。

自2012年实施“营改增”试点以来，广州市超过98%的试点纳税人税负下降，试点纳税人数量从2012年的7万户发展到21万户，累计为企业减税287亿元，确保了“营改增”改革红利的有效释放。广州市国税局党组成员、副局长王峰说：“营改增”试点的全面推开，将实现增值税对货物和劳务全覆盖，从而贯通增值税抵扣链条，基本消除重复征税，进一步减轻企业税负。预计全市今年“营改增”减税将超过120亿元。

在基层官员和专家看来，“营改增”不只是简单的税制转换，它有利于消除重复征税，减轻企业负担，促进工业转型、服务业发展和商业模式创新，是一项“牵一发而动全身”的改革。

而衡量这次改革成效最重要的标志，就是把结构性减税措施落到实处，让广大企业受惠，要精心组织实施，把改革“红包”实实在在发到企业手中，以政府收入的“减法”换取企业效益的“加法”、市场活力的“乘法”。

**二、改革“倒计时”只争朝夕**

全面推进“营改增”时间紧、任务重、涉及面广，难度超乎想象。《瞭望新闻周刊》记者从国家税务总局获悉，目前地税部门向国税部门移交的试点纳税人超过900万户，基本移交到位。国税部门已为640万户试点纳税人完成了税务登记，已为22万户试点纳税人完成了增值税一般纳税人认定。

同时，积极做好发票供应的准备工作，预计全部试点行业发票总需求11.8亿份，目前发票印制计划已全面下达，并已完成近1/3的印制任务。此外，本次“营改增”预计需要全国统一升级12个软件，涉及106个模块，目前税务机关已对75个模块进行升级，还有31个正在升级。

本刊记者了解到，本次改革涉及行业范围广、经营情况复杂、对地方财政影响深远，相关税制安排也远复杂于以往。

山东省烟台市国家税务局局长韩桂锦告诉本刊记者，以烟台市为例，涉及此次“营改增”户数5万多户，是此前几年“营改增”试点行业总户数的两倍多，涉及业务也更为复杂，压力巨大。还剩下一个多月的准备时间，我们现在是一天掰成两天过，日夜计入倒计时，片刻不能松懈。

采访中，北京市国税局纳税服务处副处长李斌表示，为确保“营改增”试点工作顺利推进，正积极与地税部门衔接，摸清管户规模和分布情况，并提前谋划增值税发票系统升级版的推行事项，强化税控服务单位监管，确保纳税人在2016年5月1日后能够正常开票申报。北京市东城区地税局实行局领导在办税服务厅带班、业务骨干坐班、完善办税服务厅首问责任办法，开设“营改增”绿色通道。

“湖北省出台服务‘营改增’十条新举措。”湖北省国税局纳税服务处处长宋长军向本刊记者介绍说，湖北力争在2016年5月1日前实现全省国税地税办税大厅全面互设窗口。以工匠精神细化各类预案，按照1:1.2的比例配备办税窗口的工作人员，实现国地税所有涉税事项“一窗通办”，满足相关业务量激增的需要，防止出现办税拥堵现象。

本次全面推开“营改增”试点改革涉及广东省125万纳税人，涉及纳税人户数全国最多，是前4轮“营改增”试点纳税人总数的1.87倍。目前，已完成全部125万户“营改增”试点纳税人征管信息的平稳迁移。

全面“营改增”倒计时不仅催促着税务征管体制的改革加快，也催促着纳税企业内部的转型升级。正如中国人寿广东分公司财务管理中心副总经理曹敏琳所言，“营改增”对于企业来说，既是一个机遇，也是一个挑战。

“‘营改增’后，增值税制度对企业的内部管理、经营模式等都会有影响。”王军表示，一方面国家在制定政策时考虑各种各样的情况，尽可能支持企业发展；另一方面，企业也要适应新税制的要求，及时改进和调整自己的经营策略、模式和机制，才能加快企业自身的发展。

**三、确保纳税人有“获得感”**

“所有行业税负只减不增”的庄严承诺，需要以工匠精神精心操作，把结构性减税措施落到实处，把改革“红包”实实在在发到企业手中，让所有行业都享受到改革红利。

《瞭望新闻周刊》记者在基层采访了解到，全面实施“营改增”，税制转换给税务系统的税收管理带来了多重挑战。

一是工作交接冲击原有的征管模式。在接受“四大行业”纳税人的过程中，需对地税划转过来的大量数据进行重新确认并录入国税系统，如税务登记、发票管理、税收优惠、房屋租赁等信息。这些信息核对工作量大且大部分仍需通过人工查核确认，而留给税务部门的时间十分有限。

二是“营改增”全面扩大范围后，业务量迅速增长将对国税服务窗口产生巨大压力，尤其是申报征收和代开发票两项业务。例如生活服务业涉及民众生活的方方面面，发票门前代开占据大部分业务量。以广东省为例，预计申报征收业务量将增长16.76%，代开发票业务量将增长1.58倍，这对纳税服务的质量和效率提出了更高的要求。

三是在技术层面还面临着一系列亟待解决的难题。因“四大行业”涉及多项新增业务，如存量房交易和出租房管理等，国税部门缺乏相关业务的实际征管经验，也缺乏相应软件系统支持，对于这些企业的征管模式仍需探讨。

据了解，从2016年3月5日起，财政部与国家税务总局开展了密集的改革文件制定工作。目前，已联合或分别下发政策文件7份、征管操作文件7份，改革文件已基本出齐。内蒙古自治区国税局总经济师李其斗说："针对改革中出现的一些共性问题与个别性难题，税务部门正与财政部门全力协同，紧锣密鼓地研究解决对策和过渡性措施。力争通过制度设计和政策安排，为纳税人降成本、增活力带来最直接的减负效应。"

"营改增"倒逼税务征管体制改革的进一步深化。如今，国地税业务"同厅通办"、"同窗通办"已在全国各地蔚然成风。当前，全国各地税务部门加快推行7大类53项基础性日常办税事项同城通办等，并对全国近万家办税服务厅承接"营改增"办税服务的压力进行了评估测试。

湖北武汉阳光凯迪新能源集团有限公司主要从事物质能源的开发和利用，"走出去"境外合作业务较多。该公司财务经理赵翊告诉本刊记者："以前每月都要向境外支付十几笔款项，按规定每笔业务都要到国税、地税登记备案，而且必须先到国税、再到地税，来来回回排四次队交四次材料，最长的一次花了4个多小时。现在到联合办税窗口一次性能办好国税、地税备案、纳税等手续，只用了20多分钟。"

"'营改增'同时倒逼了纳税环境的进一步优化。打通政策落地的'最后一公里'，对接好服务纳税人的'最后一公分'。"国家税务总局纳税服务司司长邓勇向本刊记者表示：要确保纳税人懂政策、能开票、会申报。

比如，为确保"营改增"能如期精准落地，山东国税部门全面实行"一线工作法"，积极变纳税人的"上门咨询"为国税人的"下户解惑"，以最大限度减少"营改增"纳税人初期的茫然感和不适感。

采访中，武汉市国税局局长姜峰说："随着电子税务局的上线，过去那种带着厚厚资料和几套公章，到大厅排队等候的现象一去不复返，'居家办税'已经成为现实。"在广东，一个智慧型的"电子税务局"将于5月实现上线运行，将实现470余项国税、地税业务网上通办，确保纳税人和办税厅"双减负"。

## 企业眼中的"营改增"

（来源：《瞭望新闻周刊》　记者：马晓成　任鹏飞　2016年4月16日）

"营改增"全覆盖带来的影响，最直接的感受者是企业，它们对这次重大税制改革能否做到"确保所有行业税负只减不增"，最有发言权。

作为1994年分税制改革后我国影响最深远的税制改革，"营改增"自2012年展开试点以来，已先后覆盖交通运输、邮政、铁路、电信及部分现代服务等行业，累计减税超过5 000亿元。2016年5月1日起，建筑业、房地产业、金融业、生活服务业等4个行业也将告别营业税。"营改增"给企业带来了什么实惠？企业对"营改增"还有哪些期待？近日，《瞭望新闻周刊》记者采访了7家具有典型意义企业的负责人，从他们的视角中去寻找答案。

**电信业：降低公司税负率**

我国电信业纳入营业税改征增值税试点至今已接近一年时间，“营改增”给电信企业带来了什么变化？中国电信集团公司董事长杨杰表示，“营改增”进一步降低了公司税负率的同时，也推动了公司治理模式的转变。

杨杰认为，面对“营改增”，企业必须要做到的一点，就是要积极适应新变化。“营改增”之前，中国电信缴纳营业税的税率为3%，核算方式上也较为简单。“营改增”以后，电信行业实行差异化税率，其中基础业务部分税率为11%，增值服务部分税率为6%。

杨杰坦言，刚开始实施“营改增”时，确实给公司带来了比较大的阵痛，“主要有两方面的表现：一是收入刚性下降。比如，原来我们收入100元，那么100元全是收入，而现在收入100元，大概有8%左右不能列收了；二是利润明显下降。如果不适应新的变化，还是按照原来的方式操作，对企业来说肯定是不行的。这就逼迫着我们去思考怎么样创新、转型、加快发展，如何狠抓管理，降本增效”。

杨杰表示，“营改增”前，公司对进项的重视程度的确有限，而“营改增”后，公司必须要考虑进项税怎么样能够抵扣得更高，逼着提升公司治理能力。而2015年中国电信的一系列变化也正好说明了这个问题，“去年我们加大了4G建设等投资，投资比往年提升了40%，但税负率确实降下来了，去年我们税负率降到了2.38%。”

**建筑业：将彻底解决重复纳税**

作为世界上最大建筑和房地产综合企业之一的中国建筑工程总公司，曾任江苏省连云港市市长的该公司副总经理赵晓江，对“营改增”有着双重的深刻认识，“不论是从政府官员的角度看，还是从企业运营者的角度看，‘营改增’都将彻底解决长期以来困扰企业的重复纳税问题。”

他表示，“营改增”是国家扩大内需、优化税制结构的重要手段，有利于消除企业重复纳税，促进行业转型升级，也有利于提升公司整体管理水平。在其看来，相较于其他行业，建筑市场在经济生活中还是比较混乱的，很多制度还不完善，外部环境不是太理想。

“但对于企业来说，这也是一个必须经历的过程。从长远看，‘营改增’也会促进企业优化组织机构设置，影响公司的经营模式、管理模式。”在企业积极准备适应“营改增”的同时，赵晓江也希望税务机关能针对企业经营过程中出现的实际问题进行有针对性的帮助。

举例说，税改后有可能将建筑企业的分支机构作为独立纳税人，进而在当地缴纳增值税，这样有可能形成法人内部多个纳税人并存、许多地点同时纳税的情况。我们的母公司有上百个分支机构，如果可以不以分支机构作为建筑业增值税的纳税地点，或许会更符合建筑企业法人总部目前集中管理的经营模式，更方便企业运行。

**保险业：负面影响十分有限**

金融行业将从2016年5月1日起告别营业税，中国人寿保险（集团）公司财务总监赵立军认为，实施“营改增”对该公司的负面影响十分有限。

“应该说，金融保险行业这次‘营改增’总体政策是平移，从我们自身的保险业保险业务端来看，寿险部分很多是长险，属于免税项目。短险以前征营业税，这次改革基本是政策平移，所以对于我们的影响不是特别大，只有部分年金类产品涉及到可能要征增值税。”

他认为，“‘营改增’是流转税的一次重要升级，需要税企双方创新工作方法，优化工作手段，才能更好地保障‘营改增’落地效果”，作为企业，一方面希望得到各级政府机关尤其是税务总局的分类指导；另一方面也希望我国能加速推广应用各项新技术，通过电子发票等形式，节约成本、提升税收效率。

赵立军建议，在推进“营改增”的过程中，国家需在政策上进行进一步细化。在其看来，实现“营改增”预定目标的过程，实际上也将是税制、征管、纳税三方面进行充分磨合的过程。这个过程中如果出现了税、企之间信息的不对称，将会给“营改增”的落地效果带来挑战，因此政策要进一步有细化措施，才能消除歧义空间。

**银行业：希望未来可提高征管层级**

采访中，中国建设银行首席财务官许一鸣认为，“营改增”对银行业来说是机遇与挑战并存。作为供给侧改革的重要推动力，减税增效将有利于提升银行企业的活力、提高企业的运转效率、增强企业抗风险能力。同时，产业间实现完整的增值税抵扣链条，也有利于银行在公平竞争环境中做得更强。

同时，面对新的税制改革，企业需要积极适应的差异还有很多。他解释说，“增值税的征税方式和营业税有很大差异，不仅影响银行的税务管理，还涉及会计核算、财务管理、定价管理、信息系统、资产管理等等方面，这些方面都需要银行企业提前做好大量准备工作。”

许一鸣建议，随着金融行业的集中度越来越高，未来金融行业纳税可通过移动互联网、大数据等技术手段做到全国的集中，金融部门希望未来征管层级适当提高，一方面可助力银行降低税负，同时也可以提高纳税效率。

**产业园区：约束企业规范市场行为**

目前，华夏幸福基业有限公司从事以产业园为代表的产业新城投资，公司副总裁吴中兵认为，“营改增”后，税制将更加清晰、更加规范、更加容易理解，长远来看，确实是一项很好的制度红利，能够释放和激活生产力。

吴中兵曾经和产业园入园企业做过深入探讨，“企业普遍认同‘营改增’后，有利于低端制造业向高端转化。”比如，在抵扣环节通畅前提下，不动产抵扣确实有利于企业增加投资，而对一些小微企业来说，不动产抵扣后，相当于让更多企业轻装上阵，这将大幅度激发企业创新热情。

而且，他也认为，“‘营改增’的推行，也将从另一方面促进市场行为的规范，两者将长期形成良性互动循环，”我们这个行业过去主要是营业税。过去，开了票之后直接计入成本。而进项怎么样，对企业来说不怎么关心，因而进项对企业的影响也比较小。现在，不论是产业园区建设，还是地产开发、基础设施建设，上游的供应渠道非常多，如果企业自身不从源头规范自身的市场行为，对进项加以重视，很容易在市场竞争中败下阵来。

吴中兵建议，在推进“‘营改增’的过程中，加大电子发票等信息化手段的助推作用”，未来动辄上万张的发票对我们来说，适应的难度和要处理的任务量确实巨大。而电子发票、云计算等方式则会有效解决这一问题。

**餐饮业：细节问题需要及时解决**

采访中，经营“庆丰包子、延吉面馆”等品牌的北京华天饮食集团公司总经理徐军自己做过测算，“实行‘营改增’后，如果能够把各个环节都做到位，企业整体税负无疑是下降的。”而实行“营改增”以后，强化企业运营当中各个环节税的控制、加强企业内部管理就变得更加重要。

但同时，他认为，推动““营改增’，一些细节问题也需要及时跟进，”现在看，原材料进项税发票的取得有一定困难，餐饮行业很多大宗原材料都是蔬菜、农副产品，而且客户都比较散，取得发票也比较难，像我们的庆丰包子，很多地方有基地，这些基地分散在农户手里，产品集中进来以后，取得进项税票还有一定难度，因此我们现在也在调整采购模式。

“目前，我们已经可以通过税务部门代开的方式解决一些发票的来源问题，但是对企业来说，随着‘营改增’的持续推进，类似的细枝末节还会有很多，而在这个过程中，也需要税务部门能针对我们改革过程中发现的问题，逐步进行解决，把好的政策落实好，让我们企业享受到更多实在的优惠。”徐军说。

**中介机构：“营改增”将激活有效投资**

关于“营改增”对中国企业和中国市场的意义，全球知名会计师事务所毕马威公司中国区副主席何坤明认为，增值税改革会对供给侧结构性改革起到关键推动作用。

何坤明认为，供给侧经济政策讲求的是鼓励资本投资，消除为货物和劳务在制造提供贸易和流通方面的障碍，而降低税负恰恰是供给侧经济政策运行至关重要的一个工具。

他强调，这与“十三五”规划纲要所说的“发挥投资对增长的关键作用，发挥财政资金的撬动功能和带动更多社会资本参与投资”，如出一辙。“营改增”将大幅减除原来不可抵扣的进项税，进而全面消除营业税负担，此举将会大大降低企业运营成本，提高盈利空间，激发企业投资创新动力。

据何坤明在海外观察交流所见，一些境外机构也对“营改增”给予了充分肯定。近日，IMF 发布的《中国的税制管理改革》一文指出，中国推行的税制改革既有利于减轻企业重复征税负担，激发企业创新活力，推动服务业快速发展，从长期看也有利于理顺中央和地方的财政分配关系，缓解地方政府过多依靠出售土地收入等垂直性财政失衡问题。

世界银行高级副行长兼首席经济学家考巴苏认为，中国全面实施增值税可以消除重复征税，提高生产效率，促进服务业发展和经济结构调整，可以有效抵消中国经济面临的一些风险。

## 触动全球税制的深远改革

（来源：《瞭望新闻周刊》　记者：任鹏飞　马晓成　2016 年 4 月 18 日）

从 2016 年 5 月 1 日起，我国将全面实施“营改增”，并确保所有行业税负只减不增。减税是供给侧改革的重要内容之一，无疑将进一步减轻企业包袱，释放经济发展活力。“营改增”如何能更顺畅地落实？“营改增”过程中的难点怎么破？“营改增”将怎样影响全球税制？近日，《瞭望新闻周刊》记者邀请了四位位权威专家对此给予解读。

**重塑财税制度的新起点**

《瞭望》：全面推行“营改增”对我国国民经济运行和经济结构改革都意味着什么？

许正中：全面推开“营改增”，意味着全社会各行业都将进入增值税的抵扣链条，结构性减税力度会释放出空前的效应，必将为推动产业转型、结构优化、消费升级、创新创业和为进一步的财税制度改革和中国社会治理现代化夯实基础。

“营改增”避免了营业税“道道征税、全额征税、重复征税”的缺点，能够为企业发展提供更加公平的竞争条件，使市场细分和分工协作不受税制掣肘，产业集成又不受利润和价格混淆的困扰。

具体讲，“营改增”后，为生产企业提供的仓储、包装、配送等服务，可从生产企业分离成新的主体而不增加税负，使企业以更低的成本从社会获取更高质量的专业服务，这不仅使得制造部门自身核心竞争力得到大幅度提升，同时又能催生出各类衍生服务业，进而有效促进三次产业之间的专业化和结构优化。

从改革角度讲，此次全面推开“营改增”强调了所有行业税负只减不增，不仅降低企业运行成本、推动企业转型升级甚至是拉动投资。更重要的是，税收成为遏制经济下滑和进行经济逆周期调节的重要工具。

一方面，“营改增”将成为就业扩容器。2015年，在传统产业大面积转型同时，更多的小微企业成长起来了，并吸纳大量新增劳动力。此外，借助“营改增”范围的扩大，还进一步推动了服务业发展，特别是拓展新兴服务领域，从而改善了就业环境，促进了就业创业。

另一方面，“营改增”为整个财税制度的改革奠定了基础。“营改增”不仅对地方税体系形成冲击，更带来了整个财税体制如何调整的迫切问题，必然会倒逼财税体制改革，倒逼我们调整财税体制的整体架构，解决政府间的事权与支出责任划分、转移支付规模和结构等问题。“营改增”也为我国整体财税体制改革提供了“抓手”和契机，必将为实现增值税彻底转型，建立真正中性的消费型增值税制创造条件。

《瞭望》：全面推行“营改增”如何做到更平稳、更顺畅？

李俊生：“营改增”全面铺开后，务必要考虑各个不同行业之间税收负担分布的问题，从顶层设计方面完善整个税收机制。

比如，全覆盖之后，其实单独一个行业的增值税负担问题已经不是我们考虑的重点。我们要考虑的是，从企业的视角优化税收体系。比如，对许多涉及领域广的企业，怎么解决抵扣问题？这就需要在实施细则方面有顶层设计，在全行业顶层设计方面也需要认真讨论。

另外，现在的增值税实际上还是基于发票管理，通过发票来实现抵扣，达到使企业税收负担减轻的目的。但是，实践中巨大的发票数量必然会困扰企业和税务部门。因此，我国有必要加速推进电子发票的普及，运用云计算等现代手段，减轻技术负担。

**抓住契机深化法治税务**

《瞭望》：全面推行“营改增”是在全面深化改革和全面依法治国背景下展开，这对此次“营改增”税制大改革意味着什么？

刘剑文：最直接的意义就是，用法治思维和法治方式来推动“营改增”，从而为企业、为纳税人的健康发展创造良好的环境。

供给侧的供给，不仅包括要素的供给，对制度的供给同样值得重视。一方面体现企业税负降低；另一方面也要能够体现企业之间税负的公平。而在这个过程中，一个好的制度供给十分必要。

例如，“营改增”全面推开后，以货物和劳务为核心的原有增值税征收，是以行政法规的形式出现，而对于营业税改过来的行业，目前还没有相关法规予以确认。这就造成了同一个税种下纳税人纳税不对等。我们在推进“营改增”改革的过程中，务必要推进法律法规及时进行协同建设。

其实，“营改增”既是一个实体制度的改革，也是一种程序制度的改革。把营业税改增值税，主要是实体税制制度的改革。要把改革改好，相应的征管制度也要作出一些修改。这次改革的根本目标是要减轻纳税人税收负担，在这个过程中，一方面要落实好减轻负担这个目标；另外一方面，如何更好地充实和保障纳税人知情权、减免权等各项权利，也需要我们进一步思考。

《瞭望》：如何借助此次契机，从根本上完善税收机制设计？

朱青：“营改增”不仅从根本上减少了增值税、营业税所造成的双重征税，更重要的是对税收制度完善。这次改革无疑将降低企业税负，但作为近年来我国税收制度最重要的改革，我们必须考虑好改革之后税收制度的建设，从而在减税同时，也能确保税收体系在今后顺利运行。

我国现行税制的设立，与早期经济发展条件有限、税控制度不完善不无关系。但随着“金税三期”工程等逐步运行后，现在我们已经有能力进行税收制度改革。

而现行制度确实存在些问题，一个公司制作了招投标书对外销售，该缴增值税还是缴营业税？按货物计算还是按劳务计算？在执行上就会存在很大不确定性。而“营改增”则完善了流转税制度，现在我们可能要花一点精力，可能有些挫折、有些痛苦，但是多少年后回头再看，这项工作对中国流转税制度的重要性都是不言而喻的。

而且，未来“营改增”推开后，原有税制、国地税之间关系、中央政府和地方政府的财政关系都会发生改变，这就需要对我国的税收机制从根本上完善。而能否解决好这些问题，则直接决定了改革后税制能否在长期上实现减轻企业负担的目标，也直接影响着国家的税收安全。

**“营改增”的国际意义**

《瞭望》：此次全面推出“营改增”，使得中国成为世界上第一个把金融服务行业纳入到了增值税征收范围内的国家，这会在全球产生怎样的影响？

李俊生：中国税制在世界上第一次将金融服务行业纳入到了增值税征收范围内，将成为世界其他国家推行税制改革的一个样本。中国“营改增”将触发全球税制改革，中国税收制度改革也将成为许多国家在经济转型过程中税制改革的参考蓝本。

从根本上来说，供给侧改革就是从要素配置、要素供给角度寻找动力。动力在哪里？从我国和全球其他国家的经验来看，最核心一点就是降低要素供给成本，而降低要素供给成本的所有链条当中，税务成本是关键的关键。“营改增”的全面推开覆盖，就为实现供给侧改革目标提供了关键抓手。

近年来，我国在财税领域作出了许多卓有成效的工作，而“营改增”则是近年来最吸引世界眼球、最具全球意义和历史意义的一项改革。正因此，中国的“营改增”正汇聚全世界的目光。

在全球经济格局高度密切的今天，各个国家之间已经结成了高度相关的经济发展链条。作为全球第二大经济体，中国税收制度改革后，有关主权国家和地区必将考虑到本国、本地区内税务资源是否会出现流失等问题。这意味着，中国税制改革将带动地区甚至世界范围内的税制改革。否则，税务资源在全球的配比就会出现问题，这项改革因而具有全球意义。

未来，中国将通过实践，在金融服务行业增值确定等问题上寻求解决方案，也将对未来税务基础理论研究形成突破。

# 机构解读“营改增”之一：四大行业政策之变与纳税人影响

（来源：新华网　作者：胡根荣　2016 年 4 月 19 日）

编者按：全面“营改增”试点进入倒计时。2016 年 5 月 1 日起，我国“营改增”试点范围将进一步扩大到建筑业、房地产业、金融保险业和生活服务业，完成后营业税将退出历史舞台。“收官”在即，如何理解“营改增”改革在财税体制改革中的意义？如何看待“营改增”后对四大行业以及对于百姓生活带来哪些变化？自今日起，新华网特别推出《机构解读“营改增”》系列报道，邀请包括普华永道、德勤、安永、毕马威等四大会计师事务所在内的专业机构解读“营改增”。此为系列报道第一篇。

根据财政部、国家税务总局在 2016 年 3 月发布的《关于全面推开营业税改征增值税试点的通知》（以下简称为《通知》），普华永道会计师事务所授权新华网发布报告，解读新扩大四大行业的政策变化，分析了此通知对纳税人的影响，并对不同纳税人给出相关建议，为其更好地适应新政策提供思路。

整体情况《通知》由“实施办法 +4 个附件”组成，结构上与以往“营改增”政策保持一致。《实施办法》规定实施日期及工作要求。4 个附件包括：

（1）《营业税改征增值税试点实施办法》聚焦纳税人、应税服务范围、税率、税额等增值税要素；（2）《试点有关事项的规定》分别对试点纳税人、原增值税纳税人在“营改增”期间的相关政策予以明确；（3）《试点过渡政策的规定》逐项将原营业税优惠政策保留至“营改增”期间；（4）《跨境应税行为适用增值税零税率和免税政策的规定》规定了适用零税率或免税的跨境应税行为。

《通知》内容涵盖全部“营改增”业务，以财税〔2013〕106 号文（以下简称为“106 号文”）为代表的部分原“营改增”文件将同时停止执行。因此，《通知》对新增试点纳税人、原试点纳税人、非试点纳税人将产生深远影响。

（一）对纳税人的总体影响

1. 征税范围调整《通知》规定，“营改增”试点的征税范围为“销售服务、无形资产或不动产”。《通知》在将建筑服务、金融服务、生活服务、销售土地使用权、销售及租赁不动产纳入的同时，对原各项服务的注释范围进行了调整和优化。例如：将“技术转让、技术咨询”从“研发和技术服务”分别归入“销售无形资产”、“鉴证咨询服务”；将“货运代理，代理报关”从“物流辅助服务”归入新设的“商务辅助服务”；将“信息系统增值服务”从“业务流程管理”项下分离，独立成节；将“融资性售后回租”从“有形动产租赁”归入“金融服务”；将“物流辅助”中的部分业务定义为“无运输工具承运业务”，归入“交通运输服务”。

上述改变表明，应税服务范围随着“营改增”的试点进程逐渐丰富完善。税目注释的改变对于涉及的试点纳税人来说，即使在经济业务不变的情况下，也可能产生税目乃至税率的变化。纳税人应尽快熟悉注释内容，准确判断经营业务的应税服务类别和适用税率。

2. 兼营与混合销售《通知》对兼营和混合销售作出规定。纳税人兼营不同税率或征收率项目，应当分别核算销售额，未分别核算的，从高适用税率；一项销售行为涉及服务和货物为混合销售，从事货物的生产、商贸纳税人按照销售货物缴税，其他纳税人按照销售服务缴税。同时，106号文中“混业经营”的概念被取消。

3. 合理商业目的《通知》规定，对于纳税人价格明显偏低或者偏高且不具有合理商业目的的应税行为，税务机关有权确定销售额。合理商业目的作为税务机关判断纳税人法律形式与经济实质的标准，在企业所得税中已被广泛使用，并被纳入106号文中，但在流转税领域如何判断合理商业目的一直未得到明确。

《通知》对“合理商业目的”的定义给出解释，即纳税人以谋取税收利益为主要目的，通过人为安排，减少、免除、推迟缴纳增值税税款，或者增加退还增值税税款的行为，将被判定为“不具有合理商业目的”。

4. 差额征税《通知》规定，除另有规定外，销售额指纳税人取得的全部价款和价外费用。对采用一般计税方案的纳税人，增值税仅对增值部分征税。

但考虑到实践中部分特殊业务因无法取得抵扣凭证，导致无法准确计算“增值额”，“营改增”后引入差额征税政策，允许融资租赁、航空运输、经纪代理、旅游服务等业务收取的销售额扣除特定支出后，以余额计算缴纳增值税。

在适用差额征税的情况下，《通知》要求，扣除的价款应当取得合法有效凭证。同时，《通知》规定即使取得的差额扣除凭证同时属于增值税扣税凭证，纳税人也不得选择抵扣进项税额，而只能进行差额扣除。

5. 不动产纳入抵扣《通知》规定，纳税人购进不动产取得合法有效凭证，可以抵扣所含进项税额。

中国自2009年将动产固定资产纳入抵扣，此次将不动产纳入抵扣范围后，将完整实现规范的消费型增值税制度，对于完善抵扣链条、解决重复征税将是重大利好。纳税人应关注《通知》中的具体抵扣方式及管理要求，及时取得相关增值税专用发票，并在180天内扫描认证或在系统中勾选，确保足额抵扣进项税额。

《通知》规定，除融资租入的不动产以及在施工现场修建的临时建筑物、构筑物外，纳税人购入不动产进项税额分2个年度抵扣，第一年抵扣60%，第二年抵扣40%。

中国增值税抵扣历来采用购进扣税原则，纳税人取得合法有效凭证当期即可以抵扣全部进项税额，因此分期抵扣将带来会计核算及纳税申报等一系列操作性问题，纳税人应重点予以关注。

6. 贷款服务等不得抵扣项目《通知》规定，贷款服务以及接受贷款服务向贷款方支付的直接相关投融资顾问费、手续费、咨询费等，进项税额不得抵扣。这使得贷款这种最为常见的金融服务将在“营改增”扩大范围初期不纳入抵扣范围。《通知》并未解释上述规定是出于财政收入考虑还是税收征管原因，纳税人应密切关注官方的政策解读及后续文件。

此外，《通知》也规定旅客运输服务、餐饮服务、居民日常服务和娱乐服务不得抵扣。对于是否将此类容易被用于集体福利、个人消费的应税项目纳入抵扣，《通知》延续了一贯的谨慎态度，纳税人即使取得上述服务的抵扣凭证，也不得抵扣进项税额。虽然如此，鉴于同样易混为自用的小汽车、游艇已在2013年被纳入抵扣范围，因此纳税人可以实时关注政策的后续变化。

7. 按净值计算抵扣《通知》规定，因用于简易计税、免税、集体福利或者个人消费而未抵扣的固定资产、无形资产、不动产，如发生用途改变而用于允许抵扣项目，可在次月依据合法有效凭证按照净值计算抵扣；而原增值税制度下未针对此种情况做出过规定，因此过去纳税人很可能无法抵扣进项税额。另一方面，纳税人因改变用途而不得抵扣时，需依据一定方法转出进项税额。《通知》规定使得抵扣规则更加公平合理，纳税人应同时注意具体抵扣方法，特别是当抵扣凭证已过认证期限后的解决途径。

8. 非正常损失所含进项税额不得抵扣。《通知》规定非正常损失是指因管理不善造成货物被盗、丢失、霉烂变质，以及因违反法律法规造成货物或者不动产被依法没收、销毁、拆除的情形。与106号文“被执法部门依法没收或者强令自行销毁的货物”表述相比，突出“违反法律法规”使非正常损失的范围近一步合理。此外，非正常损失范围为正列举，并无“其他”或“等”的表述。但在实践中，纳税人和税务机关经常对于是否属于管理不善、霉烂变质的含义等问题产生争议，《通知》并未针对此给出更加明确的解释。

（二）建筑业、房地产业

1. 适用税率《通知》规定，建筑业、房地产业（不动产租赁，销售不动产，销售土地使用权）适用一般计税方式，税率11%。

建筑业与房地产业作为同一产业链条的直接上下游环节，相同税率有助于实现两行业纳税人的税负均衡。两行业税率均较原营业税税率有所上升，纳税人需合理选择过渡政策、适用差额征税政策、及时取得进项税额。同时，纳税人能否通过合理的商业安排将增值税向下游环节转嫁将变得尤为关键。

2. 建筑业过渡政策为避免因建筑业行业特点导致“营改增”初期税负上升，《通知》规定，《建筑工程施工许可证》注明的合同开工日期在2016年4月30日前（以下简称为“试点日期前”）的建筑工程项目，未取得《建筑工程施工许可证》，建筑工程承包合同注明的开工日期在试点日期前的建筑工程项目为老项目，可以选择适用简易计税方法计税。纳税人需结合主要物资采购情况、下游环节房地产纳税人抵扣需求，测算不同处理的税负影响，选择适用政策。

3. 房地产业过渡政策《通知》同样为房地产业制定了过渡政策。一般纳税人销售试点日期前取得（不含自建）的不动产，可选择简易计税方法，以全部收入减去购置价或作价后，按照5%征收率预缴增值税；一般纳税人销售其试点日期前自建的不动产，可以选择适用简易计税方法按照5%征收率计税；房地产开发企业中的一般纳税人，销售自行开发的房地产老项目，可以选择适用简易计税方法按照5%征收率计税；一般纳税人出租试点日期前取得的不动产，可以选择按照5%征收率预缴增值税。纳税人同样应结合主要物资采购情况，测算不同处理的税负影响，选择适用政策。

4. 简易计税《通知》规定，一般纳税人以清包工方式提供的建筑服务、为甲供工程提供的建筑服务，可以选择3%征收率的简易计税方法计税。这使得“营改增”政策中的简易计税范围进一步扩大。对此两类业务提供简易征收政策，主要考虑纳税人收取的价款中主要为人工费、管理费及辅料费用，且“营改增”前购入的存量资产和人工成本均不得抵扣。纳税人需综合测算税负影响及下游环节抵扣需求，慎重决策。

5. 土地成本《通知》规定，房地产开发企业中的一般纳税人销售其开发的房地产项目（选择简易计税方法的老项目除外），以取得的全部价款和价外费用，扣除受让土地时向政府部门支付的土地价款后的余额为销售额。《通知》将土地价款纳入差额征税范围内，使得土地价款虽不参与进项税额计算，但可以直接从销售额中减除，实质上达到了参与增值税计算的效果。纳税人在进行差额扣除时，需取得合法有效的扣除凭证并合规申报。

6. 纳税义务发生时间及纳税地点《通知》规定，纳税人提供建筑服务、租赁服务采取预收款方式的，其纳税义务发生时间为收到预收款的当天。纳税人跨县（市）提供建筑服务，在建筑服务发生地预缴，在机构所在地申报；纳税人销售不动产，在不动产所在地预缴，在机构所在地申报；纳税人出租不动产，在不动产所在地预缴，向机构所在地申报。

7. 个人销售房产《通知》规定，北京、上海、广州、深圳四城市，个人销售购买不足2年的住房按照5%征收率全额缴税；个人销售购买2年以上（含2年）的非普通住房以销售收入减去购房价款后的差额按照5%征收率缴税；个人销售购买2年以上（含2年）的普通住房免税。北京、上海、广州、深圳四城市以外的其他地区，个人销售购买不足2年的住房按照5%征收率全额缴税；个人销售购买2年以上（含2年）的住房免税。

这延续了之前的营业税优惠政策。同时，即使个人需按照简易征收缴纳增值税，但因为增值税价外税的属性，计税依据=全部价款/（1+征收率），税基的下降使得实际缴纳的增值税仍较原营业税有所下降。因此个人销售房产不会因“营改增”而税负上升，这符合之前国务院常务会议中“优惠政策原则上延续”、“所有行业税负只降不升”的要求，也与中央提出的房地产市场“去库存”的经济工作任务保持一致。此外，二手房市场保持活跃对于促进房地产开发、建筑业的发展也会产生积极影响。

（三）金融业

1. 征税范围对金融业全面征收增值税，在国际上尚不多见。虽然中国在1994年税制改革后便对金融业开征营业税，并给予了差额征税、税收优惠等配套政策，但鉴于增值税与营业税在税制原理、抵扣链条、发票管理上的诸多差异，金融业纳税人仍需进行周密准备，以应对“营改增”带来的机遇与挑战。《通知》规定，金融服务，包括贷款服务、直接收费金融服务、保险服务和金融商品转让服务。

2. 适用税率《通知》规定，金融业适用一般计税方式缴纳增值税，税率6%。采用一般计税方式而非财税〔2011〕110号文中的简易计税，有助于金融业全面进入增值税抵扣链条。对于金融行业的纳税人而言，虽然6%的税率与原营业税政策下5%税率相比上升不大，但企业若不能足额取得进项税额，仍存在自身税负的上升风险。

3. 贷款是金融业纳税人的主要经济业务。根据普华永道《2014年中国银行业回顾与展望》的研究成果，吸储与放贷构成银行业的主要业务，相比较各类复杂的衍生金融产品，中国大型商业银行与其他股份制商业银行超过七成的收入来源于利息。因此贷款利息的增值税政策更加受到关注。

《通知》规定，贷款服务，以提供贷款服务取得的全部利息及利息性质的收入为销售额。

4. 融资性售后回租《通知》将融资性售后回租纳入贷款服务，按照6%税率缴纳增值税。融资性售后回租，是指承租方以融资为目的，将资产出售给从事融资性售后回租业务的企业后，从事融资性售后回租业务的企业将该资产出租给承租方的业务活动。在前期“营改增”中，融资性售后回租作为融资租赁的一种业务形态，被纳入“有形动产租赁”按照17%税率缴纳增值税。《通知》的调整使得售后回租的经济实质与税目更加匹配。

5. 金融商品转让金融商品转让，包括转让外汇、有价证券、非货物期货和其他金融商品所有权。《通知》延续了营业税政策的规定，金融商品转让按照卖出价扣除买入价后的余额为销售额，出现正负差，按照盈亏相抵余额为销售额。盈亏相抵后余额为负的，可结转下期继续抵减。但年末时仍出现负差的，不得转入下一个会计年度。

6. 纳税期限《通知》规定，以1个季度为纳税期限的规定适用于银行、财务公司、信托投资公司、信用社。这使得部分金融业在纳税期限上将以季度为单位。鉴于金融业独特的组织结构和经济特点，金融业纳税人应重点关注后续出台的相关配套文件。

7. 税收优惠《通知》完整保留了营业税中金融业的优惠政策，普遍受到关注的优惠有：人民银行对金融机构的贷款免税；统借统还业务中，企业集团或核心企业或财务公司符合一定条件向集团内企业收取的利息免税；以合格境外机构投资者（QFII）委托境内公司在我国从事证券买卖业务为代表的部分金融商品转让收入免税；一年期以上人身保险产品取得的保费收入免税。

（四）生活服务业

1. 征税范围生活服务业作为“营改增”后的新设行业类别具有“兜底”的特点，是将原征收营业税时散落于“文化体育业、娱乐业、服务业”等税目中，且在非生产流通环节、有突出个人消费属性的应税服务综合而成。

《通知》规定，生活服务是指为满足城乡居民日常生活需求提供的各类服务活动。包括文化体育服务、教育医疗服务、旅游娱乐服务、餐饮住宿服务和居民日常服务。

2. 适用税率《通知》规定，生活服务业适用一般计税方式缴纳增值税，税率6%。与金融服务一样，对生活服务业采用一般计税方式而非简易计税，有助于生活服务业中的部分可抵扣业务进入增值税抵扣链条。对于纳税人而言，虽然6%的税率与原营业税政策下5%税率相比上升不大，但企业若不能足额取得进项税额，仍存在自身税负上升的风险。

3. 差额征税《通知》规定，纳税人提供旅游服务，可以选择以取得的全部价款和价外费用，扣除住宿费、餐饮费、交通费、签证费、门票费和支付给其他接团旅游企业旅游费用后的余额为销售额。纳税人在进行差额扣除时，需取得合法有效的扣除凭证并合规申报，取得的扣除凭证为抵扣凭证的，不得抵扣进项税额。

4. 抵扣范围《通知》规定，生活服务业中的餐饮服务、居民日常服务和娱乐服务不纳入抵扣范围。因此，购买文化体育服务、教育医疗服务、旅游服务、住宿服务将允许抵扣进项税额。

5. 酒店业酒店业业务复杂，涉及餐饮住宿服务、文化服务、娱乐服务、会议服务、不动产租赁、居民日常服务、交通运输服务、广告服务、销售货物、提供应税劳务等，纳税人应根据具体业务，准确适用兼营政策或混合销售政策。

注意要点“营改增”作为深化财税体制改革和供给侧改革的重要措施，在四大行业完成“营改增”试点后，货物、劳务、服务的全流程将纳入抵扣链条，实现增值税全覆盖。在降低重复征税的同时，有助于促进社会分工协作和产业升级，而增值税税制的逐步完善，也为下一步启动立法程序奠定基础。

《通知》内容涵盖全部“营改增”业务。除延续以往“营改增”规定、新增四大行业适用政策外，也根据前期试点结果及即将纳入行业的情况，对原有试点政策进行补充完善和适时调整。同时《通知》也结合上述变化，对非试点增值税纳税人部分政策做出新规定。因此，试点纳税人及非试点纳税人都要积极做好此次“营改增”扩大范围的应对工作。

新增试点纳税人与营业税相比，增值税无论是征税方式还是管理制度都更加复杂，纳税人需掌握纳税方式、申报表格、发票管理等要求，降低自身风险，确保增值税合规遵从。同时，“营改增”作为结构性减税的重要举措，通过周密的政策安排，在降低行业税负上将发挥突出作用，纳税人需理解增值税原理和政策内容，以充分享受“营改增”带来的红利，避免因为自身原因导致税负上升，影响生产经营。

由于“营改增”的收官政策将于2016年5月1日起全面实施，准备时间很紧，建议新增试点纳税人：

(1) 积极与主管税务机关配合，做好“营改增”前的一系列征管准备工作。包括补充完善税务登记信息、一般纳税人资格登记、增值税发票申请、开票器具的发行与培训、各类减免税优惠事项备案、出口退税资格备案、开通网上申报系统，并在6月征期按时申报缴税。

(2) 全方位评估“营改增”对收入和成本费用核算产生的影响及带来的利润变化，分析进项税金对现金流及融资成本的影响；对产品服务的定价机制做出修订；调研供应商信息，完善供应商管理。

(3) 研究过渡期方案，在进行税负有效性测试的基础上评估影响。结合“营改增”具体政策综合调整商业合同条款模板、考虑对经营模式进行转型升级。

(4) 对业务方案执行和流程进行调整，细化系统改造工作；完成价税分离系统调整，满足增值税核算要求；关注增值税风险控制，针对核算系统与纳税申报、发票升级版系统的对接，合理划分不得抵扣进项税额等，并对相关问题作出系统调整。

(5) 修改增值税管理的各项流程制度、编写操作手册、确保增值税合规。熟悉发票升级版系统要求，正确开具发票；掌握增值税发票领用存要求，规范使用发票；了解180天抵扣期限规定，确保取得的进项税额足额抵扣。

(6) 关注“营改增”后续配套文件，跟进陆续出台的各类政策解释和操作办法，及时分析对本企业影响作出应对。

(五) 原试点纳税人、非试点纳税人

1. 关注征税范围调整。准确判断经营业务的应税服务类别和税率，确保适用税率准确，发票开具合规。同时测算税率变化带来的影响，并对定价策略和商业谈判进行调整，合理转嫁增值税税负。

2. 关注兼营与混合销售。兼营不同税率或征收率业务时，需在合同签订、会计处理、发票开具等环节分别核算，以避免从高适用税率；一项销售行为涉及服务和货物的，依据纳税人类型，全额按照货物或者全额按照服务缴纳增值税。

3. 进项税额抵扣。掌握此次“营改增”后新纳入抵扣范围的应税服务，梳理业务中可以取得进项税额的项目，审核供应商的一般纳税人资质，按时足额取得抵扣凭证；试点初期购进、租入不动产，接受建筑业服务时，事先掌握服务提供方是否选择过渡政策，测算对进项税额影响；测算小规模纳税人供应商带来的增值税影响，调整定价策略；关注后续文件中不动产分期抵扣的具体操作办法及申报要求。

## 机构解读“营改增”之二：房地产业完全可以确保税负只减不增

（来源：新华网　作者：沈瑛华　2016年4月20日）

根据财政部、国家税务总局在3月发布的《关于全面推开营业税改征增值税试点的通知》(以下简称为《通知》),毕马威中国授权新华网发布报告,解读本次“营改增”试点最受关注的房地产业和金融业,分析了房地产业“营改增”对宏观经济的实质性影响,以及金融业“营改增”值得关注的问题。

房地产业“营改增”后确保税负只降不增,2016年3月24日,财政部和国家税务总局联合发布了财税〔2016〕36号文(以下简称为36号文),明确从2016年5月1日起,将房地产业、建筑业、金融服务业和生活服务业等剩余营业税行业纳入“营改增”体系,并明确了适用于四大行业的相关增值税税率和具体政策。其后,国家税务总局又以公告形式连续发布了多个文件,针对纳税人进行不动产转让或经营租赁、房地产开发企业销售自行开发的房地产项目等具体问题进行了明确。深入分析相关“营改增”政策,房地产业完全可以实现国务院总理李克强“确保税负只减不增”的目标,同时不动产纳入增值税抵扣链条也将对其他行业税负带来积极影响。

“营改增”对房地产业的总体影响,“营改增”新政下,对于房地产业的定义与营业税法规下的规定基本一致,意味着增值税将适用于房地产销售和租赁业务,并且影响主要的房地产类型,比如住宅、写字楼、工业地产以及商业地产等。房地产业将适用于11%的增值税税率,较之营业税5%的税率有大幅上涨。但由于增值税实际上是基于增值额征税,而营业税是基于全额征税,所以单纯比较新老税率是没有意义的。另外,过渡性政策的实施也会减轻企业税负。

总体而言,房地产业适用的“营改增”新政中具有实质性宏观经济影响的主要包括以下内容:

(1)过渡性政策房地产业可能是受本次“营改增”新政影响最大的行业。为了在不影响市场经济秩序的前提下,保证改革的顺利推进,财税部门特别就存量的房地产项目引入过渡性政策,其中包括房地产开发企业中的一般纳税人销售老房地产项目,以及一般纳税人出租现有不动产,可以选择适用简易计税方法按照5%的征收率计税。这意味着房地产企业的老项目可以适用和营业税同样的税率,可以实现“营改增”后平稳的过渡,增值税税率不会突然间提高到11%。销售2016年5月1日后取得的或新开发房地产项目才适用于11%的增值税税率。

(2)支付的土地价款可以扣除,当房地产开发商销售房地产计算增值税额的时候,向政府部门支付的土地价款可以从销售额中扣除,以有效地保证房地产开发商只对其增值的部分进行纳税。但此规定只能用于房地产开发商按照11%的增值税税率缴纳增值税,而不适用于开发商选择过渡期政策按征收率缴纳增值税的情况。

(3)分期抵扣适用于11%增值税税率的不动产进项税额,增值税一般纳税人2016年5月1日之后取得并在会计制度上按固定资产核算的不动产,其进项税额可分2年从销项税额中抵扣。第一年可抵扣60%,于取得扣税凭证的当期从销项税额中抵扣;第二年可抵扣40%,于取得扣税凭证的当月起第13个月从销项税额中抵扣。如果纳税人发生不动产处置或注销等情况,尚未抵扣完毕的待抵扣进项税额,允许于销售的当期从销项税额中抵扣。在现行的营业税税制下,购入房地产资产未曾有过可被抵扣的制度,这代表着在增值税税制下的巨大发展,尽管就国际增值税税制惯例而言,这种分期抵扣增值税进项税额的方式并不常见。相关抵扣政策确保了增值税链条的完整性,并将抵扣分为两年,“营改增”后将在很大程度上促进房地产交易的活跃性。

“营改增”无疑是一项重大的税制改革举措，每当新法规发布后，市场上通常需要大约12—18个月的适应期。预期会有许多曾经在国际增值税体制出现过的系统性问题也可能在我国发生，因此，政策的落地实施需要征纳双方就企业经营业务和政策理解及解读逐步达成一致。

“营改增”对金融业的总体影响，2016年3月24日，财政部和国家税务总局联合发布了财税〔2016〕36号文，明确从2016年5月1日起，将房地产业、建筑业、金融服务业和生活服务业等剩余行业纳入“营改增”体系，并明确了适用于四大行业的相关增值税税率和具体政策。

财税〔2016〕36号文对于金融服务的定义是指经营金融保险的业务活动，包括贷款服务、直接收费金融服务、保险服务和金融商品转让。金融服务适用于6%的增值税税率，较之5%的营业税税率略有上升。但由于增值税实际上是基于差额征税（销项税额减进项税额），而营业税是基于全额征税（仅销项税额），所以单纯将新税率和老税率直接比较是没有意义的。

新政策对于金融服务业的主要影响在于：

（1）金融服务业的主要收入都将适用于6%的增值税，包括贷款服务取得的利息收入，包括手续费、佣金等在内的直接收费金融服务，保险费收入以及金融商品转让。（2）增值税免税政策适用范围相对有限，主要适用于金融行业同业往来利息收入、联行往来利息收入、一年以上人身保险产品的保费收入；存款利息不属于增值税征税范围。（3）利息费用以及与贷款业务直接相关的佣金与手续费支出所产生的进项税额均不可抵扣。但是法规中未说明不可抵扣的规定是否将一直适用。（4）根据目前的增值税政策，除为境外单位之间的货币资金融通及其他金融业务提供的直接收费金融服务和出口货物提供的保险服务外，出口金融服务仍需要缴纳增值税；但出口金融类咨询服务可以免税。这一政策未来可能会有所改变。（5）进口金融服务需要代扣代缴增值税。

对于不能抵扣贷款相关的利息费用和手续费用相关进项税的规定，假设在金融机构服务定价不变的前提下，从原来5%营业税改为6%增值税，借款方将承担借款行为相应的增值税，借款成本增加。因此，金融机构提供的贷款服务和收取手续费等业务将很难直接将其收取的增值税向借款方进行转嫁。

值得注意的是，增值税法规对应税行为的定义，通常不以纳税人从事的行业性质来判断，而是以纳税人发生的具体应税行为来判断纳税义务。也就是说，即使不是金融机构，只要发生了贷款服务定义范围内的应税行为，都应按照贷款服务来计算缴纳增值税。贷款服务的增值税适用税率为6%。

对目前企业集团之间常见的资金池业务将会导致一定程度上的影响。鉴于资金池业务应该按照贷款服务缴纳增值税，一方面从资金池取得贷款利息收入的一方需要按照6%计算缴纳增值税，而支付利息的一方却无法就其缴纳的增值税进行进项税额抵扣。因此，“营改增”后，关联企业之间需要重新考虑资金池的安排。

但是值得注意的是，财税〔2016〕36号文给予了集团内统借统还业务特殊的优惠待遇，即集团内统借方向资金使用单位收取不高于支付给金融机构借款利率水平或者支付的债券票面利率水平的，则可适用增值税免税政策。统借统还业务不同于资金池业务，指的是企业集团或者集团核心企业向金融机构借款或对外发行债券取得资金后，将所借资金分拨给下属单位，且向下属单位收取用于归还金融机构或债券购买方本息，并由企业集团统一归还的业务。这一政策是原来营业税税制下优惠政策的延续。

## 机构解读“营改增”之三：四大行业上下游企业均可受益

（来源：新华网　作者：朱桉　2016 年 4 月 21 日）

根据财政部、国家税务总局在 3 月发布的《关于全面推开营业税改征增值税试点的通知》，德勤会计师事务所授权新华网发布报告，阐述了本次“营改增”试点对行业、财税格局、经济发展的影响。

2012 年 1 月，上海率先在交通运输业和现代服务业进行营业税改征增值税（以下简称“营改增”）试点，目前“营改增”已经推进到全国范围，覆盖的行业也已扩展到铁路运输和邮电通信业。2016 年 3 月 18 日，国务院常务会议审议通过了全面推开“营改增”试点方案，将建筑业、金融业、房地产业和生活服务业四大行业纳入试点范围。3 月，财政部和国家税务总局联合发布“营改增”的各项具体实施办法，该政策将自 2016 年 5 月 1 日起全面施行。自此，现行营业税纳税人将全部改征增值税。

为了贯彻所有行业税负“只减不增”的原则，本次“营改增”扩围在制度设计上，采取了一定措施，以实现降税效果。以建筑业和房地产业为例，虽然“营改增”后这两大行业将适用 11% 的增值税税率，相较改革之前的 3% 和 5% 的营业税税率高出很多，但新政策一方面允许建筑业和房地产业企业将支付的建筑分包款和土地出让金从销售额中扣除，并推出预缴和清算相结合的增值税制度以解决房地产开发企业可能产生的进销错配问题，另一方面针对改革之前的老项目，制定过渡期政策允许企业选择简易计税办法计缴增值税，以此消解因税率升高可能给企业税负带来的不利影响。这一政策的推出，预期将对商业地产的投资起到鼓励作用。

本次改革还涉及生活服务业，这与百姓日常生活息息相关，为了实现平稳过渡，本次“营改增”在制度设计上，很大程度地沿用了目前的营业税政策，保留原有营业税免税优惠。大部分生活服务业企业原先适用 3% 或 5% 的营业税税率，改征增值税后将适用 6% 的增值税税率。虽然税率的绝对值有所上升，但一般纳税人同时可获得进项税抵扣，因此，成本可能得以降低，抵消由于收入端适用税率的上升带来的不利影响。

与此同时，新增四大行业的上下游环节企业将有望从此次“营改增”扩围中直接或间接受益，尤其是下游企业，可以有机会从供应商处获得可供抵扣的进项税，从而降低其自身税负。此次“营改增”全面推开方案中最引人关注的一大亮点就是将新增不动产所含增值税纳入抵扣范围，抵扣年限大大短于此前的普遍预期，足见政府对确保各行业减税的措施力度之大。

随着建筑业、金融业、房地产业和生活服务业被纳入增值税范畴，历时四年多的“营改增”试点终于进入收官阶段。虽然试点改革的最终完成将以未来增值税立法作为标志，但随着最后四大行业纳入增值税范围，这将结束营业税和增值税同时并存，提供服务和销售货物适用不同流转税的局面，从而打通增值税抵扣链条，消除供应链中的重复征税，这在中国流转税发展历史上无疑具有划时代的意义。

# 机构解读“营改增”之四：尽享全面“营改增”红利　关注风险防控

（来源：新华网　作者：梁因乐　2016 年 4 月 22 日）

根据财政部、国家税务总局在 3 月发布的《关于全面推开营业税改征增值税试点的通知》，安永会计师事务所授权新华网发布报告，阐述了本次“营改增”试点对相关行业和企业高度重视的税收风险管理和控制，深化机制改革，为纳税人最大限度地规避或减少税务风险提供参考。

全面推进营业税改征增值税（“营改增”）作为2016 年度中国税制改革的重头戏，既万众瞩目，又期待已久。至此，全部产业的“营改增”的改革进度基本完成。特别是李克强总理在政府工作报告中作出的“确保所有行业税负只减不增”的庄重承诺，无疑相当于为“营改增”的企业注入一针有力的“强心剂”。在这个大背景下，如何使相关企业充分享受政策红利，同时做好税收风险防控，将是财税主管部门、企业自身和相关行业共同面临的核心问题。

沟通促进信息对称，确保政策红利到位。全面推进“营改增”，最终实现增值税全链条机制，充分释放税收红利，是国家结构性减税的重要举措。自全面推进“营改增”试点实施办法文件发布以来，财税主管部门积极通过记者会、传统媒体、官方网站、国家税务总局和各基层税务机关微信公众号等多平台、立体化的渠道向社会分享最新政策，提供政策解读，这些举措都充分体现了主管部门对“营改增”工作的“便民春风”和与时俱进，为相关企业充分理解政策和享受政策红利提供了很大的便利。但由于新纳入“营改增”的四大行业均存在业态复杂、税务细节多的特点，因此，在现有的政策基础上仍然存在众多细节问题需要实操层面的沟通解决。

深化内控机制建设，防范税务风险相对于为企业带来的政策红利，本次“营改增”涉及的企业面临的税务处理的变化，内部管理与应对的难度也不容小视。特别是营业税与增值税之间税制的根本不同，企业需要准备好应对措施。尤其是在数量上占比较大的中小企业，其税务管理水平普遍处于较低水平，借助第三方资源完成全面且细致的“营改增”内部应对的能力有限，而这些中小企业面临的细节问题和税务风险却不会因规模较小而减少。再者，要求这些企业通过学习政策文件就能解答自身的全部涉税问题难度也较大。因此，广大纳税人便对财税主管部门提出新的要求，希望能获取更加细致和全面的政策解读和疑点解答，确保持有疑问的中小企业能够得到直接的回复，使他们在主观纳税遵从的意愿下实现安心纳税。这同时也对企业的税务内控管理提出了更高的要求，面对比营业税复杂的增值税，企业不止需要进行财务应对，还需在采购、销售、内部机制与制度等多层面作出及时反应，强化内部管理，规避税务风险，注重程序合规，确保过渡顺利完成。

发展倒逼改革持续，期待立法进程。作为我国最大的主体税种之一，增值税改革的脚步一直在前行，而本次全面推进“营改增”的改革也依然不会是增值税改革的终点。通过使全部营业税纳税人纳入增值税链条管理，将逐步形成全链条的增值税抵扣机制，为进一步完善增值税税制建设和深化改革奠定了良好的基础。而随着全行业的增值税管理不断运行和发展，必然会因多档税率并存，抵扣项目不完全等现状提出新的要求和挑战。基于此，应该适时启动深化增值税改革的程序，通过实现完全抵扣机制、简并税率等手段，为增值税立法做好充分的先期准备工作。

## 外媒称中国将启动20年来最大规模税改：利在长远

（来源：新华社　2016年4月23日）

外媒称，中国将从5月1日启动20多年来力度最大的税收制度改革，为服务业企业减轻负担并鼓励工厂升级、创新。

据彭博新闻社网站4月22日报道称，根据新的税收制度，建筑业、房地产、金融及消费服务行业将采取缴纳增值税的做法。这与现有的依据企业收入来征税的制度形成鲜明对比。已经在缴纳增值税的制造商如今在帮助自己实现现代化的研发方面可以获得减税。

该计划今年会让企业的缴税额减少5 000亿元人民币，这其中有相当一部分是以减少地方政府收入为代价。中央政府计划进一步增加财政赤字，从而覆盖收入的不足，还可能将一部分增值税收入进行重新分配，返还一些省份。

这一新计划既包含了为一些企业（特别是服务和零售业企业）享受到实实在在的减税而实行的财政刺激手段，也包含了旨在帮助低端制造商让工厂升级改造并研发新技术的结构性改革，这种改革被认为对中国经济的未来有着关键意义。

麦格理证券公司中国经济事务负责人胡伟俊说："如果实施得好，将会减轻企业税负，可能还会对经济产生重大影响。这与其说是短期的刺激举措，不如说是长期的经济结构调整计划，因为'营改增'的做法将结束对服务业企业的歧视，帮助经济实现再平衡。"

这对服务业来说可能是一个新的助推力，去年这个行业在中国国内生产总值中所占的比例首次超过一半，而且目前的发展速度超过其他行业。

中国国家税务总局研究员靳东升说，将所有的公司和企业纳入同一种税制将为企业减轻一大笔税务负担，进一步推动实体经济的发展。

报道认为，并非所有人都会从这一新制度中获益。据法国外贸银行大中华区高级经济分析师艾里斯·庞（音）说，地方政府明年的收入将损失1 250亿元到2 500亿元。

建筑、房地产、金融和消费服务行业贡献了中国营业税总额的80%，而这笔收入在地方政府总收入中占到40%左右。中央政府计划今年将财政赤字提高到国内生产总值的3%，在一定程度上有助于堵住这一缺口。

瑞士信贷银行的分析人士预计，全面实施"营改增"会带来多种影响，消费服务业、汽车经销商及汽车制造商会从中受益，而建筑企业可能会受到打击，因为有相当一部分成本不能纳入抵扣范围。

报道称，中国国务院总理李克强近日在北京参加与一些省份负责人举行的"营改增"专题座谈会时说，彻底改革税收制度符合中国目前经济结构创新和升级的任务。

他说，这可以促进需求，为现代服务业和小规模的企业创造有利条件，为当前的经济增长提供强有力的支持，并推动未来的经济增长。

这次税制改革最大的受益者可能是年销售额在50万元以下的小企业。它们的税率将从5%降至3%。大公司的纳税额也会减少，因为许多内部交易属于抵扣范围。

## 全面实施“营改增”让中国经济“动起来”

（来源：新华社　记者：年巍　2016年4月27日）［内容有删节］

5月1日，“营改增”将全面推开。根据今年的政府工作报告，“营改增”试点范围扩大到建筑业、房地产业、金融业、生活服务业，并将所有企业新增不动产所含增值税纳入抵扣范围，确保所有行业税负只减不增。

当然，减税将给财政收入造成进一步的压力，但从某种角度来说，用短期财政收入的“减”换取持续发展势能的“增”，这既可以为经济运行提供有力支撑，也能为未来发展增添新动能，而且为经济保持中高速增长、迈向中高端水平打下坚实基础，让中国经济“动起来”。

在传统增长动能转换之际，“互联网+”、“大众创业万众创新”和“中国制造2025”引领的新经济动能正在加快形成。“营改增”将创造更加公平的税收环境，从深层次上改变市场经济交往中的价格体系。在宏观经济筑底企稳的背景下，进一步降低企业经营成本，使其有更充足的资金投入产品创新和产业升级，同时吸引更多资源向现代服务业集聚，促进我国第三产业保持相对较快增长。

全面实施“营改增”更体现出本届政府宏观调控的思路——面对经济下行压力，不搞“大水漫灌”，注重挖掘消费潜力。“营改增”不是刺激经济的权宜之计，而是着眼于长期的财税改革。只有在对企业“放水养鱼”的基础上培植和拓展税源，才能不断增强经济发展的动力和后劲。

## 金融业“营改增”在“互动”中“稳”上路

（来源：新华社　记者：何雨欣　李延霞　彭勇　毛思倩　2016年5月4日）

金融是经济运行的血液。5月1日起，营业税改征增值税全面推进，金融业纳入范围。金融业涉及广、影响深、业务类型复杂，在“营改增”中，税务部门与金融机构有效“互动”，相关政策也细化再细化，保障金融业“营改增”“稳”上路。

**多互动：税务部门与金融机构反复沟通**

5月1日零时刚过，中国平安保险（集团）有限公司下属人寿保险公司深圳分公司开出了全国首张“营改增”金融业增值税电子普通发票，标志着金融业正式跨入增值税时代。

中国平安保险（集团）有限公司是一家综合金融服务集团，“营改增”对其内部系统提出了非常高的要求，需要改造、开发与业务运营、财务管理等有关的系统模块超过2 000个。

为保证“营改增”顺利推进，深圳市国税局与中国平安保险（集团）有限公司一起“互动”，经过层层攻关、反复测试，最终实现了发票开具与公司财务管理、业务运营系统的无缝对接。

在“营改增”的准备过程中，一方面，税务部门紧密对接金融机构，及时了解最新动向，做好纳税服务与相关培训；另一方面，金融机构也不断调整自己的经营管理等，积极主动适应，让自己融入这项宏大的改革。

中国工商银行运行管理部资深经理高伟也介绍，在“营改增”中，工商银行要进行内部系统的改造，完成客户信息采集。系统的开发、测试、投产等投入上千人，未来会跟随政策进行调整，尽量模块化。

**再细化：政策不断调整完善**

金融业是牵一发而动全身的行业，在“营改增”设计方案中，相当多的举措针对金融业，旨在保障金融业平稳实现税制转换。

例如，对金融商品转让，明确按照卖出价扣除买入价后的余额为销售额；对从事融资租赁业务的试点纳税人，明确以取得的全部价款和价外费用扣除支付的借款利息、发行债券利息和车辆购置税后的余额为销售额，等等。

在改革全面推进的前夕，财政部、国家税务总局专门进一步明确全面推开“营改增”金融业的有关政策，对前期政策及时作出调整。

对债券市场关注的政策性金融债券是否纳入增值税征收范围，明确其属于金融同业往来利息收入，不在征收范围；对保险企业关心的企业年金类产品，明确一年期及以上返还本利的人身保险包括其他年金保险享受免征增值税，等等。

一些业内人士也预计，金融业数量庞杂，产品类型复杂，客户结构多样，在本次“营改增”全面推进中是重头，随着金融业“营改增”的深入，政策也会继续不断地细化调整。

**“稳”上路：金融业“营改增”平稳起步**

作为世界上最先把金融业纳入增值税应税范围的国家，我国金融业在“营改增”之后究竟有何变化受到极大关注。

北京凯南倍德科技有限公司是一家从事医疗设备的进口企业，该公司财务经理贾桂梅介绍，公司在工商银行有结算、购汇付汇、贷款等业务。今年 3 月就接到工商银行海淀西区支行的电话，被告知“营改增”的利好消息，工商银行业务经理详细采集了公司的各种信息，包括公司名称、地址、电话、纳税人识别号、开户行及账户等。

“工行要根据税制的变化改变营业模式。”工商银行财会部副总经理王刚说。

上海财经大学教授胡怡建认为“营改增”后，从长期来看，金融业通过抵扣不动产、系统改造、服务外包等减税的可能性较大。

一些业内人士称，金融业“营改增”基本实现“稳”上路，但金融机构需要在这个过程中不断调整适应。

## “营改增”助推房地产建筑业新发展

（来源：新华社 记者：郁琼源 何雨欣 程士华 席敏 2016 年 5 月 6 日）

5 月 1 日起全面推开的“营改增”试点，将对房地产、建筑业影响几何？引领行业发展走向何方？新华社记者深入基层采访相关企业，聚焦改革更深层次的影响。

**“营改增”：加速房地产企业去库存**

位于山东省菏泽市的东明石化集团早在2014年便计划通过旗下港湾新城房地产开发公司，规划建设用地100亩、20万平方米的住宅小区，而该计划直到近期“营改增”全面推开后才得以实施。

东明石化集团财务副总经理苏爱军掰着手指头算了一笔账：“在‘营改增’以前，此项基础建设仅营业税一项，便需缴纳税金3 000余万元，这对于急需资金的地方炼油企业而言是一笔不小的开支。而改革后土地出让金等可抵、可剔除项目作为税前收入去除，能直接省去1 000多万元税款，税款直接下降40%左右，大大减少了对企业发展资金的占用。可以说，是“营改增”让我们下了决心，为企业职工干了这么一件大好事！”

山东省章丘市绣江置业有限公司总经理赵家元对“营改增”的政策关注已久，还安排公司财务人员通过学习培训等及早掌握政策。他说，现在最大的利好在于土地成本在计算增值税销售额时能抵扣。

“土地出让金成本在总体开发建设成本中能占比30%左右，再加上其他建设、装修等成本也相应地纳入抵扣范围，企业能进一步压缩成本，最终以降低房价的方式转移到购房者身上，能更好地促进楼市库存的消化。”赵家元说。

土地成本的扣除、进项税额的抵扣，只是全面“营改增”为房地产开发企业带来的减负效应之一。章丘市绣惠国税分局局长韩绍杰说，“营改增”后，房地产企业销售经营用房可以开具增值税专用发票，一般纳税人企业购置房产时，凭借开发商开具的专用发票，就可以直接抵扣11%的进项税额，企业的购买欲望和投资热情都会增加，这对房地产开发企业消化库存无疑会产生积极的推动作用。

在韩绍杰看来，购置不动产的税费成本降低，能刺激企业淘汰旧的产能，积极购置新厂房、新设备，实现产业结构升级。这种购进和销售效益的双重叠加，将促进纳税人转型升级、推动供给侧改革，也是全面推开“营改增”带来的“大红包”。

**“营改增”：长期促进建筑业规范加快转型**

建筑业吸纳了近4 500万的从业人员，“营改增”后行业的未来发展备受关注。

对于建筑业启动“营改增”，部分专家和建筑企业心存担忧，认为存在利空消息。但在安徽建工集团财务部副主任刘强看来，建筑企业尤其是大型建筑企业，应理性认识国家推行“营改增”的实质，虽然初期难免存在或多或少的问题，但要相信国家相关部门一定会充分考虑建筑行业现状，出台完善相关措施，让行业更好地服务新型城镇化建设。

他举例说，以安徽建工集团2015年度生产经营完成情况进行测算，应缴增值税比改革前的营业税多1.68亿元，整体税负增长了15.7%，由此带来的相关税收附加导致利润总额减少0.17亿元。

“在现有环境及执行条件下，不是所有涉及建筑成本费用的每项支出都可以取得增值税专用发票或者有较高的进项抵扣税额，比如劳务人员工资成本。”刘强说，砂、石等地材受管理局限，大部分经营企业很难取得增值税专用发票，加上建筑工程经常零星采购一些来自小规模纳税人或手工作坊出售的材料，且采购次数及金额较小，也很难取得增值税专用发票，这些都造成部分成本支出无进项税可以抵消，导致建筑企业税负增加。

“建筑企业必须直面改革，克服路径依赖，用规范管理、诚信经营适应新税制并在市场中站稳脚跟。”刘强说，从长远看，“营改增”将推动建筑业生产方式的转变，促进建筑企业进一步加强内部管理控制，加快转型升级。

**“营改增”：考验企业管理和细节处理能力**

企业税负能否降低，企业管理是否到位很关键。

中国能源建设集团安徽电力建设第二工程有限公司财务部主任肖圣庆建议，企业需要高度重视，加强学习，认真剖析涉税风险。以全面风险管理为指导，对照“营改增”各类文件，对公司内部的组织架构、项目管理模式以及分包、劳动用工、财务、合同、采购等管理流程梳理分析，找出“营改增”后的涉税风险点和可能导致税负增加的环节，及时修正组织架构、管控流程等。

其次，认真测算，选择计税方式。由于各项目的施工进度、合同范围、结算方式以及材料供应模式等各不相同，计税方式的选择不能一概而论。因此，公司针对每个项目进行了税负成本测算，选择最优方式，确保公司的税负只减不增。

山东省菏泽市国税局局长王进认为，试点企业以往缴纳营业税，税基比较简单，计算方式也简单。“营改增”之后，增值税的计算更为复杂，核算也相对复杂，有效规避涉税风险，应该成为企业重点考虑的问题。“建议‘营改增’试点企业主动适应税制变化，主动学习吃透政策，积极从产业链构建、财务管理等方面改进经营模式，完善治理机制，防止税收风险。”

王进提醒，以前建筑商在选择材料供应商时通常会选择价低者，容易造成“劣材驱逐良材”的现象。“营改增”后，由于增值税发票可以抵扣，建筑商在选择材料供应商时，应充分考虑是否可以获得有效的可抵扣的增值税发票，这样大型材料供应商就不再处于价格劣势，建材供应市场也将面临重新洗牌和转型升级。“通过增值税发票，可以打造一个完整的信用链条和抵扣链条，可以促进上下游企业一起发展进步。”

王进建议，一些大的企业抓紧办理手续、争取尽快为购买方提供增值税发票，一些小的砂、土、石料供应商也要自觉纳入增值税正常管理，主动到国税机关代开增值税专用发票，代开发票的同时缴纳税款。这样对于国家、供货商、购货商都是有利的。

## “营改增”试点取得良好开局

### ——国务院第三次大督查发现典型经验做法之十三

（来源：新华社　记者：郁琼源　2017 年 2 月 9 日）

2016 年 5 月至 11 月，新增四大行业 1 069 万户纳税人成功完成税制转换，累计减税 1 105 亿元，税负下降 14.7%；2016 年 1 月至 11 月“营改增”整体减税已达到 4 699 亿元，全年预计减税超过 5 000 亿元。全面推开“营改增”是结构性改革和财税改革牵一发而动全身的重大举措，财税部门把全面实施“营改增”作为头等大事来抓。认真总结试点经验，加强部门间协同配合，统筹做好改革方案设计、人员培训、跟踪分析和引导，保障各项改革举措平稳落地。

**宏观布局　精细设计　全面落实**

“营改增”试点是继 2009 年全面实施增值税转型之后，货物、劳务税收制度的又一次重大改革。

为建立健全有利于科学发展的税收制度，促进经济结构调整，支持现代服务业发展，国务院决定自2012年1月1日起，率先在上海市实施交通运输业和部分现代服务业营业税改征增值税试点。此后，试点地区和行业范围逐步扩大。

根据2016年《政府工作报告》提出的要求，以及国务院常务会议审议通过的试点方案，自2016年5月1日起，全面推开“营改增”试点，将试点范围扩大到建筑业、房地产业、金融业、生活服务业，并将所有企业新增不动产所含增值税纳入抵扣范围。

为打好2016年5月1日起“开好票”、2016年6月1日起“报好税”、2016年7月1日起“分析好”、2016年9月18日起“改进好”、2016年12月底起“总结好”五场战役，财政部、国家税务总局梳理细化任务，逐项分解责任，按月、按周、按天推进，确保了各项工作紧密衔接。

国家税务总局本着改革和稳增长两兼顾、两促进的原则，进一步调整改革的力度和节奏，按照营业税税负平移的方法测算确定了四个行业的适用税率；对各行业原税收优惠政策原则上予以延续，如对养老、医疗、教育等继续实行免税政策等；对老合同和老项目实行政策平转，如允许建筑工程老合同、房地产老项目选择适用简易计税方法计税等；对特定行业制定了过渡性优惠措施。

**全要素集成　借助“互联网+”做好央地对接**

全面推开“营改增”试点涉及的人员、技术、基础数据等方方面面的改造整合。为此，相关地区和部门加强“国地”税沟通协作，通过业务整合、系统升级、信息互联，最大限度用好财税系统资源，为试点顺利推进提供有力支撑。

为确保试点纳税人及时掌握“营改增”政策和办税操作要求，财政部、国家税务总局编写了近60万字的培训教材，并采取“点线面”结合的方式组织各地开展三轮大规模、全覆盖辅导培训。同时，税务部门上门送服务，面对面解释试点政策，回答企业疑问，推广介绍前期试点企业的先进经验和做法，帮助纳税人尽快适应税制转换，用足、用好各项税收优惠政策。此外，指导地方税务部门积极展开政策培训辅导工作，打通政策落地的最后“一公里”。

税务部门大力推进“金税三期”工程和“互联网+税务”建设，加强对纳税人信息的联合采集和共享共用。例如，广东省国税局、地税局开发了国内首个省级国地税共建电子税务局平台，实现832项国地税业务的在线办理，基本实现了业务上的全覆盖和地域上的“全省通办”，可满足800万纳税人、4万税务干部用户同时使用。

**做好跟踪服务　便民利民**

据财政部相关负责人介绍，为及时掌握试点运行情况，确保改革的平稳有序推进，试点全面推开后，一方面，财政部依托部际联席会议，与相关行业主管部门建立信息共享的平台，听取各部门对“营改增”试点的意见和建议，共同研究应对措施；另一方面，布置地方财政和专员办跟踪试点运行情况，选择行业典型企业进行剖析，定期上报分析报告。同时，通过建立与地方财政和专员办的沟通微信群、实地调研、召开座谈会、关注舆情等多种方式听取和搜集各方意见。

根据各阶段不同特点，国家税务总局在“开好票”、“报好税”、“分析好”、“改进好”四场战役期间，专门出台各20条共80项有针对性的纳税服务措施，特别是针对试点初期可能出现的办税服务厅排队拥挤等问题，通过延长报税期、取消增值税发票认证、简化办税手续等方式，减轻办税服务厅压力，减少纳税人办税等待时间。

据国家税务总局负责人介绍，下一步，税务部门将继续密切关注试点改革运行情况，回应基层和纳税人，妥善解决有关诉求。加强对“营改增”整体运行情况的总结、评估、分析，进一步改进提高，确保全面推开“营改增”试点行稳致远。

## “营改增”试点取得良好开局

（来源：新华社　记者：申铖　郁琼源　2017 年 3 月 7 日）

《政府工作报告》提出，2017 年“营改增”改革将再迈新步伐，增值税税率由现行四档简并为三档，将释放更大减税效应。

从目前情况来看，“营改增”改革总体运行平稳，利好效应显著。根据预算报告，2016 年新增试点行业全部实现总体税负只减不增的预期目标，前期纳入试点的行业和原增值税行业因可抵扣进项税增加也实现了减税，去年降低企业税负 5 736 亿元。

“营改增”试点是我国继 1994 年分税制改革后影响最深远的一项税制改革。从 2012 年 1 月 1 日“营改增”试点在上海交通运输业和部分现代服务业率先启动，到 2016 年 5 月 1 日扩至最后的金融业等四大行业，这一改革试点已走过五年历程。

“森马集团有 3 000 多个代理商，仅租金一项，预计全系统代理商因‘营改增’每年就可以减税 2 亿元左右。”全国人大代表、森马集团有限公司董事长邱光和说，除此之外，由于不动产也纳入了进项抵扣范围，其旗下森马服饰的基建工程建设均可抵扣。

2017 年，“营改增”试点将进一步推进。根据政府工作报告，今年将落实和完善全面推开“营改增”试点政策，简化增值税税率结构，由四档税率简并至三档，营造简洁透明、更加公平的税收环境。

上海财经大学教授胡怡建表示，虽然具体的简并政策并未公布，但无疑会进一步减轻相关企业的税收负担。

## 税务总局分类辅导助纳税人精准受惠

（来源：新华社　记者：刘红霞　郁琼源　2017 年 3 月 13 日）

记者 3 月 13 日从国家税务总局获悉，税务部门本月起将对不同类型纳税人开展有针对性的“营改增”政策辅导，以引导纳税人更好地适应新税制，充分享受改革带来的减税红利。

国家税务总局货物和劳务税司有关负责人告诉记者，此次辅导将分类实施纳税人宣传培训，对一般纳税人，帮助其深入理解增值税原理和运行机制，熟悉、掌握政策规定和管理要求；对小规模纳税人，采取发放宣传材料等灵活方式开展辅导。

对于“营改增”后税负上升的企业，税务部门将重点从优惠政策适用和进项税额抵扣两个方面开展辅导。对原增值税行业中的一般纳税人，特别是制造业一般纳税人，税务部门将开展专题培训，帮助他们充分享受“营改增”后进项税额抵扣范围扩大带来的减税红利。

据介绍，税务部门将重点对“营改增”一般性政策、优惠政策、增值税进项抵扣政策和增值税办税流程等进行辅导。

2016 年 5 月 1 日，我国全面推开“营改增”试点，涉及 1 000 多万户企业纳税人，其中不少纳税人首次接触增值税，存在业务和流程不熟悉等情况。据悉，为了让纳税人“能开票、会申报”，税务部门去年共组建 6 000 多个“营改增”申报辅导队，发放 4 000 多万份各方面宣传资料，累计培训 2 130 万户次纳税人。税务部门还增设了“12366”纳税服务热线 372 条，“营改增”期间该热线平均每天接听量达 12.9 万通，同比增长 40%。

## 中国借“营改增”下了怎样一招大棋?

（来源：新华社　记者：韩洁　郁琼源　申铖　2016 年 12 月 2 日）

2016 年 5 月 1 日，先期试点 4 年的“营改增”在最后的四大行业——建筑业、房地产业、金融业和生活服务业全面推开。中国用营业税退出历史舞台的举动向世界展示以改革倒逼经济提质增效的决心。

如果把中国经济转型升级比作一盘“大棋局”，“营改增”无疑是关系全局的一招活棋。

试点全面推开半年之际，多维度解局“营改增”的背后，正是中国改革发展的深层次之变。

**“要让企业过好日子，政府就要过紧日子！”**

越是经济下行压力大的时候，政府越要为企业减税降负，放水养鱼。

“要让企业过好日子，政府就要过紧日子！”本周举行的国务院常务会议上，李克强总理再次强调，要求有关部门，要抓紧时间继续完善“营改增”等相关政策，确保所有行业税负都“只减不增”。

而 2 日财税部门公布的权威数据显示，今年 5 至 10 月，新纳入试点范围的四大行业共有 1 064 万户纳税人完成税制转换，累计实现应纳增值税 5 554 亿元，与缴纳营业税相比，累计减税 965 亿元，26 个细分行业都实现了减税，税负下降 14.8%。预计全年减税将超过 5 000 亿元。

然而，一边减税降负成效显现，一边却仍有企业抱怨税负增加。财政部副部长史耀斌表示，确保所有行业税负只减不增，既是改革目标之一，也是一项重大的政治任务。从前期试点情况看，个别企业反映税负增加，既有进项税额抵扣方面的原因，也有制度转换需要一定适应期的因素。

一些企业索取增值税发票不主动、有企业已支付费用未及时索取发票、有企业为降低成本故意不索取发票、一些企业取得进项税发票却未及时申报抵扣……

针对调研中发现的各种情况，史耀斌表示，一方面财税部门会密切跟踪改革进展不断调整完善部分政策，同时加大辅导培训力度，帮助企业更好地适应税制改革。

“过去，一些企业适用营业税时，由于种种原因存在应征未征的问题，在适用增值税后浮出水面，因此感觉税负上升，这是不值得同情的。”史耀斌说，实施“营改增”，有效堵塞漏洞，有利于营造企业公平竞争的税收环境。

**“‘营改增’减了税，企业添了活力”**

作为“营改增”的最直接参与者，除了享受减税“大礼包”，不少企业和行业也感受到“营改增”对中国经济“润物细无声”的深远影响。

史耀斌说，全面推开“营改增”试点，就是用政府收入的“减法”，换取企业效益的“加法”和市场活力的“乘法”。

“‘营改增’后固定资产可以抵扣17%，增强了企业技术改造和设备更新的信心，公司发展更有活力。”南通龙信建筑安装集团董事长陈临新表示，今年公司已投入1.1亿元用于技术升级改造，以拈化拼装技术替代人工，预计可增加抵扣税款1 200余万元。

企业的活力汇聚成发展的动力。在“营改增”试点上海，4年改革让这座大都市充分感受到改革释放的“红利”。数据显示，上海市第三产业比重2012年至2015年分别为60.4%、63.2%、64.8%和67.8%；战略新兴产业增加值比重和战略新兴服务业占比也逐年上升。

数据显示，今年前三季度，全国规模以上工业企业每百元主营业务收入中的成本为85.87元，同比减少0.17元；战略性新兴产业同比增长10.8%，增速比规模以上工业高4.8个百分点。

一升一降，折射改革推动经济转型升级的潜在变化，也为大众创业、万众创新拓展更为广阔的空间。

国家税务总局总会计师王陆进介绍说，5月1日以来，四大行业新办户数逐月稳步增加，累计增加53万户，带动了就业创业。

大盘取厚势，官子有妙手。“‘营改增’的棋子一活，为制造业减轻负担，搅动民间投资的活水，促进新旧动能转换，整个经济就充满了活力。”全国政协委员、经济学家张连起说。

**牵一发而动全身的改革“重头戏”**

“全面推开‘营改增’试点，是增值税改革取得的阶段性成果，走出了关键的一步，但改革仍在路上。”史耀斌说。

“营改增”全面推开试点以来，不时有企业反映报税手续仍繁琐，他们对加快税收征管体制改革、推进“放管服”改革提出更多期待。

编写近60万字的培训教材、联合办税大厅增至8 568个、增加办税窗口17 386个，增加一线办税人员20 338人、在12366纳税服务热线设立“营改增”咨询专线……

王陆进说，改革试点全面推开半年间，围绕确保“开好票”“报好税”“分析好”和“改进好”四个阶段工作，税务部门先后出台延长纳税申报期、对新试点纳税人取消增值税专用发票认证等80项优化“营改增”纳税服务举措，既减轻了纳税人负担，又缓解了办税服务厅压力，提高了办税效率。

如果从更深层次看“营改增”，这招改革大棋也是新一轮财税体制改革中牵一发而动全身的“重头戏”，有助于推进国家治理体系和治理能力的现代化。

营业税是地方第一大税种。然而，在全面推开“营改增”试点后，即便实行增值税统一中央与地方五五分成，仍难以完全弥补地方财政收入和财力缺口。

本周国务院常务会议决定，从 2016 年起，中央对地方实施增值税定额返还，对增值税增长或下降地区不再增量返还或扣减。无疑按下了理顺央地财政关系、深化财政体制改革的快进键。

可以预见，以“营改增”为引领，我国正在加快构建更加公平有效简洁的税制结构，并重构地方税体系。

## “营改增”减税效应显现　8 月财政收入增速放缓

（来源：新华社　记者：申铖　韩洁　2016 年 9 月 13 日）

财政收入是观察经济形势的一个重要指标。随着“营改增”等减税政策效应显现，8 月全国财政收入增速放缓；另一方面，前 8 个月财政支出增长稳健，凸显积极财政政策增效加力。

财政部 13 日公布的数据显示，8 月，全国财政收入 9 894 亿元，同比增长 1.7%，较 7 月 3.3% 的增速进一步放缓。

“财政收入放缓主要是受‘营改增’政策性减收效应进一步显现、去年同月相关收入基数较高等影响。”财政部国库司有关负责人表示。

从主要收入项目来看，“营改增”政策对财政收入的影响较为明显。数据显示，8 月，国内增值税同比增长 49.5%。其中，改征增值税同比增长 3.8 倍；同时，营业税同比下降 95.7%，主要为清理补缴的尾款。

“全面推开‘营改增’试点后，原营业税纳税人改缴增值税，收入在增值税科目中反映，体现为增值税增收、营业税减收。”该负责人表示。

该负责人介绍说，考虑收入在项目间转移因素，将改征增值税与营业税合并计算，本月这两项收入合计同比下降 17.6%。其中，新纳入试点的建筑业、房地产业、金融业等降幅都超过 20%，且连续 3 个月出现大幅下降。

“作为减税政策，‘营改增’造成适当的收入减少是正常的。此外，由于营业税此前月份出现超常规增长，不应只分析单月数据，合并看待整体数据较为合理。”中国社会科学院财经战略研究院研究员杨志勇说。

在支出方面，积极的财政政策持续发力。数据显示，8 月，全国财政支出同比增长 10.3%；前 8 个月累计，全国财政支出增速已达 12.7%。

“从当前的水平来看，财政支出增速良好，体现出财政支出扩张效应持续，以及积极财政政策增效发力。”杨志勇说。

从支出方向来看，财政支出重点保障了民生等领域的需要：前 8 个月累计，教育支出增长 11.7%；社会保障和就业支出增长 12.9%；医疗卫生与计划生育支出增长 19.8%；城乡社区支出增长 30.6%；住房保障支出增长 30.1%。

前瞻未来数月的财政运行，财政收支压力不容小觑。

“未来财政收入增长压力依然很大，需要关注经济增速放缓对财政收入的影响，同时注重防范风险。”杨志勇说。

该负责人表示，今年后几个月，受经济下行压力持续、政策性减收效应进一步显现等影响，财政收入形势不容乐观。各级财政部门要密切关注经济形势变化，加强财政运行监测分析，做好预研预判，并积极采取有效措施，促进收入平稳增长。

# 上海：从企业“税单”看“营改增”改革成效

（来源：新华社　记者：周琳　2017 年 2 月 27 日）

作为首批开展试点的城市，上海推行“营改增”时间最长。究竟这一政策给企业送的“减负红包”去了哪里，用来做了什么？记者走访了沪上几家不同类型的企业。

——去向一：用政策惠及消费者

“自 2016 年 5 月 1 日‘营改增’实施以来，携程国际旅行社总体减税 200 多万元了。”上海携程国际旅行社的财务总监王辉说，新税制下公司如果提供跨境旅游服务，可以享受免征增值税的优惠政策。“我们在设计产品时，就会将政策和产品结合，让顾客也同时跟着企业享受到国家的政策利好。”

王辉说，旅游业作为一般服务业，缴纳营业税时的税率为 5%，“营改增”后税率变成 6%。但只要求加强财务管理、用好政策，想要拿到“减税”的红包并不是难事。由于目前的“营改增”政策，对旅游行业原营业税税制下“差额征收”的政策予以了保留，同时又因增值税自带的“环环抵扣、增值征税”特性，使从事旅游行业的企业获得了更大的“减负空间”。

“新的税制鼓励企业积极开展境外业务。”王辉说，只有在设计产品时做好结合，才能让政策的利好惠及更大范围。

——去向二：再投资形成良性循环

承担上海洋山深水港建设的上海冠东国际集装箱码头有限公司，它的“税单”近年来也很突出：2012 年，冠东利润才 5 000 余万元，缴纳企业所得税 800 余万元；到了 2015 年，利润已经超过 11 亿元，增长近 20 倍。同时，缴纳的企业所得税也随之大幅增加，增长近 35 倍，缴纳税款超过 2. 8 亿元。

“冠东公司发展良好，受益于洋山深水港大力开发，与中央实施的‘营改增’政策也密不可分。”该公司的投资方上海国际港务（集团）股份有限公司党委书记、董事长陈戌源举例，2012 年洋山保税港区开始实行“营改增”，集团下属 14 家注册在这里的企业，累计减轻税负 2. 82%。政策大大减轻了企业的资金压力，从而促进生产经营，帮助企业扩大投资、发展做大，继而又产出更大的税收，形成了良性的循环。

——去向三：促转型助专业运营

除了直接给企业减负、惠及民生以外，实施“营改增”后还对企业的主副业分离、产业转型升级起到积极作用，从而积极推动服务业的发展。

以顺丰速运为例，按照现行增值税的税制，运输服务的税率是 11%，而其他辅助物流服务的税率是 6%。2013 年 8 月，顺丰速运将“同城收派”和“异地运输”业务进行划分，单独设立运输公司，将速运板块中的运输业务进行剥离。

这样，一方面原本的辅助物流享受了 6% 的较低税率；另一方面新设立的运输公司进行独立结算，并走向了市场，从而使这个运输公司也可根据资源配置的需求，对外承接其他运输业务，更有利推进了运输公司的专业化运营。

“在上述两项业务独立之后，2014 年，新设立的运输公司收入就达到了 1.4 亿元，并在 2015 年、2016 年实现了持续增长，同时该运输公司承接外界业务的占比也已近 10%。”上海顺丰速运的财务总监陈泓如说，顺丰速运自身从 2014 年减负 300 多万元，减负比例 0.22%，到 2016 年减负比例达到了 0.49%。

## 中国“营改增”为世界税改提供“中国样本”

（来源：新华社　记者：韩冰　应强　2017 年 4 月 17 日）

4 月 30 日，中国全面推开营业税改增值税（以下简称“营改增”）试点将迎来一周年。一年来，中国“营改增”的实践惠及中外，改革成效广获好评，实践经验为世界进一步推动增值税改革提供了“中国样本”。

中国国家税务总局局长王军日前在经济合作与发展组织（经合组织）第四届“增值税”全球论坛上表示，2016 年 5 月中国全面推开“营改增”试点，预计到今年 4 月 30 日一周年时减税规模将达到约 6 800 亿元人民币。自 2012 年 1 月中国实施“营改增”试点算起至 2017 年 2 月，减税总规模累计已超过 1.2 万亿元人民币，是近年来中国最大规模的减税。

2016 年，经合组织（OECD）对中国“营改增”效应进行第三方评估，高度评价中国增值税改革，充分肯定中国政府在深化税制改革及为各国提供参考中的努力和实践。维也纳经济大学全球税收政策研究中心主任杰弗里·欧文斯认为，增值税能有效减少纳税遵从成本，既能实现更加平衡的税收结构，也能促进经济长期稳定增长。现阶段中国的增值税改革不仅适应中国经济发展的阶段性要求，还通过彻底打通增值税抵扣链条，减轻企业负担，建成在世界范围内具有先导意义的现代增值税制度。他认为，中国“营改增”经验对世界各国的税制改革都具有十分重要的借鉴意义。

欧文斯说，中国能够在如此短的时间内推行这项重大改革，应归功于中国政府的战略决策能力，以及中国财税系统的高效执行力。中国的增值税改革不仅涉及面广，而且积极平稳，改革效率令人惊叹。

“‘营改增’在中国税收事业发展中具有里程碑意义，很多国外企业及其中国分支机构都从中获益。”法国埃克斯—马赛大学欧亚研究所所长金邦贵说，现在中国同欧洲国家一样使用先进的增值税税收体系，这是中国税收领域向前迈进的重要一步。

2016 年中国全面推开“营改增”试点，改革难度世界少有。时间紧——55 天要完成制度设计、信息系统调整，实现 1 000 多万户企业从地税到国税的移交，并完成税制转换；任务重——四大行业业态复杂，纳税人对增值税制度缺乏了解，二手房交易还增加了 1 000 多万自然人纳税人；复杂程度高——特别是大胆尝试并平稳实施对银行、保险、证券等金融业务全面征收增值税，在国际上具有开创性意义。

中国解题的第一步，是保证税制设计稳健周全。据王军介绍，按照现代增值税税制的要求，实现“宽税基”的增值税对货物和服务的全覆盖，还需按照建立消费型增值税制的目标，将不动产纳入进项税抵扣范围等。同时，为避免改革造成利益格局剧烈调整，试点期间安排过渡性政策，帮助纳税人逐渐适应新的税制。此外，在改革推出后不断补充完善政策安排和征管服务措施，保证改革持续平稳运行。

据了解，为了推动改革政策的落地，中国财税部门推出大量纳税服务硬举措。比如，中国税务部门共编发近 60 万字全面推开“营改增”试点的辅导材料，培训纳税人 2 130 万户次；设立“营改增”咨询专线，日均受理咨询电话 12.9 万通；增设办税窗口 17 386 个，打造 9 338 个国地税联合办税服务厅、3.6 万个联合办税窗口……

“这是一项重大改革，我们迄今所看到的成效都非常积极而且显著。改革推进良好，而且符合世界最高标准。”经合组织税收政策与管理中心主任帕斯卡·圣塔曼如此评价。

澳大利亚莫纳什大学商法与税法研究中心主任理查德·克瑞沃说：“出乎所有人意料的是，中国政府竟然真的在不到八周的时间内克服了技术上和制度上的困难，制定出了‘营改增’实施方案并平稳落地。”

## 全面“营改增”迎周年　减税降费亮大棋局

（来源：新华社　记者：韩洁　郁琼源　2017 年 5 月 1 日）

全面推开“营改增”试点迎来首个周年之际，我国近日亮出简并增值税税率等减税降费新举措。权威专家指出，此举对外释放出更坚定为实体经济降成本的信号，也将我国借力财税体制改革助推经济转型升级的大棋局更清晰地展现给世界。

**我国“营改增”引领全球增值税改革浪潮**

“五一”小长假，厦门翔鹭国际大酒店也迎来客流小高峰。生活服务业纳入“营改增”一年来，这家来自台湾的酒店一改最初的担忧，尝到了改革的甜头。

“去年 5 月 1 日改革启动，酒店业税率由 5% 调整为 6%，我们曾担心税负上升。一年来，通过加强进项抵扣凭证管理，经营中的成本开支大都选择能提供正规票据的供应商，公司综合税负降低了四成多。”酒店财务经理侯绍华说，减税红利让酒店对在大陆发展充满信心。

2016 年 5 月 1 日，“营改增”试点在最后四个行业——房地产、建筑、金融和生活服务业全面推开。从 2012 年 1 月 1 日试点在上海率先启动，走过 5 年历程的“营改增”成为近年来中国最大的减税措施。

国家税务总局预计，到今年 4 月 30 日，全面推开“营改增”试点一周年将实现减税 6 800 亿元左右。此外，2012 年 1 月至 2017 年 2 月，“营改增”减税总规模累计已超过 1.2 万亿元。

“‘营改增’实施以来，98% 左右的试点纳税人实现了税负下降或持平，越来越多的纳税人享受到改革带来的减税红利，总体减税规模越来越大。”国家税务总局局长王军日前在 OECD 第四届增值税全球论坛上发表主旨演讲时说。

对此，维也纳经济大学全球税收政策研究中心主任杰弗里·欧文斯评价说，中国增值税改革不仅适应中国经济发展的阶段性要求，还通过彻底打通增值税抵扣链条，减轻企业负担，建成在世界范围内具有先导意义的现代增值税制度。

“中国‘营改增’的降税效应对经济转型升级起到积极推动作用，并引领全球增值税改革浪潮。”长期跟踪改革的中央财经大学财税学院教授樊勇说。

**一揽子减负方案提振实体经济信心**

2017 年 1 月 1 日至 2019 年 12 月 31 日，享受企业所得税优惠的小微企业年应纳税所得额上限由 30 万元提高到 50 万元；科技型中小企业研发费用税前加计扣除比例，由 50% 提高到 75%……

这是 4 月 19 日国务院常务会议亮出的部分减税新举措，进一步向世界展现中国通过一揽子方案降低企业负担、激活实体经济内生动力的改革决心。

“国家早在党的十八大后就布局大规模减税，包括启动‘营改增’、扶持小微企业、鼓励创业创新以及清理收费等方方面面举措，目前看减税降费力度空前，成效明显。”上海财经大学教授胡怡建说。

日前，国家税务总局汇总公布了支持“大众创业、万众创新”的 77 项税收优惠政策。其中 2016 年，面向孵化器的优惠政策扩围到众创空间，带动全国众创空间企业同比增长 47.3%；免征增值税和减半征收企业所得税政策惠及小微企业 3 360 万户，减税 1 146 亿元，同比增长 12.8%。

研祥高科技控股集团董事局主席陈志列表示，国家先后出台一系列税收优惠政策支持企业转型升级，对于减轻企业税收负担、增强应对市场风险能力、促进科技创新和扩大就业发挥了积极作用。

数据显示，2016 年，全国高端装备制造业税收发展态势良好，占制造业税收比重升至 28.2%，比上年提高 0.8 个百分点；第三产业税收占全部税收的比重达 56.5%，比上年提高 1.7 个百分点。

“相比美国最新公布的减税方案，中国在全球更早布局一揽子结构性减税方案，包括在自贸区、创新示范区和功能性区域实行减税政策和推进商事制度改革等，助推经济新旧动能转换，提振实体经济信心。”国家行政学院经济学部教授许正中说。

**税费改革关键要让企业减负“更有感”**

从 2017 年 4 月 1 日起，天津市实行阶段性降低失业保险费率，由 1.5% 调整为 1%；同时，取消、停征新型墙体材料专项基金、城市公用事业附加等部分政府性基金和行政事业性收费。

这个春天，多地在加快简政放权改革的大背景下加大清理涉企收费力度，成为减税之外政府为企业降负的又一发力点。

樊勇说，目前中国全口径的宏观税负为 34% 左右，居国际中下水平，但其中收费占比不低应引起关注。“关键要优化税费结构，提高收费透明度，去掉不合理收费，并降低合理收费的水平。”

近年来，财政部会同有关部门出台了一系列降费减负的政策措施，累计取消、停征、免征和减征了 496 项收费基金，每年减轻企业和个人负担超过 1 500 亿元。

在此基础上，2017 年国务院承诺继续清理涉企收费约 2 000 亿元，包括全面清理规范政府性基金；取消或停征 35 项中央涉企行政事业性收费，收费项目减少一半以上；进一步清理规范经营服务性收费，适当降低“五险一金”有关缴费比例。

不仅如此，税制改革也将向深水区攻坚。比如，“营改增”的税制更趋完善，今年 7 月 1 日起增值税税率将由四档变三档，取消 13% 一档税率。

“新的一年，‘营改增’将释放更大减税红利。”樊勇说。伴随税改向纵深推进，各项减税政策将减轻各类市场主体税负 3 800 多亿元。

更大力度减税降费举措面前，如何“让市场主体有切身感受”?

胡怡建认为，经济下行和深度调整，不少企业利润下滑、经营困难，企业负担“痛”感的边际效应放大，将会冲淡减税效果。

专家表示，减税费固然必要，但不能忽视企业人工、环境、土地、融资等其他成本的上升。政府需全力推进相关体制机制改革，为企业减负创造良好的营商环境；同时企业也要不断创新，提升自身创造附加值的能力，多方发力降低企业综合成本。

# 三、《光明日报》

## （一）2016 年 3 月 18 日之前关于“营改增”的相关报道

### “营改增”会带来什么?

（来源：《光明日报》　记者：林健民　2012 年 8 月 13 日）

营业税改征增值税（以下简称“营改增”）在上海市试行半年之后，日前迈出了重要一步，国务院总理温家宝 7 月 25 日主持召开国务院常务会议，决定自 2012 年 8 月 1 日起至年底，将交通运输业和部分现代服务业“营改增”试点范围，由上海市分批扩大至北京、天津、江苏、浙江、安徽、福建、湖北、广东和厦门、深圳 10 个省（直辖市、计划单列市）。明年继续扩大试点地区，并选择部分行业在全国范围试点。试点范围的扩大对我国相关行业发展、结构调整乃至税制改革都具有特殊意义。而在改革的推进中也不可避免会面临一些新问题、新挑战。

“营改增”意在减少重复征税，促进经济结构的调整，促进相关行业特别是服务业的发展。“营改增”也是税制完善的重要内容之一。“营改增”方案设计是以不增加税负为前提的。

扩大试点地区，将有助于逐步改变试点地区与非试点地区之间、不同地区行业发展之间存在的差距造成税负不均的状况，从而减少“营改增”对行业地区间布局的负面影响，也有利于积累更多更丰富的试点经验，以便利于“营改增”将来的全面推行。

“营改增”作为结构性减税的重要步骤，试点地区迅速扩大无疑对于当前稳增长具有重要意义。当前的稳增长必须以调结构为基础，“营改增”正是为调结构创造条件，有利于原本规模较小的现代服务业企业做大做强，同时也帮助交通运输业降低综合税负成本，并间接造福其下游多个行业。增值税原来针对制造业征收，“营改增”对增值税制也提出了新挑战。虽然各地情况不一，“营改增”试点仍宜采取全国统一的方案，以避免出现新的税收洼地。除新设11%和6%两档税率外，在实践中，“营改增”试点方案也应根据实际情况不断地补充完善，以更好地适应服务行业的属性。可以预期，“营改增”试点地区扩大的减税效果肯定比仅在上海市实施要明显得多。

“营改增”试点先期仅在上海市进行，相关增值税收入归属问题备受关注。此次试点范围扩大之后相关增值税收入归属问题将面临新的问题和挑战。

尽管很难判断企业税负是否增加，但“营改增”试点方案应当走出对税负增加企业给予税收返还或其他补贴的旧思路。即使找到按企业的生产经营周期或行业特点判断企业税负变化的办法，也必然会遇到税收征管工作量的难题。对企业逐户进行审核且最后给出判断，要令各方满意，几乎不太可能。试点企业在市场竞争中的优势、行业间税负转嫁等等，都可以帮助企业减轻税负。此外，扩大进项抵扣范围，灵活选择按3%征收率纳税都是选择项。目前，试点方案已开始微调。未来还可以结合增值税税制改革，逐步下调增值税税率，从根本上解决税负可能偏高的问题。

另一方面，“营改增”还需要采取规范的做法来解决相关增值税收入的归属问题。应结合分税制财政体制改革，按照财权、财力与事权相匹配的原则，科学划分税收，形成相对稳定的中央和地方税收划分体系。上海市国地税实质是一家，因此，试点还不涉及国地税分工合作问题。从8月1日开始，“营改增”扩大试点地区，迫在眉睫的问题是如何解决国地税的分工合作难题。全国各省份（省、直辖市、自治区），除了西藏只有国家税务局外，其他省份均分设国家税务局和地方税务局。而且全国绝大多数省份的营业税占地方税收收入的比重较高，特别是经济发达地区服务业占比更大。“营改增”后，如相关行业的税收征管相应地按税种划归国家税务局负责，那么地方税务局何去何从就必然要提上议事日程。同时“营改增”后的增值税征收管理由国家税务局负责，那么地方税务局的大部分业务要转移出去。国地税关系无论如何都不能影响“营改增”的进行，因此，税务机构的再造需要提上议事日程。

## 上海“营改增”直面“两个局限”

（来源：《光明日报》　记者：曹继军　颜维琦　2013年4月18日）

2012年，上海市“营改增”试点实现减税约200亿元，成功实现了交通运输业和研发与技术等六类现代服务业从营业税税制向增值税税制的顺利转换。截至今年2月底，上海市共有16.4万户企业纳入试点范围，比年初的11.8万户新增4.6万户，其中新办企业达到2.6万户，占比超过半数。这是记者从4月16日召开的上海市推进实施“营改增”试点发布会上获悉的。

记者在采访中了解到，实行“营改增”后，试点企业的税负总体下降。其中，现代服务业的小规模纳税人税负降幅达到40%左右，成为本次试点改革的最大受益者。试点企业尤其是小微企业对自身发展前景普遍看好。

屠光绍同时指出，一年多的“营改增”改革试点，也发现了一些突出问题。如交通运输业虽然整体减税，但行业中仍有约30%的企业税负有所增加。改革试点的“行业局限”

和“地区局限”亟待突破。屠光绍分析，“行业局限”是部分现代服务业试点企业税负有所增加的主要原因。目前，纳入上海市“营改增”试点的行业仅涉及原营业税九大类行业中的“1.5 个行业”。“地区局限”则是部分交通运输业试点企业税负增加较多的重要因素。交通运输业大多具有跨省市经营的特点，实行“营改增”后，试点企业购买外省市物流辅助服务时，因兄弟省市未纳入试点范围，不能开具增值税专用发票。这些局限使得试点企业的进项抵扣链条不完整，抵扣项目较少，因而出现税负增加的情况。

## “营改增”迈入“新时代” 有望催生全面改革

（来源：《光明日报》 记者：杨亮 2013 年 8 月 3 日）

8 月 1 日起，被称为我国目前税制改革“重头戏”的营业税改征增值税试点正式推向全国。这标志着，此项改革已经从区域性试点变为全国性改革，广播影视行业成为新成员，行业也由“1 + 6”上升为“1 + 7”。“营改增”迈入“新时代”将带来什么，让人期待。

**减税规模超千亿元**

2012 年 1 月 1 日，我国酝酿多年的“营改增”在上海市的“1 + 6”行业率先试点。其中，“1”为陆路、水路、航空、管道运输在内的交通运输业，“6”包括研发、信息技术、文化创意、物流辅助、有形动产租赁、鉴证咨询等部分现代服务业。随后，“营改增”试点的步伐在我国加快推进，一些企业的税负增加问题，大大缓解并逐步得到解决。

2013 年 8 月 1 日起，“营改增”试点正式推向全国，具体到试点行业，在“1 + 6”基础上，广播影视作品的制作、播映、发行成为“新成员”。据测算，2013 年“营改增”将为企业减税 1 200 亿元。

“增值税和营业税是我国最大的两个税种，‘营改增’后，带给企业的不仅是税负减轻。”中国社科院财经战略研究院院长高培勇说，“营改增”改革提速，是新一届政府正在谋划的中国经济大棋局下的重要一步——透过“营改增”这一“落子”，进一步凸显“稳增长、调结构、促改革”的目标和决心。

**服务业释放大空间**

8 月 1 日起，除了部分行业试点推向全国，还有一大亮点是在现代服务业中新增广播影视服务类企业。同时确定，广播影视作品的制作、播映、发行将按 6% 税率征收增值税。

目前，我国广播影视行业前景广阔，市场空间很大，但规模偏小，人均票房较低。“作为潜力巨大的新兴产业，广播影视业纳入‘营改增’，将为服务业发展释放更大的市场空间。”财政部财科所副所长白景明说。

白景明说，此次广播影视服务纳入“营改增”试点，将惠及数千亿元广播影视市场，鼓励企业积极推动地面数字电视网络技术、直播卫星技术等新传输技术应用，带动数字音频广播、3D 电影电视、智能终端、IMAX 等新业态不断涌现，进而促进整个服务业加快发展。

**牵一发而动全身**

“不光是减税，‘营改增’更具备了催生全面改革的功效。”高培勇指出，“营改增”最终将打破营业税和增值税收入归属及其征管格局，倒逼整个财税体制改革。

“一方面，‘营改增’将催生地方主体税种以及地方税体系的重建。”高培勇说，作为地方政府掌握的几乎是唯一的主体税种，营业税收入大致占地方政府税收收入的一半以上。按照“十二五”规划要求，最迟至2015年，“营改增”将覆盖全国所有地区和所有行业。届时，营业税将不复存在，无论是地方主体税种，还是地方财政收支，都将由此面临极大的冲击。要从根本上解决这一问题，必须重建地方主体税种以及地方税制体系。

“增值税‘一税独大’格局不利于财政风险控制，须加快直接税建设。”高培勇说，当前，我国税收中70%以上来自间接税，只有25%左右的份额来自直接税。他建议，应加快推进开征居民个人房产税和实行综合与分类相结合的个人所得税税制等涉及直接税建设格局的改革事项。

高培勇表示，随着既有税种归属关系格局的打破，中央和地方的税收分享比例也要随之调整，并由此带来国、地税两套税务机构各自税收征管范围以及两套税务机构并行格局的变化。应在此基础上，将整个中央和地方之间的财政关系以及行政关系的重新界定和调整，一并纳入议事日程。

## “营改增”：释放改革红利

（来源：《光明日报》　记者：杨亮　2013年11月12日）

8月1日起，交通运输业和部分现代服务业“营改增”试点推向全国。最新数据显示，“营改增”全国试点首个申报期共减税130.13亿元。日前，记者在辽宁省等地采访发现，“营改增”试点的多重效应正逐步显现。

**负担普遍减轻**

记者在辽宁省采访发现，“营改增”解决了重复征税问题，试点企业负担普遍减轻。尤其是设备更新快、管理规范的大型企业税负下降明显。

**促进转型升级**

受“营改增”影响，目前，越来越多的企业通过主辅分离、专业化协作的方式，重新寻找产业链的定位。

除了企业自身的转型升级，“营改增”对于整个行业的细化、升级也产生了潜移默化的影响。

此外，由于“营改增”后的抵扣链条更完整，出口退税更彻底，产品国际竞争力进一步增强，推动更多行业企业逐步走向价值链的上游。

## “营改增”2014年全年减税1 918亿元

（来源：《光明日报》　记者：杨亮　2015年1月29日）

国家税务总局28日召开新闻发布会，通报2014年税收工作“成绩单”，截至2014年年底，全国“营改增”试点纳税人共计410万户，全年有超过95%的“营改增”试点纳税人的税负不同程度下降，全年共减税1 918亿元。

2014年1月1日和6月1日，铁路运输、邮政和电信业相继纳入“营改增”试点，范围扩大到“3+7”个行业。其中，铁路运输、邮政业分别减税8亿元、4亿元；电信业改征增值税后，为下游一般纳税人增加了税款抵扣。“营改增”持续释放改革红利，促进经济转型升级，主要表现在：促进第三产业稳中有升，促进企业主辅分离、优化业务结构，带动相关产业税收增长。国家税务总局新闻发言人、办公厅主任王陆进表示，2015年力争将“营改增”范围扩大到建筑业和不动产、金融保险业、生活服务业，这些行业将增加800万户试点纳税人，户数是目前的两倍。

国家税务总局新闻发言人、办公厅副主任郭晓林透露，3月1日起将施行覆盖省、市、县三级税务机关的《全国税务机关纳税服务规范》2.0版，实施出口退（免）税管理工作规范1.0版，对信用好的一类企业实行“先退后审”。4月1日起，在全国试行《全国税收征管规范》1.0版，7月1日起选择一个省试行2.0版。此外，4月还将会向社会公开A级纳税人名单和税收“黑名单”纳税人，使违法当事人“一处失信，处处受限”。

## （二）2016年3月18日之后关于“营改增”的相关报道

### “营改增”“收官”：四大行业影响几何

（来源：《光明日报》　记者：钟超　2016年4月14日）

当前，距离5月1日最后四个行业——建筑业、房地产业、金融业、生活服务业推行“营改增”的期限仅余半月，这预示着实施四年多的“营改增”改革即将迎来“收官”之战。这场涉及1 100多万户纳税人、全年减税超5 000亿元的重大改革，将对四大行业税负有何影响？对当前中国经济转型升级又有怎样的意义？

**建筑业：层层分包模式难以为继**

过去，一些建筑企业只接项目不做项目，层层分包坐地分成。“营改增”会倒逼企业索取进项的专项增值税发票，层层分包的模式将难以为继。

全面“营改增”后，建筑业税率由3%营业税上升到11%增值税（小规模纳税人可选择简易计税方法征收3%增值税），单看税率在四大行业中涨幅最大，虽然税基由营业额转变为增值额（即销项税额减去进项税额），产生大量抵扣，但仍对于企业控制税务成本提出了很大的挑战。

在建筑行业，沙石料、土石方等材料往往很难取得增值税发票，这将导致进项税额减少。此外，建筑企业属于劳动密集型产业，外部劳务费用在施工成本中占比20%～30%，按规定这些成本也不能抵扣。

对此，专家建议，建筑企业在以后的工程建设中，要注意选择有资质的供应商和分包商，规范运作流程，才能尽可能增加抵扣，降低实际税负。

**房地产业：精装修住房供给或增加**

由于建安、设计等成本纳入抵扣，会激励开发商增加精装修房屋供给，转型成功的企业将率先享受到减税优惠。

按照新税制，不动产租赁服务、销售不动产、转让土地使用权，税率由5%营业税改为11%增值税，不动产可纳入增值税抵扣。

在二手房增值税方面，新税制根据北京、上海、广州、深圳市四城市设计了两套税率：个人将购买不足2年的住房对外销售的，按照5%的征收率全额缴纳增值税；个人将购买2年以上（含2年）的非普通住房对外销售的，以销售收入减去购买住房价款后的差额按照5%的征收率缴纳增值税；个人将购买2年以上（含2年）的普通住房对外销售的，免征增值税。

“‘营改增’对房地产企业是机遇与挑战并存。当前房地产暴利时代已经结束，‘营改增’迫使企业改变经营模式，适应这个过程。”通过发展多元化产业经营房地产业务的华夏幸福基业有限公司副总裁吴中兵说，对入园的企业来说，“营改增”有利于刺激低端制造业向高端转化，促进研发类、更具创新性的产业发展，有利于增加企业投资。

此外，方案的焦点之一，是明确房地产项目中的土地出让金可以作为抵扣项目。据了解，目前土地出让金约占房地产成本的30%到40%，一线城市甚至更高。如果再减去可抵扣的建安、咨询、设计等成本，企业的实际税率变化不大，转型成功的企业将率先享受到减税优惠。

专家表示，“营改增”将助推规模化、专业化租赁经营和“购租并举”的住房供应新模式。在内部管理上，开发商会将建安、咨询和设计等业务外包，促进行业细分、专业化经营。此外，由于建安、设计等成本纳入抵扣，会激励开发商增加精装修房屋供给。

**金融业：优化分工　鼓励创新**

由于对集团企业多元业务实施不同税率，互联网信息服务等创新性业务单元能够享受较低税率，这将鼓励企业改善业务结构，提高企业创新能力。

专家表示，“营改增”将会促进金融机构优化分工，主辅分离。例如，银行的信息系统维护和改造升级，过去一般由银行的技术部门负责。“营改增”后，银行可以通过剥离类似的非主营业务，采取购买服务的方式获得增值税专用发票获得抵扣，这有助于激发企业活力，促进社会分工协作。

此外，由于对集团企业多元业务实施不同税率，互联网信息服务等创新性业务单元能够享受较低税率，这将鼓励企业改善业务结构，提高企业创新能力。

**生活服务业：减税明显　利好空前**

“对服务业占比高的地方来说，‘营改增’将使他们得到减税后更好地发展，中央可以从中获得更多的增量用于对欠发达（服务业占比不高）地区的转移支付，一举多得。”中国财政科学研究院研究员王志刚说。

此外，按照新规，托儿所、幼儿园提供的保育和教育服务，养老机构提供的养老服务，学生勤工俭学提供的服务等共计四十项民生项目，均免征增值税，保障百姓基本的公共服务。

全面“营改增”贯通了服务业内部和第二、三产业之间的抵扣链条，从制度上消除了重复征税。相较营业税体制，增值税体制更有利于促进服务业的发展。

全面实施“营改增”改革，生活服务业税率由5%营业税改为6%增值税，加之新增不动产所含增值税纳入抵扣等新规定，对服务业企业减税明显。

# 下好“营改增”这步棋

（来源：《光明日报》 记者：陈恒 2016 年 4 月 14 日）

当前，全面“营改增”进入最后冲刺阶段，这个自 1994 年分税制改革以来最重要的税制改革即将全面落地。

作为供给侧“三去一降一补”五大任务之一，降低成本是激发市场活力、提高全要素生产率的重要一环。“营改增”试点以来累计实现的 6 412 亿元减税以及今年的 5 000 亿元减税，对企业降低成本意义重大。

经济进入新常态以来，我国企业特别是外向型企业，面临着产品价格下跌和生产成本上升的双重挤压，生存比较艰难。今年《政府工作报告》提出，“营改增”后要确保所有行业税负只减不增。在经济下行压力较大的情况下，全面推开“营改增”，降低企业税负，可以促进有效投资带动供给，以供给带动需求，从而提升企业盈利能力，这是对供给侧结构性改革的重要推动。

实际上，“营改增”不仅仅是一项减税措施，它更深层的意义在于税制的优化。增值税以增值额为税基，有效避免了重复征税。此次“营改增”全面推开，将覆盖所有货物与劳务，第二、三产业的抵扣链条将彻底打通，这对解决经济供给结构扭曲脱节问题将起到重要作用，有利于营造公平竞争的市场环境。

李克强总理在博鳌亚洲论坛 2016 年年会开幕式上的演讲中提到，全面推开“营改增”，这是结构性改革的重大举措，不仅有利于统一税制、消除重复征税，更重要的是会有力促进服务业特别是研发等高端服务业的发展和制造业转型升级。

过去，增值税主要以第二产业为征收对象，营业税主要以第三产业为征收对象。税制的不统一，造成了税收的不公平，同时也加剧了产业发展不平衡的问题。而且营业税重复征收的现象尤为突出，在第三产业往往是新技术、新业态、新经济孵化器的市场格局下，对于疏导资源合理配置，扩大第三产业规模，促进大众创业、万众创新，形成了极大制约。尽快实施以“营改增”为主的税制改革，是创造公平竞争环境、推动经济结构优化转型、生成新的经济增长点的迫切要求。

直观看，“营改增”试点以来，第三产业投资规模明显扩大，第三产业增加值占 GDP 的比重也逐步提高，由 2012 年的 45.5% 逐年提高到 2015 年的 50.5%。

必须要看到，“营改增”改革不仅是当前的让利，更是在培育未来的新动能。当前做“减法”，是为未来做“加法”。当前，发展新经济、培育新动能、改造提升传统动能，催生了大量新技术、新产业、新业态、新商业模式的发展。全面实施“营改增”，有利于降低企业创新成本，促进设备更新，打造众创、众包、众扶、众筹平台，为实施创新驱动发展战略，推动大众创业、万众创新拓展更广阔的空间，可为民营经济和小微企业营造更为宽松的发展环境，能够有力带动就业特别是 1 000 多万名高校和中职毕业生就业，从而加快我国新旧动能接续转换。可以说，“营改增”是创新驱动的“信号源”，也是经济转型升级的强大“助推器”。

总的来看，全面实施“营改增”，将有利于发挥市场在资源配置中的决定性作用，矫正结构性失衡问题。供给侧结构性改革的深层次目标，是让市场在资源配置中发挥决定性作用。通过税制改革实行税价分离，让价格真正反映市场供求状况、引导资源配置方向，是税收政策在供给侧结构性改革中的一个重要着力点。“营改增”这步棋下“活”了，经济的结构调整才能顺利推进。

## 减税降负，“营改增”跑出“加速度”

（来源:《光明日报》 2016 年 9 月 19 日）

专家表示，全面实施“营改增”作为本届政府成立以来规模最大的减税措施，是用政府收入的“减法”，换取企业效益的“加法”和市场活力的“乘法”。

**为企业发展增添信心**

“随着‘营改增’减税效应的逐步显现，税收收入增幅将在一定时期继续呈下降趋势，但我国经济发展活力将进一步增强。”国家行政学院教授许正中认为，这是用短期税收收入的“减”换取经济持续发展势能的“增”，这将助推经济新的增长动力加快形成，为供给侧结构性改革提供坚强保障。

专家表示，考虑到“营改增”试点以来呈现减税规模逐月放大、改革效应逐步明显的趋势，加上取消停征的政府性基金、免征的 18 项政府性收费，今年《政府工作报告》中“减轻企业和个人负担 5 000 多亿元”的承诺将全面实现。

**打通增值税抵扣链条**

“营改增”推开 3 个月，海底捞餐饮有限公司仅北京地区就减税 836 万元，减税幅度达到 45%。”海底捞餐饮有限公司税务经理陈勇告诉记者，海底捞餐饮有限公司北京地区 95% 的供应商已经取得了一般纳税人资格，抵扣链条完整，“营改增”后企业税负下降比较多。

抵扣机制是增值税的灵魂。“营改增”全面推开，将应税服务和新增不动产所含增值税纳入抵扣范围，贯通服务业内部和第二、三产业之间的抵扣链条，推动了服务业特别是研发等生产性服务业的发展。

北京市海淀区税务机关对上市公司的调查显示，“营改增”后海淀区的产业结构得到进一步优化，三板市场挂牌企业纳税规模呈“小步快跑”特点。对此，西南财经大学教授、西财智库首席研究员汤继强认为，“营改增”打通了连接第二、三产业的增值税抵扣链条，有力推动了现代服务业与制造业等实体经济对接，为培育经济发展动能提供了税制保障。

**增强纳税人获得感**

近日，国家税务总局出台《关于开展“营改增”试点纳税人专项辅导工作的通知》，对“营改增”政策进行全方位解读，帮助企业分析全面实施“营改增”初期政策适用和进项抵扣方面存在的问题和改进的方向，努力使纳税人在最短时间内充分享受增值税减免税优惠等政策。北京市、上海市、湖南省等地税务机关对出现税负上升的少数纳税人，安排专人上门交流；辽宁省、吉林省等地税务机关组织有针对性的政策引导培训；山东省、河南省等地税务机关收集整理典型事例，免费发放给纳税人学习借鉴。

税收征管体制改革的深入推进，确保了“营改增”全面落地。据了解，青岛市、深圳市、宁波市等地国税和地税机关充分发挥国地税合作优势，深化税收征管改革，增强纳税人获得感。

"中国全面实施'营改增'是全球近年来最大规模的减税举措之一，尽管税收收入增幅将在一定时期间下降，但中国政府通过全面深化改革却使中国企业实实在在享受到改革红利。"经济合作与发展组织（OECD）税收政策与管理中心主任帕斯卡对记者表示，这些实实在在的变化，不仅会对中国经济发展产生深远影响，而且也将成为许多国家税制改革的参考蓝本。

## 税改新面貌：负担少了，红利多了

（来源：《光明日报》　记者：杨亮　2017年1月13日）

1月12日在北京市召开的全国税务工作会议透露，2016年全国税务部门组织税收收入115 878亿元（已扣减出口退税），比上年增长4.8%。在GDP增速下降幅度不大的情况下，2016年税收收入增幅下降较多，实施减税政策是其中一个重要原因。当前，税制改革和"营改增"等减税政策呈现出新面貌：企业负担越来越少，改革红利越来越多。

**税改助推转型升级**

在经济下行压力较大、减税规模不断增加的情况下，税务部门连续4年圆满完成了预算确定的税收收入任务。2016年，全国税务部门组织税收收入115 878亿元。虽然比上年增长4.8%，但在GDP增速下降幅度不大的情况下，2016年税收收入增幅下降较多。

"随着以减税为主要内容的一系列税制改革和优惠政策持续加力，税务部门组织的税收收入增幅从2012年的11.3%下降至2016年的4.8%，下降了6.5个百分点，比同期GDP增幅降得更多。"国家税务总局局长王军指出。

与税收收入增幅下降相对应的，则是减税力度的不断增加。

近年来，我国实施了一系列税制改革和减税政策。其中，2012年在上海市的交通运输业和部分现代服务业开始的"营改增"，到2016年5月1日在金融业等四大行业全面推开，逐步实现了对所有货物与服务的生产、流通和消费环节的全覆盖。最新数据显示，2016年1月至11月"营改增"已整体减税4 699亿元，2016年全年减税将达5 000亿元。

中国社会科学院财经研究院院长助理张斌认为，我国涉及企业的税制改革，体现了普遍性减税和结构性减税相结合的政策导向，不仅直接降低了企业税收负担，而且助推了供给侧结构性改革和企业转型升级。

**改革用"减法"换"加法"和"乘法"**

"营改增"减税带来实实在在的真金白银。2016年1月至11月，以工业企业为主的原增值税纳税人就已合计减税1 586亿元；小企业更是从"营改增"改革中受益，仅2016年5月至11月，全国四大行业新纳入"营改增"的934万户小规模纳税人税负就平均下降了26.7%。

与之相对应，2016年5—11月，全国规模以上工业企业利润同比增长10.1%，同时工业生产者出厂价格指数（PPI）也从2016年9月起结束连续54个月的下跌由负转正。尽管多种因素推动工业效益好转，但“营改增”试点扩围后企业减税明显，无疑发挥了重要作用。

国家税务总局税收科学研究所所长李万甫指出，目前所有“营改增”行业的减税规模逐月扩大，税负“只减不增”的税改目标基本实现，这是用政府收入的“减法”换企业效益的“加法”、市场活力的“乘法”。

**2017 年减税规模会更大**

近期，有部分企业反映，全面推开“营改增”试点后税负没降反增。

对此，王军分析，企业税负波动的表现比较复杂，呈现出结构性变动态势：在 4 大行业 26 个小行业中，有的小行业税负上升的企业占比相对多一些，有的少一些，并在变化之中；有的企业这个月税负上升，下个月税负就下降了；在同一个小行业内，有时是这家企业税负上升，有时是那家企业税负上升。

“但税负上升的程度及额度，大多是呈下降趋势的。”王军指出，尽管企业情况千差万别，在统一的税收政策下确实难以做到所有企业以及企业在所有时段的税负都是降低的，但仍将一如既往高度重视这个问题。

“减负并不是评价‘营改增’效应的唯一标准，‘营改增’作为一项税制改革措施，与直接减免税不完全一样。”李万甫指出，对“营改增”的评价，既要看到近期，又要着眼长远；既要看到近期实实在在减了多少税，更要看为企业和长远经济发展所带来的益处。

中央经济工作会议指出，2017 年要在减税、降费、降低要素成本上加大工作力度。随着政策和征管的不断完善，特别是企业对税制适应性的不断增强、内部管理的不断改进，2017 年“营改增”的减税规模会进一步扩大。

## 国家税务总局局长：打好全面推开“营改增”试点第四场战役

（来源：光明网　记者：杨亮　2016 年 9 月 19 日）

9 月 18 日，国家税务总局在京召开全国税务系统“营改增”工作视频会议，回顾总结前一阶段“营改增”推进情况，部署做好下一步“营改增”工作。国家税务总局党组书记、局长王军出席会议并强调，全面推开“营改增”试点以来，我们一关接着一关闯，一战接着一战打，取得了捷报频传的不俗战绩。在下一阶段“营改增”“改进好”工作中，要深入查找和整改存在的问题，持续不断、全面系统地加以改进，坚决打赢全面推开“营改增”试点第四场战役。

在听取上海市、湖南省、陕西省、河北省、江苏省国税局和山东省地税局主要负责同志交流发言后，王军表示，全面推开“营改增”试点以来，各级税务机关党组统筹谋划、科学指挥，全国广大税务干部职工迎难而上、奋勇拼搏，特别是在“开好票”“报好税”“分析好”三场战役中，出政策发文件、抓培训搞辅导、改软件调系统、优服务强管理、严督导促落实，一环接一环环环紧扣，一步连一步步步为营，确保了改革试点在快节奏、高强度中有条不紊、有力有序有效地顺利推进。

王军指出，全面推开“营改增”试点运行顺利，呈现出逐月向好的发展态势。一是减税面越来越宽。5 月 4 大行业税负增加的户数占 3.9%，六、七月已下降为 1.2% 左右。二是减税规模越来越大。5—7 月合计减税 1 260 亿元，加上 1—4 月“营改增”减税 847 亿元，今年前 7 个月“营改增”整体减税 2 107 亿元。三是各方反响越来越好。纳税人办税更便利，满意度逐步提高，获得感逐步增强，税收征纳关系越来越和谐，社会各界日益认同认可。“营改增”试点还得到了国际社会的高度关注和积极评价，认为是一项重大的供给侧结构性改革举措，也是在建立国际领先的增值税制度方面迈出的重大步伐，展示了锐意改革的中国形象。

王军要求，打好全面推开“营改增”试点第四场战役，总的思路是，总局要着力解决基层反映的问题、基层要着力解决纳税人反映的问题、上级要着力解决下级反映的问题、一把手要着力解决主管副职反映的问题，既改进我们自身的工作，又帮助纳税人更好地适应新税制，还要完善政策措施，通过上下联动、内外并促，使改革试点在不断解决问题中逐步趋于完善。

一要持续不断地改。从现在开始一直到明年初，将“改进好”这场战役分为三个阶段来打，持续不断地加以推进。从现在动员部署到 10 月 20 日为第一阶段，主要是查找、改进面上问题。10 月 21 日到 12 月下旬为第二阶段，主要是结合前几个申报期的税负分析，研究提出并落实改进完善政策措施的建议。12 月底到明年 1 月底为第三阶段，结合“总结好”第五场战役，对“营改增”整体运行情况进行总结、评估、改进、提高。

二要全面系统地改。对查找出来的问题，要分门别类，逐一改进。对制度规定问题，对滞后于形势发展要求制度缺失的，要抓紧制定；对制度操作性不强难以落实的，要抓紧完善；对一些确需调整的政策，要积极提出建议，并加强与财政部沟通。对政策辅导问题，针对纳税人反映的热点问题，9—10 月有重点地再组织一次专题培训。对纳税服务问题，要进一步优化办税流程，不折不扣落实相关制度，调整办税服务厅资源配置，特别是要继续深化国税、地税合作，便利纳税人。对技术保障问题，要结合全面推广应用“金税三期”工程，进一步优化网上办税系统功能，规范和加快电子税务局建设。对发票管理问题，要扎实开展发票使用管理专项检查，在提供优质服务的同时，进一步帮助纳税人规范发票使用和管理。各地税务机关要认真落实总局要求，有效打击虚假注册、套票虚开等违法违规行为。合理调整人力资源配置，腾出更多的人力加强税收风险防控。

三要进一步改进税负分析工作。在全面推开“营改增”试点进入“改进好”阶段时，“分析好”的工作不仅不能松劲，反而要进一步加力和改进。特别是要开展立体化、持续性的分析，建立大分析格局。

王军强调，在繁重的改革发展任务面前，各级税务机关党组特别是一把手，要更加注重人文关怀，更加关心爱护基层干部，要调动广大干部的积极性，凝聚起干事创业、奋勇争先的正能量。

## 税收改革“组合拳”带来什么

（来源：《光明日报》　记者：杨亮　2016 年 10 月 20 日）

“营改增”是深化财税改革的“重头戏”，也是深化国税、地税征管体制改革的“信号源”。自 2015 年 11 月《深化国税、地税征管体制改革方案》（以下简称《方案》）印发近一年以来，税收政策“组合拳”频频亮相，税改红利初步显现。其中，全面推开“营改增”试点作为落实《方案》的“助推器”，通过深化国地税合作、简政放权，加速税制改革向纵深推进。

1. “营改增”：新模式　新挑战

今年1—8月，河南省国税系统顺利推进“营改增”试点任务，打通企业抵扣链条，助力产业结构升级，确认接收纳税人32.32万户，所有增值税纳税人实现净减税31.11亿元。

“由于增值税具有‘环环抵扣、增值征税’优势，避免了营业税状态下重复征税的弊端，成为当前降低企业成本的重要举措。”国家税务总局货物和劳务税司司长杨益民介绍，作为推进供给侧结构性改革的重要举措之一，今年1—7月“营改增”整体减税已达2 107亿元。

“全面实施‘营改增’，是1994年分税制改革以来我国规模最大的税制改革，意味着长达几十年的营业税正式退出历史舞台，1 000多万户纳税人需学习新的税收制度与办税流程。”河南省国税局局长孙荣洲说，这对税务部门的管理服务方式、税务干部的工作负荷和纳税人的适应能力都带来了严峻考验。

“‘营改增’改变了企业原有的缴纳方式，国税、地税部门的征管模式也随之重构。”北京市密云区地税局局长姜学东表示，“营改增”后地税部门肩负其他税种的征收和管理责任并未减轻，但有效的“以票控税”手段却失去功效，地税部门很难实现源头控管，给收入预测增加了难度。

此外，随着“营改增”的全面推进，地税局管户大幅下降，国税局管户大幅上升，办税服务和税源管理资源存在“地税吃不饱”“国税受不了”的情况。

“这次‘营改增’试点的纳税人从没有接触过增值税，对增值税的制度设计、开票流程及申报流程等都不了解，对新税制在短期内还难以适应。”对外经贸大学教授夏友富认为，“营改增”后，纳税人不仅需要在办税上适应新税制，更重要的是如何让企业的生产经营方式和财务会计核算对接新税制。

中央财经大学教授樊勇认为，加快推进以“营改增”为重点的税制改革，开启了解决国税、地税之间征管职责交叉以及部分税费征管职责不清问题的进程。“随着营业税退出历史舞台、增值税分享比例合理调整和地方税体系建设逐步完善，国地税征管体制改革工作将会更加顺畅。”

2. 征管改革：打破壁垒 疏通“痛点”

今年以来，面对全面推开“营改增”试点、资源税改革和深化国税、地税征管体制改革提出的新挑战、新要求，国家税务总局对国地税合作规范不断进行升级完善。国家税务总局纳税服务司司长邓勇介绍，目前国地税合作事项总数已经达到51个，全国新增联合办税服务厅近2 000余个，总数超过7 000个，联合办税窗口累计超过3.5万个。

“税收征管改革是一场深刻革命。”中国政法大学财税法研究中心主任施正文指出，《方案》第一项改革任务就是要求合理划分国税、地税征管职责，而全面推行“营改增”试点工作的过程，正是落实深改方案思路，推进国地税服务深度融合、执法适度整合和信息高度聚合的过程。

“营改增”工作千头万绪，很多问题需要国地税双方及时沟通解决。全国2 800多个县市区的国税、地税部门共建“营改增”工作领导小组，共同研究方案，明确试点纳税人信息交接、登记申报、发票管理等事项，保证了“营改增”工作平稳有序。各地国税、地税部门通过探索建设“全能型一窗式”服务窗口，解决纳税人办税“多头跑”问题。

据了解，目前国家税务总局除7项税务行政许可审批事项保留外，80项非行政许可审批事项已全部清理完毕。“‘营改增’与简政放权同为推动税收征管体制改革的重要手段。”中国人民大学教授朱青认为，“营改增”重在减轻税负负担，简政放权重在减轻办税负担，在“营改增”中推进简政放权为纳税人带来了经营与办税成本的“双降”。

“贯彻《方案》进程中，合理解决中央和地方增值税收入分成比例，充分调动起中央和地方两个积极性，是顺利推进‘营改增’的基本经验。”西南财经大学教授、西财智库首席研究员汤继强认为，全面实施“营改增”以来，中央和地方政府从长远和大局出发，促进税收发挥好筹集财政收入和调控经济、调节分配的职能作用。税收在国家治理中的基础性、支柱性和保障性作用更加凸显。

“下一步，在深入推进税收征管体制改革、进一步理顺中央地方收入关系的过程中，要细化落实好《国务院关于推进中央与地方财政事权和支出责任划分改革的指导意见》，在大力推进中央层面改革的同时，进一步加快推进省以下相关领域财政事权和支出责任划分改革。”汤继强说。

3. 优化税制：促进“双去”助推转型

自2016年7月1日起，我国全面推进资源税改革。数据显示，作为资源税全面改革后的首个征期，8月全国129个改革税目的资源税收入20.65亿元，和改革前政策相比，总体减负5.54亿元。

“全面构建从价计征机制是本次改革的核心，从价计征代表了资源税费制度改革的方向。”国家税务总局财产和行为税司司长蔡自力说，税务部门加快实施煤炭、稀土、钨、钼等品目资源税从价计征改革，实现了资源税收入与资源价格挂钩。在资源价格上涨时可以自动增加收入，抑制相关经济领域可能出现的“过热”，对“去产能”发挥了重要作用。

作为全国唯一的水资源税改革试点省份，河北省于7月1日起实施水资源税改革试点。首个征期，河北水资源税收入1.22亿元，计税取水量为1.34亿立方米，水资源税抑制地下水超采的调控作用初步显现。“水资源税制度的构建，‘倒逼’了高耗能、高污染资源企业的转型升级。”河北省国税局局长王满平说。

去年以来，国务院不断加大促进房地产业发展的税收扶持力度，在2015年将二手房营业税免征期限由5年放宽为2年的基础上，今年初开始执行房地产契税新政，普遍降低房屋买卖契税税率。“上半年，云南仅契税减免近2.9亿元、房产税减免8 254万元。”云南省地税局相关负责人告诉记者，通过减税降费，税收推动房地产行业“去库存”成效显著。作为深化财税体制改革的“重头戏”，“营改增”的顺利推进进一步推动了房地产市场“去库存”，有效促进了房地产业持续健康发展。樊勇指出，税务系统出台多项优惠政策助力企业“去库存”，将不动产纳入增值税抵扣范围，房屋销售量呈现良好的增长势头，为房地产“去库存”提供了难得机遇。

## “营改增”试点总体效果良好 10个月累计减税3 717亿元

（来源：《光明日报》 记者：杨亮 2016年12月3日）

记者从国务院新闻办公室2日举行的国务院政策例行吹风会获悉，从今年5月1日起全面实施的“营改增”试点总体取得良好效果，1—10 月“营改增”试点累计减税 3 717 亿元，达到了预期目的。

财政部副部长史耀斌指出，“营改增”作为本届政府成立以来最有力的降成本举措，减税降负效果已经并将持续显现。据统计，2016 年 1—10 月“营改增”试点累计减税 3 717 亿元。依此推算，预计此项改革全年减税将超过 4 700 亿元，加上带来的城市维护建设税和教育费附加减收，总规模将超过 5 000 亿元。

国家税务总局总会计师王陆进表示，全面推开“营改增”涉及的四大行业户数非常多，国税、地税共交接了 1 064 万户，国税部门管户数大概增长了 42%。为此，全国国税、地税一共增加了办税窗口 17 386 个，增加一线办税人员 2 万多人，另外增加了自助的办税终端 2 万台，缓解办税压力。同时，通过国税、地税互设窗口、国税、地税业务通办，以及同城通办甚至全省通办等，方便纳税人。

## “营改增”带来“真金白银”数据彰显改革成效

（来源：《光明日报》　记者：陈恒　杨亮　2016 年 12 月 27 日）

“‘营改增’减税是实实在在的‘真金白银’。”在 12 月 27 日财政部、国家税务总局联合召开的吹风会上，国务院全面推开“营改增”试点部际联席会议副召集人、国家税务总局局长王军表示，今年前 11 个月“营改增”带来整体减税已达 4 699 亿元。

**两组数据彰显改革成效**

在王军看来，“营改增”减税的数据及其力度，可以用两组数据从侧面加以印证：

第一组数据：今年 5 月 1 日全面推开“营改增”试点之后，5—11 月全国税务部门组织的税收收入平均增幅为 3%。而去年同期，同口径的税收平均增幅是 8.3%。

王军分析，今年 GDP 增幅与去年差异很小，而且今年下半年以来还存在房地产一度过热、PPI 由负转正两个拉动税收增长的特殊因素。在这种情况下，今年税收收入增幅比去年同期下降了 5.3 个百分点，“尽管有其他因素影响，但全面推开‘营改增’试点，企业税负明显下降无疑是最主要的原因”。

第二组数据：国家统计局公布的信息显示，今年 5—11 月，全国规模以上工业企业的利润同比增长 10.1%，而去年同期同口径的数据为下降 1.4%。王军表示，这其中，全面“营改增”试点为企业显著减税，同样发挥了重要作用。

**全年减税 5 000 亿元目标将完成**

“到 11 月统计累计减税额已经达到 4 699 亿元，全年差 1 个月，5 000 亿元的减税目标是肯定能完成的。”国务院全面推开“营改增”试点部际联席会议成员兼办公室主任、财政部副部长张少春在会上表示。

国家税务总局总会计师王陆进介绍，今年 5—11 月，除了四大试点行业减税 1 105 亿元外，前期“营改增”的“3 + 7”行业减税 1 102 亿元，原增值税行业减税 1 180 亿元，三项共计减税 3 387 亿元。加上今年 1—4 月“营改增”847 亿元的减税，2016 年 1—11 月“营改增”减税 4 234 亿元，考虑到城建税及教育费附加和个人二手房减税因素，2016 年 1—11

月“营改增”带来的整体减税已达到4 699亿元。

王陆进说，由于增值税特殊的抵扣机制，受投资周期、资本构成、管理情况、盈利能力等因素影响，并非每一个纳税人在每一个时点均实现税负下降。在“营改增”整体减税的同时，目前有1.5%的纳税人出现税负上升。“尽管在增值税税制条件下同行业企业税负有升有降是正常的，但对这种情况我们是高度重视的。”他说。

**用“减法”换取“加法”“乘法”**

从5月1日起，“营改增”试点范围扩大到建筑业、房地产业、金融业和生活服务业四大行业，并将所有企业新增不动产所含增值税纳入抵扣范围。

“‘营改增’是供给侧结构性改革的重头戏，有利于降低企业成本，促进服务业发展和创业创新。”张少春表示，全面推开“营改增”试点的积极效应，就是用政府收入的“减法”，换取企业效益的“加法”和市场活力的“乘法”。从目前情况看，试点整体取得了良好效果，基本实现预期目的。

张少春说，在当前经济形势下，“营改增”可有效降低企业成本，激发市场活力，增加有效供给，催生了新技术、新产业、新业态和新商业模式。

“随着时间的推移，将会促进政府与企业、中央与地方分配关系的进一步改善，将会促进市场秩序和运行机制的进一步规范，为中国经济社会发展增添更多的活力和更大的动能。”王军说。

**进一步优化税制**

“我们将继续密切跟踪试点情况，确保所有行业税负只减不增。”财政部税政司司长王建凡透露，未来将按照税收法定的要求，结合增值税改革进展，配合有关方面适时启动增值税立法。结合增值税改革和立法进程，进一步优化税制。

据介绍，2015年各国增值税标准税率基本处于1.5%和27%之间，欧盟国家的增值税标准税率平均数约为21.6%，我国17%的标准税率在世界上总体属于中间水平，但目前的四档税率与其他国家相比属于偏多的。

“我们深知，只有切实地关心企业、帮助企业、助推企业，才能不断地拓展、巩固、壮大国家的税源和财源。”王军还透露，由于多种客观因素影响，2017年“营改增”的减税规模会进一步扩大。

## 北京：“营改增”减税效应持续扩大

（来源：《光明日报》　记者：杨亮　2017年1月23日）

“营改增”试点自2016年5月1日全面推开以来，北京市国税部门积极从深化国、地税合作、优化纳税服务、提升征管质效等方面下功夫，推动“营改增”工作平稳高效运行。目前，企业对实施“营改增”总体满意度较高，企业减负增效效应初步显现。

江泰保险经纪股份有限公司税务总监夏昕告诉记者，截至2016年年底，江泰保险减税近60万元，实际税负降低了1.6%。

北京市门头沟区国税局局长李宝成透露，在该区国税局登记的保险经纪代理服务企业有

9家，较营业税的征收方式，“营改增”后该行业整体税负下降2.3%，共计减税约120万元，“营改增”为保险经纪代理服务行业发展增添了新活力。

目前，北京市共有金融业“营改增”纳税人4 443户，占建筑、房地产、金融和生活服务业“四大行业”“营改增”总户数的1.9%。北京市国税局负责人告诉记者，目前北京市金融业减税效应不断扩大。金融业在2016年5月、6月分别增税0.7亿元、7.6亿元之后，7月、8月、9月、10月、11月分别减税0.9亿元、1亿元、6.2亿元、3亿元、3.5亿元，从2016年5—6月的累计增税8.2亿元转为目前累计减税6.3亿元，行业整体税负下降2.1%。

在通州区，全面“营改增”为城市副中心中升级发展的企业播撒了一场“及时雨”。

北京都杰保安服务有限公司是一家主要从事门卫、巡逻、守护、安全技术防范、安全检查业务的公司，“营改增”主行业为劳务派遣服务。在“营改增”全面推行的两个月时间里，2016年5月所属期缴纳增值税82 650.53元，原营业税应纳税额86 783.05元，税负减少4 132.52元；6月所属期缴纳增值税131 743.61元，原营业税应纳税额138 330.76元，税负减少6 587.15元。

数据显示，截至2016年12月纳税申报期，北京市四大行业税负全部实现“只减不增”。四大行业累计净减税93.6亿元，其中建筑业减税5.3亿元，房地产业减税9.1亿元，金融业减税6.3亿元，生活服务业减税72.9亿元。“四大行业”“营改增”试点纳税人23.4万户，95.7%的纳税人税负下降或者持平。

## 企业税费负担究竟有多高

（来源：《光明日报》　记者：杨亮　2017年1月24日）

近日，福耀集团董事长曹德旺关于中国制造业综合税负高的观点以及在美国投资建厂的消息，引发广泛关注。之后有学者惊呼：中国税率过高，是“死亡税率”。

随着企业对税制改革的逐步适应，“营改增”新试点企业的税负下降十分明显。2016年5—11月，“营改增”在建筑、房地产、金融和生活服务四大试点行业累计实现减税1 105亿元，税负下降14.7%。最新数据显示，2016年1至11月“营改增”已整体减税4 699亿元，2016年全年减税将达5 000亿元。

但近期，也有部分企业反映，全面推开“营改增”试点后税负没降反增。对此，财税部门分析，由于增值税特殊的抵扣机制，受投资周期、资本构成、管理情况、盈利能力等因素影响，纳税人的税负水平在不同时点存在一定波动，并非每一个纳税人在每一个时点均实现税负下降。在“营改增”整体减税的同时，目前有1.5%的纳税人出现税负上升。

对于部分企业税负“不降反增”，全国社保基金理事会理事长楼继伟认为原因很多。例如，“营改增”后上游企业提供的可抵扣项不足，抵扣链条建立起来，漏税空间减少等，其他方面如制度性交易成本高也是一大困扰难题。

“对于税负上升企业的情况，财税部门高度关注。”国家税务总局局长王军特别提到，对“营改增”后税负增加比较明显的企业，财税部门将进一步完善政策、优化服务，帮助企业完善内部管理。下一步，还将结合增值税改革和立法进程，进一步优化税制，将按照税收法定的要求，配合有关方面适时启动增值税立法。

## “营改增”改革成“两会”热点 财税专家：减负无感并非企业错觉

（来源：光明网 记者：吴晋娜 2017年3月7日）

继2012年启动试点“营改增”改革之后，2016年，我国全面推开，将建筑业、房地产业、金融业和生活服务业纳入试点范围。然而，在现实中，有一些企业却反映，“营改增”减负效果不明显，甚至有的感到负担在增加。

正在北京召开的全国“两会”上，“营改增”的实际效果问题也成为企业界代表委员们关注的热点话题。酝酿已久的“营改增”改革为什么会给企业这样的感觉？为此，光明网记者采访了中国政法大学副教授、中国财税法学研究会副秘书长翟继光。

记者：“营改增”改革全面推开，是企业界多年来期盼的结果。从财税理论出发，“营改增”是怎样起到减税目的的？

翟继光：在理论上，“营改增”的确可以起到减税的效果。

从宏观来看，营业税是不能抵扣的，增值税是可以抵扣的。“营改增”之后，原先缴纳营业税的纳税人改为缴纳增值税，由营业税转化来的增值税在“营改增”之前是不能抵扣的，“营改增”之后可以抵扣。因此，从宏观来看，全体纳税人的增值税和营业税综合负担会有所降低，而且降低的幅度会不小。

2015年，我国营业税收入总额为19 313亿元。因此，从理论上分析，如果制度设计合理，“营改增”可以在整体上降低增值税与营业税综合税负2万亿元。然而，2016年，目前官方给出的减税数据只有5 000亿元。这就说明在制度设计上，有相当比例的营业税并未进入抵扣链条，“营改增”的减税效果被打了折扣。

记者：当前，有一些企业反映，虽然“营改增”改革已经全面推开，但是企业经营者的获得感却没有明显增强。从全国减税数据来看，减税效果也确实打了折扣，从“营改增”的制度设立上分析，其背后的原因是什么？

翟继光：在全国政协十二届五次会议首场新闻发布会上，有记者向发言人提出了“营改增”全面推开后部分企业对减负“无感”，其实，这并非企业错觉，也并非少数企业的感觉，更不是简单地用“增值税抵扣机制要求较高”就能解释的。

在现实中，“营改增”实际减税效果只达到了理论上减税效果的四分之一。其原因主要有以下三个：第一，小规模纳税人与简易计税方法的大量运用，小规模纳税人以及使用简易计税方法缴纳的增值税，因为通常情况下无法开具增值税专用发票而无法进入抵扣链条；第二，原先缴纳营业税的纳税人在“营改增”之后，虽然可以抵扣进项税额，但其适用的税率甚至高于营业税，因此，其增值税税负与营业税税负相比，并无明显降低；第三，增值税抵扣在形式要件方面的要求过高，导致部分企业实际负担的增值税因不符合形式要件而无法抵扣。

记者：从全国税收的宏观数据进行分析，“营改增”改革实际为企业减轻了多少税负？

翟继光：从宏观数据来看，2015年，全国增值税收入为31 109亿元，营业税收入为

19 313 亿元，合计 50 422 亿元。2016 年，增值税收入为 40 712 亿元，营业税收入为 11 502 亿元，合计 52 214 亿元。2016 年，增值税与营业税综合收入比 2015 年增长 3.5%。2016 年，我国 GDP 增长 6.7%。

从上述宏观数据来看，“营改增”使得增值税与营业税综合税负增长率低于 GDP 增值率，的确有减税效果。然而，减税效果并不明显。如果从绝对数额来看，2016 年增值税和营业税收入总额比 2015 年增加 1 800 亿元，税负并未减轻。因此，对大多数纳税人而言，感觉不到“营改增”所带来的减税效果是正常的。

记者：作为纳税人的企业，在“营改增”之后却感觉减负不明显，其根本原因是什么？

翟继光：2016 年，中国企业界和学术界关于“死亡税率”的争议也从某个方面反映了中国宏观税负过高的问题。

自 1994 年以来，我国税收收入增长速度一直保持在 GDP 增速的两倍左右，虽然最近几年税收收入的增幅已经略低于 GDP 的增速，如 2016 年税收收入总额为 11.58 万亿元，增速为 4.8%，但这毕竟是实实在在的收入，而 GDP 增速中的以及其他不准确因素是无法避免的。

因此，我们可以认为，在最近几年，我国宏观税负虽未持续上升，但也并未有明显降低。最终，“营改增”所带来的轻微减税感被维持不变的宏观税负抵消了。

记者：谈到“营改增”或是为企业减税的问题，始终绕不开通常认为的我国宏观税负过重的问题。从这个角度，我国宏观税负在国际上的水平如何？

翟继光：这个问题无法用简单的几个结论来回答，但有几个问题或者前提是在讨论这一问题时必须要明确的。

第一，企业所感受到的宏观税负并不仅仅限于狭义的税收，政府从企业取得的一切税费均在企业的感受范围内。税费以及其他政府收入形式的划分对于企业而言并不具有实质意义，因此，企业将政府取得的一切收入均列入宏观税负并无不妥。

第二，我国企业在承担与国外大体相当税负的同时，并不一定能享受到大体相当的政府服务，还有相当一部分垄断企业在蚕食着普通企业的利润，如高速路通行费、较高的利息、较高的资源价格等，如自 2008 年金融危机以来，我国银行业利润大幅增长，其中有相当一部分是依靠垄断地位来蚕食本来应属于其他企业的利润而获得的。如果将这些垄断企业的高收费中的一部分也视为宏观税负的话，我国宏观税负在国际上肯定是不低的。

第三，宏观税负高低并不是问题的核心，企业利润率的高低才是问题的核心。通过企业取得的税后利润率就可以间接判断出宏观税负重不重。目前，大多数企业的利润率在不断降低，虽然这主要是整体经济处于下行期间所导致的，但宏观税负未能在经济下行期间较大幅度地降低也是一个重要的因素。

记者：当前，通过财税制度改革，让企业见到了一些成效，但是还有很大空间。在未来，政府应该如何改善企业的发展环境，进一步减轻企业宏观税负？

翟继光：目前，我国企业的宏观税负还有必要进一步降低，而且目前也有降低的空间。降低宏观税负的关键不在税负本身，而在企业的发展环境。也就是说，税收之外的负担是企业感觉宏观税负重的主要原因。如社保和住房公积金缴费一直维持在全球较高的费率上，应当有一个切实的降低。税收之外的政府收费应当尽量降低或者取消，垄断企业的收费标准在经济下行期间也应当有一定幅度的降低，如高速路通行费、水费、电费、油费、贷款利率等。只有将税收之外的负担降低，企业才能感到宏观税负的降低。

在税收领域，降低税负主要还是在增值税上，“营改增”之后，增值税收入超过了全部税收收入的40%。然而，国家早就提出了要降低间接税所占比重的目标，增值税实际就是我国最主要的间接税。因此，间接税税负的降低主要体现在增值税税负的降低。

未来，“营改增”可以在两个方面降低增值税税负。一是基本税率从目前的17%降低为11%；二是在抵扣方面从形式主义向实质主义转变，只要企业实际负担了增值税，就允许企业抵扣，不要一味强调增值税专用发票。

目前，我国增值税和营业税的收入总额超过了5万亿元，未来如能保持在4万亿元左右就可以明显降低企业的间接税负担，为个人所得税的改革、房地产税的开征留下税负空间。

# 税收数据折射经济新亮点

（来源：《光明日报》　记者：杨亮　2017年4月22日）

**一季度全国税收同比增长11.8%**

**税收数据折射经济新亮点**

4月20日，国家税务总局公布了一季度税收数据。一季度，全国税务部门组织税收收入33 317亿元（已扣减出口退税），同比增长11.8%。税收数据亮眼的背后，折射出我国经济发展哪些新亮点？今年，“营改增”等减税举措会有哪些新动作？

**经济稳中向好　收入增长较快**

数据显示，今年一季度，全国税务部门组织税收收入33 317亿元（已扣减出口退税），比上年同期增长11.8%。其中，中央级和地方级税收收入分别为15 441亿元和17 876亿元，按全面推开“营改增”试点后，中央与地方增值税收入划分过渡方案对去年执行数调整后的新口径计算，分别增长11.1%和12.4%。

“一季度税收收入增长较快，主要是因为与税收关联度较大的经济指标表现积极，特别是受PPI上涨较快带动。”国家税务总局收入规划核算司副司长郑小英指出，这也反映了宏观经济呈现稳中向好的发展态势。

从区域来看，一季度，京津冀地区税收增长17.1%，比全国平均增幅高5.3个百分点；长江经济带的11个省市中有7个省市税收增幅高于全国平均水平，其中互联网服务、软件和信息技术行业税收分别增长44.8%和56.6%。“重点区域税收增势较好，显示国家战略实施效果继续显现。”郑小英分析。

**服务业强劲　实体经济转好**

“一季度税收收入还反映了经济发展中的一些新亮点。”郑小英指出，一季度，第三产业税收收入占比达到55.7%，超过第二产业11.6个百分点，反映我国产业结构进一步优化。第三产业中，现代服务业税收收入增长强劲，互联网服务、信息技术服务等信息产业蓬勃发展，税收收入分别增长61.4%和42.1%；文化产业税收增长17.4%，其中新闻和出版业税收增长23.7%，“现代服务业税收增长强劲，显示经济结构转型升级进一步取得成效”。

从第二产业相关数据看，一季度第二产业税收增长15.7%，比2016年全年增幅提高16.4个百分点。“第二产业税收增长加快，反映市场环境趋好，供求关系改善，实体经济情况好转。”郑小英举例说，其中，高端装备制造业税收继续较快增长，通用设备、专用设备、汽车、通信设备制造业税收分别增长24.1%、15.6%、18.9%和17.1%。

**减税再加力 全年再减3 800亿元**

近日召开的国务院常务会议决定，今年7月1日起“营改增”取消13%这一档税率，通过推出六方面减税措施，持续推动实体经济降成本增后劲。

同时，扩大享受企业所得税优惠的小型微利企业范围，将小型微利企业年应纳税所得额上限由30万元提高到50万元；将科技型中小企业开发新技术、新产品、新工艺实际发生的研发费用在企业所得税税前加计扣除的比例，由50%提高至75%。此外，从今年7月1日起，将商业健康保险个人所得税税前扣除试点政策推至全国。

“今年，税务总局在明确政策口径、简化办税流程、优化纳税服务方面再次推出10项新举措。”国家税务总局货物和劳务税司副司长林枫透露，其中在简化办税流程方面，要求大幅压缩税务机关审批时限。

措施全部到位后，预计全年将再减轻各类市场主体税负3 800多亿元。对此，全国政协委员、经济学家张连起认为，在国内外错综复杂形势下，一系列精准减税措施，将进一步降低企业负担，放水养鱼，扩大税基，激活实体经济内生动力。

# 四、《经济日报》

## （一）2016年3月18日之前关于“营改增”的相关报道

### 上海“营改增”试点推动产业链发展

（来源：《经济日报》　记者：李治国　2012年8月15日）

今年1月1日开展营业税改征增值税（以下简称“营改增”）试点以来，截至今年6月底，上海市共有13.9万户企业纳入“营改增”改革试点范围，试点企业和原增值税一般纳税人整体减轻税收负担约44.5亿元。上海市市政府副秘书长、市财政局局长蒋卓庆日前表示，试点企业实现了新老税制的成功转换，在破解影响现代服务业发展的税制瓶颈方面迈出了关键一步，取得了实质性突破，不仅降低了单体企业的税负，而且对企业产业链整体发展起到推动了作用，为上海市创新转型创造了良好条件。

上海市国家税务局、地方税务局局长顾炬告诉记者，“营改增”之后，小规模纳税人的税负明显下降，降幅在40%左右；一般纳税人的税负总体下降；原增值税一般纳税人的税负因进项税额抵扣范围增加而普遍下降。他表示，“营改增”更重要的作用是体现在对产业链上下游企业之间的发展的影响上。

顾炬表示，“营改增”实现了从原来“道道征收、全额增税”的营业税税制向具有“环环征税、层层抵扣”特点，仅对生产经营各环节增值部分征税的增值税税制的转变，打通了连接第二、三产业增值税抵扣链条，从制度上解决了货物与劳务税制不统一及营业税重复征收的问题，进一步建立健全了有利于转变经济发展方式的税收制度，为现代服务业的加快发展创造了公平竞争的税制环境。

尤其值得注意的是，“营改增”从税制上解决了企业长期以来存在的“大而全”、“小而全”的问题，不少企业主动将一些生产服务业务转为向外部发包，部分生产性服务业逐步从制造业分离出来。

蒋卓庆说：“企业主辅分离之后，也促进了诸多新兴业态的创新。”

蒋卓庆表示，“营改增”的推动作用还体现在“一大一小”上。首先，“营改增”之后，税制与国际税制逐步接轨，国际性跨国公司落户上海市的意愿明显增强。其次，“营改增”支持和促进了小微企业的健康发展，小微企业成为本次“营改增”改革试点的最大受益者。在当前经济下行压力加大的形势下，“营改增”进一步优化和完善了小微企业的发展环境，小微企业的创新能力、发展动力明显增强。

## 不断夯实“营改增”试点成果

（来源：《经济日报》　记者：王璐　2012 年 10 月 12 日）

继上海市和北京市之后，10 月 1 日江苏省、安徽省两省试点“营改增”。自国务院常务会议决定 8 月 1 日扩大“营改增”试点范围至今两个月有余，从试点区域实际的运行情况看，“营改增”改革推进的速度、取得的成效，都大大超过市场的预期。

“营改增”的重大意义首先体现在它是一项以减税为基本出发点的改革。“营改增”后，企业税负因此项转型而下降。作为税收制度改革的全新尝试，“营改增”先期选择某个地点、某个行业进行试点就是考虑到这项改革需要突破的难点比较多，需要为全面推广积累经验。从根本上说，“营改增”需要从税制改革的全局来进行顶层设计。

改革设计要考虑到：第一，如何为已经打破了的税负均衡找到新的平衡。“营改增”后，随着增值税税负相对减轻和营业税税负相对加重，制造业税负水平将下降，而服务业税负水平则趋向上升，我国以提升第三产业比重为主的产业结构调整要有相应的对策。

第二，营业税是地方政府的主体税种，“营改增”后，地方相对独立的税源缩小了。如何保护地方发展的积极性，是“营改增”顺利推进的主要基础。

第三，如何在夯实试点成果的基础上，加大覆盖面。上海市试点时，周边地区的企业“叫苦”，因为企业的税负不一。现在，推广到 10 个省市，10 省市以外的其他省份会逐渐感觉到体制的区别对待。

要消除由于改革有先有后所带来的不平，唯一出路是加快夯实试点成果，进而将试点成果推向全国。

# “营改增”试点：从“雁阵排列”到“一字推开”

（来源：《经济日报》　记者：钱箐旎　2013 年 4 月 18 日）

新一轮“营改增”改革呈现四个方面的特点：

一是从去年的地区试点，到今年的行业推开，体现出改革路径的优化；二是从去年的“雁阵排列”，到今年是“一字推开”，体现出改革方法的改善；三是从去年的“1 +6”改革推进，变成今年“1 +6 升级版”的改革推进，这是新一届政府全力推进中国经济“升级版”的重要内涵；四是从“探索”试点到“力推稳进”试点，更体现出改革力度的加强。

4 月 16 日下午，针对“营改增”扩围，财政部部长楼继伟与国家税务总局局长王军首次联合接受记者采访。

“从增值税的特点来看，最好是采取一次在全国铺开、一次做到全部行业，这样抵扣链条就完整了，漏洞也会很少。但这样做的风险也会较大。”采访会上，楼继伟对本报记者提出“今年将交通运输业和部分现代服务业‘营改增’试点一次扩大到全国范围原因何在”问题时回答说。

国务院日前决定，自今年 8 月 1 日起，交通运输业和部分现代服务业“营改增”试点将在全国范围内推开，广播影视作品的制作、播映、发行等将同步推开，铁路运输和邮电通信等行业也将择机纳入“营改增”试点。

楼继伟表示，通过一年的试点，将潜在的问题暴露出来并解决后，再逐步推开的方式能较好地规避风险。“抵扣不足”是试点时暴露的问题之一。“由于一些商品服务是全国流通的，只在一个地区试点，在其他地方就无法获得抵扣，所以要全面推开。”楼继伟说，目前“营改增”试点的“面”还太小，一旦全行业全地区推开，“面”大了之后，很多问题都会解决。

相比去年的“营改增”试点，对于新一轮改革，王军认为有四个方面的特点，一是从去年的地区试点，到今年的行业推开，体现出改革路径的优化；二是从去年的“雁阵排列”，到今年是“一字推开”，体现出改革方法的改善；三是从去年的“1 +6”改革推进，变成今年“1 +6 升级版”的改革推进，这是新一届政府全力推进中国经济“升级版”的重要内涵，其意义是不言而喻的；四是从“探索”试点到“力推稳进”试点，更体现出改革力度的加强。

实际上，先试先行取得的成果，不仅让试点的行业和企业尝到了甜头，更让没有纳入试点的行业和企业看得“心痒痒”。

“企业的呼声很高，对各地政府也有一定的压力。”楼继伟说，一个地区的企业进行了“营改增”试点，成为一般纳税人，相比较其他地区企业而言，这家企业就更有优势，也能更好地开拓市场，一年的时间下来已经让多数地区的企业和政府都感觉很有必要开展这项改革，所以说条件成熟的时候就应该在全国范围内试点。

“新一轮改革的铺开是建立在良好的改革试点成效和具备试点条件的基础上的，没有这个基础，不可能这么一下子大面积的推开。”王军说。

“铁路是重要的运输方式，如果其他运输方式纳入‘营改增’试点，可以进入抵扣链条，而铁路没纳入不能抵扣，对铁路不公平。”楼继伟表示，改革不能去干扰市场的选择，而应该是优化，铁路运输影响较大，制造业依赖铁路，通信行业用户也很多，把两个行业及时纳入改革，抵扣链条会更加完整。财政部和国家税务总局正在为尽快出台方案做准备，能多快就多快，力争今年年底或明年年初出台方案。

但值得关注的是，按照国务院部署，新一轮“营改增”扩围要在三个半月以后才正式启动，留出这么长的准备时间的原因何在？“这是稳妥推进‘营改增’试点的表现之一。”王军解释，“由于即将纳入行业试点的22个省区市主要是中西部地区，包括边疆和山区，为其留出充分的准备时间是必要且稳妥的。”

## “营改增”新规呈现五大变化

（来源：《经济日报》　记者：崔文苑　2013年5月30日）[内容有删节]

面向全国实施的“营改增”最新政策日前发布，标志着“营改增”从地区试点向行业试点转变，税制的公平性进一步体现，过去地区试点出现的地区间资源不平等的问题也将得以解决。

有关专家接受记者采访时表示，与前期适用于试点地区的政策相比，最新颁布的“营改增”实施办法有五大变化，体现了税收制度趋向规范和完善，对企业的减负力度也进一步加大。

变化一，不经常提供应税服务的非企业性单位，可选择按照小规模纳税人纳税。

“这一变化不能理解为给非企业性单位减税负。其意义主要是在制度建设上更加完善，对于小规模纳税人的界定更加明确。”财政部科学研究所副所长白景明表示，非企业性单位涵盖的范围广，全国事业单位、社会团体和行政法人几十万，涉及的经济行为主体较多，当这些单位发生试点行业的服务时，按照什么样的标准去交税，应该界定明确，因此，这一变化是制度完善上的进步。

变化二，应税服务中增加广播影视服务。

白景明分析认为，之所以选择这个行业，基于两个原因。一方面，广播电视服务行业本身发展规模较小，销售额还不如亚洲一些较小的邻国。随着我们经济的发展，文化消费能力随之提升，其发展空间很大。另一方面，广播电视服务行业亟需政策助力。他说“广播电视服务行业涉及制片、后期制作、录音等，以前都是交营业税的。其特点就是小产业链条长，交税环节多，改征收增值税，可以较大幅度减少重复征税。”

“新增广播影视服务，不仅扩充了‘营改增’的范围，更有利于社会化分工的发展。”中国社会科学院财经战略研究院助理研究员蒋震表示，因为购买广告等服务可以进行税收项目抵扣，企业就有动力去购买专业化的广告等服务，比如制造企业将广告外包给专业的广告公司。这不仅有利于制造业企业专业升级，还有利于给广告影视服务行业的企业创造更大的市场空间，有利于行业的繁荣发展。

变化三，从销售方或者提供方取得的增值税专用发票上注明的增值税额，其中含货物运输业增值税专用发票、税控机动车销售统一发票。

新规进一步明确了增值税专用发票的范围，从销售方标注明确了发票的类别。

“以前的规定比较模糊，容易被忽视。单列出来起到提示作用。”白景明表示，货物运输业以前不征收增值税，在“营改增”试点开通后才需交增值税。单独标注出来也很有必要。在之前“营改增”试点中，曾出现货物运输业缴纳增值税后，出现税负增加的情况，标注清楚有利于抵扣链条更完整，缓解税负上升的情况。

蒋震强调，值得注意的是，货物运输业现在还没有完全被纳入“营改增”范围，尤其是铁路运输业现在还缴纳营业税。

关于税控机动车销售统一发票，他解释这与新规中企业用于生产消费的摩托车、汽车、游艇可以参与进项税额从销项税额抵扣的规定是相符相承的。

变化四，进项税额不得从销项税额中抵扣，去掉“自用的应征消费税的摩托车、汽车、游艇，但作为提供交通运输业的运输工具和租赁服务标的物的除外”的规定。这一变化显著降低企业的成本。

变化五，纳税人提供应税服务适用免税、减税规定的，可以放弃免税、减税，依照新规定缴纳增值税。

新规明确，“纳税人提供应税服务同时适用免税和零税率规定的，优先适用零税率。”蒋震也分析认为，优先适用零税率，有利于企业优化税收管理工作。新规对前期试点的税收政策进行了整合，并根据前期试点中反映的情况，对部分政策进行了调整和完善，体现了我国税制改革取得实质性的进展。

## “营改增”引领新一轮财税体制改革

（来源：《经济日报》　记者：崔文苑　2013 年 10 月 30 日）［内容有删节］

2013 年，是全面贯彻落实党的十八大精神的开局之年，也为新一轮财税体制改革拉开大幕，为保障我国经济平稳运行、推进民生等重点领域持续改善、促进产业结构升级发挥“护航”作用的一年。

处于转型期的中国经济，既需要在国际经济形势不明朗的局面下保持平稳运行的态势，又迫切需要抓住一个个“契机”，激发新的增长动力，为更长远的发展做准备。2013 年，正是以“营改增”为代表的一系列财税体制改革措施，带给中国企业、中国经济新的发展机遇。

成立于 1956 年的中石化洛阳工程有限公司，是集技术专利商与工程承包商为一体的高新技术企业。近几年是公司走出国门，在海外发展的“黄金期”，而降低成本、减负前行成为关键。今年 8 月 1 日纳入“营改增”后，企业当月就实现 100% 的减负。

原来，“营改增”后，境外工程设计和技术服务收入可以享受零税率政策优惠，这对于企业开拓海外市场、发展境外工程技术服务业务可谓是重大利好。

财政部部长楼继伟日前表示，我国将加快推进“营改增”、消费税、房产税、个人所得税以及资源税等重点税种改革。“‘营改增’的全面推进将开启中国新一轮财税改革。”中国社会科学院财经战略研究院院长高培勇说。

以“营改增”为引领，我国正在加快构建更加公平有效简洁的税制结构。“今年以来，税收结构已经发生了明显的变化。”财政部财政科学研究所副所长白景明表示。在9月税收收入中，营业税出现了负增长，而企业所得税实现了49.5%的增长率，同时增值税增长了10.8%。

“这不仅说明了‘营改增’等税制改革在转移税源、调整结构方面发挥重要的作用，还进一步表明财税改革推动企业、行业转型升级的效应开始凸显。”白景明颇有感慨地说，财税体制改革发挥出最显著的效应，就是通过促进产业结构升级，逐步告别“产能过剩”、“技术落后”这些标签，为经济增长制造内生动力，今后一个时期，这种效应释放将更加明显。

随着“营改增”等一系列税制改革的进行，不仅打通了第二、三产业抵扣链条，降低制造业成本，鼓励科技创新，还有利于第一、二产业内部生产性劳务更多地向外剥离，在促进第三产业市场规模扩大的同时，推动各产业之间更为广泛的分工协作与融合发展。

除了税收领域，完善财政体制、优化支出结构、深化预算管理体系改革也传递出诸多新动向。

目前，财税改革取得初步成效，正引领新一轮改革进入“深水区”。人们认识到，只有进一步全面深化财税体制改革，才能有效解决中国经济社会发展中面临的诸多难题，才能顺利推进政府机构改革乃至整个经济体制改革。

## 减税并非“营改增”全部

（来源：《经济日报》 作者：李宁 2013年11月26日）

自8月1日起，“1+7”行业“营改增”在全国推开已有100多天。这项被认为是财税体制改革突破口的重要改革，承担着解决重复征税问题的重任，但也出现了一些衔接问题，还有一部分行业或企业税负增加，相关企业对此喜忧参半。

笔者认为，造成这一现象的一个重要原因是，一些人对“营改增”存在认识误区，即认为“营改增”是一次全部彻底的减税改革，所有行业和企业税负都会下降。其实“营改增”并不全是减税改革，并非涉及的行业或企业税负都会下降。

从改革的初衷来看，“营改增”是在发挥税收对产业结构的调节作用，促进产业之间税负更加公平合理，从而避免重复征税问题。所以“营改增”并不是简单地、全部地给企业减税。

从我国经济发展和税制建设方面来看，还有一些不相适应的问题亟待解决。长期以来，我国制造业发展超前，服务业发展滞后。这样不仅造成了专业分工不够合理，阻碍了经济效率和质量的提升，同时也对就业等带来一定压力，影响到居民收入水平进一步提高，国内消费需求的释放受到制约，反过来又影响到制造业的发展。

制造业与服务业发展不平衡，与我国当前的税制有很大关系。根据我国现行税制，增值税征税范围为制造业和与制造业密切相关的劳务产业，而且采取抵扣差额征税的方式；营业税则对服务业等第三产业征税，按照销售额全额征税不存在差额（小部分行业或企业也采取差额征税）征税。这导致了制造业和服务业之间不能融合互通发展，服务业发展机会不公。

比如，制造业需要服务业的服务才能发展，但由于服务业缴纳的营业税税款制造业不能抵扣，导致制造业不采购服务业的服务，而是自己搞一个内设服务业部门为自己提供服务。这样一来，本应独立的服务业发展机会受到挤压，而且制造业也投入高成本发展自己的服务业，在一定程度上也限制了制造业的发展，整个经济发展的质量和效率受到影响。

当然，服务业也使用制造业的产品，但是服务业整体不抵扣税收，制造业征收的税收服务业照样全额征税，导致出现重复征税，主要表现在一些使用制造业产品较多或者专门为制造业服务的服务业，如交通运输业等。

营业税改征增值税，有助于解决服务业和制造业之间税负不能抵扣的重复征税问题。由于部分行业消除重复征税，表现为结构性减税，一些人遂将“营改增”看成减税改革。但随着“营改增”的深入推进，增值税链条式管理等特点，能抵扣的企业索取发票（名义税负和实际税负逐渐接近）等，必然导致一些行业不会表现出税负下降。特别是今后将纳入改革范围的大部分行业为生活性服务业，其主要成本是人力资源和差旅、房租及存量的机器设备等，这些目前并不能全部抵扣，往往会导致税负上升。

尽管“营改增”对部分行业不能降低税负，但由于其能够促进产业分工和机会公平等，对经济结构调整和社会公平等的影响更加深远，对于市场经济体制的完善意义更为重大，所以要积极推进“营改增”。同时，对“营改增”的宣传要全面客观，否则会对“营改增”造成不利的舆论导向。

## “营改增”向“全面覆盖”推进

（来源：《经济日报》　记者：崔文苑　2014 年 2 月 28 日）[内容有删节]

国家税务总局 2 月 27 日发布的数据显示，我国营业税改征增值税试点 2013 年共计减税 1 402 亿元。作为一项已经试点两年的税制改革，其所具有的改革张力已逐步凸显。但不可否认的是，“营改增”在推进过程中仍面临着交通运输、融资租赁等行业税负明显上升等问题。在向“全面覆盖”迈进的同时，如何应对改革过程中出现的难题也是一大考验。

“营改增”是我国财税体制改革的“重头戏”。两年来，“营改增”跨越了“头雁先飞”、“雁阵排列”、“一字推开”3 个阶段，正向“全面覆盖”推进。试点区域由点到面、试点行业由窄到宽、试点户由少到多。

**“减负”、“激活”带给企业利好**

企业税收负担降低，运营压力减轻，同时，实施“营改增”激活了上下游产业链，带动了其他企业经营活动的改善。

另外，实施“营改增”后，出口退税由货物贸易向服务贸易领域延伸，形成了出口退税“宽化效应”；出口货物接受试点纳税人提供应税服务所负担的进项税额也可以得到退还，形成了出口退税“深化效应”，两种效应叠加有力推动了试点地区出口规模扩张和结构改善。

**在破解难题中深化改革**

用持续优化的政策来保障试点平稳推进，对具体行业遇到的暂时困难及时摸底，有针对性地出台政策或工作方案。

“营改增”试点之初，由于有些行业还没有纳入试点范围，有的企业不能全面获取专用发票抵扣税款，导致交通运输、融资租赁、货运代理等行业的部分企业税负不降反升。针对这些问题，相关部门用持续优化的政策来保障试点平稳推进。比如，对企业“营改增”税负增加的情况，财政予以补贴。

除此之外，对具体行业遇到的暂时困难，国家财税部门及时摸底，有针对性地出台政策或工作方案加以解决。

**金融行业或可分类征税**

“营改增”刚刚涉入“深水区”，下一步如何推进需要仔细认真研究，专家建议，金融行业或可分类征税。

考虑到行业改革的复杂性，金融保险业征收增值税可谓是一个世界性难题。财政部财政科学研究所副所长刘尚希认为，金融业的进项税额抵扣如何确认最为关键。因为金融机构有不少间接收费的业务，如存贷款业务，这涉及存款和贷款两方，但在服务增值的过程中分别占多大比例、如何开具相应增值税发票，操作起来比较困难。申银万国首席经济学家李慧勇表示，金融业试点增值税难度大，一方面是课税基础无法准确计量；另一方面是包括的行业很多，采取统一的征收方式不现实。

近日，财政部财政科学研究所发布的《中国税收政策报告（2013）：“营改增”——牵一发而动全身的改革》提出了金融业“营改增”分类征收的思路，建议对核心金融业务和间接收费的金融服务适用简易征税办法和3%的征收率；直接收费的金融服务可按正常增值税征收机制，进行进项抵扣。

总之，在“营改增”向“全面覆盖”迈进的过程中，如何应对改革过程中出现的新问题也是一大考验。

## “营改增”助力上海文创产业

（来源：《经济日报》　记者：崔文苑　2014年8月15日）

《中国好声音》制作方，上海灿星文化传播有限公司是2012年纳入“营改增”的试点企业。该公司CFO余滨接受《经济日报》记者采访时表示，纳入试点后，增值税上下游抵扣链条得以贯通，公司在舞美制作、音乐版权、电视节目版权、节目包装宣传、电视转播技术服务等方面的采购成本大幅降低。

“同时，向海外电视版权公司购买电视节目模式版权费、邀请海外艺人参与录制节目等业务时，为海外公司代扣代缴的增值税也能在申报时作为进项税金予以抵扣。”余滨说，仅今年上半年，税收减负就逾1 000万元。

2012年1月，上海市在全国率先试行“营改增”，文化创意服务是第一批试点项目，包括设计服务、商标和著作权转让服务、知识产权服务、广告服务、会议展览服务5个税目。特别是广播影视服务、电信业纳入“营改增”试点范围后，曾经困扰文化创意企业的重复征税、抵扣不足、链条断裂等税制瓶颈进一步破除，“营改增”不仅实现了结构性减税，更推动企业加大投入、加速拓展市场，有力推动了“稳增长、调结构”。

截至目前，上海市纳入“营改增”试点的文化创意服务企业近5.6万户，占全部“营改增”试点企业的比重超过25%，是试点行业中户数最多的，试点企业户数净增2.6万户，增幅近九成，文创企业落户上海市意愿明显增强。从试点效应看，文化创意企业整体减少缴纳增值税超过52亿元，文化创意小规模纳税人减税近15亿元，降幅逾40%。购买文化创意服务的本市试点下游企业与“营改增”前相比，新增抵扣税额121亿元。

2013年年底，财政部和国家税务总局下发《关于延续宣传文化增值税和营业税优惠政策的通知》，免征图书批发、零售环节增值税。上海市税务部门积极落实相关政策，多方面做好纳税服务工作，帮助图书批发、零售的实体书店与网上书店切实享受政策优惠。据上海市税务部门统计，上海市目前已有437户企业办理了免税备案，免征增值税近1.5亿元。

## （二）2016年3月18日之后关于“营改增”的相关报道

### 创造公平税收环境　有效释放市场活力

（来源：《经济日报》　记者：曾金华　2016年3月19日）

“营改增”作为深化财税体制改革的重头戏和供给侧结构性改革的重要举措，前期试点已经取得了积极成效。全面推开“营改增”试点，覆盖面更广，意义重大。全面实施“营改增”，是我国实施积极财政政策的重要着力点，“营改增”产生的巨大减税效果将成为实体经济的“润滑剂”、创新驱动的“信号源”—3月18日，国务院常务会议审议通过了全面推开“营改增”试点方案，明确自2016年5月1日起，全面推开“营改增”试点，将建筑业、房地产业、金融业、生活服务业纳入试点范围。预计今年“营改增”将减轻企业税负5 000多亿元。

《经济日报》记者就全面推开“营改增”试点有关问题采访了财政部、国家税务总局相关司负责人（以下简称两部门相关负责人）和专家学者。

试点行业全覆盖1994年税制改革，我国建立了增值税和营业税并存的税制体系，对货物征收增值税，对服务征收营业税。为进一步深化税制改革，解决增值税和营业税并存导致的重复征税问题，2011年10月，国务院决定开展“营改增”试点，逐步将征收营业税的行业改为征收增值税。从2012年1月1日起至今，“营改增”试点已覆盖“3＋7”个行业，即交通运输业、邮政业、电信业3个大类行业和研发技术、信息技术等7个现代服务业。此次国务院决定全面推开“营改增”试点，基本内容是实行“双扩”：

一是扩大试点行业范围。将建筑业、房地产业、金融业、生活服务业4个行业纳入“营改增”试点范围。自此，现行营业税纳税人全部改征增值税。其中，建筑业和房地产业适用11%税率，金融业和生活服务业适用6%税率。

两部门相关负责人介绍，这些新增试点行业涉及纳税人近1 000万户，是前期“营改增”试点纳税人总户数的近1.7倍；年营业税规模约19 000亿元，占原营业税总收入的比例约80%。

二是将不动产纳入抵扣范围。继上一轮增值税转型改革将企业购进机器设备纳入抵扣范围之后，本次改革又将不动产纳入抵扣范围，无论是制造业、商业等原增值税纳税人，还是“营改增”试点纳税人，都可抵扣新增不动产所含增值税。

记者了解到，根据国务院常务会议审议通过的全面推开“营改增”试点方案，财政部会同国家税务总局正在抓紧起草全面推开“营改增”试点的政策文件和配套操作办法，将于近期发布。对于如何合理确定增值税中央和地方分享比例的问题，财政部也正在抓紧研究，将按照维持中央和地方总的财力分配格局不变的原则确定过渡方案。

“增值税改革是党的十八届三中全会决定确立的税制改革任务的重要内容，这次全面推开“营改增”试点税制设计难度大、影响面广，迈出了全面深化财税体制改革的重要一步。”中国社会科学院财经战略研究院税收研究室主任张斌说。

基本消除重复征税，“营改增”作为深化财税体制改革的重头戏和供给侧结构性改革的重要举措，前期试点已经取得了积极成效，全面推开“营改增”试点，覆盖面更广，意义重大。

一是实现了增值税对货物和服务的全覆盖，基本消除了重复征税，打通了增值税抵扣链条，促进了社会分工协作，有力地支持了服务业发展和制造业转型升级。

“全面推开‘营改增’将进一步优化产业分工，有利于服务业与工业深度融合，有利于‘专注、专业、专门、专才、专精’的创新主体竞相涌现，将有效激活新动能、改造传统动能。”瑞华会计师事务所管理合伙人张连起说。

二是将不动产纳入抵扣范围，比较完整地实现了规范的消费型增值税制度，有利于扩大企业投资，增强企业经营活力。

张连起认为，允许不动产抵扣，不仅量大、面广、比重高，而且释放了鼓励投资的明确信号，吹响了打赢“三去一降一补”攻坚战的财税号角。

三是进一步减轻企业税负，是财税领域打出“降成本”组合拳的重要一招，用短期财政收入的“减”换取持续发展势能的“增”，为经济保持中高速增长、迈向中高端水平打下坚实基础。

“今年的政府工作报告提出，积极的财政政策要加大力度。”张斌表示，全面推开“营改增”是力度很大的减税措施，是积极财政政策的重要组成部分，将在宏观调控中发挥作用。

四是创造了更加公平、中性的税收环境，有效释放市场在经济活动中的作用和活力，在推动产业转型、结构优化、消费升级、创新创业和深化供给侧结构性改革等方面发挥重要的促进作用。

张连起认为，“营改增”产生的巨大减税效果将成为实体经济的“润滑剂”、创新驱动的“信号源”。“这部分资金活水增大了企业经营活动和投资活动产生的现金流量，最终会传导到企业职工，推动产业结构、需求结构和就业结构不断优化，为稳增长、调结构、惠民生、保就业、强预期提供‘四两拨千斤’的财税动力。”

所有行业全面减税，“营改增”试点从制度上基本消除货物和服务税制不统一、重复征税的问题，有效减轻企业税负。两部门相关负责人表示，从前期试点情况看，截至2015年年底，“营改增”累计实现减税6 412亿元，无论是试点纳税人还是原增值税纳税人，都实现了较大规模的减税，这充分证明“营改增”的制度框架体现了总体减税的要求。

今年的《政府工作报告》提出，全面实施“营改增”，从5月1日起，将试点范围扩大到建筑业、房地产业、金融业、生活服务业，并将所有企业新增不动产所含增值税纳入抵扣范围，确保所有行业税负只减不增。

全面实施“营改增”，是我国实施积极财政政策的重要着力点。两部门相关负责人表示，当前实体经济较为困难，为了进一步减轻企业负担，在设计全面推开“营改增”试点方案时，按照改革和稳增长两兼顾、两促进的原则，作出妥善安排：

一是一次性将建筑业、房地产业、金融业、生活服务业全部纳入试点范围；二是将新增不动产所含增值税全部纳入抵扣范围。同时，明确新增试点行业的原营业税优惠政策原则上予以延续，对老合同、老项目以及特定行业采取过渡性措施，确保全面推开“营改增”试点后，总体上实现所有行业全面减税、绝大部分企业税负有不同程度降低的政策效果。

“必须看到，此次改革措施惠及范围不仅仅在新纳入试点的 4 个行业，其他行业也将产生明显的减税效果。”张斌强调。

将“营改增”试点范围扩大到建筑业、房地产业、金融业、生活服务业，并将所有企业新增不动产所含增值税纳入抵扣范围后，各类企业购买或租入上述项目所支付的增值税都可以抵扣。特别是将不动产纳入抵扣范围，减税规模较大、受益面较广，通过外购、租入、自建等方式新增不动产的企业都将因此获益，前期试点纳税人总体税负会因此下降。同时，原增值税纳税人可抵扣项目范围较前期试点进一步扩大，总体税负也会相应下降。

对于社会关注的二手房交易涉及的“营改增”问题，两部门相关负责人明确，基本上是税负平移，不会增加税负。

目前，距全面推开“营改增”试点已不足 2 个月时间，试点准备的时间紧、任务重。记者了解到，为了确保试点如期顺利推进，帮助纳税人尽快做好试点准备、平稳实现税制转换，财税部门已做部署安排。国税、地税部门将建立联席工作制度，及时办理纳税人档案交接手续，并分批次做好对试点纳税人的培训辅导。

“全面推开‘营改增’试点是建立现代增值税制度的关键一步，接下来的改革任务主要是简并税率、合理确定增值税中央和地方分享比例以及完成增值税立法。”张斌说。

## “营改增”试点全面推开细则落地
### ——精准施策发力　释放减税红利

（来源：《经济日报》　记者：崔文苑　曾金华　2016 年 3 月 25 日）

“营改增”全面收官进入倒计时，这项广受关注的改革将惠及几乎所有的生产经营单位，能够推动建筑业生产方式转变，房产交易税收负担不会增加，金融业税负有望实现只减不增，生活服务业也将收到免税“礼包”，这有助于进一步发挥改革效力，释放减税红利。

5 月 1 日将要全面推开的营业税改征增值税改革方案细则 3 月 24 日公布。

财政部、国家税务总局发布《关于全面推开营业税改征增值税试点的通知》，以及《营业税改征增值税试点实施办法》、《营业税改征增值税试点有关事项的规定》、《营业税改征增值税试点过渡政策的规定》和《跨境应税行为适用增值税零税率和免税政策的规定》，全面规定了建筑业、房地产业、金融业、生活服务业四行业加入试点后的方案内容。

建筑业税负和异地经营纳税问题怎么解决？二手房交易是否会受影响？金融业“营改

增”如何改？对生活服务业有哪些优惠“大礼包”？带着这些问题，《经济日报》记者采访了相关财税专家，详细解读改革方案。

**推动建筑业生产方式转变**

统计数据显示，建筑业年产值近16万亿元，从业人员4 500万，建筑业“营改增”涉及人数众多，利益调整复杂。从征收3%的营业税，到改为征收11%的增值税，这一税率适用于建筑业一般纳税人，而小规模纳税人可选择简易计税方法征收3%的增值税。尤其对于大的建筑企业，税负是否会明显上升？这是社会普遍关心的问题。

此前财税部门有关负责人表示，“营改增”推开后所有行业税负只减不增。这其中也包括建筑行业，但具体到每个企业需要尽早规范经营、调整业务结构，通过增加抵扣等方式降低税负。北京中建政研信息咨询中心主任梁舰建议，可以通过完善企业内部管理流程、会计核算，防范误操作导致多缴税或者涉税风险。

安永会计师事务所大中华区间接税主管合伙人梁因乐接受记者采访时表示，“营改增”对建筑业是否利好，绝不能只盯着税负的增减，而是要看最终企业利润率的变化。长远看，“营改增”将推动建筑业生产方式的转变，促进建筑企业进一步加强内部管理和控制，加快转型升级。

为降低建筑企业负担，方案明确在一些“特殊情况”下，一般纳税人可以选择3%的简易征收税率。比如，一般纳税人以清包工方式提供的建筑服务，即施工方不采购建筑工程所需的材料或只采购辅助材料，并收取人工费、管理费或者其他费用的建筑服务；或是一般纳税人为甲供工程提供的建筑服务，是指全部或部分设备、材料、动力由工程发包方自行采购的建筑工程。

**二手房交易负担不会增加**

对于房地产纳入“营改增”试点，二手房交易是否会受影响一直是关注焦点。

根据新规，个人购买不足2年的住房对外销售的，按照5%的征收率全额缴纳增值税，个人将购买2年以上（含2年）的住房对外销售的，免征增值税。对北京、上海、广州、深圳市4市而言，如果想要免征增值税，必须是销售2年以上的普通住房，如果是将购买2年以上的非普通住房销售，则需要以销售收入减去购买住房价款后的差额按照5%的征收率缴纳增值税。

对普通老百姓来说，适用于二手房的增值税优惠措施几乎“平移”了现行营业税优惠政策，因此，不会增加交易环节的税收负担。梁因乐表示，不同地域对二手房交易税收实际承担人的操作惯例存在较大差异，因此，“营改增”对二手房交易市场的影响主要还是由市场供需决定。

值得注意的是，销售不动产的“时机”也将影响到缴纳增值税的税率。比如，一般纳税人销售其4月30日前取得的不动产，可选择适用简易计税方法，按照5%的征收率计算应纳税额；若是销售5月1日后取得的不动产，应适用11%的税率。交税地点也涉及需要在不动产所在地预缴一部分税款，向机构所在地主管税务机关进行纳税申报。

分析认为，房地产“营改增”，将助推规模化、专业化租赁经营和“购租并举”的住房供应新模式。同时，为实现进项抵扣，开发商会逐步告别“大而全”的粗放模式，将咨询和设计等业务外包。此外，由于土地或房屋增值越多，开发商缴税越多，这就约束其不再靠涨价获益，而是转向提升品质和成本管控。

改革对去库存有何影响?“营改增”试点全面推开后所有企业新增不动产所含增值税纳入抵扣范围，对于所有行业企业而言，改善办公条件购置办公楼时成本会降低，因此，会对商业地产销售产生一定的刺激，有望促进写字楼去库存。

**金融业税负有望只减不增**

金融业由于其子行业业务种类众多，核算也比较复杂，被认为是最后一批“营改增”行业中的一大难点。根据规定，金融服务是指经营金融保险的业务活动，包括贷款服务、直接收费金融服务、保险服务和金融商品转让，由原来5%的营业税率改为6%的增值税率。

“金融业增值税制度的设计是世界性难题，“营改增”方案考虑到了金融业实施增值税的一些关键点。从营业税改为增值税后税率增加了一个百分点，但考虑到可抵扣的因素，特别是不动产的抵扣，金融业税负应能实现只减不增。”中国社会科学院财经战略研究院税收研究室主任张斌说。

梁因乐认为，金融业产品服务变化很多，对金融企业来说，应该根据不同产品的特性进行相应的税务处理，“从税务成本来说未必会有明显上升，甚至可能会下降，具体要看企业经营状况”。他还提醒，金融服务十分依赖系统，现在距离推开“营改增”试点的时间很短，金融企业如何调整系统、修改业务流程等，任务将比较艰巨。另外，对银行等金融机构来说，难度还在开具增值税专用发票上，要和税务局的“金税三期”系统对接好，还需要收集和提供更加规范和完整的票面信息以及纳税识别号等。

**生活服务业收免税“礼包”**

生活服务业是与老百姓日常生活最为紧密的行业，因此，改革后对生活服务业有什么影响备受关注。根据规定，生活服务是指为满足城乡居民日常生活需求提供的各类服务活动，包括文化体育服务、教育医疗服务、旅游娱乐服务、餐饮住宿服务、居民日常服务和其他生活服务。生活服务业实行6%的增值税率。

“生活服务业原来按5%税率缴纳营业税，‘营改增’后分两种情况，一种适用于一般纳税人的6%增值税率，另一种是小规模纳税人按照简易计税方法适用3%的征收率。”张斌表示。“营改增”后，税率发生变化幅度不是很大，而且由于可以增加进项抵扣，尤其是对进项税金较多的纳税人更为有利。

值得注意的是，对于生活服务业，此次改革免税优惠较为“丰厚”。《营业税改征增值税试点过渡政策的规定》明确了免征增值税的项目包括：托儿所、幼儿园提供的保育和教育服务，养老机构提供的养老服务，残疾人福利机构提供的育养服务，婚姻介绍服务，殡葬服务，残疾人员本人为社会提供的服务，医疗机构提供的医疗服务，从事学历教育的学校提供的教育服务，学生勤工俭学提供的服务，家政服务企业由员工制家政服务员提供家政服务取得的收入等等。

“很多生活服务从业者都是小规模纳税人，对这部分群体而言，从5%的营业税率到简易计税方法3%的征收率，减税效果明显。至于适用6%税率的一般纳税人，减税效果则要看抵扣情况，比如不动产、设备等的抵扣，从实际情况看，大部分企业税负应该能减轻。”张斌说。

# 5月1日起，我国将全面推开“营改增”试点
## ——营业税，在向我们告别

（来源：《经济日报》 记者：曾金华 2016年4月1日）

随着“营改增”试点的全面推开，营业税将逐步退出历史舞台。在大家纷纷聚焦增值税影响的同时，也有不少人发出“别了，营业税君”的感慨。

古老税种依依告别对于大众来说，营业税是一个比增值税更“耳熟能详”的税种。这种感觉是很正确的——营业税在我国有悠久的历史，而增值税只是晚近的“舶来品”。

在中外税收史上，营业税是出现较早的一种流转税，以工商营利事业和服务业所取得的营业收入为课税对象。我国周代对“商贾虞衡”的课税、汉代对商人征收的“算缗钱”、明代征收的“市肆门摊税”“课铁”以及清朝开征的“铺间房税”“牙当”等，均具有营业税的性质。1950年，我国在统一全国税政时，就设立了营业税。

那么，历史如此悠久的营业税为何要退出历史舞台？这还得从增值税的诞生说起。增值税是对货物和服务流转过程中产生的增值额征收的税种。1954年，法国正式实行增值税制度，此后，增值税很快在世界推广开来，目前已有超过160个国家和地区开征了增值税。增值税之所以在国际上受到广泛欢迎，在于其具有独特的优越性。比如，增值税以增值额为税基，有效避免了重复征税，保持了税收中性等等。

我国在1979年开始试点引入增值税制度，1984年增值税作为一个法定的独立税种正式建立。1994年税制改革时，形成了货物的生产销售征收增值税，而服务的生产销售征收营业税的并存格局，被称为当时改革“留下的一个尾巴”。

为什么不把货物与劳务全部纳入增值税征税范围？主要还是当时客观条件所致，比如当时面临立法技术难题，金融交易、不动产交易均难以在技术上处理，加之当时税收征管技术和力量也难以胜任全面征收增值税。正如中国社会科学院财经战略研究院税收研究室主任张斌所言，税收制度并不是孤立存在的，一个税种的有效运行需要许多其他技术条件和制度的配合。

随着以服务业为核心的第三产业的发展，营业税存在的重复征收等问题日益凸显，对服务业和制造业的发展都形成了制约和束缚，营业税改征增值税被提上了议事日程。2011年10月，国务院常务会议决定从2012年1月1日起，在上海市交通运输业和部分现代服务业开始“营改增”试点，“营改增”由此拉开帷幕。从1994年税制改革时限于客观条件而将增值税、营业税并存，到2012年开始试点“营改增”，再到2016年5月全面推开“营改增”，营业税可谓进行了一次漫长的“告别”。

惠及生活多个方面，自宣布5月1日全面推开“营改增”试点以来，很多人都在关注一个问题：二手房交易会不会增加税负？直到“营改增”试点方案发布，明确了二手房交易的“营改增”基本实行税负平移，大家才松了一口气。可见“营改增”并不是远离生活的改革，而是关系百姓切身利益的。

“营改增”试点有什么影响？从大的方面说，“营改增”试点从制度上缓解了货物和服务税制不统一和重复征税的问题，贯通了服务业内部和第二、三产业之间的抵扣链条，减轻

了企业税负，激发了企业活力，促进了社会分工协作，有力地支持了服务业发展和制造业转型升级。

“营改增”全面推开后，百姓将更强烈感受到这项改革带来的红利。以二手房交易为例，目前二手房交易需缴纳5%的营业税，而根据“营改增”试点方案，增值税替代营业税后，个人购买不足2年的住房对外销售的，按照5%的征收率全额缴纳增值税；个人将购买2年以上（含2年）的住房对外销售的，免征增值税。需要注意的是，虽然都是按照5%的税率征税，但由于计算方法不同，增值税为价外税，理论上税负会比营业税低。

生活服务业新纳入“营改增”试点，也将对生活带来直接的影响。根据试点方案，托儿所、幼儿园提供的保育和教育服务，养老机构提供的养老服务，婚姻介绍服务，殡葬服务，医疗机构提供的医疗服务，从事学历教育的学校提供的教育服务，学生勤工俭学提供的服务，个人销售自建自用住房等数十个项目免征增值税。

同时，生活服务业从原来按5%征收营业税改为按6%征收增值税，由于可以进行进项抵扣，行业税负应能实现下降。其中，生活服务业很多经营者是小规模纳税人，这些企业将按3%的征收率简易征税，税负明显低于之前的营业税税负。企业税负的降低，将会通过传导机制惠及广大消费者。

金融业纳入“营改增”也有一系列影响个人的优惠政策，如存款利息、被保险人获得的保险赔付属于不征收增值税项目；金融机构农户小额贷款、国家助学贷款等的利息收入免征增值税。

“营改增”对企业的减税效果将同时使职工受益。瑞华会计师事务所管理合伙人张连起认为，“营改增”改革年化减税超过5 000亿元，这部分资金活水增大了企业的经营活动产生的现金流量和投资活动产生的现金流量，最终会传导到企业职工，推动产业结构、需求结构和就业结构不断优化。

## “营改增”倒逼农村金融机构经营改革

（来源：《经济日报》　记者：苏竞翔　2016年4月5日）

对县域农村金融机构来说，“营改增”绝不仅仅是一个百分点的改变，而更是一场对自身经营管理结构的大改造，必须调整升级自身管理、主动适应新的规则，才能真正享受到税改带来的实际利润增长。当然金融业“营改增”细则出台后也需一些实质性的配套政策支持农村金融机构发展，财政部、国家税务总局日前发布《关于全面推开营业税改征增值税试点的通知》，宣布自2016年5月1日起，在全国范围内全面推开营业税改征增值税试点。同时，还发布了一系列配套规定。同业业务、农户小额贷款、逾期贷款均被纳入免征增值税范围，而营业税下的优惠政策是否延续却并未提及。

“营改增”是我国推进多年的一项重大税改，旨在避免重复征税，减少企业负担。由于子行业业务种类众多、核算比较复杂，金融业被认为是“营改增”推进过程中的一大难点。作为全球首批对金融服务业征收增值税的国家之一，我国在金融业内征收增值税没有太多经验可以借鉴。因此，金融业“营改增”的具体实施细则也就广受业界关注。

对金融机构而言，看似原先5%的营业税改为6%的增值税，缴税比例提升了一个百分点，但考虑到增值税下进项可以抵扣，实际税负或将不增反减。不过对县域农村金融机构来说，“营改增”绝不仅仅是一个百分点的改变，而更是一场对自身经营管理结构的大改造。

在营业税下，用营业收入乘以5%的比例即可简单得出征税额。而在增值税下，则是将收入中的增值部分乘以税率，才能得出征税额。然而金融机构收入项目多种多样，支出项目也是五花八门，哪些收入可以免征、哪些支出可以抵扣、增加的税负如何通过定价转嫁等一系列问题都是需要耐心寻求答案的。因此，对金融机构尤其是农村中小金融机构来说，“营改增”不仅仅意味着税务管理变得更加复杂，甚至连内部业绩考核等都需要作出相应调整。其实多数农村金融机构已经为此做了一段时间的准备，一些省级联社升级调整了自身系统。毕竟若没有做足功课，“营改增”给那些实力较弱、经营管理还不够完善的农村金融机构带来的很可能是实际税负的增加。因此，农村金融机构只有调整升级自身管理、主动适应新的规则，才能真正享受到税改带来的实际利润增长。

与此同时，我们也应该认识到，长期以来，农村金融机构由于承担着一定的政策性使命，并受到地域、规模、业务等因素的制约，与大型商业银行相比，存在不少经营劣势和发展弱势。如果由于“营改增”的实施而取消一些原有的财税政策优惠，增加了实际纳税成本，其支持“三农”的效果必将受到影响，这样对实体经济的转型发展也是不利的。因此，金融业“营改增”细则出台后更需要一些实质性的配套政策，让农村金融机构能够从“营改增”这一税改中收到实际利好。

## “营改增”税制转换平稳开局

（来源：《经济日报》 记者：曾金华 2016年5月3日）

5月1日起，营业税改征增值税试点全面推开。

当天，各地增值税发票顺利开票、运行平稳，通过了“营改增”的第一道大关，“营改增”试点税制转换顺利启动。

**改革落地红利显现**

5月1日凌晨，北京民族饭店开出全面推开“营改增”后北京市生活服务业第一张增值税专用发票。

“这张发票标志着这次推进‘营改增’战略攻坚战第一场战役的第一个重要关口的顺利通过、税制转换顺利开启；标志着新中国成立后已开征66年的营业税正式告别历史舞台；标志着我国深化税制和征管改革一个新时代的开启。”国家税务总局局长王军说。

全面推开“营改增”试点是当前推动结构性改革尤其是供给侧结构性改革的重要内容，是实施积极财政政策的重大减税措施。四个重要行业“营改增”的启动，将使改革红利不断惠及企业和个人。

“原先的营业税发票只能作为报销凭证，现在好了，增值税发票还能作为增值税抵扣凭证，惠及企业发展。”取得北京市生活服务业第一张增值税专用发票的温州中泰机电有限公司负责人陈生说，今后企业购进不动产以及员工出差住宿的费用都可以抵扣了，他要用省下的税款扩大生产、提高员工待遇。

5月1日8时55分，北京市朝阳区地税局第六税务所成功办理了该区第一笔税制改革新政策下的二手房缴税业务，并为纳税人开具了增值税发票，房屋成交价格372万元，缴纳税款257 748.57元，其中缴纳增值税177 142.86元，比“营改增”前需缴纳的营业税减少了8 857.14元。

“‘营改增’后买卖二手房，确实少交了税，而且比我们预期的减税力度还要大。新政策让我们百姓确确实实享受到了改革红利。”办理该笔二手房缴税业务的邵先生说。

**政策不断细化完善**

“营改增”试点从制度上基本消除货物和服务税制不统一、重复征税的问题，将有效减轻企业税负。从前期试点情况看，截至2015年年底，“营改增”累计实现减税6 412亿元。今年的《政府工作报告》提出，5月1日起，全面实施“营改增”，并承诺确保所有行业税负只减不增。

为此，全面推开“营改增”试点方案对企业税负问题进行了妥善安排，并明确新增试点行业的原营业税优惠政策原则上予以延续，对老合同、老项目以及特定行业采取过渡性措施，预计今年“营改增”将减轻企业税负5 000多亿元。

同时，财政部和国家税务总局在发布试点方案后，又发布了多个文件对改革进行补充完善。4月底，两部委相继发布两个文件，明确了金融业有关政策和劳务派遣服务、收费公路通行费抵扣等政策，对相关行业关心的多个问题进行规定。

比如，明确了金融机构质押式买入返售金融商品、持有政策性金融债券的利息收入，属于之前发布的过渡政策的规定所称的金融同业往来利息收入，这意味着上述收入将免征增值税。

“新纳入‘营改增’试点的四个行业涉及面广、业务复杂，在一个或者几个文件中很难完全考虑到所有情况，需要不断进行补充、完善，使税制更加科学合理并充分实现减税效果。”上海财经大学公共政策与治理研究院院长胡怡建表示。

值得注意的是，确保全面推开“营改增”后总体上实现所有行业全面减税、绝大部分企业税负有不同程度降低的政策效果，并不意味着所有企业都能减税，企业应根据税制特点调整自身经营管理以适应新税制。

金融业在实行“营改增”后的税负变化问题广受关注，辖区内有大量金融机构的北京市西城区国家税务局第九税务所所长白玉明建议，“金融企业应梳理‘营改增’后税收政策变化对业务的影响，分析上下游企业对自身经营影响、延长产业链，分析业务结构中能增加抵扣的业务事项，调整产品结构和流程。同时，要加强发票管理、提高税收风险管理意识，准确用好税收优惠政策，来应对‘营改增’带来的变化。”

**深化改革持续推进**

“营改增”是“牵一发而动全身”的重要改革，随着“营改增”试点全面推开，相关改革也将相继展开。

4月30日，“营改增”全面推开前夕，国务院发布了《全面推开“营改增”试点后调整中央与地方增值税收入划分过渡方案》（以下简称“《方案》”），明确以2014年为基数核定中央返还和地方上缴基数，所有行业企业缴纳的增值税均纳入中央和地方共享范围，中央分享增值税的50%，地方按税收缴纳地分享增值税的50%，过渡期暂定2年至3年。

《方案》指出，既要保障地方既有财力，不影响地方财政平稳运行，又要保持目前中央和地方财力大体“五五”格局。适当提高地方按税收缴纳地分享增值税的比例，有利于调动地方发展经济和培植财源的积极性，缓解当前经济下行的压力。

“税种改革是和整个财税体制改革关联在一起的，在‘营改增’全面推开的同时，也有必要推进中央与地方事权和支出责任划分改革。”胡怡建说。

今年的《政府工作报告》提出，推进中央与地方事权和支出责任划分改革，合理确定增值税中央和地方分享比例；把适合作为地方收入的税种下划给地方，在税政管理权限方面对地方适当放权。

事权和财力划分是现代财政制度有效运转的基础。“应该建立事权和支出责任相适应的制度，适度加强中央事权和支出责任。”胡怡建认为，同时要结合税制改革，考虑税种属性，进一步理顺中央和地方收入划分，加快地方税体系建设。

全面推开“营改增”试点已扬帆起航，完成改革目标的任务十分艰巨，需要各地区、各部门密切跟踪试点工作进展情况，针对不同行业和企业特点，梳理试点过程中的新情况，不断总结试点经验，优化流程、改进方法，不断把改革向前推进。

## “营改增”为结构性改革再添动力

（来源：《经济日报》　记者：曾金华　2016 年 5 月 11 日）

5 月 1 日起，我国全面推开营业税改征增值税试点，这是“十三五”开局之年的一项重要财税体制改革，也是重要的结构性改革尤其是供给侧结构性改革，意义重大、影响深远。

**结构性改革的重要举措**

“营改增”通过统一税制，贯通服务业内部和第二、第三产业之间抵扣链条，从制度上消除重复征税，使税收的中性原则得以充分体现。同时，将不动产纳入抵扣范围，比较完整地实现了规范的消费型增值税制度。

正因为“营改增”的上述机制，进一步减轻了企业税负，打出了“降成本”组合拳的重要一招，用短期财政收入的“减”换取持续发展势能的“增”。

“此次‘营改增’改革实施的过程中，基本平移原有税收优惠政策，并实施很多过渡措施，体现了确保行业税负只减不增的顶层设计顺利实现。”国家税务总局税收科学研究所所长李万甫说。

新纳入“营改增”试点范围的四个行业，既贴近百姓生活，又在经济发展中举足轻重，改革的红利将惠及广大企业和个人。同时，在对企业“放水养鱼”的基础上培植和拓展税源，增强地方财政“造血”功能。

在有效降低企业税负的同时，“营改增”的突出作用还在于促进经济的转型升级。此次全面推开“营改增”，突出了推动服务业特别是研发等生产性服务业发展，能有力促进产业分工优化，拉长产业链，带动制造业升级。

“税制统一、税收中性、税负减轻，促进制造业、现代服务业的分工细化和相互融合发展，激化市场主体活力，为产业结构转型升级提供了新动能。”中国财政科学研究院院长刘尚希表示。

**精益求精推动改革**

全面推开“营改增”是一项复杂的系统工程，涉及面广、政策性强，同时时间紧、任务重。从试点方案的设计到改革的实施，有关各方精益求精、扎实推进。

“营改增”的税制设计十分复杂，在下发了全面推开“营改增”试点方案后，财政部、国家税务总局又下发了多份贯彻落实类、政策类、征管操作和纳税服务类文件。

“要把全面推开‘营改增’试点与服务经济社会发展大局结合起来，通过全面落实减税政策为企业‘降本增效’，充分发挥为经济结构调整‘通经活络’、为其他领域改革‘助推牵引’之力。”国家税务总局局长王军说。

## “营改增”税改步伐与经济需求高度契合

（来源：中国经济网——《经济日报》　记者：曾金华　2016年5月13日）

◎税收的作用从经济层面拓展到了经济、政治、社会、文化、生态、外交等诸多领域，更加深刻地介入国家治理的各个层面

◎“营改增”试点全面推开，基本消除了重复征税，打通了增值税的抵扣链条，这对促进服务业发展和制造业转型升级将发挥重大作用

◎资源税改革的全面推进，通过改革理顺政府与企业的分配关系，促进资源行业持续健康发展，这与当前经济发展需求高度契合

在5月11日的第十届税收征管论坛大会开幕式上，国家税务总局局长王军表示，我国增值税制度改革之所以能够取得积极成效，根本原因在于我国政府较好地把握了制度变革与经济社会发展的关系，使税制改革的步伐与当期经济发展阶段的需求高度契合。

在新形势下，税收职能的发挥及税制改革的推进，适应了经济发展乃至国家治理的需要。税收的作用从经济层面拓展到了经济、政治、社会、文化、生态、外交等诸多领域，更加深刻地介入国家治理的各个层面。

我国增值税制度改革历程，印证了上述判断。王军介绍，1994年，我国建立社会主义市场经济，增值税制度应运而生；2009年，为了应对国际金融危机的冲击，鼓励企业加快设备更新改造步伐，拉动经济增长，增值税由生产型转变为消费型及时顺利推出；2012年以来，我国大力发展服务业，通过减税缓解经济下行压力下的企业困难、推动经济结构转型升级，营业税改征增值税有序推开。

据了解，2012年至2015年，“营改增”前期试点的效果显著，累计减税6 412亿元。同时，“营改增”试点后，第三产业投资规模明显扩大，第三产业增加值占GDP的比重也逐步提高。今年5月1日起，“营改增”试点全面推开，建筑、房地产、金融和生活服务4个行业已由营业税全面改征增值税，税制转换运行平稳。王军表示，这意味着营业税在我国已不复存在，营业税全面改征增值税已初步实现改革目标。

“在我国经济进入新常态，供给侧结构性改革成为政策主线的背景下，全面推开‘营改增’试点将实现增值税对货物和劳务的全覆盖，基本消除了重复征税，打通了增值税的抵扣链条，这有利于专业化分工和社会协作的深化，对促进服务业发展和制造业转型升级将发

挥重大作用。”中国社会科学院财经战略研究院税收研究室主任张斌说。

当前，全面推开“营改增”试点的工作刚起步，改革任务还很艰巨，尤其是如何使企业适应新税制、发挥新税制打通抵扣链条的作用，需要各地区各部门以及企业等共同努力。应全面了解和密切监测改革运行情况，及时解决运行中的问题，确保所有行业税负只减不增。

同时，“营改增”虽全面推开，但目前还称为“试点”，是因为增值税制度还将作进一步完善。财政部部长楼继伟表示，现行增值税制度还存在税率档次多、抵扣项目不完整、大量临时过渡措施等问题，与规范的消费型增值税制度相比还存在一些差距。下一步相关部门将启动增值税立法，并在这一过程中，继续完善增值税制度，最终通过立法巩固改革成果。

“营改增”全面推开之后，中央与地方增值税收入如何划分也备受关注。对此，国务院已发布过渡方案，确立了保持现有财力格局不变、注重调动地方积极性、兼顾好东中西部利益关系等原则，中央分享增值税的50%、地方按税收缴纳地分享增值税的50%。目前，应加快建立事权和支出责任相适应的制度，推进中央与地方事权和支出责任划分、地方税体系建设等改革。

此外，当前财政收入形势较为严峻，收支矛盾要通过深化财税体制改革来解决。张斌认为，“营改增”全面推开后，面临的减收压力在短期内通过适当扩大赤字解决，但同时要加快税制改革的进程，如可以推出消费税扩大至高档消费的改革。

“从中长期看，则应按照‘十三五’规划纲要提出的‘逐步提高直接税比重’等要求，重点推进综合与分类相结合的个人所得税、房地产税等直接税改革，在稳定税负的同时实现税制结构的优化。”张斌说。

今年是“十三五”开局之年，税制改革提速推进。除了“营改增”，其他税种的改革也正在展开。7月1日起，资源税改革将全面推进，通过改革理顺政府与企业分配关系，促进资源行业持续健康发展，同时还规范税费关系，减轻企业的不合理负担，促进资源节约和高效利用，这与当前经济发展需求是高度契合的。

## 今年减税将超5 000亿元

### ——“营改增”交出亮眼成绩单

（来源：《经济日报》 记者：曾金华 2016年12月3日）［内容有删节］

北京市税务部门努力推动国地税合作不断深化，通过简化办税流程、优化审批环节、拓展网上服务等措施为“大众创业、万众创新”清障搭台。

2016年5月1日，先期试点4年的“营改增”将试点范围扩大到建筑业、房地产业、金融业和生活服务业4大行业，并将所有企业新增不动产所含增值税纳入抵扣范围，确保所有行业税负只减不增。半年多来，“营改增”总体上取得了良好效果，达到了预期目的，全年减税总规模将超过5 000亿元，交出了一份亮眼的成绩单。

**纳税服务不断优化**

“这次全面推开‘营改增’，涉及的4大行业户数非常多。4月30日前，国税、地税共交接了1 011万户，这几个月又增加了53万户，国税部门管户数大约增长了42%。”国家税务总局总会计师王陆进介绍，为确保税制如期转换、平稳运行，税务部门扎实开展了一系列准备和实施工作。

针对有一些纳税人反映存在开票难的问题，王陆进表示，在整个“营改增”过程中，国家税务总局高度重视发票的使用和管理问题，采取了一系列有效措施，包括做好对新试点4大行业纳税人开具发票的辅导、按照纳税信用等级对增值税发票实行分类管理等。

**实现所有行业减负**

全面推开“营改增”试点，就是用政府收入的“减法”，换取企业效益的“加法”和市场活力的“乘法”，是一举多得的重大举措。如今，全面推开“营改增”超过半年，改革的成效如何？“所有行业税负只减不增”的目标是否实现？

财政部副部长史耀斌表示，为确保所有行业税负只减不增，财政部和税务总局在设计全面推开“营改增”试点方案时，对4大行业原税收优惠政策原则上予以延续，对老合同和老项目实行政策平转，对特定行业制定了过渡性优惠措施。

“今年5月至10月，新纳入试点范围的4个行业共有1 064万户纳税人完成税制转换，累计实现应纳增值税5 554亿元，与缴纳营业税相比，累计减税965亿元，26个细分行业全部实现了总体税负只减不增的预定目标，税负下降14.8%。”史耀斌说。

据统计，除4大行业本身减税外，受益于可抵扣进项税增加，前期已试点的“3+7”行业减税939亿元，原增值税行业减税966亿元。

“上述合计，5月至10月减税2 870亿元，加上1月至4月份‘营改增’减税847亿元，2016年1月至10月‘营改增’试点累计减税3 717亿元。考虑到减税规模呈逐月放大趋势，预计此项改革全年减税超过4 700亿元，加上由此带来的城市维护建设税和教育费附加减收，总规模将超过5 000亿元。”史耀斌表示。

**改革红利全面释放**

“营改增”试点是供给侧结构性改革的重头戏，是当前稳增长、调结构措施的重要内容，在实现大规模减税的同时，为经济注入了巨大活力，在降成本、促创新、保就业方面发挥重要作用。

“通过促进专业化分工协作，拉长产业链，一些研发、设计、营销等内部服务环节从企业主业剥离出来后，更加专注于提供某类型服务，成为效率更高、专业更强的创新主体，催生了新技术、新产业、新业态、新商业模式，为实施创新驱动发展战略和推动大众创业、万众创新拓展更为广阔的空间，也为民营经济和小微企业营造更为宽松的发展环境。”史耀斌说。

同时，“营改增”试点贯通了服务业内部和第二、三产业之间抵扣链条，消除了重复征税，为服务业发展创造了更加有利的税制环境。

前三季度统计数据反映了“营改增”的巨大改革红利：规模以上工业企业每百元主营业务收入中的成本为85.87元，同比减少0.17元；战略性新兴产业同比增长10.8%，增速比规模以上工业高4.8个百分点；服务业增加值28万亿元，同比增长7.6%，占GDP比重52.8%，对国民经济增长的贡献率达到58.5%。此外，5月1日以来，4大行业新办户数逐月稳步增加，累计增加53万户，带动了就业、创业。

史耀斌还表示，全面推开“营改增”试点，建立比较完整的消费型增值税制度，构建全国统一规范的增值税管理体系，是财税体制改革取得的又一重大成果，实现了制造业和服务业的融合发展、互促共进，加快了新旧动能接续转换。

"'营改增'也是'放管服'改革的重要内容。"史耀斌说，增值税全面代替营业税，简化了税制，降低了制度性交易成本，企业由管理两个税种变为管理一个税种，遵从成本降低，管理的难度和风险相应减小；在增值税纳税征管中，税务部门进一步优化纳税服务，让纳税人享有更快捷、更经济、更规范的优质服务。

全面推开"营改增"试点，是增值税改革取得的阶段性成果，走出了关键的一步，但改革仍在路上。

"今后要根据经济的发展、改革的需要、立法的要求进一步改革，比如要简并税率的档次，要进一步优化税收优惠，既提高税收优惠的力度和效应，又避免对企业的经营行为产生扭曲，也避免偷税漏税的现象出现。"史耀斌说。

史耀斌还表示，要坚持依法治国，贯彻税收法定原则。"目前，增值税是按暂行条例和国务院批准的试点办法征收的。立法的工作需要与增值税改革试点和改革方案有机结合，适时启动增值税立法工作，把改革成果和改革取得的成效、制度性安排用法律的形式固定下来，增强税制的规范性、强制性和有效性。"他说。

## "营改增"改革以降低企业成本提升企业效益为突破口，最终实现市场活力充分释放

### ——"加减乘"一起做　"放管服"落实好

（来源：《经济日报》　记者：崔文苑　2016年12月12日）

"营改增"的减法，最直接的就是降低企业税负，再通过"放管服"改革，达到简政放权的目的。加法是通过降低制度性交易成本，提升企业效益，并带来发展环境的宽松。乘法则是通过一减一增，激发市场活力，让千千万万的企业在市场竞争中成长壮大。

全面推开"营改增"试点，就是用政府收入的"减法"，换取企业效益的"加法"和市场活力的"乘法"，是一举多得的重大举措。这一改革，不仅是供给侧结构性改革的重头戏，还是财税体制改革的重大举措，更是落实"放管服"改革的重要实践。

**增加有效供给**

1.48亿元，这是江苏明佳供应链管理有限公司2016年前三季度营业收入交出的亮眼"成绩单"。4年前，这家不起眼的小货运公司年营业收入还不到500万元。企业的"蝶变"，正源自于"营改增"注入的强大动力。

交通运输业启动"营改增"试点初期，行业企业小、散、乱情况突出。由于增值税存在11%和3%的抵扣差异，为获得更高抵扣，企业往往选择大型运输企业。生存空间受到挤压的小企业，在倒逼之下开始抱团发展。"我们联合宏昌、博客等小货运公司，整合客户、运力和场站资源，完成了增值税一般纳税人认定，保住了客户。后来由于规模上的'虹吸效应'，业务量也明显上升。"江苏明佳供应链管理有限公司负责人赖建明说，没想到的是，由于"营改增"中抵扣充分，业务量上升的同时税负不升反降，平均在2%左右。

"'营改增'作为助力供给侧结构性改革的重要举措，担负着企业降成本改革的任务。"国家税务总局税收科学研究所所长李万甫表示，通过降低企业边际成本，提高要素供给效

率，更好地发挥市场机制在资源配置中的决定性作用。

“营改增”释放的红利，不只是助力企业壮大、行业规范有序，还通过支持企业创新经营，供给更加丰富的产品服务。江苏明佳供应链管理有限公司就在“营改增”减税支持下购入了多辆新车，成立了无锡首个以“信用度”为评价标准的智能物流平台，实现货运车辆与仓储设施、配送网点的信息互联，进一步提高了配送效率。“目前，企业通过该平台已整合拥有 360 条运输专线、注册会员 1.8 万户。”赖建明说。

“‘营改增’催生了新技术、新产业、新业态、新商业模式，为实施创新驱动发展战略和推动大众创业、万众创新开拓了更为广阔的空间，也为民营经济和小微企业营造了更为宽松的发展环境。”财政部副部长史耀斌表示。

**建立消费型增值税**

有专家曾分析说，中国的增值税改革之所以取得了积极成效，在于较好把握了制度变革与经济社会发展的关系，使税制改革的步伐与当期经济发展阶段的需求高度契合。从 1994 年建立社会主义市场经济，增值税制度应运而生；到 2009 年应对国际金融危机，增值税由生产型转变为消费型，鼓励企业更新改造设备、拉动经济增长；再到 2012 年启动新一轮增值税改革，建立比较完整的消费型增值税制度，通过促进“主辅分离”，打通第二、第三产业增值税抵扣链条，实现制造业和服务业融合发展、推动经济结构转型升级的改革目标。

煤炭行业“去库存”背景下，老企业常州科研试制中心有限公司抓住“营改增”契机，将技术服务、辅助运输从煤炭设备研发与制造的主业中剥离出来，成立了常州科试技术服务有限公司。“集团原来按 17% 全额征税，变为分产品制造、辅助物流、技术服务不同项目分别按 17%、11%、6% 征税。税收负担大大减轻。”新公司财务部主任季兴雷说，由于成本中占比 80% 多的人力成本可以参与抵扣，企业没有了后顾之忧，研发能力和吸纳就业能力都不断提升。

营业税制下，交易双方纳税行为相互之间并无联系，易于形成对内、对外“两本账”的问题，不仅导致偷漏税，也不利于市场健康发展。而环环抵扣的增值税制，倒逼上下游企业规范财务管理、交叉比对认证交易行为，形成规范化、透明化的产业链条。

“建筑业的成本主要包括原材料、机械租赁、人工工资三部分。以前从小企业处购买原材料、租赁挖掘机等都无法获取发票。‘营改增’后对企业财务核算有更高要求，只有从规范经营的供应商处购买原材料、租赁设备，才能取得可抵扣的增值税专用发票。这不仅能降低税负，也能够提升工程的品质。”周口天成建设工程有限公司财务部经理王林表示。

**贯彻“放管服”改革**

今年 5 月 1 日全面推开“营改增”试点，涉及 4 大行业、26 个细分行业、1 064 万户纳税人，如今不仅运行平稳，还实现了所有试点行业税负只减不增。这得益于“营改增”过程中，财税部门通过“放管服”，降低遵从成本和管理风险，进一步理清了政府与市场的关系，形成征纳双方良性互动、互相配合的局面，最终使改革效应最大释放。

增值税全面代替营业税，简化税制，降低制度性交易成本，也能达到简政放权的改革目标。“以前缴纳增值税和营业税两个税种，对应使用两套开票系统，并到国税、地税两个办税服务厅领用发票，完成两个税种的财务处理，企业的财务管理成本很高。”重庆宗申天润地产有限公司财务经理刘传慧说，如今统一了税制，不仅财务管理简单，还因为增值税开票系统和申报系统具有数据比对等功能，大大提高了财务数据质量。

此外，在增值税纳税征管中，仅今年5月起，税务部门就先后4次各出台20条优化措施，简化办税流程、提高办税效率，解决纳税人遇到的办税“痛点”和“难点”。“重庆市国税局推行电子税务局，在手机上轻轻一点，发票就能送货上门，跟网购一样！财务管理成本和办税成本明显降低了。”刘传慧说。

台前一分钟，台后十年功。为在方方面面给企业创造便利，就需要政府部门“放管服”改革更为精准、彻底、全面。国家税务总局总会计师王陆进曾举过一个例子，为了能够提醒纳税人更规范、快捷地开具发票，全国税务部门一共制作了680多万份发票使用的温馨提示板，在大大小小的经营场所显著位置张贴。

这只是“营改增”“放管服”中的一个缩影。数据显示，为缓解纳税人办税压力，全国国税、地税增加办税窗口17 386个、一线办税人员2万多人。同时，为教会纳税人“能开票、会申报”，组建辅导队6 000多个，发送“营改增”手机短信7 000多万条，累计培训纳税人2 130万户次，实现了纳税人培训全覆盖。据统计，“12366”纳税服务热线在“营改增”期间的接听量，平均每天高达12.9万通，同比增长了40%。

## “营改增”：减企业负担　增市场活力

（来源：《经济日报》　记者：曾金华　2017年1月11日）

财政部和国家税务总局日前发布数据，“营改增”在2016年前11个月整体减税规模已达4 699亿元，全年减税将超过5 000亿元，改革预期目标实现。

全面推开“营改增”试点，这场供给侧结构性改革的“重头戏”，为2016年的经济社会发展写下浓墨重彩的一笔。

营业税改征增值税试点开始于2012年1月1日，当时率先在上海市交通运输业和部分现代服务业进行试点。此后，试点地区和行业范围逐步扩大，2016年5月1日全面推开“营改增”，所有营业税纳税人都改为缴纳增值税。

“营改增”能够避免企业重复征税，从而减轻企业负担。在经济发展新常态的大背景下，全面推进“营改增”有何意义？简而言之，就是用政府收入的“减法”，换取企业效益的“加法”和市场活力的“乘法”。

随着全面推开“营改增”试点，从顶层设计、实施准备到正式实施，从中央部委、地方财税部门到各个行业，这项重大税制改革在全国迅速、有力推进。

改革的顺利推进需要周密的顶层设计。为实现确保所有行业税负只减不增的目标，财政部和国家税务总局在政策设计时妥善安排，对建筑、房地产、金融和生活服务业4大行业原税收优惠政策原则上予以延续，对老合同和老项目实行政策平转，对特定行业制定过渡性优惠措施等。

财税部门实时跟踪，针对试点中反映出的问题，及时分析，完善试点办法。财政部和国家税务总局先后下发9个政策性文件，国家税务总局先后下发27个有关征管操作的公告。

此次全面推开“营改增”试点涉及1 000多万户企业，税务部门采取了一系列征管服务措施：优化服务措施方面，根据各阶段不同特点，国家税务总局先后出台80项纳税服务措施；加强培训辅导方面，培训纳税人2 130余万户次；增配办税力量方面，增加办税窗口17 386个，增加一线办税人员2万多人、自助办税终端2万台……

在各方共同努力下，全面推开“营改增”试点顺利实施。2016年5月至11月，新增试点的建筑、房地产、金融和生活服务业4大行业减税1 105亿元，税负下降14.7%，并实现所有行业税负下降。2016年1月至11月，“营改增”带来的整体减税已达到4 699亿元，全年减税5 000亿元的目标将能实现。“营改增”的全面推开，实现了多重改革效应。

增值税以增值额为税基，其链条抵扣机制避免重复征税。全面推开“营改增”，实现了增值税对货物和服务的全覆盖，大多数行业都能受益于增加抵扣从而减少重复征税。5 000亿元的减税规模表明，这可有效降低企业负担，激发市场活力，增加有效供给。

增值税机制促进了专业化分工协作，拉长产业链，一些研发、设计、营销等内部服务环节从企业主业剥离出来后，更加专注于提供某类型服务，催生了新技术、新产业、新业态、新商业模式，为实施创新驱动发展战略和推动大众创业、万众创新拓展更广阔的空间。2016年5月至11月，仅新增试点的4大行业新办企业户数就累计增加58万户，每个月平均有8万多户。

通过打通第二、第三产业增值税抵扣链条，激发了制造业采购服务积极性，实现了制造业和服务业的融合发展、互促共进，带动了就业、创业，加快了新旧动能接续转换。

有利于充分发挥税收的中性作用，为公平竞争创造良好税制环境。在增值税抵扣机制的作用下，企业为实现充分抵扣和充分利用税制安排的有利条件，会更加注重经营管理规范，积聚发展的内生动力，培育经济发展新动能。

2016年全面推开“营改增”实现的减税效果实实在在，改革效应好于预期。2017年是实施“十三五”规划的重要一年，是供给侧结构性改革深化之年，“营改增”试点将继续推进和深化，进一步完善政策和优化服务，更好地释放改革红利。

## 探究“营改增”的成功“密码”

（来源：《经济日报》　记者：曾金华　2017年3月17日）

“营改增”是一项影响面大、情况复杂、操作难度大的重要改革，我国在短时间内取得显著成效，得益于“营改增”顺应了经济发展需求和税制改革方向、进行了周密的顶层设计并得以有序推进、得到财税部门高效执行和企业主动遵从，这些都是“营改增”成功背后的“密码”。此外，“营改增”试点的成功实施，还体现出改革的系统性、整体性、协同性。

今年的《政府工作报告》指出，2016年，全面推开“营改增”试点，全年降低企业税负5 700多亿元。数字说明我国“营改增”是成功的，而这一成功也引起国际社会高度关注，经济合作与发展组织、彭博新闻社、普华永道会计师事务所等机构纷纷给予充分肯定和高度评价。

增值税在国际上是一个相对“年轻”的税种，征管相对复杂，尤其是在金融业等行业的实施难度较大。同时，减税作为一项改革措施，在各国都会面临政策抉择、利益博弈、具体操作等困难与挑战。这项影响面大、情况复杂、操作难度大的重要改革，在短时间内取得显著成效，背后的成功“密码”值得探究。

首先，“营改增”顺应了经济发展需求和税制改革方向。当前，我国经济仍面临较大的下行压力，如何激发企业与市场活力、推动供给侧结构性改革，是十分重要且迫切的问题。在这样的背景下，通过“营改增”减轻企业负担、促进经济转型升级，成为改革与发展的关键一招。同时，增值税在设计理念上克服了重复征税的问题，是现代市场经济中政府筹集收入的一个较为理想的税种。

其次，“营改增”进行了周密的顶层设计并得以有序推进。从2012年1月1日起，我国率先在上海市实施交通运输业和部分现代服务业“营改增”试点；此后，试点地区和行业范围逐步扩大，2016年5月1日起全面推开“营改增”试点，体现出改革的循序渐进。

在“营改增”全面实施中，周密的顶层设计发挥了重要作用。中央明确要求“确保所有行业税负只减不增”，财政部、国家税务总局将这一改革目标注入试点方案的顶层设计中，按照营业税税负平移的方法测算确定了各试点行业的适用税率，总体上确保所有行业全面减税、绝大部分企业税负有不同程度降低。同时，财税部门密切跟踪试点情况，及时完善试点政策，仅金融业就先后数次出台补充政策。对此，有欧盟税收专家表示，中国增值税转型速度快的同时，又避免了重蹈其他国家的覆辙，称得上是国际税制改革的成功典范。

再次，“营改增”得到财税部门高效执行和企业主动遵从。虽然“营改增”已有几年的试点经验，但全面推开“营改增”任务是试点中“最难啃的骨头”，涉及1 000多万户纳税人，时间紧、任务重。财税部门扎实开展了一系列准备和实施工作，确保税制如期转换、平稳运行。比如，在短短55天的准备时间里，税务部门稳妥地做好了1 000多万户纳税人的资料交接、税务登记、辅导培训等工作。同时，通过财税部门的辅导培训和新闻媒体的充分宣传，众多企业较好地掌握了改革政策，及时转变观念，及时调整经营管理理念，主动适应新税制要求。

值得注意的是，“营改增”试点的成功实施，还体现出改革的系统性、整体性、协同性。“营改增”是供给侧结构性改革的重要组成部分，与其他改革密切关联、互相促进。比如，增值税全面代替营业税，简化了税制，降低了制度性交易成本，是“放管服”改革的重要内容。此外，近年来推进的深化国税、地税征管体制改革，为国地税在“营改增”中的高效合作奠定了扎实的基础。

## “营改增”：减了税负添了活力

（来源：《经济日报》　记者：曾金华　2016年5月5日）

自5月1日起，“营改增”试点全面推开。确保实现所有行业税负只减不增的政策目标，将使改革惠及广大企业。同时，改革红利还不仅于此，“营改增”的全面推开更将促进经济转型升级，增添市场和企业活力。

**增值税广受欢迎**

1954年，法国正式实行增值税制度，此后，增值税迅速在不同发展阶段的许多国家和地区推广开来。目前，全世界已有超过160个国家和地区开征增值税。

增值税在国际上被广泛采纳的主要原因，在于其保持了税收中性。增值税是对货物和服务流转过程中产生的增值额征收的税种，以增值额为税基，有效避免了重复征税。对同一货物或服务而言，无论生产、流转环节存在何种差异，只要增值额相同，应缴纳的增值税就相同。

正因为增值税的这一内在机理，全面推开“营改增”意义重大。通过全面推开“营改增”，实现了增值税对货物和服务的全覆盖，基本消除了重复征税，进一步减轻了企业税负，打通了增值税抵扣链条，促进了社会分工协作。同时，“营改增”的全面推开，创造了更加公平、中性的税收环境，有效释放了市场在经济活动中的作用和活力。

瑞华会计师事务所管理合伙人张连起认为，“营改增”不是单纯的降税问题，而是引导和促进新动能在“营改增”杠杆下延长产业链，升级业态，促进制造业和服务业的深度融合，在推动产业转型、结构优化、消费升级、创新创业和深化供给侧结构性改革等方面发挥重要的促进作用。

“可以说，‘营改增’是创新驱动的‘信号源’，也是经济转型升级的强大‘助推器’。”财政部副部长史耀斌说。

**全面认识“减税效应”**

国家在设计全面推开“营改增”实施方案时，通过税率和过渡政策等妥善安排，确保全面推开“营改增”试点后，总体上实现所有行业全面减税、绝大部分企业税负有不同程度降低的政策目标。

同时，很难避免出现一小部分企业的税负没有下降，甚至有所上升的情况。“与营业税以销售收入为税基征税相比，增值税以增值额为税基的征收机制要复杂得多。因此，应全面客观地分析‘营改增’后企业的税负变化。”中国社科院财经战略研究院税收研究室主任张斌说。

分析2012年以来“营改增”试点情况，张斌认为，影响企业税负变化的因素包括试点范围和行业、企业经营周期、企业经营模式等。“现在‘营改增’已全面推开，抵扣链条完全打通，因此影响企业税负的因素主要是企业经营周期和经营模式。”

增值税的税负变化受企业经营周期影响，短时间内的税负情况往往不能反映真实税负情况。比如，增值税允许抵扣购置机器设备、不动产的进项税，在短期内未购入机器设备或不动产的企业税负较重，但未来购入机器设备或不动产时税负就会大幅下降。“因此，某个时段税负上升的企业在整个经营周期的税负可能是下降的。”张斌表示。

“增值税允许抵扣中间投入和机器设备、不动产的进项税，许多企业的经营模式不适应增值税征收机制，就会导致税负上升。”张斌说，企业经营模式不符合增值税征收机制导致的税负上升会促使企业调整商业模式，这一作用恰恰是“营改增”促进专业化分工、推进经济结构调整作用的体现。

**企业发展迎来契机**

全面推开“营改增”将给各个行业带来巨大的减税效应。然而，减税“红包”能否最终落到企业手上，还需要企业掌握好“营改增”政策，运用好政策来调整管理思路和模式。从这个意义上来说，这是企业发展的重要契机，将促进企业不断规范经营管理。

泰康人寿保险股份有限公司有关负责人表示，为降低增值税涉税风险，提高公司税务管理水平，公司以“营改增”为契机，正在上线泰康人寿税务管理系统，将总公司及各分、子公司的税务工作统一进行系统化管理和建设。

“此次金融业增值税的政策基本延续了以前营业税的相关政策规定。同时，由于增值税可以抵扣进项，所以整体税负是减少的。金融企业可以通过加强研究分析，提高经营管理水平，改进业务模式，以应对‘营改增’产生的影响。”北京市西城区国税局货物和劳务税科科长张大均说。

建筑业实施“营改增”的难点则在于支出的一部分拿到进项的难度较大，尤其像沙、石、泥土等原料。张连起认为，建筑业企业应加强采购管理，更多选择功能性比较大的建材供应企业。

“公司在‘营改增’后更加规范了企业日常经营，山东淄博市博山区国税局税务人员也给企业提出了健全会计核算，及时取得发票申报抵扣，收齐抵扣有效凭证，完整抵扣链条的建议，新税制促进了企业加强管理规范，为企业发展注入了新活力。”山东淄博天威建工集团天祥有限公司总经理赵炳忠说。

福建漳州华商酒店有限公司财务经理邱淑芬表示，酒店在“营改增”后虽然名义税率由营业税5%调整为增值税6%，但酒店电费、燃气费以及餐饮原材料等货物和服务采购支出都可以抵扣进项税额，因此整体税负有较大下降。

“‘营改增’是国家给予企业的大红包，但是要想享受到改革红利，酒店作为生活服务业增值税一般纳税人要适应税种变化，完善企业财务制度和会计核算，做好经营筹划，规范原料采购管理，及时、充分取得合法有效凭证，从而获得充分抵扣来降低税负。”邱淑芬说。

由于实现了可抵扣，“营改增”后企业对新设备、新技术的需求也将加强，这也将增强企业活力。“‘营改增’将促进企业加快固定资产更新、积极采用新技术，推动创新驱动发展战略的实施。”张连起说。

## “营改增”为房地产业带来多重利好

（来源：《经济日报》　记者：崔文苑　2016年5月6日）

在新一轮“营改增”中，房地产行业的试点改革被称为难啃的“硬骨头”。

第一个原因，牵涉面广。在曾经作为地方第一大税种的营业税中，有超过30%的税收来自房地产行业企业。第二个原因，首次将自然人纳税人纳入“营改增”试点，与老百姓购房成本紧密相关，改革的复杂程度进一步提升。

这项改革如何进行，对个人和房地产行业将带来哪些影响？

**二手房交易税负略有减轻**

“营改增”之后，二手房交易中的税费到底怎么算？

湖北省武汉市国税局局长姜锋举例分析说：“个人将购买不足2年的住房对外销售的，按照5%的征收率全额缴纳增值税，超过2年（含）的，免征增值税。比如，某人将购买不足2年的住房以100万元销售，按原营业税政策应纳税为：100万元×5%＝5万元。而增值税是价外税，其计税依据需调整为不含税收入，应纳税为：100万元/（1＋5%）×5%＝4.76万元，相比少交2 400元。相应地，尽管税率不变，但应税收入降低，契税、个人所得税等交易环节税额也会减少。”

“总体来看，‘营改增’后二手房交易对纳税人来讲，征收机关、办税场所和流程等都没有变化，但税负会略有减轻。”国家税务总局有关负责人表示。

“为了方便纳税人房屋转让、私房出租等税收缴纳和发票代开，目前，武汉共设立145个代征点，由地税部门代征这部分税款。”姜锋说。

**个人出租不动产税率如何计算，税负能否降低？**

按照规定，个人（自然人）出租不动产，要看不动产的属性。如果是属于非住房，增值税征收率为5%；如果属于住房，增值税征收率为5%，减按1.5%计算缴纳。例如，某人出租非住房年租金100万元，应缴纳的增值税为4.76万元［100/（1+5%）×5%］，较原营业税少缴2 400元；若出租住房，则应缴纳增值税为1.42万元［100/（1+5%）×1.5%］。

同时，个人出租不动产，月销售额不超过30 000元，还可享受免征增值税的税收优惠。比如，每月出租非住房租金收入为10 000元，可以免征增值税，但需要缴纳个人所得税、房产税和印花税；如果每月的租金收入是40 000元，就需要缴纳增值税及附加以及个人所得税、房产税和印花税。

“对于承租方而言，用于生产经营的房屋租金也可用于抵扣税款，承租方只需要求房东提供由税务局开具的发票，就可凭票抵扣。”姜锋分析说。

**不动产抵扣加速更新改造**

房地产行业“营改增”，因为牵涉不动产抵扣问题，还会对其他行业企业产生千丝万缕的联系。

“营改增”之后，企业新建或是购买厂房，以及厂房修缮、道路绿化等花费都可以用来抵税。“这有助于加速各个行业企业投资改造的步伐。”武汉国税局货劳处处长陈刚说，例如，某企业购入价值1 000万元的房屋用来出租，则进项税额为99万元［1 000/（1+11%）×11%=99］，而年租金为100万元，其销项税额为9.9万元。这也就意味着，如无其他进销业务发生，该企业10年内都不需要缴纳增值税。

同时，不少大企业发展新店，购进不动产用作经营，也可以用于抵扣。“公司每年将新增50家至80家门店，这些店面成本都可以作为进项抵扣，企业税负将大大减轻。”某外资餐饮公司财务负责人介绍说，作为连锁餐饮企业，由于公司食品原料、店面等方面实行了统一核算，所以可抵扣的进项税非常多。

不动产抵扣中，存在一些需要把握的关键点。根据政策规定，2016年5月1日后，增值税一般纳税人取得并在会计制度上按固定资产核算的不动产，以及2016年5月1日后发生的不动产在建工程，其取得的进项税额分2年从销项税额中抵扣，第一年抵扣比例为60%，第二年抵扣比例为40%。

“这是大的抵扣原则，还有一些细化的规定，比如，企业购进不动产，先抵扣了60%，不到第二年或者剩下40%没抵扣，就把购进的不动产销售了，这时候可以把没抵扣的进项税额一次性从销项税额中扣除。”山东淄博国税局税务人员分析。

在获悉这一政策后，山东淄博大染坊丝绸集团就打算在广西上林的原料基地进行技术改造，其中40%的资金要投入厂房建设。按照相关政策，这部分资金第一年可拿出60%进行抵扣税款，第二年抵扣40%。如果抵扣税款仍大于需交税款，剩余部分可继续抵扣。

**倒逼行业企业优胜劣汰**

在山东省章丘市国税局绣惠分局举行的座谈会上，绣江置业有限公司总经理赵家元分析说，不动产抵扣带来双重利好：一方面不动产纳入抵扣范围，使得地方企业有了新一轮投资热情和不动产采购的需求，有助于去库存和打开商用房市场空间。另一方面，对企业的土地成本也可以扣除了，自身税负降低了。

据了解，在房地产开发成本中，土地出让金占到了整个成本的30%到40%，是开发成本中最大的一块，对房地产企业来说，税负的降低是显而易见的。

此外，河南建业住宅集团南阳置业有限公司财务负责人杜鹏伟表示，“营改增”之后，房地产公司的招标采购模式及成本核算方法也会发生改变，公司的成本管控也面临不少挑战。这会倒逼行业进一步优胜劣汰。

“那些从正规渠道获取土地，取得合规土地票据的，上下游供应商正规健全，内部管理完善的房地产开发企业实际税负相对营业税确有降低，生存空间就会加大，而一些规模小、议价能力弱、生产经营不正规的房地产企业将面临严峻考验。”河南省南阳市国税局税务人员告诉记者。

## “营改增”红利落地有声

（来源：《经济日报》　记者：曾金华　陈果静　2016年5月12日）

◎增值税仅针对增值额征税，企业购置或租赁不动产、购买设备等均可以作为进项税额抵扣，金融企业适应新税制后，税负应能只减不增。

◎建筑业的业务比较复杂，同时不少企业管理较粗放，如何适应新税制是摆在行业面前的一个重要课题。

◎二手房交易缴纳增值税关注度高，“营改增”后地税代征二手房交易增值税，需要国、地税深度融合。

“从5月1日零时全面推开‘营改增’试点以来，截至今天中午12时，全国试点纳税人共开具增值税发票1 015万份，开票金额1 968亿元。”5月11日，国家税务总局局长王军表示。

随着“营改增”税制平稳转换，减轻企业负担、推动经济结构优化升级等改革红利如何落地，成为社会各界关注的焦点。

企业关切的首先是能否通过有效抵扣实现减负。由于金融业业务种类繁多、产品专业性强、核算复杂，进项税抵扣也随之复杂化，对金融业征收增值税是一个世界性的新难题。

“近年来，增值税抵扣链条不完整导致的重复征税问题愈加突出，增加了企业发展和转型的负担，而金融业也正是链条中的重要一环，因此金融业实施‘营改增’十分必要。”恒丰银行研究院中心负责人蔡浩表示。

根据试点方案，金融业增值税适用税率为6%，此前采用5%的营业税率。“营改增”后金融企业税负会如何变化？

业内人士表示，增值税仅针对增值额征税，企业购置或租赁不动产、购买设备与办公用品等均可以作为进项税额抵扣。金融企业通过合理筹划、适当调整业务结构适应新税制，“营改增”实施后行业税负应能够实现只减不增。

需要看到的是，“营改增”不仅将打通增值税链条，还能促进企业改进经营管理。企业要从新税制中获益，需要了解新税制、遵从新税制，也需要调整自身经营模式，加强精细化管理，主动适应新税制。

毕马威企业咨询（中国）有限公司间接税合伙人沈瑛华认为，金融业“营改增”将鼓励银行就税务和财务实施精细化管理，“营改增”试点过程中，银行也要同时进行系统改造、流程改造和采购环节改造等，这将促使银行提升其税务管理水平，并且调整与增值税管理相关的经营模式。

建筑业的业务比较复杂，同时不少企业管理较粗放，如何适应新税制是摆在行业面前的一个重要课题。在参加黑龙江省农垦建三江国税局举办的“营改增”业务培训辅导之后，黑龙江省建三江农垦宏升建筑有限责任公司财务经理代廷生感受最深的就是，“营改增”后传统的管理方式不能适应新税制要求。

“公司根据实际经营情况，找出问题差距，在税企双方共同努力之下，将公司‘营改增’之前按项目部为单位进行管理、核算的方式，改成按一套账核算，通过设置三级科目方式，解决各项目部独立计算收益问题，既解决了分项目部核算不利于经营管理问题，又使核算适应‘营改增’税制要求。”代廷生说。

新纳入“营改增”试点的四个行业业态复杂、社会关注度高，需要包括政府、企业等在内的多方面齐心协力、共同推进。

“金融业实施‘营改增’需要财税部门、监管部门、行业协会与金融机构共同努力。”沈瑛华认为，建立顺畅的沟通机制对于落实新税制、完善新税制，以及促进“营改增”顺利推进将起到极为重要的作用。

北京市西城区国税局第九税务所所长白玉明介绍，为做好金融机构汇总缴纳增值税的实施准备工作，该局近日赴辖区某政策性银行北京分行调研，了解该分行原缴纳营业税的核算管理方式，就“营改增”后汇总缴纳增值税的具体实施进行了税企沟通。

“按照过渡方案要求，建议该分行适应税制改革的变化，调整内部核算和管理方式，采取管理成本更低的适当的汇总方式缴纳增值税。”白玉明说。

二手房交易缴纳增值税受到百姓高度关注，“营改增”后地税代征二手房交易增值税，需要国、地税深度融合、无缝对接。为做好增值税代征和发票代开工作，江西省新余市地税局提前选派二手房交易窗口人员到国税参加相关代征业务培训，熟练掌握增值税代征系统和专用发票代开系统，顺利开展代征工作。

“我们正在为6月1日纳税人顺利申报，以及全年减税5 000亿元并确保所有新增试点行业税负只减不增开展一系列准备工作。”王军介绍。

## “营改增”倒逼税收服务补“短板”

（来源：《经济日报》　记者：傅光明　付博文　2016年5月17日）

如何实现保障国家税收增长能力和保护纳税人合法权益的辩证统一，是税收征管长期面临的课题。

“营改增”全面覆盖到服务业等各行业之后，税收征管必须打破常规，回应纳税人的关切，消除纳税人的痛点，为纳税人尽量提供简便化、高效化、精准化的服务。

随着“营改增”改革全面实施，资源税改革接踵而至，其他税制包括个人所得税改革紧锣密鼓地进行。这些新的税制改革，都对现行税收征管法制提出了新的挑战和新的要求。

我国《税收征收管理法》自2001年修订以来，对于规范税收征收和缴纳行为，保障国家税收收入，保护纳税人合法权益，促进经济和社会发展，发挥了积极作用。但是，税收征管体制仍然存在不统一、不协调、不便利的问题，对纳税人权益保护不够、涉税信息获取能力不足、税收治理能力有待进一步增强等问题依然存在。如何实现保障国家税收增长能力和保护纳税人合法权益的辩证统一，是税收征管长期面临的课题。

“营改增”全面覆盖到服务业等各行业之后，增值税专用发票的要求严格程度远高于营业税，税率复杂细致，工作量极大增加。税收征管必须打破常规，回应纳税人的关切，消除纳税人的痛点，为纳税人尽量提供简便化、高效化、精准化的服务。如进一步简政放权、精简税收登记、申报、税款缴纳、税收检查、税收纠纷和违法处理等方面的程序和环节；精简各种不必要的税收报表填报；提倡国地税机构合作，实施一窗式联合办税，一站式服务。

随着“营改增”的全覆盖，纳税户大量增多，税务人员紧缺，工作量增多。纳税人对税务机关尽快取消纸质办税的愿望强烈，希望加强信息化、网络化、电子化的税务管理，并覆盖到所有的税收登记、申报、税款缴纳甚至包括税收争议纠纷的处理。如现行机关事业单位的个人所得税网上办理的平台欠缺，办税不方便，因此，网络平台要不断改进和完善，以适应各层次的纳税群体的申报和缴税的需求。

税收征管要补“短板”，既要加强对纳税人“收”税的服务，更要重视对纳税人“支”的税收优惠政策的服务。要改变少数地方出现的国家出一批税收优惠政策，就出一批中介服务的现象。如有的企业享受嵌入式软件产品收入退税，于是一些中介机构找上企业服务，退税后按照17%收取代理费。企业增加了负担，对此也不满意，还易产生腐败行为。因此，对于税收优惠政策的落实，应由税务部门直接办理，必须请代理机构办的，也不能违规收取企业的费用。

税收征管要健全法治化、程序化管理。特别要重视纳税人各种诉求的回应，加大税务机关与纳税人各种税收纠纷的调处。现在学术界对取消税收复议前置呼吁较多。事实上，由于税收征管的特殊性，复议前置模式在世界上是普遍的做法，也是人性化的管理。同时，对于行政复议、诉讼和要提供相应担保的工作要不断改进优化，配备专门人员加强税收复议工作，保障纳税人的合理诉求。

税收取之于民，用之于民。税收征管法应当进一步完善纳税人权利保护制度，让纳税人有更多的获得感，如切实保障纳税人的税收法律政策的知情权、索取收据或清单完税凭证权、陈述申辩权、依法要求听证权、委托税务代理权以及控告检举权等。应逐步建立纳税人的税收法律救济制度，构建征纳双方的和谐关系。

## “营改增”开局良好　“报好税”继续攻坚

（来源：《经济日报》　记者：崔文苑　2016年6月1日）

6月1日，是全面推开“营改增”试点后的重要节点。这一天，不仅标志着试点平稳运行一个月，还意味着纳税人进入首个纳税申报期。

记者从国家税务总局了解到，截至6月1日下午5时，全国“营改增”试点后首个纳税申报期工作平稳顺利开局。

**试点满月运行平稳**

试点运行已满月，情况如何？

“真没想到，第一次去国税办税服务厅代开发票，就把业务办得这么快、这么好！”5月中旬，山东省高密市永安小区配套工程有限公司会计徐海英，从走进高密市国税局办税服务厅到领完发票，前后用时不到5分钟。记者发现，如此“神速”的秘诀之一是导税工作“帮大忙”。导税员为试点纳税人办理业务提供各类表单，并指导其填写、帮助办理涉税事项。仅导税员为纳税人提供资料预审一项，就为发票代开业务缩减平均2分钟/笔的办税时间。

“‘营改增’新纳入试点的纳税人归国税管理后最关心的还是办税效率问题。如果每项业务都能在最短时间内办理，每个问题都在第一时间得到答复，肯定会得到纳税人的认可。”高密市国税局局长李兴津说。5月1日后，高密国地税局实现税制平稳过渡，各行业纳税人都实现了正常开票。

除了办税效率，还须帮助纳税人“吃透”改革政策。“到目前为止，我们已经参加了广西国税组织的3次‘营改增’培训。培训内容既有政策法规宣传解读，又有办税流程、发票开具、申报表填报等辅导，而且通俗易懂。”中国工商银行广西区分行财务会计部副总经理周梅霜说，特别是广西国税制作的动漫视频，有普通话、粤语、桂柳话等多个版本，不仅吸引人，而且实用性也强，帮助了企业顺利实现税制转换。

从6月1日税务总局与各地连线的“营改增”视频会议上，《经济日报》记者了解到，5月1日以来，各地办税服务厅秩序井然，开票系统运行正常，全面推开“营改增”试点后纳税申报工作开局良好。

**电子申报占“大头”**

如果说启动试点的第一场战役是要“开好票”，那么从6月1日起，将打响“营改增”“报好税”第二场战役，同时作为第三场战役“分析好”的准备工作也将相继展开。“后面两场战役都是比‘开好票’更为艰巨的‘硬仗’。”国家税务总局局长王军表示。

在“营改增”视频会议上，令记者印象深刻的是，不少国税、地税部门给出的数据中都有一个共同点，那就是电子申报占“大头”，这让1 000多万新试点纳税人集中进入申报期实现高效办税成为现实。

在厦门，90%以上的企业都是通过网上申报缴税，大部分的试点企业第一次增值税申报缴税选择在网上完成。6月1日上午9点，厦门悦华酒店财务总监韦玲玲在公司登录厦门国税网站，进入网上办税服务厅录入数据，成功申报当期收入804.75万元，税款32.13万元，厦门首笔“营改增”网上申报顺利完成。“3分钟，我就顺利办结了申报，一分钟后，申报扣款成功的提醒信息也直接推送到了我的微信上，整个过程便捷又透明！”韦玲玲说。

韦玲玲还告诉记者，“营改增”为企业增强了市场竞争力。“‘营改增’后，公司税率由5%调整为6%，但酒店用水用电、采购酒店用品和餐饮部采购食品原料都可以取得正规的进项进行抵扣，根据测算，这个月我们比‘营改增’前少交了10万多元的税费。”

电子申报是够方便，但如何能让纳税人“会填表”“会申报”？在重庆，不少纳税人完成培训后，可以回家自己登录网上申报模拟操作系统，完成申报、缴税模拟操作，熟悉系统操作，强化培训效果。据了解，这个"营改增"一般纳税人"网上申报辅助软件"，精简整合一般纳税人申报9张套表为1张表，填写项目数量由513项减少到313项，填报量缩减39%，进一步减轻了纳税人填表负担。

**准备做好纳税申报**

深圳市福田区国税局负责人表示，新增"营改增"纳税人15.5万户，因此带来的办税服务压力可想而知。除了办税业务量大增外，更多的挑战体现在服务水平以及信息系统保障方面。

以"报好税"为例，虽然集中体现在填报申报表，但其背后却是对政策适用性、征管高效性、服务便利性、技术可靠性的综合反映和综合测试。从信息系统保障方面看，如果说5月确保顺利开票，主要考验的是增值税发票管理新系统，从6月申报期开始，则是对"金税三期"系统、综合征管系统、电子申报系统等信息系统全方位的考验和测试。

记者从山东菏泽国税局了解到，当地已形成地税支援国税纳税服务、国税保障地方税费征收的合作局面，共建办税厅已实现了国、地税共同管理，统一协调人员、统一配置设备。"为了确保有序申报，全市增设30个服务窗口，还开展全面双向预约服务、延时服务等制度，有效缩短了纳税人等待时间。"菏泽市国税局局长王进介绍说，同时还建立完善技术保障、办税服务保障等应急工作预案，确保正式申报时，一旦出现突发状况各部门能够无缝对接、及时处置问题。

进入申报期，也有试点纳税人前来反映"问题"。

"我们餐饮行业通常都有很多家分店，如果每一家都要单独申报，对我们来说有些不方便，能不能直接申请总机构汇总申报？"厦门市临家社区餐饮服务有限公司的财务负责人蔡幼娟提出一个问题。面对这个共性问题，厦门国税主动联系有多家分支机构的企业，将情况进行梳理，经批准通过后，企业就可以直接汇总申报。

"纳税申报是对'营改增'政策、征管、服务、信息系统等全方位的考验，只有纳税申报顺利，我们的各项工作才算是经受住了考验。"王军说。据了解，为了做好准备工作，税务部门新出台了20项纳税服务举措，培训了2 000多万户次纳税人和100多万人次税务干部。同时，将6月纳税申报期延长至27日，取消了原纳税信用A级和B级增值税专用发票认证，而且规定5月1日到7月31日，新试点纳税人无需进行发票认证，进一步提高办税效率。

## 胜了"开好票""报好税"　打响"分析好"

（来源：《经济日报》　记者：崔文苑　2016年6月28日）

记者崔文苑今天从国家税务总局了解到：全面推开"营改增"试点已顺利完成"开好票""报好税"两场战役，将进入全面打响"分析好"第三场战役阶段。

今年5月1日，"营改增"试点全面推开。对税务部门而言，面对近千万户新增纳税人，5月确保纳税人"开好票"是全面推开"营改增"试点的第一场战役；在6月1日至

27 日的首个纳税申报期，确保纳税人“报好税”则是改革的第二场战役；6 月 28 日起进入“分析好”第三场战役。

随着原营业税发票过渡期于 6 月 30 日结束，7 月试点纳税人对增值税发票需求大量增加。“这将成为增值税发票自推行以来领用压力最大的一个月，纳税申报高峰与发票领用高峰同期而至。”国家税务总局局长王军表示，在面临这些挑战的同时，需要打好“分析好”第三场战役。

据了解，“分析好”是由运行分析、税负分析、效应分析组成的“三位一体”大分析。以税负分析为例，是对传统税收统计在分析方法、技术路径、数据基础等方面的重构，是在实现数据需求侧与供给侧深度融合方面的一次重大突破甚至变革。

“税负分析是‘分析好’战役的重中之重。只有把纳税人的税负变化分析好了，才能客观反映改革红利实现程度。”王军表示。“开好票”“报好税”带给纳税人的是办税便利，只有“分析好”并确保所有行业税负只减不增，才能让纳税人真正享受改革红利。

王军进一步表示，要通过“分析好”助推税收善治，解决管理上的薄弱之处，同时通过“分析好”助推企业善治。要积极帮助企业分析，积极引导纳税人利用增值税机制，完善财务会计核算、调整投资经营策略，健全从采购供应到内部管理和市场营销全链条管理，通过提升治理水平让企业更好地享受改革红利。

税务专家表示，“营改增”后，一些不规范经济行为正走向规范，一些大而全经营组织方式正向专业化分工转变，这对于企业转型发展、经济治理能力提升都具有重要的推动作用。

## 财政收入增速放缓“营改增”减税显成效

（来源：《经济日报》　记者：曾金华　2016 年 9 月 14 日）

9 月 13 日，财政部发布 8 月财政收支情况显示，8 月全国财政收入增速放缓。同时，“营改增”减税效应进一步显现，新纳入“营改增”试点的建筑业、房地产业、金融业等税收降幅明显。

统计显示，8 月，全国一般公共预算收入 9 894 亿元，同比增长 1.7%，主要是受“营改增”政策性减收效应进一步显现、去年同月相关收入基数较高等影响。其中，中央一般公共预算收入 4 797 亿元，同比增长 2.5%，同口径下降 2.6%；地方一般公共预算本级收入 5 097 亿元，同比增长 1%，同口径增长 6.1%。全国一般公共预算收入中的税收收入 7 680 亿元，同比增长 1.9%。

“营改增”后增值税收入和企业税负变化情况广受关注。统计显示，国内增值税 3 225 亿元，同比增长 49.5%。其中，改征增值税 1 157 亿元，同比增长 3.8 倍。同时，营业税 53 亿元（为清理补缴的尾款），同比下降 95.7%。全面推开“营改增”试点后，原营业税纳税人改缴增值税，收入在增值税科目中反映，体现为增值税增收、营业税减收。

财政部有关负责人解释，考虑收入在项目间转移因素，将改征增值税与营业税合并计算，8 月这两项收入合计同比下降 17.6%，其中，新纳入试点的建筑业、房地产业、金融业等降幅都超过20%（连续3个月大幅下降），主要是政策性减收进一步体现以及前期清缴营业税减少了部分后期收入来源等影响。

"'营改增'从5月1日起全面推开，企业可以进行进项抵扣，尤其当前投资规模扩大，企业购置不动产、机器设备等的进项数额较大，减税效应突出显现，这也是推进'营改增'的初衷。"中国财政科学研究院副院长白景明说。

所得税和进口税收则是税收增长的亮点。其中，企业所得税649亿元，同比增长5.4%。个人所得税731亿元，同比增长9.9%；

进口货物增值税、消费税1 143亿元，同比增长19.3%；关税244亿元，同比增长25.5%。主要受当月一般贸易进口增长（15.9%）带动。

同时，土地和房地产相关税收增速较大。白景明认为，土地和房地产相关税收增幅较大主要是一线城市和部分二线城市房地产市场行情较热引起的。"就全国而言，房地产市场整体上还是供过于求，仍然需要去库存。"白景明说。

财政部有关负责人表示，今年后几个月，受经济下行压力持续、政策性减收效应进一步显现等影响，财政收入形势不容乐观。各级财政部门要密切关注经济形势变化，加强财政运行监测分析，做好预研预判，并积极采取有效措施，促进收入平稳增长。

## 三问营改增　真改革正在真落实

（来源：《经济日报》　记者：崔文苑　2016年9月18日）

这是一场事关全局的改革，以科学税制激发经济内生动力；这是一场真枪实弹的改革，所有行业税负实现"只减不增"；这是一场万众瞩目的改革，数千万户企业切身利益与之息息相关。

从今年5月1日起，"营改增"试点全面推开。如今，这一牵动人心的改革已运行了3个申报期。所有行业税负"只减不增"是否真的实现了？行业转型升级是否真的落地了？经济活力是否真的释放了？带着这些问题，《经济日报》记者采访了财税部门有关负责人和有关专家。

**是否实现了"只减不增"？**

我国面临"三期叠加"的矛盾，既要稳增速又要调结构。与经济紧密相连的税收，像一根"敏感的神经"，一头连着国家的财政收入，一头连着广大纳税人的税收成本和税负公平。如何实现"双赢"？以增值税取代营业税，以降低企业负担激发市场活力，以发展经济涵养丰富的税源，就是行之有效的解决方案，方案的核心就是减负。

今年"两会"的《政府工作报告》提出"确保所有行业税负只减不增"。实施"营改增"的建筑、房地产、金融、生活服务4大行业，细分到26个小行业后，税负是否全部能降下来，一度让不少人心生疑惑。

"经历一段时间的磨合、调试，'只减不增'已全面落地，四大行业已实现所有小行业全部减税。"国家税务总局有关负责人说。不仅如此，纳税人税负下降成为绝大多数。四大行业1 040万户纳税人中，税负下降或持平户数达到了98.7%，税负增加的只占1.3%。

减税春雨普降，“降雨量”究竟有多大？据国家税务总局统计，今年1至4月全国“营改增”减税847亿元，5月1日在建筑业、房地产业、金融业和生活服务业四大行业全面实施“营改增”后，5—7月全国“营改增”累计减税达1 260亿元。今年1—7月“营改增”整体减税共计2 107亿元。全面实施“营改增”以来，6—8三个月全国税务系统组织的税收收入扣除出口退税后同比增幅分别为3.9%、5.5%、-3.3%。剔除6、7月企业所得税汇算清缴的不可比因素后，这三个月税收收入增幅呈现梯次下降趋势。

“‘营改增’减税举措切中时弊，为企业减负松绑，推动产业转型、结构优化，部分企业快速发展又反过来为经济贡献了更多税源。”中国社科院财经战略研究院研究员张斌说。

**是否促进了转型升级？**

当前，中国经济正处于转型升级关键期。规范和统一税制，能使产业发展更为协调。正因此，“营改增”促进产业转型升级的功效备受各界期待。《经济日报》记者调查发现，在减负政策的激励下，一大批新兴产业、高科技产业轻装上阵，快速发展。同时，一批企业实现了业务的主辅分离，强筋健骨，运行良好。

“营改增”最直接的利好，就是降低企业运营成本。1—7月，规模以上工业企业降成本明显，每百元主营业务收入成本为85.83元，同比减少0.25元。其中，“营改增”后不动产纳入抵扣范围，为加速设备和厂房升级改造作出了重要贡献。

在调查中，《经济日报》记者发现，这种减负不仅体现在单个企业，更能在全产业链实现共同减负。“倒逼企业选择正规、可开具增值税专用发票的供应商，促使企业上下游形成规范的产业链条，管理水平得到了提升，自然利于共同减负。”河南美城市政工程有限责任公司财务负责人李淑娟深有感触地说。

降成本成效不断释放，带动产业转型升级势头向好，工业企稳回升态势明显。

“1—7月份，规模以上工业企业利润增长6.9%。7月份增长11%，比6月份加快5.6个百分点，创造今年以来各月第二高点。”国家统计局新闻发言人盛来运说。同时，规模以上工业增加值也增长迅猛，在6、7月6.2%、6.0%增速基础上，8月增速提升至6.3%。

“营改增”改革还带来了另外一重深层次的利好，即促使大批企业主辅分离，深化产业分工协作。“此前公司的发展瓶颈，就是难以提升研发专业化、规模化能力。新产品研发费用每年花销都在千万元左右，研发成效却较低。”湖北时瑞达重型工程机械有限公司负责人檀正强说，企业主营业务除了轨道交通施工装备等研发制造，还从事相关技术服务及物资的进出口贸易。“营改增”后，在成功化解老公司主业不强、辅业不快矛盾的同时，新成立的襄阳泰瑞通工程技术有限公司主攻研发，发展势头强劲。比如，与武汉中科院就轨道车探伤系统合作开发，实现利润100万元左右。

主辅分离有效推动了产业结构调整取得新进展。国家统计局数据显示，8月服务业生产指数，比规模以上工业增加值增速高了1个百分点以上，这就意味着一、二、三产的结构关系继续向协调化方向发展。这一亮丽的成绩单，也“实打实”地体现在区域经济的协调发展上。

以重庆市为例，2016年上半年，第三产业增加值增长10.7%。2016年1—8月，第三产业国税收入完成416亿元，增长10.4%。“从2013年8月至2016年8月底，第一批‘营改增’的部分现代服务业从2.2万户增加到11.2万户，增加了9万户。”重庆市国税局局长李杰接受《经济日报》记者采访时表示。

“‘营改增’在促进高新技术产业等发展的同时，也促进了落后产能的退出。”北京市海淀区国税局有关负责人介绍说，海淀区2016年1—7月，在第三产业同比增长11.1%的同时，低端落后产能持续退出，电力、热力生产供应等六大高耗能产业，同比大幅下降34.2%。

**是否激发了经济活力?**

不动产纳入抵扣范围，有助于房地产去库存，佛山市融腾房地产公司负责人黄书平正是此项改革的受益者。今年4月下旬，在新建楼盘推出之际，却面临从5%的营业税改缴11%增值税，这将影响资金回笼，进而影响整个企业正常运转。黄书平一度怀疑，去库存的供给侧改革是不是“走了样”?“后来了解到，新建楼盘可申请按5%计税。以后虽然税率仍为11%，但土地出让金可税前扣除，楼盘的建筑材料、设计费、园林绿化费等也可抵扣。”黄书平说，成本降了，房子也不愁卖了，建好的楼盘基本上销售一空。

“营改增”通过支持一家一户企业去库存，由点到面，辐射至一个区域乃至全国的房地产市场。有“九省通衢”之称的湖北省，交通运输业和物流业发达，这些行业中恰恰不动产在成本中“占大头”。5月1日至6月底，该省不动产销售额达12.5亿元，抵减税款2.26亿元。“不动产抵扣既促进了房地产行业的发展，又减少了资金流紧张的物流企业、工业企业税款，实现了多方共赢。”湖北省国税局货物和劳务税处王泽民表示。从全国范围看，在“营改增”助推下房地产库存继续下降，商品房待售面积连续6个月减少，8月末比7月末减少512万平方米，1—8月累计减少超过3 000万平方米。

在去库存的同时，“营改增”还通过促进现代服务业、生活服务业发展，改善就业、促进消费，发挥着经济增长稳定器的作用。

2015年12月，刚大学毕业的宋一和3名同学创立了沃立德科技有限公司，业务集APP开发、APP运营、互联网同城配送服务于一体。“公司成立之初，仅APP的开发费用就达到400多万元，其中开发运营人员的住宿餐饮等就占到了近80%，这些不能抵扣的费用造成企业负担较重。”宋一介绍说，“营改增”后税负由3.3%下降到2.5%左右，月收入由80万元增至300多万元，目前员工增至1 419人，未来随着规模的扩大还有望提供更多就业岗位。

“据统计，6至8月份，河南省许昌市服务业投资占全社会固定资产投资比重达31.2%，服务业增加值占GDP的比重也大大提高。”许昌市国税局有关负责人说。从全国范围看，今年上半年我国服务业增加值184 290亿元，增长7.5%，占GDP比重54.1%。

作为国民经济基础性支柱产业的生活服务业，是此轮改革最大受益者。全面推开“营改增”的四个行业1 040万户纳税人中，833万户是生活服务业，占比达到80.1%。这其中绝大多数是小规模纳税人，且月销售额在3万元以下的免征增值税，因此享受改革红利最为充分。“今年5月份重庆地区‘营改增’的生活服务业从24.1万户增加到7月底的25.5万户，2个月时间增加了1.4万户。”李杰表示。

“营改增”改善就业的效果明显。据山东省济宁市国税局局长许本虎介绍，仅2016年5—8月，山东省济宁市就新增服务业纳税人1 791户，增加就业人员9 500多人。从全国来看，8月城镇新增就业113万人，1—8月累计达到948万人，占全年目标将近95%。与此同时，也带动居民消费增长，比如住房、汽车、教育、文化等服务增长较快，意味着消费结构的升级也在加快。

如今，“营改增”的改革效应还在持续释放。这项“牵一发而动全身”的改革实践，以前进中的每一次突破，换取中国经济又一次的革故鼎新、提质增效。

# “营改增”：破除痛点难点　拓展更大空间

（来源：《经济日报》　记者：崔文苑　2016 年 9 月 18 日）

“营改增”之所以称为试点，是因为这项改革还处于不断发现问题、完善税制的过程中。目前，“营改增”从“开好票”“报好税”“分析好”，逐步向“改进好”阶段深入推进，有针对性地解决改革中的痛点、堵点和难点，将有助于为企业拓展更大发展空间。

国家税务总局9 月 18 日发布的数据显示，今年前7 个月“营改增”整体减税共计2 107 亿元。此外，8 月全国税务系统组织的税收收入扣除出口退税后同比增长 -3.3%，系今年首现负增长。专家表示，全面实施“营改增”减税降负，将为企业拓展更大发展空间，有利于增强经济动力。

**建立抵扣链条至关重要**

“抵扣机制是增值税的灵魂。企业能否建立一个可以实现环环抵扣链条至关重要。”国家税务总局货物和劳务税司负责人说。

“营改增”从 2012 年启动试点，到如今全面推开试点，期间曾出现税负上升情况，大多都与抵扣不充分有关。比如，试点初期部分交通运输业一般纳税人的税负有所上升，主要是因为过路费、过桥费、保险费等未纳入“营改增”范围，费用不能抵扣。

“这些问题随着试点全面推开，得到了解决。全面推开‘营改增’，在增值税体系内增加不少可以作为进项税额抵扣的项目，公司取得的住宿、会议等相关服务，以及劳务派遣、库房租赁、物业等费用都可以抵扣。”重庆长安民生物流股份有限公司税务会计徐应龙说。

除了改革扩围带来抵扣链条完善，也有不少企业通过规范管理、调整经营思路，增加了抵扣项目。襄阳风神物流有限公司在改革前的 2011 年更新了 66% 的车辆，导致后面几年不再有大额资产购置，从而出现抵扣不充分、税负上升。“在湖北省国税工作人员的辅导下，通过不断完善管理方式，尽量充分取得可抵扣进项。”该企业公司财务部长张瑜举例说，比如，改变以往零星加油模式，与中石化、中石油协商，统一开具专用发票；再如尽可能与提供增值税专用发票的修理修配企业合作，从而使企业税负明显下降。

**银行的“烦恼”正在消除**

金融业规模大、业务复杂，是“营改增”中“最难啃的骨头”，改革之初部分金融企业税负上升的问题也曾成为关注焦点。而今，随着金融业优惠升级，消除了不少银行的“烦恼”。

在“营改增”之初，农村信用社、村镇银行等和其他银行一样，从缴纳 3% 的营业税，改征 6% 的增值税，使得银行机构抵扣前税负直接翻了一倍。

“正在我们发愁的时候，税收‘红包’就来了，非常及时！”浙江上虞富民村镇银行股份有限公司的财务总监钱国琴表示。这个神秘的税收“红包”，正是财税部门出台的《关于进一步明确全面推开“营改增”试点金融业有关政策的通知》，允许村镇银行等可按照 3% 的税率选择简易征收增值税。同时，“补丁政策”随之而来，同业存款、同业借款、持有金融债券等六类业务的利息收入可免征增值税。以上虞富民村镇银行为例，5 月至 6 月同业拆借的利息达到 3 000 多万元，享受政策优惠后节省 180 多万元，大大降低了与银行之间的融资成本。

在这样的强力“补丁”作用下，“营改增”之初部分金融机构税负上升的问题有效缓解。5月至7月，金融业实现增值税931.53亿元，与应缴纳营业税相比，减税98.24亿元，税负下降9.5%。

这不仅让银行机构舒了口气，也让诸多企业消除了担忧。一位企业家告诉记者，因为与银行一直有贷款业务往来，因此担心银行会将上升的税收成本转嫁，导致企业贷款利息上涨。这些升级了的金融业优惠政策，不仅给金融机构减负，还有效避免了企业面临融资难、成本高的问题。

有专家分析表示，部分金融企业税负上升，一方面是因为将原营业税下的实际执行口径作为税负变化的参照，存在口径不一致的情形，另一方面试点时间相对较短，有试点企业进项抵扣不充分，“应抵未抵”比重仍然较高影响，随着改革的推进，减负效果会越来越明显。

**打击虚开发票违法行为**

随着“营改增”试点的全面推开，增值税发票在经济活动中的需求量越来越大。相较于以往发票的凭证功能，增值税专用发票还可以抵扣税款，增加了“半货币”功能，因而催生虚开增值税发票的违法行为。加大防范打击涉税犯罪力度，不仅有助于“营改增”试点顺利推进，也有助于维护市场的公平竞争环境。

“云南省虚构农产品收购业务抵扣进项税额，继而大肆虚开增值税专用发票案件高发，云南国税在全省开展了农产品收购、加工行业专项整治。”云南国税有关负责人介绍说，其中，昭通市国税局通过监控分析发现，所辖26户中药材经营企业在2014年11月至12月短短2个月内领购并开具了数千份农产品收购发票和2 500多份增值税专用发票，开具金额高达2.49亿元。后经查实，这26户企业以虚构农产品收购业务，向下游用票企业无货虚开增值税专用发票。通过对这一违法行为的打击，截至目前，共挽回国家税款损失680余万元。

据了解，各地税务部门依托国家税务总局增值税发票管理新系统，增强了发票风险的综合分析和自动预警能力。以河北省为例，在此基础上开发了监控系统，今年前8个月，已自动推送风险点16 676个，准确率达90%以上。

此外，针对全面推开“营改增”试点以来，少数纳税人以各种理由拒绝给消费者开具发票、开具发票内容与实际经营业务情况不符等问题，国家税务总局展开检查，尤其是对生活服务业和商业零售业纳税人，以保护消费者合法权益。

“中国全面实施‘营改增’是全球近年来最大规模的减税举措之一，中国政府通过全面深化改革使企业实实在在享受到改革红利。这些变化，不仅会对中国经济发展产生深远影响，也将成为许多国家税制改革的参考蓝本。”经济合作与发展组织（OECD）税收政策与管理中心主任帕斯卡表示。

## “营改增”后中央增收1 780亿元将全部返还地方

（来源：《经济日报》　记者：李哲　2016年11月1日）

在今天召开的十二届全国人大常委会第二十四次会议上，财政部副部长刘昆做了有关

“2016年中央预算调整方案”的说明。

刘昆表示，自今年5月1日全面推开“营改增”试点之后，所有行业企业缴纳的增值税均纳入中央和地方共享范围。此后，我国同步实施了调整中央与地方增值税收入划分的过渡方案。

“根据过渡方案，将原中央、地方按照75∶25比例分享的国内增值税、100%作为地方收入的营业税（除部分金融机构总部缴纳的营业税归属中央外），改为所有行业缴纳的国内增值税和在今年5月1日以后入库的营业税均由中央与地方按照50∶50的比例分享。”全国人大财经委副主任委员廖晓军说。

按此方案计算，2016年中央一般公共预算收入将由70 570亿元调整为72 350亿元，增加1 780亿元。为了确保地方既有财力不变，中央上划收入将通过税收返还方式给地方。同时，中央集中的收入增量将通过均衡性转移支付分配给地方，主要用于加大对中西部地区的支持力度。因此，中央2016年预计增收的1 780亿元将全部用于地方税收返还。

同时，廖晓军介绍，目前中央与地方增值税收入分享比例，是全面推开“营改增”改革试点后制订的过渡方案，正式方案尚未出台。

# 从上海试点看“营改增”“外溢效应”

（来源：《经济日报》　记者：崔文苑　2016年11月22日）

再过一个多月，上海作为全国第一个“营改增”试点，已平稳运行5年。5年里，伴随着“营改增”的改革进程，上海产业结构调整、经济转型升级效果显著。近日，《经济日报》记者来到上海，深入调研上海“营改增”成效。

**“首试”“营改增”正逢时**

为何“营改增”首个试点选在上海？上海财经大学公共经济与管理学院教授胡怡建告诉记者，中央选择上海作为试点城市，是因为其具备财力较强、政府管理较为规范等良好改革条件；上海争当试点，则是由于经济转型升级需求迫在眉睫。

“‘营改增’方案出台前，正在制定‘十二五’规划的上海，遇到发展‘瓶颈’。”胡怡建表示，这在产业结构上表现得尤为明显。2011年，上海第三产业增加值占GDP的比重为57.9%，当时北京接近80%。“对上海来说，要想谋求强劲的可持续发展，必须优化产业结构，发展现代服务业、提高第三产业的比重。恰在此时，‘营改增’带来了契机。”胡怡建说。

这个契机有多重要？据了解，当时上海服务业发展面临3个制度性瓶颈：体制、管制和税制。除了体制上需要改变自上而下的管理方式、适应市场横向发展的需要，管制上需要解决金融等服务业门槛较高等问题之外，还迫切需要解决营业税重复征税问题。税收问题不仅影响服务业发展，还影响到工商业的发展。

首先，重复征税“拖住”服务业发展脚步。“比如交通运输业，缴纳营业税时虽然按3%征税，但买进的汽油、汽车等材料和设备时候，需要支付17%的增值税，包括增值税在内的支出，又包含在运费收入中，征收了3%的营业税，因此，存在重复征税等情况。”中税网税务师事务所总裁王冬生分析说。

其次，由于服务业处于产业链的中间环节，上游和下游都是工商业，“两头”都缴纳增值税可抵扣、中间环节却是营业税不可抵扣，导致抵扣链条不通畅。“只有把中间环节打通，中间抵扣上游，下游抵扣中间，才有助于在产业链上达到公平合理的税负水平。这也正是‘营改增’‘改在服务业，惠在工商业’的重要原因。”胡怡建分析说。

正是得益于这样的促进作用，“营改增”后上海的经济结构调整趋势明显，第二产业除高端制造业及建筑业外，传统工业所占比例呈下降趋势；与此同时，现代服务业引领第三产业在整个产业结构中的比例呈逐年上升趋势。

记者从上海市税务局了解到，2012 年推行“营改增”试点后，第三产业占 GDP 比重首次突破 60%，并以年均 2 个至 3 个百分点的速度持续平稳增长。截至 2016 年上半年，该比重已达 70.8%。

**以税收“减法”换转型“加法”**

国家税务总局局长王军曾在一篇文章中写到，在我国改革开放过程中，财政上的许多增收，不仅不是靠加税反而是靠减税来实现的。这一观点，在上海实施“营改增”的过程中得以充分验证。

据上海市财政局发布的数据，今年前 10 月，上海市一般公共预算收入完成 5 869.8 亿元，同比增长 20.6%，若剔除“营改增”后中央与地方增值税收入分享比例调整因素影响，收入同口径增长 22.6%。这与前 10 月全国一般公共预算收入 5.9% 的增速相比，处于较高的增长水平。

“从行业来看，房地产业、金融业、租赁和商务等服务业对财政收入增长贡献较大。”上海市财政局有关负责人分析表示。这些 5 年前还面临“瓶颈”、如今却发展迅猛的服务业，其重要动力源泉正是“营改增”。

据了解，自 2012 年启动“营改增”试点以来，与应纳营业税相比，上海市试点企业及试点下游企业累计减负 1 541 亿元。其中，2012 年至 2015 年减负 1 248 亿元，2016 年 1 月至 4 月减负 138 亿元，2016 年 5 月至 8 月减负 155 亿元。

“‘营改增’降低了科技研发、科技服务企业的税负，有利于增加投入、提高效益，增强科技研发和服务企业的发展动力，形成对创新供给的激励。”中国人民大学财政金融学院教授岳树民表示。

数据也作出了验证。2015 年，上海市互联网相关服务业增长 28.7%，软件和信息技术服务业增长 18.9%。与此同时，更多的资源正在向上海集聚、向服务业集聚。2012 年到 2015 年间，上海累计新增跨国公司地区总部、投资性公司、研发中心分别达 182 家、72 家和 62 家。

“税率降低了，企业‘包包’里的钱就会多一些，企业发展生产和投资的积极性及能力也相应提高，由此促进了经济增长，扩大了国家税基，财政收入自然会相应增加。”王军分析说。他在上海调研“营改增”时还进一步透露，今年 1 月至 9 月，全国“营改增”累计减税达 3 267 亿元，减税规模呈逐步扩大态势，包括金融业在内的各行业减税情况都是渐行渐好，餐饮、住宿行业减税效果尤为明显。

**产生诸多正面“外溢效应”**

随着“营改增”的深入推进，越来越多的正面“外溢效应”逐渐凸显。

为调研“营改增”对企业转型升级的影响，记者调研了一家“1993 年开始营业，经营

23年有余、正在升级改造的老酒店”。11月18日，记者来到海仑宾馆时，看到的是崭新的装潢、优雅的环境，清一色金发碧眼的外国友人，响当当的“国际范儿”。海仑宾馆有关负责人表示，得益于“营改增”政策，企业顺利实现“从里到外”的升级改造。

“自2016年5月1日到10月31日，宾馆进项税抵扣达到200万元，按原营业税计算税负降低142万元，为企业更新设施带来很大的利润空间。”海仑宾馆有关负责人表示，作为一家涉外酒店，相对于“营改增”减负促进硬件的升级改造，带给企业更大的影响，则是促进财务管理和内控方面的“升级改造”。

“为了能够透彻熟悉税制、做到应抵尽抵，不仅管理层要学习‘营改增’文件，还对一线员工反复培训。以前只有财务人员才懂开具增值税专用发票，现在酒店前台一线员工都能够直接向客户开票。这就是企业整体财务管理水平的提升。”该负责人说。

成立于1905年的中交上海航道局有限公司，在行业内是“老资历”，在产业链上更是颇具影响力。实施“营改增”后，公司新签订的建筑业合同中，采用一般计税法的合同额达到115亿元，占70%以上。“我们严格筛选供应商、分包商，原则上优先选择增值税一般纳税人。同时为防范公司作为总包商的涉税风险，要求分包商及时全面提供税金预缴情况。”该企业负责人表示，这也完善了全产业链的发票管理，理顺了总分包各方的税务关系。

“通过全面实施‘营改增’，用制度的准绳去选择供应商，规范企业参与市场竞争的行为，营造‘褒扬诚信、惩戒失信’的社会诚信环境，引导我国市场经济规范化发展，这在诚信体系建设上意义更为重大。”王军分析表示，社会各方面都积极参与“营改增”，有效形成了社会资源充分共享，形成税收共治格局。

“外溢效应”还体现在有效拉动就业创业上。2015年，上海交通运输业和现代服务业就业人数较试点前的2011年，分别增长5.22%和28.74%，占上海近3年全部新增就业岗位的40.74%。此外，由于“营改增”消除了重复征税，大大激发了企业的创业热情，新增企业户数快速增长，新模式、新业态不断涌现。“在‘营改增’助力下，上海的经济结构调整效果显著，经济内生动力已经显现。”胡怡建表示。

## 推动“营改增”释放更大改革红利

（来源：《经济日报》　记者：曾金华　2016年12月26日）

“营改增”作为具有标志性、引领性作用的重大改革，应以“咬定青山不放松”的精神持续推进，不能因为取得初步成效而有所松懈。在抓好成果巩固的同时，应密切跟踪试点情况，对运行效果开展科学评估，不断完善相关政策措施，扩大减税效应，更好地释放改革红利。

全面推开“营改增”试点，对企业实施大规模结构性减税，是2016年确保积极财政政策更加有效、着力推进供给侧结构性改革的重头戏。财税部门最近发布的统计数据显示，“营改增”已发挥出明显的减税效果，改革红利正在充分释放，全年减税5 000亿元的目标将能够实现。

“营改增”的全面推开，是我国应对经济下行压力采取的果断、有力措施，改革成效的取得来自多方面努力，包括政策设计时的周密妥善安排、政策执行时全力抓好落实、试点中及时完善政策。当然，也离不开企业主动调整生产经营、积极适应新税制。

除了减轻企业税负、激发市场活力，“营改增”在推动供给侧结构性改革的其他方面也取得了积极成效，对稳增长、调结构、扩就业产生了重要促进作用，发挥出了完善税制、促进现代服务业等新动能成长、推动经济转型升级等多重积极效应。

全面推开“营改增”试点取得重要成果，并不意味着增值税改革的完成，这也是虽然全面推开，“营改增”还被称为“试点”的原因。当前经济下行压力较大，供给侧结构性改革任务艰巨，“营改增”作为具有标志性、引领性作用的重大改革，应以“咬定青山不放松”的精神持续推进，不能因为取得初步成效而有所松懈。在抓好成果巩固的同时，应密切跟踪试点情况，对运行效果开展科学评估，不断完善相关政策措施，扩大减税效应，更好地释放改革红利。

财税部门应继续发扬“工匠精神”，把试点各项工作做实做细。比如，深入企业开展政策辅导，帮助企业调整经营策略、规范财务管理，用好用足增值税抵扣机制；进一步改进和优化纳税服务，提高办税便利程度等，打通政策落实的“最后一公里”，使企业在改革中拥有更多、更强的获得感，更好地发挥税制改革的积极作用。

完善增值税制度是我国财税体制改革的一个重要目标，在全面推开“营改增”的同时，应不断总结试点经验，推动尽早建立科学完善的现代增值税制度。国家已陆续出台和“营改增”相关的政策措施。比如，国务院决定调整中央对地方原体制增值税返还办法，从2016年起，由1994年实行分税制财政体制改革时确定的增值税返还，改为以2015年为基数实行定额返还，对增值税增长或下降地区不再实行增量返还或扣减。与此同时，其他方面的改革，包括财政事权和支出责任划分改革、地方税体系的完善等，也应加快推进。

## “营改增”减税效果实实在在

（来源：《经济日报》　记者：曾金华　崔文苑　2016年12月28日）

“营改增”试点的全面推开，体现出用政府收入的“减法”换企业效益的“加法”、市场活力的“乘法”。对于一个涉及我国税收总收入近四成、覆盖1 000多万户纳税人的重大税制改革来说，“营改增”试点的效果会在更长的周期内充分显现。

12月27日，财政部、国家税务总局联合召开媒体吹风会，介绍“营改增”最新进展情况。

据统计，5月至11月，四大新纳入试点行业累计减税1 105亿元，税负下降14.7%。1月至11月“营改增”减税4 234亿元。考虑到城建税及教育费附加和个人二手房减税因素，1月至11月“营改增”带来的整体减税已达到4 699亿元，全年减税5 000亿元的目标将能实现。

**企业税负明显下降**

“‘营改增’减税是实实在在的‘真金白银’，是用政府收入的‘减法’换来了企业效益的‘加法’、市场活力的‘乘法’。”国务院全面推开“营改增”试点部际联席会议副召集人、国家税务总局局长王军表示。

据悉，自5月1日全面推开“营改增”试点以来，四大新增试点行业的新办户数逐月稳步增加，截至11月30日，四大行业试点纳税人共计1 069万户，比5月初的1 011万户增加了58万户。

据统计，5月至11月，四大行业累计实现增值税应纳税额6 409亿元，与应缴纳营业税相比，减税1 105亿元，税负下降14.7%。其中，建筑业减税65亿元，税负下降3.75%；房地产业减税111亿元，税负下降7.9%；金融业减税367亿元，税负下降14.72%；生活服务业减税562亿元，税负下降29.85%。

这些减税数据是如何分析得出的，能否客观反映全面情况？

“首先是准确界定每一个试点纳税人的行业归属。由主管税务机关对1 000余万户试点纳税人逐一核实其经营业务，按照26个小行业的划分口径确定每一户纳税人的行业归属。”国家税务总局总会计师王陆进介绍。

其次，设计专门表格通过纳税人自主申报采集基础数据。在原来增值税纳税申报表的基础上，增加了一张税负变化表，由纳税人自行填报。每个申报期，纳税人既按照现行“营改增”政策规定计算当期应缴纳的增值税，又假设仍然适用营业税制，模拟计算应缴纳多少营业税，形成一整套基础数据。

同时，开发税负分析平台自动汇总、直接生成税负变化结果，以此汇总形成每一个行业的税负变化情况。

“总的说来，税务总局对外公布的‘营改增’税负变化数据，就是通过上述方法由纳税人自主申报、计算机自动汇总形成的，这套数据涵盖了每一个试点纳税人，是全样本数据，而且细分到每一个试点行业，我们认为客观反映了全面推开‘营改增’试点的全貌。”王陆进表示。

除了这些客观得出的减税数据，王军还通过另外两组数据，来反映“营改增”实实在在的减税效果。

第一组数据，即5月1日全面推开“营改增”试点之后，5月至11月全国税务部门组织的税收收入平均增幅是3%。而去年同期同口径的税收平均增幅是8.3%。

“今年GDP的增幅比去年GDP的增幅有降低，但是差异很小，而且今年下半年以来，还有两个拉动税收增长的特殊因素，一是一度出现的部分城市房地产市场过热，二是PPI从9月起结束了连续54个月的下跌，实现了由负转正。在这种情况下，今年税收收入增幅与去年同期相比有5.3个百分点的下降，尽管有不少的因素影响，但无疑全面推开‘营改增’试点企业税负明显下降是最主要的一个原因。”王军表示。

第二组数据，据国家统计局公布的信息显示，今年5月至11月，全国规模以上工业企业的利润同比增长10.1%，而去年同期同口径同比下降1.4%。

“规模以上工业企业利润同期同比的大幅上升，尽管也有多种因素的影响，但无疑全面‘营改增’试点后企业减税明显在其中发挥了重要的作用。”王军表示。

**三大效应充分显现**

“作为今年推进供给侧结构性改革的重大举措之一，5月1日全面推开‘营改增’试点后总体运行平稳，并且呈现渐行渐好的态势，国内外反映都是好的，改革的效应应当说比我们的预期还要好一些。”王军表示，“营改增”的效应体现为直接效应、外溢效应和长远效应。

直接效应，也就是减税降负，助企业增效，添市场活力。“全面推开‘营改增’试点，预计2016年全年减税约5 000亿元，其中由于可抵扣进项税增加，原增值税行业和已试点行业减税规模已超过新增试点行业减税规模。在当前经济形势下，可有效降低企业成本，激发市场活力，增加有效供给。”国务院全面推开“营改增”试点部际联席会议成员兼办公室主任、财政部副部长张少春说。

“营改增”带来的一系列经济社会效应，被称为“外溢效应”。“营改增”促进了专业化分工协作，一些研发、设计、营销等内部服务环节从企业主业剥离出来后，更加专注于提供某类型服务，成为效率更高、专业更强的创新主体，催生了新技术、新产业、新业态和新商业模式，为实施创新驱动发展战略和推动大众创业、万众创新拓展更为广阔的空间，也为民营经济和小微企业营造更为宽松的发展环境。

“通过打通二、三产业增值税抵扣链条，制造业企业外购服务支付的增值税可以抵扣，激发了制造业采购服务的积极性，实现了制造业和服务业的融合发展、互促共进，加快了新旧动能接续转换。同时，税收制度和管理方式的进一步成熟完善，有助于优化资源配置、维护市场统一、促进社会公平，推进国家治理体系和治理能力现代化。”张少春说，“营改增”还是“放管服”改革的重要内容，有利于降低制度性交易成本，增强企业经营自主性。

同时，“营改增”不仅是一项重大税收制度改革，而且是一项重大财税体制改革，还是一项重大管理机制的改革，“营改增”全面推开带来十分深刻的长远效应。“随着时间的推移，将会促进政府与企业、中央与地方分配关系的进一步改善，将会促进市场秩序和运行机制的进一步规范，将会促进企业治理、税收治理、财政治理、经济社会治理等水平的进一步提升，为中国经济社会发展、为实体企业和服务业的发展增添更多的活力和更大的动能。”王军表示。

**完善政策优化服务**

刚刚召开的中央经济工作会议在部署明年工作时指出，降成本方面，要在减税、降费、降低要素成本上加大工作力度。

“2017 年‘营改增’的减税规模会进一步扩大。”王军表示，这主要是由以下 3 个客观因素决定的：明年有 4 个月的四大行业减税的翘尾因素；按照“营改增”政策规定，纳税人 2016 年购入的不动产当年可以抵扣 60%，剩余的 40% 将在明年同明年购入的不动产 60% 可抵扣的部分一起进行抵扣，所以减税规模会更大一些；随着政策和征管的不断完善，特别是企业对税制适应性的不断增强、内部管理的不断改进，抵扣的数额也会明显增大一些。

据悉，今年 12 月税款的申报期将于明年 1 月 16 日结束，税务系统将深入做好全面、系统、深入、透彻的分析。

“如果 26 个小行业的某一个行业真的出现了税负增加，我们将配合财政部及时出台相应的解决办法，确保每一个小行业税负真真正正做到只减不增。对‘营改增’后税负增加特别是增加比较明显的企业，我们将给予高度关注，设身处地为企业的发展着想，从政策完善、服务优化，以及帮助企业完善内部管理上多下功夫。”王军说。

财政部税政司司长王建凡也表示，将依托部际联席会议机制，与相关行业主管部门建立信息共享的平台，广泛搜集各方面对“营改增”试点的意见和建议，适时开展第三方评估工作，全面梳理和评估“营改增”试点运行效果，不断完善试点制度安排。

王军强调，要严格恪守“坚决不收过头税、坚决落实减免税”的税收工作原则。“收过头税‘害人害己害长远’，是一条不能逾越的红线；落实减免税、依法减免税‘利人利己利国家’，不管组织收入形势多困难，各级税务部门都将坚定不移地落实好‘营改增’和其他的减免税政策。”王军说。

对于增值税改革和立法进程，王建凡表示，将按照税收法定的要求，结合增值税改革进展，配合有关方面适时启动增值税立法。在推进改革和立法过程中，将统筹研究适当简并税率等问题。

“根据有关方面的材料，2015 年各国增值税标准税率基本处于 1.5% 和 27% 之间，欧盟国家的增值税标准税率平均数约为 21.6%，我国 17% 的标准税率在世界上总体属于中间水平，但目前的四档税率与其他国家相比属于偏多的。”王建凡说。

# 五、《中国税务报》

## （一）2016 年 3 月 18 日之前关于“营改增”的相关报道

### “营改增”：促进现代服务业发展的必然选择

（来源：《中国税务报》　作者：陈少英　2012 年 1 月 4 日）

2011 年 11 月 16 日，经国务院批准，财政部和国家税务总局根据《营业税改征增值税试点方案》，制定了《交通运输业和部分现代服务业营业税改征增值税试点实施办法》。自 2012 年 1 月 1 日起，在上海市开展交通运输业和部分现代服务业营业税改征增值税（以下简称“营改增”）的试点工作。

在国家产业结构调整过程中，上海市的调整难度尤其大。近几年，全国平均工业生产总值在增长，而上海市的工业生产总值却有下滑趋势。上海市的出路就是发展现代服务业、服务经济，这是上海市产业结构调整最重要的内容，而发展现代服务业第一个就必须发展金融业。2009 年国务院发布文件，明确将上海市建设成为国际金融和国际航运两个中心。

要发展金融和航运，营业税的改革势在必行。于是上海市出台了《营业税差额征税管理办法》，从 2010 年 9 月 1 日起，上海市范围内负有营业税纳税义务的单位和个人，按差额方式确定计算营业额，同时规定了按差额方式计征营业税的具体项目。这项改革涵盖了交通运输业、建筑业、金融保险业、邮电通信业等行业。根据《营业税差额征税管理办法》，营业税的抵扣凭证包括缴纳的增值税凭证，但缴纳增值税可抵扣凭证却不包括缴纳的营业税凭证。这是因为现行增值税只涉及批发、零售及软件等少数几个服务行业，大多数的现代服务业都没有被纳入增值税的征收范围，致使增值税环环抵扣的链条机制发生断裂，从而导致税负不公，影响现代服务业的发展。可以说，这次上海市改革的探索在一定程度上减少了营业税重复征税的因素，但因效力层级低和涵盖行业有限而未能解决问题。

将服务业纳入增值税的征收范围是促进产业升级和经济转型的根本途径，也是一种国际化的趋势。

从世界范围来看，规范化的增值税即西方模式的增值税，是全面消费型的增值税，并采用单一税率制。其特点是把增值税的实施范围扩大到商品经济的全部领域。无论是对农业、制造业、商业还是对服务业，无论是对货物供应品还是对劳务供应品，都统一征收增值税。随着当今社会产品“服务化程度”越来越高，在经济生活中，货物与劳务的划分是困难的，也是没有必要的。当一项业务既可能被认定为货物销售又可能被认定为提供服务，或者当一些兼营和混合销售业务难以划分时，就可能会因为认定结果不同而导致课征的税种、适用的税率及征税的规则不同。例如，对软件征税，凡是以物理介质保存、被认定为形成软件产品的，一律征收增值税；凡是以数字信息形式通过网络、通讯传递的，一律按服务业征收营业税。对货物和劳务区别对待，造成不公平的税收环境，还会激励避税或税务筹划。因此，“货物和服务连续统一体”（The Goods - Service Continuum）是一个渐成共识的专有名词，将增值税征收范围扩展到现代服务业，是我国税制改革与国际惯例接轨的必然选择。

现代服务业可以分为生产性服务业和消费性服务业。生产性服务业主要是与制造业直接相关的配套服务业，是从制造业内部的生产服务部门独立发展起来的，如现代物流业、金融保险业、商业服务业等。这些行业提供的服务有利于制造业等生产型企业的发展，是工业部门发展的助推剂。但是当前这些行业实行营业税，导致生产型企业购入这些服务的支出不能抵扣，增加了企业的成本，降低了企业购买服务的积极性，不利于企业的技术改造与创新。同时，营业税一次交易一次课税的特点导致这些行业在流转过程中被重复征税，不利于发展。因此，增值税扩围的第一步应该将这些行业纳入征收范围，成为增值税环环抵扣的一环，减轻生产性服务业和与之相关的生产型企业的税收负担，从而促进生产性服务与工业部门分离，推进社会分工和经济发展。正因为如此，自 2012 年 1 月 1 日起，我国在上海市开展交通运输业和部分现代服务业营业税改征增值税的试点工作。

这里的交通运输业和部分现代服务业，是指陆路运输服务、水路运输服务、航空运输服务、管道运输服务、研发和技术服务、信息技术服务、文化创意服务、物流辅助服务、有形动产租赁服务、签证咨询服务。《交通运输业和部分现代服务业营业税改征增值税试点实施办法》规定的增值税税率，提供交通运输业服务，税率为 11%；提供现代服务业服务（有形动产租赁服务除外），税率为 6%；财政部和国家税务总局规定的应税服务，税率为零。这些税率标准借鉴了对商品和劳务全面征收增值税的国家的做法，只是交通运输业服务的税率有些偏高。据了解，荷兰对现代物流业适用 6% 的优惠税率；新加坡为鼓励现代物流业的发展，对其实行专门的税收优惠，制定了“核准的第三方物流公司计划”，经核准的第三方物流公司除出口业务适用零税率外，若以自己的名义或以海外委托人的名义进口货物，免征商品和劳务税。此外，许多国家对企业在引进先进技术、人才等方面给予了很大的税收支持。如韩国为鼓励信息服务、技术研究服务、商业服务等服务业的发展，对服务业免征增值税，但规定进项税额不能扣除。

《交通运输业和部分现代服务业营业税改征增值税试点实施办法》没有将邮电通信业、金融保险业等现代服务业纳入上海市试点范围。对此，笔者的理解是，增值税的实施需要有健全的会计核算体系、完备的增值税发票制度，最为关键的是受制于我国新一轮税制改革的成果。况且我国增值税和营业税在税收法律体系中处于特殊地位，无论哪个税种的改革都将“牵一发而动全身”。因此，综合分析税制改革的复杂性，全面考虑各方利益，将现代服务业纳入增值税的征收范围只能循序渐进，在不减少现有税种的基础上，首先将与生产密切相关的、资本有机构成较高的行业纳入增值税的征收范围。

在上海市增值税扩围试点进一步深化时，必然将增值税的征收范围扩大到其他现代服务业。当前，需要做好理论准备和技术准备，并在试点中积累经验。现代服务业行业众多，对其采取统一的征收方式并不现实，适合某一行业的征收方式对另一行业并不适用。就金融服务业来说，对其征收增值税有几种不同的模式。一是欧盟模式，即一般免税法。大部分的欧盟成员国和经济合作与发展组织（OECD）主要国家实行该种课税方法。此模式仅对非主营金融业务以标准税率征收；对主营金融业务都免征增值税，但同时对金融机构购买固定资产所支付的进项税额不予抵扣。二是澳大利亚、新加坡模式，即进项税额部分抵扣法。在较大范围内对向国内客户提供的主营金融业务免税，允许金融机构申报并在一定范围内抵扣进项税额；对非主营金融业务仍以标准税率征收增值税。三是新西兰模式，即零税率法。目前适用零税率法的国家主要有加拿大和新西兰等。零税率法是指在免税的同时，允许抵扣金融机构购进固定资产所含的全部进项税额。有些国家对全部金融服务都实行零税率；有些国家仅对金融中介和其他隐性收费的金融服务适用零税率，而对显性收费的金融服务仍按通常的方法课税。

笔者认为，欧盟模式的一般抵扣法无法彻底消除重复征税的因素，会造成增值税抵扣链条的中断，不利于整个增值税体系的协调发展；而新西兰模式的零税率法虽然彻底消除了重复征税的因素，但对税收征管技术水平要求较高。鉴于我国金融业务结构和税收征管水平，可借鉴澳大利亚、新加坡模式的进项税额部分抵扣法和新西兰模式的零税率法中的合理部分，来确定我国金融服务业的增值税课征模式。具体而言，首先，区分显性收费与隐性收费以决定增值税的征免。根据目前我国金融业务的分类方法，融资租赁业务及金融经纪业务一般来说是显性收费，因而是应税项目；而一般贷款业务、金融商品转让和保险业务及外汇转贷业务等是隐性收费，因而是免税项目。其次，确定增值税进项税额的抵扣方法。短期内，归类于应税项目（包括零税率项目）的进项税额可以抵扣，归类于免税项目的进项税额不允许抵扣，不能明确归类的进项税额可根据金融业应税项目和免税项目的营业收入总额按比例进行分摊。从长期看，由于金融业务种类庞杂，将进项税额严格准确地归类于应税或免税项目任务繁重，为了节省征管成本可允许金融业仅就进项税额在出口项目和非出口项目之间的归属进行核算，而对非出口项目的进项税额则按照统一的比例进行抵扣。

## “营改增”财政补贴不应“一刀切”

（来源：《中国税务报》　作者：庞凤喜　米冰　2014 年 6 月 11 日）

应该认识到，税制改革本身就是税负的重新分配与利益的再调整，很多税负增减情况属于税制改革的正常现象。“一刀切”式的补贴方法易带来诸多的不公平、极为高昂的制度实施成本等。财政补贴难以长期持续，迫切需要从顶层设计上进行制度性优化。

始自 2012 年的上海市率先试点而后全国逐步推开的“营改增”，迄今已平稳实施两年有余。为顺利推进“营改增”，《财政部、国家税务总局关于印发〈营业税改征增值税试点方案〉的通知》（财税〔2011〕110 号），确立了“改革试点行业总体税负不增加或略有下降，基本消除重复征税”的税制改革基本原则。实际操作中，“总体税负不增加或略有下降”已成为许多地方对试点企业的承诺。对于因“营改增”税负上升的企业，很多省市都提出配套的“过渡性财政政策”。

一些省市已出台具体补贴方案，如上海市：对因“营改增”税负增加的企业，由财政部门依申请予以返还；北京市：从2012年9月1日起，对该市试点改革过程中确因新老税制转换增加税负的试点企业，按照“企业据实申请、财税按月监控、财政按季预拨、资金按年清算、重点监督检查”的方式实施过渡性财政扶持政策；广东省：确定由各级财政设立试点财政专项资金对税负增加的纳税人予以补助；深圳市：对单月税负增加额在5 000元以上（含）的企业，予以财政扶持；厦门市：试点企业在一定期限内税负升高超过3万元的，财政部门对企业在一定期限内升高的税负按70%予以预拨扶持资金补贴；武汉市：按季度累计增加增值税税额在3万元（含）以上者，即有资格申请过渡性资金扶持；江西省：在同一纳税年度内月平均税负增加3 000元以上（含3 000元）的试点企业，实际增加的部分可获省财政据实补助，期限为2013年8月1日至2014年12月31日。

从上述能够收集到的已明确实施补贴政策的地区来看，大多数地方政府主体处于经济较为发达的地区。其中江西省经济不太发达，其确定的补贴时间相对较短。武汉市与湖北省省级同时推出“营改增”，但仅经济相对发达的武汉市出台了补贴政策，湖北省省级则尚未作出明确规定。

从上述出台的财政补贴办法来看，其最大的特点也是最大的问题是“一刀切”。财政补贴的依据或标准仅仅考虑企业试点前后税负增加的绝对额，且该绝对额通常必须超过一定额度。

笔者认为，这种做法的科学性和合理性值得商榷。具体来说，一是税制改革本身就是税负的重新分配与利益的再调整，税负增减往往属于税制改革的正常现象。尤其当税负的增加如果与负税能力相吻合，就更符合税制建设的基本要求。因此，对于税负上升企业一律按绝对额增加的标准予以补贴，不够合理。二是这种补贴方法易带来诸多的不公平，包括同一试点区域不同税负增加额的纳税人之间的税负不公平；同一试点区域未试点行业与试点行业享受补贴的企业之间的税负不公平；财力充裕程度不同的地区之间的企业间税负不公平等。三是这种管理办法可能会带来极为高昂的制度实施成本，该成本至少来自企业、地方政府和税务机关三个方面。对企业而言，为享受补贴，需要额外提供“按试点政策规定计算缴纳的增值税”、“按原营业税规定计算应缴纳的营业税”、“上年同期营业税”等资料；对财政部门而言，将已征收的税款要返还给企业，必然采取严格的审批程序，必然增加审批工作量，以及由此加之于企业的负担；对税务机关而言，征收税款本身有成本，并需要对返还税款工作给予配合，如对申请资料真实性和准确性加以核实等，由此必将增加管理成本，并同样将部分成本加之于企业。

笔者还认为，上述做法有违我国实施结构性减税政策中有关“税负结构性调整”的税制改革精神。结构性减税不是整齐划一地普遍式减税，而是有增有减的结构性税负调整。从国际社会来看，国际金融危机发生后，西方国家的普遍做法是通过降低直接税的比重来应对国际税收竞争、增加就业、刺激国内消费和促进经济增长，同时通过适当提高增值税、消费税甚至财产税的税负，以及开征新的税种，适当提高流转税和财产税收入，以减轻财政收支平衡的压力。“营改增”后，对我国税负上升的企业，可同样视为税负结构性调整的正常组成部分，更何况其中部分企业本身属于税负承受能力较强的企业，并不一定需要政府给予财政补贴。

况且“改革试点行业总体税负不增加或略有下降”的改革原则实际是着眼于总体税负，

而非每个企业的微观税负。国家税务总局2014年3月发布的数据显示，截至2013年年底，全国共有272.5万户纳税人纳入“营改增”试点，全年“营改增”减税1 402亿元。如果不讨论减税的力度，显然改革结果可以说完全符合税制改革既定的原则精神。

此外，上述做法未起到对症下药的功效。具体来说，从我国实施“营改增”导致税负增加的原因来看，税负上升问题较为突出的交通运输企业，主要有以下几个方面的原因：一是增值税的征收范围尚嫌较窄，如公路长途运输企业，成本中路桥费、房屋租金、保险费和力资费，水路运输中船舶港务费、港口建设费、保险费和房屋租赁费等主要成本占比较高，不能抵扣；二是交通运输企业的运输工具购置成本高、使用年限长，部分企业在“营改增”前已购进运输设备，试点后该批设备未能获得抵扣；三是对于跨境、跨区域经营的长途运输企业，燃油费、修理费等成本项目，难以取得合规的专用发票；四是交通运输业的税率增幅过大等。简而言之，系抵扣链条不完整、税制不合理和试点方案不完善等方面所致。而部分税负增加的现代服务企业，则主要是其成本构成中“创意或智力、智慧”支出占比较大，加之试点前购进的设备不能获得抵扣等致。显然后者的问题并不太严重，只是“税痛感”较之以往更为明显而已。因此，政策要关注的地方，更多地应集中于类似交通运输业这类较难靠自身努力解决问题的行业。

财政补贴无论从何种角度分析，都难以长期持续，因此，迫切需要从顶层设计上进行制度性优化。笔者认为，较好的解决办法应该是：第一，继续加快推进“营改增”或增值税扩围的改革进程，应将与企业产品销售和服务相关的部分营业税税目纳入增值税框架体系，以尽量实现增值税抵扣链条的完整。第二，增值税“简率”与“降率”并举。即应改变目前增值税17%、13%、11%、6%、3%多个税率、征收率并存的局面，简化增值税的税率结构，同时适当降低增值税整体税负以减轻企业负担，并为增值税扩围中税率的减少或统一提供基础。第三，对于企业试点前购进的运输工具、设备等，改征增值税后，应允许企业按照购进该资产取得的合规专用发票计算折旧后抵扣进项税额。第四，考虑陆路、水路运输企业业务范围的特殊性，对于长途运输业务的燃油费、修理费和路桥费，近期可允许企业依照取得的与里程相关的汽油发票、路桥票等合法票据按11%的税率抵扣进项税额，以替代无论是公平性还是效率上都更逊一筹的财政补贴。即使仍有必要实施一段时期的财政补贴的过渡办法，则无论是补贴的政府主体还是补贴依据的确定，都需要进一步改进。总的来讲，对于税制改革而导致的税负增加而言，财政补贴应该尽可能少用。

## “营改增”快速推进下的增值税调整

（来源：《中国税务报》　作者：何代欣　2014年7月23日）

在“营改增”快速推进的同时，一个不容忽视和回避的问题是，增值税做大做强之后该如何调整？“营改增”后增值税税率需要优化和调整，延长增值税抵扣链条须配套改进增值税征收管理办法，应科学制定“营改增”后中央与地方增值税分成比例，全面发挥增值税宏观调控功能。

近期，营业税改征增值税的改革步伐明显加快。可以说，“营改增”作为本届政府税制改革的重头戏，快速驶入“深水区”，且诸多改革内容已不限于税制本身，成为深化财税体制改革的突破口之一。在“营改增”快速推进的同时，一个不容忽视和回避的问题是，增值税做大做强之后该如何调整？这不仅牵涉增值税税制既有问题的解决，也关乎“营改增”后新情况的化解。为此，本文将重点从现行税率优化及调整、增值税抵扣链条延长、中央与地方增值税分成以及增值税宏观调控功能放大四个方面展开分析。

**“营改增”后增值税税率问题**

“营改增”实施以来，一度出现了部分行业税负增加。主要原因是一些企业不具有上游增值税发票，无法进行进项抵扣。据调查，先前的广告业、融资租赁业以及近来的电信业都有类似问题。当没有抵扣发票，纳税人只能以营业税税基乘以增值税税率，税负增加难以避免。考虑到相关情况，2013 年开始，税务机关采取了简易征收办法，为相关行业的小规模纳税人、一般纳税人以及特定一般纳税人提供税率为 3% 的简易征收服务。随着“营改增”范围的扩大，这一情况可能还将延续并扩展到其他行业。增值税税率是否过高，值得商榷。

“营改增”后增值税税率需要优化和调整。随着“营改增”节奏加快，增值税现行税率档次过多（四档，17%、13%、11%、6%）的问题进一步凸显，行业间税负苦乐不均的情况频繁发生。调整增值税税率的呼声开始出现。事实上，增值税税率优化和调整需要依据数据测算与调查结果来判断，不应简单理解为直观上的降低或增加。两个典型分析如下：

一是现行增值税的标准税率为 17%，大多数工业企业适用于此。如果长时间维持四档不同税率，可能导致产业之间税负不均，也容易诱发行业间的税收筹划与道德风险。一种选择是将税率层级缩减，税率合并。另一种选择是适时统一成单一的新税率。

二是增值税税率下调与税收收入增长的关系，决定了增值税调整的幅度。数据显示，2012 年 8 月“营改增”试点扩大以来，增值税收入增速只在 2013 年 1 月和 2 月高于税收收入增速，其他 18 个月收入增速比税收收入增速都低。增值税收入增速没有出现“营改增”之前预测那样的高速增长。现行增值税税率推高税负的理由不充分。

基于上述两个方面的比较，增值税税率优化应该遵循以下原则：其一，增值税税率应体现平衡行业税负，促进市场公平；其二，立足于保持宏观税负稳定的总战略，在目前支出增速大于收入增速的情况下，增值税税率调整不对财政收入产生强烈冲击。

**增值税抵扣链条问题**

延长增值税抵扣链条，是此次“营改增”的一个重要目的。不少行业也确实受益于这项政策，但实际运行中也有一些问题。比如，现代服务业、交通运输业等行业与传统意义上的制造业企业不同，上下游增值税链条的完整性较低。以劳务和智力劳动为主的这些企业，短期内很可能无法取得增值部分的抵扣发票。即使像邮电业这样具有生产服务特征和大量设备购置的行业，由于一些设备已经购买或更新，三五年内，因实行增值税进行抵扣而获得的税收优惠也不会太多。相反，由于线路、机房维护和营业所需的水电支出等成本消耗没有增值税进项发票，增值税具有的抵扣优势难以完全发挥。再比如，融资租赁还存在着租赁物所有者与承租人之间复杂的增值税发票问题。承租人税负增加，将阻碍该行业的发展。可以说，这些细节都需要在实际工作与未来政策制定中引起重视。

延长增值税抵扣链条，更应配套增值税征收管理办法的改进。近两年来，“营改增”的快速推进背后是增值税征收管理工作大步前进。“营改增”使得更多的一般纳税人和小规模纳税人开始直接面对税务机关。较之营业税，增值税征管模式显得复杂。这对纳税服务流程的优化提出了更高要求。相关工作的调整直接关系到征收管理效率的改善，乃至“营改增”的成功与否。针对企业劳务成本难以抵扣的问题，租赁物集中在所有者手中、承租人无法抵扣的问题，以及邮电业生产成本没有增值税发票的问题，后续的政策安排及管理办法应设法应对。基本原则应遵循两个方面：其一，尽可能不增加纳税成本和税务征管成本；其二，创造条件让分享增值税抵扣成为可能。

**中央与地方分成重构问题**

“营改增”后的地方财力弥补，成为各界关注的焦点。现阶段的做法是将原属营业税收入部分归地方财政支配。但相对于原先营业税具有的法定地方税地位不同，这种临时性的制度安排仍存在很大的不确定性。长期来看，“营改增”后的这部分收入会从地方划出，成为中央与地方共享收入。这无疑将对地方财政收入产生较大影响。此外，“营改增”后的城市维护建设税及教育费附加收入也将纳入分税范畴。一度被寄予厚望的房地产税和销售税作为地方主体税种的设想，也呈现出一种“远水难解近渴”的状态。短期之内，使其成为地方财政收入主要来源的可能性并不大。因此，地方可支配财力不足的问题不容回避。

科学制定“营改增”后中央与地方增值税分成比例。重构增值税中央与地方分成比例的基本目标，是解决“营改增”后中央与地方的财力失衡，符合财力与支出责任相匹配的改革原则。笔者认为，具体办法是，以现行增值税分成——中央占75%和地方占25%为基础，比照基数——年营业税收入规模，重新设定分成比例，匹配地方财力需要。具体分成比例，要考虑地方公共服务职能及公共产品供给，还要对地方债开闸以后，地方财力还本付息有所预计，避免地方财政问题。当然这种临时“分钱制”可能并不是改革的终极目标。或许仅仅是为地方税建立营造时间和空间。

**增值税宏观调控功能放大问题**

“营改增”过后，增值税会进一步巩固其第一大税种的地位。同时，其覆盖行业也将拓宽，收入规模必将增大。这些变化势必强化增值税的宏观调控功能。目前来看，我国创新宏观调控方式的一个重要抓手就是要发挥现行复合税制的调控作用，促进产业升级与经济转型。基于此目标下的增值税宏观调控功能，较之以往会有不同，责任也将更为重大。研究认为，利用好增值税宏观调控功能放大的时机，积极配合“市场在资源配置中起决定作用”的经济体制改革，需要有更多前瞻性的考虑。

全面发挥增值税宏观调控功能。首先，增值税税率及税则变动的影响面扩大，今后实施普惠性的减税政策变得更为方便。其次，“营改增”与增值税扩围，将最大限度解决重复征税问题，在保证政府收入的同时，实现税收公平。再次，增值税立法工作要考虑税收原则更要考虑宏观调控，将增值税功能逐步从筹集政府收入引向兼顾宏观调控的轨道。基于上述三点认识，“营改增”的奠基性作用，很可能不止于眼前。

## 面临“营改增”，房地产企业有喜有忧

（来源：《中国税务报》　作者：刘剑　秦燕　2015年1月23日）

“十二五”规划已进入最后一年，“营改增”进一步扩围势在必行。目前尚未纳入“营

改增”的行业仅剩生活服务业、建筑业、房地产业和金融业。其中房地产行业“营改增”呼声最高，影响也最大。房地产企业对“营改增”有喜也有忧。

一喜，如果抵扣充分，税负将会降低。房地产开发成本涉及土地、建筑安装、政府规费、拆迁安置、供电配套、规划设计、装修装饰、园林绿化、广告宣传、销售代理、财务费用等诸多项目。如果上述内容均能充分抵扣，形成完整的抵扣链条，“营改增”后房地产企业的增值税税负有可能降低。特别是土地成本和相关规费，如果规定允许房地产企业凭财政部门监制的土地专用收据等作为抵扣凭证，则解决了房地产企业进项抵扣的主要问题。一直以来，土地成本及相关规费占房地产企业成本的比例较高，在“地王”频出的一、二线城市尤为明显。对于设计、广告等支出，相关行业已先试行“营改增”，可以取得增值税专用发票抵扣进项了。

二喜，前期预售纳税少，资金更充裕。由于房地产开发业务的特殊性与复杂性，要求企业必须有良好的融资能力与充足的现金流来维持正常运转。房地产企业一般采用预售方式，在确认预售收入的当期就要按5%的税率缴纳营业税。营业税是房地产企业预售阶段不可忽视的资金支出。“营改增”后，一般房地产项目土地购置、前期工程等业务发生在先，会产生大量的进项税，前期预售阶段，一般无需缴纳或只需缴纳较少的增值税。这将减少企业前期的资金支出，让企业有更加充裕的资金。

三喜，加强财务核算，提高管理水平。“营改增”对房地产企业会计核算和财务管理的要求较高。以“营改增”为契机，可以加强会计核算，提升管理水平。营业税按销售额乘以5%的税率即可，非常简单；“营改增”后需要准确核算进销项，进项税中还涉及17%、11%、6%等不同的税率，财务核算要求相对较高。财务部门应加强会计核算和财务管理，并及时对销售、工程招投标等环节向公司提出合理的涉税建议。优先与能提供抵扣凭证的企业合作，尽量取得增值税专用发票，达到合理降低税负、降低成本、降低风险的“三降”目的。

在喜的同时，房地产企业对“营改增”还有一些担忧。

一忧，税率提高抵扣不足，税负会增加。相关专家表示，房地产企业属于资本密集型企业，不属于鼓励发展的现代服务业，税率应该会比较高。“营改增”之前销售不动产营业税税率为5%，如果销售房地产的税率定为11%，直观上看税率提高了。实际上“营改增”之后，虽然可以抵扣进项税款，但土地出让金、相关规费等能否抵扣尚不明确，如果抵扣不足，税负势必会提高，这是房地产企业普遍担忧的。

二忧，抵扣凭证难以取得，影响进项抵扣。增值税主要以增值税专用发票等为进项抵扣凭证，要求比较严格。房地产企业支付土地出让金，一般会取得国土部门开具的财政监制专用票据，能否据以抵扣进项税额是个问题。这类财政监制专用票据相对规范，可信度较高，建议作为计算抵扣进项税额的凭证。或者由国土等部门开具增值税专用发票，作为房地产企业的进项抵扣凭证。另外还有一些公共配套设施等政府规费，在成本中比例也不低，各地规费的种类、范围、比例不尽相同，也没有土地出让金那么严格和规范。政府规费的票据能否抵扣、如何抵扣，房地产企业也比较担忧。

三忧，土地增值税问题，可能重复征税。“营改增”后如果增值税与土地增值税并存，房地产企业担忧会导致重复征税。房地产企业增值税的理论增值额和土地增值税的增值额有很大一部分重叠。土地增值税除了税金扣除和加计20%扣除外，其他成本费用类的扣除基本和增值税进项扣除项目一样。两个税种增值额的重叠部分，分别用不同的税率计算方式计算税额，存在重复征税。

四忧，存量房产土地，能否抵扣税款。存量房产和存量土地是影响“营改增”后房地产企业税负增减的一个重要因素。“营改增”前房地产企业有一定的储备土地和存量房产，尤其是当前房产滞销的形势下，相当一部分企业库存房产数量较大。“营改增”后，存量房产和土地无进项可以抵扣，而房产销售如果执行11%的税率，将产生大量的应纳增值税，房地产企业难以承受。

## “营改增”后企业应重视哪些税收风险

（来源：《中国税务报》　作者：程辉　2015年2月27日）

“营改增”带给企业财务人员的改变和挑战，远非想象中那么简单。

财务人员面临新旧税制的衔接、政策的变化、具体业务的处理和税收核算的转化等难题。“营改增”不仅改变了企业的整个会计核算体系，同时带来了开票系统、报税系统、认证抵扣、税款缴纳等操作方面的一系列新问题，账务处理稍有不慎便会产生税收风险。为此企业应高度重视税收风险管理和控制，最大限度地规避或减少税收风险。针对当前“营改增”企业在运行过程中暴露出的涉税风险问题，笔者建议企业财务人员重点关注以下问题。

一是重视未分别核算各类营业收入，被税务机关从严征收带来的税收风险。部分“营改增”企业没有按照纳税需求分别核算各类收入，在纳税申报时临时拆分各类收入，此举难免会造成申报数据的混乱和不准确，税务机关在遇到这种情况时往往按照税法的规定从严征税，由此使部分企业税收负担加重。比如部分涉及“营改增”的企业在“营改增”之后，仍然保持原有的核算方法，没有将改征为增值税的有关涉税收入从原属于营业税范围的收入中准确划分出来单独核算，在纳税申报时被税务机关发现并重新核定了增值税的有关收入。由税务机关重新核定应税服务的销售额，使企业处于被动地位，很可能会给企业税负造成不利影响，增加企业的涉税风险。

二是重视发票使用不当产生的税收风险。面对税制改革，企业不但要转换思路，更要从被动接受变为主动适应。目前，“营改增”企业在增值税专用发票的使用上最容易忽略的问题有三个：不按规定索取合规的扣税凭证；取得了合规凭证，未能在规定时间内到主管税务机关认证；由于对增值税法规了解不够，能够取得合规扣税凭证的情形却没有取得，仅取得了普通发票或者收据，丧失了抵扣税款的机会。因此，纳税人要提高对增值税专用发票重要性的认识，一方面要在内控机制上加强对增值税专用发票的严格管理，杜绝虚开发票情况的发生；另一方面在取得增值税发票时要提高防范意识，严格审查发票的真伪、货物来源、发票来源的合法性、销货方的纳税人资格等，对存在疑点的发票可暂缓付款或暂缓申报抵扣其中的进项税金，待查证落实后再作处理，力求提前防范涉税风险。

三是重视违规操作抵扣被加处罚款和滞纳金的税收风险。部分企业在“营改增”之后获得了一般纳税人资格，具有抵扣进项税额的权利，但由于企业没有完全适应“营改增”带来的涉税变化，未能准确界定增值税进项税的抵扣范围，或违规操作抵扣，从而造成超范围抵扣进项税额，结果被税务机关查处，给企业带来了经济损失。

四是重视财务核算不健全带来的税收风险。增值税纳税企业在会计核算上比营业税纳税企业更为复杂，要求也更加严格，营业税依据各项收入和对应的税率就可以计算出应纳税额，而增值税在计算应纳税额时需准确核算各类收入和“应缴税金——应交增值税”下的各个明细账，如果会计核算不健全，就不允许抵扣进项税额，这必然会加重企业的税收负担。

五是重视因分不清“营改增”税收优惠条件，造成无法享受优惠的税收风险。在增值税的制度安排中，减免税安排一般非常慎重，因为减免税容易破坏增值税抵扣链条环环相扣的完整性。但是为了平稳推进“营改增”改革试点，减轻试点企业税收负担，“营改增”试点方案规定了多个免征增值税项目和即征即退增值税项目。目前，“营改增”税收优惠很多，但当事企业必须看清楚增值税优惠的前提条件。“营改增”对特殊服务收入分别施行了免征、零税率、退税等税收优惠，其目的是为了减轻纳税人的税收负担，以支持、鼓励某些特殊行业或对象的发展。但是部分“营改增”企业习惯于沿用以往缴纳营业税时期的核算方法，在会计处理上没有按照“营改增”有关政策规定将免税、减税项目的各项服务收入准确划分并分别核算，结果被税务机关取消了免税、减税的优惠。

## “营改增”，银行业将面临诸多挑战

（来源：《中国税务报》　作者：王文祥　陈冶锋　白同革等　2016 年 1 月 1 日）

根据国务院的统一部署，下一步将实施金融保险业“营改增”。在我们近期开展的一项专题调研中，不少银行负责人表示，“营改增”有利于提高商业银行的定价能力，有利于降低商业银行的运营成本，有利于拓展商业银行的跨境业务，但同时也会给银行带来不少挑战。

其一，银行现有税务管理架构将受到挑战。根据增值税暂行条例规定，绝大多数商业银行机构要向所在地税务机关履行增值税纳税义务。同时增值税法规的应用范围、进销项抵扣和税收优惠政策规定更复杂，税会处理涉及的科目近 10 个，再加上增值税专用发票的领用、认证抵扣和保管环节的税务风险，使得税务管理架构对人员和制度因素的要求更加严格。面对银行业日益增加的税务管理压力，银行机构基层人员的保障和管理机制并不完善。例如，目前四大国有控股商业银行的基层税务管理机构建设还不健全，仅有工商银行和中国银行在部分一级分行成立了专门税务管理科室。因此，随着“营改增”试点向银行业扩围，各银行应该加强税务管理方面的人力保障，推进基层银行税务管理机构建设，健全税务管理机制，加强内部控制，不断提高税法遵从度。

其二，银行财务报表中不少财务指标的披露将受到挑战。营业税属于价内税，增值税属于价外税，“营改增”会使银行损益类科目向负债类科目转移，导致同口径、同营业状况下财务报表的数据指标发生显著变化。例如，“营改增”前，商业银行向客户收取利息费用包含营业税，并全额计入利息收入，对应的营业税则计入损益类的营业税金及附加之中；“营改增”后，商业银行收取的利息将分为不含税收入和增值税两个独立项目确认，即同口径、同营业状况下，利息收入减少，营业税金及附加减少，应交税费增加，可能会造成银行业营业收入和营业成本短期内下降，给相关投资者带来一定的影响。

其三，缴税综合成本增加。商业银行在“营改增”过程中将面临内控机制升级成本和发票开具成本的上升。内控升级方面，为满足“营改增”对税务管理的需要，银行业要实施 IT 系统升级、业务流程改造和人员机构增配。同时，为满足增值税纳税申报及数据采集的需要，提高税务管理信息化水平、降低税务风险，商业银行还需要在现有财务核算系统的基础上，重新开发增值税管理系统。在发票开具方面，由于商业银行业务种类繁多、交易频繁，只有采取有效方式实现企业经营系统与税务系统有效衔接，实现增值税发票在线开具功能，才能满足正常生产经营的需要。这一系列升级会导致管理费用增加，最终体现在纳税成本增加上。

为尽可能减少“营改增”对银行业的不利影响，建议采取以下措施。

一是建立与国际接轨的课税模式。以欧盟和经济合作与发展组织（OECD）国家为代表的免税法仍然是当今世界金融业增值税征收的主流方法，其他各类方案都是为了克服免税法某些方面的缺陷而作出的修正。这一模式对包括利息、金融商品买卖收入等核心金融服务项目免税，对包括手续费、佣金收入等中间业务收入在内的直接收费金融服务征税，对出口金融服务实行零税率。免税项目不能获得进项税额抵扣，征税部分金融服务可获得进项税额抵扣。同时，基于减少税率档次，保持增值税中性的考虑，建议银行业增值税税率定在 6% 或稍低，较为合适。

二是构建跨部门协调机制。建议由中国人民银行、财政部会同中国银行业监督管理委员会、中国证券监督管理委员会和中国保险监督管理委员会等相关部门，参照国际惯例，探索、研究适合我国金融服务业发展的金融服务分类标准，为银行业“营改增”做好准备工作。同时，建立税务机关与金融监管机构的协调机制。税务机关应适当介入金融创新产品的审核和上市销售，以便了解金融产品及市场的变化情况，制定与之相匹配的税收政策。同样在制定金融税收规则过程中，金融监管机构也应参与其中，以提供所需要的金融信息等。

三是强化银行税收管理和管控机制。银行业作为特殊行业，一旦出现较大幅度的波动，会对经济社会产生很大的影响，因而从平稳过渡的角度来说，银行业更需要在推行“营改增”进程中适当享受优惠政策，并确保将政策有效地落实到位。对于银行业而言，“营改增”是一个全新过程，在确定收入、计算税额和纳税申报等方面将会遇到许多困难和问题，需要提前筹划“营改增”的各项准备工作。主要包括：加强增值税改革中的理论研究与难点问题分析、建立高端的税收管理人才培训与储备机制、完善税务风险内部控制和管理机制等。

## 《政府工作报告》：5 月 1 日起全面实施“营改增”

（来源：《中国税务报》　记者：王文竹　何乐　2016 年 3 月 7 日）

3 月 5 日上午，国务院总理李克强代表国务院向十二届全国人大四次会议作《政府工作报告》，报告中提出：全面实施“营改增”。从 5 月 1 日起，将试点范围扩大到建筑业、房地产业、金融业和生活服务业，并将所有企业新增不动产所含增值税纳入抵扣范围，确保所有行业税负只减不增。

《政府工作报告》关于“营改增”的表述，意味着在经历了长达4年的渐进式改革试点后，这项减税负、调结构、优税制的重要税改举措将进入最后的完成阶段。

“营改增”，也成为全国“两会”上代表委员热议的重点话题。

在采访中，有不少来自地方的代表委员对“营改增”改革试点取得的成效给予积极评价，同时对“营改增”的全面推开寄予厚望。

全国政协委员、重庆市政协副秘书长王济光认为，当前全面推开“营改增”是有基础的、条件成熟的。从重庆市的试点情况看，改革成效明显，各方反映良好。王济光表示，“营改增”不仅有利于提升企业发展能力和创新能力，对于规范我国的税收制度，使其与国际先进税制接轨也是有好处的，应尽快全面推开。

全国政协委员、安徽省戏剧家协会副主席侯露也认为，“营改增”的全面推开是一项重大利好，她表示：“企业有增值了才缴税，这是调动万众创新激情的重要抓手。”

作为一项结构性减税举措，如何让企业理解好、运用好即将全面推开的“营改增”政策，关系到改革效果能否最大程度地显现。对此全国政协委员、国家工商总局原副局长钟攸平向记者表示，《政府工作报告》提出“确保所有行业税负只减不增”，但在实际情况中，会有个别企业的税负不降反升。因此，要通过进一步的宣传解释工作，让企业真正理解这项改革，从而利用好政策并从中获益。

全国人大代表、江西省地税局局长张和平表示，当前经济下行压力增大，实体经济怎么发展、如何降低企业成本，都是摆在政府面前的考题。而作为国家稳增长、调结构、促发展重要举措之一的“营改增”，需要各级税务机关共同努力，国地税加强配合，保证改革落地生效。作为来自税务机关的全国人大代表，张和平表示，税务机关有能力、有信心做好全面实施“营改增”的宣传解读和贯彻落实工作。

《政府工作报告》明确提出5月1日起全面实施“营改增”，同样引发了会场外专家学者的关注和热议。

中国财政科学研究院副院长白景明向记者表示，2016年是“十三五”开局之年，稳增长任务艰巨，充分运用税收手段调控经济运行势所必需。他指出，《政府工作报告》明确从5月1日起，将“营改增”试点范围扩大到建筑业、房地产业、金融业和生活服务业，将所有企业新增不动产所含增值税纳入抵扣范围，确保所有行业税负只减不增的这项改革，将减税数千亿元，实际上是从供给侧发力激发市场主体活力，助推产业结构转变和产品结构调整。

“应当看到，这项改革措施，绝非短期政策，而是为市场主体活力释放提供了长期制度保障，属于一步到位的通盘改革。”白景明说。

中国人民大学教授朱青表示，增值税的特点是“环环抵扣”，如果仅在部分行业试行“营改增”，其优化税制结构、减轻企业税负的作用就很难完全显现，《政府工作报告》提出今年5月1日起全面实施“营改增”，这意味着我们即将迎来打改革“歼灭战”的阶段。

朱青认为，要正确理解《政府工作报告》中“确保所有行业税负只减不增”的表述，各界应该认识到，这项改革是保证行业税负只减不增，而不是保证每一户企业税负只减不增，其原因是每户企业的采购周期不同。换言之，要观察并了解“营改增”的改革效果，既不能只看某一户企业，也不能只看某一个时点，而要在较长时期从全行业的效果来观察。

# “营改增”是供给侧结构性改革的巨大推力

（来源：《中国税务报》　作者：王冬生　2016 年 3 月 11 日 B8）

“营改增”和供给侧结构性改革是李克强总理在《政府工作报告》中的两个亮点，其实二者之间存在着密切的关系，“营改增”恰恰是推动供给侧结构性改革的巨大推力。

供给侧结构性改革，重点是结构性改革。产业结构和产品结构的调整，是结构性改革的重要内容。“营改增”的实施，对产业结构、产品结构的优化，都将产生积极的影响。

从产业结构看，“营改增”将极大地促进服务业的发展。产业结构最基本的划分方法，是以农业为代表的第一产业，以工业为代表的第二产业，以服务业为代表的第三产业。从我国进出口结构就可以看出服务业的落后，货物贸易一直是顺差，但是服务贸易一直是逆差。根据国家外汇管理局国际收支平衡表数据，2014 年货物贸易顺差 4 760 亿美元，服务贸易逆差 1 920 亿美元。产业机构变动的趋势是，第三产业的比重将逐步增加，第一产业和第二产业的比重逐步下降。产业结构不断升级和优化，尤其是提高服务业比重，是保持经济持续发展的前提。“营改增”的实施，将极大降低服务业的税负，既减轻服务业的成本负担，也有助于扩大对服务业的市场需求。

从产品结构看，“营改增”有助于技术含量高、附加值高的产品生产。目前的市场供求状况，呈现出供过于求和供不应求并存的矛盾特点。供过于求的滞销产品，多是技术含量和附加值都低的产品。但是高附加值的产品，还是供不应求。从我国游客海外疯狂购物的热潮中，就可以看出国内产品存在的差距。因此，不断提高产品的技术含量，不断满足消费者更高的消费需求，应该是产品结构调整的方向。“营改增”将设计服务、研发服务纳入试点范围，将通过促进技术进步，推动产品结构的升级换代。

随着“营改增”全面推开，尤其是金融、不动产纳入“营改增”，“营改增”对供给侧结构性改革的推动作用，将体现得越来越明显。

## （二）2016 年 3 月 18 日之后关于“营改增”的相关报道

# 海外媒体密集关注中国“营改增”

（来源：《中国税务报》　2016 年 5 月 9 日）

5 月 1 日，“营改增”在中国大地全面推开。作为在世界经济版图中具有举足轻重地位的大国，中国的一举一动都吸引着世界的目光。毫无悬念，“营改增”这项意义重大、影响深远的税制改革，立即引起了世界主要媒体的高度关注和解读。在此，本刊刊发部分海外媒体的报道，看看他们眼中的“营改增”（所选文章均为公开报道，编者有删节）。

**美国《华尔街日报》：中国新税制将刺激服务业发展**

中国在5月1日全面推开了数十年来最大规模的税制改革，努力通过削减服务提供商和制造商的成本，促进其进行投资来推动经济增长。

“营改增”将减轻企业负担，以刺激中国经济增长。新的税收模式还意在激励中国实现从低成本制造业向诸如保险和娱乐等服务业的过渡。

但税改对世界第二大经济体而言存在风险。专家称，新的税收规定复杂、不明确、有待解释，同时仍依赖纸质发票而非电子发票。企业及其顾问表示，给予其适应一系列新规、税率和业务操作的时间不足。

中国政府将允许2016年财政赤字比例从2015年的2.3%上升至3%，借此为今年企业税负减轻和其他刺激措施所需的770亿美元支出提供资金。这使已经紧张的预算进一步承压。

经济学家认为，此项举措是今年少有的重大财政刺激之一。

法国银行集团经济学家伊丽丝·庞表示，这项措施是到目前为止，中国政府推出的唯一一项财政刺激措施，几乎所有公司都会受益。

中国30年前就开始尝试从营业税向增值税转型，但是从2012年起，为了促进服务行业的发展，中国开始认真实行增值税。中国财政部称，此次改革包括建筑业、房地产、生活服务业和金融服务业，总共有1 100万家公司被纳入该体系中。

此次税制改革是中国简化行政程序并寻求新增长动力的广泛努力之一，新的增长领域包括电子商务、先进科技和机器人等。这些尝试的目的是为了减轻企业越来越高的债务负担、改善企业生产无需求产品的局面、应对制造业失业率高企可能给社会带来不稳定因素的困境。

但是要充分获得“营改增”带来的经济利益，公司可能需要数年时间调整。和制造业及基建行业这些传统的经济支柱相比，许多新兴增长型行业的规模还非常小。

金融服务业此次也全面采取增值税制度，考虑到转变所面临的复杂情况，这一举动相当不同寻常。中国政府将对贷款利息以及股票、债券和外汇交易利得征税。目前大部分实行增值税的国家，都将增值税范畴限制在较为简单的、以收取手续费为主的金融服务。

毕马威中国区间接税部门负责人王磊说，全球许多政府都瞄准了金融业以增加收入，包括欧盟、加拿大和澳大利亚，如果看到中国取得成功，那么这些国家和地区将会跟进。

部分行业的税率有较大改变，其中建筑业税率将从3%（营业税）变为11%（增值税），但专家称，其中很多项目都可以抵免，从而大大降低实际税负。

王磊和其他税收问题专家称，这一新税制应该能够让公司根据什么对自己的业务有利来做决定，而不再以减少纳税为根据。他们称，这样一来，中资服务公司在纳税问题上将和跨国竞争对手受到平等对待，在全球市场的竞争力将提高。中国财政部上月称，研发支出被纳入抵免范围后，制造商也将更有动力去升级换代。此外，新税制下，在选择供应商时，企业会越来越注意选择那些税法遵从度较高的供应商。

**《日本经济新闻》：中国开始实施大规模减税政策**

为提振国内经济，中国政府开始实施大规模减税政策。从5月1日开始全面推行的“营改增”税制改革，取消按企业销售额征收的营业税，改为按毛利（销售额减去采购额）征收增值税。预计今年的减税规模将超过5 000亿元。在托底经济的同时，引入与发达国家相同的税制将有助于促进产业升级。

此次的减税是由中国国务院总理李克强在3月全国人民代表大会的《政府工作报告》

中正式提出的。单次的减税规模创历史最高纪录。中国政府将2016年的经济增长率目标定为“6.5%—7%”，（减税的）目的是以财政政策来刺激经济，确保达成增长目标。

自1994年的税制改革之后，中国对制造业征收增值税，对服务业征收营业税。两税种相似并立、难以区分，制造业与服务业的界线也含混不清。从2012年开始扩大了增值税的对象。从5月1日起，房地产、建筑、金融和服务行业纳入增值税对象，取消营业税。上述行业“营改增”后虽然税率增加，但征税对象从销售额变为毛利润，所以事实上减轻了税负。减税规模被认为达3 000亿元左右，此外政府征收的各种手续费也将减免，总减税规模将超过5 000亿元。

此次减税是为了托底中国经济。李克强总理在今年4月强调，要确保所有行业税负只减不增。今年第一季度中国国内生产总值（GDP）同比增长6.7%，连续3个季度放缓。2015年，金融和服务等非制造业在GDP中所占比重在2015年首次超过50%。作为此次减税的主要对象，非制造业有望受益。

此外，减税有助于促进产业升级。营业税是在生产、流通和销售各阶段按销售额征收，交易次数越多税负越重，这就妨碍了行业分工和专门化程度的提高。由于增值税将扣除采购的税负，将促使企业利用外部的专业服务。

**英国《金融时报》：中国银行业“营改增”怎么改**

中国银行业实施“营改增”，至少有三点考虑。

首先是实现税收中性原则，避免重复征税。营业税税制的最大问题是商业银行自身购买的固定资产、货物和服务不能作为进项税抵扣，最终造成商业银行与非金融企业同时承担了营业税和增值税的双重负担，违背了税收中性原则，加重了实体企业的税负。在增值税制度下，下家可以用上家开具的增值税发票作为进项抵扣，从而只对商品和劳务在流通环节中的增值部分缴税，在税务上具有不重复征税的中性特点。

然后是减轻商业银行税负，提高中国银行业的整体竞争力。在目前营业税税制下，银行业的整体税负偏重，实际平均营业税率一直在6%以上，要显著高于证券业、保险业和信托业等其他金融机构行业。而与国际银行业的税负水平相比，世界上多数发达国家均对商业银行核心业务（金融中介业务，如贷款、金融资产交易）免税。

此外，在人民币国际化和服务企业“走出去”战略的当下，中国的金融服务输出需缴纳营业税，使得金融服务出口无法实现零税率，不利于商业银行向实体经济提供跨国金融服务（出口信用证、境外保函和外汇贷款等），在主要发达国家均实行出口金融服务零税率的背景下，也削弱了中国银行业的国际竞争力。

从本次“营改增”试点实施办法及相关规定来看，金融行业（以银行业为主体）的“营改增”方案并没有一步到位，不少业界和学界的人士将其看作是一个过渡方案，但从推广的时间节点来看，这也属正常。

由于从5月1日起就要开始全面实施“营改增”，时间上非常紧张。如果增值税实施方案较原有营业税方案改动太大，基础设施建设恐难以改造完成。目前银行业信息化程度很高，日常运营高度依赖信息化系统，对大型商业银行来说，可能有几百个业务系统、几万个相关产品需要进行“营改增”改造，这是一项巨大的改造工程，周期长、影响广和涉及的系统改造风险也高；除了IT系统外，银行还需要在财务流程、人员配置和“营改增”培训等方面配套布置，这都不是一时半会儿能完成的。所以营业税转向增值税的改革，对银行业来说，可能会是个渐进的、长期的过程。

实际上，本次试点方案还是不乏亮点的。在此前外界最为关心的进项抵扣方面，试点办法初步来看还是相当有效的。办法规定，当进项税额难以划分应税项目或非应税项目的情况下，应按照相关收入所占比例分摊计算。而固定资产、无形资产和不动产除个别条款规定不允许抵扣的范围之外，均可以全额抵扣进项税款。据分析，在目前的银行业“营改增”方案下，若要完成中央政府对行业税收只减不增的承诺，这一条将是关键。

实际上，无论未来中央政府对银行业实施哪一种“营改增”方案，只要能打通银行业与上下游企业的增值链条，实现对经济金融实体的成功减税，就都有利于激发企业活力，从而最终达到推动经济增长并促进经济结构转型的目的。

## “营改增”后地税征管重心应转移

（来源：《中国税务报》　作者：徐菊兰　2016 年 5 月 18 日 7 版）

一直以来，地税机关诸多税收征管举措均围绕主体税种营业税而设计展开。营业税消失后，将缺失重要参考对象，可分析的内部数据将越来越少，对纳税人营业收入支出、资金流等情况的核实掌握将越来越需要通过国税、银行等第三方信息来核实，取数难度将直接影响征管工作开展。解决目前困难，应主要从以下方面着手。

及时调整工作思路，将征管重心逐步转移到其他税种征管上。夯实税源管理基础，强化对新增税源、潜在税源和零散税源的规范管理，强化税源基础事项管理，完善一户式税收情报收集，做好重点税源和重点事项专家团队管理。完善土地增值税分类预征及日常管理。加快推进以地控税、以税节地工作，加强与国土资源部门的部门协作和信息交换，规范城镇土地使用税管理。做好个人所得税全员全额明细申报和股权转让个人所得税管理、加强高收入个人所得税征管、逐步建立自然人税收管理体系。

完善第三方涉税信息平台。争取实现相关部门定期传递数据或与相关部门信息管理系统部分模块直接联网，实现信息共享，全面、有效地汇集由各相关部门掌握的涉税信息，形成全面、实时、动态的税源监控网络。

以“金税三期”工程上线为契机，提高数据管理应用水平。从数据质量日常管理和实地核查等入手，把好数据入口关、校验关，增强地税信息的准确性。

加强国地税合作，推进各领域深度融合。共同开展宏观税负、税收弹性以及税种和行业与对应经济指标相关关系的宏观分析，组织开展税收政策变动及重大税收征管措施对税收收入影响的跟踪分析，共同发布重点税源企业分行业税负标准和税负预警指标。加强国地税联合风险管理和联合稽查，实现国地税各税联评。共同开展区域性税收联合专项整治、重点税源企业抽查轮查、案件协同查办和对共管户联合进户检查工作，形成执法合力。共建办税服务厅，实现税源登记、发票开具、申报缴纳等环节国地税双方零真空、无遗漏，为纳税人提供便捷优质的服务。

# 国际组织官员高度评价中国进行的“营改增”税改

（来源：《中国税务报》 2016 年 5 月 23 日）

全球最高级别税收征管大会——第十届税收征管论坛（FTA）大会 5 月 13 日在北京市落幕。来自世界各地的税务长官及国际组织官员在大会上高度评价中国进行的“营改增”税改，并认为中国为深化全球税收合作和治理作出了独特贡献。

面对复苏乏力的世界经济，与会的世界各地税务长官呼吁：全球化时代，深化税收合作是增强世界经济抗风险能力的重要手段。

本届 FTA 大会主席、中国国家税务总局局长王军表示，此次大会在开展税收数据共享以及反映世界经济税收运行、发挥税收职能应对经济风险等方面取得重要进展，必将对提升全球税收治理能力、促进世界经济复苏发展起到重要和积极的作用。

对于中国全面推开“营改增”试点，世界各国高度关注。“中国的做法令人印象深刻。”法国财政总署副署长文森特·马佐利克说，“就长期经验看，中国的改革探索能让经营者和消费者更好享受到增值税带来的效率和公平。”

经济合作与发展组织（OECD）税收政策与管理中心主任帕斯卡评价，中国全面启动“营改增”改革，并将最具挑战的金融行业纳入试点，对全世界的增值税制度改革具有很好的借鉴意义。

“中国全面推行‘营改增’，是积极主动应对挑战的表现。”美国国内收入局局长约翰·科斯基宁说，中国的税制改革为其他国家提供了参考。美国将持续关注中国“营改增”的进展和效果，并非常愿意分享和学习中国的经验。

这次大会向世界展示了锐意改革的中国形象。“税制改革让中国经济发展更健康、更具有活力。”欧盟税务司司长瓦莱里·蒙特利埃说，透过中国税改，他感受到中国通过全面深化改革推动经济可持续发展的决心。

他表示，丝毫不为中国经济增速暂时放缓而感到“悲观”，中国仍具备稳定增长的能力，但需要进一步深化改革，包括推动结构性改革，并引入税制改革配合，更好地促进经济发展。

中国一直深入参与全球税收合作，担当起大国税务的责任。据介绍，近年来，中国积极参与全球税收规则制定，设计了做好 G20 税制改革工作的中长期规划，与 25 个国际组织和区域税收组织建立合作关系，不断提升国际税收话语权和影响力，维护大国税收权益。

截至目前，中国已先后与 104 个国家和地区签署了双边税收协定，包括与“一带一路”沿线国家签署的 50 多个双边税收协定。中国还与 OECD 合作建立多边税务中心，共同为非洲、拉美等发展中国家提供税收培训。

# 客观看待“营改增”减税效果

（来源：《中国税务报》 作者：王冬生 2016 年 5 月 23 日）

关于“营改增”的减税效果，似乎有三个误区：一是将减税作为“营改增”的唯一效果；二是将整体减税等同于个体减税；三是将逐步减税误认为立刻减税。

"营改增"有比减税更重要的效果。从税制建设的角度，"营改增"有助于完善税收制度，公平税收负担。从经济发展的角度，"营改增"有助于促进产业结构优化，推动经济持续发展。从纳税人的角度，"营改增"有助于纳税人重视税收工作，提高包括税务管理、财务管理和业务管理在内的整体管理水平。

"营改增"的减税效果有不同的体现。首先，是整体宏观税负，其次，是行业平均税负，再次，是个体企业税负。因为"营改增"减少了重复征税，整体宏观税负下降是毋庸置疑的。在宏观税负下降的大背景下，行业平均税负也应该下降。但具体到某个纳税人，税负有某种程度的增加，尤其是在"营改增"的初期，税负出现上升，难以完全避免。

"营改增"的减税效果有个逐步显现的过程。有些纳税人快些，有些纳税人慢些，有些甚至要等到下次固定资产更新才可以享受。以交通运输业为例，"营改增"之前购买运输工具的，因运输工具进项税不能抵扣，税负可能暂时增加，但是等下次购买运输工具时，就可以享受抵扣进项税的政策，享受"营改增"的减税红利。

跳出认识"营改增"减税效果的三个误区，有助于"营改增"的顺利实施，也有助于纳税人全面认识"营改增"的影响，充分利用"营改增"带来的各种机会。

## 建筑业"营改增"试点遇到的一些问题

（来源：《中国税务报》　作者：刘建宏　钟铃　2016 年 5 月 25 日）

建议修改建筑法相关条款，在符合一定条件的情况下，允许转包建筑工程。在此基础上，要求总包、转包、分包各方作为独立的纳税主体，依法履行增值税纳税义务和对外开具发票。建筑企业要按照"营改增"试点政策和管理要求，从运作模式、内控管理及会计核算等方面，作出有针对性的调整、规范和重构。

建筑业具有关联度高、带动性强、辐射面广的特点，在国民经济中具有不可替代的重要作用。为确保建筑业税制转换平稳，国家出台了多项过渡性政策。但受行业特点、经营模式及历史做法等影响，建筑行业在适应新税制、遵从新税制方面，还存在一些亟待解决的问题，应认真研究加以解决。

**主要过渡政策**

三种情形可以选择简易计税。一般纳税人为建筑工程老项目、以清包工方式或者为甲供工程提供的建筑服务，均可以选择适用简易计税方法计税。建筑服务营业税税率为 3%，增值税征收率为 3%，营业税是价内征收而增值税是价外征收的，按营业税口径返算，3% 的增值税征收率相当于 2.91% 的营业税税负水平。

简易计税可差额扣除分包款。小规模纳税人提供建筑服务及一般纳税人提供建筑服务选择适用简易计税方法计税的，延续营业税差额扣除政策，以取得的全部价款和价外费用扣除支付的分包款后的余额为销售额。

异地建筑服务应预缴税款。适用一般计税方法的纳税人跨县市提供建筑服务，以取得全部价款和价外费用扣除分包款后的余额，按照 2% 的征收率在服务地预缴增值税；适用简易计税的纳税人跨县市提供建筑服务，以取得全部价款和价外费用扣除分包款后的余额，按照3%的征收率在服务地预缴增值税。纳税人在服务地预缴的税款，可以在当期应纳税额中扣除。这种制度安排，主要是稳定试点前后各地区的财政利益，同时不违背固定业务在机构地申报纳税的增值税的基本政策规定。

**存在的突出问题**

现行运作模式不适应增值税管理要求。我国现行法律对建筑工程总包人有严格的资质要求。在实践中，一些没有资质或资质较低的企业或个人（实际承包人），往往以其他有资质或资质较高的建筑企业（名义承包人）名义承包建筑工程，除收取一定的管理费和负责代扣代缴营业税、到地税机关代开发票外，名义承包人基本不参与材料采购、工程施工等其他事务，很多情况下发包人工程款甚至直接支付给实际承包人，业内称为"资质共享"。这种运作模式非常普遍，甚至可以说是目前我国建筑业的主要运作模式。"营改增"后，这一模式面临以下难题：一是根据试点政策，名义承包人为纳税义务人，应当由名义承包人向发包人开具发票。但是名义承包人基本不参与工程建筑，无法对材料采购等事项进行有效管控，接受虚开发票等纳税风险陡然增加。目前，已陆续出现一些名义承包人不愿开票导致实际承包人无法结算工程款的现象。二是如果实际承包人注册成立机构、办理税务登记成为独立核算的增值税纳税人，并与名义承包人签订转包合同，便可以建立增值税链条关系，但同时又会遇到"建筑法禁止整体转包"这一新的难题。

跨县建筑服务发票使用规定操作不便。建筑企业对工程项目的内部管理主要采取内部承包方式，即建筑企业将工程项目分包给项目经理，分散在各地的项目部并不是独立经营的主体，建筑企业仍是承担民事法律责任的主体。营业税下，一般由项目部向项目所在地地税机关申请代开发票。"营改增"试点政策规定，建筑企业跨县（市、区）提供建筑服务，应由企业机构所在地国税机关开出外出经营许可证，到项目所在地国税机关办理报验登记，但增值税发票只能向机构所在地领用和开具（小规模纳税人代开专用发票除外）。与"营改增"前相比，增值税发票开具方式变化较大，建筑企业难以适应，实际操作中将面临一些突出问题，如建筑行业农民就业比例高，一旦发生未及时开票导致无法结算工程款，或者建筑企业以此为借口不及时发放农民工工资，极易引发群体事件，而建筑工程所在地国税机关虽然处在矛盾焦点之中，却无力解决问题。

规范建筑企业的日常税收管理难度大。会计核算健全是增值税政策对一般纳税人的基本要求。但受行业经营特点、营业税管理模式等因素影响，"营改增"后建筑企业税收管理难度大，主要体现在以下方面：一是建筑企业会计核算不规范的现象非常普遍，一些建筑企业基本不建账，对许多建筑企业来说，"营改增"后规范会计核算可能要从头起步，从零开始。二是国税机关税收监管手段有限。现行试点政策规定，跨县（市、区）提供建筑服务，应向项目所在地国税机关预缴一定比例的税款，但发票只能在机构所在地国税机关领用，会计核算资料自然也集中在建筑企业，对项目所在地国税机关来说，很难实施有效的税收监管。三是建筑行业运行模式转型难度大。建筑行业管理不规范、运作模式不适应增值税的要求，是业内外都认识到的实际问题。但是商业模式的调整，绝非一朝一夕之事。在此过程中，如何做到既规范执行"营改增"试点政策规定，又妥善处理开票方式改变、不能及时结算工程款引发的民生（农民工）问题，是基层国税机关面临的巨大挑战。

对增值税税负特点的认识存在误区。营业税的税率即税负率，企业所属的行业（服务）

确定了，企业的税负率也就确定了。但增值税不同，企业的税负率由当期销项税额和进项税额两个因素决定。实践中，企业实现的销项税额与取得的进项税额，往往会不同步，这一特点决定了短期内企业的税负率并不客观真实。如果建筑企业前期取得预收款较多，而购买材料、物资等相对滞后，工程建设前期很可能出现税负率偏高的现象。一些建筑企业对增值税税负的特点认识不到位，如税务机关不能及时准确做好宣传解释，容易引发一些本可避免的问题。

**应对的若干建议**

顶层设计要更加科学，完善制度安排。针对建筑业“营改增”后面临的问题，对相关制度安排提出以下建议：一是建议修改建筑法相关条款，在符合一定条件的情况下，允许转包建筑工程。在此基础上，要求总包、转包、分包各方作为独立的纳税主体，依法履行增值税纳税义务和对外开具发票。二是提升税收征管信息共享度。在建筑企业开展试点并加快推行电子增值税专用发票，解决建筑企业跨县（市、区）提供建筑服务发票开具的部分问题。同时，充分利用“金税三期”全面推行的有利条件，建立全国统一的税收征管信息平台，允许跨县（市、区）提供建筑服务涉及的机构地国税机关和项目地国税机关共享建筑企业相关征管信息，共同加强对建筑企业的税收管理。三是在全国税收征管信息平台建立前，应调整有关管理的具体程序，如建议在《外出经营活动税收管理证明》上注明纳税人的类型（一般纳税人或小规模纳税）。四是明确纳税人跨县（市、区）提供建筑服务未按规定向建筑服务发生地主管国税机关申报预缴税款的，建筑服务发生地主管国税局可以依照税收征管法关于未按规定申报纳税的相关条款进行处罚。

建筑企业要转变观念，主动适应新的税制。一是建筑行业各方应当形成共识，主动调整现有经营模式，建立符合增值税政策规定和管理要求的新模式。二是建筑企业的决策层要切实转变观念，充分认识到“营改增”试点不仅仅是简单的税制转换，更是企业转型发展的契机，主动适应新税制的要求。三是建筑企业要按照“营改增”试点政策和管理要求，从运作模式、内控管理及会计核算等方面，作出有针对性的调整、规范和重构。四是建筑企业内部的财务、招投标、采购等各个部门，要尽快熟悉和掌握“营改增”试点政策及管理要求，并在实践中严格遵守和规范运用，切实提高企业遵从税法的能力。

国税机关要转变思路，持续渐进地规范管理。国税机关要树立持续服务、渐进规范的理念，不放任不管，也不操之过急，唯有如此，才能确保税制平稳转换。一是加强“营改增”试点政策和管理要求的宣传辅导，切实提高纳税服务的针对性和实效性，帮助和指导建筑企业尽快熟悉新税制、遵从新税制和受益新税制。二是积极争取地方政府部门的支持，充分利用综合治税平台，及时获取建筑工程涉及的土地使用（国土局）、立项（发改委）、规划（规划局）、施工审批（建设局）等相关信息，在此基础上采取针对性措施加强税收管理。三是加强税企互动，多深入企业开展调研，保持问题反映渠道畅通，及时了解建筑业执行“营改增”试点政策遇到的问题和困难，并及时加以研究，积极向上级国税机关提出完善建筑业增值税政策和管理的对策建议。

# “营改增”后建筑业挂靠经营面临很大税收风险

（来源：《中国税务报》 作者：李舟 2016年6月3日）

建筑业中所称挂靠经营，指一个建筑施工企业允许他人在一定期间内使用自己企业的名义对外承接工程的行为。允许他人使用自己名义的企业为被挂靠企业，使用被挂靠企业名义从事经营活动的企业或个人为挂靠人。“营改增”后，建筑业挂靠双方将面临哪些问题和风险？

**挂靠行为是否向税务机关说明？**

对于挂靠的纳税主体，《营业税改征增值税试点实施办法》规定，单位以承包、承租、挂靠方式经营的，承包人、承租人、挂靠人（以下统称承包人）发生应税行为，承包人以发包人、出租人、被挂靠人（以下统称发包人）名义对外经营并由发包人承担相关法律责任的，以发包人为纳税人；否则以承包人为纳税人。这个规定需要注意两个关键点：一是承包、承租和挂靠虽然成因不同，但在纳税主体处理上统一；二是以谁的名义经营，就以谁作为纳税主体。

挂靠相关的另一个问题是，挂靠人的收益如何缴税？通常情况下，挂靠方和被挂靠方约定被挂靠方取得管理费性质的固定收益，而项目的剩余收益由挂靠方取得。关于挂靠方自然人取得这部分剩余收益的缴税问题，《国家税务总局关于个人对企事业单位实行承包经营、承租经营取得所得征税问题的通知》（国税发〔1994〕179号）规定，承包、承租人按合同（协议）的规定只向发包、出租方交纳一定费用后，企业经营成果归其所有的，承包、承租人取得的所得，按对企事业单位的承包经营、承租经营所得项目，适用5%—35%的五级超额累进税率征税。

可见税法对于挂靠行为的涉税界定是较为清晰的。但实务中，几乎所有的挂靠行为均采用私下操作的方式，也就是向税务机关隐瞒了挂靠模式，统一以被挂靠方名义面对税务机关。这就使得挂靠情况变得十分复杂，加上实际操作中双方对各自权利义务的不同界定和风险的不同划分，导致挂靠成为一个财税争议问题。

**被挂靠方是否向挂靠方提供了账户？**

第一，被挂靠方施工企业向挂靠方自然人提供了日常经营账户。这种情况下，项目建设单位向被挂靠施工单位账户支付相关款项，再从该经营账户流向供应商、合作方账户，完成较为规范的现金流循环。但由于日常经营账户在被挂靠方控制之中，挂靠方自然人的资金流要受到被挂靠方财务的严格监管，而很多时候，这种监管是以牺牲效率为代价的。

第二，被挂靠方施工企业向挂靠方自然人提供了单独的项目部临时账户，且该账户由挂靠方自然人实际控制。这种情况下的账户虽然也是以被挂靠方名义开设的，但完全交由挂靠方自然人控制，规范的现金流循环依然可以实现，但被挂靠方施工企业的监管较弱，风险较大，而相反，挂靠方自然人拥有较大的自主权和支配权，运营中可以实现资金流的快速流转。

第三，被挂靠方施工企业未向挂靠方自然人提供账户。这是一种较为极端的情况，但在实务中并不少见。被挂靠方由于种种原因拒绝向挂靠方自然人提供账户，导致资金流循环出现混乱，建设单位无法按照施工合同要求向施工企业账户支付工程款，实务中常常将款项直接支付实际挂靠的自然人账户，最后以委托付款手续强行入账。

**挂靠方项目部账务是否并入被挂靠方公司账务？**

理论上讲，既然挂靠方项目部以被挂靠方名义施工，应统一并入被挂靠方账务体系。“营改增”前，在项目所在地单独缴纳营业税后，共同申报整个建筑企业的所得税。

但实务中仍存在众多项目部账务独立在外的情况，被挂靠方施工企业私自隐瞒挂靠项目部情况，挂靠方项目部账务只需要对实际挂靠人负责，根本不对外，在操作过程中一些项目部的账务出现核算不规范、票据不健全的严重情况，造成国家税收流失的同时给双方带来巨大的财税风险。

**挂靠方自然人实际收益如何拿走？**

按照双方约定，挂靠方获得剩余收益，被挂靠方获得固定比例的管理费用。那么实务中剩余收益的处理就成为一个重要问题。

如果项目部账务和被挂靠方公司账务不合并，项目部也由挂靠人掌控独立临时账户，或者压根就没有提供账户，那么挂靠人的收益必然私下转移。

更大的麻烦是出在双方账务合并、账户统一的情况下。如前所述，由于双方选择将挂靠行为向税务机关隐瞒，那么挂靠方自然人利润就不可能从被挂靠方公然拿走，实务中大量出现的是以票抵账行为。挂靠人通过私立名目代开建筑业营业税发票冲抵被挂靠人账务，借机拿走本属于项目利润的部分。更有甚者，私下购买假的增值税销售发票冲抵被挂靠人账务，这些违法的操作手法，最终给被挂靠方带来巨大的风险隐患。

“营改增”后，无论是在发票开具上还是监管机制上均发生本质的改变，只要包括三方面：建筑业施工发票从营业税的项目所在地代开模式变成增值税的机构所在地自开模式；营业税监管中对资金流的宽松监管转变为增值税对三流合一的严格监管；营业税未能实现的全国发票联网在增值税“金税三期”中得以严格实施。

这三个改变对于“营改增”企业来说是一场革命，对未来的挂靠行为将产生重大影响，大量严重违规违法的挂靠行为将走向终点，个别依然存续的挂靠行为实施难度和双方风险均增加，关键在于双方的并账风险和实际挂靠方拿走项目利润的风险，这就要求企业从不规范到规范，从随意到严谨，从违规到合法。

## “营改增”：关乎你我 利在千秋

（来源：《中国税务报》 记者：何乐 2016年6月6日 B1）

刚刚通过“月考”的全面推开的“营改增”试点改革，走进了新的阶段。站在这个时间节点，“营改增”有了更现实直观的观察角度。这是一场就在身边的税制改革，离你我很近，就在生活之中。这又是一场意义深远的改革，有利于减少重复征税、推进供给侧改革，意义重大。

“营改增”是生活中那张新发票。税收与生活息息相关，“营改增”正悄悄改变着你我的生活。

去餐馆用餐的人，会发现发票变了样。除了发票名称不同，红色监制章也从地税局变为国税局。更重要的是，相比价税合一的营业税发票，作为价外税的增值税发票将价格与增值税分列，这餐饭吃了多少钱、缴了多少增值税一目了然。吃一顿饭，知道自己为国家缴了多少税，纳税人的纳税意识便从这一张张更透明、更具体的发票中慢慢积累。

出差住宿开具发票，也有新变化。出差在外，除了行李，还要“带上”所在单位的纳税人识别号等信息；出差归来，除了业绩，还要“带回”增值税发票用于税额抵扣，节约成本。值得注意的是，差旅住宿发票的抵扣有一定前提，即员工所在单位与所住酒店都需要为一般纳税人，原因在于，增值税一般纳税人才能开具用于抵扣税额的增值税专用发票，也只有一般纳税人才能用这张票进入抵扣链条。

去买二手房，缴税变化也不小。国家税务总局局长王军在今年全国“两会”上提到，此次“营改增”将首次涉及自然人缴纳增值税征管。这项税制改革，与老百姓发生了密切联系。“营改增”后，二手房交易增值税税率为5%。税率不变，税负却降低了。比如，一套计税价100万元的房子，以往缴纳营业税的计税公式为100万元×5%，缴税5万元；“营改增”后，计税公式变为100万元÷1.05×5%，缴税47 600元，少缴2 400元。

对于老百姓而言，“营改增”不仅是一张张改头换面的发票，一笔少缴的税款，也是一次对税收的认知之旅。

“营改增”是企业纳税数字的鲜活变化。4年的试点之路，纳税人是这场税制改革中最重要的角色。此次新纳入“营改增”试点的行业涉及纳税人1 100万户左右，比前期试点的590多万户增加近一倍。他们从一知半解到会开票、会申报，改变实实在在。

最实在的变化在于税负。国务院总理李克强今年的《政府工作报告》中提出，2016年将扩大赤字为减税增加空间，企业与个人将实现减负5 000亿元。“这其中，‘营改增’占比不小。”华夏新供给经济学研究院院长贾康表示。

房地产企业新华联一位财务负责人表示，“营改增”有助于房地产业减轻税负，“营改增”将企业新增不动产所含增值税纳入抵扣范围，不动产尤其是房地产项目大宗交易成本将降低，有利于土地、项目的收购，加速房地产行业整合。

不过要真正分享改革“红利”，企业自身需加强财务核算，梳理调整采购、销售、定价和客户管理等业务流程，尽量选择可提供增值税专用发票的供应商和服务提供商。

对于企业而言，“营改增”是一次纳税额的变化，更是一次完善企业财务制度与采购流程、调整投资策略与经营战略的机遇。长此以往，更多更具现代意义的企业将矗立在神州大地，助力经济发展。

“营改增”是税务机关一轮接一轮的“大考”。3月全面推开“营改增”试点冲锋号一经响起，全国80万税务大军便整装疾进。

两个多月里，国务院总理李克强3次亲临税务机关考察调研“营改增”工作，重申“营改增”要确保试点行业税负只减不增，“这句话不能够囫囵吞枣，还得靠你们精心操作”。王军在湖北省召开“营改增”座谈会时也强调，税务机关要严之又严，实之又实，细之又细。

两个多月里，面对户数多、数额大和业务急的严峻考验，税务铁军用钢铁意志、职业素养和工匠精神，为“营改增”交了一份漂亮的答卷。从资料交接、优化设备，到开具第一张票、做好第一份申报，税务铁军用满腔斗志迎接一轮又一轮“大考”——“营改增”的丰碑印上了这一抹税务蓝。

两个多月里，全国税务机关稳妥地做好了1 100多万户纳税人的资料交接、税务登记、辅导培训等工作，印发了46份政策和征管文件，出台的相关文件多达十余万字，编发了58万字的辅导材料，印制了23亿份发票供纳税人使用，调整了89项税收征管系统模块功能，开发的软件代码高达几十万行，提供的12366热线咨询服务上百万次，承接的窗口办税业务日均近两百万笔，组织的纳税人培训2 000多万户次，保障的纳税人发票顺利开具累计几千万份……

两个多月里，税务人员想纳税人所想，急纳税人所急，舍小家、为大家，感人事迹俯拾皆是，优秀集体层出不穷，为“营改增”增添了不竭动力。

“营改增”是全面深化改革的序幕。党的十八大之后，改革成为更强音。新一轮改革的突破口聚焦在了财税领域。

2012年，被纳入议程的税制改革内容有6项，“营改增”便是其中一项。营业税改征增值税，不仅意味着营业税退出历史舞台，向现代增值税制度迈出重要一步，还将拉开财税改革与全面改革的序幕。

自1994年分税制改革以来，营业税收入大部分归地方，增值税由中央和地方大体按75:25的比例分成。这种局面已因“营改增”而转变。尽管出台了过渡的分成政策，但可以预见，“营改增”将倒逼中央和地方财权与事权的重新梳理，从而推动对现行财税体制的改革。

在当前经济下行的背景下，“营改增”虽然实施于财税领域，却作用于经济社会发展全局。王军表示，全面推开“营改增”是“谋一域而促全局、牵一发而誉全球”的改革。这不仅得益于改革减税效应对微观经济主体的激励，更体现为增值税有利于分工的制度效应对社会生产方式的引导。“营改增”优化产业结构、推动经济升级、扩大社会就业、促进民生改善等效应，正是在社会生产分工不断细化中得以实现。

不仅如此，“营改增”以后，我国税制进一步实现了与各国通行税制的接轨。税收征管论坛（FTA）主席暨英国皇家税务和海关总署署长爱德华·楚普表示，中国“营改增”有利于减轻企业税负，促进企业创新，助推中国政府供给侧结构性改革，对于稳定经济增长、促进经济转型升级意义重大，相信也能为其他国家增值税改革提供有益的参考和借鉴。

“营改增”是一场仍未完成的战役。“营改增”之路并没有走到终点。从会开票到会申报，还有做好分析等一系列考验等待着征纳双方。

不仅如此，由于试点行业业态复杂、千差万别，适用一套税制、一把尺子难免会碰到问题。业务性质难界定、税率复杂和发票链不完善导致难以抵扣，是不少试点纳税人遇到的现实问题。简化税率、便于操作成为纳税人的新期待，虚开增值税专用发票对税务稽查提出新命题，20多年历史的增值税制度也需要加快立法进程……

新的征途已经开启，未来“营改增”将被赋予新的意义，税收现代化的明天必将更加美好。

## 浙江国税干部热议“‘营改增’精神”

（来源：《中国税务报》 记者：董晓岩 郑旭炎 余仁东 2016年6月14日）

全面推开“营改增”试点以来，全国税务系统干部职工连续作战、顽强拼搏，先后涌现出好税官韩存锦等一大批可歌可泣的感人事例。

“我深刻感受到，这些事例既是具体的，又是抽象的；既是有形的，也是无形的。这种抽象与无形实质上就是一种精神的写照，就是我们正在形成和发展的‘营改增精神’。”国家税务总局局长王军在“营改增”工作视频会议上的这段话，引起了浙江省国税局系统干部职工的共鸣，并掀起总结提炼“营改增精神”的热潮。

“‘营改增’精神，首先是知难而进的改革精神，是一种明知山有虎、偏向虎山行的勇气和魄力。”浙江省国税局货物和劳务税处处长谭中伟说，浙江省共有80多万户“营改增”纳税人，涉及范围广，改革难度大，确保所有行业税负只减不增是一场艰难的战役，全省国税局系统只有一鼓作气、知难而进，才能确保“营改增”税制改革平稳过渡，夺取改革攻坚战的最后胜利。

“作为‘营改增’试点培训讲师团的成员，我觉得‘营改增精神’是精益求精的工匠精神。”衢州市国税局开发区分局干部熊林龙告诉记者，“营改增”培训是一项既费时又费力的工作，从政策培训、开票培训到申报培训，从集中培训、分行业培训到入户培训，他参与主讲的培训已接近百场。为确保“营改增”培训“一户都不能少”，政策解答“一项都不能错”，不仅需要孜孜不倦的“师德”，更需要精益求精的“匠心”。

由于“营改增”试点准备时间紧、人员少、任务重，各级国税机关现有的办税资源无法完全满足纳税人的个性化需求。岱山县国税局针对这一矛盾，组织纳税人志愿者建立“营改增”自助诊疗队，为分散在各海岛上的试点纳税人提供互助帮扶服务，打通了“营改增”服务的“最后一厘米”。岱山县国税局办公室副主任林浩阳认为，创新是“营改增精神”的重要内容，唯有勇于创新实践，才能在优化服务上提出新举措。

江山市国税局的“老黄牛”黄彤康连续多年被授予“三等功”，他认为作为一名党员干部，在“营改增”这样的艰巨任务面前要有舍我其谁的担当精神，这是一名共产党员应有的政治自觉和基本品质，也是“营改增精神”的应有之义。黄彤康说：“在这次‘营改增’中，组织将我从办公室的宣传岗位派到了‘营改增’的管理服务岗位。从大后方来到第一线，我就要拿出勇于担当、敢于负责的勇气把工作干好。”

“面对‘营改增’这场‘大考’，不管是党政主要领导还是分管领导，不管是国税人还是地税人，不管是税务机关还是纳税人，不管是业务处室还是综合处室，大家精诚合作，让我十分感动！”衢州市国税局局长叶永青感慨道，这一涉及近千万户纳税人的重大税制改革能够平稳运行，如果没有各方的理解、支持与配合，是绝对行不通的。“亲密无间的合作精神为此次‘营改增’试点实现多方共赢打下了坚实的基础。”叶永青说。

“作为一名纳税人，我觉得‘营改增精神’还应包括勇于牺牲的奉献精神。”衢州绿色发展集团有限公司总经理杨利明告诉记者，他在4月初添加了浙江国税和衢州国税的微信公众号，每一期都认真阅读，不仅及时了解了各项“营改增”政策，还深深地被“最美新娘”程芸、“拼命三郎”胡翔等国税干部的事迹感动。他对记者说：“正是这些税务干部勇于牺牲的奉献精神，让我们有了实实在在的获得感！”

知难而进的改革精神、精益求精的工匠精神、敢为人先的创新精神、舍我其谁的担当精神、亲密无间的合作精神、勇于牺牲的奉献精神……这些“营改增精神”在浙江省国税局系统得到了充分的诠释与升华。

浙江省国税局局长龙岳辉表示：“‘营改增精神’在浙江全面推开‘营改增’试点中发

挥了至关重要的作用，也必将为做好其他各项工作提供源源不竭的动力。我们将继续弘扬‘营改增精神’，使其内化于心、外化于行，为打造浙江国税‘铁军’、推动浙江国税率先基本实现税收现代化提供有力的思想保障。”

## 地税机关应主动适应后“营改增”时代

（来源：《中国税务报》　作者：张农高　马香超　2016 年 6 月 22 日）

“营改增”给地税机关带来组织收入总量和增量锐减、主体税种和主要经验缺失、征管模式和征管手段失灵、服务方式和方法亟待调整等变化，这些改变影响到地税工作的方方面面，可谓牵一发而动全身。凡事预则立，不预则废。笔者认为，地税机关应尽快建立起适应后“营改增”时代的工作模式。

严格依法组织收入。要依法担当，在法律框架内，依靠税收政策、信息管税和税务稽查等手段促进地方税收的可持续增长，为地方经济社会发展作出应有的贡献。要依法增收，进一步挖掘房产税、土地使用税和车船税等固定税源的增长潜力。强化企业所得税、个人所得税和土地增值税等重点税种的监控管理。积极推动消费税、车辆购置税等税种改革，强化环保税、社保税等的研究，为顶层设计提供参考。要依法提质，进一步优化地税收入结构。

改革征收管理模式。根据后“营改增”时代主要征管对象的变化，调整征管模式和征管措施。要深挖个人所得税税源，通过与第三方的合作，充实地税信息系统，完善征管系统信息资料，加强纳税人信用体系建设，倒逼税法遵从度的提高，减轻地税机关自然人税款的执行压力。要强化小税种征收管理。后“营改增”时代，财产行为税将成为地方的重要税收收入，因此，应建立以信息化为支撑的财产行为税征收管理模式，全方位多角度摸清地方税源，进一步规范财产行为税的征管，切实发挥“小税种、大增幅”的规模效应，加强地方税的发展后劲。要推进税费一体化管理，尽可能推动基金（费）征收依据法律层级的提高，尽可能以法律形式明确地税部门基金（费）的征管权限。

改变纳税服务方式。后“营改增”时代，地税机关服务的主要对象转变为自然人，纳税服务方式方法也应改变。要合理布局办税服务网络，不断丰富纳税服务方式，最大限度地方便纳税人、服务纳税人。

强化干部队伍建设。地税机关应该积极探索人才兴税的道路，促进各层面的对话与沟通，消除干部顾虑，提升干部新的技能经验，帮助地税人员找到发挥个人才能的新领域。

## “营改增”后　地税机关也“管”起增值税

（来源：《中国税务报》　作者：楚光波　潘洪新　2016 年 7 月 8 日）

在国地税分设的情况下，同一税种是否可以分别由两个税务机关进行管理？答案是肯定的，一个先例是，企业所得税就是国地税共管的税种。这样做的好处是，可以分摊两个税务机关的征管压力，同时将流转税与企业所得税捆绑交由同一个税务机关管理效率更高。

今年5月1日全面“营改增”，国税局工作压力陡增。制定税收政策好办，征管要难一些，毕竟地税机关在这些行业深耕多年，已经积累了丰富的行业数据、对行业特点有着深刻的把握。能不能因为全面“营改增”而把所有地税机关在行业征管上的积累全部丢掉呢？当然不能，只要有利于征管，地税机关当然也可以“管”增值税。

依据《税收征收管理法》和《财政部、国家税务总局关于全面推开营业税改征增值税试点的通知》（财税〔2016〕36号）相关规定，全面“营改增”后，营业税虽退出历史舞台，但地税机关对营业税涉及的税收违法行为的调查和处理暂不会停止。那么对增值税呢？

众所周知，增值税的征收和管理主要由国税局负责。虽然如此，全面“营改增”后，地税机关也并没有充当增值税的“看客”。《国家税务总局关于明确营业税改征增值税有关征管问题的通知》（税总函〔2016〕181号）明确：“由于‘营改增’后纳税人销售其取得的不动产和其他个人出租不动产涉及大量自然人纳税人的申报缴税工作，税务总局专门发文决定该项业务由国税机关委托地税机关代征税款和代开增值税发票。根据《国家税务总局关于营业税改征增值税委托地税机关代征税款和代开增值税发票的公告》（国家税务总局公告2016年第19号）和《国家税务总局关于营业税改征增值税委托地税局代征税款和代开增值税发票的通知》（税总函〔2016〕145号）规定，对于涉及信息系统改造以及增值税发票使用管理之外的事项，地税机关均应延续之前的工作方式，全面负责‘营改增’后纳税人销售其取得的不动产和其他个人出租不动产增值税的纳税申报受理、计税价格评估、税款征收、税收优惠备案、发票代开等有关事项，负责办理征缴、退库业务，使用地税机关税收票证，负责收入对账、会计核算、汇总上报等工作，并负责对纳税人的税收违法行为进行调查和处理”。

“营改增”后纳税人销售其取得的不动产和其他个人出租不动产由国税机关委托地税机关代征税款和代开增值税发票，并不是普通意义上的委托代征关系，这是一种基于现实考量对征管权限的再划分和再明确。这样做是因为地税机关已经有了较为完善的管理手段、成熟的管理系统及相应的大数据，暂时放在地税更有利于税收管理。

税总函〔2016〕181号文件第一条规定意味着，“营改增”后纳税人销售其取得的不动产和其他个人出租不动产应纳增值税发生的违法行为，其调查、处理由地税机关负责。纳税人销售其取得的不动产和其他个人出租不动产可能存在的违法行为有：计税依据明显偏低且无正当理由；发生纳税义务却未按期申报纳税；差额纳税之扣除未取得合法凭据；计税方法选择不正确，如应当采用一般计税办法却按简易计税方法计税。

地税机关也“管”起了增值税，这是历史上的头一遭。基于这一规定，地税机关相关人员、特别是税务检查人员要认真学习增值税的相关业务，以便能够胜任对纳税人销售其取得的不动产和其他个人出租不动产涉及增值税业务的检查；而纳税人则要知晓这部分业务的管辖权，以便配合地税机关工作、正当履行纳税人义务和行使纳税人权利。

## 金融服务业增值税免税范围扩大

（来源：《中国税务报》　作者：沈瑛华　2016年7月15日）

6月30日，《财政部　国家税务总局关于金融机构同业往来等增值税政策的补充通知》

(财税〔2016〕70号，以下简称“70号公告”）发布，给金融企业带来新的重大利好：金融服务业增值税免税的范围进一步扩大。尤其值得注意的是，70号公告自2016年5月1日起生效，意味着文件将追溯性影响自金融服务业“营改增”以来所发生的所有交易。因此，70号公告的出台受到了金融业企业的热烈欢迎。

免税范围扩大。根据70号公告，同业存款、同业借款、同业代付、买断式买入返售金融商品、持有金融债券和同业存单等金融同业往来利息收入可以免缴增值税。同时，商业银行购买央行票据、与央行开展货币掉期和货币互存等业务收入，境内银行与其境外的总机构、母公司之间，以及境内银行与其境外的分支机构、全资子公司之间的资金往来业务收入，人民币合格境外投资者（RQFII）委托境内公司在我国从事证券买卖业务，以及经中国人民银行认可的境外机构投资银行间本币市场取得的收入等，均可以免缴增值税。

从最根本的层面来看，现行金融服务业增值税政策落地时面临的主要问题在于以下政策的同时存在：利息收入需要缴纳增值税；利息支出相关的进项税不可抵扣；增值税免税的“同业往来”范围有限。与营业税下的规定和实操相比，增值税税制下同业往来的范围变小了，许多金融机构表示“营改增”导致其税负上升。营业税税制下“同业往来”免税的定义相对宽泛，且长期以来行业的操作使得营业税下同业往来免税适用的范围更广泛。为了解决这些问题，70号公告明确并扩大了金融机构同业往来的范围。

70号公告的出台，解决了之前关于金融同业资金往来增值税免税规定面临的两个主要实操问题。首先，《财政部　国家税务总局关于全面推开营业税改征增值税试点的通知》(财税〔2016〕36号以下简称“36号文件”）规定，银行联行往来业务仅限于“同一银行系统”内部不同行、处之间所发生的资金账务往来业务，这带来了诸如外资银行联行往来业务是否免税的问题。例如，某外资银行境外总部向其境内分支机构发放贷款，或同一全资控股集团中的银行之间发生资金借贷的情况。为此，70号公告对境内银行与其境外的总机构、母公司之间，以及境内银行与其境外的分支机构、全资子公司之间的资金往来业务收入免税解决了这一问题。

同时，36号文件规定，同业拆借免征增值税仅适用于在中国人民银行的同业拆借网络平台（即CFETS）上开展的线上资金融通行为，相关交易既不包含外币的借贷，也不包含在诸如路透社和彭博新闻社等其他交易平台上开展的线上交易，或者其他那些线下资金融通行为。70号公告发布后，上述借贷交易现在可根据相关规定享受增值税免税政策。

影响进项抵扣。由于70号公告扩大了增值税免税范围，广泛受到金融业企业的欢迎，但同时免税范围的扩大也会导致进项税转出金额上升，也就是不得抵扣的进项税金额上升。国际上金融机构都花费了大量的时间和精力，力求正确确定分摊办法或部分免税方法，从而使“转出”的进项税额正确反映提供免税业务所消费或使用的进项。根据70号公告的规定，我国预期将会与其他国家保持一致的情形。

许多金融机构即将面临的问题是，同业拆借免税收入与其消费或使用的进项相比，前者占总收入的比例远大于后者占全部进项的比例。举个简单的例子，一家商业银行可能会在固定资产和不动产方面（无论是购置IT系统还是为分支机构租赁营业场所等），以及市场营销、广告宣传和促销等方面花费大量资金，以吸引新的零售客户并维护既有的老客户。然而相比而言，他们在管理银行间资金安排方面的支出甚少。但是在以收入比例来分摊进项时，金融机构则需要转出大量的进项税额。

由于之前中国对存款利息不征收增值税，因此，不会影响进项税转出金额。70 号公告规定对金融机构之间的同业存款适用免税政策，进而会影响进项税转出金额。暂且不考虑分摊方法本身的问题，金融机构应该确保通过以下三个步骤有序分摊进项税：一是对非专用于免税项目的固定资产、无形资产和不动产全额抵扣进项税；二是采用直接分配的方法，即对于完全用于应税项目的成本或费用全额抵扣进项税，对完全用于免税项目的成本或费用的进项不予抵扣；三是以收入为基础分摊进项税，也就是按照免税收入和简易征收收入占总收入的比例来计算无法划分用途的进项中必须转出的金额。

建议继续完善。值得一提的是，尽管 70 号公告解决了金融商品转让征收增值税的部分问题，但仍有一些根本性问题需要进一步明确。特别是鉴于与债权相关的产品（贷款利息收入和相关的手续费收入适用 6% 的增值税）和与权益相关的产品（按照卖出价扣除买入价后的余额为销售额）适用不同的增值税政策，如何区分债权和权益将成为一个问题。在国际上大多数国家，增值税体系倾向于优先考虑交易的法律形式，而我国可能会侧重考虑相关业务的会计处理。对于可赎回优先股等产品，可能需要准确区分其性质为债权还是股权。

需要强调的是，70 号公告的规定主要针对银行，证券、信托和基金等其他金融机构关注不多。因此，建议国家有关部门密切关注 70 号公告的执行情况和各金融机构“营改增”的实际情况，及时对影响其他金融机构的增值税问题予以明确。

同时，笔者建议相关金融机构需要立即考虑 70 号公告的影响，并且需要在申报期截止日期之前及时实施相关政策，这意味着不仅需要考虑之前不适用而现在适用增值税免税政策的情形，同时也需要考虑如何实现 70 号公告的落地。正如前文分析，70 号公告会对进项税分摊产生重大影响，金融机构需要慎重考虑这一点。

## 金融业“营改增”风险控制的弦不能松

（来源：《中国税务报》 作者：巫宏标 崔兴全 2016 年 9 月 23 日）

“营改增”对金融行业是大考验，税改的初衷是为完善抵扣链条、解决重复征税问题，并促进产业升级。由于金融业涉及不同类型的金融机构，业务类型复杂，如何确保“营改增”平稳过渡的挑战不容小觑，很多金融企业仍然面临不少困难。

**银行业：需谨慎处理未明确事项**

根据财政部、国家税务总局《关于全面推开营业税改征增值税试点的通知》（财税〔2016〕36 号）的规定，金融业适用一般计税方式时，税率为 6%；适用简易计税方式时，征收率为 3%。

财税〔2016〕36 号文件中对有关金融行业的政策做了框架性的规定，但针对银行业的实施细则尚未出台。《关于进一步明确全面推开“营改增”试点金融业有关政策的通知》（财税〔2016〕46 号）也仅是对一部分具体政策给予了明确，比如明确了质押式买入返售金融商品和政策性金融债券业务，取得的利息收入属于金融同业往来利息收入，免征增值税。“营改增”后，对于适用一般计税方法的银行，只有在销项税负可部分转嫁给下游客户，进项端可充分合理抵扣的情况下，银行的利润水平才会有一定的上升。是否可以转嫁销项税负给下游客户，取决于银行的议价能力，产品的市场竞争力，同业操作以及客户能否抵扣进项。

对于中间业务收入，如果客户是非同业的具有增值税一般纳税人资格的企业，理论上对增值税转嫁的抵触会较少，但仍需考虑同业的定价策略，供求双方的谈判地位以及客户对其税负支出以及现金流的敏感度。中间业务加大是个复杂的问题，例如，简单地将“息转费”对于银行税负减轻没有促进作用，如果是正常的可抵扣的中间业务，要看市场整体的消化情况，应该有一定程度的增加，例如部分保险可能会加大银行的代销，以增加进项抵扣（自销的人力成本不能抵扣）。

而对于贷款服务，客户不能抵扣贷款利息的进项税，对增值税转嫁的抵触会比较大。同时，现行政策下的免税收入均有一定条件限制，导致银行需要在现有核算账套基础上进行科目设置的详细拆分，使得免税收入可以单独核算。由于时间的限制，有些银行可能无法在短时间内完成科目重设，导致可能需要放弃部分收入的免税事项，从而进一步对利润水平造成挤压。

**保险业：改变业务模式降低税负**

“营改增”对保险公司的税负和业务模式产生了较大影响。传统保险行业竞争较为激烈，客户以个人居多，且面临着中国保险监督管理委员会（以下简称“保监会”）的严格监管，因此，对于非免税的险种（如车险、财产险、意外险等），提高保费转嫁增值税的可能性较低。与此同时，由于大部分赔付支出（如医疗费用、标的物毁损赔付）都可能难以取得增值税专用发票进行抵扣，此消彼长之下，保险公司的税负将有上升的风险。

鉴于此，目前保险公司均在探寻通过改变业务模式降低增值税税负的可能性。比如，增加保险公司直赔的比例，直接与汽车修理厂等一般纳税人供应商签订理赔协议，从而获得增值税专用发票用以抵扣，以及增加机构代理的比例，以获得更多的手续费支出专用发票进行抵扣。同时，一般大型保险公司为了便于管理、降低成本，通常由总公司进行统一的大宗采购，购进包括电脑设备、办公用品、保险业务相关软件等供下辖各分支机构免费使用。按照目前行业惯例，一般大型保险公司总公司以管理职能为主，不开展保险销售业务，仅从事再保险相关业务及投资业务，取得的收入类型一般为再保险收入和投资收益，这样增值税销项税金额可能不足以完全抵扣采购设备及软件的相关进项税额。按照目前保监会的要求，保险公司总公司也可能很难将采购的设备、软件“转售”给下辖分公司并收取费用。由此可能造成下辖分支机构多缴税款而总公司进项长期挂账，现金流会有一定影响。

为此，除了研究由各机构自行采购或者向分支机构收取服务费等解决方案之外，各保险公司也在积极向总机构主管税务局申请在总机构所在地汇总缴纳增值税，从而达到既平衡总分支机构的税负，又节约税务管理成本的目的。再保险是保险公司用于降低风险的常见业务模式，在再保险业务中，分入保费收入是否缴纳增值税，分出保费是否可以取得增值税专用发票，再保险摊回手续费如何进行税务处理等均不甚明确。

**基金公司：三大困惑待解决**

对于基金行业来讲，财税〔2016〕36 号文件明确，基金转让属于金融商品转让，应当按照 6% 缴纳增值税。“营改增”后存在以下问题：

首先，基金公司对于基金持有期间取得的分红收益是否属于增值税的征税范围有待进一步明确，如果在征税范围内，是按照贷款服务还是金融商品转让收入缴税亟待明确。

其次，基金公司持有到期赎回的基金产品，处理方式与转让是否有区别，也是广大基金公司希望能够明确的问题之一。根据证券投资基金法的相关规定，存在基金公司法律主体与税收主体的差异，由此产生的问题是，基金产品的投资对象能否取得发票进行入账甚至进项抵扣。由于纳税主体的问题，基金公司是否需要直接向投资者或投资对象开票？如果是的话，到底应按照实际收取的服务费用金额向投资者开票，还是按照基金财产收取的整体金额（包括投资收益等）向投资对象开票，如何能够对此核算清晰，这些都是目前基金行业非常头疼的问题。

再次，基金公司产品在银行代销模式下，由于银行代销渠道会对手续费收取部分通道费用分成，基金管理公司和代销渠道机构到底如何给投资人开具增值税发票，是分别开具自己的部分，还是由代销机构先统一开具，再由基金公司向代销机构开具其享有的部分，或者相反，也有待进一步研究明确。

## 国内作贡献、国际有影响的“营改增”

（来源：《中国税务报》　作者：邓力平　2016年11月23日）

正在推进的“营改增”，就国内而言，是党中央作出的重大决策，是政策运用与体制改革的统一；就国际而言，是世界性税制改革中各方关注的大事。中国税务“铁军”为之付出了持续努力，取得了丰硕成果，可以用国内作贡献、国际有影响来加以描述。

“国内作贡献”有三层含义。一是实现中央战略部署的重要抓手。税务机关坚持提升站位、服务大局，既坚定不移又创新能动地推进，既坚持依法治税又发挥“集中力量办大事”的特征，在税制转换平台上上演了一场精彩大戏、时代大戏、特色大戏。二是深化财税制度改革的重要一步。“营改增”是税制改革的重要攻坚战与年度首要任务，税务财政密切配合，征管税政相互促进，既做到税负平移，又实现改制减税。三是协调推进税收现代化的成功范例。近年来，中国税务在推进现代化方面多管齐下、多线作战，依法治税与税收任务的协调、依法征管与纳税服务的统一、加强征税人绩效管理与提高纳税人获得感的对应，而“营改增”的推进都是与这些战线同时进行、相得益彰的。在“营改增”中提供纳税服务，破解难点堵点，增加主体认同，既提高了纳税人的获得感，又很好地完成了税收任务。

“国际有影响”也有三层含义。一是体现大国税务的成功实践。大国税务就是要体现时代特征，要统筹内外两个大局。以推进“营改增”来加快现代财税制度建立步伐、以通过税制变动来提升国家经济竞争力、以参与国际税收合作来展示大国形象，这些都体现了税收服务中国特色的大国战略的独特作用。二是推进国际税收治理的重要贡献。在各国推动下，应对“税基侵蚀与利润转移”与国际税收治理体系构建已成潮流。“营改增”的推行、对应征管能力的提升、与各国税务当局的配合，都体现了中国参与国际税收准则制定的能力，展现了发展中大国走向国际税收舞台中央的决心。三是为世界增值税税制提供中国的答案。增值税改革共性个性同在，增值税税制完善是全球性课题，“营改增”必须考虑国际惯例与中国特色。这次“营改增”所涵盖范围之广、到位之彻底、推进之快速、执行之平稳，佐证了中国正为世界增值税税制提供答案这一命题。中国需要增值税，世界增值税税制更需要中国。

# 财税专家与企业界人士共议“营改增”

（来源：《中国税务报》　2016 年 12 月 28 日）

12 月 26 日，国家税务总局税收科学研究所和中国税务报联合举办“企业界人士‘营改增’座谈会”。企业界人士和税务中介机构代表，讲述了“营改增”给企业带来的机遇和挑战。财税专家学者分析了“营改增”的意义，并提出深化改革的建议。本报记者记录了他们的发言，与读者分享。

## “营改增”助力可持续发展

中国财政科学研究院副院长　白景明

从运行情况来看，“营改增”实现了制度设计和改革的预期目标。“营改增”的一个预期目标是，通过打通抵扣链条，减轻企业不合理的负担，消除重复征税。另一个预期目标是，通过改革促进社会分工细化，为产业结构调整和产业升级创造条件。从参与座谈企业的反馈来看，这两个目标可以说已经实现了。这说明我们费时、费力地推出这项改革措施是值得的。这两个目标的实现是中国经济真正可持续发展的重要基础。一个国家如果没有一个良好的制度基础，经济不可能持续、健康地发展。中国需要产业结构齐全、社会分工细化和技术水平不断提高的经济增长。

改革预期目标的实现也说明，中国企业和政府之间是良性互动。一个制度的建立与完善离不开市场主体不断地提出建议，否则，政策的推出就是无的放矢。中国税制改革比国外税制改革难度大，一是因为经济体量大，利益格局复杂。二是因为纳税人户数多。面临这么大的改革难度，“营改增”顺利实施，得益于政府和企业的良性互动。“营改增”相关政策的不断调整不是政府闭门造车的结果，而是吸收了企业意见不断完善的结果，在这个过程中，税务局的服务也及时周全，从而确保了“营改增”这么大的工程能够顺利推进。

从研究角度看，还有一点值得注意。就是要从支出的角度看待减税问题，做好平衡。税负应该稳定在一定水平，既保证财政支出，又不伤企业运行。

## 企业面临更多的机会

上海财经大学教授　胡怡建

全面实施“营改增”不仅在于消除重复征税、合理税收制度、减轻企业税收负担，更为重要的是促进我国经济转型发展，企业也面临更多考验和机会。

企业如何适应和应对，可从以下方面作出抉择：第一，定价能力。从“营改增”试点情况看，“营改增”对下游企业减税作用十分明显，但减税利益不可能全部让给下游企业。为此，在上下游企业之间需要重新安排定价决策。第二，缴税方式。现行“营改增”政策允许建筑企业可选择老项目按照简易缴税，以及选择作为一般纳税人缴税，为此企业可从项目进项抵扣大小决定的税负，来作出简易征税和一般纳税人的选择。第三，采购对象。为最大限度地合法有效取得增值税专用发票和及时足额抵扣进项，提高抵扣率，企业应加强源头控管，选择信誉良好的供应商。第四，设备更新。企业购买设备后，可凭增值税专用发票抵扣 17% 进项税，从而大大降低设备购置成本，作出加快设备更新的选择。第五，投资回报。

要考虑税收政策因素对投资回报的影响，合理利用税收政策，为企业谋发展。第六，外包服务。“营改增”后，是自己提供服务好，还是外包服务好？应该按照不同类型的服务做不同的税法处理。第七，主辅分离。企业将处于辅助地位的“营改增”业务与主业分离，将收到经济转型升级、企业增效增利和地方财政增收的良好效果。但是主辅分离不宜“眉毛胡子一把抓”，若让小微企业主辅分离，反而不利于其成长。第八，跨境服务。目前在免税跨境应税行为类别中增加了建筑服务、金融服务和生活服务等。

### 评价增值税的三个视角

国家税务总局税收科学研究所所长　李万甫

对“营改增”效应的评价可以从三个方面去看。

第一，“营改增”到底是什么？不考虑其他因素，“营改增”就是一种税制的结构性转换。通过“营改增”，我们建立了比较规范的增值税制度。尤其是在金融行业推广增值税制度，这是世界上其他国家没有的，是中国对世界税收发展的贡献。通过增值税的抵扣机制，上下游产业串联起来了，整个宏观经济的内在关联性都增强了。各经营体之间、各要素之间的交易得到了真实反映。同时，增值税和营业税分属中央与地方，从征收营业税改为征收增值税，是在倒逼财税体制改革。

第二，“营改增”到底减了多少负？这次“营改增”全面试点，一个重要目标就是确保所有行业税负只减不增。这个目标能否实现是评价“营改增”效应的一个重要标准，但绝不是唯一标准。其实，从增值税的原理来看，金融业推行增值税，中国已经走在前面了，有必要回过头在制度设计上做一些深入的调研分析，这样才能把增值税制度在这个领域很好地推广下去。

第三，为什么选择这个时点推进“营改增”？很重要的一个原因，就是要助力供给侧结构性改革。“营改增”对规范企业财务核算和企业经营行为，优化产业结构，塑造公平的市场环境，起到了很大作用。对增值税的评价，不仅要看近期为企业减了多少税，更要看给企业长远发展带来了多少益处。

### 企业更关注如何增值

毕马威中国间接税合伙人　沈瑛华

由于对金融业征收增值税困难较多，世界各国的普遍做法是对金融活动和服务实行有选择地征收增值税。中国对金融业全面征收增值税，在国际上属于首例，没有经验可循。国际财税专家对中国税务机关出具政策文件、收集实践当中产生的问题并及时解决的反应速度，给予十分的肯定。

作为国际性的中介服务机构，我们深切地感受到，“减负”并不是“营改增”之后企业最关注的话题。因为任何一项优惠政策的出台，都会造成企业经营上的调整，企业最关心的是，如何把政策用足，以及对外能获得更多的增值额。对于大型企业集团而言，税负问题其实只是他们考虑的问题之一，确定性、一致性和遵从成本才是他们更加关心的问题。确定性主要指任何政策的发布都需要有明确的实施细则，详细规定该如何具体操作执行。一致性是指各地税务机关在行使自由裁量权的时候要尽可能一致，提高可预期性。遵从成本是指企业希望遵规守法的成本尽可能降低。税务机关有义务为企业缴税提供方便，减少企业支出。

下一阶段，应该充分抓住“金税三期”上线契机，加快增值税发票的电子化进程，进一步降低企业使用和管理发票的成本。另外，作为大家比较关心的一个议题，增值税立法应尽可能考虑简化税率，跟上实践中相关业务发展的速度，把目前日新月异的创新情况考虑在里面，通过完善立法达到解决问题的根本目的。

## 政策效应要从长远来看

中税网税务师事务所总裁 王冬生

“营改增”政策效应要从三个角度看。

第一，“营改增”要实现的是整体减税，不能细化到个体。从理论上分析，消除重复征税，扩大增值税进项抵扣范围，整体税负肯定下降。但是具体到每一个纳税人都减税，这并不现实。如果纳税人财务管理不规范，不及时取得进项发票入账，实现减税有一定的难度，甚至可能起到增加税负的效果。

第二，“营改增”是逐步减税，不是即时减税。企业生产经营是逐步发生的，买设备、扩大规模也是逐步发生的，购进资产以后就能逐步享受减税。有的时候政策效应不是立刻显现出来的，要从长远来看待这个问题。

第三，“营改增”既是制度减税，也是遵从减税。从制度设计来讲，打通抵扣链条，增加抵扣范围，消除重复征税，肯定是减税政策。从遵从度来讲，税务局这几年为了提高纳税服务水平，采取了很多有效的措施。比如税收优惠管理，以前需要准备材料到税务局逐层审批，现在只需备案就可以。进项税发票抵扣，以前要到办税服务厅才能验证，“金税三期”上线以后，在家里就可以验证。服务水平的提高，降低了纳税人遵从成本。

有一点必须明确的是，企业负担不等于税收负担。企业除了缴税以外，还要承担“费”等非税收负担。税收只是企业负担中的一部分。另外，经济形势好的时候，企业赚钱比较多，对各种负担承受能力较强。经济形势不好的时候，企业盈利能力差，承受负担能力下降，在一定程度上抵消了税制改革的减税效应。实际上，作为纳税人，关注税负是对的。但是最重要的是关注利润。纳税人投资、生产经营的目的不是少缴税，而是多赚钱。要及时关注利润的变化、内部管理的变化。

## 改革倒逼企业管理升级

中国新兴建设开发总公司财务部长 张秀明

“营改增”让我感触最深的有两个方面。一是全员参与。过去的营业税制下，只有财务人员关注发票的管理和使用，现在增值税制下，每个涉及报销的人员都会专门关注和了解发票知识。二是对企业管理模式的倒逼作用。执行增值税制度以后，财务管理更加严格，各方面加强了管理，倒逼整个业务模式、经营管理向更科学、更合理的方向转变。

我们对比了 2016 年和 2015 年的实际缴纳情况，税负有明显下降。受大环境的影响，我们今年 5 月—11 月收入比去年同期有所下降，但税负下降的比例高于收入下降的比例，去年 5 月—11 月税负是 2.78%，今年截至到现在是 2.07%。

我们也遇到了一些问题，比如，建筑企业项目施工地多在比较边远的地区，难以保证每个环节都取得增值税专用发票。比如砂石、土料的供应，受地理条件限制，有时只能选择个体户供货方，他们无法提供增值税专用发票。

## 有信心获得政策红利

中国银行税务处处长 董未萌

“营改增”给银行业带来了巨大挑战。银行网点众多，客户广泛，业务品种比较复杂。“营改增”后，收入成本基本计量方式、整个税务处理工作流程和前端业务流程都发生了变化。细微到每一笔合同，涉及的税务条款都发生了变化。

银行业经营有其一定的特殊性，在银行业全方位推行增值税，在国际上也是一个创新。从政策上来讲，财政部和国家税务总局一直广泛听取金融业的意见，陆续发布了一些有针对性的文件。从操作的角度来说，银行业还需要在业务实践中不断创新，通过业务结构的优化使增值税抵扣链条更加完整。

政策发布后，与企业之间有一个磨合的过程，无法马上达到最好状态。“营改增”给银行业带来的影响，肯定是往好的方向发展。作为国有银行，一方面应通过自己的管理要求，在成本端控制进项，在收入端方向创新结构；另一方面，在现有政策基础上，进一步完善增值税管理流程，努力实现企业降低税负的目标。

**多挣钱多缴税是合理的**

华夏幸福基业股份有限公司执行总裁　吴中兵

我们公司的产业链很长，“营改增”的全面实施，对我们有重大影响。营业税时期，我们内部的研发、设计、营销、生产和各种共享服务，每个环节都要缴税。“营改增”打通了我们内部的抵扣链条，既避免了重复征税，又有利于推动专有分工和整个产业创新。

“营改增”实施以来，国家税务总局发布了很多利好政策，比如《财政部、国家税务总局关于明确金融、房地产开发、教育辅助服务等增值税政策的通知》（财税〔2016〕140号）文件规定，房地产企业在取得土地时向其他单位或个人支付的拆迁补偿费用允许在计算销售额时扣除。我们有大量的旧城改造、棚户区改造项目，这样一来就可以把这一部分支出作为进项税额进行抵扣，减少了成本。

半年多来，我们的老项目税负略有下降，从过去的不到6%下降到4.76%。2017年和2018年新开项目，在材料款、工程成本水平和售价可比的前提下，通过测算，盈利高的税负增加，因为盈利高就说明增值高，所以增值税多一些；盈利低的税负就降低。我们认为这是合理现象，多挣钱多缴税，少挣钱少缴税。

**规范发票管理促税负下降**

渤海银行副行长　吴思麒

今年以来，财政部和国家税务总局针对金融业连续下发了多个文件，对银行业增值税征收范围和减免范围逐步明确。我行最新统计结果显示，“营改增”前后税负基本一致。目前，我行自身对进项发票的管理还有待完善。明年会逐步完善进项税额的调整机制，引导各部门重视进项发票取得，增加进项税额的抵扣效能。相信随着对进项发票管理的逐步到位，我行整体税负水平将有所下降。

“营改增”期间，税务机关多次向我行开展政策宣传、答疑解惑、听取意见，为我行顺利实现“营改增”过渡提供了帮助。国有商业银行、股份制商业银行和城市商业银行等不同类型市场主体资产负债结构和产品结构有很大差异，希望税务机关今后继续加强与金融机构之间的互动，充分考虑不同银行业务发展模式的变化，不断完善相关政策。

**餐饮门店税负下降两成**

海鸿达（北京）餐饮公司税务总监　陈燕

从餐饮门店角度来看，“营改增”以后税负确实降了不少。“营改增”以前，我们是在销售收入基础上缴5%的营业税。“营改增”以后，税率虽然由5%调到6%，但由于有进项税可以抵扣，包括房屋租金和原材料等，实际税负是降的。我们现在缴纳的增值税和以前的营业税相比，降了45%左右。在企业所得税增长了80%的情况下，“营改增”后我们公司税负还是降了约20%。未来，希望真正把增值税链条全部打通，让抵扣更加便利。该缴的缴，该退的退，让企业享受增值税制度带来的好处。

### 及时发布政策让企业得实惠

北京奥鹏远程教育中心财务经理　彭传明

缴纳营业税时，我们公司适用的税率是5%，“营改增”之后，增值税税率是6%，但可以抵扣的项目增加了，像房租、水电费和研发支出等都可以抵扣，整体上税负下降了。另外，税务机关针对不同行业及时发布政策，如今年的《关于进一步明确全面推开“营改增”试点有关再保险、不动产租赁和非学历教育等政策的通知》（财税〔2016〕68号）和《关于明确金融、房地产开发、教育辅助服务等增值税政策的通知》（财税〔2016〕140号）明确，对非学历教育和教育辅助服务可以按照3%的征收率简易征收。我们的合作机构，比如各级电大系统，给我们开具的是非税收入票据，简易征收之后就不用考虑进项发票取得的问题了，这对我们来说是比较实惠的政策。“营改增”以来，各级主管税务机关推出微信公众号、集中办税等措施，及时发布和讲解政策，我们应该点个赞。

### “营改增”带给企业更多选择

圣邦微电子（北京）公司财务经理　李运良

我们公司是集成电路设计企业，作为战略新兴行业，优惠政策对公司的激励作用在业绩上体现得比较明显。

“营改增”会给公司未来发展带来更多选择。比如《关于开展赋予海关特殊监管区域企业增值税一般纳税人资格试点的公告》（国家税务总局、财政部、海关总署公告2016年第65号）规定，部分海关特殊监管区域开展赋予企业增值税一般纳税人资格试点。作为集成电路设计行业，设计和销售是我们自己负责，但中间环节的生产是委托加工。经过测算，如果选择海关特殊监管区域的代工企业，我们的代工成本可以下降10%—20%，利润可以增加10%。

## “老外”眼中的“营改增”

（来源：《中国税务报》　作者：李平榕　徐云翔　2017年3月21日）

自2012年10月开始实施“营改增”试点以来，江苏省内众多的中资企业都感受到了改革的红利。而作为开放型经济发展的前沿，江苏省有2.6万户的外资“营改增”纳税人。4年多来，“营改增”对这些外资企业影响如何？外资企业的“老外”高管们对中国的“营改增”又有什么看法和期待呢？

**森萨塔科技：“营改增”是创新的推动力**

总部位于美国的森萨塔科技是传感器和控制器设计制造领域的全球领先者。为了开拓中国市场，该公司2004年在江苏省常州市成立了子公司。

森萨塔科技全球会计总监马克·奥尼尔介绍说，子公司原本定位为生产制造中心，自2012年实施“营改增”以来，研发支出能够抵扣的范围不断扩大，减轻了企业加大研发投入的顾虑。这几年，该公司的研发中心不断扩大，如今拥有研发人员290多名，成为总公司在全球最大的研发中心。2016年的“营改增”，给公司带来了近千万元的减税利好，这对于公司获取新项目、新产线以及竞标新客户订单等方面都将起到积极的作用。而且全面“营改增”后，公司在接收发票、开具发票和审核管理发票等方面也变得更加规范，有效地提高了工作效率，减轻了财务工作的压力和风险。

“中国的‘营改增’降低了企业的成本，有利于公司中国业务的发展。我们将利用节约的增值税税金增加投资，提高森萨塔在全球市场的竞争力。”他说。

**博世汽车：“营改增”增加了税负透明度**

博世汽车柴油系统股份有限公司由博世集团和威孚集团联合投资建立，拥有世界一流的研发中心和技术培训中心，专业制造、匹配和销售电控柴油喷射系统及其部件，并提供相关售后服务。2016 年，公司实现 105 亿元的销售收入，同比增长 14%。

无锡博世汽车柴油系统股份有限公司商务高级副总裁米子旭接受采访时说：“‘营改增’对于我们而言，增加了税负透明度，降低了纳税流程的复杂性，同时增加了进项税额抵扣，降低了企业的成本。”

据了解，自 2012 年推开“营改增”以来，博世汽车柴油系统股份有限公司增值税进项抵扣累计达 41.6 亿元。其中，受益于“营改增”政策，仅服务费一项就新增进项抵扣 9 500 万元。目前，该公司正在推进高压油泵和共轨油嘴制造项目落地，该项目将于今年 12 月完工，建成后企业产能将进一步扩大。

**东风悦达起亚：用减税的红利反哺生产**

2016 年，中韩合资的东风悦达起亚汽车有限公司累计销售 65 万台，销售收入近 670 亿元，同比增长了 6%。谈起“营改增”，东风悦达起亚汽车有限公司的财务部部长、韩国人柳锺铉竖起了大拇指：“主要有两个好处，一是降低了经营成本，二是规范了内部核算。”

据柳锺铉介绍，自 2012 年 10 月实施“营改增”以来，东风悦达起亚汽车有限公司扩大的抵扣项目主要包括广告服务、专利使用权和运输劳务等，其中，2014 年—2016 年接受的 3 项服务累计抵扣税款 5.5 亿元，初步测算减税比例达 8%。

“‘营改增’带来的最大的变化在于扩大抵扣范围，通过降低税负减轻了运营成本，为公司加大研发投入、推动技术升级提供了资金保障。”柳锺铉说，比如公司每年支出的广告服务费在 15 亿元左右，“营改增”后可以按照广告费用的 6% 申报抵扣增值税，仅此一项公司每年可少缴税款 9 000 万元。

为了顺应税制变化，该公司还组织了多次“营改增”专题培训，修订了财务管理流程，持续不断地规范了企业内部的核算管理。

“从政策红利中获益后，企业将把节余下来的税金反哺于生产。2016 年，我们一直加大研发、制造新能源汽车的力度，目前已拥有年产纯电动汽车、混动汽车 3 万台的生产能力。”柳锺铉说。

**佳施建设：和中国企业一样享受到了红利**

佳施建设（南京）有限公司是韩国 GS 建设株式会社投资成立的外商独资企业，主要从事房屋建筑、市政工程等业务。

全面推开“营改增”，该公司购进材料、支付建筑服务分包款等均被列入了抵扣范围，大大降低了公司的经营成本。2016 年 5 月—2017 年 2 月，该公司新增可抵扣进项税额 3 000 余万元。2016 年，该公司实现营业收入 15.3 亿元，同比增长 8.4%；实现营业利润 1.8 亿元，同比增长 3.3%。

该公司财务部部长、韩国人李炫树说："作为外商独资企业，我们非常高兴能和中国企业一样享受'营改增'带来的红利，国税机关主动上门解读税法，也让我们更加主动地参与到这场改革中来。相信未来我们将持续不断地享受到'营改增'的利好。"

## 向人大代表问计"营改增"让企业暖心安心更有信心

（来源：《中国税务报》 记者：史晓龙 2017 年 3 月 17 日）

全国"两会"期间，国家税务总局局长王军指派货物和劳务税司副司长林枫一行，前往"两会"代表驻地，拜访全国人大代表、山东天元建设集团有限公司董事长张桂玉，通过当面沟通交流，深入了解企业在"营改增"中遇到的新问题，虚心征求他对做好税制改革工作的意见与建议。

"'营改增'实施过程中，山东税务机关主动上门开展政策辅导，针对建筑行业特点和企业面临的困难，为我们提供个性化纳税辅导。"张桂玉说，通过税企双方共同探讨，调整经营模式和管理理念降低税负的思路让企业受益很大。"也正是在税务机关耐心指导下，公司顺利实现了从缴纳营业税变为缴纳增值税的平稳转换。"

谈及改革中遇到的新情况、新问题，张桂玉也道出了自己的困惑。全面推开"营改增"试点后，国家允许建筑企业根据自身情况选择按 3% 征收率简易计税或者按 11% 税率一般计税。"如果是简易计税工程，'营改增'后实际税负 2.91%，负担确实是下降了，问题就出在一般计税工程项目上。"他进一步说："主要是向供货方索取进项发票较难，抵扣不够充分，因此一时造成税负有所上升。"

张桂玉反映的问题，事实上在"营改增"后的建筑行业有一定的代表性。对此，林枫表示，税务总局高度重视这类问题，正在会同财政部积极研究解决方案。同时，林枫进一步介绍了增值税税制特点和"营改增"制度设计时的一些考虑，并分析了一些非税因素对企业税负的影响和企业应对解决的办法。双方认为，对于一项系统性税制改革，只有税企双方及各相关方共同努力，才能让企业更好地适应新税制，让改革落地见效。

对于税务总局的高度重视、上门拜访和细心解释，张桂玉表示非常感谢。"这次面对面沟通，让我对增值税的理解更加深入，原来的一些疑惑也解除了！"张桂玉说，税务机关制定政策时虚心问计，执行政策时不打折扣，让企业感到十分暖心、安心，也让企业发展更有信心。

## 让纳税人掌握政策更精准　享受优惠更彻底
### ——税务总局部署开展"营改增"政策大辅导

（来源：《中国税务报》 记者：郭瑞轩 2017 年 3 月 24 日）

近日，国家税务总局发出通知，部署开展新一轮"营改增"政策大辅导，进一步帮助纳税人更精准地掌握政策规定，更彻底地享受税收优惠，更充分地抵扣进项税额，更清楚地办理涉税事项，引导纳税人更好地适应新税制，充分享受改革带来的减税红利。

通知明确，从今年3月起，税务部门将对所有增值税纳税人，特别是建筑、房地产、金融和生活服务业中的一般纳税人，“营改增”后出现税负上升的试点一般纳税人和原增值税行业中的制造业一般纳税人开展有针对性的政策辅导。

通知要求，税务部门要坚持问题导向，重点对“营改增”一般性政策、优惠政策、增值税进项抵扣政策和增值税办税流程等开展辅导。

——在一般性政策方面，注重帮助纳税人熟练掌握增值税应税行为界定、计税方法适用和销售额确认等政策规定，帮助纳税人不断提升适用政策的准确性，主动避免因政策不熟悉产生涉税风险，主动防范增值税专用发票虚开虚抵风险。

——在优惠政策方面，重点辅导纳税人按规定正确适用和充分享受“营改增”减免税优惠、超税负即征即退、差额计税、简易方法计税、出口服务零税率（免税）等优惠政策和过渡安排，确保应知尽知，应享尽享。

——在进项税抵扣政策方面，帮助纳税人梳理可抵扣进项税额的成本费用项目，对纳税人改善内部管理流程、提高增值税管理水平提出有针对性的建议，引导纳税人加强进项税额管理，不断提高抵扣比例，力争实现应抵尽抵。

——在办税流程方面，重点辅导发票领用、发票代开、纳税申报、税款缴纳、减免税备案和退税申请等各项增值税涉税业务的办理流程，让纳税人会办税、办好税，有效节约办税时间，降低办税成本。

国家税务总局货物和劳务税司有关负责人介绍，此次大辅导将广泛听取各方意见，充分开展调查研究，分类实施纳税人宣传培训。对一般纳税人，帮助其深入理解增值税原理和运行机制，熟悉掌握政策规定和管理要求。对小规模纳税人，采取发放宣传材料等灵活方式开展辅导。对“营改增”后税负上升的企业，重点从优惠政策适用和进项税额抵扣两个方面开展辅导。对原增值税行业中的一般纳税人，特别是制造业一般纳税人，开展专题培训，帮助纳税人充分享受“营改增”后进项税额抵扣范围扩大带来的减税红利。

## 减税降负助力经济　优化服务共享红利
### ——总局相关负责人解读“营改增”

（来源：《中国税务报》　记者：郭瑞轩　2017年2月28日）

2016年5月1日，“营改增”试点全面推开，税制过渡平稳，减税效果明显。2017年2月24日，国家税务总局纳税服务司司长邓勇、货物和劳务税司处长吴晓强做客中央人民广播电台“中国之声”，解读2016年“营改增”实施情况及一系列保障措施。

**预计2016年“营改增”减税超5 000亿元**

2016年5月1日，建筑、房地产、金融和生活服务四大行业全部纳入“营改增”试点。当时，李克强总理在政府工作报告中有一个承诺，叫所有行业税负只减不增。那么，减税真的做到了吗？

对此，吴晓强介绍，经过测算，全面推开“营改增”试点，2016年全年直接减税超过5 000亿元。2016年5—11月全面推开“营改增”试点四大行业累计实现增值税应纳税额

6 409 亿元，与应缴纳营业税相比，减税 1 105 亿元，税负下降 14. 7%。其中，建筑业减税 65 亿元，税负下降 3. 75%；房地产业减税 111 亿元，税负下降 7. 9%；金融业减税 367 亿元，税负下降 14. 72%；生活服务业减税 562 亿元，税负下降 29. 85%。不但四大新增行业税负只减不增，26 个细分行业也都做到了税负只减不增。

以苏宁集团为例，2016 年 5 月全面推开“营改增”后，该集团旗下所有企业购进机器设备、购建不动产都可以抵扣进项税额，很大程度上减轻了企业负担。2016 年，该集团因“营改增”减税 2. 3 亿元，其中增加进项抵扣直接少缴税金 1. 5 亿元，节约投资成本超过 10%。

生活服务企业方面，麦当劳在全面推开“营改增”后，中国的自营门店增值税税负明显降低，不到一年，税负由全面推开“营改增”前的 4. 9% 降至 2016 年底的 0. 6%，减税金额达 4. 5 亿元。麦当劳之所以能够大幅降低税负，关键在于抵扣比较充分，他们通过采购体系、原材料加工和物流配送等方面的专业化分工，优化产品链条，迅速实现了原材料进项税额 100% 抵扣。所以，“营改增”的意义不只是减税，更鼓励企业投资发展，有助于企业做大做强。

为什么上述四个行业纳入改革，其他已经改革过了的行业也会连锁减税呢？对此，吴晓强介绍，增值税是流转税，是对收入减去成本之后的增值部分征税。一张发票，可能对个人来说只是一个消费凭证，但对于企业来说，增值税专用发票是可以抵扣税款的。比如一个工业企业很早之前缴的就是增值税，但它的厂房租金在房地产行业纳入“营改增”试点以前开不出增值税专用发票，这部分税款没法抵扣。但 2016 年 5 月 1 日后，房地产业改征增值税，增值税进项税额可以抵扣了，自然而然就减税了。

事实上，预计 2016 年全年减税超 5 000 亿元中，由于可抵扣进项税额增加，原缴增值税的行业和已试点行业减税规模，超过了新增试点四大行业减税规模。

吴晓强认为这就是增值税的好处。首先，增值税环环抵扣，减少了重复征税。其次，增值税有利于促进企业的专业化。“营改增”试点行业里，服务业是很重要的一块，不但包括老百姓生活里经常接触到的餐饮、住宿等生活类服务业，还包括企业生产中会打交道的信息技术服务等生产性服务业。比如所有企业几乎都有 IT 部门，现在“营改增”了，企业从外面购买 IT 服务，不但可以享受更专业的服务，一般纳税人还可以拿到增值税专用发票，直接抵扣进项税额。无论是专业性还是性价比，都比自己养一个团队要好。这就促进了企业专注于自己的核心竞争力，促进整个社会产业链的拉长、分工协作的加强。

**发扬“工匠精神”使更多企业享受“营改增”红利**

虽然“营改增”减税效果显著，还是有少部分企业反映他们的税负上升了。对此，吴晓强说，四大行业 26 个细分行业中，绝大多数企业的税负都是下降的。截至 2016 年年底，四大行业 1 000 多万户试点纳税人中，仅有 1. 6% 的纳税人存在不同程度的税负上升。比如一个企业，你单单截取一个时间段，它本身的财务制度还没有跟上改革进度，抵扣单据还没有到位，该抵扣的东西还没抵扣进去，税负算起来好像是增加了。但只要接着往后看，将来抵扣充分了，税负就会变化。

“营改增”试点扩围行业包括建筑业、房地产业、金融业和生活服务业，收入数量大、情况复杂，尤其是金融业和房地产行业的增值税制度设计，是国际公认的较为复杂和难以处理的领域，中国在这些行业探索实施“营改增”，基本没有国际经验可以借鉴，所以刚开始时，一些行业对政策是非常不熟悉的。2016 年 5 月开始，财政部和税务总局先后联合发了 10 个政策性文件，税务总局先后发了 27 个有关征管操作的公告，就是为了帮助行业减轻税负。

比如教育培训类机构，由于全年收入分配具有明显的季节性，但经营性支出大多为职工薪酬，无法取得相应的增值税专用发票进行抵扣。当时长江商学院的财务主管在“营改增”后的第一个申报期，按照6%的税率计算，税负增加了将近120万元。这并不是个例，整个北京地区就有2 000余户教育培训类纳税人遇到了类似问题。我们了解情况后马上研究，当年6月18日，财政部、税务总局就发出了《关于进一步明确全面推开“营改增”试点有关再保险、不动产租赁和非学历教育等政策的通知》，明确一般纳税人提供非学历教育服务，可以选择适用简易计税方法按照3%征收率计算应纳税额。按照最新政策，长江商学院对5月增值税申报表进行了修改，比“营改增”前少缴税17万元。

企业的适应程度对于“营改增”能否充分发挥它的优势，有很重要的影响。就现在全面推开“营改增”的情况看，企业方面还有哪些突出问题？下一步，税务部门应该如何采取有效措施深入推进这项重大改革？

吴晓强表示，“营改增”作为一项重要的税制改革措施，与直接减免税不太一样，企业需要根据制度要求的变化相应改进和加强内部管理，才能尽量多地享受政策红利。一家动漫企业曾反映，“营改增”后，生产销售动漫衍生品需按17%的税率缴纳增值税，由于动漫企业人力成本高，可抵扣项目少，税负不减反增。税务总局立即对这家动漫企业纳税情况作了深入了解，发现其税负上升的主要原因是这家企业规模扩大，从小规模纳税人转为一般纳税人，由3%的征收率变为17%的税率，并且进项抵扣不足，增值税税负的确有所上升。但后期由于购进了一些服务器等设备，以及房屋租金可抵扣进项税额，目前已经处于进项税额不完抵状态，增值税税负下降至零，不仅不用缴税，而且有留待以后可抵扣的税金。所以，只要企业更好地适应新税制，随着企业内部管理的加强和改进，进项抵扣的增加，更多规范核算的企业就会享受到“营改增”的改革红利。

下一步，税务总局将会同有关部门，继续发扬精益求精的“工匠精神”，从以下两方面开展工作，进一步把试点各项工作做实做细：一是继续密切跟踪试点情况，确保所有行业税负只减不增；二是全面系统评估试点情况，进一步完善试点政策。与相关行业主管部门建立信息共享平台，广泛搜集各方面对“营改增”试点的意见，全面梳理和评估“营改增”试点运行效果，不断完善试点制度安排。

**优化纳税服务　确保“营改增”如期转换平稳运行**

“营改增”是党中央、国务院根据社会经济发展新形势，从深化改革的总体部署出发作出的一项重要决策。2016年5月1日全面推开，看起来就是一个时间点，但是这“推开”背后，涉及税户是数以千万计的。国家税务总局纳税服务司司长邓勇表示，“营改增”的四大行业社会关注度高，户数众多，形态各异，涉及1 100多万户纳税人，涵盖到市场最小的经济单位，关系到民生最基本的衣食住行。

邓勇介绍，税务部门从一开始就加大优化服务的力度，确保“营改增”如期转换，平稳运行。为此，从三个方面着力搞好“营改增”服务工作。

一是及时出台80条服务和管理措施，覆盖“营改增”各个阶段。税务总局将这次“营改增”划分为开好票、报好税、分析好、改进好和总结好五个阶段，在前四个阶段，针对每一阶段的不同重点共计出台了80条管理和服务举措，兼顾到所有业务细节、不同行业纳税人特点和不同需求，落实好兜底的服务责任。如针对“营改增”初期发票申领和代开业务量剧增的实际情况，努力在会开票、保顺畅上下功夫，共增设办税服务窗口17 386个，增配自助办税机 3 936 台，科学分流开票工作量。采取开设网上开票通道等措施，科学分流，确保纳税人顺畅开票、顺畅申报。

二是建立实时定点视频连线、全国 12366 热线问题集中反馈和百个一线办税服务厅直报制度。通过这些制度打通了总局、省、市、县、所五级沟通渠道，建立了快速响应处理机制，基层当天反映到总局的问题，总局当天就能回复解决。总局分成政策组、技术组、宣传组和纳服组等 10 个应急小组，24 小时不间断收集问题、答复问题，以最快速度解决纳税人问题。

三是形成了宝贵的"营改增"精神，支撑我们克难攻坚推进改革。"营改增"期间，全国 1 万多个办税服务厅、13 万名办税服务一线窗口人员日夜坚守、不辞辛苦为纳税人服务。他们中有哺乳期的女税务干部，也有因"营改增"施行而一再推迟婚期的准新郎、准新娘，更有殚精竭虑、日夜辛劳，为"营改增"工作献出生命的优秀税务干部。他们在平凡的岗位上，用敬业和奉献打造形成了"知难而进、坚守使命、追求卓越"的宝贵的"营改增"精神。正是这种精神支撑我们打赢了一场又一场的改革硬仗，确保了改革平稳有序有力地向前推进。

邓勇介绍，为确保纳税人能够快速掌握"营改增"的知识，除了传统的加强对纳税人的培训，还针对如何开票和报税等纳税人关心的热点问题，分行业开展了专门培训。

一是依托 12366 纳税服务热线的支撑，用声音及时提供最权威的政策解答，用声音打造听得见的纳税人身边的纳税服务。在 2015 年"立足北京、服务全国"的 12366 北京纳税服务中心成立之后，2016 年在上海成立了 12366 上海（国际）税收服务中心，提供中英文双语税收咨询、办税指引等纳税服务，这一举措在全国政务服务单位中位居前列。"营改增"试点推开后，纳税人咨询量激增，2016 年全国 12366 共受理人工咨询 3 800 余万次，同比增长 41%。

二是大力推进报税方式的革新。税制变了，但是为纳税人服务的理念没有变。税制在推进，纳服在提速。目前纳税人网上申报已经达到 90%，所有涉税事项的 65% 由网上办结，90% 纳税人发票的认证可以通过网上勾选实现，真正实现让纳税人办税"多走网路，少走马路"的便利目的。一些地方已成功实现支付宝缴税，使办税不仅"足不出户"，还能"如影随形、一触即发"。

邓勇表示，纳税服务没有休止符，他们将把便利化的服务改革进行到底。下一步，他们将以纳税人需求为导向，对外通过开展需求大调查、大走访，精准发现问题，着力在精简资料、优化流程等方面出台针对性强的服务措施，切实解决纳税人的实际问题。

**多措并举　使纳税人办税满意度更高**

近年来，税务部门坚决落实国务院"放管服"的要求，积极优化纳税服务，树立了良好的税务形象，纳税人满意度总体提升。但是仍然有部分纳税人反映在个别办税服务厅存在排队等候时间比较长的现象。邓勇对此回应，在某些特定的时段，比如征期的后半段、新政策出台和管理系统升级的时候，纳税人在办理相对复杂、特殊的业务时，由于人流量较大，确实存在排队等候时间比较长的现象。对此，税务总局高度重视，出台了一系列有效措施，缩短纳税人排队等候时间。

一是拓宽服务渠道，疏通办税"堵点"。例如，设立自助办税区，让纳税人不去前台窗口就能办理涉税业务；增设办税延伸点，让纳税人不去大厅而在附近的社区延伸点上也能办理涉税业务；开发网上办税平台，让纳税人足不出户就可以办理涉税业务；开发移动办税平台，让纳税人随时随地通过手机很轻松地办理涉税业务。

二是建立应急处置机制，实时响应办税“痛点”。很多省税务机关建立了办税服务厅指挥中心或征期会商机制，对全省所有办税服务厅的工作状态进行实时监控或直接干预，发现哪个办税服务厅出现拥堵问题，都能在第一时点应急处理，有效调度力量，及时增加办税厅的窗口数量和人员缓堵保畅。

三是整合办税资源，突破办税“难点”。例如，国税、地税联合办税服务厅让纳税人“进一家门、办两家事”；推行同城通办，纳税人可以通过手机 APP 适时了解各大厅办税状况，根据忙闲程度自主选择办税服务厅办税，这样也能压缩业务办理时间，方便纳税人办税。

邓勇介绍，从2014年开始，税务总局连续4年开展“便民办税春风行动”，相继推出了26类90项便民办税措施，持续打造优化纳税服务品牌，每年突出一个主题，每年实现一次大跨越。邓勇举例说明，小微企业过去是按月申报缴税的，现在税务部门对符合条件的改为按季申报，这样使小微企业纳税人年申报次数由原来的12次减为4次，降幅达66.7%，大大节省了纳税成本。再如，纳税人办理领用发票业务时需填写《纳税人领用发票票种核定表》，很麻烦，实行免填单后，通过数据共享实现数据信息自动带出，纳税人只需根据需要补充其他信息并确认即可，办理时长由几分钟压缩到几秒钟。又如，2016年推行二维码一次性告知，“码”上知道“营改增”，将“营改增”的政策、办理指南等制作成二维码，纳税人用手机一扫就可以轻松办税。

邓勇强调，纳税服务永远在路上。新的一年，税务部门将持续提速减负，创新服务，下大力气解决好纳税人办税当中的“堵点”、“痛点”和“难点”。以“互联网+税务”为载体，从纳税人的视角出发，创新办税模式，以压缩办税时间为主要目标，精简报表资料，优化办税流程。同时，及时总结基层创造的大量宝贵的先进经验，丰富办税手段。总之，用税务部门纳税服务的“加”，换来纳税人办税负担的“减”；用税务干部的辛苦，换来纳税人办税的便利和满意。

## 税务总局部署开展全面推开“营改增”试点督查

（来源：《中国税务报》　记者：郭瑞轩　2017年2月24日）

人勤春来早，春来人更勤。2月20日，国家税务总局启动全面推开“营改增”试点督查，对山西等10个省（区、市）国税局、地税局全面推开“营改增”试点、开展“便民办税春风行动”等四个方面工作进行督查，旨在及时了解各地重点工作的落实情况，掌握落实中存在的问题、困难和意见，纠正偏差，完善措施，促进各项税收工作顺利推进。

2016年，各级税务部门实施全面推开“营改增”试点，上下一心，发扬工匠精神，坚持从严从实从细，齐心协力打赢“开好票”、“报好税”、“分析好”、“改进好”等改革关键时段的战役，确保改革顺利实施，平稳推进。深入开展“便民办税春风行动”，着力解决纳税人办税中的“痛点”、“堵点”和“难点”问题，各地税务机关多措并举推出了31项8 336条便民办税具体化措施，持续增强纳税人“获得感”。但个别单位存在不够到位的问题，影响了工作落实。

据了解，此次督查更加突出针对性、公开性和激励性，紧密围绕全国税务工作会议要求展开。在“营改增”方面，重点督查政策的落实与完善、服务的优化与不足、管理的成效与漏洞、纳税人的“堵点”、“痛点”和意见等。在开展“便民办税春风行动”方面，重点督查2016年“便民办税春风行动”取得的成效与存在的问题、2017年的新部署和工作进展情况等。督查分为准备、实地督查、总结和整改三个阶段。2月20—27日为实地督查阶段，各督查组将采取听取情况介绍、召开税务干部座谈会、查阅资料、召开纳税人座谈会、走访纳税人、暗访办税服务厅、处理相关邮件和电话、实地督查市（县）税务机关等多种形式，全面了解真实情况，查找问题并深入分析具体原因。督查团队由来自25个省（区、市）税务局和税务总局业务司局近120名税务人员组成，按照各自业务专长被分成10个督查组对应进驻10个省（区、市）国税局、地税局，按照总局督查要求组织开展深入督查。

近年来，税务总局从整体上健全抓落实的工作机制，以严的标准、实的举措狠抓落实，有力推动各项决策部署落地生效，督查已成为税务部门狠抓落实的重要抓手。税务总局专门建立了督查专员库，持续加大督查力度和深度，紧盯不放地督，循环反复地督，创新方式地督，真正铁面地督。2016年，税务总局以“营改增”、大众创业万众创新税收优惠政策落实、税收征管体制改革等为重点共开展19次督查，实现了对各省、自治区、直辖市和计划单列市国税局、地税局的全覆盖，确保各项税收改革落到实处。目前督查发现的问题已全部整改到位，并依纪依规对有关单位及责任人实施问责。督查有效推动了重大税收政策和重点工作的部署落实。

值得关注的是，本次督查按照“鼓励有作为、整肃不作为、加强正向激励”的原则，大力推进督查激励工作，更加注重结果运用。对全面推开“营改增”试点以来纳税人税负明显下降的，督查组将总结归纳当地税务机关在政策落实中的成功经验与做法；对税负上升、政策落实工作中存在问题的，及时督促指导其制定对策，采取有效措施改进工作；对发现的可复制的新经验、新做法和新成果，在全国税务机关进行推广，推动“营改增”政策更好地落地见效，推动税收工作不断迈上新台阶。

# 分众传媒的两次“营改增”

（来源：《中国税务报》　陈惠贤　王靖　孙斌　2017年4月28日）

职场有高手，商界有传奇，成功的企业总不乏故事。2003年创立的分众传媒经历的两次“营改增”，就有很多故事。近日，分众传媒集团公司首席战略官陈岩在接受本报记者采访时表示，在分众传媒最困难的时候，“营改增”为分众传媒集团创造了稳步发展的空间。

**第一次“营改增”：成功回归A股市场**

借助第一次“营改增”机会，已在纳斯达克上市的分众传媒成功回归A股市场。

由于精准定位了主流人群必经之路的封闭式空间，“电梯电视广告”引爆了整个传媒界。创业之初的两三年间，分众传媒可谓“春风得意马蹄疾”。在扩张的冲动与资本的推动下，成功收购了聚众、框架等传媒，并于2005年登陆纳斯达克，成为在美国上市的“中国传媒第一股”。之后，分众传媒始终以“传媒明星”的身份出现在资本市场。

然而，分众传媒的经营模式具有独特的中国化概念。欧美投资者由于很少有“电梯电视”这种生活环境，就很难理解分众传媒的价值所在，其股价先被炒作、后被低估，甚至遭遇过被“做空”。未来的发展，路在何方？分众传媒在深深地思考。2012 年 1 月，上海成为首个“营改增”试点城市，触动了分众传媒“回归”之路。

对于分众传媒来说，“营改增”是一项重大利好。那一年，分众传媒采购了大量媒体播放设备，进项税额得到全额抵扣，极大地降低了运营成本。“营改增”改革首年度，分众传媒全年累计减税 2 039. 34 万元。对于分众传媒而言，更多的“营改增”红利，还在于其赢得更多的下游大客户，获得了更多的广告投放量。众多的广告客户拿到分众传媒开具的增值税专用发票，可以抵扣进项税额，就愿意投入更多的广告费，整个产业链的良性循环因此形成。“营改增”打通了服务业内部，以及第二、第三产业间的抵扣链，打破了税制隔阂，激发了经济活力。

分众传媒的决策层越来越认识到，分众传媒的经营模式是中国特有的模式，即在主流城市主流人群必经的电梯空间，每天形成高频次的有效到达，从而形成强大的品牌引爆能力。分众传媒拥有了这些十分稀缺的资源，它的价值也更容易为中国投资市场所发现。借助于税制改革的利好，分众传媒回归国内 A 股市场，成了必然的选择。经过两三年时间的美股私有化准备，2015 年，分众传媒终于借壳七喜控股，成功回归 A 股市场，成为首家回归 A 股的海外中国概念股，市值一举突破 1 000 亿元。

**第二次“营改增”：重新开始战略定位**

第二次“营改增”后，分众传媒开始了未来发展的重新战略定位。

第一次“营改增”让分众传媒迎来了第二波业绩快速增长期。为了有效应对移动互联网带来的冲击，分众传媒开始主动加强新技术的研发，打造了基于 LBS 的云战略。有基于楼龄、楼价和商圈分析等帮助客户开展精准投放的物业云；有 70% 的流量来自于移动端，通过楼宇的经纬度，搜索出消费取向数据的百度云；与电商合作，获悉楼宇购买各类快消品信息的电商云，用云端数据来决定电梯屏幕、电梯框架放置什么样的广告。技术手段的不断更新，使分众传媒在整个广告行业不太景气的背景下，仍然保持每年两位数的增长速度，巩固了行业地位。

然而，分众传媒的巨大挑战与竞争，来自于移动互联网和电视等新媒体与传统媒体。2014—2015 年，陈岩在与上海市长宁区国、地税局的两次税企高层对话会上，均表示出了忧虑。她说，分众传媒的两大成本是电视屏和物业租金，当时只有电视屏纳入了抵扣范围。由于物业服务未纳入“营改增”，导致企业税负过大，影响了公司发展。为此，陈岩连续两年在税企对话会上呼吁尽快将房地产和物业管理等服务业纳入“营改增”，彻底打通上下游的抵扣链。2016 年 5 月开始的第二次全面“营改增”，使分众传媒当年税收就减少了 3 800 万元。陈岩表示，全面“营改增”顺应了像分众传媒这样先进的现代服务业发展壮大的需求，对整体的经济稳增长，市场增活力起到了重要的助推作用。

忽如一夜春风来，千树万树梨花开。第二次“营改增”，让分众传媒迎来了全新的战略机遇期。基于此，分众传媒将未来的发展定位概括为三个圈：生活圈、娱乐圈和生态圈。生活圈即为现有的电梯电视、电梯海报、晶视影院、终视卖场；娱乐圈战略将持续加大在体育赛事、电视电影等领域的投入；生态圈战略在于从媒体生活圈向人与信息、人与生活、人与金融对接的生态圈领域进军。

“一路走来，税务机关的纳税服务对我们帮助很大。”分众传媒税务总监王薇说。她告诉记者，税务行政审批制度改革后，企业收到的股息、红利等权益性投资收益免征企业所得税改为备案制，无须税务行政审批。国家税务总局相关的文件出来后，分众传媒的税务人员上午知晓了，下午就去长宁区国税局办理备案，当场就办结了，非常高效。王薇希望未来税收监管能根据企业的行业特征和经营特点，给予更加细化的扶持和深入的指导。

# 第五部分 决战“营改增”

# 一、2016年3月18日之前——推进“营改增”

## （一）各地财税部门有序推进“营改增”

### 各试点地区有序推进“营改增”试点改革工作

（来源：财政部网站　2012年9月26日）

营业税改征增值税试点改革，是国家实施结构性减税的一项重要举措，也是一项重大的税制改革。试点改革工作启动以来，各试点地区财税部门认真做好测算工作，拟定改革方案，加强政策衔接，强化宣传发动，确保试点工作有序进行。

**安徽："八个到位"推进“营改增”试点工作**

近日，安徽省在全省“营改增”试点业务培训会议上，要求各级各部门要远谋近施，精心操作，确保“营改增”试点平稳有序进行，重点做到“八个到位”，确保“营改增”试点工作顺利推行。

一是组织力量要到位。要求各地建立“营改增”试点工作联席会议制度，财政、国税、地税等相关部门抽调人员集中办公。要按照试点工作一盘棋的思路，保持情况信息畅通，在辖区内做到步调一致，全省一体化推进试点工作。

二是宣传工作要到位。要求主动加强与宣传部门合作，及时组织主流媒体宣传报道，及时关注引导网络等媒体的舆论导向。要把宣传改革试点与对交通运输业和现代服务业等相关产业招商引资结合起来，对有意愿的投资商进行点对点宣传，充分利用国家给予先行先试政策，加大招商引资力度。

三是培训工作要到位。要求分五个层面做好培训工作，即各级领导干部培训、财政系统培训、国地税系统培训、银行国库系统培训、试点企业培训，每个层面培训的内容和侧重点有所不同，确保做到培训工作全方位、多角度、广覆盖。

四是信息交接要到位。随着试点宣传工作的开展和改革成效作用的显现，会吸引增加新的试点企业。要求各级政府和财政部门要更加细致地做好协调，妥善解决好后续新增试点企业信息交接工作。

五是技术支撑要到位。要求国税部门在9月1日前调试完成新的税收征管系统，完成硬件采购安装、软件开发调试、发票税控系统发行和安装等工作，留足一个月时间进行试点纳税模拟运行，确保10月1日实行新旧税制转换。

六是政策保障要到位。要求对国家和省里已经出台过渡期政策和解决问题的预案，抓好落实。在执行过程中，对发现的新情况、新问题，进行深入调查研究，及时提出对策。各地财政部门要算好账，测算好本地收入变化。做好应对预案，在测算基础上，做好财力预调准备。抓好试点企业原享受的优惠政策的落实，及时与国税部门沟通，保证优惠政策的连续性，防止政策不落实影响招商引资工作。

七是模拟运行要到位。要求各级财政部门在协调、协助好国税部门和纳税人的模拟征缴的同时，重点按照税款入库方案要求，测试好财税库之间的连接，保证新的增值税准确无误地入库。

八是加强征管要到位。改革试点启动后，要求各地超前谋划，提高预见性，坚持实事求是，依法加强对新的增值税的征管，不遗不漏、全面准确、做实基数。

**北京：出台过渡性财政扶持政策**

为了平稳有序推进营业税改征增值税试点改革，北京市出台了过渡性财政扶持政策。自9月1日起，对税制转换期内按照新税制规定缴纳的增值税比按照老税制规定计算的营业税确实有所增加的试点企业给予财政资金扶持，帮助试点企业实现平稳过渡，确保试点行业和企业税负基本不增加，进一步调动试点企业参与试点改革的积极性。财政扶持资金由市与区县两级财政分别负担，并按照“企业据实申请、财税按月监控、财政按季预拨、资金按年清算、重点监督检查”的方式进行管理。

**天津：力保平稳转换 加强组织协调 抢抓改革机遇**

一是力保平稳转换。天津市财税部门抓紧实施改革方案和相关政策，明确工作职责，细化工作要求，落实工作措施。成立“营改增”试点工作领导小组，协调解决试点改革中的重大问题，全力推动各项工作，使政策不折不扣地落到实处。加强财政扶持资金管理，确保据实申请，分类扶持，及时拨付，年终结算。加强信息网络建设，做到可查询，可申诉，可纠错，可监督。坚持公开、公平、公正，依法行政、规范办事，确保各项改革措施落到实处。加强试点改革的宣传，做好政策解读工作，为新旧税制转换提供良好的舆论氛围，确保按期实现新旧税制的平稳转换。

二是加强组织协调。财政税务部门成立了“营改增”试点工作领导小组办公室，加强指导和协调，集中人员、集中精力、集中时间，研究制定相关措施，努力做好税制改革的各项阶段性工作。根据《天津市营业税改征增值税试点方案》，在“营改增”准备阶段工作中，财政部门将参照纳入试点范围内企业2011年度实际运行情况，开展分户调查和调查样本模拟测算，提出征管业务转移界定办法、征管移交衔接及过渡期政策。市地税局着手对纳入试点范围的企业进行界定，确定“营改增”试点企业名单，测算“营改增”试点政策对企业经营、行业发展、税收收入等产生的影响，做好试点企业有关征管业务移交等工作。市国税局组织开展试点纳税人认定和培训、征管设备和系统调试、发票税控系统发行和安装，以及发票发售等准备工作。

三是抢抓改革机遇。天津市实施“营改增”试点改革，既是我国“十二五”时期财税改革的一项重要任务，同时也为天津加快产业结构调整，提升发展质量和水平提供了新机遇。天津作为沿海港口城市，第二产业发达，现代服务业规模不断扩大，对外经济贸易活跃，纳入营业税改征增值税试点，可以进一步促进社会专业化分工，推动二、三产业融合，支持现代服务业加快发展，减轻相关企业税收负担，促进交通运输和现代服务业聚集，推进发展方式转变和经济结构调整。天津市“营改增”试点后，对市政府制定的支持服务业和交通运输业营业税优惠政策，以及对试点后税负增加较多的单位，通过建立财政扶持资金的办法妥善解决。

**广东：加强实施准备、政策衔接、督查评估**

广东省于今年7月底获国务院批准，成为首批扩大试点的8个省市之一，自8月1日开始面向社会组织实施试点准备，开展试点纳税人认定和培训、征管设备和系统调试、发票税控系统发行和安装，以及发票发售等准备工作。几个月来，试点各项准备工作扎实有序推进：制订了试点实施方案，明确纳入试点范围的纳税人初步名单和基础数据，核实试点纳税人；全面培训试点税收征管人员，已完成培训人员2万余人次；设立试点财政专项资金，做好专项扶持的预案，对可能增加税负的企业给予扶持。

一是加强组织领导，确保改革试点组织保障到位。省试点工作领导小组及其办公室要不断完善实施措施，帮助协调解决各地自身难以解决的问题。市县要认真参照省的做法，切实加强组织领导，健全工作机制，在人员、经费等方面给予必要保障。

二是加强实施准备，确保改革试点如期顺利启动。要认真做好税源摸查、征管衔接、纳税准备、模拟运行、制定过渡性财政扶持政策方案以及加强税务稽查管理等各项工作。10月13日前要完成涉税系统的调整升级，10月20日前要在征管系统中完成所有相关涉税事项以及发表发售和税控器具的准备，并完成对所有试点纳税人的培训。同时，针对税务登记、发票管理、纳税申报、系统保障等方面可能出现的紧急情况，制订应急方案。

三是加强政策衔接，确保试点税收征管体制的平稳过渡。确定国税系统是营业税改征增值税后的征管主体。要继续加强国税、地税部门之间的工作衔接，认真落实试点期过渡性政策，对部分企业因试点可能增加的税收负担，由各级财政设立试点财政专项资金予以补助。省里已决定由省财政安排约10亿元设立试点专项资金保障试点，并已顺利进行。抓紧完善促进现代服务业发展的政策保障，开展实施税收任务划转、财政体制调整、应急方案完善等各项工作。

四是加强督查评估，确保试点经验的及时总结推广。一方面加大监督检查力度，确保中央和省的决策部署不折不扣落到实处。另一方面科学评估试点效果，深入研究试点对企业税负变化的结构性影响和广东省财政收入的影响，及时发现问题并研究解决，避免出现部分行业实际税负加重的现象。

五是加强宣传发动，确保推进改革试点的良好氛围。要把宣传工作与对试点纳税人培训结合起来，确保试点运行后纳税人购票、开票、申报、征管等有关工作顺利进行。要主动及时通过新闻媒体向社会通报试点情况，着重就国家开展试点的目的、广东省及早参加试点的原因、试点将产生的预期成效，以及对有关行业的过渡性支持政策等进行宣传解释，引导社会各界准确理解、支持试点。

**上海市黄浦区：“营改增”试点工作取得良好成效**

一是深化了分工协作，优化了投资导向。增值税抵扣链条打通后，企业购买应税服务的成本有所下降，增强了服务业竞争能力，形成了良好的产业导向，从而吸引了更多资源向现代服务业集聚，对黄浦区大力发展总部经济，着力提升服务业发展能级、不断优化以金融为核心、以现代服务业为主体的产业结构起到了积极的促进作用。

二是打通了产业链条，为企业拓展业务创造了条件。营业税改征增值税改革试点后，从制度上解决了现代服务业企业的重复征税问题，为现代服务业加快发展创造了公平竞争的税制环境。目前部分试点企业正以改革为契机，整合业务资源、拓展业务空间、开拓市场渠道、创新服务领域，实现发展模式和经营方式的转变。

三是推动了服务出口，提升了企业国际竞争力。营业税改征增值税改革试点后，对国际运输服务和研发设计服务实行服务贸易出口退税政策，对技术转让、技术咨询、鉴证咨询、合同能源管理等服务贸易出口实行免税政策，增强了试点企业出口服务贸易的意愿，提升了服务贸易出口的竞争力，有效调动了服务贸易出口试点企业为境外单位和个人提供服务贸易的积极性，使服务贸易出口的能量得以释放。

**湖北省南漳县：“五个迅速”推动“营改增”试点工作**

一是迅速开展调查研究，参谋推动。南漳县财政局积极与县国税、地税等部门联系，及时组织专班，就“营改增”后对该县的经济发展和财政收支的影响进行了调研，向县委、县政府领导进行了专题汇报。

二是迅速组建工作专班，强力推动。成立了由县委常委、常务副县长任组长、县直多个部门参加的“营改增”试点工作领导小组及办公室，统筹抓好改革相关事宜。

三是迅速拟订工作方案，有序推动。南漳县财政、国税、地税部门迅速制订并下发了《南漳县交通运输业和部分现代服务业营业税改征增值税纳税户信息移交方案》。目前，县国税局按照职责分工已代拟了《南漳县营业税改征增值税试点工作实施方案》，拟以县政府文件印发。

四是迅速建立部门协作工作机制，合力推动。南漳县财政、国税、地税部门搭建了“营改增”工作平台，定期召开联席会议。领导小组各成员单位都组建了工作专班，开展工作，形成了分工合作的局面。

五是迅速深入企业，服务推动。结合企业、行业特点，做好纳税人培训工作，帮助企业用好政策，熟悉流程，实现“无缝对接”。

## （二）企业备战“营改增”

# 中国联通多措应对“营改增”

（来源：《人民邮电》　作者：连欣　2014 年 6 月 11 日）［内容有删减］

6 月 1 日，电信业正式纳入营业税改征增值税试点。中国联通对税制改革的重要性和紧迫性有充分的认识，在密切跟踪税改进程、认真分析税改影响、合理反映政策诉求的同时，主动顺应税制变革，积极开展各方面工作。

**促进转型，推动经济结构调整**

将电信业纳入“营改增”试点，一方面，将进一步完善增值税抵扣链条，促进电信行业的转型升级；另一方面，将增加下游企业进项税抵扣，降低社会整体税负，带动互联网、电子商务、云计算等相关产业的快速发展，助力国家实施“宽带中国”和“信息消费”战略。

中国联通融合重组以来，坚持创新一体化和规模效益发展战略，综合实力持续增强。如何巩固公司在3G时代所建立的差异化竞争优势，继续在4G时代保持领先，对中国联通是新的考验。中国联通认为，当前公司的外部环境正在发生广泛而深刻的变化，就“营改增”而言，增值税环环相扣的运作机理，决定了税收政策将全面渗透到公司生产运营的全过程，要求中国联通进行全主体、全业务、全流程、全系统的梳理和变革，进一步提升公司管理水平和市场竞争力。新的时期，中国联通提出全面实施“移动宽带领先与一体化创新”战略，在生产运营组织、营销服务体系和资源配置管理等方面全面深化改革。可以说，电信业纳入“营改增”试点，既是国家税制改革刚性要求，也为中国联通持续优化经营模式、推进管理创新和转型、探索公司专业化运作、增强服务与支撑能力提供了有利契机和变革驱动。

**影响广泛，收入短期内下降**

“营改增”外部税收环境的变化，将对电信公司带来广泛而深刻的影响。

第一，“营改增”后，增值税“价税分离”的计征原理将导致中国联通营业收入、成本费用和资本性支出都产生一定幅度的下降，而且，短期来看，公司成本费用的下降幅度会低于营业收入的下降幅度，因此近期对公司效益的影响是利润下降。

第二，一些营业税制下形成的经营模式及电信业特殊的事项，如何适用增值税和“营改增”通用性规定，给各地税企协调工作带来了一定的挑战，增加了集团统一制度规范和一体化运营管理的难度，尤其对于中国联通目前一级架构的信息系统来说，要适应各地不同的税务监管要求，支撑改造困难较大。

第三，电信业“营改增”实行差异化税率，终端参与计缴增值税，要求融合产品和捆绑业务的收入分摊与计税工作更加准确规范。

第四，增值税发票管控严格，纳入国家“金税工程”管理，法律责任重大。在发票开具方面，“营改增”后既要满足客户的开票需求，又要满足税务机关的监管要求，在不同的业务模式和销售场景下，面对数亿级的公众客户和一般纳税人集团客户的不同需求，发票管理和客户服务要求大大提升。

**多管齐下，促使企业管理变革**

面对“营改增”对公司财务指标的影响，以及对公司业务发展模式、运营模式、上下游产业链、关联交易、结算架构、信息系统等方面带来的冲击和挑战，中国联通自2012年下半年启动了“营改增”准备工作，全面梳理公司运营管理现状，针对重点领域进行调整优化，在市场、采购投资、网络、信息化、财务综合等领域积极推动管理变革。

一是强化财务培训，引导转变观念。以增值税计征原理和增值税与营业税的区别为切入点，组织多轮培训，广泛宣传增值税知识、要求和影响，明确各专业领域和各级公司调整事项，横纵向传导变革要求，优化业务模式，强化供应链管理，加强基础工作和信息系统支撑，推进专业化运营。

二是优化销售模式，规范业务管理。改变粗放的“大进大出”业务发展模式；规范收入分摊规则，做到客观、公允、透明；遵守应税服务范围，调整业务收入目录，配置对应税率，准确计算销项税。

三是统一计税开票规则，强化发票管理。严格按照差异化税率分别核算要求，准确计算分业务税基；制订集团相对统一的开票规则，规范开票项目和金额，支撑不同业务模式和销售场景下的公众客户和一般纳税人集团客户发票需求；对增值税专用发票实施系统全生命周期管理，集团统一“专票”打印点建设管理，选聘和培训“专票”打印员，对全体财税人员和“专票”打印员实行系统化名单制管理，防范涉税和发票风险。

四是强化供应链管理，力求“应抵尽抵”。在无法有效向下游消费者转嫁税负的情况下，公司收入刚性下降的趋势不可逆转，因此，中国联通把切实降低采购成本作为改革后公司改善效益的重要抓手。一方面强化供应商资质管理，优先同增值税一般纳税人合作，全面实施“净价比价”的采购策略；另一方面，全面调整采购方式，通过细分、组合、转化等方式优化业务模式，实现更多的进项抵扣和更高的抵扣税率。

五是系统固化规程，统一刚性管控。中国联通充分利用公司搭建的一级架构系统，包括3G电子销售系统（ESS）、3G/4G一体化销售计费系统（CBSS）和管理信息系统（大ERP），将面向全主体、全业务、全税种、全流程的税务管理应用嵌入其中，支撑统一的税金计算、税金核算、税金申报、税金缴纳工作。在增值税方面，中国联通已经在系统上实现所有收入和支出项目从业务数据到财务入账数据的“价税分离”，以及增值税专用发票信息的系统管理和打印调用，满足销项税和进项税管理、纳税申报及发票开具需要，全流程系统控制、准确计税、防范风险。

## 大型银行着手备战“营改增”

（来源：《金融时报》　记者：杨洋　2015年7月7日）［内容有删减］

距离“营改增”时间节点越来越近，市场普遍开始聚焦：银行是否已对“营改增”有所准备？

记者从相关渠道了解到，部分大型银行确已开始着手备战“营改增”。某大型银行相关部门负责人在接受记者采访时证实，“具体到今年何时开始执行‘营改增’，我们尚未接到通知，但确实已启动‘营改增’项目，并进入落实阶段。”

“眼下我们的主要工作还是系统改造，这部分也是最艰巨的。”上述负责人表示，“这不仅包括增值税系统的建立，还包括相关客户信息功能的改造”。相关业内人士分析，对现有系统进行“营改增”的成本目前仍难估计。考虑到大型银行业务量巨大，所涉业务众多，投入绝不会是小数。同时，改造的时间也会比较漫长。

“其实银行一些交易涉及增值税的具体细则尚未确定，我们也仅是在搭建系统的基本框架，例如客户的查询和登记等。”上述大型银行相关负责人向记者补充说。

上述大型银行相关负责人表示，就具体改变来说，以银行所开设的贵金属业务为例，我们已被明确要求缴纳增值税，并在系统中新增“税率”、“金额”等项目。一些专家也表示，有些金融衍生产品，难以具体区分各阶段的增值额，银行在执行“营改增”方面确实存在不少困难。

“虽然存在困难，但实行是必须的。目前对相关系统的改造也是为更好地与国际规则和要求接轨。”某大型银行相关负责人表示。2014年1月美国《外国账户税务法案》正式生效，按照该法案，所有金融机构必须向美国国内收入局提供美国客户的全球信息。有报道称，我国已与美国以双边互惠形式就该法案的实施签署相关协议，这就要求国内银行也需要执行该法案，而从去年下半年开始部分银行确已开始执行。上述负责人表示，“所以对于我们来说，对现有‘涉税’系统进行改造是必然的”。

### （三）技术保障助力“营改增”

## 依托“金税三期”　重庆“营改增”准备工作平稳有序

（来源：《中国税务报》　记者：蔺红　陈蜀庆　聂晓峰　2013年7月29日）

作为全国唯一基于“金税三期”核心征管系统实施“营改增”试点的地区，日前，重庆市国税局、地税局利用同一版本的征管系统，完成了2.8万户“营改增”试点纳税人的完整迁移。

“‘金税三期’核心征管系统为重庆‘营改增’试点提供了征管工作有效衔接的连接器。”重庆市国税局副局长卢自强在接受记者采访时这样表示。据他介绍，由于重庆市国税局、地税局均正式上线了“金税三期”核心征管系统，并按照“金税三期”的要求，实现了数据口径和标准的统一，使重庆的“营改增”工作具有独特的数据优势。“同一版本的征管系统，数据可以共享，管户数据信息可以无缝对接，大大减轻了基层税务机关的工作量。”卢自强说。

据了解，重庆市纳入“营改增”试点范围的纳税人约3.2万户。其中，交通运输业约1.1万户，部分现代服务业约2.1万户。重庆市各区（县）财税机关联合对这3.2万户的试点纳税人开展核查，逐户确认纳税人识别号、名称和所属行业等基础信息，切实做到“底数清、家底明”。截至7月24日，重庆市国税局、地税局共有效完成2.8万户“营改增”试点纳税人的数据迁移。

在试点纳税人税务登记工作中，重庆市国税局、地税局依托“金税三期”系统，通过后台修改标识的方法，完成了试点纳税人主管税务机关的变更，做好了“营改增”工作最基础，也是最重要的一步。

由于“营改增”带来国税机关和地税机关征管业务的变化，“金税三期”的部分软件需要随之进行修改、升级。据了解，到8月1日，相关部门需要分步骤、按计划修改和升级软件44个，目前，已完成绝大部分软件的修改工作。据卢自强介绍，目前，重庆市国税局搭建了“营改增”业务模块测试环境，完成了“营改增”涉及的6个业务模块的测试，测试结果较为理想。目前，重庆市国税局正在此基础上抓紧做好网上申报、网络发票与外网软件的修改和接口联调，确保8月1日“营改增”在重庆顺利推开。

## 内蒙古国税局“金税三期”“三统一”助力“营改增”

（来源：内蒙古自治区国家税务局网站　2016年3月25日）

按照国家税务总局的安排部署，内蒙古国税局迅速行动，充分发挥“金税三期”国地税系统统一、数据结构统一、标准规范统一的“三统一”优势，专门开发出“营改增”户籍确认辅助软件，帮助基层人员方便、快捷、准确地进行“营改增”纳税人税务登记信息确认工作，并于确认通过后实时批量迁入国税“金税三期”生产系统，切实减轻基层负担，提升工作质效。

一是国地税系统统一，便于灵活查询。该辅助确认软件以“金税三期”数据为基础，利用“金税三期”国地税系统统一的优势，创建了灵活的查询界面，基层确认人员可以同时查询国税、地税的登记信息，并可通过行政区划和主管税务机关进行过滤，实现了模糊搜索功能，方便定位数据。

二是数据结构统一，实现实时导入。该确认辅助软件可以区分纯地税户、三证合一户、国地共管户及不符合“营改增”户等类型，基层每日核对确认后，自动在后台形成确认清单，由于与“金税三期”拥有完全一致的数据结构，确认次日即可对前期的确认信息进行批量导入，使基层可以迅速启用确认后的户籍信息，第一时间开展后续工作。

三是标准规范统一，方便统计核查。由于充分利用了“金税三期”系统数据整合的优势，该确认辅助软件实现了统计标准、口径的统一，提供了“营改增”户籍接收进度统计和相关数据采集功能，为业务部门提供了第一手资料，方便业务部门及时跟进，不仅减少了下户核实次数，减轻了纳税人和工作人员负担，更加快了“营改增”户籍接收的节奏，提高了工作效率。

截至3月23日，通过确认辅助软件共接收“营改增”户268 987户，确认71 300户。

## 依托“金税三期”备战“营改增”

（来源：《中国税务报》 2016年5月6日）

4月8日晚10时30分，湖南省国税局“金税三期”业务运维办公室内依然灯火通明，近20名税务人员及系统服务商技术人员正在开展“金税三期”优化版的“营改增”业务测试及相关工作。随着全面推开“营改增”时点的临近，湖南省国税局依托“金税三期”优化版，助力“营改增”准备工作提质增效。

“我们要充分利用‘金税三期’优化版的信息共享优势、系统功能优势，强化技术支持保障，促进‘营改增’工作提档加速。”湖南省国税局局长丁永安要求。

3月中旬，湖南国税从省地税局接收全省30.6万条“营改增”试点纳税人的户籍基础信息电子数据后，立即联合金税三期系统服务商技术人员对接收的电子数据实施转换、校验，确保数据质量，并对核心征管系统中相关业务功能加以优化。目前，湖南省国税局已完成“营改增”试点纳税人户籍基础信息在金税三期优化版预生产环境下的模拟录入工作，以及基础代码、校验公式等维护工作，并制定了核心征管系统的“营改增”业务操作规范。

近日，该局正在抓紧做好“营改增”业务模块的测试、验证工作，全力确保5月1日“营改增”试点在湖南全面顺利推开。

# 二、2016年3月18日之后——决战“营改增”

## （一）5月1日之前——税务总局的一系列部署安排

### 1. 全国税务系统学习贯彻李克强总理重要讲话精神

## 各地税务机关和总局各司局迅速学习贯彻李克强总理重要讲话精神

（来源：国家税务总局网站　发布日期：2016年4月5日）

4月1日，李克强总理先后到国家税务总局、财政部考察并主持召开全面推开“营改增”试点座谈会。座谈会结束后，税务总局立即召开党组扩大会议，传达学习李克强总理重要讲话精神，要求各级税务机关和广大税务干部要深入学习好、坚决贯彻好、扎实落实好。全国税务系统迅速采取各种形式传达学习和贯彻落实李克强总理的重要讲话精神，全力以赴做好全面推开“营改增”试点各项工作。

各地税务机关和广大税务干部一致认为，李克强总理亲临税务总局视察“营改增”工作，看望慰问税务干部并作重要讲话，充分体现了党中央、国务院对税收工作的高度重视和对税务干部的亲切关怀，全国税务系统将以更加昂扬的斗志、更加拼搏的精神、更加扎实的作风，奋力夺取全面推开“营改增”试点这场战略攻坚战的全胜。

李克强总理在同广东省珠海市高新区联合办税服务厅的视频连线中，特别关心小微企业“营改增”情况。从连线现场回去后，广东省国税局党组立即召开专题会议，迅速传达贯彻总理重要讲话精神，并研究制定具体贯彻措施。会议要求，全省各级国税机关一要着力提认识；二要着力抓落实；三要着力抓服务；四要着力抓管理；五要着力抓分析，确保李克强总理“关于‘营改增’首先就是要让小微企业得到红利”的重要指示精神落到实处。

江苏省国税局在传达学习李克强总理重要讲话精神时强调，要强化措施切实抓好下一步工作，再接再厉，切实肩负起国税部门作为攻坚战主攻部队的责任，以更高标准、更严要求完成各项工作，把“营改增”的红利真正给企业。

深圳市国税局党组要求市局班子成员带头学习贯彻李克强总理重要讲话精神和总局的具体部署，要第一时间将讲话精神传达到全系统每一位同志，坚决把党中央、国务院的重大改革决策执行好、落实好。

山东省、市、县三级国税机关迅速传达学习李克强总理重要讲话精神，明确提出国地税融合、“营改增”服务平台、“营改增”政策辅导、“营改增”服务质效、“营改增”后续跟进等5个方面“再加强”的具体措施。

辽宁省国税局和地税局联合召开会议，要求全省税务干部要深入学习领会李克强总理重要讲话精神，充分认识全面实施“营改增”是深化国税、地税征管体制改革的一项重要内容、核心工作，各级税务机关要在当地党委、政府的领导和支持下扎实做好各项工作。

江西省国税局迅速向省委、省政府领导汇报，并提请省政府召开全省“营改增”领导小组第二次会议，对进一步学习贯彻李克强总理重要讲话精神、做好全面推开“营改增”试点工作作出具体部署。

山西省国税局要求全系统把“营改增”作为当前最重要、最核心的一项政治任务和工作使命，做到任务分解精准到岗位、时间进度精准到钟点、质量验收精准到税户“三个精准”，一丝不苟精心作业，实行建账销号和严格督查制度，确保“营改增”平稳实施。

此外，天津、重庆、吉林、河南、甘肃、广西、青海、新疆、西藏等省、区、市国税、地税机关也在第一时间通过党组会、视频会等形式传达学习李克强总理重要讲话精神和税务总局党组工作部署，要求以工匠精神精心组织好下一步“营改增”各项工作，做到让总理放心、让税户满意。

李克强总理在考察税务总局过程中，在货物和劳务税司的总局“营改增”督促落实领导小组办公室与每名税务干部亲切握手，向大家的辛勤付出表示感谢。该司负责人表示，在全面推开“营改增”试点工作中，他们要把总理提出的工匠精神融入每一个环节，坚持以“确保行业税负只减不增”为工作指引，积极研究针对性措施，狠抓工作落实，实现税制转换的平稳过渡，有效释放市场在经济活动中的作用和活力。

税务总局纳税服务司全体干部在组织学习李克强总理重要讲话精神和总局党组工作部署后表示，他们将想在前、做在前，换位思考，未雨绸缪，以只争朝夕、奋发有为的精神切实做好“营改增”的各项纳税服务工作，打通政策落地的“最后一公里”，对接好服务纳税人的“最后一公分”。

在考察税务总局过程中，李克强总理对税收征管信息系统运转和技术保障情况进行了细致的询问和了解，使电子税务管理中心全体干部倍感振奋、倍受鼓舞。他们纷纷表示，将以此为强大动力进一步做好“营改增”技术保障工作，越是在关键时期，越要体现信息技术部门的重要支撑作用，争做改革尖兵，攻坚克难、无私奉献，保障“营改增”工作的全面顺利实施。

### 2. 各地税务部门全力备战“营改增”

## 海南省国税局积极备战“营改增” 切实打好主动仗

（来源：国家税务总局网站　发布日期：2016 年 3 月 4 日）

2016 年 3 月 5 日，李克强总理在第十二届全国人大第四次会议上所作的政府工作报告中明确今年 5 月 1 日起全面实施“营改增”。鉴于此次“营改增”扩围涉及纳税人户数众多，情况复杂，海南省国税局主动作为、提早行动，紧锣密鼓做好“营改增”试点扩围全面实施前的各项准备工作。

征管信息交换是“营改增”推行过程中的一项重要工作内容，也是深化国、地税合作的一个重要方面。海南省国税局在充分总结前期“营改增”试点扩围工作经验的基础上，主动加强与海南省地税局的沟通协调，商请其提供建筑业、房地产业、金融业、生活服务业等行业纳税人的相关涉税信息，在时间上争取主动，取得省地税局的大力支持与配合。

为应对即将纳入试点的近 24 万户纳税人的自开和申请代开发票工作，海南省国税局及时调整了 2016 年上半年增值税普通发票印制计划，新购置了两台防伪税控加解密服务器，对代开专用发票税控设备进行了升级和扩容，并要求各市县根据实际对办税服务厅进行改扩建、增设代开发票窗口、安装 ARM 自助办税终端等，以缓解“营改增”试点扩围后各办税服务大厅的压力。

为了使海南全省各级税务干部更好地适应“营改增”试点扩围工作需要，该局特邀安永会计师事务所的四位税务咨询专家围绕建筑业、房地产业、金融业、生活服务业的行业特点、现行营业税征收情况、“营改增”需重点关注的问题等，进行了深入细致的阐述讲解，使税务干部对扩围行业有了进一步认识，对将来可能碰到的税务征管问题、政策难点做到心中有数、手中有备。

为了帮助试点纳税人顺利实现税制转换，该局集中整理了目前有效的“营改增”相关政策法规，汇编成册，内容包括基本政策规定、零税率和免税政策规定、一般纳税人认定政策规定、纳税申报政策规定、征收管理和发票管理政策规定、防伪税控管理政策规定、汇总纳税政策规定和文化事业建设费政策规定等，为“营改增”扩围做好充分的政策准备；派出了业务骨干送教上门，向纳税人讲解实施增值税的基本政策规定、专用发票开具和抵扣、所得税申报表的变化等重点和难点内容。

旅游产业是海南重要的支柱产业，作为“营改增”实施后旅游产业的主要税收征管部门，该局及时组织人员深入旅游行业开展调研，撰写了《“营改增”全面实施对海南省旅游产业的影响分析》一文，通过分析海南旅游产业经济、税收现状，从经济决定税收、税收反作用于经济的角度，深入剖析“营改增”全面实施后对旅游产业的影响，并提出相关建议。

目前，“营改增”全面实施已进入倒计时，面对时间紧、任务重的巨大压力，该局已制定出详细的试点工作实施方案，将“营改增”工作任务作了详细分解，明确了工作职责、时间表和路线图，全体税务干部已做好了充分准备，确保“营改增”在海南省的顺利实施。

## 江苏省苏州市地税局“四个先行”紧锣密鼓备战“营改增”

（来源：国家税务总局网站　发布日期：2016 年 3 月 31 日）

经国务院批准，自 2016 年 5 月 1 日起，在全国范围内全面推开营业税改征增值税试点，建筑业、房地产业、金融业、生活服务业等全部营业税纳税人，纳入试点范围，由缴纳营业税改为缴纳增值税。为确保这项工作平稳顺利开展，江苏省苏州市地税局针对清理移交户数多、区域范围广、数据信息量大等情况，提前谋划，精心部署，迅速行动，以“四个先行”紧锣密鼓备战“营改增”。

一是规划部署先行，保障落实目标任务。距全面推开试点不足两个月时间，为确保移交工作顺利推进，该局强化组织领导，及时成立“营改增”工作领导小组，周密制订实施方案，明确市（区）地税机关、各部门工作分工，逐级落实工作责任制；认真落实上级单位工作部署，按照时间节点倒排计划，确保任务的及时完成和顺利交接；强化部门间统筹协调，积极参与市“营改增”领导小组工作，加强与市财政局、国税局工作协商，建立联系协调机制，协同推进“营改增”进程；定期督查工作进度，对征收管理、税源调查、数据处理、政策服务等方面进行全面、深入、细致的调研指导。

二是政策辅导先行，消除税企理解偏差。一方面组织全体税务干部认真学习“营改增”精神，切实把“营改增”工作重点、思路和标准统一到总局的部署要求上，消除干部职工在思想上、政策上存在的偏差；顺应税制改革，结合本地实际，在财税体制建设中积极向上反映和建议，确保“营改增”改革工作有序推进。另一方面，通过“纳税人学堂”、“纳税人之家”就新增试点行业、原执行的营业税优惠政策、老合同、老项目以及特定行业是否采取过渡性措施等纳税人所关切的热点问题，对试点企业进行宣传，引导纳税人及时了解政策，强化日常税收管理；通过办税服务厅、地税网站、新闻媒体等渠道加大宣传力度，帮助相关行业纳税人及时掌握“营改增”税收政策，确保“营改增”工作稳步推进。

三是统筹划转先行，确保对接准确高效。通过比对纳税鉴定、行业代码、经营范围、项目登记、开票情况等信息，积极做好对相关行业企业的核查，摸清底数，严格划定界限，确定征管范围，为纳税户信息准确移交做好准备；在深入调研摸底的基础上，着手开展营业税专项清理，加大欠缴税费清缴力度，做到征管不留空白、清欠不留死角，为移交工作奠定良好基础；预先做好对试点行业发票核销准备，为数据的移交与征管上的衔接做好准备，强化征管资料的整理归档，及时修改、维护企业各项数据信息，保证移交的基础税源数据真实、准确；积极主动与国税对接，密切部门配合，加强横纵向沟通，形成工作合力，做好后续的政策服务和改革情况跟踪，把对纳税人经营的影响减少到最小。

四是优化服务先行，税企沟通精准便捷。增设12366“营改增”专线座席和办税服务厅“‘营改增’咨询服务岗，充实咨询资源，为纳税人提供“全程贴身”和“点对点”咨询服务；积极发挥好“互联网＋税务”优势，加大运用苏州地税掌上办税APP模块和网上办税功能，帮助国税部门通知、提醒、引导纳税人；更新和梳理“试点行业办税指南”以及“税务机关操作流程”给国税作管理参考；建立快速反应机制，针对“营改增”中可能出现的、影响面较大的各类问题，明确责任岗位和处理办法，提高各类维权事项的管理质效，维护好良性的征纳关系，打通试点行业移交、协作、服务上的“最后一公里”。

## 陕西省国税系统备战“营改增”上演“速度与激情”

（来源：国家税务总局网站　发布日期：2016年4月5日）［内容有删节］

4月4日，西安市碑林区国税局新设的“营改增”办税服务厅工作岗位座无虚席，20多名税务干部着装整齐，正在紧张有序地录入“营改增”纳税人信息。

在这个清明小长假，陕西省国税系统征管一线近3 000名税务干部全员无休，倾情投入备战“营改增”。据了解，自“营改增”“集结号”吹响以来，陕西省国税系统自我加压，自发启动“白+黑”“5+2”的工作模式，坚决打赢全面推开“营改增”试点这场攻坚战。

本轮“营改增”，陕西省国税机关共接收“营改增”试点纳税人22.8万户，是2013年“营改增”试点户数的近10倍。为了减轻基层工作压力，陕西省国税局开发了“营改增”纳税人基础信息预录入平台，通过平台可一次性导入全省“营改增”试点纳税人的基础信息，并按照金税三期数据要求自动校验后导入综合征管系统。截至4月5日，全省国税机关已完成13.4万户“营改增”纳税人信息的核实录入工作。

4月1日，陕西省国税局印发《“营改增”专项绩效考评及结果运用办法》，加强“营改增”工作标准化建设，就组织领导、纳税人交接、发票管理和业务培训等10类26项重点工作实施专项考核，确保每一项工作落到实处。与此同时，制定全面推开“营改增”试点工作流程图，将税务登记、税种认定、一般纳税人登记、税库银扣款协议签署、发票核定和税控系统发行等工作整合成为一条工作流水线，为纳税人提供“一站式”服务。目前，仅西安市国税局就已据此建成38条工作流水线，并在准确清分全市13.6万户试点纳税人基础上，于3月下旬开始对原有国地税共管户中有增值税税种的6.8万户试点纳税人逐户核实用票情况，分批发行税控设备，为后续工作减压。

“全国五一‘营改增’，大众创业税助力，税负只减不上升。”4月5日，在人流如织的西安市小寨赛格购物广场里，一场税务人“快闪”表演引爆全场，赢得阵阵掌声。陕西省国税局将“营改增”与税收宣传月充分结合起来，积极引导社会舆论，凝聚社会改革共识。

# 总理视频连线广东珠海办税服务厅<br>为广东“营改增”攻坚注入强大动力

（来源：国家税务总局网站　发布日期：2016年4月8日）［内容有删节］

4月1日的广东省珠海市高新区联合办税服务厅与往常一样，窗明几净，规范有序，前台电子屏上“营改增”绿色通道几个字醒目而暖心，导税员微笑着为纳税人指引国地税业务通办的功能，不论是国税的业务还是地税的业务，都能在这里得到高效办理。

然而这天的高新区联合办税服务厅又与往常不同。只见办税大厅的正面放着一个大屏幕，屏幕上是税务总局一间办公室的实时场景。“李总理来了！”看到李总理走进了信息系统监测室，现场的干部和企业代表都激动万分。“珠海！”视频里传来李总理的声音，只见李总理正对着屏幕，指着国家税务总局信息系统监测室屏幕上的“广东省珠海市高新区联合办税服务厅”，点名要与珠海实时连线！

这天下午3点，中共中央政治局常委、国务院总理李克强到国家税务总局考察“营改增”工作，通过信息监测系统实时连线广东珠海高新区联合办税服务厅。

“你们这个大厅是国税和地税联合大厅吗？全面推进‘营改增’涉及多少家企业？建筑行业有多少家，占多大比例？他们反映怎么样？”李克强总理详细询问了广东全面推开“营改增”试点的准备工作，并对小微企业的改革情况格外关心。总理说，广东小微企业很多，我们这次“营改增”首先就是要让小微企业得到红利。政府减税给企业减负是为了让他们更好地发展，助力整个经济发展。

现场，广东省国税局胡金木局长就总理关心的问题逐一汇报，并向总理保证：“我们一定牢记您的指示，抓紧将‘营改增’落实好，尽快见成效！”

**总理的指示提振了改革信心**

在现场观看视频通话的基层税务干部和纳税人都纷纷表示很受鼓舞，坚定了对“营改增”改革的信心。

“我们是珠海市高新区国地税共建办税服务厅一线的办税人员。我们正在加班加点争分夺秒备战‘营改增’。尽管工作任务十分艰巨，但我们不怕苦，不畏难，一定尽心尽力做好每一个工作细节，让纳税人顺利办税并得到实惠。”2012 年入职的珠海国税干部孙小雨在现场十分激动，他还告诉记者，亲身经历过“营改增”试点历程的他，始终怀着税制改革的参与感、使命感。

同样激动的，还有办税时经过通话现场的纳税人们。远光软件股份有限公司财务部副总经理王小红感慨：“李总理的连线通话，让我们企业发展充满了信心，尤其是听到他说的‘让税户满意、让税户减负’，深刻感受到了国家对企业发展的重视。”

珠海市国税局局长伍关兴透露，目前税务总局部署的 63 项工作，珠海已完成 38 项，其他工作正在全力推进。该局一定再接再厉，攻坚克难，保证 5 月 1 日企业正常经营，6 月 1 日企业能够顺利申报，税款及时入库。

**广东税务部门以工匠精神备战“营改增”**

广东作为此次总理连线的唯一省级单位，具有“营改增”试点纳税人总量大、小微企业户数多、样本层次丰富的特点。自 2012 年推进“营改增”试点以来，已累计为全省（含深圳经济特区）98 万户“营改增”试点纳税人减税 932 亿元，助力广东第三产业占 GDP 比重首次突破 50%，有效服务了供给侧改革大局。据初步测算，作为经济大省的广东，涉及此次“营改增”纳税人共约 125 万户（其中，广东约 84 万户，深圳经济特区约 41 万户），预计减税规模将超过 580 亿元。

这场“营改增”税制改革，关系到广东逾百万试点纳税人的发展，广东税务部门“营改增”工作任重责艰。自国务院决定全面推开“营改增”试点以来，广东国税局、地税局以深化国地税合作为着力点，以工匠精神推进服务融合、执法整合和信息聚合，共同备战“营改增”试点，确保改革顺利落地。以珠海国税、地税为例，全市已建设完成 6 个联合办税厅，正在进一步复制推广，确保年内实现国地税联合办税全市覆盖。这次与李克强总理通话的珠海市高新技术开发区纳税人服务大厅，就是在去年 6 月建成的全省首个国地税联合办税服务厅。目前，全省共 95 个办税服务厅实现了国地税业务全职能通办，国地税共建办税服务厅 31 个，共有 136 个办税服务厅互设办税窗口，共同进驻 101 个政府政务大厅。

“为了在税制转换过程中更好地贯彻落实省委、省政府和国家税务总局的部署要求，优化升级纳税服务，广东省国税局、广东省地税局郑重承诺……”4 月 1 日，在第 25 个税收宣传月启动仪式上，广东省国税局、广东省地税局联合发布全面推开“营改增”试点八项服务承诺。

广东省国地税关于全面推开“营改增”试点八项服务承诺中，不仅有深化国地税合作的内容，还包括构建电子税务局、打通抵扣链条、精简办税事项、增设绿色通道、委托代征税款、推广电子发票、开设特色学堂等各个方面。广东国税的改革匠心，在于无间的国地税部门合作，在于优质、便捷、精准的纳税服务，在于持续创新的信息化手段，也在于税务部门一诺千金的魄力与担当。

**总理心牵小微企业　税收服务在路上**

总理在视察的过程中多次询问小微企业的“营改增”情况。广东是全国小微企业最多的省份，5月1日全面实施“营改增”后，将惠及广东省约90%的小微企业，超过60万户的纳税人将免征增值税，广东国地税部门正紧跟试点纳税人尤其是建筑业纳税人的税负动态，切实确保行业尽享减负红利。

在服务“营改增”试点企业平稳过渡的基础上，针对全省为数众多的小微企业，广东税务部门也同样推出了一揽子服务举措。4月1日，与“全面推开‘营改增’试点八项举措”同时发布的还有税收服务广东创新发展十项措施，其中“税保互动”和“税银互动”项目受到众多小微企业的关注。

据悉，2015年，广东税务部门与29家银行机构签署协议，由银行等金融机构根据纳税人的纳税信用状况，推出多款“银税互动”金融产品。仅2015年就发放贷款近150亿元，受惠企业超6 400户，有效缓解了小微企业的融资难题、促进社会信用体系建设。2016年，为进一步提升对小微企业服务的水平，广东省国税局、广东省地税局与广东保监局，在“税银互动”的基础上开展“税保合作”项目，对于符合条件、优质守信的小微企业，为其融资提供贷款保证保险服务，或量身定制保险产品，在全国率先实现由省级税务部门与省级保监部门联合，运用纳税信用数据，服务小微企业发展。

### 3. 深化国、地税合作推进“营改增”

## 北京国地税深度合作推进“营改增”

（来源：《中国税务报》　发布日期：2016年4月11日）

北京市国税局、地税局近日联合召开“营改增”试点工作会议，重点研究了个人销售住宅和出租不动产增值税委托地税代征增值税的相关事宜，部署下一步“营改增”各项工作。据介绍，本次“营改增”试点涉及北京33.8万户纳税人，目前，北京市地税局已向国税局提供共计7大类超过1 000万条“营改增”基础数据。

此次“营改增”工作移交户数多，准备时间短，工作难度大，对国地税合作提出了新的要求。目前，北京市国税局、地税局已制定二手房交易“营改增”系统改造方案，并积极做好技术支持保障工作。下一步，两局将重点完成配备税控器具、发票提供代开、代征增值税税款和培训宣传工作，并计划于4月20日完成二手房交易系统改造及用户测试工作。

自今年3月5日全面实施“营改增”的“号角”吹响，北京市国税局、地税局的“营改增”工作积极推进、有条不紊，国地税合作也随之翻开新篇章。两局都成立了全面推开“营改增”督促落实领导小组，制定了全面推开“营改增”改革试点征管业务衔接方案，实现业务全面对接。

北京市国税局局长李亚民表示，下一步将根据不同阶段工作重点稳步推进，做好税制转换、宣传培训、税收分析和风险防范工作。北京市地税局局长杨志强表示，要进一步提高认识，加强领导，主动作为，深度合作，实现“营改增”纳税服务、税收政策落实和税收管理协作的有效衔接。

## 国地税合作为全面推开“营改增”试点提供新动能

（来源：国家税务总局网站　发布日期：2016 年 5 月 20 日）

税务系统坚持把全面推开“营改增”试点作为落实《深化国税、地税征管体制改革方案》、检验国地税合作成效的主阵地和试金石，在深化合作中推进改革，在推进改革中深化合作，通过统筹国地税双方资源，调动两个积极性，实现国地税业务深度融合，为全面推开“营改增”试点提供了强劲动能。

**协调配合，实现业务衔接再统一**

“书同文、车同轨。”国地税业务深度融合，标准统一、步调一致是基础。各地国地税部门立足工作实际，在组织运转、信息移交、业务过渡等各环节，互商互通、互融互助，做到了政策对接不走样、工作标准不降低，业务运转衔接有序、步调一致。

组织运转机制完善有效。“营改增”工作千头万绪，很多问题需要国地税双方的及时沟通解决。对此，各地国地税部门共建“营改增”工作领导小组，及时建立共同领导、联合推进、交流互动等合作运转机制，研究解决国地税在“营改增”过程中需要协作配合的相关事宜。湖南、宁波等地国地税部门通过召开联席会议，共同研究方案，明确试点纳税人信息交接、登记申报、发票管理等事项，保证了“营改增”工作平稳有序。

征管信息移交顺畅有序。国地税户数交接工作时间紧、范围广、数量多。各地国地税部门主动对接，联合开展管户确认，制定“营改增”非正常户和注销户管理办法，消除管理盲点，保证了征管信息移交的及时准确。内蒙古国地税部门及时落实管户交接方案，提前完成了“营改增”试点纳税人户籍信息数据的交接工作。山东国地税部门从税务登记、申报征收、发票申领、个体定额和发票税控装置等方面，确定了 27 个移交数据项，统一数据口径和交换格式，确保信息交接工作质量。

委托代征业务平稳过渡。一方面，地税部门主动做好委托代征的各项准备工作。全国地税部门在 6 543 个办税服务厅和 1 883 个代征点设置 23 008 个代征窗口。广东、江西等地税部门提前完成防伪税控系统部署并联调联测，成功开出税控代开发票。另一方面，各地国税部门切实担负业务指导责任，全国累计派驻 6 619 人到地税代征场所，协助做好代征准备工作。

**服务融合　实现征纳成本再降低**

针对“营改增”工作面临的咨询需求多、办税易拥堵等问题隐患，各地国地税部门通过服务资源的整合优化，做好“加减法”，提速减负，纳税服务在“营改增”推进中实现新成效。

共建办税服务厅。各地国地税部门大力推行联合办税，通过增设联合办税服务窗口，国地税互派业务骨干在窗口全日制办公，实现了纳税人“进一个门，办两家事”的工作目标。目前，全国国地税联合办税服务厅已达 5 500 余个，占全部办税服务厅的半数左右。陕西省

85%的办税服务厅采取国税地税共建、共驻政务大厅和互派服务窗口三种形式，实现了国税、地税业务互办。

完善窗口办税职能。通过探索建设“全能型一窗式”服务窗口，实现地税窗口可为纳税人办理国税业务，解决了纳税人办税“多头跑”问题。新疆国地税部门自主开发了窗口“国税地税业务通办切换器”，确保了纳税人在每一个办税窗口都能一次性办理完所有业务。

开通绿色服务通道。各地在办税服务厅开通“‘营改增’绿色服务通道”，全面落实首问责任、限时办结、预约办税、延时服务、导税服务等各项办税服务制度，缩短纳税人办结时限。宁夏、深圳坪山新区等地国地税部门开辟多条“‘营改增’绿色通道”，为试点行业纳税人提供便利。

**拓展领域　实现管理服务再升级**

深度融合，重在实效。各地国地税部门在前期合作基础上，以“营改增”推进为契机，深入拓展其他合作领域，着力实现“营改增”管理服务的再升级。

双向辅导实现取长补短。国地税部门充分发挥各自管理优势，互相开展业务辅导，管理水平互进互促。地税部门发挥长期管理“四大行业”的经验优势，主动协助国税部门熟悉试点行业经营规律和核算特点，及时补齐管理短板。珠海地税主动与国税建立市局、区局、税管员三个管理层级的“点对点”联动机制，协助做好后续管理工作。同时，国税部门发挥长期从事“营改增”管理的业务优势，积极向地税部门传授相关知识，提高地税部门增值税代征水平。河北、河南、泉州、宝鸡等省、市国税部门组织地税代征人员在模拟软件测试环境中熟悉操作，多场次安排开票操作演练，帮助窗口人员掌握相关政策和业务操作技能。

信息共享实现数据增值。针对“营改增”后地税部门“以票控税”管理抓手弱化的问题，国税部门发挥自身信息优势，及时将相关涉税信息传递给地税部门，帮助地税部门实现由“以票控税”向“信息管税”转变。江西省南昌市东湖区国地税部门共同开发应用征管档案电子化信息系统，实现“数字化采集、一户式存储、多方共享、随机查询”。

联合发声扩大宣传效果。各地国地税部门联合实施开展“营改增”政策宣传培训，通过联合印发宣传材料、召开新闻发布会、召开税企咨询会、开办网上访谈、开展纳税人政策辅导和业务操作培训等多种形式，统一对外宣传内容，共同发布涉税业务信息，同口径解答“营改增”疑难问题，进一步扩大了宣传效应。辽宁、吉林国地税部门共同召开“营改增”新闻发布会或共同参加省政府门户网站在线访谈，正确引导社会舆论。天津、福建、广东等地国地税局还探索利用远程网络教学方式，联合培训纳税人，切实提高了培训效果。

## 国地税合作助力全面“营改增”试点<br>国地税联合办税服务厅已占半数

（来源：《法制日报》　记者：蔡岩红　发布日期：2016 年 5 月 23 日）［内容有删节］

如今，税务系统正把全面推开“营改增”试点作为落实《深化国税、地税征管体制改革方案》、检验国地税合作成效的主阵地和试金石，通过统筹国地税双方资源，实现国地税业务深度融合，为全面推开“营改增”试点提供了强劲动能。记者今天从国家税务总局获悉，目前全国国地税联合办税服务厅已达5 500余个，占全部办税服务厅的半数左右。

“书同文、车同轨。”国地税业务深度融合，标准统一、步调一致是基础。各地国地税部门共建“营改增”工作领导小组，及时建立共同领导，研究解决国地税在“营改增”过程中需要协作配合的相关事宜。

针对国地税户数交接工作时间紧、范围广、数量多，各地国地税部门制定“营改增”非正常户和注销户管理办法，消除管理盲点，保证了征管信息移交的及时准确。

委托代征业务平稳过渡。一方面地税部门主动做好委托代征的各项准备工作；另一方面各地国税部门切实担负起了业务指导责任。

各地国地税部门通过增设联合办税服务窗口，国地税互派业务骨干在窗口全日制办公，实现了纳税人“进一个门，办两家事”的工作目标。目前，全国国地税联合办税服务厅已达5 500余个，占全部办税服务厅的半数左右。陕西省85%的办税服务厅采取国税、地税共建、共驻政务大厅和互派服务窗口三种形式，实现了国税、地税业务互办。

此外，各地还在办税服务厅开通“‘营改增’绿色服务通道”，全面落实首问责任、限时办结、预约办税、延时服务、导税服务等各项办税服务制度，缩短纳税人办结时限，为试点行业纳税人提供便利。

### 4. 优化纳税服务助力“营改增”

## 山东国税局细化“营改增”纳税服务

（来源：《中国税务报》 记者：负相忠 高鹏董 斌梁涛 发布日期：2013年7月5日）

山东省国税局近日制定了《营业税改征增值税试点纳税服务工作推进方案》，进一步明确了“营改增”试点过程中的24项工作任务，为全面做好对试点纳税人的服务工作提供指引。

山东省国税局局长刘景溪告诉记者，“营改增”试点工作自启动以来，山东省国税局按照国家税务总局的部署，从点、线、面不同层次入手，采取集中培训、上门辅导、一对一培训、座谈问询会、发放光盘或纸质资料、网络培训等多种方式，积极做好“营改增”试点政策培训、辅导工作。

山东省国税局由纳税服务部门牵头，明确培训内容、时间、人员等，货物和劳务税部门统一编写形成培训材料。各级国税机关按照省局统一要求组织实施对纳税人培训。针对“营改增”试点的行业属性，在主动与行业主管部门、行业协会沟通了解业务特点、培训需求的前提下，有选择、有侧重地实施培训。近期，山东省国税局联合省物流与采购协会举办了“营改增”政策培训班，全省60多家大型物流企业的100余名公司负责人、财务人员参加了培训。

对大企业，特别是跨区域的企业集团、执行特殊政策的企业，如实行增值税总分支机构管理的电力、航空、成品油销售企业，政策变动较大、税负有所上升的油气田企业等，山东省国税局在了解企业业务需求的前提下，有针对性地实施政策培训。截至目前，山东省国税系统已经举办各类培训班60期，现场培训人员近千人，视频培训人员2万多人次，发放各类宣传资料15 000多份。

在纳税咨询方面，山东省国税局按照“营改增”试点不同阶段工作任务，开展及时咨询服务。在业务培训方面，突出政策应用和实际操作，确保税务人员懂业务、能辅导、会操作，纳税人懂政策、能开票、会申报。在办税服务方面，强化办税服务厅管理，以代开票窗口和延伸点设置为重点，开设“营改增”专业窗口，制定纳税服务工作应急预案，做到办税有序。

据山东省国税局副局长赵莲珍介绍，山东省国税系统“营改增”纳税服务工作主要分为四个阶段：6月30日前为前期准备阶段；7月1—31日为后期准备阶段，主要做好税控安装和培训、发票入库发售和开具、各类业务测试工作；8月1日—9月15日为正式实施阶段，主要做好纳税申报培训、发票领购开具检查等工作；9月15日起为完善提高阶段，主要做好跟踪试点运行情况，总结试点过程中存在的问题，拟定完善提高办法及建议等。

## “营改增”不到10天，税务总局局长关心哪些问题?

（来源：中国经济网　记者：崔文苑　发布日期：2016年4月23日）

5月1日，将全面推开“营改增”试点。进入倒计时阶段，这项关系1 100多万户企业、被称为本届政府“最大力度”的减税改革，目前准备情况如何，遇到哪些突发的难点需要“攻克”？——“上面千条线，下面一根针。”

万众瞩目的“营改增”，在税务总局局长王军眼里，却真得小心翼翼。因为改革的每个环节，每个过渡政策，或将影响到一个群体、一个行业，甚至是转型升级中的中国经济。

“前一阶段我唱‘红脸’，给大家鼓劲。接下这几天，我要唱‘黑脸’，拼命查找问题，才能防患于未然，才能打通政策实施‘最后一公分’。”在全面推开“营改增”试点不到10天的时候，王军悄然出现在税务总局派往全国调研的小分队中。

**税负能否做到“只减不增”？**

4月20日下午，调研队来到河北省保定市望都县。途径一个建筑工地时，王军下车前往。经过一番打听，见到了施工企业财务人员辛大印。

“测算过没有，‘营改增’后你们的税负有啥变化?”王军问到。从3%的营业税改征11%的增值税，为避免增加建筑企业负担，财税部门出台了一系列优惠政策，但效果如何，他想听听纳税人自己说。

“对我们施工建筑企业来说，以前挺‘怕营改增’。现在能有进项抵扣，还有不少过渡政策，税负是减轻的。”辛大印说。

“他们是盖房子，我们是卖房子的！营业税优惠政策平移过来，企业税负没太大变化，甚至还能下降。”恰好，房地产商孙满囤也在现场，看着大家交流火热，他忍不住插话说：有项过渡政策就挺“实用”！即销售5月1日以前的“老项目”可自由选择5%的税率，这和营业税税率是一样的；销售“新项目”才是11%的增值税率。“而且，11%也只是对增值额征收，不像营业税是全额征收。”孙满囤说，改革后企业能节省4.6万元税款。

“你对政策把握很准确啊！既然税负降了，那房价能下降吗？”王军幽默地问到。

“肯定会将改革红利分享给老百姓。”被这么一问，孙满囤嘿嘿笑着说。

接下来的多次调研、座谈中，在对河北、河南、山东、山西、天津等地税务人员询问时，王军一次次地问起建筑业、房地产业的税负变化。这件曾让行业“惧怕”、还夸张为“狼来了”的事情，也刺痛过他的心，也坚定了他推进改革时保护纳税人利益的决心。当大家的回应，和辛大印、孙满囤差不多时，王军才稍稍有所宽心。

**会不会给企业“添麻烦”？**

听干税务的老乡说，税务总局“一把手”来望都调研，就在县国税大院，县城威娜斯理发店老板刘志清也来打探“新情况”。结果刚到就被相熟的人认了出来，王军亲切地和他打了招呼，并问他对“营改增”有啥感受。

“我是个体户，没啥发言权。”皮肤黝黑、身材魁梧的刘志清似乎和“美容美发”有点不搭，一下子“露脸”让他“囧”得有点不知所措。

“可是你代表的人多啊！全国有那么多理发店。”王军笑着回应并问到，从营业税改为增值税，会不会增加税收负担、会不会给经营“添麻烦”。因为此前他从河南省新乡市辉县国税局了解到，饭店、洗浴中心、影楼、包括理发店等，需要安装升级版税控装置，加之增值税发票操作比营业税复杂，可能会引起纳税人“畏难”情绪。

“局长，我月营业额不到3万元，改革前免征营业税，改革后免征增值税。没啥影响。”刘志清话音刚落，在场的人都笑了。

改革到底会不会给企业“添麻烦”？王军随后来到隆昌饭店，带着胸牌的经理耿彩卿正在收银台忙活。听明来意后，她迅速在电脑上示范如何开具增值税专用发票。

“到税务局培训过，操作没问题。就是政策变化太大、太复杂，有点吃不透。”耿彩卿说。

“这是一个过程。别说企业，就连工作几十年的老税务人，都不能一下子弄清楚。需要逐步学习，多次培训。”王军扭头吩咐同来的税务干部，剩下这几天要分行业、带着问题进行培训，增强“针对性”，让纳税人做到懂政策、会开票、能申报，避免理解偏差造成税负上升等情况。

“增值税专用发票，是‘半货币’化的。跟此前营业税的‘凭证功能’相比，是有‘含金量’的，可以作为抵扣税款用。”王军耐心地介绍说，只有规范化开具、使用发票，才能最大程度降低自己的成本，也有利于产业链条上的其他企业。

“局长，有一个问题我想代表餐饮企业反映下。饭店的蔬菜，很多是从田间地头购买，开不了进项发票怎么办？”当了解到这是税务总局局长，耿彩卿一改“回应”的态度，急忙转而“发问”。

“这个问题很关键！从田间地头采买农产品无法抵扣，我们有办法。”王军说。因为无论是饭店，还是商户的田间购买蔬菜的问题。据了解，在税务局考虑的多种办法中，有一条就是税务局根据企业的情况核定一个较为科学的额度，每月按此进行抵扣。

政策落地还有哪些“肠梗阻”？

“我想听大家说实话、讲真话。头绪多、任务重，有什么问题尽管提，我们还有时间改。”几乎每见一拨税务人，无论是局长还是基层税务人员，王军都会这样问，希望精准找到影响政策落地的“肠梗阻”。

“发票供给量可能会激增。”天津市东丽区国税局局长贾小龙反映说。

“不只是发票的问题，纳税人也可能会集中在某几个网点，造成拥挤。尤其是地方小、只有三五个窗口的地方。”保定市竞秀区国税局办税大厅工作人员李宏霞也反映到。

了解这些问题后，王军在座谈会现场和大家商议起“对策”，听取一线“能手”们的建议。

“可真实了解企业月用票量，提前制订好领用计划。”河北保定高新技术开发区地税局方斌建议说。

“统筹现有和临时办税服务厅，缓解申报户激增的压力。”王军也建议说，国税还可以“借力”地税，在地税大厅增设专用窗口，避免纳税人数量多、等待时间长。他话音刚落，就有一名税务人员说，资料确认等工作可集中办理或上门预约服务，如果纳税人没时间领票，还可以尝试快递到家，尽量做到方便、快捷。

“我们有个‘标准化’模板，‘掐表’15 分钟完成办税流程。”保定市竞秀区办税服务厅工作人员张海燕是个业务能手。她介绍经验说，为快速、准确办理业务，她自己先练熟业务、制定“模板”，其他人员按此操作，大大节约了办税时间。

调研中，还有一个问题引起王军高度关注。那就是国税在地税移交过来的纳税人材料中，发现有的纳税人“失联”了。“重新梳理了几百户纳税人户籍，有 45 户找不到了。”保定市涞源县国税局副局长陈贵春说，有不再营业的，也有联系方式更改联系不上的。

“一人‘分包’10 户左右，挨个寻找企业，争取尽早和纳税人取得联系。”当了解到其他地方也出现了这个问题，王军叮嘱说，一定要做好户籍确认工作，以免造成一边纳税人没有享受到政策红利，另一边税务机关税款流失的两大问题。

此外，加大信息共享也成为普遍的“呼声”。“地税负责征收城建税等增值税附加税，难度比较大。建议尽早建立国地税信息互通平台。”保定满城区地税人员建议说。

“基层地税部门与国税部门征管信息还无法实时交换，只能依靠省局信息比对反馈后，进行补征，造成时间滞后、漏征风险大。建议实现基层部门信息共享。”山西省阳泉市平定县地税人员表示。

“大家认识到信息共享的重要性，这很好。这不仅依赖技术手段的提升，还需要国税、地税部门进一步深化合作。”王军说，还应该通过信息共享等手段，实现“以票控税”，杜绝虚开发票等情况出现。

二手房地税代征问题、设备硬件配备问题、防范增值税发票虚开……在一场场激烈的讨论中，问题逐一得到解决。

“进行了四年‘营改增’，还是有些新问题、新情况没预料到。大家最好给纳税人‘回炉’培训，听听他们最新的情况和建议。没关系，只要提出意见咱马上改。”王军说，还有不到 10 天的时间，必须争分夺秒。只有这样才能让这个在 160 多个国家和地区实施的科学税种，在我国顺利、全面铺开，这关系的不仅仅是税制改革，还有我国的法制化进程。

## （二）5 月 1 日之后——决战“营改增”

### 1. 决战“营改增”试点的五场战役

#### （1）第一场战役——“开好票”

## 总理力促的“营改增”全面推开！各地“第一票”长啥样？

（来源：中国政府网　2016 年 5 月 3 日）

［全国首张］4 月 30 日 24 时许，陈生（左）在北京民族饭店填写增值税发票客户信息表。5 月 1 日，营业税改征增值税改革在全国推开。当天零点一过，正在北京民族饭店结账的温州商人陈生接过了饭店开出的第一张增值税专用发票，令他惊喜的是这张发票也是“营改增”试点全面推开后全国首张增值税发票。

［广东］5 月 1 日凌晨，炳胜饮食集团珠江新城店为前来吃宵夜的顾客开出了广东新纳入“营改增”试点的首张增值税发票，标志着广东省“营改增”第一阶段首战告捷。

［吉林］5 月 1 日 0 时 3 分，长春新星宇房地产开发有限责任公司成功开具号码为“00000001”的吉林省全面推开“营改增”试点增值税发票，这标志着吉林省全面推开“营改增”试点成功启动。吉林省省长蒋超良见证全面推开“营改增”试点增值税发票开具过程。

［山西］5 月 1 日凌晨 0 时 1 分，太原市湖滨国际大酒店开出山西省住宿业第一张增值税专用发票，票面金额 830 元，税额为 46.98 元。山西省政府领导现场见证了首张发票的开具，标志着全面“营改增”试点在山西省顺利落地。

［湖北］湖北省武汉市洪山宾馆 5 月 1 日 0 点 1 分开具出湖北省第一张生活服务业增值税发票。

［北京］2016 年 5 月 1 日 0 时 0 分，位于朝阳区慧忠北里 111 号楼的眉州东坡酒楼亚运村店开出了北京市第一张餐饮企业的增值税发票，标志着此次全面实施“营改增”工作正式运行。

［天津］5 月 1 日 0 时，天津市国税局以视频会议形式举行全面推开“营改增”试点启动暨系统运行测试仪式，新纳入试点企业成功开出“营改增”第一张增值税专用发票、增值税普通发票、增值税电子普通发票，全部业务功能通过验证，防伪税控、综合征管和税库银横向联网三大应用系统运行正常。市局党组书记、局长牟信勇宣布天津全面推开“营改增”试点顺利启动，新旧税制平稳转换。

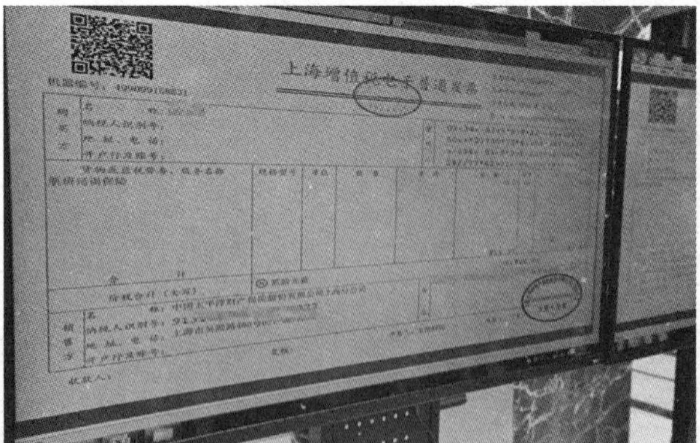

［上海］5 月 1 日 0 点，中国太平洋财产保险股份有限公司上海分公司开出沪上首张增值税发票，标志着全面推开“营改增”试点在上海成功启动。

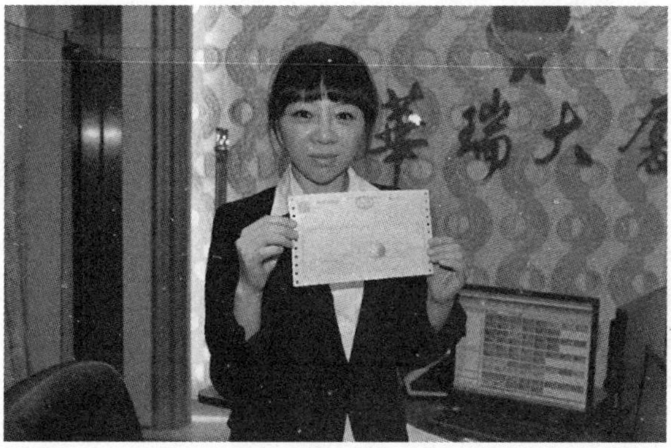

［甘肃］5月1日0点0分5秒，甘肃华瑞大厦有限公司为住宿旅客顺利开出增值税普通发票，开票含税金额760元。全面推开“营改增”首张发票成功开具，标志着甘肃省全面推开“营改增”试点工作顺利落地，税制成功转换，系统运行正常。

［四川］5月1日0时，四川省成都市银河王朝大酒店工作人员通过增值税发票管理新系统，顺利开出了价税分离的生活服务业增值税卷式发票，票面显示金额为120.75元，税额为7.25元，价税合计128元，这是四川省本轮“营改增”试点第一张增值税发票，标志着全省建筑业、房地产业、金融业、生活服务业试点纳税人正式运行新税制，由原来缴纳营业税改为缴纳增值税。至此，增值税抵扣链条被彻底打通。

［西藏］5月1日0时，西藏自治区全面推开“营改增”试点工作准时与全国同步开启，顺利开出第一张“营改增”房地产业增值税发票。

［宁夏］5 月 1 日 0 点刚过，在宁夏回族自治区财政厅、国税局、地税局相关人员的见证下，银川国贸中心假日酒店财务总监杨明拿到了宁夏回族自治区“营改增”试点开出的第一张增值税发票。

［内蒙古］5 月 1 日 0 时 1 分，内蒙古宾悦大酒店成功开出了全区新试点行业第一张增值税专用发票。此张增值税专用发票的受票人为内蒙古悦荣酒店管理有限公司，票面金额是 301.89 元，税额为 18.11 元，价税合计 320 元，标志着全面推开“营改增”试点在内蒙古成功启动。

［海南］5 月 1 日 0 时 1 分，海南省临高县临城椰风情酒店顺利开出海南省首张全面推开“营改增”试点增值税发票；0 时 3 分，儋州市国税局代开出首张建筑业增值税发票；0 时 5 分，琼海市地税局开出首张房屋租赁增值税发票；0 时 7 分，海口市国税局开出海口市首张生活服务业增值税发票。标志着全面推开“营改增”改革试点在海南正式启动。图为海口市国税局开出海口市首张生活服务业增值税发票。

［山东］5月1日0时许，山东省委常委、常务副省长、省“营改增”工作领导小组组长孙伟来到位于济南市历下区的山东大厦，见证了酒店工作人员成功为中铁十四局集团西安建设投资有限公司副总工程师李占先开出全省首张住宿费增值税专用发票，标志着山东省本次“营改增”扩大试点工作顺利启动。

［陕西］5月1日0点1分，西安大香港酒楼（高新店）收银员使用增值税发票管理新系统，为夜茶消费顾客成功开出了陕西省第一张消费金额为150元、税额8.49元的增值税普通发票，随后10分钟内，全省13个地市、88个县区凌晨正常营业的试点纳税人相继成功开出建筑业、房地产业、金融业、生活服务业增值税专用发票和普通发票181份，标志着“营改增”试点改革已实现对全省生产、流通和服务等所有行业的全覆盖，“营改增”税制转换在陕西成功落地。

［河北］5月1日0点1分，河北省石家庄市“营改增”企业世贸广场酒店成功为青岛永新船舶用品有限公司的业务经理马先生开出一张增值税专用发票，票面信息显示金额为432.08元，税率6%，税额25.92元。据了解，这是金融、建筑、房地产、生活服务等四个行业5月1日实施“营改增”后河北省首张增值税发票。

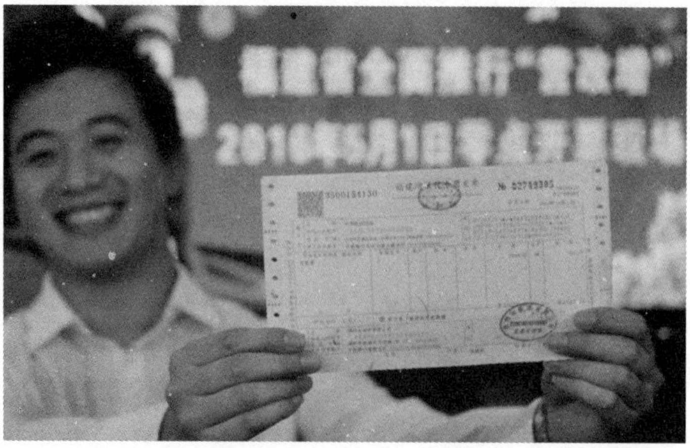


［福建］5 月 1 日，住客谢平在展示由福州大饭店开出的“营改增”试点全面推开后福建省首张增值税发票。

［江西］5 月 1 日，纳税企业代表（左）从南昌市国税局工作人员手中领取“营改增”试点全面推开后江西省首张增值税发票。

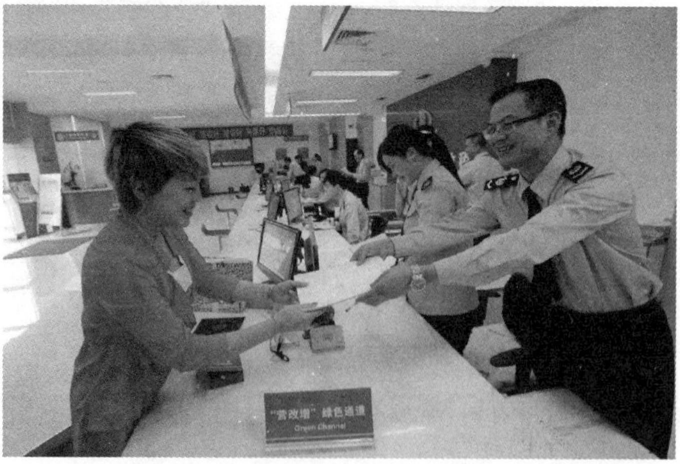


［广西］5 月 1 日，在广西柳州市融安县国税局办税大厅，工作人员为纳税人办理增值税普通发票领用业务。当日，营业税改征增值税改革在全国推开。

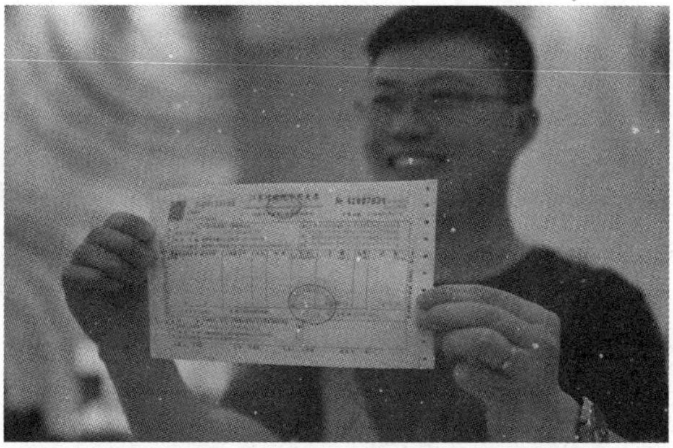

［江苏］5月1日0点1分，无锡太湖皇冠假日酒店顺利开出江苏省全面推开“营改增”试点后首张生活服务业增值税发票。随后，江苏省建筑业、金融业、房地产业三大行业首张增值税发票相继在全省各地开出，这标志着江苏省“营改增”试点第一阶段关键战役取得胜利，顺利完成“营改增”税制转换。

［湖南］5月1日0时1分，湖南汉湖建设工程有限公司成功开出全省建筑业“营改增”第一张增值税普通发票，标志着湖南省全面推开“营改增”试点工作成功启动，营业税正式退出历史舞台。

［重庆］5月1日0时1分48秒，一张金额为8 430元的住宿费增值税专用发票在重庆市金科大酒店有限公司顺利开出。这是重庆市全面推开营业税改征增值税改革试点纳税人开出的第一张发票，标志着全面“营改增”试点在该市平稳落地，税制转换平稳过渡。

［河南］5月1日0点，在郑州绿地JW万豪酒店，河南省全面推开“营改增”试点纳税人首张增值税发票顺利开出，来自卢森堡货运航空公司郑州代表处的Michael Neuhuber先生幸运地成为这张001号增值税发票的拥有者，标志着河南省全面推开“营改增”试点改革大幕拉开。

［辽宁］5月1日0时12分，辽宁省2016年新纳入“营改增”试点范围的首张增值税发票在沈阳一家饭店顺利开出，这标志着辽宁“营改增”试点取得阶段性成果。

［青海］2016年5月1日0时，青海省全面推开“营改增”试点工作正式启动。0时5分，全省第一张生活服务业增值税专用发票在青海宾馆顺利开出。随后，青海各地四大行业纳税人也相继顺利开出增值税发票。

［安徽］5 月 1 日 0 时，合肥齐云山庄酒店先后开出安徽省第一张餐饮业务的增值税普通发票、第一张住宿业务的增值税专用发票，标志着建筑业、房地产业、金融业、生活服务业四个行业全面推开营业税改征增值税试点在安徽省顺利实施。

［黑龙江］5 月 1 日 0 点 1 分，哈尔滨市“营改增”试点纳税人哈尔滨华旗饭店股份有限公司，用增值税发票新系统顺利开出全省第一张生活服务业增值税发票，票面销售金额为 1 200 元，适用税率为 6%，税额为 72 元，价税合计 1 272 元。标志着黑龙江省全面推开“营改增”试点成功，营业税改征增值税实现平稳过渡。

［云南］2016 年 5 月 1 日零时 2 分，云南卓承律师事务所成功自行开具第一份增值税普通发票，金额 178 元，税额 5. 34 元。云南省全面推开“营改增”试点战役在 5 月 1 日的子夜打出响亮的第一枪。

［新疆］2016 年 5 月 1 日 0 时 0 分，乌鲁木齐银行股份有限公司开具增值税专用发票一张，金额 9 433.96 元，税额 566.04 元。5 月 1 日 0 时起，新疆各级国税机关顺利开出全面推开“营改增”试点增值税发票，标志着新疆全面推开“营改增”试点成功启动，21.41 万户新疆纳税人将畅享税制改革红利。

［贵州］5 月 1 日凌晨，贵州深宏业物业服务有限公司工作人员在贵阳市云岩区国税局办税服务厅开取了增值税专用发票。5 月 1 日 0 时 22 分，贵州省所有县（区）“营改增”试点纳税人成功开出首份“营改增”发票，顺利实现新旧税制转换，贵州省“营改增”改革工作全面推开。

［浙江］5 月 1 日凌晨，杭州西湖区国家税务局服务大厅开出第一张生活服务业增值税专用发票和增值税普通发票。当天，浙江省省长李强先后来到杭州西湖区国税局和西湖地税分局的办税服务厅，详细了解“营改增”工作进展。

# 广东省广州市“营改增”首战全面告捷

（来源：国家税务总局网站　2016年5月3日）

5月1日0时，一张价税合计为523元的餐饮服务发票在炳胜饮食集团珠江新城店开出，这是广东省广州市全面推开“营改增”试点后纳税人开出的第一张发票，也是“营改增”全面推开后全省开出的首张增值税发票。随后，房地产业、金融业、建筑业相继开出本行业第一张增值税发票。至此，5月1日全面推开“营改增”涉及的房地产业、建筑业、金融业、生活服务业四大行业税制转换顺利开启，标志着全面推开“营改增”试点在广州平稳落地。

为确保试点纳税人顺利开具增值税发票，广州国税对此次“营改增”试点行业进行税控发票设备的发行、发放、培训、安装、调试，同时对所有试点纳税人进行全覆盖培训。5月1日0时起，全市国税系统启动“零点行动”，对四大行业纳税人自开发票和税务机关代开发票进行全面实例验证。

为做好四大行业“营改增”试点发票的开具工作。广州市国税局一是做好整体工作部署。在市局层面指定天河、直属、番禺、越秀和荔湾五个单位分别对应饮食服务业、房地产业、金融业、建筑安装业和酒店服务业采用市局和基层共同开展选取企业开展增值税专用发票、增值税普通发票、电子普通发票的零时开票工作。基层单位结合实际情况开展“五一”节日期间“营改增”试点发票的开具工作，对四大行业各发票票种的开具进行实例验证，为5月3日迎接全面的发票开具工作做好准备。二是做好节日期间工作准备。“五一”期间全市13个区局25个办税服务厅开通“营改增”服务窗口共179个，提供“营改增”发票业务办理。4月30日起至12月31日期间的工作时间内统一开通广州市“营改增”专线特服号960166，为纳税人提供“营改增”咨询快捷通道。三是迎战5月3日人流高峰。开设“营改增”专门绿色通道，新增126个服务窗口，增加工作人员420人，提供一次性告知、延时、留置服务，建立全员首问责任制，为“营改增”试点纳税人提供快速办理服务；实现各办税服务厅办税等候实况数据透明化，纳税人可以通过办税服务厅显示屏、广州国税微信实时获取现场排队等候情况；新增20个外包服务座席，使外包专线增至45个座席，引入注册税务师中介力量协助12366开展纳税咨询，推出i-Tax智能自助式咨询服务，尽最大努力提高咨询热线接通率。

在全面推开“营改增”试点工作过程中，广州市局系统上下发扬啃硬骨头的精神，备战“营改增”！各级领导班子靠前指挥、躬身践行、身先士卒、率先垂范，充分发挥出了关键少数的核心作用。业务骨干弘扬工匠精神，勇挑重担，攻坚克难。各条战线“5+2”“白加黑”连续加班加点，充分展现了广州国税人敢打硬仗、善打硬仗、能打硬仗的顽强作风和良好精神风貌！一是全面完成了全市26万户纳税人的征管数据确认和税务登记工作。二是全面完成了32 902户需发行户的税控设备发行和发放工作。完成增值税专用发票和增值税普通发票需领用户的发票发放工作。对于起征点以下纳税人，目前广州市已完成新版普通发票需领用户的发票发放。领用户数7 863户，占起征点以下纳税人的37.22%。三是实现内外培训工作的全覆盖。共组织内部培训 175 次完成对税务人员的全面培训；组织纳税人培训 823 次，覆盖全市 26 万户“营改增”纳税人。四是积极主动向市委、市政府汇报，推动地方党政、职能部门、行业主管部门形成协税护税的良好格局。同时，充分发挥各级媒体和各类宣传媒介作用，为“营改增”试点凝聚人心、营造氛围。

## 5 月 1 日以来，全国试点纳税人共开具增值税发票 1 015 万份

——“营改增”红利落地有声

（来源：《经济日报》 作者：曾金华 陈果静 2016 年 5 月 12 日）［内容有删减］

“从 5 月 1 日 0 时全面推开‘营改增’试点以来，截至今天中午 12 时，全国试点纳税人共开具增值税发票 1 015 万份，开票金额 1 968 亿元。” 5 月 11 日，国家税务总局局长王军表示。

随着“营改增”税制平稳转换，减轻企业负担、推动经济结构优化升级等改革红利如何落地，成为社会各界关注的焦点。

“近年来，增值税抵扣链条不完整导致的重复征税问题愈加突出，增加了企业发展和转型的负担，而金融业也正是链条中的重要一环，因此金融业实施‘营改增’十分必要。”恒丰银行研究院中心负责人蔡浩表示。

需要看到的是，“营改增”不仅将打通增值税链条，还能促进企业改进经营管理。企业要从新税制中获益，需要了解新税制、遵从新税制，也需要调整自身经营模式，加强精细化管理，主动适应新税制。

毕马威企业咨询（中国）有限公司间接税合伙人沈瑛华认为，金融业“营改增”将鼓励银行就税务和财务实施精细化管理，“营改增”试点过程中，银行也要同时进行系统改造、流程改造和采购环节改造等，这将促使银行提升其税务管理水平，并且调整与增值税管理相关的经营模式。

新纳入“营改增”试点的四个行业业态复杂、社会关注度高，需要包括政府、企业等在内的多方面齐心协力、共同推进。

“我们正在为 6 月 1 日纳税人顺利申报，以及全年减税 5 000 亿元并确保所有新增试点行业税负只减不增开展一系列准备工作。”王军局长介绍。

### （2）第二场战役——“报好税”

## 全面推开“营改增”试点首个纳税申报期顺利开启

（来源：国家税务总局网站 2016 年 6 月 1 日）

6 月 1 日，全面推开“营改增”试点迎来首个纳税申报期，打响了“营改增”“报好税”的第二场战役。1 日下午，国家税务总局党组书记、局长王军通过视频连线检查各地首日申报情况后强调，全面推开“营改增”试点首个纳税申报期工作顺利开启、运行平稳。

各级税务部门要继续保持高昂的斗志，不断扩大改革的战果，奋力夺取“营改增”第二场战役的胜利。

在视频连线中，深圳市福田区国税局负责人在区办税服务厅报告：“截至6月1日16点，福田国税综合征管系统、网上申报系统、电子缴税系统运行平稳，自助办税终端等服务设施运转正常，办税服务厅秩序良好，初步实现了‘申报顺’的目标。”王军局长对福田区国税局在面临较大压力的情况下实现顺利申报表示充分肯定。

青岛市地税局负责人在连线中介绍，随着培训力度不断加大，青岛地税二手房代征增值税平均办税时间已经缩短至6分钟；青岛国税、地税机关加大各层级干部交流力度，通过深化合作确保“营改增”顺利推进。王军局长希望各地学习借鉴青岛的有效做法，在贯彻落实《深化国税、地税征管体制改革方案》中扎实做好全面推开“营改增”试点各项工作。

上海市税务局、浙江省国税局、河南省地税局、西安市高新区国税局、广州市国税局、长春市国税局、武汉市国税局等单位负责同志分别报告了当地纳税申报情况。王军局长在连线中详细询问了当地申报户数、申报税款、办税秩序、信息系统运行等情况，要求各地税务部门继续采取有力有效的措施，确保后续纳税申报工作平稳推进。

王军局长非常关心新纳入“营改增”范围企业的纳税申报情况，为此专门连线了深圳金地集团有限公司、西安天翔建设有限公司两家试点纳税人代表，详细了解企业办理纳税申报有关情况。两家企业正在办税服务厅的财务人员为税务总局最近推出的优化纳税服务20条措施点赞：“对于我们新纳入试点的增值税纳税人来说，这些便利化服务措施及时提供了有效帮助，帮助我们提高了办税效率。”

6月1日当天，税务总局纳税服务司、电子税务管理中心等有关司局负责同志还通过电话巡查了各地情况，总局派出的6个专项督查组反馈了当地新试点纳税人纳税申报的情况。

在了解各地“营改增”首日申报情况后，王军局长指出，纳税申报是对“营改增”政策、征管、服务、信息系统等全方位的考验。从视频连线、电话巡查、实地督查三个方面的反馈情况来看，全面推开“营改增”试点后首个纳税申报日，综合征管系统、电子缴税系统、增值税发票管理新系统运行平稳，办税服务厅秩序正常，纳税人申报工作平稳顺利，这为整个纳税申报期的顺利平稳运行开了个好头。

王军局长代表所有税务人向纳税人作出坚定承诺：要继续采取有力有效的措施确保后续纳税申报期工作平稳顺利推进。他说，前期来自广大纳税人和方方面面的关心、支持、理解、配合为“营改增”良好开局提供了坚实保障，衷心感谢关心“营改增”、支持“营改增”、参与“营改增”的各级领导、各有关部门、各位纳税人、社会各界。同时，也衷心感谢广大税务干部的团结拼搏、攻坚克难和无私奉献。

王军局长最后强调，整个纳税申报期工作仍面临巨大挑战，任务仍十分艰巨。各级税务机关要密切跟踪申报进展，扎实落实好各项办税服务制度，特别是继续执行基层税务机关局领导带班、业务骨干坐班和办税服务厅人员兜底等制度，将“互联网+税务”广泛应用在“营改增”工作中，确保纳税申报工作运行平稳，从而为实现所有行业税负只减不增的目标奠定坚实基础。

为迎接全面推开“营改增”试点后的首个纳税申报日，最近税务总局密集召开“营改增”工作座谈会、视频会，总局领导多次赴基层开展调研，广泛听取纳税人和基层税务干部对做好“营改增”工作的意见与建议，新出台了20项纳税服务举措，各地税务部门培训了2 000多万户次纳税人和100多万人次税务干部。同时，将6月纳税申报期延长10个工作日至6月27日，取消了原纳税信用A级和B级纳税人增值税专用发票认证，而且规定5月1日到7月31日，新试点纳税人无需进行增值税专用发票认证等，既有效缓解了办税服务厅的压力，又进一步减轻了纳税人的办税负担。

## 6月1日全面推开"营改增"试点首日申报平稳顺利<br>"营改增"开局良好 "报好税"继续攻坚

（来源：《经济日报》 记者：崔文苑 2016年6月2日）

6月1日，是全面推开"营改增"试点后的重要节点。这一天，不仅标志着试点平稳运行一个月，还意味着纳税人进入首个纳税申报期。

记者从国家税务总局了解到，截至6月1日下午5时，全国"营改增"试点后首个纳税申报期工作平稳顺利开局。

**试点满月 运行平稳**

试点运行已满月，情况如何？

"真没想到，第一次去国税办税服务厅代开发票，就把业务办得这么快、这么好！"5月中旬，山东省高密市永安小区配套工程有限公司会计徐海英，从走进高密市国税局办税服务厅到领完发票，前后用时不到5分钟。记者发现，如此"神速"的秘诀之一是导税工作"帮大忙"。导税员为试点纳税人办理业务提供各类表单，并指导其填写、帮助办理涉税事项。仅导税员为纳税人提供资料预审一项，就为发票代开业务缩减平均2分钟/笔的办税时间。

"'营改增'新纳入试点的纳税人归国税管理后最关心的还是办税效率问题。如果每项业务都能在最短时间内办理，每个问题都在第一时间得到答复，肯定会得到纳税人的认可。"高密市国税局局长李兴津说，5月1日后，高密国、地税局实现税制平稳过渡，各行业纳税人都实现了正常开票。

除了办税效率，还须帮助纳税人"吃透"改革政策。"到目前为止，我们已经参加了广西国税组织的3次'营改增'培训。培训内容既有政策法规宣传解读，又有办税流程、发票开具、申报表填报等辅导，而且通俗易懂。"中国工商银行广西区分行财务会计部副总经理周梅霜说，特别是广西国税制作的动漫视频，有普通话、粤语、桂柳话等多个版本，不仅吸引人，而且实用性也强，帮助了企业顺利实现税制转换。

从6月1日税务总局与各地连线的"营改增"视频会议上，《经济日报》记者了解到，5月1日以来，各地办税服务厅秩序井然，开票系统运行正常，全面推开"营改增"试点后纳税申报工作开局良好。

**电子申报占"大头"**

如果说启动试点的第一场战役是要"开好票"，那么从6月1日起，将打响"营改增""报好税"第二场战役，同时作为第三场战役"分析好"的准备工作也将相继展开。"后面两场战役都是比'开好票'更为艰巨的'硬仗'。"国家税务总局局长王军表示。

在"营改增"视频会议上，令记者印象深刻的是，不少国税、地税部门给出的数据中都有一个共同点，那就是电子申报占“大头”，这让1 000多万新试点纳税人集中进入申报期实现高效办税成为现实。

在厦门，90%以上的企业都是通过网上申报缴税，大部分的试点企业第一次增值税申报缴税选择在网上完成。6月1日上午9点，厦门悦华酒店财务总监韦玲玲在公司登录厦门国税网站，进入网上办税服务厅录入数据，成功申报当期收入804.75万元，税款32.13万元，厦门首笔“营改增”网上申报顺利完成。“3分钟，我就顺利办结了申报，一分钟后，申报扣款成功的提醒信息也直接推送到了我的微信上，整个过程便捷又透明！”韦玲玲说。

韦玲玲还告诉记者：“‘营改增’为企业增强了市场竞争力。‘营改增’后，公司税率由5%调整为6%，但酒店用水用电、采购酒店用品和餐饮部采购食品原料都可以取得正规的进项进行抵扣，根据测算，这个月我们比‘营改增’前少缴了10万多元的税费。”

电子申报是够方便，但如何能让纳税人“会填表”“会申报”？在重庆，不少纳税人完成培训后，可以回家自己登录网上申报模拟操作系统，完成申报、缴税模拟操作，熟悉系统操作，强化培训效果。据了解，这个“营改增”一般纳税人“网上申报辅助软件”，精简整合一般纳税人申报9张套表为1张表，填写项目数量由513项减少到313项，填报量缩减39%，进一步减轻了纳税人填表负担。

**准备做好纳税申报**

深圳市福田区国税局负责人表示，新增“营改增”纳税人15.5万户，因此带来的办税服务压力可想而知。除了办税业务量大增外，更多的挑战体现在服务水平以及信息系统保障方面。

以“报好税”为例，虽然集中体现在填报申报表，但其背后却是对政策适用性、征管高效性、服务便利性、技术可靠性的综合反映和综合测试。从信息系统保障方面看，如果说5月确保顺利开票，主要考验的是增值税发票管理新系统，从6月申报期开始，则是对金税三期系统、综合征管系统、电子申报系统等信息系统全方位的考验和测试等。

记者从山东菏泽国税局了解到，当地已形成地税支援国税纳税服务、国税保障地方税费征收的合作局面，共建办税厅已实现了国地税共同管理、统一协调人员、统一配置设备。“为了确保有序申报，全市增设30个服务窗口，还开展全面双向预约服务、延时服务等制度，有效缩短了纳税人等待时间。”菏泽市国税局局长王进介绍说。同时该局还建立了完善的技术保障、办税服务保障等应急工作预案，确保正式申报时，一旦出现突发状况各部门能够无缝对接、及时处置问题。

进入申报期，也有试点纳税人前来反映“问题”。

“我们餐饮行业通常都有很多家分店，如果每一家都要单独申报，对我们来说有些不方便，能不能直接申请总机构汇总申报？”厦门市临家社区餐饮服务有限公司的财务负责人蔡幼媚提出一个问题。面对这个共性问题，厦门国税主动联系有多家分支机构的企业，将情况进行梳理，经批准通过后，企业就可以直接汇总申报。

“纳税申报是对‘营改增’政策、征管、服务、信息系统等全方位的考验，只有纳税申报顺利，我们的各项工作才算是经受住了考验。”王军局长说。据了解，为了做好准备工作，税务部门新出台了20项纳税服务举措，培训了2 000多万户次纳税人和100多万人次税务干部。同时，将6月纳税申报期延长至27日，取消了原纳税信用A级和B级增值税专用发票认证，而且规定5月1日到7月31日，新试点纳税人无需进行发票认证，进一步提高了办税效率。

## 天津市全面推开“营改增”试点首日申报运行顺利

（来源：国家税务总局网站　2016 年 6 月 2 日）

天津市国税局认真落实工作要求，严之又严、实之又实、细之又细做好全面推开“营改增”试点纳税人首月申报工作。截至 6 月 1 日下午 17 时，全市 3 093 户新试点纳税人顺利完成申报，申报工作整体运行平稳。

一是着力提高干部业务能力。在前一阶段普遍培训的基础上，扎实开展以“普遍学、重点学、深度学，随时考、重点考、全面考”为主要内容的“三学三考”“营改增”政策业务专题教育培训，努力“学深、学透、学细”试点政策，为更好服务纳税人，不断提升工作质效，全面做好试点各项工作打下基础。

二是着力做好纳税人咨询辅导。围绕纳税人申报工作不断强化对试点纳税人的培训辅导，通过专题培训、重点讲解、上门辅导等形式，做到宣传培训全覆盖。畅通“12366”纳税服务热线、办税服务厅咨询台、门户网站在线答疑等咨询渠道，保证纳税人遇到问题能够及时得到解答。

三是着力优化纳税服务措施。通过增设办税窗口和临时办税厅、开辟绿色通道等多种举措，缓解因纳税人大幅增加带来的压力；全面落实各项纳税服务制度，推进同城通办、网上办税、移动办税、自助办税，让纳税人办税更加省心省时省力。

四是着力做好运行检测和实时监测。6 月 1 日，选取“营改增”8 个行业的部分企业进行全真环境实战检测，验证申报系统运行和试点企业报税全过程；各征管单位实时关注试点企业申报情况，对企业遇到的困难及时指导。密切关注试点企业申报数据和税负变动异常情况，帮助纳税人分析税负原因、预判趋势、用好政策。

## 广东：“营改增”纳税人首日顺利申报　网上申报率占九成

（来源：国家税务总局网站　2016 年 6 月 2 日）

6 月是全面推开“营改增”后的第一个申报期，6 月 1 日下午，国家税务总局党组书记、局长王军连线广东省广州市天河区国地税联合办税服务厅，检查督导“营改增”纳税申报情况，重点了解网上申报率、申报速度和国地税联合办税等情况，肯定了该局首日纳税申报工作。

广东“营改增”纳税申报首日顺利，截至 6 月 1 日下午 17 时，广东共有 8 002 户“营改增”试点纳税人使用新的增值税纳税申报表完成申报纳税。实现税款入库 32 050.4 万元。完成申报的纳税人中，选择网上申报方式的纳税人 7 195 户，占比接近 90%。从首月整体运行情况看，办税服务厅秩序井然有序，增值税发票系统运行平稳，四大行业试点纳税人开票、申报均实现顺利过渡，税制改革首月总体运行平稳。

本次新旧税制转换纳税申报呈现出以下几方面特点：一是新报表全面启用。6月1日起，所有增值税纳税人使用新的增值税纳税申报表，更利于体现“营改增”政策变动，更利于纳税人和税务机关对纳税申报数据进行分析，更利于上层修改完善增值税政策。二是多系统运转顺畅。纳税人申报缴税成功，标志着税务端系统、银行端系统、开票软件、申报软件、纳税人端网络等各系统运作正常、数据传输顺畅、功能实现准确。三是电子化申报纳税。从开票数据报送、申报数据生成、应纳税款缴纳、税控设备解锁，纳税申报的全流程都可通过网络完成，无需在企业和办税服务厅间来回奔波，真正实现足不出户，“互联网+”轻松办税。四是全方位支持配合。为保证纳税人能顺利完成纳税申报，税务机关与财政、银行、软件服务单位等部门加强沟通联系，各方大力支持，服务单位提供24小时在线咨询、远程帮助，必要时提供上门协助，全力保障了纳税人能申报、能入库。

为确保打赢全面推开“营改增”试点“报好税”的第二场战役，广东国税发扬“啃硬骨头”的精神，把政策解释、纳税辅导和应急处置的“功课”做在6月1日前面，以“八个到位”推动工作重点由“开好票”向“报好税”和“分析好”平稳有序过渡。一是工作要求传导到位。将“营改增”与“两学一做”紧密结合起来，突出工作重点，提高认识、压实责任。二是申报培训覆盖到位。高效推开系统内部培训，并对全部试点纳税人进行“回炉式”再培训。5月以来共组织纳税申报培训超过1 351场，为超过44.79万户纳税人提供了业务培训。同时，通过手机客户端、网络等渠道，推送培训视频、政策图解、流程演示等培训内容，使纳税人可以随时随地对照解决问题。积极引导纳税人进行网上申报特别是通过CA认证方式进行无纸化申报，减轻办税厅压力。三是申报指引准备到位。编写《增值税一般纳税人纳税申报指引》，实现全部四大行业主要业务、全部增值税一般纳税人、全部纳税申报表格的全面覆盖，并制作67个纳税申报填表样例，实现有针对性的指导。四是税负分析部署到位。采取金税三期与人工核实同步进行、重点企业逐户核实与批量标识企业随机抽查核实相结合等方式，准确界定试点纳税人身份。因地制宜选取样本企业，科学区分纳税人类型，有序开展各项工作任务。五是发票管理优化到位。5月1日顺利上线电子（网络）发票系统，及时、有效降低小规模纳税人的办税成本。增加委托代开代征业务，代征单位可通过系统实现网上申报、税款缴纳、代开发票和税票管理等功能。六是政策答疑快速到位。通畅问题收集渠道，及时研究、分析基层提出的问题，力争最短时间答复各地，有效消除“营改增”试点运行中的“堵点”。积极向总局反映政策管理问题，为进一步优化完善政策管理建言献策。七是纳税服务强化到位。设置“营改增”专窗、“营改增”绿色通道、申报表预审岗，为纳税人提供贴心及时服务；优化完善网上办税、移动办税和自助办税平台的功能；扩充12366纳税服务热线人员队伍，开设“营改增”专线，全省临时增加座席34个，临时增加线路13条，“营改增”试点首月日均接通率达到86.32%。针对申报“闯关”过程中可能出现的系统运行不畅、办税厅出现拥堵等突发事件做好应急准备。八是系统运行保障到位。作为全国税务系统金税系统“营改增”试点功能测试主力，采取“省局集中+各地分工”形式集中开展测试。此外，充分考虑纳税申报表格调整较多等实际情况，通过模拟测试、部分真实测试等多轮反复测试论证，不断修改完善申报软件功能，确保软件的可靠性、准确性、稳定性。

下一步，广东国税将在省委、省政府和税务总局的正确领导下，毫不松懈，精益求精，以工匠精神做好“营改增”试点后续各项工作任务。一是抓好税负分析，确保行业税负只减不增。逐户逐行业做好税负分析，研究提出完善政策和改进管理的建议，及时向税务总局和省委、省政府报告。对税负可能上升的行业，及时采取过渡性措施，提出针对性意见，确保不影响企业的正常经营，真正实现行业税负“只减不增”的改革目标。二是强化征管，有效防范税收流失风险。全面梳理排查试点过程中可能出现的征管风险情况，加强风险管理，严厉打击虚开发票等涉税违法行为，堵塞征管漏洞，确保税款及时足额入库，为全省经济社会发展提供财力保障。三是做好演练，做好应急准备和舆情应对。健全应急工作机制和快速响应机制，通过应急演练及时查找薄弱环节，防范突发事件发生。进一步完善舆情管理体系，密切关注、积极回应纳税人的诉求，及早化解苗头性问题，确保不影响改革大局。

## 青岛市国地税局齐心协力 抓早抓细 共同打赢“营改增”第二场战役

（来源：国家税务总局网站 2016年6月2日）

6月1日，全面推开“营改增”试点迎来首个纳税申报期，打响了“营改增”“报好税”的第二场战役。1日下午，国家税务总局党组书记、局长王军通过视频连线检查各地首日申报情况后强调，全面推开“营改增”试点首个纳税申报期工作顺利开启、运行平稳。各级税务部门要继续保持高昂的斗志，不断扩大改革的战果，奋力夺取“营改增”第二场战役的胜利。青岛市地税局郑卫星局长通过视频连线向总局领导汇报了青岛地税5月代征增值税、代开增值税发票以及国地税合作推进“营改增”的有关情况。

5月，按照国家税务总局统一要求，青岛国税、地税发挥“1+1>2”的合作优势，互相帮助，共同提高，扎实、细致推动各项工作高效有序开展。

为确保二手房“双代”业务平稳运行、办税效率不降，青岛地税组织业务人员团队攻关，实现了二手房交易系统、房管部门办证系统、增值税发票代开系统嵌入式联网征收，各税自动计算、自动申报，减免税自动备案。同时，新增“营改增”代征窗口77个，办税人员78人。目前，每笔二手房交易办理时间，已经由5月初的12分钟左右，缩短至6分钟左右，开具增值税发票控制在2分钟以内，纳税人办理二手房交易申报缴税时间，与“营改增”前基本持平。“营改增”一个月以来，全市地税系统共办理二手房交易8 189笔，开具二手房增值税发票8 189份，代征增值税2 303.5万元；开具个人出租房屋增值税发票2 598份，代征增值税320万元。此外，还减免二手房交易增值税2.6亿元，减免代征出租不动产增值税427.5万元，实现了纳税人总体税负的只减不增。

为帮助国税部门顺利完成首期纳税申报业务，青岛地税抓早、抓细，积极做好各项配合工作。一是互设办税窗口。在全市15个基层局实现国、地税大厅互派人员、互设窗口，在有条件的单位建立了“国地税联合办税服务厅”，尽量由税务部门自己消化“营改增”业务衔接，避免纳税人多头跑、来回办。二是联合推出“互联网+青岛税务”服务平台，实现纳税人网上和掌上纳税申报、预约办税、纳税咨询、涉税提醒，既方便纳税人“足不出户”办理“营改增”业务，又减轻办税大厅申报压力。三是全面移交纳税人信息。按照国税部门要求，全面移交了税务登记、小微企业、网上开票等纳税人信息。同时，还主动移交了近三年来纳税人所有自开、代开营业税发票信息明细，方便国税部门提前掌握用票信息，有针对性做好征期准备。四是协助国税部门修订涉税数据。逐户修订17万户“营改增”纳税人税种登记，减轻国税部门税种鉴定工作量。组织对6.1万户定期定额“营改增”纳税人数据调整，为国税部门后续管理提供依据。五是主动向国税部门讲授管理经验。国税部门在增值税征管、流转税信息共享等方面给予地税部门大力支持；地税部门采取业务培训、现场指导、对口交流等方式，把多年积累的“大项目管理”“房地产税收一体化管理”等管理方法和经验，毫无保留向国税部门传授。六是互派干部挂职。全市税务系统共交流基层局班子成员和科（处）长等44人，达到了互相学习、互相支持的目的，有效促进了工作衔接。

## 税务部门20条措施迎接“营改增”第二战

（来源：《经济参考报》 作者：孙韶华 2016年6月3日）

《经济参考报》记者2日从国家税务总局获悉，6月1日起，全面推开“营改增”试点后，纳税人迎来首个纳税申报期。为了让“营改增”纳税人“报好税”，国家税务总局在前期推进便利化办税的基础上，出台纳税申报上门辅导、设置办税服务厅首次申报专窗、国税地税“一窗式”服务、进驻窗口全流程办结、先收后办等20条措施，进一步优化纳税服务，提高办税效率，减轻纳税人办税负担，让初次接触增值税申报的纳税人明白办税、高效办税、踏实办税、放心办税，全面打赢“营改增”第二场“战役”。

随着5月1日顺利开票、5月3日二手房交易“营改增”开票缴税和5月3日起四大行业全面开票等三道关口的顺利通过，“营改增”税制转换成功开启。首战告捷只是开始，“营改增”面临的挑战还在不断加码。6月1日，“营改增”后首个纳税申报期到来，打响了“报好税”的第二场“战役”。

据了解，实现纳税人顺利申报，表面上集中体现在申报表填报，但其背后却是对政策适用性、征管高效性、服务便利性、技术可靠性的综合反映。面对这场比“开好票”更为艰巨的“硬仗”，税务总局再次出台20条便利化服务措施，优化纳税服务，确保顺利申报。

具体而言，一是强化申报培训，主动上门辅导，让纳税人“明白办税”。二是设置申报专窗，实现全流程办结，让纳税人“高效办税”。具体包括各级税务部门要在办税服务厅合理设置“营改增”纳税人专窗和专用通道；加强国地税合作，探索推进国税、地税“全职能一窗式”服务；对进驻政务中心的税务窗口，要通过增设窗口、增配人员等方式配齐配足窗口职能，确保同一事项能够全流程办结。三是落实兜底责任，实行先收后办，让纳税人“踏实办税”。一线窗口单位要切实落实好首问责任、限时办结、延时服务、绿色通道、流动导税、领导值班等服务制度及兜底责任。建立疑难问题解答机制，及时维护进12366税收知识库并推送至办税服务厅咨询岗，确保咨询答复及时精准。四是加强监督管理，严查违法违规，让纳税人“放心办税”。税务部门将加强对税控系统服务单位的监督管理，严肃查处借“营改增”之名损害纳税人利益的行为。

值得关注的是，为进一步消除社会上对增值税发票开具方面的误解，税务总局进一步明确了增值税发票开具的工作要求：增值税纳税人购买货物、劳务、服务、无形资产或不动产，索取增值税专用发票时，须向销售方提供购买方名称（不得为自然人）、纳税人识别号、地址电话、开户行及账号信息，不需要提供营业执照、税务登记证、组织机构代码证、开户许可证、增值税一般纳税人登记表等相关证件或其他证明材料；个人消费者购买货物、劳务、服务、无形资产或不动产，索取增值税普通发票时，不需要向销售方提供纳税人识别号、地址电话、开户行及账号信息，也不需要提供相关证件或其他证明材料。

### （3）第三场战役——“分析好”

## 胜了“开好票”“报好税”打响“分析好”

（来源：《经济日报》　记者：崔文苑　2016 年 6 月 29 日）

记者崔文苑今天从国家税务总局了解到：全面推开“营改增”试点已顺利完成“开好票”“报好税”两场战役，将进入全面打响“分析好”第三场战役阶段。

今年 5 月 1 日，“营改增”试点全面推开。对税务部门而言，面对近千万户新增纳税人，5 月确保纳税人“开好票”是全面推开“营改增”试点的第一场战役；在 6 月 1 日至 27 日的首个纳税申报期，确保纳税人“报好税”则是改革的第二场战役；6 月 28 日起进入“分析好”第三场战役。

随着原营业税发票过渡期于 6 月 30 日结束，7 月份试点纳税人对增值税发票需求大量增加。“这将成为增值税发票自推行以来领用压力最大的一个月，纳税申报高峰与发票领用高峰同期而至。”国家税务总局局长王军表示，在面临这些挑战的同时，需要打好“分析好”第三场战役。

据了解，“分析好”是由运行分析、税负分析、效应分析组成的“三位一体”大分析。以税负分析为例，是对传统税收统计在分析方法、技术路径、数据基础等方面的重构，是在实现数据需求侧与供给侧深度融合方面的一次重大突破甚至是变革。

“税负分析是‘分析好’战役的重中之重。只有把纳税人的税负变化分析好了，才能客观反映改革红利实现程度。”王军局长表示，“开好票”“报好税”带给纳税人的是办税便利，只有“分析好”并确保所有行业税负只减不增，才能让纳税人真正享受改革红利。

王军局长进一步表示，要通过“分析好”助推税收善治，解决管理上的薄弱之处，同时通过“分析好”助推企业善治。要积极帮助企业分析，积极引导纳税人利用增值税机制，完善财务会计核算、调整投资经营策略，健全从采购供应到内部管理和市场营销全链条管理，通过提升治理水平让企业更好地享受改革红利。

税务专家表示，“营改增”后，一些不规范经济行为正走向规范，一些大而全经营组织方式正向专业化分工转变，这对于企业转型发展、经济治理能力提升都具有重要的推动作用。

# 各地税务机关强化税收分析　确保“新20条”落地

（来源：《中国税务报》　2016年7月20日）

7月，全面推开“营改增”试点进入以“分析好”为主题的第三场战役。近日，为打赢这关键一役，国家税务总局再推20条措施。各地税务机关闻令即动，贯彻落实总局部署，坚决打赢全面推开“营改增”试点第三场战役。

**广西自治区国税：税负分析为企业“把脉”**

广西自治区国税局全面强化税负分析工作，通过税负分析解构税负暂时上升的试点纳税人经营情况，分析纳税人税负变化原因，指导纳税人适应税制转换，实现税负全面下降。今年6月，广西试点纳税人首期申报出现税负上升的样本纳税人，税负全部实现了下降。

“国税部门的税负分析帮我们厘清了财务、税务上的问题，真是帮了大忙。”国海证券股份有限公司财务负责人介绍说。全面推开“营改增”后，公司没有第一时间适应税制转换，导致“营改增”后税负上升了0.34%。

记者了解到，为“把脉”国海证券股份有限公司的税负变化情况，广西国税局税源管理人员用一周的时间详细了解公司三大类30余项营业收入，逐项跟踪分析74项增值税进项税额来源的取得、流向以及财务、税务处理，清理核实了16项影响税负的金融债及国债手续费支出情况。通过分析，该局总结出企业税负上升的三方面原因，并对企业科学化、合理化经营提出建议。得到税务部门的分析建议后，企业优化了财务和税务工作，评估出下期申报时将实现税负下降。

据介绍，广西国税局组成“营改增”税负分析工作小组，细化跟踪全部“营改增”试点行业的税负变化，摸查新增不动产抵扣情况。对于出现税负暂时性上升的企业，该局逐户调查分析，以“透视”和“解构”的方式掌握纳税人的经营、财务核算情况。通过“营改增”税负分析，查找纳税人税负上升的关键因素并提出解决办法，促进企业税负下降。

同时，为确保每户纳税人明白增值税抵扣机制，实现应抵尽抵，广西国税局通过分析筛选出可能适用“营改增”简易计税办法的一般纳税人，并逐户提醒，帮助其测算选择计税方式。截至7月11日，广西较5月新增一般纳税人简易计税备案2 614户，试点纳税人网上申报率和申报准确率分别达到96%和99%。

**宁波市国税：代开发票“分分钟的事儿”**

“我年纪大了老花眼，填申请单非常不方便，还容易出错，现在国税局推出免填单服务，我只要递上身份证，说一下开票金额和开票内容就行，非常方便！”经常来办税服务厅开票的装修工人老张告诉记者。

日前，国家税务总局再推出20条“营改增”服务措施。宁波市国税局针对搬运、装修和工程劳务等行业“营改增”纳税人填写发票代开申请易出错、地税综合代征税率人工计算烦琐等问题，开发了代开代征发票免填单助手软件。

“营改增”纳税人申请开票时，无需填写任何表单，只要提供身份证和相关证明，如果需要将地税税款包含到开票额中，告知开票金额含税即可。办税人员输入信息后，软件便会自动生成申请单和各种应缴税额，纳税人缴纳税款后即可完成开票。

据统计，免填单助手软件应用后，代开一张发票仅需 3 分钟左右，工作效率提高 1 倍以上，办税服务厅排长队的现象明显改观，纳税人和窗口税务人员齐“点赞”，代征开票变成了“分分钟的事儿”。

**江苏省国税：领用发票只需点点鼠标**

不久前，江苏长发汽车服务有限公司的廖经理收到了一个特别的邮政特快专递，里面装着的是他一天前从电子税务局上申请的 5 份增值税专用发票。拿着发票的廖经理笑逐颜开：“现在真是方便了。在家里点点鼠标就可以领用增值税发票，只要一天就可以拿到。”

今年以来，江苏省国税局和中国邮政集团公司江苏省分公司签订战略合作框架协议，在南京市六合区、无锡市江阴市、苏州市昆山市和常州市溧阳市等 16 个试点地区开展首批试点。通过设立“税邮共建便民服务窗口”、开展邮政快递等方式，江苏省国税局为纳税人提供包括代开发票、代发放发票和零散税收委托代征等 9 大类服务。

江苏省纳税人只要登录江苏省国税电子税务局，进入申请模块，提交领用发票申请。在税务人员核准纳税人的领用信息后，发票配送中心会通过邮政寄出所领用的发票。同时，纳税人可在开票系统中跟踪查看申领发票的实时信息。

江苏省国税局纳税服务处处长曹筱三告诉记者，税邮合作充分发挥邮政“三流合一”的资源优势和遍布城乡的网络优势，一方面纳税人到附近的邮电局即可开具增值税普通发票并办理缴纳税款业务，有效解决了零散、临时纳税人开具发票和缴纳税款不方便的问题；另一方面减轻了基层税务人员工作负担。比如，扬州市国税部门将 1.8 万多户“营改增”纳税人的通知工作交由邮政部门代为投递，提高了“营改增”信息确认录入工作的完成效率。

下一步，江苏省国税局将逐步在税邮合作点配置自助终端，提供 24 小时自助办税服务，并将“互联网 + 税务 + 邮政”办税模式推广到全省，更好地服务纳税人。

**甘肃省国税：错峰预约化解办税堵点**

记者从甘肃省国税局了解到，甘肃各地国税机关积极落实国家税务总局两次推出的“新 20 条”措施，通过错峰预约、推广网上办税等措施，顺畅纳税人办税通道。目前，全省已有 3.17 万户纳税人错峰预约办税，6.9 万户纳税人选择网上申报。

据甘肃省天水市秦州区国税局局长李乐明介绍，该局按原国税老户、“营改增”新户，纳税申报业务、非纳税申报业务区分，对办理申报的纳税人推行错峰预约服务，分批分时段通知纳税人到办税服务厅办理涉税业务，避开办税高峰。

庆阳市西峰区国税局对没有条件和能力网上申报的纳税人，由区局统一建立预约办税台账和清册，局领导人手一本全局台账，分局局长持有本辖区台账，税收管理员持有本人联系的纳税人清册，层层包户，户户预约，确保纳税人有序申报。

兰州市国税机关大力推广网上申报。目前，已有 4.5 万户纳税人选择网上申报。兰州城关、西固等区级国税局采取预约办税、划片申报和以纳税人识别号尾号单双号办税等分流措施。

与此同时，甘肃省国税局不断加强办税服务硬件建设。今年以来，共增设办税服务窗口 375 个，增加办税人员 392 人，设置“营改增”首次申报窗口 277 个，“营改增”绿色通道 217 个；增加邮政代征税款和代开发票窗口 227 个，覆盖全省 15 个市（州）和 71 个县（区）。

**云南省地税：边查边改及早预防**

云南省地税局紧紧抓住“分析好”第三场战役的重要时间节点，主动出击，为打好

“营改增”主动仗筑牢基础。

据悉，云南省地税局扎实做好地税代征增值税运行分析、税负分析和效应分析等工作，客观反映改革成效，深入查找问题，采取有效措施，真正把“分析好”做细做实，用翔实的数据反映“营改增”成效。

同时，云南省地税局坚持问题导向，强化责任意识，一边推改革一边找问题。对于一些基础管理工作不到位的问题，认真纠正并建立长效机制；对可能潜在的问题和风险，提前分析，加强预见性，及早预防。

**浙江地税：微信“码上办”服务“一条龙”**

“现在去地税局办事还带复印件，你 OUT 啦！”“营改增”全面推开以来，浙江省多地地税机关坚持“改的是税种，不改的是地税优质服务；降的是负担，不降的是纳税人满意度”，积极推广“码上办税”和远程服务。

安吉县地税局研发绿色单机版二手房交易采集软件，房屋交易者和房产中介只需下载安装，或在行政服务中心财税窗口的自助电脑中录入交易双方信息，系统会自动生成并打印二维码。窗口受理人员扫描二维码后，已录信息便即时导入税收征管系统。该软件使窗口办理时间由 20 分钟缩短到 10 分钟，大幅缩短纳税人等待办税时间。

绍兴市地税局利用“码上办税”微信平台提供升级服务，纳税人将拍摄好的证件照片通过微信上传，由地税局后台审核并替纳税人打印，纳税人根据平台提示携带原件前往办理即可。同时，该局还在“码上办税”微信平台中设计增加了“税费计算器”模块，纳税人输入相应参数后，系统便自动计算应缴纳的税额，让纳税人“办得舒心、缴得放心”。

另一方面，浙江省各地充分利用“互联网 +”，整合多种平台资源，为纳税人提供“一条龙”服务。

金华市地税局联合房管部门成立面向房产中介人员的微信群。目前，该微信群作为金华市地税局重要宣传阵地，向房地产企业及中介人员推送相关税法及解读 60 余条，解答税法问题 200 余个。

### （4）第四场战役——“改进好”

## “营改增”试点打响第四场战役

（来源：《经济日报》　记者：崔文苑　2016 年 9 月 20 日）

9 月 18 日，国家税务总局召开全国税务系统“营改增”工作视频会议，税务总局局长王军在会上表示，全面推开“营改增”试点以来，已顺利完成“开好票”“报好税”“分析好”三场战役。在下一阶段“改进好”工作中，要深入查找和整改存在的问题，持续全面系统地加以改进，坚决打赢全面推开“营改增”试点第四场战役。

王军局长表示，全面推开“营改增”试点运行顺利，呈现出逐月向好的发展态势。一是减税面越来越宽。5 月四大行业税负增加的户数占 3.9%，6—7 月份已下降为 1.2% 左右。二是减税规模越来越大。5—7 月合计减税 1 260 亿元，加上 1—4 月“营改增”减税 847 亿元，今年前7个月“营改增”整体减税2 107亿元。三是各方反响越来越好。纳税人办税更便利，满意度逐步提高，获得感逐步增强，税收征纳关系越来越和谐，社会各界日益认同认可。

对于打好全面推开“营改增”试点第四场战役，王军强调，要坚持问题导向，既改进税务部门自身的工作，又帮助纳税人更好地适应新税制，还要完善政策措施，通过上下联动、内外并促，使改革试点在不断解决问题中逐步趋于完善。

据介绍，“改进好”工作分为三个阶段。从现在动员部署到10月20日为第一阶段，主要是查找、改进面上问题。10月21日到12月下旬为第二阶段，主要是结合前几个申报期的税负分析，研究提出并落实改进完善政策措施的建议。12月底到明年1月底为第三阶段，结合“总结好”第五场战役，对“营改增”整体运行情况做好总结、评估、改进、提高工作。

“对查找出来的问题，要分门别类，逐一改进。”王军说，比如，对滞后于形势发展要求制度缺失的，要抓紧制定；对制度操作性不强难以落实的，要抓紧完善。同时，要进一步优化办税流程，调整办税服务厅资源配置，特别是要继续深化国税、地税合作，便利纳税人。对技术保障问题，要结合全面推广应用金税三期工程，进一步优化网上办税系统功能，规范和加快电子税务局建设。

### (5) 第五场战役——“总结好”

## 督查看“营改增”：严督实导下真功　减税降负再添力

（来源：中国经济网　2017年3月14日）

2016年5月1日，建筑业、房地产业、金融业和生活服务业四大行业全部纳入“营改增”试点范围，增值税抵扣链条至此打通。10个多月过去了，“营改增”政策落实得怎么样？所有行业税负只减不增的目标是否实现？税务机关在落实政策中存在哪些短板？这些问题，攸关纳税人切身利益，也牵动着税务部门和税务干部的心。

2月底，国家税务总局派出10个督查组，深入上海、吉林等10个省（区、市），明察暗访，拾遗补阙，全面了解“营改增”落实成效，用客观翔实的数据算好改革账，谋划减负招，促进“营改增”平稳有序推进，持续释放改革红利。

**严督细查：查税负上升“症结”谋企业管理升级**

税务总局统计数据显示，全面推开“营改增”试点以来，截至2016年底，四大行业及26个细分行业税负均实现下降，但具体到1 000多万户试点纳税人中，仍有约1.6%的纳税人存在不同程度的税负上升。

为此，10个督查组将寻找企业税负上升原因作为督查的重中之重，摒弃听汇报、看材料的传统套路，从省税务局征管信息系统中分析基础数据，核实税负测算情况，有针对性地选取部分税负波动明显的“营改增”试点企业，深入分析政策、管理、经营周期等方面原因，当好“统计员”“分析员”，充分了解税负上升企业的“症结”。

山西泽祥公司是一家路桥建设施工企业。“‘营改增’后，我们公司的税负有所增加，当地税务部门也来给我们上门辅导过。”了解到督查组的来意，公司会计王秀连直言直语。

经督查组详细了解，该公司税负上升的“症结”是新建项目的进项税太少。为此，督查组要求当地主管税务机关继续密切关注企业税负变化，抽调业务骨干对企业开展“解剖麻雀”式的调查研究，对每个项目加以分析比较，尽快提出合理化建议。针对企业项目多、人员流动性大、业务不熟等实际情况，要求近期再对企业开展一次“营改增”专题培训。

记者跟随督查了解到，各地税务机关高度重视税负上升企业，不断加强对企业的“点对点”辅导，帮助企业适应新税制，合法合规尽量多地取得进项发票，实现增值税进项应抵尽抵。对于已经享受到改革红利的企业，税务机关则帮助其转变思路，促进企业规范化管理，实现企业内部管理乃至整个行业管理的优化升级。

“营改增”试点全面推开后，杭州开元旅业集团旗下酒店、房产、物业三大产业均纳入试点范围。“就好比在路上开车要遵守交通规则，‘营改增’是一项税制改革，企业需要做的就是根据制度要求去改进和加强内部管理，以尽量多地享受政策红利。”中国旅游协会副会长、开元旅业集团董事长陈妙林说。

中冶新奥（长春）房地产开发有限公司财务负责人王四海介绍，全面推开“营改增”试点，不仅使企业整体税负显著下降，更让他欣喜的是，“营改增”推进了整个行业的规范化管理。“如今，与我们公司合作的整个产业链上的企业，不论大小都在积极主动地向规范化管理迈进。”

**聚焦提炼：深究细查问题短板 客观推介经验做法**

“营改增”已进入“改进好”“总结好”阶段，了解各地税务机关在“分析好”“改进好”方面的措施和成效，是督查的另一项重点。10个督查组从每一项工作的“细枝末节”入手，以近乎“吹毛求疵”的工作态度查找税务机关工作中的问题和疏漏，督促政策落实再细一点、再实一点、再全一点。

“我们发现，有个别纳税人‘营改增’身份界定错误，尽管这种情况非常少，但也说明税务机关在企业身份认定上还存在不准确、不严谨的问题。”

“‘营改增’实施10个月了，仍有个别纳税人错误申报，这反映出我们税务机关的培训辅导有效性还不够。”

第五督查组组长、税务总局货物和劳务税司司长杨益民表示，“营改增”政策落实得好不好，企业税负降没降，不仅考验企业的经营管理水平，更是对税务机关管理能力和执行能力的一次集中考验。“我们就是要通过督查发现存在的问题，落实‘堵点’‘难点’，并督促税务机关尽快整改，也给未接受督查的单位提个醒、敲敲钟。”

在查找问题短板的同时，各督查组不忘关注基层税务机关的经验做法，但这些经验做法能不能称得上一个“好”字，督查组还要通过实地考察来验证。

上海市嘉定区国税局为实现对“营改增”纳税人税负异常变化情况的全程监控，构建了“营改增”试点一般纳税人税负变化表监控平台，抽取金税三期系统数据，一旦发现企业税负指标出现异常，立即发出预警，税务局据此马上启动核实程序，由税源管理机关逐户分析确认。

有了税负监控平台的帮助，税务人员的分析和辅导更加有的放矢，嘉定区部分企业的税负上升情况得到明显改善。督查组了解到，经过平台预警和税务机关辅导，嘉定区内重点建筑企业上海市机械施工集团有限公司在加强分包单位发票管理后，减税效应立竿见影，截至2017年1月底，企业总体减负3 625万元。

长春市国税局编制的《“营改增”四大行业征收管理工作指引》是督查组发现的另一项很“实”的举措。该指引梳理了建筑业、房地产业、金融业、生活服务业涉税业务事项运行的部门、岗位和环节，逐项细化征管工作重点和风险应对措施，让基层税务人员在税收征管工作中“按图索骥”，也方便纳税人适应新税制。

华夏银行股份有限公司长春分行财务总经理刘冰告诉记者：“‘营改增’试点全面推开后，税务人员拿着这本指引，针对我们银行业的16个风险环节，逐条逐项地讲解，帮助我们吃透、吃准政策。”

在走访和座谈中，督查组了解到的这类经验做法还有很多。“对于这些工作中的亮点，我们会进一步总结提炼，并建议在有条件的地方复制推广，为‘营改增’顺利推进保驾护航。”督查人员告诉记者。

**问计问策：当好桥梁纽带 倾听纳税人与基层心声**

听取纳税人、基层税务机关和社会各界对“营改增”试点的意见建议，是督查组的另一项重要使命。各督查组充分利用走访和座谈的机会，原汁原味记录基层和纳税人的声音，同时在税务机关门户网站和办税服务厅发布督查公告，通过接听接收来电来函，广开言路，广集民意。

“建议进一步提高小微企业免税销售额的标准，扩大政策受惠面。”

“‘营改增’试点一般纳税人认定标准中的年应税销售额标准与原增值税一般纳税人差距较大，建议降低试点纳税人应税销售额认定标准，进一步打通增值税抵扣链条。”

“目前企业已可以电子化开具发票，大大降低了经营管理成本，希望能将电子发票尽快拓展至增值税专用发票。”

一项项建议，一条条关切，通过各种途径汇集到督查组的案头。第三督查组组长、江苏省地税局副局长陈�表示：“对于本地区能够解决的问题，督查组立即协调当地税务机关解决，切实回应纳税人关切，对属于制度性因素和需要总局协调解决的问题，我们将全面归集，及时上报，为下一步完善政策、优化管理、改进服务提供参考。”

此外，记者还了解到，督查中，各督查组不仅仅将工作的着力点停留在税企层面，还将督查工作与地方经济结合，调研了解各地经济发展状况，走访地方经济重点项目和经济管理部门，问计于相关部门，从区域经济发展层面对“营改增”政策的落实情况作更具深度的分析和调研。

第六督查组在广西自治区首府南宁，坐上了全国五个少数民族自治区里首条全线贯通的地铁。南宁轨道公司党委书记、董事长苏拥军说，“营改增”极大地降低了轨道交通的建设和运营成本，有力支持了地方经济社会发展。“是‘营改增’让少数民族地区的‘地铁梦’照进了现实。”

十二届全国政协常委、中华全国工商业联合会常委磨长英向督查组表示，工商联作为企业的“娘家人”，能时刻感受到“营改增”带来的利好。“近年来，税务机关大力推进税制改革，不但为广大企业减轻负担，更为实体经济发展增添了动力。”

10个省（区、市）、92个办税服务厅、376家企业、65场座谈会……在8天的随组采访中，督查组细致入微的工作态度和严谨客观的工作作风，让记者感受到了税务部门狠抓“营改增”政策落实的坚定决心。同时，记者也深切感受到，“营改增”改革在经济社会领域已凸显出多重效应，必将对今后中国经济的发展提供更为广阔的空间和源源不断的动力。

## 2. 深化国税、地税征管体制改革聚力“营改增”

# 合作释放改革红利

（来源：《经济日报》　记者：曾金华　2016年5月9日）

近年来，国税、地税是分还是合一直备受广泛关注。《深化国税、地税征管体制改革方案》（以下简称《方案》）对此作出了明确回答，在坚持国税、地税机构分设的基础上，对现行征管体制进行完善。也就是，国税、地税两套机构合作不合并。

国地税进行合作而非合并，主要原因在于，分税制财政管理体制是国税、地税机构分设的基础，分税制基础没有改变，机构分设也宜继续坚持。与此同时，随着经济社会的发展，原有体制中存在的办税不够便利、管理不够科学等问题与矛盾亟须解决。

在调查采访中，记者听到很多纳税人反映过去多头跑、手续繁杂、多重稽查等带来的诸多困扰问题。而国地税机关对于通过改革理顺征管职责划分、创新纳税服务机制、提高征管效率等，同样有强烈愿望。因此，《方案》的出台可谓恰逢其时。

《方案》在便民利民方面的改革举措，具有很高的“含金量”，税务部门需要不折不扣地将这些措施落实到位，惠及广大纳税人。同时，各地情况、条件千差万别，需要因地制宜，把改革创新精神贯穿于工作全过程。比如，湖北省根据各地不同情况，联合办税采取共建、共驻、共派等不同模式，取得良好效果。同时，还不满足于实现“一窗式”联合办税，着力推进网上办税。通过一系列改革措施，纳税人获得更规范、更便捷、更高效、更放心的服务。

记者注意到，纳税人在降低办税成本、有更多获得感的同时，依法纳税意识也得以提高。纳税人办税高效便利、被查处时心服口服，税法遵从度也大大提升。毫无疑问，这将促进税收征管效率的提高和税收“应收尽收”。

当前，深化财税体制改革正在大力推进，国地税合作是其中的重要内容，并且对其他改革内容有重要的保障和促进作用。比如，今年5月1日起全面推开“营改增”，需要国地税部门的密切配合，“营改增”后个人二手房交易和房屋出租，仍然委托地税部门来代征、代开发票。可以说，改革越往前推进，越需要国税、地税的密切合作和协同推进。

# 国税地税征管体制改革进一步深化　为“营改增”提供新动能

（来源：《证券日报》　记者：包兴安　2016年5月23日）

税务系统坚持把全面推开“营改增”试点作为落实《深化国税、地税征管体制改革方案》、检验国税地税合作成效的主阵地和试金石，在深化合作中推进改革，在推进改革中深化合作，通过统筹国税、地税双方资源，调动两个积极性，实现国税、地税业务深度融合，为全面推开“营改增”试点提供了强劲动能。

据国家税务总局办公厅有关负责人介绍，各地国税、地税部门立足工作实际，在组织运转、信息移交、业务过渡等各环节，互商互通、互融互助，做到了政策对接不走样、工作标准不降低，业务运转衔接有序、步调一致。

“组织运转机制完善有效。”负责人表示，“营改增”工作千头万绪，很多问题需要国税、地税双方的及时沟通解决。对此，各地国税、地税部门共建“营改增”工作领导小组，及时建立共同领导、联合推进、交流互动等合作运转机制，研究解决国税、地税在“营改增”过程中需要协作配合的相关事宜。例如，湖南、宁波等地国税、地税部门通过召开联席会议，共同研究方案，明确试点纳税人信息交接、登记申报、发票管理等事项，保证了“营改增”工作平稳有序。

“征管信息移交顺畅有序。”负责人表示，国税、地税户数交接工作时间紧、范围广、数量多。各地国税、地税部门主动对接，联合开展管户确认，制定“营改增”非正常户和注销户管理办法，消除管理盲点，保证了征管信息移交得及时准确。

负责人指出，针对“营改增”工作面临的咨询需求多、办税易拥堵等问题隐患，各地国税、地税部门通过服务资源的整合优化，做好“加减法”，提速减负，纳税服务在“营改增”推进中实现新成效。各地国税、地税部门大力推行联合办税，通过增设联合办税服务窗口，国税、地税互派业务骨干在窗口全日制办公，实现了纳税人“进一个门，办两家事”的工作目标。目前，全国国税、地税联合办税服务厅已达 5 500 余个，占全部办税服务厅的半数左右。

负责人表示，通过探索建设“全能型一窗式”服务窗口，实现地税窗口可为纳税人办理国税业务，解决了纳税人办税“多头跑”问题。新疆国税、地税部门自主开发了窗口“国税地税业务通办切换器”，确保了纳税人在每一个办税窗口都能一次性办理完所有业务。各地在办税服务厅开通“营改增”绿色服务通道，全面落实首问责任、限时办结、预约办税、延时服务、导税服务等各项办税服务制度，缩短纳税人办结时限。

### 3. 利用互联网+打通“营改增”“最后一公里”

## “互联网+”模式助力“营改增”

（来源：《深圳商报》　2016 年 4 月 12 日）

5 月 1 日，79.13 万户纳税人要缴纳增值税，办税的业务从地税局改变为国税局，其中有 10 多万企业要到国税部门重新办理税务登记，时间之紧、压力之大、任务之重，是不言而喻的。如何保证各项工作有条不紊，保证企业下月正常经营？我们了解到，除了国税工作人员全力以赴、加班加点之外，“互联网+电子税务局”形式下的智慧服务新模式，也会缓解一些实际压力。市国税局相关负责人表示：

——利用“互联网+”模式宣传“营改增”最新政策。市国税局将“互联网+”与政策宣传工作结合起来，利用手机微信平台，满足互联网思维的碎片化阅读的习惯。微信版“营改增”政策宣传便于税务干部和纳税人利用移动设备实时学习、查询、使用，需要哪个业务就查哪个业务，非常直观方便，既符合互联网思维的碎片化阅读的习惯，又不失统观性。

——利用“互联网+”一键开票。“营改增”试点工作执行以来，根据辖区内仓储物流企业反映该类企业在货物进出仓环节均涉及向客户收取小额现金款项并以物流辅助征收品目开具发票的经济行为，原人工撕取定额发票的方式，已无法满足日益增长的业务需求，且定额发票无受票方的详细信息，不便于日常管理。据此，深圳国税局牵头，主导开发一项附着在自助缴费终端上，能通过读取客户信息卡一键自助开具发票的技术，目前已在全市部分物流企业顺利启用。

——开发“问税”手机APP客户端提供“营改增”税企交流平台。由市国税主导搭建税企互助交流平台，专门开辟“营改增”专区，鼓励纳税人线上互问互答、沟通交流“营改增”相关问题。纳税人只需通过简单操作可以在平台上就各种税务问题展开交流讨论。税企交流平台不仅可以打破信息不对称隔阂，充分借助纳税人的力量，汇集众人的智慧，而且可缓解税务机关的人力资源紧张问题，拓宽了专业咨询服务的渠道。

据深圳国税局相关负责人介绍，在税收实践和探索中，“互联网+”作为一种全新的理念，充分发挥了互联网在要素配置中的优化和集成作用，不断形成以互联网为基础设施和实现工具的新形态、新业态，对现有思维、服务、管理模式带来了深刻的影响。

## 助力“营改增”踏上“互联网+税务”智慧快车

（来源：人民网　2016年5月6日）

4月28日，四川省达州市经济开发区“天一航旗”汽车城会议室内气氛热烈、座无虚席，由达州市地税局第二直属分局举办的“企我圈”手机办税APP启动仪式正在进行，经开区辖区32家大型企业的300余名代表共同见证了这一具有重要意义的时刻。

“‘营改增’实施进展”、“‘营改增’试点行业”、“‘营改增’纳税计算”……启动仪式后，广大与会者兴致盎然地来到室外展板前，掏出手机，对准展板上的“企我圈”二维码轻轻一扫，各种税收政策尽收眼底。“太方便了，以后不需要专门跑到营业厅去咨询了。”大家个个面带微笑。

从昔日的“来回跑”到如今的“扫一扫”，“企我圈”手机办税APP的成功启动，所折射出的不仅仅是纳税服务水平的提升，更直观展示着达州市地税局第二直属分局在推进“互联网+税务”工作中的显著成绩，是达州地税部门创新社会治理的又一重要举措。

盘点近两年的流行热词，“互联网+”无疑是其中的一个，它已融入社会生活的方方面面，给各行各业带来颠覆式革命，税务行业自然也概莫能外。2015年，国家税务总局发布《“互联网+税务”行动计划》，为税收现代化指明了方向。“推进‘互联网+税务’，是落实中央、省、市重大决策部署的具体举措，是全面提升税收治理能力的难得机遇和有效途径，是大势所趋、事业所需、税户所盼。”在达州市地税局第二直属分局局长李小舟看来，面对飞驰而来的“互联网+”列车，必须顺应时代潮流，意气风发地大胆踏上。

推进“互联网+税务”，必须率先构建由税务部门引导的、第三方机构参与的、社会化众包协作的“智慧税务”服务平台。为此，早在2015年下半年，达州市地税局第二直属分局便开始筹备此项工作，在产品定位、纳税人需求、板块设置等方面充分征求社会各界意见，最终邀请成都知创科技有限公司推出了“企我圈”APP。

“该APP按照‘管理员—纳税人’模式搭建出‘点对点’沟通平台，纳税人可以在平台享受纳税预约、申报、查询等服务。“据成都知创科技有限公司CEO刘念邱介绍，“企我圈”APP平台采取“交互式”信息推送方式，改变了单纯的公告式信息发布模式。“通过了解到纳税人是否阅读，辅以短信、电话等附加通信方式，确保重要信息能够及时准确地传递给纳税人。”此外，通过该平台，纳税人之间可进行税务知识交流，共同参与提问讨论，并支持税务部门进行权威解读，有效避免了税务政策的理解偏差。与此同时，该平台开设有“银行金融”、“税务筹划”、“投融资服务”等板块，以税务活动为桥梁，促进辖区内企业相互交流合作，在提升服务效率的同时，为企业提供业务扩展机会，积极创造合作共赢共发展的局面。

“推出‘企我圈’APP的目的，在于进一步创新纳税服务方式，建立现代化的税收征管和服务体系。”李小舟告诉记者，随着“企我圈”手机办税APP的成功启动，经开区辖区企业将享受到“互联网+税务”带来的巨大便利，“这也是地税部门在创新社会治理方面的又一重要举措。”

近年来，达州市地税局第二直属分局深入贯彻中央、省、市关于推进“互联网+”行动的战略部署，以深化征管改革、推进依法治税为重点，不断加快管理转型，持续提升征管质效和纳税服务水平，创新社会治理工作取得显著成效，实现了税费收入总量和质量的双提升，为当地经济社会发展作出了重要贡献。

## 助力“营改增”踏上“互联网+税务”智慧快车

（来源：《中国建设报》　记者：黄梅　2016年5月27日）

新中大软件股份有限公司（以下简称“新中大”）董事长石钟韶认为，要达到“为企业减负”的目标，企业需要采用更加有效的信息化管理方案，而基于“互联网+”技术的“营改增”信息化系统将是企业应对“营改增”和经营管理变革的重要支撑。

**建筑企业“营改增”面临多重风险**

新中大开展的相关调研显示，“营改增”推行的难点在于部分企业对其认识不足且具有一定的抵触心理。石钟韶说，如果企业不能清晰地认识到“营改增”的必要性和重要性，就不能做好全面应对，在以后的发展过程中必然会遭遇法律、税务以及企业运营等风险，危及自身进一步发展。

**刑事风险凸显发票管控地位**

增值税是唯一上刑法的流转税，在营业税税制环境下，建筑企业对发票的管理相对“混乱”，很多发票都无法与施工现场实际耗用相匹配，比如使用的是钢材而用水泥发票代替、劳务工只提供工资单、项目经理的个人利润也用发票冲账等。在增值税税制环境下，企业若忽视增值税抵扣要求，仍旧我行我素，则将直接触犯国家刑事法律，不仅发票不能抵扣，企业法人、财务负责人也将承担刑事责任，而且处罚非常严厉。“营改增”后，增值税发票管理将成为企业管控的核心之一，不仅关系着企业的利润，而且直接影响着企业稳健经营与可持续发展。

**税务风险考验企业管理水平**

建筑企业要保证“营改增”后税负不增加，根据模型测算，进项发票平均税率要达到13%，亦即企业至少要拿到所有成本支出70%的发票。由于行业的特殊性，砂石等地材基本没有发票、人工费不能作为进项税抵扣，而且因为建筑业增值税发票具有量大、点多、线长、面广的特点，发票传递与整理的工作量巨大，企业的税前筹划能力便显得尤其重要。石钟韶称，“营改增”表面上考验的是企业的税务管理能力，而实际上考验的却是企业的综合管理水平。

**运营风险影响企业整体发展**

由于税法要求合同流、货物流、发票流和现金流“四流合一”时进项才能抵扣。因此，建筑行业以往的资质共享、联营挂靠、内部承包、甲供材料、甲方指定分包、劳务管理和材料采购等将受到严重冲击。未来，以收管理费为主的“一脚踢”工程经营模式将无法立足，企业合伙人制度、项目股份制将成为趋势，总承包公司和项目承包人通过利润分成的模式将成为常态。

石钟韶强调，“营改增”之所以受到全行业的高度关注，关键在于其从技术操作层面颠覆了建筑业传统发展模式、管理方式。在新形势下，企业要获得持续成长，走规范化、精细化发展之路是唯一选择。

**信息化构筑风险管控“防火墙”**

面对“营改增”，企业的当务之急，是要调整税务管理的思路和方向，从大成本的思维切入税务管理，由企业管理层统筹规划，采用统筹考虑、顶层设计、由上而下、逐步推进的路径和方法，实现抵扣最大化。在石钟韶看来，要实现这一目标，信息化管理是广大建筑企业“营改增”落地的必经之途。

**信息化对于增值税发票管理的必要性**

石钟韶指出，点多、面广、线长是建筑企业的基本特征，由于项目部各种支出业务繁多、数量金额巨大、地域上高度分散，企业应对“营改增”管理面临着巨大挑战。增值税的进项抵扣制度使企业发票管理难度加大、做账的及时性受到挑战。另外，由于增值税是价外税，项目成本核算、汇算清缴、纳税申报等方面的工作量也随之增加，只有借力信息化手段，采用最新的云计算、移动应用等“互联网+”新技术实行管理模式创新，才能打赢“营改增”攻坚战。

增值税管理要求合同流、物流、发票流和资金流“四流合一”，需要业务、财务、税务、IT等部门协同合作，需要整合总部、分子公司、项目部的相关信息。只有从集团管控入手，采用基于互联网技术、以项目为主线的管理平台，将分布在各地的项目管理起来，实现在集团范围内的人、财、物、资金等资源的管控，才能最终防范风险。

**以信息化促业务、税务协同管理**

基于建筑企业的特点，未来，企业的进项抵扣是否“虚受虚抵”必将是稽查重点，这使企业必须遵循“四流合一”原则。“四流合一”要求财务部门抵扣的进项与实际业务的发生情况能够实现匹配，这就需要财务部门与业务部门的信息能通过一个平台进行有效协同，核算数据直接来自业务和税务管理系统的数据，防止两边数据对不上导致的税务稽查风险发生。

从这个角度来看，“营改增”信息化系统必须具备以下功能：一是合同管理功能，能实现对合同履行过程的订立、计量、变更、支付和结算等的管理，实现发票超预算风险预警，从“合同流”这一源头实现税务风险管控；二是物资管理功能，能实现合格供方管理、采购过程及出入库管理，支持单项目物资管理或多项目集中采购管理；三是增值税发票管理功能，能针对建筑业发票管理“量大、点多、线长、面广”特点，支持全企业发票电子化、网络化管控，支持单项目发票核算及企业级发票统筹，并能按项目实现与国家税务认证网站的自动集成认证；四是增值税税务管理功能，能提供企业虚拟税务局功能，帮助建筑企业内部实现单（多）项目税负核算和企业级统筹；五是项目资金管理功能，能实现按供应商、客户和工程项目为维度的应收应付管理，通过资金管控，实现资金、合同、物资、发票“四流合一”，降低企业经营及税务风险；六是财务管理功能，能支持建筑企业多组织的集团财务管控，实现业务、税务和财务管理一体化。

石钟韶说，基于“互联网+”的“营改增”信息化系统涵盖的内容极其丰富，企业需要化被动为主动、变消极为积极，以信息化技术助力管理水平不断提升，成功应对“营改增”风险和挑战。而同时，石钟韶认为，要想使信息化工具发挥真正的效用，企业从思想上高度重视、从组织上全力保障，管理不断提升、人才素质不断提高等也是不可或缺的重要前提。

## “互联网+政务服务”助力公路运输“营改增”

（来源：《现代物流报》　记者：王京　2016 年 4 月 10 日）［内容有删减］

据了解，今年 5 月 1 日，我国将全面实施“营改增”。同时，全面推进“营改增”已被列为国家深化财税体制改革、推进经济结构调整和产业转型的“重头戏”，是国家实现结构性减税和财税制度创新的重大举措。

而公路运输业作为国民经济的基础行业，是国家“营改增”税制改革的首批试点行业之一。公路运输业在“营改增”实施过程中出现了运输企业进项抵扣不足以及政府监管不到位等问题，成为困惑行业健康发展的瓶颈之一。

新形势下，随着税改进展的加快实施，公路运输行业的困境愈加明显。讲堂上，上海交通大学朱道立教授团队从“营改增”机制的科学设计、“互联网+”运输和税务的有效管理以及“营改增”税收服务系统科学构建等三个方面展开探索，自主研发了公路运输“互联网+”“营改增”税收服务系统，将为公路运输“营改增”税务困境的治理提供新思路。

朱道立介绍，公路运输业“互联网+”“营改增”税收服务系统搭建后，一方面加强了与税务机关管理系统对接，为纳税人提供更多交易信息和交易机会，通过在线税收服务解决了纳税人开票问题。另一方面，服务平台可为税务机关提供纳税人全面、真实的经营数据，既降低了执法风险，又有助于提升税收管理质量和效率。

据介绍，目前公路运输“互联网+”“营改增”税收服务系统在河南、重庆、江西、天津等地国税局支持下，已进行地区试点运行，成果显著。

其中，仅河南地区试点平台的用户主体就由初期的不足 10 户增加到目前的 3 149 户，增值税发票开具量稳定增长；流动车辆代开发票金额由试点前月均 291 万元增加到目前的 444 万元，增长 53%。

### 4. 整合资源、持续服务为“营改增”保驾护航

## 国家税务总局关于进一步优化“营改增”纳税服务工作的通知

（2016 年 5 月 25 日　税总发〔2016〕75 号）

各省、自治区、直辖市和计划单列市国家税务局、地方税务局

自 3 月 5 日“营改增”工作开展以来，通过各级税务机关的共同努力，各地办税服务厅秩序井然，开票系统运行正常，全面推开“营改增”试点取得了良好开局。为再接再厉打好全面推开“营改增”试点第二阶段战役，确保“营改增”纳税人顺利申报，现就进一步优化“营改增”纳税服务工作通知如下：

**一、强化纳税申报的宣传培训**

6 月份，“营改增”纳税人将迎来首个纳税申报期。针对部分纳税人初次填报增值税申报表、不熟悉申报流程的实际问题，各地税务机关要强化对纳税申报的辅导培训，提前制作各类申报表填写样表、辅导填报“二维码”等，通过网站、手机 APP 等方式主动推送给“营改增”纳税人，帮助其熟练掌握申报表的填报。同时要根据税收政策的调整，及时做好“二维码”的更新工作。

**二、做好纳税申报的现场和上门辅导**

要在办税服务厅组建辅导队、增设预审岗，强化现场辅导和现场审核，帮助纳税人正确填报增值税申报表。要组织税收管理员和业务骨干主动深入重点企业，尤其是对样本企业进行上门辅导，通过“一对一”“面对面”的方式帮助纳税人正确填写增值税申报表或者辅导其进行网上申报，确保在 6 月 10 日前所有样本企业完成好申报。

**三、确保减免税优惠政策不折不扣落实**

各地税务机关要对“营改增”试点纳税人减免税申报、备案等工作进行重点辅导，确保纳税人全面、准确申报，确保减免税政策不折不扣得以落实。

**四、做好取消增值税发票认证的宣传工作**

纳入“营改增”试点的增值税一般纳税人暂不需要进行增值税发票认证，纳税信用 A 级、B 级增值税一般纳税人取得销售方使用新系统开具的增值税发票，也可以不再进行扫描认证。各地国税机关要通过制作简便易懂的宣传资料、操作视频等，加大对取消增值税发票认证的宣传，帮助纳税人熟练掌握登录勾选方法，使取消认证这一便利措施落到实处，真正减少办税环节，减轻征纳双方办税负担。

**五、积极引导“营改增”纳税人网上申报**

各地税务机关要针对此次全面推开“营改增”试点涉及纳税人数量众多、业态差异大的实际情况，根据纳税人办税的不同习惯、不同方式，在尊重纳税人意愿的基础上，积极向纳税人提供网上办税、自助办税、移动办税等多元化办税方式。

**六、设置办税服务厅首次申报专窗**

各地国税机关要结合本地“营改增”纳税人数量和办税服务厅实际，在办税服务厅合

理设置“营改增”纳税人专窗和专用通道，方便首次进行申报的“营改增”纳税人顺畅办理申报业务，避免纳税人因对办税流程及办税场所不熟悉而影响申报。

**七、错峰预约纳税人申报**

各地国税机关要对需到办税服务厅办理申报的纳税人进行科学预判，根据纳税人财务核算状况，合理划分申报时段，分批量主动预约纳税人，引导纳税人错峰申报，缓解申报高峰压力。特别要注意避免申报期最后几天办税服务厅过度拥挤现象的发生。

**八、帮助纳税人合理选择办税地点**

各地税务机关要充分发挥同城通卡给纳税人办税带来的便利，建立办税服务厅等候状况实时发布机制，让纳税人通过官方网站、手机APP、微信、短信等多种渠道，实时了解各办税服务厅的等候状况，合理选择办税服务厅进行办税，避免因纳税人过度集中而造成办税不畅、效率不高等问题。

**九、探索建设国税、地税“一窗式”服务**

各地国税机关、地税机关要加强沟通、密切协作，采取互设窗口、共建办税服务厅、共驻政务中心的方式，整合办税服务资源。已经实现联合办税的，要根据窗口业务量变化，适时调整业务办理窗口和服务人员数量，最大限度发挥好窗口资源的整体效能，缩短纳税人办税等候时间。各地税务机关要积极探索推进“全职能一窗式”办税服务，缓解办税服务厅窗口压力。

**十、进驻窗口实现全流程办结**

对进驻政务中心的税务窗口，要完善进驻职能、充分授权到位。积极争取当地政府的支持，通过增设窗口、增配人员等方式配齐配足窗口职能，努力达到规范化全职能办税服务厅的标准。在此基础上，按照“窗口受理、内部流转、限时办结、窗口出件”工作要求，确保同一事项能够全流程办结，不得以需要税务机关内部其他部门签字盖章为由，让纳税人往返于政务中心和税务机关。要采取多种方式向纳税人做好“三证合一”的宣传解释工作，重点讲明按照“三证合一”的有关规定，工商部门办理完毕后，工商、税务的登记事宜即已完成，不需要再到税务窗口办理税务登记手续。各地税务机关要强化督导落实，及时对进驻政务中心税务窗口的服务情况开展督导和检查，树立税务部门良好形象。

**十一、确保服务制度和兜底责任落到实处**

一线窗口单位要切实落实好首问责任、限时办结、延时服务、绿色通道、流动导税、领导值班等服务制度及兜底责任，确保纳税人业务有人办、咨询有人答、疑难有人解。6月份申报期内，各地税务机关领导要亲临一线，坐镇办税服务厅统筹指挥协调，及时处理纳税服务工作中出现的问题和突发事件。

**十二、提高“12366”热线咨询质效**

针对“营改增”纳税人业务咨询量日益增加的实际，各地“12366”中心要进一步充实“营改增”咨询专线力量，增配设备、增加人员、科学排班、加强现场管理、严格质量监控，确保12366纳税服务热线畅通。同时，加大对座席人员的培训力度，强化对答复准确率和服务规范性的考核测评，确保做到答复问题口径一致，内容规范准确。

**十三、建立疑难问题解答机制**

各地税务机关要建立疑难问题解答机制，定期收集整理疑难问题和热点问题，送交业务部门研究确定答复口径，及时维护进“12366”税收知识库并推送至办税服务厅咨询岗，确保咨询答复及时精准。

**十四、切实做好不动产交易代征、代开的导税服务工作**

针对二手房交易和个人出租不动产增值税代征工作业务流程相对复杂且涉及自然人的实际情况，各地税务机关要加强导税力量的配备，在各代征场所设立导税人员，全程做好导税服务，维护好办税秩序，确保不动产交易申报工作顺利有序开展。同时，要通过办税服务厅、税务网站、官方微信等渠道，主动做好相关税收政策的宣传和纳税辅导。

**十五、发挥各自优势做好纳税服务**

各地国税机关、地税机关要切实发挥各自业务优势，进一步密切合作，加强沟通交流，共享涉税信息，共同解决“营改增”纳税人提出的疑难问题。要落实好首问责任制，纳税人无论到国税局、地税局办理涉税事项或寻求涉税帮助时，负责接洽的税务机关要全程负责涉税业务的指引、协调等工作。不能因合作不到位而造成纳税人在国税局、地税局之间“往返跑”。

**十六、建立先收后办机制**

各地税务机关要在突发事件发生的第一时间，立即启动应急预案。对因系统故障、停电等因素不能正常工作时，各办税服务厅可先行收取纳税人资料，并延时加班办理，办结后主动通知纳税人前来办理后续事项。

**十七、强化对技术服务单位监管**

各地国税机关要加强对税控系统服务单位的监督管理，督促其不断提高服务质量，满足纳税人对操作培训和技术服务的要求。对出现服务不到位、违规搭售设备、软件或乱收费等问题的服务单位，责令其立即纠正并限期整改。严格按照《增值税税控系统服务单位监督管理办法》执行，切实维护纳税人合法权益。

**十八、加强增值税发票开具工作的宣传辅导**

各地税务机关要认真做好增值税发票开具方面的政策宣传，消除社会上对增值税发票开具方面的误解。增值税纳税人购买货物、劳务、服务、无形资产或不动产，索取增值税专用发票时，须向销售方提供购买方名称（不得为自然人）、纳税人识别号、地址电话、开户行及账号信息，不需要提供营业执照、税务登记证、组织机构代码证、开户许可证、增值税一般纳税人登记表等相关证件或其他证明材料。个人消费者购买货物、劳务、服务、无形资产或不动产，索取增值税普通发票时，不需要向销售方提供纳税人识别号、地址电话、开户行及账号信息，也不需要提供相关证件或其他证明材料。

**十九、严肃查处借“营改增”之名损害纳税人利益的行为**

针对个别企业假借“营改增”之名刻意曲解政策、趁机涨价谋取不当利益的情况，各地税务机关要做好“营改增”政策的宣传解读工作，确保每个企业、每个纳税人都能充分了解“营改增”政策。对借“营改增”之名提价、违反价格诚信、涉嫌价格欺诈、联合串通涨价等违法违规行为，要主动向地方党委政府进行汇报，积极配合相关部门，加大监管力度，及时查处纠正。

**二十、畅通投诉渠道维护纳税人权益**

拓宽纳税人诉求表达渠道，畅通“12366”热线、税务网站、微信平台等多渠道投诉响应机制。进一步压缩投诉响应时间，提高投诉办理效率。当场投诉的，即时处理；事后投诉的，提速至3个工作日内办结，切实维护纳税人权益。

各地税务机关要高度重视，加强督导检查，对纳税服务工作落实不力的要严肃追责。税务总局将对各地的落实情况开展明察暗访。各地要于2016年6月10日前，将本通知的贯彻落实情况及改进建议报税务总局（纳税服务司）。

## “绿色通道”保障“营改增”一路畅通

（来源：《中国税务报》　记者：余谋凯　陈可　2016年5月27日）

2015年金融业国税收入4 400多亿元，占据北京市国税收入的54%。帮助金融业为首的大企业做好“营改增”试点工作，是落实首都税收任务，服务首都经济发展的重要内容。在帮助金融企业实现5月1日顺利开票的基础上，北京市国税局多方面入手，持之以恒抓好后续各项工作。特别是“绿色通道”的开通，让金融企业的诸多难题迎刃而解，颇受好评。

中国平安财产保险股份有限公司北京分公司作为全国三大财产保险公司之一，其2015年整体保费的市场份额高达22.1%，业务开票模式具有发票用量大、开票网点分散的特点。“营改增”以来，中国平安财产保险股份有限公司北京分公司的范经理就在为能否顺利实现发票过渡而担忧：这么大的发票需求量，肯定将耗费企业大量的人力和时间。发票要更换，业务却无法停，一丁点的延误都会对公司业务办理造成障碍。

范经理将这一情况反映给了西城国税局第十一税务所。针对这一情况，北京市国税局决定利用公休日开设大企业“绿色通道”，为中国平安财产保险股份有限公司北京分公司及中国太平洋财产保险股份有限公司北京分公司提供“营改增”“一站式”服务，共计发行税控核心报税盘132个，密钥4 100个，领用增值税专用发票20万份，增值税电子普通发票70万份，帮助企业实现了“营改增”的顺利过渡。

中国平安财产保险股份有限公司北京分公司范经理在“营改增”现场表达了大企业的普遍心声：“自李克强总理在《政府工作报告》宣布从5月1日全面实施‘营改增’后，中国平安财产保险股份有限公司北京分公司在两个月的时间里感受到了贵局全方位的专业服务。在这两个月的时间里，我们感受到税务人和纳税人，为了一个共同的目标默契配合，甘心奉献；同时，作为一个总分支机构众多的大型企业，我们北京分公司在此次‘营改增’项目的实施过程中，深切感受到了北京市国税局服务大企业的能力和效率！”

北京市金融企业对北京市国税局纷纷点赞，与其前期扎实的准备工作有关。据了解，在“营改增”全面推开前，北京市国税局就依照营业范围、所属行业、管理层级、增值税鉴定情况等指标对辖区“营改增”大企业进行全面筛选，摸清税源情况。针对大企业组织机构庞大、运营系统复杂、跨地区多层级等情况，加强与大企业联系与沟通，了解企业端系统准备情况及相关诉求，做好针对性的业务指导、政策宣传工作。多次走访重点大企业，与企业面对面座谈，充分了解大企业“营改增”过程中的需求和困难，联合市地税局向大企业纳税人发放《致全国“营改增”纳税人的一封信》，组织800户“营改增”大企业参加“营改增”政策专题培训，解决大企业政策需求。其中，金融业的很多政策诉求都在这一阶段反馈上来。

有疑问，就要及时回答。为此，北京市国税局大企业税收管理处设置专人专岗，开通

“营改增”专项热线，严格落实首问责任制，填制《大企业“营改增”业务受理单》，负责登记、整理、转送、反馈大企业提出的“营改增”相关诉求。截至目前，接听咨询电话300余次，收发邮件90余封，答复大企业“营改增”咨询100余项，真正实现大企业服务的个性化和高效化。同时，利用“北京税务大企业”微信平台，实时传送北京国税“营改增”工作进度，推送最新“营改增”政策，整合国地税办税事项，加大“营改增”政策宣传力度，增强大企业微信号的黏合度，提高大企业税收服务的“含金量”，很多金融大企业的政策难题都得到了妥善解决。

“对于简单业务问题，从受理到反馈大企业纳税人一般不超过2个工作日；对于符合北京国税绿色办税通道升级诉求标准的复杂诉求，启动诉求升级工作流程，在规定时限内办结。”北京市国税局大企业税收管理处有关负责人说。

据介绍，为突出服务重点，畅通办税渠道，大企业税收管理处以推进“营改增”为核心，以服务大企业为导向，面对重点大型集团，畅通问题和建议的渠道，拓展部门合作的深度和广度，精准回应企业诉求，开通绿色办税通道，做到重点问题，突击解决，及时化解难题和矛盾，促进了“营改增”工作的顺利开展。

## 改进税收征管 优化纳税服务
## 税务总局再推20条措施保障“营改增”平稳运行

（来源：《中国税务报》 记者：郭瑞轩 2016年11月23日）

近日，国家税务总局在深入查找和整改存在问题的基础上，再次推出5大类20条重要举措，改进税收征管，优化纳税服务，更好地解决基层税务机关和纳税人反映的方便办税操作问题，引导纳税人更加及时充分地享受改革红利，为全面推开“营改增”试点“改进好”工作保驾护航。这是全面推开“营改增”试点以来，税务总局第4次发布保障服务措施，此前已先后3次共发布60条纳税服务措施，确保“开好票”“报好税”“分析好”等阶段性目标顺利实现。

**少证明 简流程 多渠道办税更便利**

最大限度便利纳税人是优化纳税服务的核心目标。此次税务总局从简化证明提供、改进办税流程、优化纳税服务三个方面推出14条措施，进一步优化营商环境，拓展便利化办税渠道，减轻纳税人办税负担。

在简化证明提供方面，一是进一步简化了境内单位和个人在境外提供建筑和旅游服务申请免征增值税时所需提供的证明材料；二是进一步简化了享受国际运输服务免征增值税政策的境外单位和个人办理免税备案时的资料；三是进一步简化了代开发票所需报送的资料，除销售取得的不动产和其他个人出租不动产代开增值税发票业务外，纳税人申请代开增值税普通发票不再需要提供付款方相关书面确认证明。

在改进办税流程方面，将取消增值税发票认证的纳税人范围由纳税信用A级、B级的增值税一般纳税人扩大到纳税信用C级的增值税一般纳税人。对2016年5月1日新纳入“营改增”试点、尚未进行纳税信用评级的增值税一般纳税人，2017年4月30日前不需进行增值税发票认证，只需登录本省增值税发票选择确认平台，查询、选择、确认用于申报抵扣或者出口退税的增值税发票信息。

在拓展办税渠道方面，一是鼓励各地积极推进发票领用“网上申领、线下配送”和发票代开“网上办理、线下开具”，纳税人可通过网上办税平台、手机APP或微信等渠道提交发票代开资料，经核对通过并扣缴税款后，到办税服务厅窗口或自助代开设备直接开具发票，减少办税服务厅现场等候时间，有效提高发票代开效率；二是创新申报填写辅导方式，在办税服务厅设立简事易办快速窗口，实行领导值班巡查式管理，设立税控设备发行专用窗口，强化导税岗位辅导功能，并要求有条件的地区积极与银行开展合作，充分利用银行网格化网点，在银行自助服务区配置24小时自助办税服务设备，办理自助申报、自助发票领用、自助发票代开等业务。

**明政策　强管理　电子化办税更高效**

统一明确的政策执行口径是提高征管水平、提升办税质效的重要前提。此次税务总局从改进办税流程、激励诚信纳税两方面推出6条措施，使纳税人办税过程更简、方式更多、成本更低，进一步增强纳税人的获得感。

在明确政策口径方面，一是进一步明确了建筑服务质押金、保证金纳税义务发生时间；二是明确了签证代理服务计税依据，纳税人在计算应税收入时可以扣除向服务接受方收取并代为支付给外交部和外国驻华使（领）馆的签证费、认证费；三是改进了差额扣除凭证管理，对纳税人提供旅游服务，将火车票、飞机票等交通费发票原件交付给旅游服务购买方而无法收回的，可凭交通费发票复印件作为差额扣除凭证。

在外出经营管理方面，加大力度推进外出经营管理电子化是此次推出的另一创新举措，各地税务机关将积极推进网上办税服务厅建设，受理省税务机关管辖区域内跨县（市）从事生产经营的纳税人开具《外出经营活动税收管理证明》的网上申请，为其开具电子《外管证》并通过网络及时向经营地税务机关推送相关信息，并探索取消电子《外管证》纸质打印和经营地报验登记。对跨省从事生产经营的纳税人，逐步实现《外管证》开具、信息传递和后续管理的电子化。

在激励诚信纳税方面，为激励诚信纳税，建立诚信社会，一是进一步扩大了“银税互动”的受惠面，将“银税互动”受惠群体由纳税信用A级企业扩大到纳税信用B级企业和出口退（免）税管理类别为一类的出口企业；二是简并发票领用次数，纳税信用A级和B级的纳税人可一次分别领取不超过3个月和2个月的增值税发票用量，纳税人生产经营情况发生变化需要调整增值税发票用量，手续齐全的，可按规定即时办理。

### 5. “营改增”多重发力助推效应显现

## “营改增”多重发力助推企业降成本

（来源：新华社　2016年12月3日）

2016年5月1日，建筑业、房地产业、金融业和生活服务业4大行业纳入“营改增”

试点范围，“营改增”试点工作全面推开。作为着力推进供给侧结构性改革的重头戏，半年多来，“营改增”作为最有力的降成本举措，减税降负效果正在显见。

**“营改增”让企业获得真金白银的实惠**

北京西贝万家餐饮管理有限公司是一家餐饮连锁企业。面对“营改增”税制变化，公司通过不断完善供应链条和抵扣链条，获得了实实在在的好处。

西贝万家财务负责人范小丽说，“营改增”以来，除免税产品外，各门店均可取得增值税专用发票，进项税额抵扣充分。5至10月，公司缴纳增值税136.11万元，按原营业税税率测算的营业税应纳税额为637.87万元，6个月税额减少501.76万元。“营改增”后实际税负仅为1.13%，与原营业税行业税负5%相比，下降3.87%，降幅77.4%。

西贝万家董事长王龙龙说，“营改增”后，公司税负显著下降，加上少缴纳的城建税和教育费附加，相当于政府每年给企业让利1千万元。

上海财经大学公共管理学院教授胡怡建说，由于生活服务业与居民生活关系密切，减负利于降低生活服务成本，稳定生活服务价格，减轻居民税收负担。

在湖北宜昌，三峡农商银行财务部经理易克兵给记者算了一笔账，根据5至9月的财务报表数据，按原营业税政策应缴纳营业税1 039万元，“营改增”后应缴纳增值税875万元，企业实际已享受164万元的“大红包”。

“这可是真金白银的实惠!”易克兵说，特别值得一提的是，直接收费的金融服务手续费税率由原来营业税的5%降为增值税的3%，仅这一项预计全年减少税金400多万元。与此同时，增值税附加税也将减少约46万元。据测算，“营改增”后三峡农商银行总体税负下降约1%。

**“营改增”促进企业优化管理**

“营改增”后，企业只有根据税制变化主动调整内部管理和经营方式，才能最大限度享受改革红利。

易克兵说，由于全面“营改增”降低了下游实体企业经营成本，客观上改善了三峡农商银行信贷环境，促进了贷款业务平稳增长。同时，在增值税抵扣链条机制的倒逼下，企业将加强支出管理，针对不同纳税人身份供应商的定价策略，优化内控机制，实现进项税额的应抵尽抵，以降低成本，增强盈利能力。“我们会以支持三农、助力小微企业的形式回馈宜昌本地百姓和企业。”易克兵说。

江西新余市北湖宾馆经理段鹏告诉记者，“营改增”倒逼企业加强财务管理，通过改进采购模式来降低税负，预计“营改增”后企业每年可少缴税款50万元。

南昌市青山湖区云境生态园酒店负责人唐建林表示，为了增加进项税额抵扣，餐饮企业在供货渠道上会尽量选择可开具增值税专用发票的正规供应商，倒逼下游供货商健全自身的管理体系，这有利于餐饮市场的规范、安全和有序。

中航长江建设工程有限公司会计张美英说，过去最痛苦的问题是难以取得正规发票。“营改增”迫使下游供货商规范经营，不规范的企业将会丧失商机。

**“营改增”调动企业投资创新积极性**

全面实施“营改增”带来的政策机遇，特别是将新增不动产纳入抵扣范围，充分调动了企业的投资意愿。

华能瑞金发电有限责任公司目前正投资近68亿元开展二期扩建，建成后产能可达到原产能的3倍。公司副总会计师聂冬生说：“二期扩建工程建筑和安装费用约占总投资的四成，‘营改增’后抵扣税款将达到近8亿元，新项目投产后公司2年内几乎不用缴增值税。”

“‘营改增’给企业扩大投资进一步发展带来了难得的机遇。”孚能科技（赣州）有限公司负责人王瑀说，公司近期投资20亿元建设新能源汽车动力锂电池及系统产业化项目，项目投产后将实现年产值200亿元，产生的进项抵扣税额可直接拉低企业税负10%左右。

研发技术服务纳入“营改增”政策抵扣范围，极大地鼓励了企业通过增加科技投入来提高产品与服务的附加值。江铃汽车股份有限公司利用这一政策积极引进新技术，开发新产品。截至今年8月底，共采购技术研发服务14.55亿元，抵扣税额8 733万元。

改革仍在路上。全面实施“营改增”消除了重复征税，设计了较低税率，平移了优惠政策……全面减负改革目标和成效初步实现。这是增值税改革取得的阶段性成果，也是走出的关键一步。

## “营改增”多重发力助推经济转型升级

（来源：新华社　记者：郁琼源　王炳坤　潘晔　2016年12月4日）

2016年5月1日全面推开“营改增”试点，建立比较完整的消费型增值税制度，构建全国统一规范的增值税管理体系，是财税体制改革取得的又一重大成果。

通过打通二、三产业增值税抵扣链条，制造业企业外购服务支付的增值税可以抵扣，激发了制造业采购服务的积极性，实现了制造业和服务业的融合发展、互促共进，带动了就业创业，加快了新旧动能接续转换。

在老工业基地辽宁省，“营改增”为生产性服务业提供了难得契机。在沈阳鼓风机集团测控技术有限公司，记者见到年轻的技术员宫云庆正通过“沈鼓云”网络平台，监控数百家客户企业中数千台设备运转情况。通过这套系统，沈鼓集团做好已售出设备的运维服务和全生命周期管理，在增强产品核心竞争力的同时，也让集团从工业服务中收获了效益。

与沈鼓测控技术有限公司一样，沈鼓集团近年来先后分立了客户服务公司、工程成套公司、工程技术服务公司等多家生产性服务业企业，在制造业服务化方面迈出坚实转型步伐。目前，生产性服务业在沈鼓集团的业务收入占比不断攀升，成为公司新的增长点。

在江苏省，从2012年10月启动试点至今年10月底，“营改增”纳税人由从试点初期的11万户增加到目前在管的正常户118.27万户，增长超过10倍，减税规模达到979.63亿元，减税面超99%。4年多来，除了减轻税负，“营改增”打通二、三产业抵扣链条，激发了企业技术改造的热情，对促进地方经济转型升级发挥了积极作用。

1.48亿元，这是江苏明佳供应链管理公司2016年前三季度营业收入交出的亮眼成绩单。谁能想到，4年前，它还只是一家不起眼的小货运公司，年营业收入不到500万元。

2012年10月，江苏省开始试点交通运输业“营改增”，由于存在11%和3%的抵扣差异，许多企业在选择运输公司时，更加倾向于选择较为大型的运输企业，以获得更高的运费抵扣。这就挤压了江苏明佳等小型运输企业的生存空间，企业运货量和利润空间下降明显。几经合计，江苏明佳主动联合宏昌、博客等3家小货运公司，全面整合客户、运力和场站资源，合四为一、抱团发展、迅速完成了增值税一般纳税人认定，及时保住了客户和业务。

“没想到4家企业抱团发展后，形成了资源聚合效应和规模虹吸效应，不但降低了运营成本，业务量也有了明显上升。”明佳老总赖建明介绍，“合并当年，我们的营业收入就大大超过了原来4家公司的总和，2015年更是首次突破了亿元大关，几乎是合并前的5倍。而按照前三季度的增长态势，预计2016年营业收入很有希望突破2亿元大关。”

有了“营改增”的减税支持，江苏明佳在购置新车、拓展业务方面也更有底气了。近两年，企业购入了多辆新车，并积极进军“互联网+”运输领域，成立了无锡首个以“信用度”为评价标准的智能物流平台，以“线上”方式完善智能物流配送体系，实现货运车辆与仓储设施、配送网点的信息互联，促进人员、货源、车源的高效匹配。目前，江苏明佳通过该平台已整合拥有360条运输专线、注册会员1.8万户。

随着税收制度和管理方式的进一步成熟完善，市场资源配置在不断优化，这助推了经济结构转型升级，也将不断推进国家治理体系和治理能力现代化。

## “营改增”多重发力助推政府简政放权

（来源：新华社 记者：郁琼源 魏董华 张翅 2016年12月5日）

“过去成立新公司，要跑工商、税务等5个部门，受理的窗口可能要10多个。而这次新设公司，只跑了一个窗口，递交了一次材料，5个工作日就拿到了营业执照，相当便捷。”湖州逅屋印象酒店管理有限公司是去年浙江德清“五证合一”政策的首家受益企业。

2016年5月1日，建筑业、房地产业、金融业和生活服务业4大行业纳入“营改增”试点范围，“营改增”试点工作全面推开。

全面推开“营改增”试点工作是深化简政放权、放管结合、优化服务改革的重要内容。在增值税纳税征管中，税务部门进一步优化纳税服务，保证改革试点持续平稳运行。

建筑业单位在“营改增”之前，要到建筑劳务发生地税务机关预缴税款，同时代开发票。“营改增”以后，建筑业企业可自行开具发票，解决了部分企业发票需求较急的问题。

今年11月28日，浙江海盐宇通通信工程有限公司财务人员前往湖州德清县乾元镇办税大厅预缴税款时，被告知不需要分包合同原件及复印件了。“之前建筑业企业分包工程预缴税款时需要提供分包合同原件及复印件、外经证、预缴税款表等各种资料，现在提供的证明材料又得到简化了。”

浙江省国税大力推进简政放权以来，废止税收规范性文件1 210件，全面扫除改革制度障碍。取消67项税务行政审批事项，取消比例90%以上。

在浙江省，税务、工商、质监等多个部门打破政府间信息孤岛，实现信息共享，简化办事流程，让“企业少跑路”，降低办事成本。2015年7月1日，浙江推出工商、国税、地税、质监、社保、统计等六部门联合举行“五证合一、一照一码”。办证总时限从原来一个营业执照需5—7个工作日逐步压缩到2—3个工作日之内，报送资料大幅减少。

为集中资源做好“营改增”各项工作，今年7月1日起，重庆国税系统正式推行220项涉税事项全市网点通办，同时，国税部门与邮政、银行跨行业搭建的“电子税务局”软件也随之启用。

据重庆国税局测算，“营改增”后，许多行业、企业“营改增”指导需“一事一议”，办税服务厅业务量增加了70%，但大厅场所、人员等配置增添有限，统计显示，普通发票相关业务占用办税资源最多。

记者下载了“电子税务局”软件，通过安全信息效验后登陆发现，“电子税务局”可在手机上通过摄像头查看各办税厅实时景象，根据忙碌程度，纳税人可选择是自行前往全市任何一个税务厅办理，还是在电子税务局“一键办税”再通过邮政“送票上门”，或是去合作银行办理其他业务时在国税自助取票机上“顺便”自提。

重庆渝中区星宇图绘设计制作室的负责人彭师傅是首个享受到“重庆电子税务局”代开发票邮递到家的纳税人，他的经验是，一般上午10点提交的申请，当天即可送达；10点以后提交的第二天就可送达。

针对纳税人反映的填报手续复杂问题，重庆国税局为纳税人开发了“九表合一‘营改增’”申报辅助软件，将总局下发的“营改增”一般纳税人申报表的“一主表、八附表”汇总简化为一张“基础数据表”，填写项目由原来的530项直接减少到225项，精简58%，纳税人只需填写基础数据表，系统即可将数据自动还原回“一主表，八附表”。

“九表合一后，只填一张基础数据表就行，整个过程顺利、流畅，时间节约了不少。”今年6月14日，重庆巨力建筑劳务有限公司财务负责人洪池冰顺利完成“营改增”后首次网上申报，用时13分钟。

## “营改增”成效显著　中国税改获国际高度认可

（来源：《香港商报》　2017年2月12日）

中国从2016年5月1日起全面推开“营改增”试点，目前正在顺利实施中，这一改革引起国际各界高度关注。经济合作与发展组织（OECD）、国际货币基金组织（IMF）、国际财政文献局等国际组织，彭博社、经济学人、国际税收评论等主流财经媒体，普华永道、德勤、安永、基德、协力等国际大型会计法律咨询公司，以及各国知名财税专家对此给予了充分肯定和高度评价。国际社会普遍认为，“营改增”展示了中国财税部门高效的执行力，不仅直接降低了企业税收负担，而且助推了供给侧结构性改革和企业转型升级，鼓励了大众创业、万众创新，对经济稳增长和市场增活力起到了重要的促进作用。“营改增”使中国的增值税制度处于世界领先地位，在中国经济改革历程中具有里程碑意义。

**八周内克服技术制度两难**

**中国财税部门执行高效**

澳大利亚莫纳什大学商法与税法研究中心主任理查德·克瑞沃在《Tax Notes International》谈到，李克强总理在2016年3月5日宣布将在2016年5月1日推开“营改增”时，业界广泛怀疑该时间表的可行性。但出乎所有人意料的是，中国财政部和国家税务总局竟然真的在不到八周的时间内克服了技术上和制度上的困难，制订出了实施方案。同时，中国的地方税务局和国家税务局在“营改增”交接过程中的积极配合也令西方学者和政治家赞叹，因为毕竟这项改革关系到地方税务局今后的工作重心转移以及地方财政收入。奥地利维也纳经济大学全球税收政策研究中心主任杰弗里·欧文斯认为，中国政府设定的全面推开“营改增”试点时限非常紧迫，税务机关和纳税人都承受了极大的压力。但从实施情况来看，税务机关进行了大刀阔斧地推进，并不断总结试点经验，使每个税务人员在面对这一颇具挑战性的改革时，都能熟练掌握开展征管工作的具体做法。对纳税人来说，也是重大挑战，但通过税务部门的努力，纳税人在相对较短的时间内已逐步适应新的增值税制度。第十届税收征管论坛（FTA）大会期间，FTA 主席暨英国皇家税务海关总署署长爱德华·楚普表示，中国税务部门面对如此多的纳税人，运用增值税发票管理系统有效管控税收风险，采取加强宣传辅导、优化纳税服务等方式，顺利推行“营改增”，充分表明了中国实现税收现代化的决心和信心，也展示了中国税务部门高效的执行力。

**时间短、见效快、惠及广成里程碑事件**

2016 年 11 月 3 日，OECD 税收政策与研究中心税收专家皮特·巴提奥一行赴江苏省和北京市国税局实地调研后，认为中国的增值税改革是一项举世瞩目的重大改革，推行时间短、见效快、惠及面广，改革效应显著。中国在税制建设等方面进行的创新和实践，值得其他国家学习和借鉴。OECD 愿意与中国继续深化合作，共同推动中国税制改革进程，提供更多国际经验。第十届 FTA 大会期间，欧盟负责税务事务的司长瓦莱里·蒙特利艾介绍，中国的“营改增”是全球税收改革的很好范例，在国内税收制度与国际税收相互协调方面非常积极有效，能够减轻不同领域之间的不均衡发展，帮助应对国内外经济的挑战。作为法国最大律师事务所之一的法国基德律师事务所，在其财税简报中提到，“营改增”无疑将成为中国经济改革和发展历程中的里程碑事件。中国在“营改增”过程中不断颁布的各种具体操作措施，将为今后增值税立法奠定基础。全球最大的财经信息公司美国彭博社在其简报中评论，中国的“营改增”不仅在短期内对经济增长有促进作用，而且从长期来看，税制改革对服务业的促进作用将有助于中国经济保持平衡发展状态，有助于经济结构优化。普华永道中国大陆及香港地区间接税主管合伙人胡根荣说，“营改增”贯通服务业内部和二、三产业之间抵扣链条，消除了存在于制造业与服务业之间的税制隔阂，营造了公平、有效的税制环境，实现了经济转型升级和促进产业分工，扩大了行业间贸易往来，激发了经济活力。香港 NOW 电视财经台主持及评论员黎伟成发表的文章《谈国论企》认为：全面推开“营改增”试点结构性减税藏富地方及企业。他指出，“营改增”后，多个行业的企业得到了大量可观的税收减免，减免的税款若用于业务发展、投资、收购等商业活动，会对商情及经济有巨大的拉动作用。“营改增”是一项藏富于企业乃至藏富于民的改革政策。

**中国“营改增”成国际税制改革成功典范**

杰弗里·欧文斯认为，增值税的现代化是中国 30 多年税收改革厚积薄发的结果，这或许是最为宏图大略的改革举措。中国的“营改增”是在全国范围内以统一的增值税制度来取代营业税制度。在全面启动“营改增”试点之前，已在一些地区和行业成功地开展了试点，积累了技术和政策方面的经验。胡根荣认为，“营改增”是全球近年来最大规模的减税举措之一，新的增值税制度具有先进性，将对世界各国的税制发展起到示范作用。欧盟增值税制度现代化问题专家小组成员让·克劳德·卜夏尔在 2016 年第 10 期的《国际税收》撰文认为，过去 30 年间，中国高层决策者对增值税制度问题逐渐深入掌握，并以娴熟的技术设计和高超的水平将老旧的增值税制度转化成非常现代的增值税制度，某种意义上已领先其他国家。中国将金融行业纳入征税范围并按较低税率征税，无疑是朝着正确的方向迈出非常勇敢的一步。凭借着强大而开放的经济，中国推行了正确的增值税制度。中国增值税的转型，速度极快，而又避免了重蹈其他国家的覆辙，称得上是国际税制改革的成功典范。

## 中国“营改增”获国际高度认可

（来源：《参考消息》　2017 年 2 月 16 日）

中国从 2016 年 5 月 1 日起全面推开“营改增”试点，目前正在顺利实施中，这一改革引起国际各界高度关注。经济合作与发展组织（OECD）等国际组织，彭博社、《国际税务》等主流财经媒体，普华永道、基德等国际大型会计法律咨询公司，以及各国知名财税专家对此给予了充分肯定和高度评价。

国际社会普遍认为，“营改增”展示了中国财税部门高效的执行力，不仅直接降低了企业税收负担，而且助推了供给侧结构性改革和企业转型升级，鼓励了大众创业、万众创新，对经济稳增长和市场增活力起到了重要促进作用。“营改增”使中国的增值税制度处于世界领先地位，在中国经济改革历程中具有里程碑意义。

**财税部门执行高效**

澳大利亚莫纳什大学商法与税法研究中心主任理查德·克瑞沃在《国际税务》杂志中谈到，李克强总理在 2016 年 3 月 5 日宣布将在 5 月 1 日推开“营改增”时，业界广泛怀疑该时间表的可行性。但出乎意料的是，中国财政部和国家税务总局竟然真的在不到 8 周时间内克服了技术上和制度上的困难，制订出了实施方案。同时，中国的地方税务局和国家税务局在“营改增”交接过程中的积极配合也令西方学者和政治家赞叹。

奥地利维也纳经济大学全球税收政策研究中心主任杰弗里·欧文斯认为，税务机关进行了大刀阔斧地推进，并不断总结试点经验，使每个税务人员在面对这一颇具挑战性的改革时，都能熟练掌握开展征管工作的具体做法。

第十届税收征管论坛（FTA）大会期间，FTA 主席暨英国皇家税务海关总署署长爱德华·楚普表示，中国税务部门面对如此多的纳税人，顺利推行“营改增”，充分表明了中国实现税收现代化的决心和信心，也展示了中国税务部门高效的执行力。

**将成为里程碑事件**

2016 年 11 月 3 日，OECD 税收政策与研究中心税收专家皮特·巴提奥一行赴江苏省和北京市国税局实地调研后，认为中国的增值税改革是一项举世瞩目的重大改革，值得其他国家学习和借鉴。

作为法国最大律师事务所之一的基德律师事务所在其财税简报中提到，“营改增”无疑将成为中国经济改革和发展历程中的里程碑事件。中国在“营改增”过程中不断颁布的各种具体操作措施，将为今后增值税立法奠定基础。

彭博社在其简报中评论道，中国的“营改增”不仅在短期内对经济增长有促进作用，而且从长期来看，税制改革对服务业的促进作用将有助于中国经济保持平衡发展状态，有助于经济结构优化。

普华永道中国内地及香港地区间接税主管合伙人胡根荣说，“营改增”贯通了服务业内部和二、三产业之间的抵扣链条，消除了存在于制造业与服务业之间的税制隔阂，营造了公平、有效的税制环境，扩大了行业间贸易往来，激发了经济活力。

香港 NOW 电视财经台主持及评论员黎伟成在发表的文章《谈国论企》中认为，“营改增”后，多个行业的企业得到了大量可观的税收减免，“营改增”是一项藏富于企业乃至藏富于民的改革政策。

**税制改革成功典范**

中国的“营改增”是在全国范围内以统一的增值税制度来取代营业税制度。在全面启动“营改增”试点之前，已在一些地区和行业成功地开展了试点，积累了技术和政策方面的经验。

普华永道的胡根荣认为，“营改增”是全球近年来最大规模的减税举措之一，新的增值税制度具有先进性，将对世界各国的税制发展起到示范作用。

欧盟增值税制度现代化问题专家小组成员让·克劳德·卜夏尔在 2016 年第 10 期的《国际税务》杂志中撰文称，过去 30 年间，中国高层决策者将老旧的税收制度转化成非常现代的增值税制度，某种意义上已领先其他国家。中国将金融行业纳入征税范围并按较低税率征税，无疑是朝着正确方向迈出非常勇敢的一步。凭借着强大而开放的经济，中国推行了正确的增值税制度。

卜夏尔说，中国增值税的转型速度极快，又避免了重蹈其他国家的覆辙，称得上是国际税制改革的成功典范。

## 澳媒调查显示中国“营改增”让企业获益多 减税效应非常直观

（来源：《参考消息》 2017 年 3 月 3 日）

澳门媒体称，内地从 2016 年 5 月 1 日起全面推开“营改增”试点，这一改革获得国际各界高度认可。政策落地近一年，大中小企业频频释放减税获利的好消息。

据澳门《大众报》2 月 28 日报道，该报记者追踪多家港澳台与境内合作企业，深度采访港澳经济研究学者，探寻内地“营改增”后企业的发展现状。

由澳门饮料有限公司与境内合作投资的珠海可口可乐饮料有限公司财务经理施铁华表示，公司 2016 年的财务报表，应缴增值税 3 000 万元，全年多抵扣 200 万元，减税比例达到 7%。公司产品 90% 内销，加之有减税政策保障，发展前景好，公司高层在内地投资信心加大，准备再上一条生产线。

所有行业税负只减不增，是“放水养鱼”的智慧，是用短期财政收入的“减”换持续发展势能的“增”，激发经济发展新动能。

1986 年创办的南海渔村有限公司，为港澳台合作经营企业，是广东省及广州市的著名商标。南海渔村财务主管唐可平表示：“此次餐饮业‘营改增’，政策透明度高、操作性强、落地快，税收法规变化清楚明了，税务机关培训及时到位，纳税人减负效应非常直观。”

澳门理工学院一国两制研究中心副主任、法学博士冷铁勋认为，“营改增”后，内地在税种、税率等方面与国际上通行的税制管理相接轨，是依法推进税制改革的一项重大措施。

香港丽丰控股集团高级副总裁任天明表示：“作为在横琴投资的文化创意类龙头企业，我们听到这个消息很高兴，这说明我国的税制在不断地完善，让企业打消了各种顾虑。自贸区的纳税服务也非常优质，解决问题效率很高。”

全面“营改增”从制度上消除了重复征税，细化了产业分工，促进了服务业特别是研发等生产型服务业的发展，有力地推动了传统产业的转型升级。

丽珠医药集团股份有限公司是珠海市具有32年历史的老牌港澳台合资企业。丽珠集团副总裁司女士说：“‘营改增’使税负大幅度降低，我们有更多的资金用于研发，可谓一举多得。”

冷铁勋表示，澳门无论是工商界还是居民个人，无论政府层面还是民间社会，对内地的“营改增”都积极肯定。随着“营改增”的实施，澳门与内地的经贸合作将更为广泛、更为深入。

## 中国“营改增”获经合组织“点赞”

（来源：《参考消息》　2017年3月5日）

经济合作与发展组织（OECD）税收政策与管理中心已于近期完成对中国自2016年5月1日全面推开的营业税改增值税试点的高级评估。评估报告已于近期提交中国政府有关部门，内容包括全面“营改增”试点的主要成就以及支持这项重大改革持续高水平实施的建议。

这项评估历时数月，通过与国家税务总局税收政策、征收管理、纳税服务等各方面专家的广泛讨论和交流获取大量相关资料。此外，评估组还赴北京、南京两地进行实地调研。

这项评估的总体结论是，中国在极短的时间内在增值税制度的设计和运行方面取得了举世瞩目的成就。中国作出正确的战略和政策决策，成功实现从复杂间接税到现代增值税的转型。

“营改增”试点极大地提高了中国间接税制的整体中性，这一原则是OECD国际增值税指南中的核心原则。这一积极效应得益于“营改增”试点将整个服务业和房地产业纳入试点范围。而且，通过不懈努力将金融业纳入增值税系统也同样值得关注。中国可以通过以下措施进一步提高增值税的中性，包括调整进项增值税抵扣和退税机制，逐步减少税率档次、缩小小规模纳税人的范围，合理调整金融服务业的增值税制。

“营改增”试点显著提高了中国增值税的国际中性，尤其是按照国际标准进一步扩大了出口货物和服务的零税率范围。改革促使中国的增值税制度更加符合OECD国际增值税指南的消费地征税原则，这一原则是公认的国际理念，并被世界贸易组织在其相关规定中大力推崇。中国增值税的国际中性可以通过以下措施得到进一步提高，包括继续推动由普遍的零税率取代不能抵扣的免税办法，使出口货物及跨境劳务实现进项税完全抵扣；继续完善跨境服务业的零税率及出口退税机制。

“营改增”试点在提高税收征管水平及纳税服务水平方面取得显著成就。中国通过统一中央和省级层面的增值税管理、全国税务系统深入交流和广泛开展培训、投入大量人力和资源改善纳税服务，大力推进了改革措施的高效实施和坚定落实。金税三期工程推动实现了增值税征管的自动化、统一化管理，并帮助纳税人有效提高遵从度、提高进项抵扣和退税效率。这一工程对于防止发票虚开、偷税、骗税等税收犯罪效果显著，将持续提供可靠数据，协助税务机关进行风险管理。中国可以通过增值税统一立法，整合“营改增”试点的相关规章，进一步确保增值税征管的全国统一性。中国还可以利用金税三期工程继续深入开展风险管理，进一步提高税收征管水平和效率。对纳税信誉良好的企业免于发票认证的规定是非常值得赞赏的。

因此，目前全面推开“营改增”试点的成功，将有效推进中国增值税制度向更加现代化、国际化迈进。

## “营改增”全面推开助力降成本　所有试点行业税负只减不增

（来源：每日经济新闻　作者：胡健　王可然　2017年3月8日）

2017年政府工作报告显示，去年全面推开“营改增”试点，全年降低企业税负5 700多亿元，所有行业实现税负只减不增。

“营改增”是本届政府最大的减税举措，2016年5月1日，随着建筑业、房地产业、金融业和生活服务业最后四大行业1 000多万户纳税人纳入试点范围，“营改增”全面推开。

这并不是改革的终点。国家税务总局局长王军曾表示，随着时间推移，企业经营管理会不断改进，进项抵扣会更加充分，“营改增”减税的效应会越来越明显，对企业的支持会越来越有效。

上海作为全国首个开展“营改增”试点的城市，自2012年1月1日至今已逾5年。近日，上海财经大学课题组历时半年，充分利用大数据、互联网技术，全面分析评估了上海“营改增”5年实施情况及成效，形成了《上海“营改增”5年试点成效分析报告》，详细解读企业减税这本“小账单”，细算“营改增”对于改革激发新活力、涵养新税源、助力上海转型升级的“经济大账”。

就“营改增”的下一步，国家税务总局税收科学研究所所长李万甫、上海财经大学教授胡怡建、中央财经大学教授樊勇、国家行政学院教授许正中四位专家在接受《每日经济新闻》记者采访时表示，全面推开“营改增”已超过10个月，试点改革整体进展顺利，取得了阶段性成果，市场主体有切身感受，但下一步增值税改革任务依然十分繁重。

在今年的两会上，“营改增”再次成为社会关注的热点。全面推开后，“营改增”给企业带来了哪些实惠？“营改增”又将如何助力供给侧结构性改革的推进？带着这些问题，《每日经济新闻》（以下简称NBD）记者对李万甫、胡怡建、樊勇、许正中四位权威专家进行了专访。

**改革行业总体税负只减不增**

NBD：近几年来的税制改革中，最受关注的恐怕要数“营改增”了，“营改增”又与减税有什么关系？

李万甫：全面推开“营改增”所释放的“减税红利”，并非传统意义上的税收直接减免，而是通过税种替代和课税机制转换等改革举措来实现的，是“营改增”试点改革的最大亮点和价值所在。“营改增”试点方案的顶层设计，既承袭了原有税制要素中优惠政策的规定，又制定出可行的过渡措施，确保实现了所有改革行业“税负只减不增”的目标。改革行业全部实现了总体税负只减不增的预定目标，随着时间的推移，减税效应会越来越大。

NBD：但是自去年5月1日“营改增”试点全面推开以后，我们也能看到有企业反映税负不降反增。这又是怎么回事？

李万甫：我想数据可以说明这个问题。2016年5月全面推开“营改增”试点当月，四大行业中税负上升的纳税人比例是3.9%。经过税企双方共同努力，到7月就降到了2%左右。到2016年12月，四大行业1 078万户试点纳税人中，就只有1.6%的纳税人，也就是17万户左右的企业存在不同程度的税负上升问题了。

许正中：企业出现税负波动的原因是多方面的，投资周期、资本构成、管理情况、政策熟悉程度等多种因素都会产生影响。由于企业情况千差万别，在统一的税收政策下，确实难以做到所有企业以及企业在所有时段的税负都是降低的。

**降成本也要靠企业**

NBD：有关部门曾再三强调所有改革行业“税负只减不增”的原则，对于这部分税负上升的企业，还会有哪些措施？

李万甫：尽管当前税负变化的趋势是好的，但国家税务总局仍会一如既往高度重视这个问题，全面总结评估“营改增”情况，专题对1.6%左右的税负上升企业开展分析研判。

对企业共性合理诉求，将积极配合财政部研究完善“营改增”政策，及时发文解决有关政策及征管问题。另外，还将持续优化服务，对重点行业和短期税负上升明显的企业开展入户辅导，帮助企业改进内部管理，用好用活“营改增”及相关税收政策，让更多企业获得“营改增”红利。

NBD：您对这些企业有什么建议呢？

樊勇：“营改增”作为一项税制改革措施，与直接减免税不完全一样，更需要企业根据制度要求的变化，相应着力改进和加强内部管理，以尽量多地享受政策红利。

举个例子来说，2016年5月前后，一些地方出现了酒店业借“营改增”之名涨价的事件，引起社会关注。对此，国家发展改革委、国家旅游局和各地物价部门立即进行了处理，税务部门也向企业详细解释了“营改增”政策，消除了企业误解。

2016年11月，国家税务总局对餐饮住宿企业的实际减税效果进行了“回头看”。数据显示，5—11月餐饮业实现减税89.5亿元，税负下降50.65%；住宿业实现减税38.9亿元，税负下降36.7%。特别是中国旅游饭店业协会对333户属于一般纳税人，也就是规模较大的酒店进行了调查，结果显示，与应缴纳营业税相比，这些酒店越是管理水平高的，更新改造力度大的，进项税额抵扣越充分，税负下降越明显。

许正中：这样的例子比比皆是，说明企业通过加强和改进内部管理、提升经营品质，对于尽量多地获得进项抵扣从而降低税负有着非常重要的作用。

**上海发挥示范引领作用**

NBD：从2012年“营改增”在上海市先行试点，到2016年“营改增”试点全面实施，上海市对我国“营改增”起到了先行先试、示范引领和积极推动作用。您主持的上海财大课题组是怎样评价五年来上海“营改增”的效果？

胡怡建：在我国经济处于加快转变发展方式攻坚时期，将增值税制度引入服务领域，消除服务业内部以及服务业与工商业之间重复征税弊端，是完善我国税制的必然选择，也是促进现代服务业发展，培育经济增长新动能的迫切需要。

上海是我国第一大经济城市，自2012年实施“营改增”试点以来，上海“营改增”5年累计减税总额达1 967.3亿元，并呈现逐年递增的态势。说明随着“营改增”向纵深发展，减税效果逐步得以体现，总体减负成效显著。

“营改增”在带动投资、消费和净出口增长的同时，顺应了经济发展的新常态，成为我国推进供给侧结构性改革最为实在有效的重要举措之一，有力推动了产业结构优化升级。据课题组全面测算，上海2012年实施“营改增”试点后，经济结构持续优化，2011年至2016年，第一产业占比由0.7%降为0.4%；第二产业占比由41.3%降为29.1%；第三产业占比由58%提高至70.5%，并逐年上升。“营改增”对上海市经济社会发展的巨大推动作用是显而易见的。

**“营改增”助力经济转型**

NBD：在经济“新常态”下，“营改增”会怎样助力供给侧结构性改革的推进？

李万甫：全面推开“营改增”有利于促进经济结构进一步优化。“营改增”通过优化税制结构进一步促进产业结构转型升级，加快形成以科技创新引领的新经济增长极。同时，“营改增”本身也属于结构性调整政策，有效解决营业税重复征收以及增值税抵扣机制不完整导致的税负偏重问题。

全面推开“营改增”有利于降成本、强结构、强动能。“营改增”所释放的减税红利，为供给者提供了较大的发展空间。“营改增”也消除了服务业发展的税收制度障碍，对于形成以服务经济为主体的产业结构起到了重要作用。虽然“营改增”会减少财政收入，但是在给企业减负之后，市场活力进一步激发，给未来经济带来新的增长点，有力契合了供给侧改革需求。

全面实施“营改增”也有利于营造公平竞争的市场环境，有力改变在生产流通领域不同行业面临着两套税制而带来的税负不公平状况，促进市场主体规范化管理。

NBD：不只是“营改增”，近年来，国家有关部门频频推进税制改革和减税政策，请您简单介绍一下近几年来的主要措施。

樊勇：除“营改增”外，税务部门在简政减税方面出台了一系列重要举措，持续激发了市场主体活力。包括：先后四次扩大小型微利企业减半征收企业所得税政策适用范围，从年应纳税所得额3万元逐步提高至30万元；两次放宽小微企业免征增值税、营业税条件，从月销售额5 000元提高至3万元；两次扩大研发费用加计扣除政策范围，在全国范围内推广中关村税收优惠政策；有序扩大高新技术企业认定范围，简化认定手续；还对6个重点支持行业实行更加优惠的固定资产加速折旧政策，而后扩大至10个行业，等等。

NBD：这些措施是否切实降低了企业负担？

李万甫：当然是的。随着上述以减税为主要内容的一系列税制改革和优惠政策持续加力，税务部门组织的税收收入增幅从2012年的11.3%下降至2016年的4.8%，下降了6.5个百分点，比同期GDP增幅降得更多。尽管这其中有多种因素，但减税无疑是重要原因之一。按照下一步改革要求，将进一步完善“营改增”后续政策，简化税率结构，由四档税率简并至三档，进一步营造简洁透明更加公平的税收环境，助推供给侧结构性改革和企业转型升级，鼓励大众创业、万众创新，对经济稳增长和市场增活力起到重要的促进作用。

**专家观点**

改革行业全部实现了总体税负只减不增的预定目标，随着时间的推移，减税效应会越来越大。——李万甫

将增值税制度引入服务领域，消除服务业内部以及服务业与工商业之间重复征税弊端，是完善我国税制的必然选择。——胡怡建

“营改增”更需要企业根据制度要求的变化，相应着力改进和加强内部管理，以尽量多地享受政策红利。——樊勇

由于企业情况千差万别，在统一的税收政策下，确实难以做到所有企业以及企业在所有时段的税负都是降低的。——许正中

## 税金减千万是如何实现的：中国大饭店“营改增”答卷

（来源：新华网　作者：钱春弦　2017 年 3 月 24 日）

由于“营改增”的实施，2016 年饭店税金直接减少近千万元，总体税负降低，还优化了企业经济结构——中国大饭店财务副总监刘阳以《中国大饭店“营改增”报告》，交出了旅游行业的“营改增”答卷。

刘阳说，“营改增”最大的变化，就是避免了营业税重复征税、不能抵扣、不能退税的弊端，促使社会形成更好的良性循环，有利于企业降低税负。全面实施“营改增”，促进有效投资带动供给，以供给带动需求。对企业来讲，如果提高了盈利能力，就有可能进一步推进转型发展。企业的转型升级，无疑将实现产业乃至整个经济体的结构性改革，这也是推动供给侧结构性改革和积极财政政策的重要内容。

2016 年 3 月，财政部、国家税务总局宣布从 2016 年 5 月 1 日起，国家将全面实施“营改增”政策，并且将试点范围扩大到建筑业、房地产业、金融业、生活性服务业。此次税制改革，新增试点行业，涉及纳税人近 1 000 万户，是前期“营改增”试点纳税人总户数的近 1.7 倍；年营业税规模约 1.9 亿元，占原营业税总收入的比例约 80%。可见政府之决心，以及工作量之巨大。

刘阳说，归属于“生活服务业”的酒店业，面临前所未有的挑战。风险控制的重点多，涉及到的增值税税率多；业务种类多，运营系统多，所有系统将面临脱胎换骨的改变；相关政策和实施细则不断推出，操作需要不断调整。税控专用成套设备的调试。商务酒店不仅为很多公司提供商务方面的服务，同时也为广大公众提供居民日常服务，所以就使得“营改增”方案备受瞩目。

作为酒店，服务在先，为了不影响运营，不影响客人入住和结账时的感受，帮助一线员工尽快正确掌握相关知识。去年 4 月，中国大饭店以“循环场”的方式组织培训，不停地为各个部门分享最新政策，结合实际业务提供深入浅出的操作指南，利用连续一周的不间歇培训，完成了对所有相关部门同事的培训。

中国大饭店根据酒店经营特点，结合“增值税”相关政策的解读，调整销售合同内容的合规性，加强了合同有关“增值税”等条款合规性的审核，为以后的经营铺好路。在税控系统与酒店运营系统对接方案策划、制定、实施过程中，夜以继日的工作，确保了2016年5月1日零时起，饭店开出合格的含有增值税的账单以及增值税专用发票。

“营改增”税制体制改革，目的是为了降低企业税赋。确保了各项销售价格在“营改增”前后保持一致，如何达到降税提效的目的，就成为另一项最重要的任务。对供应商的经营资质及税务信息收集和重审的计划，提前掌握了500多家供应商的税务信息。重新调整了比价规则，着重提高增值税专票的取得量。饭店制定相关制度和工作流程，对取得的增值税票据进行管理，力争做到依法依规合理准确抵扣。2016年由于“营改增”政策，饭店税金直接减少近千万元，提高了企业的毛利润，优化了企业自身的经济结构，达到了总体税负降低的目标。

“营改增”后，国家税务局、国家发改委，先后出台了新的政策解读和法律法规，帮助企业合理归集使用税率、纳税申报和价格管理，使“后‘营改增’时期能快速并入税改的高速路。“我们将税务评估、税务管理和税务规划作为重点。我们加强了对酒店运营的合规性审核，加强发出以及取得的增值税票的管理审核工作，提高实际操作中的准确性，力争做到及时认定，合规抵扣，控制好抵扣风险。我们饭店的操作方法，在2016年7月国家发改委召开的会议上得到认可。”刘阳说，饭店住宿、餐饮服务行业，希望可以为客人提供“电子发票”服务，但是当前使用成本高成了拦路虎，“希望有关部门能够给以政策扶持”。

## 从“营改增”中减税的青岛企业这样说

（来源：新华网　记者：张旭东　徐冰　2017年3月28日）

“‘营改增’后，我们都选择能开具增值税发票的供货商。这帮助我们筛选出了有品质保障的供货商，食材更令人放心了！”青岛一家酒店的财务负责人对记者说，“营改增”政策在山东省青岛市实施以来，许多企业不仅减负明显，其外溢效应更让企业赢得了发展优势。

**推动企业主辅分离　形成转型新动能**

以互联网服装定制解决方案闻名的青岛红领服饰股份有限公司，针对“营改增”政策，把改造传统制造业转型升级的源点论数据工程（SDE）业务从主营业务中分离出来，建立独立的凯瑞创智互联网科技公司，这样母公司接受凯瑞公司服务就可抵扣进项税。

红领公司财务总监吕显洲介绍，凯瑞公司独立运作短短一年多时间，不仅为母公司提供服务，还与国内60多家企业签约进行企业改造升级。全部改造完成后，不仅可给凯瑞带来大约6亿元收入，还使得这60多家企业转型成本大大降低。

青岛市国税局副局长史育红介绍，实施“营改增”推动了企业经营的专业化，企业改变了“大而全”经营模式，通过主辅分离、专业化协作，重新寻找产业链定位，最大限度享受改革红利。目前，青岛市已有468家规模以上企业完成了主辅分离，分离出上千家现代服务型企业，为企业带来了新利润增长点，形成了新经济增长动力。

**倒逼企业提升发展动能　规范市场交易**

青岛海景花园大酒店是一家五星级酒店，财务经理王国伟说，此前购买原材料时，要根据质量、新鲜程度等方面仔细鉴别。“营改增”后，为抵扣进项税，就要求所有供货商都要有增值税发票，一些不规范经营的供货商自然被淘汰，帮助酒店先进行了一轮筛选，让原材料品质更加有保障。

去年5月份实行“营改增”后，青岛海景花园大酒店税负仅下降0.93%。这是因为政策刚变化，酒店在采购时还没有注意及时取得增值税专用发票。为此，酒店严格财务制度，要求所有取得的发票必须是增值税专用发票，当月采购物资必须当月取得发票，一些不能开具增值税发票的供应商全部淘汰。

“从去年6月份开始，‘营改增’给酒店带来的效果逐渐显现，当月税负下降3.08%，11月份和12月份税负下降更是在5.5%以上。”王国伟说。

青岛香格里拉大酒店以“营改增”试点为契机，规范内部管理流程，优先选择能够开具专用发票的供应商。去年5月1日试点以来，酒店实际税负下降33%，毛利上升2至3个百分点。

青岛市黄岛区一家从事海鲜批发的企业负责人薛明说，过去他们要和一些小商贩竞争，经营管理成本和税负成本都比小商贩要高，竞争力并不明显。“营改增”后，企业规范经营、规范交易的优势就凸显出来了。

**增值税链条延伸　企业竞争力提高**

“营改增”最直接利好就是税负降低。青岛港集团港务工程有限公司财务经理吴兴波说，自去年5月“营改增”以来，劳务和材料都可以从进项税中抵扣，计税基础减少，税负整体下降约6.1%，企业感受明显。

“以混凝土为例，我们一年大约需要7 000多万立方米，而我们自身又生产混凝土，仅这一项就可抵扣进项税约5%。”吴兴波说，“特别是‘营改增’后，采购逐渐集约化，一些无法开具增值税发票的供应商逐渐被淘汰，避免了无进项税抵扣的风险，企业竞争力得到提升。”

史育红说，“营改增”税制的转换，倒逼企业不断调整生产经营方式、合同签订方式、财务核算方式，完善和规范经营管理模式，有效强化了企业内力。

泰康人寿青岛分公司财务经理王周平介绍，去年5月至11月，公司在“营改增”后累计销售额为1 667多万元，测算应纳增值税额约71万余元。“营改增”后，保险业税率由5%增加到6%，但由于增值税是价外税，可以抵扣进项，因此公司整体税负下降，增值税折算后税率约为4.38%，实际税负下降0.62%。

记者在采访中了解到，为了让“营改增”赢得更多，企业界人士希望“营改增”红利进一步得到释放。例如，一些劳务公司经常因为纠纷或者核算困难等原因，很难在工程结束前开出发票，导致建筑公司的这部分成本无法在进项税中抵扣。希望政策能有所调整，即便发票开具晚了，将来能给企业追加抵扣。